ARCHIVES HISTORIQUES

DU POITOU

XXXVIII

POITIERS
SOCIÉTÉ FRANÇAISE D'IMPRIMERIE ET DE LIBRAIRIE
6 ET 8, RUE HENRI-OUDIN

1909

SOCIÉTÉ

DES

ARCHIVES HISTORIQUES

DU POITOU

LISTE GÉNÉRALE

DES MEMBRES

DE LA SOCIETÉ DES ARCHIVES HISTORIQUES DU POITOU

ANNÉE 1908.

Membres titulaires :

MM.

BARBAUD, ancien archiviste de la Vendée, à Bressuire.

BARDET (V.), ancien attaché à l'Inspection du chemin de fer d'Orléans, à Poitiers.

BEAUCHET-FILLEAU (Paul), à Chef-Boutonne.

BLANCHARD (R.), membre de la Société des bibliophiles bretons, à Nantes.

BOISSONNADE, professeur à la Faculté des Lettres, à Poitiers.

BONNET (E.), professeur à la Faculté de Droit, conseiller général des Deux-Sèvres, à Poitiers.

CESBRON (Paul), à Breuil-Chaussée (Deux-Sèvres).

CLISSON (l'abbé DE), à Poitiers.

DELISLE (L.), membre de l'Institut, à Paris.

DESAIVRE, docteur en médecine, ancien conseiller général des Deux-Sèvres, à Niort.

GINOT (Émile), bibliothécaire de la ville, à Poitiers.

GRANDMAISON (L. DE), ancien archiviste de l'Indre et-Loire, à Tours.

GUÉRIN (Paul), chef de la section administrative et judiciaire aux Archives Nationales, à Paris.

MM.

Guyot (l'abbé Joseph), curé de Sillars (Vienne).

Lelong (Eugène), professeur à l'Ecole des Chartes, à Paris.

Marque (G. de la), à La Baron (Vienne).

Martinière (Jules Machet de la), archiviste de la Charente, à Angoulême.

Ménardière (de la), ancien professeur à la Faculté de Droit, à Poitiers.

Monsabert (Dom P. de), à Chevetogne (Belgique).

Musset (G.), bibliothécaire de la ville, à La Rochelle.

Rambaud (P.), pharmacien en chef des Hôpitaux, à Poitiers.

Richard (A.), archiviste de la Vienne, à Poitiers.

Richemond (L. de), ancien archiviste de la Charente-Inférieure, à La Rochelle.

Saint-Saud (Cte de), à la Roche-Chalais (Dordogne).

Sauzé de Lhoumeau (Charles), ancien magistrat, à Ferrières (Deux-Sèvres).

Tranchant (Charles), ancien conseiller d'État, ancien conseiller général de la Vienne, à Paris.

Membres honoraires :

MM.

Arnauldet (Pierre), à Alfortville (Seine).

Babinet de Rencogne, à Angoulême.

Beauregard (H. de), député des Deux-Sèvres, au Deffend (Deux-Sèvres).

Bourloton (E.), à Paris.

Cars (Duc des), à Sourches (Sarthe).

Desmier de Chenon (Mis), à Domezac (Charente).

Fromantin, administrateur délégué de la Société Française d'Imprimerie et de Librairie, à Poitiers.

Grimouard (Vte Henri de), à Vouneuil-sur-Vienne.

Horric de la Motte Saint-Genis (Mis), à Goursac (Charente).

Labbé (A.), à Châtellerault.

MM.

Laizer (Cte de), à Poitiers.

La Lande Lavau Saint-Étienne (Vte de), à Neuvillars (Haute-Vienne)

Lecointre (Arsène), à Poitiers.

Mascureau (Mis de), à Poitiers.

Moreau (J.), à Loudun.

Moranvillé (H.), à Paris.

Orfeuille (Cte R. d'), membre de la Société des Antiquaires de l'Ouest, à Versailles.

Pallu du Bellay (Joseph), lieutenant d'infanterie, à Poitiers.

Prouhet, docteur en médecine, à la Mothe-Saint-Héraye.

Surgères (Mis E. de Granges de), à Nantes.

Vernou-Bonneuil (Mis de), ancien capitaine breveté au 18e dragons, à Vouneuil-sous-Biard.

Bureau :

MM.

Richard, président.

Labbé, secrétaire.

Bonnet, trésorier.

de Clisson, membre du Conseil.

Desaivre, id.

Marque (G. de la), id.

de la Ménardière, id.

EXTRAIT

DES PROCÈS-VERBAUX DES SÉANCES DE LA SOCIÉTÉ DES ARCHIVES

PENDANT L'ANNÉE 1908.

Durant le cours de cette année, la Société s'est réunie les 16 janvier, 30 avril et 19 novembre.

Les nombreuses pertes qu'elle a faites n'ont été compensées par la réception d'aucun membre.

L'année 1908 comptera parmi les plus pénibles de l'existence de la Société ; elle a perdu six de ses membres, trois titulaires, trois honoraires :

Le 1er janvier, M. Hubert de Fontaines, M. H., zélé bibliophile ;

Le 4 mars, M. Thomas Arnauldet, M. T., ancien employé au Cabinet des estampes, ancien bibliothécaire de la Ville de Niort, auteur d'une Iconographie poitevine, restée manuscrite ;

Le 31 mai, M. de la Bouralière, M. T., secrétaire de la Société des Archives. L'éloge funèbre de l'éminent bibliographe, membre très actif de la Société des Antiquaires de l'Ouest, a été prononcé par le président de cette Société, M. Levillain, qui a fait excellemment ressortir les mérites de ce confrère si zélé et si laborieux. Son rôle n'a pas été moindre à la Société des Archives. Il s'est en toute occasion entremis pour aider à sa propagation et il lui a particulièrement consacré une notice dans la *Revue poitevine et saintongeaise*, n° de décembre 1885, et un autre article dans le compte rendu du Congrès provincial de la Société bibliographique tenu à Poitiers en novembre 1900. Une de ses œuvres capitales a été la publication dans deux volumes des Archives, tomes XXII et XXIII, des maintenues de noblesse de Quentin de Richebourg et Desgalois de la Tour, intendants du Poitou, qu'il a fait précéder d'une curieuse et instructive introduction. Il avait en vue de compléter cette œuvre par d'autres maintenues, celles de l'intendant Barentin, et il avait transcrit à cet effet toutes celles qu'il avait pu découvrir dans des collections publiques ou privées ; il comptait les faire entrer dans le volume de *Mélanges* dont la Société avait décidé récemment la publication et dont il avait bien voulu se charger ;

Le 12 juillet, dom Chamard, M. T., le savant bénédictin, un des adhérents de la première heure à la Société des Archives ; il n'a rien publié dans ses volumes, mais il communiquait libéralement à ses confrères les notes précieuses qu'il avait recueillies en vue de l'histoire ecclésiastique du Poitou ;

Le 25 août, M. le général Segretain, M. H., qui avait tenu à être inscrit sur la liste des membres de la Société, comme témoignage de la sympathie que lui inspirait son œuvre ;

Enfin, le 31 octobre, M. Hublin, M. H., ancien maire de Saint-Maixent, qui s'était donné la tâche de publier les documents de la fin du xviiie siècle, relatifs à cette ville, et avait en particulier transcrit pour la Société les cahiers des corps de métiers rédigés à l'occasion de la tenue des Etats généraux.

Communications. — Par M. Guéritault, ingénieur, de la copie, d'après ses papiers de famille, du testament des fondateurs du collège des Moreaux, à Poitiers, en date des 20 mai 1502 et 31 mai 1507 dont une autre copie avait été fournie par M. Labbé, d'après le texte conservé aux Archives départementales ; par M. de Charmasse, président de la Société Eduenne, du cartulaire de l'abbaye de Charroux que possède cette Société.

Publications. — A la séance de janvier a été distribué le tome XXXV des Archives, contenant la première partie du journal de M. Demaillasson. avocat du roi à Montmorillon au xviie siècle, publié par M. Bardet.

Travaux en cours d'exécution. — Le tome XXXVII contiendra la fin du journal de M. Demaillasson et les pièces complémentaires recueillies par M. Bardet.

Décisions. — La Société décide que le tome XXXVIII sera consacré à la publication d'un nouveau volume des extraits du Trésor des Chartes (Registres de la grande chancellerie de France), dû à M. Guérin.

Quant au tome XXXIX. il fut d'abord éventuellement réservé pour des Miscellanées et devait contenir particulièrement les pièces isolées qui ont été à diverses reprises communiquée à la Société, ainsi que les notes sur les arts en Poitou recueillies par M. Rambaud ; mais ce dernier ayant déclaré ne pouvoir être aussitôt en mesure de fournir sa part de collaboration à ce volume, qui primitivement devait être préparé par M. de la Bouralière, cette publication est renvoyée à une date indéterminée. Par suite, la Société accepte l'offre de dom de Monsabert de consacrer le volume à la publication des pièces relatives à l'abbaye de Charroux qu'il a rassemblées, et particulièrement du cartulaire communiqué par la Société Eduenne.

On examine, en outre, la proposition faite par le président de consacrer le tome XL à la table générale des volumes parus jusqu'à ce jour et l'on accepte les offres de M. l'abbé Gauffreteau, curé de Magné, qui vient de rédiger les tables de la seconde série des publications de la Société des Antiquaires de l'Ouest ; il se chargerait de celles des Archives historiques, moyennant le don d'une collection complète et une rémunération de 600 francs, ce qui est accepté.

Composition du Bureau. — A la séance de novembre, ont été élus : MM. Richard, président ; Labbé, secrétaire ; Bonnet, trésorier ; de Clisson, Desaivre, de la Marque, de la Ménardière, membres du du Conseil.

RECUEIL DES DOCUMENTS

CONCERNANT

LE POITOU

CONTENUS

DANS LES REGISTRES DE LA CHANCELLERIE DE FRANCE

PUBLIÉS PAR

PAUL GUÉRIN

CHEF DE LA SECTION ADMINISTRATIVE ET JUDICIAIRE AUX ARCHIVES NATIONALES

XI

(1465-1474)

INTRODUCTION

Dix années du règne de Louis xi (1465-1474) et une bonne partie des actes de sa chancellerie en ce qui touche l'histoire et l'administration du Poitou sont représentés dans ce onzième volume des documents extraits des registres du Trésor des chartes. On peut constater,— nous en avons déjà fait la remarque ailleurs,— que, non pas pour la seconde moitié du xve siècle particulièrement, mais pour toutes les années antérieures, à partir du moment où s'établit l'usage régulier de l'enregistrement aux greffes des cours souveraines, un nombre considérable d'actes importants, émanés du pouvoir royal, cessent d'être transcrits à la grande chancellerie. Parmi ceux que l'on y trouve encore, à part les lettres de rémission, qui occupent à elles seules les deux tiers environ des registres, et que l'on ne rencontre, sinon très exceptionnellement, dans d'autres recueils, il ne paraît guère possible de déterminer quelles catégories y figurent et quelles autres en sont exclues. Pour aucune l'enregistrement au Trésor des chartes (et c'est en cela qu'il diffère de l'enregistrement au Parlement, à la Chambre des comptes et autres cours) ne semble présenter un caractère obligatoire ; il n'avait lieu vraisemblablement que dans un intérêt privé et moyennant le droit de chancellerie indiqué par la formule : *Visa. Contentor*, qui figure presque toujours au bas de la copie officielle. C'est ce qui explique comment les actes relatifs à une même institution, à une même matière, n'y sont point tous transcrits, et qu'une partie doit en être cherchée ailleurs.

Il en résulte pour l'éditeur l'obligation, dans beaucoup de cas, de fournir des indications complémentaires et des éclaircissements empruntés à d'autres fonds d'archives, à d'autres publications. Ces commentaires indispensables, ou à tout le moins très utiles, quand ils n'ont trouvé place dans les notes, nous les donnons dans l'introduction. Nous nous proposons ici, en conséquence, d'appeler l'attention sur les documents les plus importants imprimés dans ce volume, et surtont de développer en la complétant l'annotation de quelques-uns d'entre eux.

I

Un événement remarquable de l'histoire du Poitou, l'installation à Poitiers, en 1469, du Parlement qui siégeait à Bordeaux depuis sept ans, peut être cité comme exemple de l'insuffisance et des lacunes des registres de la grande chancellerie, dans le sens qui vient d'être indiqué. Seules les lettres patentes ordonnant la translation de cette cour souveraine dans la capitale du comté de Poitou ont été transcrites sur ces registres. On y chercherait vainement les autres actes royaux s'y rapportant, tels que la déclaration détachant de son ressort une province entière et même l'ordonnance rétablissant le Parlement dans la ville de Bordeaux. A côté de ces documents qui font connaître la constitution de la cour, nous en signalerons plusieurs autres qui projettent quelque lumière sur les préliminaires et les circonstances de son institution, son rôle, les principales affaires judiciaires dont elle eut à s'occuper et les démarches infructueuses tentées pour obtenir son maintien à Poitiers, après le retour du duché de Guyenne au domaine de la couronne.

Dans le cours des siècles, la ville de Poitiers ne s'était guère développée au point de vue industriel et commercial. Ses importants établissements ecclésiastiques, le clergé de ses nombreuses paroisses, les magistrats du siège judiciaire du sénéchal, les officiers du comte ou du roi en avaient fait plutôt un centre intellectuel, renforcé encore, avant le milieu du xve siècle, par d'autres éléments de même ordre : l'Université fondée en 1431 et devenue très vite florissante, et la cour du conservateur de ses privilèges royaux. Lorsque Charles VII, alors dauphin et comte de Poitou, eut transféré à Poitiers le Parlement, la chancellerie royale, la Cour des aides, en un mot le siège de son gouvernement, la prospérité de la ville s'accrut, pendant dix-huit ans, dans des proportions considérables, inespérées. Evidemment cette situation prépondérante ne devait être que temporaire ; il n'était permis à personne d'en douter. L'amoindrissement résultant du retour des cours souveraines à Paris (1436) n'en fut pas moins douloureux aux Poitevins : la ville qui se considérait comme la première du royaume, si restreint fût-il à cette époque, perdait ses prérogatives de capitale ; elle était abandonnée d'une grande partie de sa population nouvelle, la plus riche ; tous ses habitants étaient frappés dans leurs intérêts particuliers. Et pourtant Charles VII, qui n'avait eu qu'à se louer de leur fidélité, ne pouvait que se montrer disposé à la reconnaissance. Le corps municipal, c'est-à-dire les cent membres les plus autorisés et sans doute les plus éclairés de l'aristocratie urbaine, comprit qu'il était de son devoir, dans ces conjonctures, de s'employer à obtenir du roi quelques compensations. S'il poursuivit avec ardeur l'amélioration de la navigabilité du Clain, s'il réussit à empêcher l'établissement de la gabelle, il considéra aussi que l'institution d'une cour royale à Poitiers s'adapterait parfaitement au milieu et relèverait le prestige de la ville.

A plusieurs reprises, des démarches furent tentées dans ce but, démarches dont les comptes municipaux nous ont conservé la trace. Le 28 juin 1451, par exemple, quatre écus furent payés à André Vernon qui avait été envoyé en députation auprès du roi, pour obtenir la création d'une chambre de Parlement [1], et sans doute aussi afin d'empêcher celle que Bordeaux allait solliciter de son côté [2]. D'autres pourparlers eurent lieu peu de temps après ; car, le 14 janvier 1452, un paiement est encore inscrit aux noms de Hugues de Conzay, maire en exercice et lieutenant du sénéchal, et d'André Vernon, qui étaient allés conférer sur le même sujet, à Châtellerault, avec le vicomte, alors Charles d'Anjou, comte du Maine, lieutenant général du roi en Poitou [3], et le 20 février suivant, Jamet Gervain, échevin, qui avait été chargé de porter à Charles VII un nouveau message relatif à cette affaire, reçut dix écus pour les frais de son voyage [4]. Dans un autre endroit, sous la date du 8 mars 1454, on trouve mention de l'allocation d'une somme beaucoup plus considérable, 600 livres, dépensée en plusieurs missions accomplies auprès du roi, « pour l'établissement d'une chambre de Parlement à Poitiers » [5]. Ce renseignement se rapporte à des négociations et sollicitations plus actives qui eurent lieu pendant le temps de la mairie de Jean Chèvredent (juillet 1453-juillet 1454), procureur du roi en la

---

1. Archiv. de la ville de Poitiers, J. 1130, 1131.
2. L'art. 20 du premier traité de soumission de la Guyenne (20 juin 1451) promettait l'institution d'une cour souveraine à Bordeaux. (*Ordonnances des rois de France*, in-fol., t. XIV, p. 143.)
3. Archiv. de la ville de Poitiers, J. 1166 ; compte publié en partie par Berger de Xivrey. (*Bibl. de l'Ecole des Chartes*, t. I, p. 229.)
4. *Id. ibid.*, J. 1168, 1169.
5. *Id. ibid.*, J. 1187.

sénéchaussée. Charles VII rentrait victorieux de la Guyenne, qui venait d'être conquise pour la seconde fois. Le moment avait été jugé par la municipalité on ne peut plus favorable. Le roi devait être bien disposé par ce succès important ; il allait faire un séjour d'assez longue durée en Poitou, pays qui n'avait cessé de lui être fidèle, alors que les Bordelais, après une première soumission, avaient rappelé les Anglais. Les habitants de Poitiers avaient été tenus au courant, de façon officielle, des succès de la campagne : le 18 juillet 1453, le comte du Maine leur faisait part de la victoire de Castillon, et, le 28 octobre, Charles VII lui-même leur adressait une lettre relatant les dernières phases de la conquête jusqu'à l'entrée de son armée à Bordeaux [1]. Au mois de novembre, il arriva à Poitiers, où il demeura huit jours en l'hôtel épiscopal. L'évêque, Jacques Jouvenel, le maire, Jean Chèvredent, et un grand nombre de personnages, tant nobles que bourgeois, vinrent lui présenter leurs félicitations. On donna des fêtes au roi, représentations de mystères dans le cloître des Augustins, collation et bal dans la salle de l'évêché, chasses dans la forêt de la Moulière. Les intérêts de la ville ne furent pas oubliés et le projet de Parlement fut de nouveau examiné. Charles ajourna sa réponse et promit de la donner à Tours, le 10 février 1454. « Au jour indiqué, le corps de ville ne manqua pas d'envoyer au lieu fixé une nombreuse députation qui discuta longuement la question, fit valoir toutes les raisons favorables à la création du Parlement et remit un mémoire écrit à la commission chargée du rapport [2]. »

Le texte de cet intéressant mémoire, que le Conseil royal avait demandé à la ville, nous a été conservé ; en voici le début : « Pour monstrer quelle provision le roi nostre souverain seigneur, de ses grace et bon plaisir, après ses glorieux faiz et conqueste du païs de Guienne, peut donner à sa justice souveraine, les gens d'eglise, nobles, bourgeois et habitans de Poictiers et autres bonnes villes du pays de Poictou, très humbles et loyaulx subgietz et serviteurs dudit seigneur, par forme d'avertissement, en ensuivant ce qui a esté ordonné par nos seigneurs les commissaires sur ce ordonnez de par ledit seigneur, dient et articulent ce qui s'ensuit [3]. »

---

1. Voy. l'Introduction de notre avant-dernier volume (*Archives hist. du Poitou*, t. XXXII, p. XXVII).
2. B. Ledain, *Histoire sommaire de la ville de Poitiers*, in-8°, 1889, p. 127.
3. Arch. municipales de Poitiers, M carton 42, reg. 11, fol. 5 v°, 20 à 26. Thibaudeau (*Abrégé de l'hist. du Poitou*, Paris, 1782-1788, in-12, t. III, p. 59) a publié des fragments de ce mémoire, que nous résumons ci-dessous.

L'on y apprend que ce n'était plus à proprement parler une cour souveraine, spéciale et indépendante, dont les Poitevins demandaient l'érection ; ils se contentaient d'une chambre déléguée du Parlemnent de Paris et continuant à en faire partie intégrante, quoique siégeant à Poitiers, et jugeant en appel et dernier ressort les causes civiles et criminelles du comté. Il y avait alors vingt-quatre ou vingt-cinq charges de conseillers vacantes : que le roi, disaient les cahiers poitevins, les pourvoie de « sages hommes, qui tiendront une chambre souveraine à Poictiers ; ce ne seroit point faire deux parlemens, mais pour le bien de la justice et le soulagement des sujetz, le Parlement, qui est constitué de grant nombre de personnes, seroit mis en divers lieuz et chambres. A Paris, ce Parlement est divisé par chambres, et à chacune chambre appartient de juger et de donner des arrestz, et semblablement le grand conseil du roi ; mais pourtant l'on ne peut ou doit dire que la souveraincté du roi soit divisée, ni que ce soit faire divers parlemens. Il semble que la multiplication des chambres ne divise la souveraineté du roy ni son parlement ; aussi ne fait la distance des lieux des chambres. De tout temps, les baillis et senechaux de ce royaume tiennent leurs assises en plusieurs lieux de leurs senechaussée sou bailliages pour l'aise des sujetz et pour plus particulièrement avoir congnoissance des choses à quoy il est à pourvoir ; de quoy l'on doit semblablement avoir regard, en tant que touche la justice souveraine. » Cet argument, il faut bien le dire, aurait eu plus de valeur, s'il s'était agi d'instituer des Grands Jours périodiques, et non pas une chambre sédentaire, permanente.

Le mémoire invoquait aussi, comme précédent favorable, l'établissement d'une chambre à Béziers, dans le temps que le Parlement de Paris avait été transféré à Poitiers. Et, ajoutait-il, qu'on ne veuille prétendre « qu'exiger partie du Parlement par forme de chambre en Poictou seroit chose dangereuse et sujette à inconvenient, s'il advenoit que le roy fit don à l'un de nosseigneurs ses enfans du pays de Poictou ; car si le roy transportoit l'un de ses pays, ouquel il auroit assis une chambre de son Parlement, de ce ne pourroit ensuir inconvenient, car jamais le roy ne feroit transporter, — et aussy ne pourroit faire, — d'aucune partie de son royaume, sans se retenir et reserver la souveraineté ; et par ce la court de Parlement de ce royaumme, en quelque lieu qu'elle soit et puisse estre tenue, soit en propre demaine du roy ou ailleurs, est tousjours la court souveraine du roy, et peut tousjours le roy l'asseoir, translater ou mettre par lieux et chambres, ainsy que bon lui semble. » La meilleure raison fournie par les requérants, quoiqu'elle eût pu être invoquée tout aussi justement par d'autres provinces du ressort du Parlement, c'est l'éloignement de Paris, qui imposait aux justiciables poitevins d'interminables délais et des frais considérables. « Il y avoit, disaient-ils, une si grande quantité de procès indecis au Parlement de Paris que souventes fois, quelques poursuites longues et somptuaires qu'aient faites les sujetz de Sa Majesté, ils sont contrainctz de laisser leurs procès comme perduz et à non chaloir ; et l'on en a vu plusieurs qui par nécessité sont morts à la poursuite, et autres qui ont perdu tout leur bien et sont venus à mendicité, et autres qui en ont perdu le sens. La longue distance des lieux de la demeure des plaideurs fait que les delais des procedures sont longs et que les procès ne peuvent estre jugez de longtemps. »

Ces considérations ne purent vaincre l'opposition du Parlement de Paris. Emu de la requête des Poitevins, il ne vit dans la réalisation de leur projet que la perte d'une province importante, les limites de son ressort reculées jusqu'à la Loire. Des remontrances furent portées à Charles VII par plusieurs de ses membres, auxquels se joignirent l'évêque de Paris et l'abbé de Saint-Denis [1]. Le conseil royal fit cause commune avec ceux-ci, et les députés de Poitiers ne rapportèrent de Tours que de bonnes et vagues paroles : le roi allait s'occuper d'une réforme générale de la justice et il trouverait certainement le moyen de leur donner satisfaction.

Le corps municipal cependant ne renonça point à ses revendications ; il se contenta d'attendre une occasion plus propice. En 1461, Jean Legay fut envoyé à Bourges, pour tenter de renouer les négociations auprès du vieux roi [2] ; c'est au mois d'avril que l'on trouve, cette année-là, un séjour de la cour dans cette ville. Ce fut encore un échec. L'année suivante, au début du nouveau règne, les Poitevins en subirent un beaucoup plus grave. La création par Louis XI d'un Parlement à Bordeaux rendait en effet à peu près impossible l'accomplissement du projet qui leur tenait si fort à cœur. L'ordonnance d'institution est datée de Chinon, le 10 juin 1462 [3]. Le ressort de la nouvelle cour comprenait les sénéchaussées de

---

1. Thibaudeau, *op. cit.*, t. III, p. 58.
2. Paiement fait à Jean Legay, pour être allé à Bourges solliciter auprès du roi l'établissement d'une chambre de Parlement à Poitiers. (Archiv. de la ville, J. 1263.)
3. *Ordonnances des rois de France*, in-fol., t. XV, p. 500.

— VII —

Gascogne, de Guyenne, des Lannes, d'Agenais, de Bazadais et de Périgord, auxquels d'autres lettres patentes, données à Bordeaux le 7 février 1463 n. s., adjoignirent la Saintonge et le gouvernement de la Rochelle, l'Angoumois, le Limousin et le Quercy [1]. Son personnel se composait d'un président lai, de quatre conseillers clercs, de quatre conseillers lais, d'un procureur et d'un avocat du roi, de deux greffiers et de quatre huissiers. Jean Tudert, maître des requêtes de l'hôtel et conseiller d'Etat, fut pourvu de la charge de président; Jean Avril, conseiller au Parlement de Paris, Blaise de Greelle, ou Greely, archevêque de Bordeaux [2], et Jacques Le Loup (le nom du quatrième ne nous est pas connu) remplirent les fonctions de conseillers clercs; Jean de Sanzay, conseiller au Parlement de Paris, Guillaume Pelart, Henri de Faraignes (*aliàs* de Fraigne), puis Jean de Chassagne, par lettres données à Mouliherne, le 29 septembre 1462 [3], furent nommés conseillers lais. Jean Bermondet reçut l'office d'avocat du roi; Raymond (dit ailleurs Grimont) de Bordeaux, sous-maire de cette ville, celui de greffier civil et criminel, et Maurice de Lestrièges, notaire et secrétaire du roi, celui de greffier des présentations. Les noms des huissiers sont: Benoît Dubuisson, Guillaume Vincent, Pierre Lesueur et Etienne Pinguet [4]. Des lettres patentes datées de Saint-Jean-de-Luz, le 17 mai 1463, réglèrent comme il suit les gages des officiers du Parlement de Bordeaux: dix sous par jour aux conseillers clercs, quinze sous aux conseillers lais, quatre sous au premier huissier, deux sous huit deniers aux trois autres. De plus, cent livres tournois par an étaient attribuées à la cour sur les deniers des amendes, pour subvenir à ses menues dépenses et nécessités [5]. Un cinquième office de conseiller clerc fut créé, le 3 novembre 1467, pour Bertrand de Borie, évêque de Dax [6].

Au bout de sept ans, un événement imprévu vint tout à coup faire renaître les espérances des habitants de Poitiers, qui semblaient anéanties ou du moins ajournées indéfiniment par l'institution d'une cour dont la juridiction s'étendait jusqu'à leurs

---

1. *Ordonnances des rois de France*, in-fol., t. XV, p. 608, 610, 612.
2. Décédé avant le 8 novembre 1467 et remplacé aussitôt comme conseiller clerc.
3. Le 22 novembre 1473, il était second président de cette cour. (J. Vaësen, *Lettres de Louis XI*, t. V, p. 199.)
4. Extraits des registres du Parlement de Bordeaux des xv° et xvi° siècles. (Bibl. nat., ms. fr. 22368, 22369.)
5. *Ordonnances des rois de France*, in-fol., t. XV, p. 653.
6. *Id.*, t. XVII, p. 29.

portes. Au mois de mai 1469, Louis XI, réconcilié avec son frère Charles et avec François II, duc de Bretagne, donna en apanage au premier le duché de Guyenne, y compris la Saintonge, l'Aunis et le gouvernement de la Rochelle [1]. Dès lors un Parlement royal ne pouvait plus fonctionner à Bordeaux. Allait-on le transporter ailleurs ou le supprimer purement et simplement ? On se fût certainement arrêté à ce dernier parti, qui semblait le plus naturel, — l'apanage de Charles comprenant, à peu de chose près, tous les pays du ressort de la cour, — sans les instances réitérées et pressantes de la ville de Poitiers, qui sut profiter des circonstances. Elle remontra au roi que depuis vingt ans elle n'avait cessé de manifester son vif désir d'obtenir une cour ou au moins une chambre souveraine, que sa requête s'appuyait sur les raisons les plus sérieuses, que des négociations antérieures avaient failli aboutir, qu'elle était toujours disposée à faire les sacrifices nécessaires, que le Palais où avait résidé le Parlement de Paris de 1418 à 1436 offrait d'ailleurs un siège tout prêt à la nouvelle cour, et que l'on ne trouverait jamais un moment et des conditions plus favorables. Elle offrit de prendre à sa charge les frais d'installation et en plus de faire don au roi d'une somme de 6000 écus. Ce dernier argument fut sans doute le plus décisif. Les Poitevins virent enfin leurs persévérants efforts couronnés de succès.

Le Parlement de Bordeaux fut donc transféré à Poitiers, par ordonnance donnée à Amboise, au mois de juillet 1469, dont le texte est imprimé dans le présent volume [2]. Après avoir rappelé la création de cette cour et les motifs qui l'avaient déterminée, sa composition, son ressort, puis l'érection du duché de Guyenne en apanage pour son frère, Louis XI déclare qu'ayant décidé la translation de la cour de Parlement, pour la faire tenir, « en la forme, estat et manière qu'elle estoit en icelle ville et cité de Bourdeaux, en autre lieu pas trop eloigné, à ce propice et convenable, à luy appartenant neument et sans moyen », il avait trouvé que la ville et cité de Poitiers, « qui est notable et ancienne,... en laquelle la court de Parlement à present seant à Paris a esté autresfoys tenue, et y sont encores les lieux et sièges necessaires pour la

---

[1]. Cf. ci-dessous, p. 173, note. A propos de la réconciliation des deux frères, on peut rappeler ici leur entrevue à Coulonges-sur-l'Autize, au mois de septembre 1469, dont une relation curieuse et très détaillée a été publiée à la suite des *Mémoires* de Philippe de Commynes, édit. de Mlle Dupont, pour la Société de l'hist. de France, t. III, p. 260-268.

[2]. Ci-dessous, p. 171-176.

tenir », remplissait mieux que toute autre les conditions requises. Il laissait entrevoir une augmentation possible du personnel de la cour, disant qu'elle serait tenue par les président, conseillers, avocat et procureur, greffiers et huissiers qui « y ont esté ou seront establys et ordonnez, en tel ou plus grant nombre qu'ilz estoient à Bourdeaux ». Ces lettres patentes imposaient comme première obligation au Parlement transféré à Poitiers de poursuivre, jusques et y compris le jugement, toutes les causes pendantes et encore indécises au moment de la translation, tant par appel qu'autrement, et pour tous les pays de son ancien ressort. De même le Parlement de Paris devait lui renvoyer les procès dont il était actuellement saisi par des sujets des provinces qui étaient détachées de son ressort, pour faire partie désormais de celui de Poitiers, chargé de les terminer. Elles attribuaient au Parlement de Poitiers toute juridiction souveraine sur le comté de Poitou, la haute et la basse Marche et leurs enclaves, le pays de Combrailles, le Franc-Alleu et le haut et bas Limousin.

Ce ressort, beaucoup moins étendu déjà que celui du Parlement de Bordeaux, fut encore réduit, un an plus tard. Jacques d'Armagnac, duc de Nemours et comte de la Marche, réclama ; il prétendait qu'en vertu de ses prérogatives de pair de France, il ne devait relever, lui et ses sujets, que du Parlement de Paris, « principalement institué pour congnoistre, decider et determiner les causes des pers et des subgectz de la dicte parrie ». Le conseil du roi jugea cette prétention bien fondée et, par déclaration datée des Montils-lès-Tours, le 11 août 1470, Louis XI replaça le comté de la Marche dans le ressort du Parlement de Paris[1]. On lit, dans ces lettres, que les droits du Parlement de Poitiers en cette matière furent soutenus, devant le conseil royal, par Jean Tartas, *président* en cette cour. On doit en conclure que, depuis la translation, une seconde charge de président avait été créée. Car à cette époque certainement Jean Tudert était encore le premier président de cette cour ; ce ne fut que par lettres du 9 mars 1472 qu'il fut autorisé à résigner son office au profit de Jean Bérard, sʳ de Chissé, maître des requêtes de l'hôtel[2]. En dehors de ces trois personnages, nous ne connaissons que les noms de quatre conseillers du Parlement de Poitiers : Bertrand de Brosse, Jean Doriole, frère du

---

1. *Ordonnances des rois de France*, in-fol., t. XVII, p. 327.
2. Cf. notre précédent volume (XXXV des *Archives hist. du Poitou*), p. 60, note. Jean Bérard, sʳ de Chissé, avait épousé Marie, fille de Pierre Doriole, chancelier de France.

chancelier, Jean Dupont et Jean Yver [1] ; ce dernier, précédemment enquêteur pour le roi en Poitou, avait été nommé en 1460 commissaire sur le fait des francs-fiefs et nouveaux acquêts dans la sénéchaussée [2]. Jean Bermondet remplit à Poitiers les fonctions d'avocat du roi, qu'il exerçait déjà à Bordeaux, ainsi que Maurice de Lestrièges celles de greffier des présentations. Le greffe civil et criminel a pour titulaire un nouveau venu, Jean Garnier, le même sans doute que l'on trouve qualifié, dans un acte du 24 juin 1458, commis à l'exercice du greffe de la sénéchaussée de Poitou [3].

Si, parmi les officiers du Parlement de Bordeaux, quelques-uns préférèrent résigner leurs charges plutôt que de venir siéger à Poitiers, Jacques Le Loup et Henri de Faraignes par exemple [4], d'autres au contraire furent très satisfaits de la translation. Pour pouvoir affirmer que Jean Tartas, qui était très probablement le fils d'un docteur en médecine pensionné par la ville de Poitiers [5], était de ces derniers, il faudrait savoir s'il avait été pourvu d'un office de conseiller à Bordeaux ou s'il fut nommé d'emblée président à Poitiers. Mais le premier président, Jean Tudert, originaire de Mirebeau et marié à Catherine de Champdeniers, dame de la Barre-Pouvreau, accepta certainement avec joie de résider à Poitiers, car il contribua pour sa part à l'établissement du Parlement dans cette ville ; il prêta au corps municipal cent cinquante écus d'or et peut-être une somme plus considérable, pour l'aider à tenir ses engagements vis-à-vis du roi [6]. D'autres particuliers firent aussi des avances [7]. Les frais d'installation de la

---

1. Arch. nat., X¹ᵃ 4812, fol. 20 v°, 21, 41, 117, 121 v°, 128 v° et 158. Aucun de ces conseillers ne faisait partie du Parlement de Bordeaux. Peut-être faut-il y ajouter Bertrand Briçonnet ; cf. une lettre de Jean Yver et B. Briçonnet à Pierre Doriole, datée de Tulle, le 3 octobre 1471, rendant compte de leur mission auprès du chapitre de cette église. (Vaësen, *Lettres de Louis XI*, t. IV, p. 361.)
2. Vol. précédent, p. 88, note.
3. Arch. de la ville de Poitiers, F. 76.
4. Comme on l'apprend par les lettres de rétablissement du Parlement à Bordeaux. (*Ordonnances*, etc., t. XVII, p. 511, 512.) Il est certain que d'autres conseillers continuèrent de siéger à la cour, après sa translation à Poitiers.
5. Mentionné dans les comptes de la ville, le 21 juillet 1449, en 1454 et en juin 1460. (Arch. municipales, J. 1020, 1180 et 1233.)
6. Le 28 février 1470, Jean Richard, bourgeois, fondé de la procuration des maire et échevins, vendit les moulins de Chasseigne à Maurice Lestrièges, notaire et secrétaire du roi, greffier des présentations en la cour de Parlement à Poitiers, pour la somme de 150 écus d'or, en stipulant faculté de rachat pendant trois ans, ladite somme destinée à rembourser Jean Tudert, président, du prêt qu'il avait fait à la ville pour la translation du Parlement. (Original, Arch. munic. de Poitiers, F. 82.) Voy. aussi la notice relative à Jean Tudert, dans notre vol. précédent, p. 59.
7. Cf. dix-huit titres de rentes constituées par divers particuliers, sous la garantie de la ville, en faveur de Michel Dauron, échevin, et amorties peu de temps après, opérations financières paraissant se rattacher à la translation

cour paraissent s'être élevés à 5000 livres au moins, et la somme promise à Louis xi, comme on l'a vu plus haut, était de 6000 écus. Ces dépenses extraordinaires, qui prouvent à quel point les bourgeois de Poitiers tenaient à avoir leur Parlement, grevèrent fortement les finances de la ville. Elle dut engager ou aliéner une grande partie de son domaine, imposer sur les habitants une taille, dont le clergé et l'Université même furent obligés de payer leur quote-part [1], prendre avec Michel Dauron, échevin de la ville, mais en même temps receveur pour le roi en Poitou, des arrangements compliqués, et cela sans parvenir à se libérer avant neuf ou dix ans. En juillet 1478, il lui restait à payer au roi 2000 écus d'or [2].

Il convient de reconnaître toutefois que ces sommes considérables ne furent pas à la charge de la seule ville de Poitiers. Ainsi, le 11 novembre 1469, les élus de Poitou sur le fait des aides rendirent, à la requête des maire, bourgeois et échevins de Poitiers, une sentence portant que la moitié seulement d'une somme de 8250 livres (sans doute l'équivalent des 6000 écus d'or), promise au roi pour la translation du Parlement, serait imposée sur les habitants de cette ville, et que le surplus serait réparti sur les pays de Poitou et de Limousin [3]. Le 13 septembre précédent déjà, Louis xi avait adressé des mandements aux élus sur le fait de l'équivalent ayant cours au lieu des aides, de lever dans le haut Limousin 780 livres 15 sols et dans le bas Limousin 1152 livres 5 sols, faisant partie de la somme de 5000 livres, qu'il avait donné ordre d'imposer au profit des maire, bourgeois et échevins de Poitiers, pour les indemniser des dépenses que leur avait occasionnées la translation du Parlement de Bordeaux [4]. Il est à présumer que les autres pays du ressort de la cour eurent aussi à payer leur part contributive. Quoi qu'il en soit, on verra dans un instant que le corps municipal ne regrettait pas ce marché, n'estimant pas que l'installation de la cour eût coûté trop cher, et

---

du Parlement de Bordeaux à Poitiers, suivant M. Rédet (*Inventaire des Arch. de la ville de Poitiers*, p. 319).

1. Arch. de la ville de Poitiers, reg. des Délibérations, VI, fol. 123.

2. Une sentence du 18 juillet 1478, rendue par Gilles Flameng, général sur le fait de la justice des aides, et trois autres commissaires, condamna les maire, bourgeois et échevins de Poitiers, et Michel Dauron, à payer au roi la somme de 2000 écus d'or, restant de celle de 6000 écus qu'ils avaient promise pour avoir transféré le Parlement de Bordeaux dans leur ville. (Rédet, *op. cit.*, p. 321.) Voy. aussi Procuration donnée par les maire et échevins à Yves Charlet et Jean Claveurier, pour traiter avec Michel Dauron du remboursement de ces 2000 écus. (Arch. municipales, C. 17.)

3. Original, Bibl. de la ville de Poitiers, ms. 453, n° 24.

4. Arch. de la ville de Poitiers, H. 32, et *Inventaire* Rédet, p. 320, n° 2017.

qu'il était prêt, au besoin, à de nouveaux sacrifices pour la garder.

Les lettres de translation stipulant que le Parlement serait tenu à Poitiers, « en la mesme forme, estat et manière » qu'à Bordeaux, les gages des officiers restèrent sans doute tels qu'ils avaient été fixés par les lettres du 11 mai 1463 [1]. Ils étaient d'autre part moins occupés, le ressort étant beaucoup plus restreint. Les président, conseillers et autres officiers adressèrent au roi une requête, qui doit être de l'année 1469 (il n'y est question que d'un seul président), par laquelle ils demandaient que le montant de leurs gages fût imposé avec la taille sur les pays de Poitou et de Limousin, qu'une somme de 100 livres fût ajoutée à celle de 300, affectée aux dépenses intérieures de la cour sur la recette de ses exploits et amendes, etc. [2]. L'ordonnance de juillet 1469 leur mandait de se transporter *incontinent* à leur nouveau siège, mais en l'absence des registres ou d'autre document, on ne saurait dire s'ils tinrent séance à Poitiers dès le mois d'août, ce qui était possible, tout étant préparé pour les recevoir au Palais, ou s'ils attendirent à la Saint-Martin. De même l'histoire intime de cette cour serait extrêmement difficile à retracer, même sommairement. Il est à peu près certain que ses archives, sans parler des minutes, devaient être représentées par neuf registres au moins, en comptant un registre par année pour chacune des trois séries du conseil, des arrêts et des plaidoiries [3], qui sont la division ordinaire adoptée par les autres cours de Parlement, division qui était d'usage aussi au Parlement de Poitiers, s'il est permis d'en juger par le seul de ses registres qui, à notre connaissance, existe encore actuellement. C'est le registre des plaidoiries du 12 novembre 1470 au 7 septembre 1471 ; il se trouve intercalé, à sa place chronologique, parmi les registres de même nature du Parlement de Paris, où il a été reconnu et identifié tout récemment [4]. Il aurait dû, ainsi que le précédent et le suivant et ceux des deux autres séries, être emporté à Bordeaux avec les sacs des procédures en cours, lors du retour définitif du Parlement dans

---

1. Ci-dessus, p. vii et note 5.
2. Bibl. de la ville de Poitiers, ms. 453, n° 25.
3. Les registres d'affaires criminelles formaient aussi des divisions à part ; mais dans le registre dont il va être question, celles-ci sont mélangées avec les affaires civiles.
4. Arch. nat., reg, X^{1a} 4812. C'est à M. Antoine Thomas, membre de l'Académie des inscriptions et belles-lettres, professeur à la Faculté des lettres de Paris, que revient le mérite d'avoir restitué son état civil à ce précieux document.

cette ville. Comment et à quelle date est-il entré aux Archives du Palais à Paris ? Il serait difficile de le dire. Ce qui est certain, c'est que les Archives nationales, non plus que les archives du département de la Gironde, n'en possèdent aucun autre, nous nous en sommes assuré. Un recueil d'extraits des registres du Parlement de Bordeaux pour les xve et xvie siècles, qui paraît avoir été constitué dans la seconde moitié du xviie et est relié aux armes de Colbert [1], ne contient aucun fragment relatif à la période poitevine (juillet 1469-juillet 1472), ce qui semble bien indiquer qu'à cette époque déjà les registres de Poitiers ne faisaient pas partie des archives de cette cour.

Le fait qu'il reste unique confère au registre que nous signalons une valeur d'autant plus grande. On ne nous saura pas mauvais gré d'en donner ici une courte description, l'*incipit* et l'*explicit*, ainsi qu'un aperçu de ce qu'il contient de plus intéressant, pour le Poitou, au point de vue judiciaire. C'est un volume de format grand in-4°, un peu plus haut et plus large que les registres du Parlement de Paris de la même époque. Il en diffère aussi par la reliure, le dos et les plats étant recouverts de peau corroyée au lieu de parchemin. Il se compose de 166 feuillets de vélin, foliotés vers la fin du xviie siècle, dont le dernier n'est écrit qu'au recto et a été collé sur le plat intérieur de la couverture. En voici l'*incipit* : « *Secuntur assignaciones dierum Parlamenti proximo futuri incipiendi crastinum festi beati Martini hyemalis anno Domini millesimo quadringentesimo septuagesimo et illustrissimi christianissimi Ludovici, Dei gracia Francorum regis, regni sui decimo.* » Vient ensuite le court tableau des jours assignés aux divers sénéchaussées et pays formant le ressort du Parlement, puis on lit : « *Deifice Trinitatis invocato nomine, incipit registrum placitacionum Parlamenti serenissimi principis et domini, domini nostri Ludovici, Francorum regis regni ejusdem anno decimo, XII{a} die novembris anno Domini millesimo quadringentesimo sexagesimo decimo, incohati, per me Johannem Garnier, grapharium dicti Parlamenti, receptum. Et est secundum parlamentum quod eo dictum registrum tenui.* » — *Explicit* (fol. 166 r°) : « Samedi viie jour de septembre [1471] furent donnez les arrestz et prises vaccacions. *Et sic est finis.* »

Sur ce registre, où les affaires civiles et criminelles sont entremêlées, en plus des plaidoiries on trouve des appointements, des adjudications de défauts, des congés, des ajournements et autres

---

1. Bibl. nat., ms. fr. 22368, 22369.

actes de procédure, mais aucun arrêt définitif. On est fixé sur l'objet des contestations et sur leurs circonstances, mais il n'y faut point chercher leur conclusion. Toute la première semaine de la session, la cour siégea en conseil, et les plaidoiries ne commencent en réalité que le 19 novembre 1470. A l'audience de ce jour, fut débattue une cause d'appel en matière de sorcellerie. Guillemette Bernardin, femme de Guillaume Bouguin, était accusée d'avoir fait périr à l'aide de maléfices et de poison plusieurs personnes et des « bestes aumailles » de ses voisins, et entre autres d'avoir empoisonné, après l'avoir rendu fou, un écuyer nommé Du Chaigne, et d'avoir étranglé un nouveau-né, avant qu'il n'ait été baptisé. Poursuivie d'abord à Saint-Jean-d'Angély, elle avait été renvoyée des fins de la plainte, aucun accusateur ne s'étant présenté contre elle. Depuis, Jean Jourdain, sénéchal de Dampierre-sur-Boutonne pour Odet de Clermont, l'avait fait prendre en son hôtel, la nuit, « par plusieurs gens de guerre », et l'avait mise à la question ordinaire et extraordinaire. Les souffrances lui avaient arraché des aveux, mais elle s'était ensuite rétractée et avait relevé appel. Son avocat soutenait cette thèse que, le premier juge l'ayant mise hors de cour, les secondes poursuites étaient iniques et illégales. L'argument, suivant le sénéchal de Dampierre, était sans valeur pour cette raison que l'accusée n'était pas justiciable du lieutenant de Saint-Jean-d'Angély, puisqu'elle habitait en la châtellenie de Dampierre, où Odet de Clermont avait tout droit de juridiction, haute, moyenne et basse, et que cette seigneurie était tenue du comté de Poitou et non pas de la Saintonge. Bermondet, avocat du roi, demanda purement et simplement que le droit du roi fût gardé en la matière, « et autre chose n'a voulu dire », ajoute le greffier. Le 22 novembre, il fut appointé que les parties produiraient ce que bon leur semblerait devers la cour et au conseil [1].

Les causes de la sénéchaussée de Poitiers occupent plus de la moitié du registre, ce qui est en proportion de l'importance de son territoire dans le ressort du Parlement. Nous avons eu occasion, en divers endroits du présent volume, d'en faire connaître quelques-unes [2] ; nous allons en signaler un certain nombre

---

1. Arch. nat., X1a 4812, fol. 1 v°, 2 et 7 v°.
2. Voy., entre autres, les procès de Guillaume Merlin, écuyer, sr de Frouzille, contre Colette de Segrie, femme de Godemart de Vie, et consorts (ci-dessous, p. 6, note) ; — de Nicolas Boutaud, évêque de Luçon, contre Louis de Fontaines, capitaine de Mareuil-sur-Lay, et autres officiers de Louis de La

d'autres parmi celles qui présentent le plus d'intérêt. Deux commissaires réformateurs de la noblesse, Robin Girouart et Guillaume Jourdain, avaient été députés en Poitou, l'an 1469, munis des pouvoirs et moyens d'y faire des enquêtes décisives. Jacques Pinot, se disant noble et ayant toujours suivi les armes, eut à se plaindre d'eux ou plutôt de leur sergent, Pierre Joubert, qui l'avait fait enfermer dans une basse fosse à Mareuil et avait saisi ses biens ; il avait assigné celui-ci au Parlement. Les deux commissaires ayant désavoué leur agent, la cour ordonna, le 22 novembre 1470, l'élargissement de Pinot et la délivrance de ses biens, sans préjudice des peines encourues par Joubert [1]. Dans une autre affaire, introduite le 10 décembre et plaidée les 7 et 11 février 1471, Jean Aymeret, curé et aumônier de Champdeniers, est demandeur « en cas d'excès et attemptats », contre Jean de Rochechouart, seigneur du lieu. Il l'accuse d'avoir envahi son domicile à main armée et pillé ses meubles, de l'avoir blessé d'un coup de dague, d'avoir proposé à plusieurs personnes de le tuer, en leur promettant de grosses sommes et des lettres de rémission, etc. Le procureur du roi demande la confiscation des biens du seigneur de Champdeniers, ou au moins une condamnation à dix mille écus d'amende envers le roi. De son côté, Jean de Rochechouart reproche au curé plusieurs actes de violence, des abus d'excommunication, des mœurs dépravées ; il donne les noms de plusieurs femmes dont ce prêtre avait eu des enfants, « ce qui est tout notoire ». Quant aux actes criminels qui lui sont imputés à lui-même, il les nie ou les déclare défigurés à plaisir ; la vérité, c'est qu'il s'était attiré la haine d'Aymeret parce que, en qualité de seigneur haut justicier, il avait dû réprimer ses nombreux méfaits [2].

Un autre procès fournit des renseignements curieux sur une famille notable de la haute bourgeoisie poitevine, la famille Boylesve, et un fragment de sa généalogie [3]. Catherine, fille de Thomas Boylesve, avait épousé en premières noces Guillaume Affroy, écuyer, riche et puissant, qui décéda le premier, léguant

---

Trémoïlle (p. 119, note) ; — de Mathurin Arembert, procureur du roi en Poitou, opposant à la création de l'office de procureur du roi en la sénéchaussée, au siège de Niort, faite au profit de Jean Rousseau, par Louis de Crussol, sénéchal (p. 362, note) ; — du s^r de Montsoreau contre Louis Chabot, s^r de la Grève, touchant la succession d'Argenton (p. 385, note), etc.

1. Reg. X^{1a} 4812, fol. 7 v°.
2. Id., fol. 19, 77, 78 v°.
3. Il complète et rectifie sur divers points la généalogie de cette famille insérée dans la nouvelle édition du *Dictionnaire des familles du Poitou*, t. 1, p. 580.

à sa veuve une grande partie de sa fortune. Celle-ci, d'un caractère faible et timide, se laissa bientôt circonvenir par Pierre Garnier, « ung compaignon sans office », originaire du Mans, qui suivait la cour de la feue reine Marie d'Anjou et servait un secrétaire de cette princesse, logé à Poitiers près de l'hôtel de Catherine, et elle finit par consentir à l'épouser. Aussitôt le mariage accompli, Garnier fit vendre à sa femme une belle maison qu'elle possédait devant Notre-Dame-la-Grande, dont le produit lui servit à acheter un office de notaire et secrétaire du roi. Peu à peu il s'empara de tous les biens de Catherine Boylesve et la laissait dépourvue de tout, au point qu'à l'église, elle était obligée d'emprunter un ou deux deniers à ses voisines, pour l'offrande. Non content de la dépouiller, il lui infligeait la plus grave des injures, en entretenant des concubines au domicile conjugal. Finalement il lui extorqua une donation de tous ses biens. Quand elle fut morte, ce qui ne tarda pas, Guillaume Boylesve attaqua le testament et réclama la succession de sa tante à l'indigne mari [1].

Signalons encore sommairement deux contestations de droit public, la première entre la ville de Fontenay-le-Comte, appelant du sénéchal de Poitou, et Jean Brugière, écuyer, s^r de Chaix, au sujet d'un moulin dont celui-ci se prétendait propriétaire et qui entravait la navigation de la Vendée [2] ; la seconde entre Marie de Montbron, dame de Chefboutonne, d'une part, et le chapitre de l'église de Poitiers, d'autre, les deux parties se prétendant seigneurs de Lussay, à l'occasion d'un droit de pâturage dans les prés en bordure de la Boutonne, que réclamaient les habitants de cette localité [3]. Nous terminerons cette énumération, qui pourrait facilement s'allonger d'autres causes également importantes, en mentionnant un procès intenté à l'évêque de Poitiers par le chapitre de Saint-Hilaire-le-Grand. Celui-ci, prétendant relever directement du Saint-Siège apostolique et être exempt de la juridiction de l'ordinaire, se plaignait, « en cas de saisine et nouvelleté », que l'évêque, Jean Du Bellay, ait entrepris d'exercer des droits de justice sur certains « choriaux » du chapitre, en les troublant dans leurs possessions. En vertu de cette plainte, les choses contentieuses avaient été saisies et mises en la main du roi, et les parties

---

1. Longues plaidoiries et actes divers de procédure des 11, 13, 17, 18 et 20 décembre 1470, 10 et 14 janvier et 18 février 1471. (*Id.*, fol. 14 v°, 23, 25 v°, 35, 36 v°, 41 v° 42 v°, 84.)
2. Dates des 4 et 19 février 1471. (*Id.*, fol. 71 v° et 86.)
3. Voy. aux 28 novembre et 11 décembre 1470, 11 mars 1471. (*Id.*, fol. 18 v°, 22 v°, 104.)

ajournées devant la cour. Néanmoins, depuis cet appointement, l'évêque et son official avaient encore attenté contre les privilèges du chapitre [1]. L'arrêt terminant ce différend fut rendu le 27 juin 1472, c'est-à-dire tout à la fin du séjour du Parlement à Poitiers ; il maintenait le chapitre de Saint-Hilaire dans son droit d'exemption de la juridiction de l'évêque et de l'official de Poitiers [2]. A cette cause paraissent se rattacher les poursuites exercées par un chanoine de Saint-Hilaire-le-Grand, Jacques Boylesve, contre Hilaire Valoris, vicaire, Jean Petit, official, et Jean Popaille, promoteur de Jean Du Bellay, évêque de Poitiers, et contre Guillaume Arembert, fils de Mathurin, s^r de Sepvret, procureur du roi. Il accusait les trois premiers d'abus de pouvoir, parce qu'ils avaient excommunié et fait citer devant l'officialité des jeunes gens, sujets du chapitre, et le dernier d'avoir tiré une flèche contre lui ou ses serviteurs. Le vicaire et l'official répondaient que les jeunes gens en question se gouvernaient mal et recevaient des femmes et jeunes filles en leurs hôtels. Quant aux excès imputés à Arembert, l'avocat de celui-ci dit que « souvent il soy esbat d'ung arc audit lieu de Sevret, et jamais n'a tiré flèche contre le dit Boylesve ni ses serviteurs ; bien peut estre qu'il tira contre ung bonnet qui fut mis en ung arbre [3] ». On peut rapprocher aussi de ces deux affaires un procès que le même Jacques Boylesve avait intenté, dans le même temps, à Pierre Arembert, curé de Sepvret, au sujet du droit de nomination à ce bénéfice, qu'il prétendait appartenir au chapitre de Saint-Hilaire [4]. On voit, par ces exemples, le genre d'intérêt que présente l'unique registre subsistant du Parlement de Poitiers.

L'on peut y relever encore quelques particularités, en trop petit nombre, qui se rapportent à la propre histoire de cette cour. Le 14 février 1471, on lit : « *Curia vacat* pour les processions generales faictez pour les nouvelles que le roy avoit mandé, luy estant ou pays de Bourgongne [5] ». Le greffier s'exprime mal ; il voulait dire « ès pays du duc de Bourgogne ». La ville d'Amiens, que le traité de Saint-Maur (29 octobre 1465) avait rendue à Charles

---

1. Actes des 30 janvier, 17 et 25 juin, 2 et 10 juillet, et 13 août 1471. (*Id.*, fol. 68, 151, 153 v°, 157 et v°, 159, 161, 164 v°.)
2. Une copie de cet arrêt se trouve dans la collection de dom Fonteneau, t. XII, p. 129.
3. Reg. X^{1a} 4812, fol. 38 v°.
4. Aux dates des 10, 11 et 20 décembre 1470, et 10 janvier 1471. (*Id.*, fol. 20 v°, 21, 37 et 41.)
5. *Id.*, fol. 82 v°.

le Téméraire, venait d'être reprise et occupée par Antoine de Chabannes, comte de Dammartin (2 févr. 1471). Le lendemain, Louis XI écrivait à celui-ci, de Compiègne, qu'il envoyait des fourriers à Amiens préparer son logis et que « bien brief il y seroit, sans point de faulte »[1]. C'était donc cet heureux événement que le roi avait ordonné de commémorer par des processions générales.

Dans les premiers jours d'avril, un sergent royal domicilié à Bourganeuf, Pierre Dauphin, s'était transporté à Poitiers pour signifier et mettre à exécution des lettres d'ajournement en cas d'appel obtenues du Parlement de Paris (heureux de manifester, en toute circonstance, sa malveillance à l'égard de la nouvelle cour) par certains habitants de Limoges. Il s'était vanté, disait-on, qu'il les afficherait pendant la nuit à la porte du procureur général et à celle du receveur de la cour de Poitiers, se mettant ainsi en rébellion contre l'autorité de celle-ci, qui s'en montra fort émue. Le sergent fut emprisonné au Palais, et le procureur général ayant requis contre lui des peines très sévères, il affirma, pour se justifier, qu'il ignorait absolument l'institution d'un Parlement à Poitiers[2]. Cette excuse paraît bien peu admissible ; il y avait bientôt deux ans que la translation avait eu lieu, et Bourganeuf, résidence de cet officier de justice si mal renseigné, était du ressort de Montmorillon[3] et par conséquent compris, au point de vue judiciaire, dans les limites de la sénéchaussée de Poitou. On ne sait d'ailleurs ce qu'il advint de ce Pierre Dauphin.

Le samedi 1er jour de juin 1471, le registre porte : « Au conseil, et fut pronuncé à la barre que la court se seroit à Chauvigny, le lundy xe dudit moys de juin ». Et en effet, elle se transporta dans cette ville et y siégea plus d'une semaine, car elle s'y trouvait encore le lundi 17, où l'on appela la cause du chapitre de Saint-Hilaire contre l'évêque de Poitiers, son official, ses vicaires et promoteurs audit Poitiers, auxquels sont joints les noms de Jacques Séjourné, auditeur de l'évêque à Chauvigny, Laurent Séjourné, son promoteur audit lieu, et Pierre Arembert, curé de Sepvret. Ce jour-là, le chapitre demanda et obtint renvoi à huitaine, Nicolas Boylesve, son avocat, étant absent[4]. Enfin, au mardi 9 juillet, on lit cette mention : « *Curia vacat*, pour ce que le

---

1. Cependant Louis XI ne fit son entrée à Amiens que le 14 avril suivant. (J. Vaësen, *Lettres de Louis XI*, t. IV, p. 192.)
2. Séance du 9 avril 1471. (X1a 4812, fol. 131.)
3. *Id.*, fol. 129 v°.
4. *Id.*, fol. 150 v°, 151.

roy manda la court, qui partit ledit jour pour [aller] devers luy, à Luzignen [1] ». On ne sait si Messieurs du Parlement y purent rencontrer Louis xi ; le 8 juillet, le roi était à Nouâtre (c^{on} de Sainte-Maure, arr. de Chinon), et le 14 à Saint-Michel-sur-Loire (c^{on} de Langeais, arr. de Chinon) [2]. Entre ces deux dates, il peut y avoir place à la rigueur pour un voyage à Lusignan ; mais on n'a point la preuve qu'il ait eu lieu réellement. Toujours est-il que la cour ne siégea pas non plus à Poitiers le mercredi 10 et le jeudi 11 juillet.

Charles duc de Guyenne était un jeune prince de vingt-trois ans à peine, quand il prit possession de son troisième apanage. Les bourgeois de Poitiers pouvaient donc légitimement espérer qu'ils conserveraient longtemps ce Parlement qu'ils avaient si passionnément désiré. Un événement difficile à prévoir le leur avait donné ; ils le perdirent par suite d'un événement encore plus imprévu. Le frère du roi mourut le 25 mai 1472 ; la Guyenne par suite faisait immédiatement retour à la couronne. Les motifs qui avaient déterminé la translation de la cour ayant cessé d'exister, il était naturel que les choses fussent rétablies en l'état primitif. Louis xi n'hésita pas un instant et, sans doute pour éviter les réclamations et les importunités des Poitevins, il se hâta au point que moins de huit jours après le décès de Charles, les lettres ordonnant le rétablissement du Parlement à Bordeaux furent promulguées. Elles portent la date de Saintes, le 1er juin 1472. Le Parlement de Paris, qui n'avait pas enregistré l'ordonnance de translation à Poitiers, eut la satisfaction de faire rentrer dans son ressort le comté de Poitou et la baronnie de Combrailles [3]. Ces lettres patentes prescrivaient, entre autres dispositions, que « tous les procès estans de present pendans indécis en ladicte court de Poictiers, entre nos subjectz des pays qui, paravant icelle translation, ressortissoient en nostre dicte court de Parlement de Paris, renvoient en l'estat qu'ilz sont en nostre dicte court... » On comprend que, dans la hâte du déménagement, un registre ait pu être égaré au milieu des dossiers des procès et qu'il ait été envoyé à Paris avec ceux-ci. Mais comment expliquer que les autres

---

1. Reg. X^{1a} 4812, fol. 159.
2. J. Vaësen, *Lettres de Louis XI*, t. IV, p. 245-247.
3. Ces lettres patentes sont imprimées, d'après le recueil des extraits des registres du Parlement de Bordeaux, conservé à la Bibl. nat. (auj. coté ms. fr. 22368), dans la collection des *Ordonnances des rois de France*, in-fol., t. XVII, p. 511.

registres n'aient pas été emportés à Bordeaux ou ne soient restés à Poitiers ?

Quoique les lettres du 1er juin mandent « aux présidens, conseillers et autres officiers seant de present à Poictiers, *excepté les greffiers*, que incontinent ilz se departent d'icelle ville et s'en voisent en nostre ville de Bordeaux... », le départ ne s'effectua pas du jour au lendemain, puisque nous venons de voir qu'un arrêt du Parlement de Poitiers porte la date du 27 juin, de telle sorte que la durée de son séjour dans notre ville fut de trois ans, à quelques jours près. Louis XI, cependant, ne parvint pas à se soustraire complètement aux revendications du corps municipal et même des membres poitevins de la cour, qui conservaient l'espoir, sinon de le faire revenir sur sa décision, du moins d'obtenir que leur Parlement fût maintenu et qu'une autre cour fût érigée à Bordeaux. Ils lui firent offrir à cet effet, une nouvelle somme de 2000 livres et lui envoyèrent une députation dont le président Jean de Tartas était le chef. Une curieuse lettre de celui-ci adressée à Jean Bourré, sr du Plessis, secrétaire du roi et chargé sans doute spécialement de la négociation et de l'examen des propositions poitevines, donne une idée des démarches qu'il dut faire, en cette conjoncture. Nous en donnons le texte intégral :

« Mon très honnouré seigneur, je me recommande à vous tant et de si bon cueur comme je puis. Messeigneurs qui sont commis de par la ville de Poictiers, pour venir devers vous, et moy sommes presentement arrivez en ceste ville de Tours et nous sommes logés desà les pons, à l'*Image Nostre Dame*, pour le dangier de l'espidemie que l'on dit qui est à Tours. Et sommes venuz pour besoingner avec vous touchant le *recouvrement des lettres de la perpetuacion du Parlement de Poictiers*, et pour vous delivrer deux mille francs pour le roy, car plus grand somme ne se puyt trouver. Je vous avoys envoié, l'autre sepmaine, ung messagier et vous avoye rescript pour sçavoir où vous tronveroye, mais oncques puys je ne le vis, et m'en suys parti de Poictiers par ses grans eaux, pour tirer quelque part que serriez ; et aujourd'uy matin, nous estans à Saincte Catherine[1], l'on m'a dit que estoiés à Maillé, et à ceste cause ay envoyé ung de nos gens là, cuidant que y fussiés. Mais j'ay sceu en ceste ville, en vostre houstel, que estoiés à

---

1. Sans doute Sainte-Catherine-de-Fierbois, con de Sainte-Maure, Indre-et-Loire.

Amboise. Et à ceste cause envoyons ce present pourteur par devers vous, affin qu'il vous plaise par luy nous mander qu'il vous plaira que nous fassions, ou si nous vouldrez expedier en ceste ville ou à Amboise, ou à Maillé. Mon très honnouré seigneur, mandés moy vos bons plaisirs pour les acomplir, au plesir Dieu, qui vous doint ce que desirés. Escript à Tours, ce judi au soir [1].

« Au regard de vostre poyne et labeur et de celle de monseigneur le general, j'espoire que vous en serés bien contans.

« Vostre serviteur. » [Signé :] « J. de Tartas [2] ».

Des termes de ce document il parait résulter que la ville de Poitiers avait obtenu déjà un semblant de promesse et que c'était une question de prix. La somme de 2000 livres aurait été jugée trop minime. Quoi qu'il en soit et malgré l'espoir d'une bonne récompense, que le *post-scriptum* de la lettre de Tartas lui laissait entrevoir, s'il menait à bien cette affaire, Bourré continua sans doute à se dérober. En tout cas, Louis XI refusa définitivement de donner suite à la requête des bourgeois de Poitiers [3].

II

La déconvenue du corps municipal dut être d'autant plus vivement ressentie dans la ville et dans toute la province qu'à la blessure d'amour-propre venait s'ajouter le regret des fortes sommes déboursées en pure perte. Si Louis XI ne pouvait être rendu responsable de l'événement qui avait été la cause de cette déception, du moins pouvait-on lui reprocher de s'être refusé obstinément à

---

1. Le 25 mai 1472, date de la mort du duc de Guyenne, tombait un lundi ; par conséquent le 1er juin fut aussi un lundi. La lettre de Tartas, datée de jeudi au soir, ne peut être du 28 mai, puisqu'il dit que, la semaine précédente, il avait envoyé à la recherche de Bourré pour l'affaire du Parlement (ce qui eût été avant le décès, c'est-à-dire tout à fait inadmissible). Il s'ensuit que cette lettre est au plus tôt du jeudi 4 juin, et plus vraisemblablement du 11 ou même du 18.
2. Original, Bibl. nat., ms. fr. 20488, fol. 121.
3. Le projet d'un Parlement à Poitiers ne fut d'ailleurs jamais complètement abandonné. A deux nouvelles reprises au moins, il fut présenté au roi, la première fois à Charles VIII, l'an 1496, la seconde à François 1er, en 1523. On pouvait croire même, à cette dernière date, que l'on avait enfin réussi, car le roi écrivait de Stains, le 20 juin 1523, aux maire, échevins et bourgeois de Poitiers : « Très chers et bien amez, vous avez esté advertiz de l'erection et creacion que avons puis naguères fait d'une court de Parlement en nostre bonne ville et cité de Poictiers, et partant qu'il est requis et necessaire qu'il soit pourveu aux offices d'icelluy de bons, notables et vertueulx personnaiges, tant pour le bien de justice que pour la decharge de nostre conscience.

toute compensation. Les Poitevins eussent été excusables de laisser percer leur mécontentement ; ils paraissent avoir eu la prudence de le dissimuler. Du moins les rapports, qui étaient très fréquents entre le roi et la ville, soit par lettres, soit par l'envoi de députés [1], continuèrent dans les mêmes termes que précédemment. Louis ne manquait jamais de faire connaître aux maire, échevins et conseillers les principaux événements politiques, les succès de ses armes, la mort de ses ennemis, etc.; mais en revanche il voulait être tenu au courant des affaires municipales, dont il s'occupait avec autant d'attention que des affaires de l'Etat. Ses nombreuses lettres missives, qui nous ont été conservées, en font foi [2]. Durant les dix premières années du règne, les bourgeois de Poitiers, par leur soumission aux désirs du roi, avaient toujours cherché et le plus souvent réussi à obtenir ses bonnes grâces ; ils se montrèrent, comme par le passé, constamment prêts à exécuter ses volontés, à se plier à toutes ses exigences.

Et cependant ils avaient eu, en plus d'une circonstance, de justes sujets de plainte. Louis XI, tout en reconnaissant généralement les efforts qu'ils faisaient pour lui complaire, avait parfois fait preuve d'une grande dureté envers eux, pour des choses de peu de conséquence. Au mois de juin 1466, par exemple, la municipalité avait envoyé à Châtellerault un de ses officiers conférer avec le comte du Maine, oncle du roi, personnage politique des plus considérables, qui, du temps de Charles VII, avait été lieutenant général en Poitou et depuis n'avait cessé d'être en très bons termes avec la ville et de s'entremettre pour lui rendre service. Le roi se montra fort irrité que l'on se fût permis d'avoir recours

---

A ceste cause, nous vous prions mettre peine de recouvrer et nous adroisser des gens sçavans et experimentez et qui aient bon zelle à la chouse publique, afin que en puissions promptement pourveoir ledit Parlement... » (*Arch. hist. du Poitou*, t. IV, p. 285.) Sous cette institution se cachait une mesure purement fiscale, et si, comme le dit Thibaudeau, chaque office de conseiller fut taxé à 20.000 écus (*Abrégé de l'hist. du Poitou*, t. III, p. 59), on comprend que la ville de Poitiers n'ait pu réunir un grand nombre de candidats. Toujours est-il que le projet avorta une fois de plus.

1. Ou bien la ville en envoyait d'elle-même, ou bien le roi les demandait, quoique ces déplacements réitérés ne laissassent pas que d'être fort coûteux.

2. M. Ledain a publié une quarantaine de lettres de Louis XI à la ville de Poitiers (*Arch. hist. du Poitou*, t. l, p. 148-186) et M. Vaësen en a complété autant que possible le recueil, dans son édition des *Lettres de Louis XI*, pour la Société de l'histoire de France (10 vol. in-8°). D'autre part, M. Henri Sée, pour son ouvrage intitulé : *Louis XI et les villes*. Paris, 1891, in-8°, a dépouillé consciencieusement les archives municipales de Poitiers, et particulièrement les registres des Délibérations ; il en a enchâssé les extraits dans la trame de son exposé, divisé en VI livres et 27 chapitres. Ces documents rapprochés permettent d'étudier en détail les relations du roi avec la ville de Poitiers, sujet que nous ne faisons naturellement qu'effleurer ici.

à un autre qu'à lui-même ; il écrivit aux maire et échevins, leur mandant de lui envoyer incontinent « ceulx qui sont ainsi alez devers nostre dit oncle, afin qu'ilz nous informent des causes de leur allée et de ce qu'ilz ont besongné en la matière ». C'était Nicolas Boylesve, procureur de la ville, qui avait été député auprès du comte du Maine. Il fut déféré au grand conseil et, à la suite de l'interrogatoire qu'on lui fit subir, Louis XI le priva pour un an de son office et le fit remplacer par une personne de son choix [1], ce qui était contrevenir aux droits de la ville. Des griefs de cette nature, il serait facile d'en relever beaucoup d'autres, étant donné le caractère soupçonneux et autoritaire du roi.

Les membres du corps municipal, de leur côté, auraient pu se plaindre avec beaucoup plus de fondement, comme étant attentatoire à leurs prérogatives séculaires, de la perpétuelle immixtion de Louis XI dans leur recrutement, dans l'administration de la ville, et surtout dans l'élection du maire ; en toute circonstance, il affectait de les traiter en officiers royaux, qui devaient lui obéir sans discuter. Ceux-ci ne paraissent pas s'en être particulièrement émus ; tout au plus peut-on noter quelque endroit de leurs délibérations, où se trouve exprimé timidement le regret que leur liberté ne soit pas respectée [2] ; mais aussitôt après ils s'inclinent devant les candidatures imposées par le roi. Chaque année, au moment de l'élection du maire et lorsqu'il y a lieu de pourvoir à une vacance dans le conseil des Cent, l'intervention royale se manifeste. Le plus souvent le roi prend la peine d'écrire à la ville afin de lui désigner le personnage qu'il entend mettre à la tête de la municipalité ou faire entrer dans le collège des échevins et conseillers. Si parfois on n'a point la preuve absolue que l'élu ait été choisi par lui, c'est que la lettre n'a pas été conservée ou que le corps municipal a pris les devants et a député près du roi pour avoir son agrément [3]. Car Louis a fait savoir une fois pour toutes, à propos de Nicolas Boylesve, dont il vient d'être question, qu'il n'entendait pas que l'on donnât les offices de la ville à d'autres qu'à ses serviteurs ou gens « à luy seurs et feables [4] » ; et l'on n'eût pas osé se soustraire à cette obligation.

---

1. *Arch. hist. du Poitou*, t. I, p. 159, 161.
2. Arch. de la ville de Poitiers, Délibérations, reg. V, fol. 12.
3. C'est ainsi que, en 1475, Méry Claveurier alla devers le roi, « pour savoir et sentir si son plaisir estoit que Perrotin de Saint-Julien eust la mairie pour la presente année ». (*Id.*, Délibérations, reg. VII, fol. 176.)
4. *Arch. hist. du Poitou*, t. I, p. 161.

Nous avons eu plusieurs fois, dans ce volume et le précédent, l'occasion de mentionner des maires, échevins ou conseillers dont l'élection fut ainsi imposée, notamment Jean de Moulins, s^r de Rochefort, notaire et secrétaire du roi, marié à la fille d'Etienne Jamin, filleule de Louis XI, qu'il fit d'abord nommer au conseil des Cent, en remplacement de son beau-père (mai 1464), puis, un mois après, élire maire [1]; Michel Dauron, valet de chambre du roi et son receveur en Poitou, échevin sur son ordre et ensuite maire (1463) ; Pierre Laigneau, écuyer, s^r de la Morinière, aussi valet de chambre du roi et son fauconnier, introduit de la même façon dans l'échevinage [2]. Il serait facile de dresser une liste à peu près complète des candidats élus sur le commandement de Louis XI. Nous nous contenterons de citer un autre cas d'intervention, parce qu'il est le plus caractéristique et prouve que, si par hasard il y avait eu malentendu, le roi n'hésitait pas à casser l'élection, alors que l'élu était déjà depuis plusieurs mois en plein exercice de sa magistrature, sans se préoccuper de la perturbation qui résulterait nécessairement de cet acte arbitaire dans l'administration municipale. André de Conzay, fils d'Hugues, l'ancien lieutenant général du sénéchal de Poitou, avait été régulièrement élu maire, le vendredi après la Saint-Jean-Baptiste 1466, et avait prêté serment le 12 juillet suivant, comme il était d'usage. Cependant le grand conseil écrit de Montargis, le 30 juillet, « aux échevins, bourgeois, manans et habitans de Poictiers », que le roi l'avait chargé de leur faire savoir que « son plaisir est que Me André de Conzay ne soit plus maire cette année, mais veult que celui qui le fut l'année dernière passée soit continué ». Quand cette lettre arriva à destination, c'est-à-dire dans la première semaine d'août, Jamet Gervain, le maire sortant, fut-il immédiatement substitué au nouvel élu, conformément à la volonté du roi [2], ou des remontrances furent-elles adressées par la ville à Louis XI ? Toujours est-il qu'une seconde lettre venue d'Orléans, le 8 octobre, signée « Loys », faisait le plus grand éloge d'André de Conzay et de son père et enjoignait à la ville de Poitiers de le laisser « joïr et user d'icelle mairie, ensemble des droiz et prouffiz à icelle appartenans ». Enfin, huit jours plus tard, nouveau coup de théâtre et nouvelle lettre de Louis XI, datée de Meung-sur-Loire, le 15 octobre. La recommandation en faveur de Conzay a

---

1. Vol. précédent (XXXV des *Arch. hist.*), p. 216, note.
2. Ci-dessous, p. 223, note.

été obtenue par surprise. Le roi est très mécontent d'apprendre que celui-ci a repris la charge de maire et les clefs de la ville ; il enjoint « aux conseillers, eschevins et bourgeois de les lui oster », incontinent les présentes vues, de les bailler à Jamet Gervain, auquel, ajoute-t-il, « obeissez et faictes obeir comme à vostre maire [1] ». L'année suivante, les précautions furent mieux prises ; dès le 18 juin 1467, le roi fait savoir qu'il a choisi d'ores et déjà, pour remplacer le maire sortant, « nostre cher et bien amé Colas Mouraut, lequel est ung des xxv. eschevins et des plus anciens et notables bourgeois de nostre dicte ville [2]. »

Cette façon d'agir n'était pas employée à l'égard des Poitevins seulement; les autres grandes villes du royaume étaient toutes traitées de même. Louis XI par ce moyen peuplait leurs conseils de ses créatures, des agents de sa politique. C'était l'application du principe qu'il formulait ainsi, le 13 septembre 1464, dans une lettre aux magistrats d'Amiens, leur faisant savoir qu'il avait conféré à Philippe de Morvilliers, son échanson, la charge de maire pour trois ans, supprimant purement et simplement l'élection : « A cause de nostre souveraineté et majesté royale, à nous seul compette et appartient le general gouvernement et administration de nostre royaume, soit en offices, juridicions ou autrement, et aussi en toutes nos bonnes villes, citez et mairies, loys et eschevinages, lesqueles mairies, loys et eschevinages nous pouvons renouveler, creer et ordonner à nostre bon plaisir et voulenté, sans que nulz y ait que veoir [3]. »

Cette politique de Louis XI à l'égard des communes ne l'empêchait pas de ratifier leurs anciens privilèges et même de leur en conférer de nouveaux. Ceux de la ville de Poitiers furent confirmés par lettres patentes données à Toulouse, au mois de mai 1463 [4] ; les actes vidimés comprennent la création de la commune et l'organisation municipale. Nous venons de voir que le roi ne se considérait pas comme tenu de les respecter scrupuleusement ; maître absolu, personne ne pouvait l'empêcher de reprendre de la main gauche ce qu'il avait donné de la main droite. Les privilèges, même devenus illusoires, conservaient toujours leur prestige et aussi une valeur relative; on tenait à ses titres, on payait au besoin pour les

---

1. *Arch. hist. du Poitou*, t. I, p. 161, 162, 163.
2. Lettre datée d'Anet-sur-Eure. (*Id.*, p. 164.)
3. Aug. Thierry, *Recueil des monuments inédits de l'histoire du Tiers-Etat*, in-4° (Coll. des documents inédits), t. II, p. 271.
4. Vol. précédent (*Arch. hist. du Poitou*, t. XXXV), p. 417, et *Introduction*, p. xvii.

faire renouveler, on en recherchait de nouveaux ; les bourgeois avisés se disaient qu'il viendrait sans doute un moment où il leur serait permis d'en user d'une façon plus effective. Des lettres données à Eu, au mois de décembre 1463, avaient exempté les vingt-cinq échevins nobles, y compris le maire de Poitiers, de tout service militaire en dehors de leur ville [1]. Quatre ans plus tard, à Vendôme, le 15 novembre 1467, Louis XI étendit l'exemption de ban et arrière-ban des maire et échevins aux bourgeois et à tous les habitants, à la charge de mettre la place en état de défense, de la garder et d'y faire intérieurement, au point de vue militaire, tout ce qui serait requis et nécessaire [2]. Néanmoins le ban et l'arrière-ban ayant été convoqués à Montaigu pour le 15 septembre 1472, par Jacques de Beaumont, sire de Bressuire, les commissaires par lui délégués à cet effet voulurent contraindre à s'y rendre les échevins, conseillers et habitants de Poitiers, nobles et non nobles, tenant fiefs et arrière-fiefs, prétendant que les lettres de novembre 1467 n'étaient valables « pour eux exempter dudit ban ». Les magistrats de la ville eurent tout aussitôt recours au roi, qui s'empressa de leur donner satisfaction. Dès le 15 octobre 1472, une déclaration plus explicite vint confirmer leur précédente exemption, en termes tellement précis qu'il n'était pas possible de se méprendre sur la volonté royale [3]. Tout cela n'empêcha point, au bout de trois ans, le sire de Bressuire de comprendre la ville de Poitiers dans une nouvelle levée du ban et arrière-ban. Le 13 juillet 1475, il écrivait des Sables-d'Olonne aux maire et échevins : « J'ay receu voz lettres et oy ce que m'a dit Me Nicolas Royrand (l'un des échevins) de par vous. Et touchant voz privilèges, soiez certains que les vouldroye aider à entretenir et garder. Vous savez la cause pour quoy l'arrière ban a esté fait et est bien besoing de obvier à la descente des Anglois..., et croy bien qu'il faudra que, *quelque privilège que vous ne autres avez*, que chacun secoure et aide à ce besoing, et que vous fournissez de quelque nombre de gens, pour venir à la couste, et de deux ou trois pièces d'artillerie, le plus que vous pourrez supporter ; et au surplus vous feray sçavoir ce que devez fournir... [4] ».

La ville de Poitiers eut à se plaindre aussi, en plus d'une circonstance, d'infractions de même caractère à ses franchises

---

1. Vol. précédent, *id.*, p. 432-434.
2. Deux expéditions originales aux Arch. municipales de Poitiers, A 27.
3. Texte publié dans le présent volume, ci-dessous, p. 314-320.
4. *Arch. hist. du Poitou*, t. I, p. 177, 178. M. Ledain, dans son *Hist. de Bressuire*, avait publié une première fois cette lettre, l'attribuant à l'année

en matière d'aides et tailles. Le 4 novembre 1472, par lettres données à Amboise, Louis XI, tenant compte de ce privilège, imposa sur le Poitou, *hormis la ville de Poitiers*, la somme considérable de 64.156 livres pour la solde pendant un an de cent soixante-treize lances garnies, à 31 francs par mois pour chaque lance, y compris les gages du capitaine montant à 1000 livres [1]. Trois mois plus tard, cependant, il taxait la ville à 3000 écus d'or, destinés aux réparations des fortifications d'Amiens, Beauvais, Compiègne, Noyon et autres places de la frontière de Picardie, « pour resister aux entreprinses et dampnables voulentés du duc de Bourgoigne, à nous rebelle et desobeissant », et il leur envoyait son conseiller Jacques Berziau, chargé de les requérir de payer cette imposition entièrement et sans délai. Il ajoutait : « Nous vous avons tousjours supportez et soulagez desdictes tailles, dont jusques icy n'avez payé aucune porcion, pour quoy ne nous devez reffuser à ce besoing [2] ». Etait-ce bien une raison ? Dispensés jusque-là de ces contributions, les habitants de Poitiers ne devaient-ils pas au contraire trouver d'autant plus insupportable une sommation aussi inattendue. L'exception d'ailleurs se répète si souvent qu'elle devient bientôt la règle. En 1475, la ville doit contribuer pour 2000 livres à l'indemnité exigée par le roi d'Angleterre [3]; le receveur des aides fait arrêter chaque jour au Palais « aucuns habitans, pour avoir paiement » de cette somme. Une commission extraordinaire, envoyée par Louis XI à Poitiers en 1477, se prend de querelle avec les magistrats ; elle trouve que la ville est en retard pour s'acquitter d'un prêt de 2000 livres qui a été promis au roi. Le corps municipal se décide à envoyer une provision de 1000 livres. Toutefois les vexations continuent ; un des commissaires se vante « de destruire ladicte ville et d'en faire ung village ». Les habitants envoient un député au roi ; ils n'en sont pas moins condamnés à 2000 écus d'amende. Les commissaires chargés de lever cette somme font encore « de grans et excessives execucions [4]. »

1472. Nous l'avons citée de confiance, sous cette date inexacte, et par suite présenté la confirmation du 15 octobre 1472, comme un désaveu infligé par le roi au sire de Bressuire (ci-dessous, p. 315, note). On voit qu'il n'en était rien. La date rectifiée restitue à ce document sa véritable signification.
    1. Vidimus de l'année 1473. (Arch. nat., K 71, n° 22.)
    2. *Arch. hist. du Poitou*, t. I, p. 173.
    3. *Id.*, p. 178.
    4. Arch. de la ville de Poitiers, Délibérations, reg. VII, fol. 203, 308. H. Sée, *Louis XI et les villes*, p. 126, 127, 173.

III

Les bourgeois étaient naturellement plus sensibles à ces exigences financières qu'à la suspension ou à la perte de leurs autres privilèges. Les registres des délibérations du Mois et cent laissent voir que, malgré leur soumission au pouvoir royal, ils ne sont pas toujours maîtres de dissimuler tout à fait leur mécontentement. L'an 1466 déjà, on y peut lire que les habitants de Poitiers sont pour ainsi dire ruinés, « tant pour les grosses et excessives tailles que aussi pour les gens d'armes qui pillent et prennent toute la substance du peuple[1] ». En 1476, le maire se plaint de la situation devenue intolérable : « Au moien des grans et innumérables charges que la ville a supportées depuis x. ou xii. ans ença, dit-il, tant à l'occasion des guerres, des emprunts, de la translation du Parlement de Bordeaux en ceste ville que autrement, a convenu à la ville vendre et engager tout le domaine d'icelle, et n'y a plus aucuns deniers pour reparer et entretenir les portes et murailles de ladicte ville, qui sont fort ruyneuses, ne faire les autres choses necessaires... [2]. »

Les charges militaires pèsent lourdement sur le pays. Louis XI, lorsqu'il envoie des garnisons dans les villes, n'a garde de consulter les municipalités. En 1465, le connétable de Saint-Pol fait loger cent lances dans le Poitou ; le s^r de Riberay se transporte dans les villes de la région, afin de déterminer le nombre d'hommes que chacune devra recevoir ; les notables bourgeois ne sont pas appelés à donner leur avis ; on leur prescrit seulement de ne faire « nul encherissement sur les vivres », et on ordonne aux gens de guerre de se comporter en bon ordre et police [3]. A Poitiers, les bourgeois désignés pour loger les hommes d'armes sont promptement réduits à la misère ; le conseil de ville décide, en 1468, que « l'on prendra des plus notables habitants jusques au nombre de deux cents personnes, qui bailleront chacun cinq sols par an ; laquelle somme sera mise, convertie, emploiée et baillée aux hostes où seront logez lesd. gens d'armes » ; et encore ne compte-t-on pas les 30 sols que la ville est obligée de fournir par mois à chaque lance [4]. En 1469,

---

1. Arch. de la ville de Poitiers, Délibérations, reg. VI, fol. 52 v°.
2. Id., reg. VII, fol. 246.
3. Id., reg. IV, fol. 335 ; H Sée, *Louis XI et les villes*, p. 112.
4. Délibérations, reg, VI, fol. 66 v° ; H. Sée, *op. cit.*, p. 105.

Louis xi porta à 16.000 le nombre des francs-archers et les divisa en quatre corps de chacun 4000 hommes, commandés par autant de capitaines généraux. Le contingent poitevin formait, avec ceux de Touraine, de Saintonge et de Limousin, le corps placé sous le commandement d'Yves du Fou [1]. La ville de Poitiers, qui, en 1468, n'en équipait que douze, c'est-à-dire le même nombre qu'à la création de cette milice [2], dut en 1473 en habiller et armer dix-huit, et l'année suivante vingt-trois [3]. En plus des taxes que le pays devait payer pour l'entretien des gens de guerre, il faut tenir compte de tous les rançonnements arbitraires, des dégâts et actes de pillage qu'ils commettaient, des violences qu'ils exerçaient. Car partout on avait à se plaindre de l'indiscipline des compagnies d'ordonnance aussi bien que des francs-archers, qu'ils fussent dans leurs garnisons ou en campagne. A Poitiers, ils font main basse sur les vivres et refusent de rien payer, ils s'emparent par force de chapons, poulardes, avoine, etc. [4].

Quant à leurs actes de violence, aux rixes qu'ils excitaient, aux meurtres dont ils se rendaient coupables, les lettres de rémission publiées dans ce volume en font connaître de nombreuses variétés ; les uns sont l'œuvre d'hommes d'armes, archers ou coutilliers de la compagnie d'ordonnance du sénéchal Louis de Crussol [5], ou d'autres compagnies de passage dans le pays ; les autres, en plus grande quantité, sont le fait de francs-archers, soit au cours d'expéditions auxquelles ils prennent part, soit entre deux campagnes, dans les paroisses qui les entretiennent, à Saint-Jouin, Taizé et Martaizé, à Vaussais, à Saint-Hilaire-sur l'Autize, au Boupère, etc. [6]. Les gentilshommes du ban et de l'arrière-ban, dont les réunions ne furent jamais si fréquentes que sous le règne de Louis xi, donnèrent eux-mêmes plus d'une preuve d'indiscipline. Lors du siège de Chantocé, une révolte

---

1. Ci-dessous, p. 104, note.
2. Voy. *Introduction* de notre t. IX (*Arch. hist. du Poitou*, t. XXXII), p. xxii.
3. Délibérations, reg. VI, fol. 88 ; reg. VII, fol. 54 et 187.
4. Délibérations, reg. VI, fol. 42 v°.
5. Une montre de la compagnie de Louis de Crussol, passée à Poitiers, le 5 mai 1470, est imprimée dans le t. II des *Arch. hist. du Poitou*, p. 305. Une autre de la même compagnie (87 hommes d'armes et 190 archers) fut passée à Compiègne et à Senlis, le 28 mars 1472. (Arch. nat., K. 71, n° 16.)
6. Cf. les rémissions en faveur de Louis Duclou, archer, Aymer d'Excées, Guillaume Quiéret, don Caulandon, hommes d'armes, Bernard de la Touche, Pierre Gain et Jean Wach, archers, et Notinet Couppé, coutillier de la compagnie du sénéchal de Poitou, tous meurtriers. (Ci-dessous, p. 46, 56, 72, 112, 133, 179, 254.) Pour les meurtres commis par des francs-archers, voy., entre autres, p. 349, 365, 440, 443 et 455.

éclata dans l'arrière-ban de Poitou qui se trouvait aux Ponts-de-Cé et refusait d'aller plus loin. Louis de Beaumont, s^r de la Forêt, qui en avait le commandement, y courut grand risque de la vie. Cependant, dans l'espoir de satisfaire les mutins, on leur avait payé quinze jours de solde, au lieu de huit seulement que le roi avait accordés. Mais cette concession ne les calma point ; même « ilz se monstrèrent si très desraisonnables, écrit à Louis XI un de ses officiers, qu'oncques homme ne fut en si plus grant dangier de mort que fut monseigneur de la Forest, et nosseigneurs de Penthièvre et de Bressuire et mons^r de la Grève eurent assez à faire de le sauver... [1]. » On pourrait citer encore, sur le même sujet, deux rémissions pour meurtre, données en faveur de gentilshommes du ban et de l'arrière-ban de Poitou, faisant alors campagne en Bourgogne (1477), rémissions qui seront comprises dans le prochain volume.

Pendant le règne de Louis XI, l'armée fut presque constamment sur pied et toujours prête à se transporter d'une frontière à l'autre ; elle fournit même plus de marches sans résultat que de combats. Les finances du royaume s'en ressentirent d'autant. Les dons aux personnes furent une autre cause de grosses dépenses ; si on voulait en faire le compte, on arriverait sûrement à un total extrêmement élevé. Avare pour les petites choses, le roi prodiguait l'argent, quand il s'agissait de se ménager des appuis pour ses desseins politiques, ou de les mettre à exécution. Il ne connaissait pas d'autre moyen de s'attacher les hommes que de les acheter. Dire qu'il s'entourait de favoris ne serait pas une expression exacte ; ce qu'il lui fallait, c'était des serviteurs sans scrupule, voués corps et âme à l'accomplissement de ses ordres impérieux, et il ne croyait jamais les payer trop cher. On sait de quelle générosité il fit preuve à l'égard de Philippe de Commynes ; rien qu'en Poitou, il lui fit don des terres de Talmont, Olonne, la Chaume, Curzon, Château-Gauthier, « Bran et Brandois », Berrie, c'est-à-dire une bonne partie de la riche succession de Thouars, plus, quand il le maria à Hélène de Chambes, 30.000 écus d'or (41.200 livres) pour acheter du s^r de Montsoreau, son beau-père, la seigneurie d'Argenton et autres terres en dépendant, sans parler des pensions, gages et multiples gratifications. Il s'attacha de la même façon beaucoup d'autres de ses conseillers, que l'on pourrait plus juste-

---

[1]. Lettre conservée parmi les papiers de Jean Bourré (Bibl. nat., ms. fr. 20489. fol. 12), publiée en partie par M. H. Sée, *Louis XI et les villes*, p. 107, note 6.

ment appeler les exécuteurs de ses volontés. Les confiscations, les spoliations, si nombreuses et importantes fussent-elles, ne suffisaient pas aux dépenses de cette nature. L'ancien domaine de la couronne, déjà fort diminué par les générosités de Charles VII [1], s'amoindrit de plus en plus par suite des ventes, aliénations et engagements ordonnés par son fils. En ce qui concerne le Poitou, on peut s'en faire une idée en parcourant un curieux document de la Chambre des comptes intitulé : « Etat des dons et aliénations du domaine de la sénéchaussée de Poitou pendant le règne de Louis XI [2]. »

Au mois d'avril 1470, Louis fit don à Anne, sa fille aînée, alors âgée de neuf ou dix ans et fiancée à Nicolas d'Anjou, marquis de Pont-à-Mousson (depuis duc de Calabre), de la vicomté de Thouars, avec les terres et seigneuries de Mauléon et de Berrie [3], constituant la plus grosse portion de la succession de Louis d'Amboise, vicomte de Thouars, qu'il s'était appropriée, après la mort de celui-ci, en dépouillant les héritiers légitimes. A propos de cette donation, comme commentaire au texte, et de même en quelques autres endroits du volume, nous avons noté certains renseignements relatifs à cette affaire de la succession de Thouars, bien qu'elle ait été l'objet de nombreux travaux. Anne de France, la future dame de Beaujeu, ne paraît pas avoir personnellement profité beaucoup de la largesse de son père, d'abord parce qu'elle était bien jeune, ensuite parce que le revenu de la vicomté de Thouars fut, par lettre du 26 mai 1473, attribué au sire de Brèssuire, pour le récompenser d'avoir bien secondé le roi en exécutant la spoliation des enfants de Louis de La Trémoïlle, et enfin parce que Louis XI, par lettres données aux Forges, le 27 octobre 1476 [4], révoqua le don fait à sa fille et réunit purement et simplement au domaine de la couronne la vicomté de Thouars et autres terres de l'héritage de Louis d'Amboise, sauf celles qui en avaient été démembrées au profit de Commynes. Bien que ces terres, qui avaient été destinées à faire partie de sa dot, lui eussent été enlevées de cette façon, Anne, après la mort de son père, par acte du 5 décembre 1483, crut devoir déclarer qu'elle se désistait de tout droit qu'elle y pouvait

---

1. Voy. Introduction de notre t. IX (XXXII des *Arch. hist.*), p. XXIX et suiv.
2. Fort cahier copié au XVIe siècle. (Arch. nat., J. 748, n° 11.) Voy. aussi des lettres de Louis XI mandant à son receveur en Poitou de donner à cens divers domaines situés dans son ressort. Saint-Jean-d'Angely, 15 février 1462. (*Id.*, K, 70, n° 5.)
3. Texte publié ci-dessous, p. 247 à 253.
4. Voy. ci-dessous, p. 248, note.

prétendre¹. Déjà, en qualité de régente, elle avait donné son assentiment aux poursuites faites par les enfants de Louis de La Trémoïlle pour être mis en possession de la succession de leur aïeul maternel.

Dans les notices que l'on trouvera ci-dessous, relatives à quelques seigneurs du Poitou, connus particulièrement pour avoir été parmi les serviteurs les plus dévoués de Louis XI, comme Louis de Beaumont, sʳ de la Forêt-sur-Sèvre, Jacques de Beaumont, sire de Bressuire, Yves du Fou (celui-ci devenu poitevin par son premier mariage et ses possessions), Jean d'Appelvoisin, Pierre de Combarel, sʳ de l'Isle-Jourdain, Louis de Belleville, sʳ de Montaigu², etc., nous avons eu soin d'indiquer les dons principaux, en terres et en argent, qu'ils reçurent de leur maître, et il n'est pas nécessaire d'y revenir. Nous insisterons cependant sur des actes relatifs à deux de ces personnages, parce qu'ils paraissent révéler entre eux et le roi une intimité toute particulière. Le 10 avril 1470, accordant à Jean d'Appelvoisin la permission de fortifier Thiors, dont il était seigneur, Louis déclare que tout récemment il a été très bien reçu audit lieu et que le château de Thiors lui a paru d'ailleurs si plaisant et agréable comme site qu'il se propose d'y faire dorénavant sa demeure, quand il viendra dans le pays³. De même, le sire de la Forêt avait fait édifier à Missé, l'une de ses nombreuses seigneuries, un pavillon servant de résidence de chasse au roi, qui s'en montrait fort satisfait. Tout près de là, Louis de Beaumont possédait des moulins, que, par lettres de septembre 1473, Louis XI affranchit de toutes tailles et impositions, exemptant en même temps le meunier de guet et de garde. C'est dans ces lettres qu'il est question de ce pavillon, où le roi dit avoir logé déjà et être dans l'intention d'habiter encore à l'avenir, ce que « pourront aussi faire noz successeurs roys de France », ajoute-t-il⁴.

Donc Louis XI payait largement, on peut dire sans mesure, les services rendus ou ceux qu'il espérait ; en revanche, il exigeait l'obéissance la plus absolue. Au moindre manquement, même sur un soupçon mal fondé et sans attendre une justification possible, il réprimandait en termes durs et parfois outrageants des serviteurs qui avaient donné les plus grandes preuves de zèle et d'empressement à le satisfaire, ceux qu'en de rares moments de

---

1. Collection dom Fonteneau, t. XXVI, p. 501.
2. Voy. ci-dessous, p. 54, note, 103-107, note, 232, note, 272, note, 395, note, 400. note.
3. Voy. ci-dessous, p. 233.
4. *Id.*, p. 400-402.

bonne humeur il traitait avec une familiarité qu'on aurait pu croire amicale. Yves du Fou en fit souvent l'expérience. Une fois il lui reproche sévèrement d'avoir fait appel à son indulgence en faveur du sire d'Archiac, compromis dans les menées du duc de Guyenne. Cependant du Fou lui annonçait en même temps (mai 1472) que la ville de Cognac avait capitulé et qu'il tiendrait prisonnier ledit d'Archiac, capitaine de la place, jusqu'au bon plaisir du roi. Une autre fois, à propos d'une somme de 800 fr. pour la ville d'Ancenis qu'il ne voulait pas recevoir sous sa responsabilité, Louis lui écrit : « Je n'entends point cecy ny pourquoy vous me jouez cette finesse ; et tenez vous seur que je congnois bien que les manières n'en vallent riens, ne je n'en suis pas content avec. Si je pers cette place, il est bien cler que ce sera par vous, etc. » (30 octobre 1472) [1]. Enfin il l'accuse hautement de le trahir ; voici dans quelles circonstances. Au mois de janvier 1473, le soulèvement général du Roussillon avait remis aux mains de Jean II, roi d'Aragon, les provinces qu'il avait engagées à Louis XI en 1462. Les premiers efforts des Français pour les reconquérir avaient été infructueux. Ce ne fut qu'au bout de deux ans de lutte que la ville de Perpignan se rendit au roi de France.

Les capitaines de l'armée royale, Yves du Fou, le s^r du Lude et Boffile de Juge avaient, pour en finir, accordé des conditions assez douces aux habitants et à la garnison. Le roi les ignorait encore, lorsqu'il remit au s^r du Bouchage des instructions pour une répression terrible, capable de frapper les esprits d'épouvante, que celui-ci emporta de Paris, le 23 mars 1475. Il avait ordre aussi, une fois arrivé à Perpignan, de renvoyer « le plus hastivement possible » du Fou et du Lude et de substituer entièrement son autorité à la leur. Peu de temps après, les termes de la capitulation vinrent à la connaissacce du roi ; il en rendit responsable du Fou et fut pris contre celui-ci d'un violent accès de colère, sous l'empire duquel il écrivit, le 7 avril, à du Bouchage : « Vous ne vous devez pas esmerveiller si je feuz bien couroussé, quand je receuz les lettres de ce traitre messire Yvon. Toutes voyes vous n'y avez riens trouvé que je ne vous eusse bien dit avant la main... Vous veez bien qu'il ne leur a pas souffit de faire la grant trayson de la ville, s'ilz n'ont acomply toutes les petites branches qui en deppendoient, afin que je n'y puisse remedier. Messire Yvon est ung des malycieux traitres de ce royaume, et

---

[1]. J. Vaësen, *Lettres de Louis XI*, t. IV, p. 318, 367 ; t. V, p. 71.

considerez que vous allez pour me servir et qu'il vous fault estre plus malicieux que luy, etc. [1] ». La trahison, bien entendu, n'existait que dans l'imagination du roi, surexcitée par le courroux. Du Fou n'en fut pas moins disgracié pour un temps.

Dans des lettres du 4 février précédent, par lesquelles il l'accréditait auprès du roi d'Aragon, Louis XI le qualifie « son seneschal en Poictou [2] ». Ce document, le seul qui mentionne notre personnage comme étant, à cette époque, en possession de la charge de sénéchal, ne saurait être suspecté, et il y a tout lieu d'admettre la parfaite exactitude du renseignement. Nous l'ignorions, lorsque fut rédigée la notice relative à Yves du Fou [3]. On ne saurait d'ailleurs dire à quel moment il fut pourvu de cet office ; mais il fut certainement destitué après sa *trahison*, puisque dans les provisions de la charge de sénéchal de Poitou, donnée à Commynes, le 24 novembre 1476, il est exprimé formellement que le roi nomme ce dernier en remplacement de Charles d'Amboise, s^r de Chaumont. Sous le bénéfice de cette correction, il demeure établi que Jean Chambon, d'abord lieutenant de Louis de Crussol, exerça par commission l'office de sénéchal de Poitou, depuis le 18 juin 1473 jusqu'à la nomination de Commynes [4] ; mais il faut ajouter qu'il l'exerça au nom de deux titulaires successifs, Yves du Fou, d'abord, le s^r de Chaumont, ensuite. La disgrâce du premier ne dura, d'ailleurs, pas longtemps, puisque, dans des actes de l'année 1475 même, on le trouve qualifié gouverneur de Dauphiné et qu'il reçut en outre, l'an 1478, la charge de maître et général réformateur des eaux et forêts de Poitou [5].

IV

Quelques autres documents du présent volume méritent aussi de ne point passer inaperçus. L'ordonnance relative à l'organisation municipale de Fontenay-le-Comte (mars 1472) est remarquable en ce qu'elle est très différente de la plupart des constitutions urbaines accordées par Louis XI. Celles-ci, dont le nombre est d'ailleurs assez restreint, présentent ordinairement ce caractère de subordonner le gouvernement des villes à l'autorité des

---

1. J. Vaësen, *Lettres de Louis XI*, t. V, p. 333. B. de Mandrot, *Ymbert de Batarnay, seigneur du Bouchage*. Paris, 1886, in-8°, p. 59-61.
2. J. Vaësen, *Lettres de Louis XI*, t. V, p. 318.
3. Ci-dessous, p. 103-107.
4. Voy. la notice relative à Jean Chambon, ci-dessous, p. 381, note.
5. Ci-dessous, p. 104-105, note.

officiers royaux [1], ce qui concorde parfaitement avec l'attitude habituelle du roi vis-à-vis des municipalités, dont l'indépendance est contraire à sa conception politique, à son absolutisme. La constitution de Fontenay est donc une exception curieuse ; c'est une véritable charte de commune, conçue à peu près sur le modèle de celles de la Rochelle, de Poitiers et de Niort.

Nous en rappellerons sommairement les principales dispositions : assemblée des bourgeois et habitants lais, pour élire entre eux cinquante notables ; choix et élection par ceux-ci d'un *élu* (qualifié maire dans la confirmation de Charles VIII, en 1485) et trente échevins et conseillers perpétuels, à vie, dont les onze premiers et l'élu seront appelés échevins principaux. Une fois ce conseil ainsi constitué, le maire sera élu chaque année par les trente et choisi dans le collège des onze échevins ; les maire, échevins et conseillers éliront un procureur de la ville, un greffier, un sergent et autres officiers nécessaires ; les gages du maire, du procureur, du greffier et autres seront fixés par les échevins et conseillers ; si le maire décède en cours d'exercice, le premier et plus ancien échevin prendra sa place jusqu'à l'achèvement de l'année ; à la mort d'un membre du conseil, élection sera faite par les autres d'un conseiller, s'il s'agit de remplacer un des onze échevins, ou d'un des habitants de la ville ou des faubourgs, à leur choix, si le défunt était simplement conseiller. Privilèges : pour le maire, exemption de toutes tailles et impositions quelconques, pendant l'année de son élection ; pour les échevins et conseillers qui seront ou auront été maires, permission d'acquérir fiefs et autres choses nobles, partout où bon leur semblera dans le royaume, avec dispense pour eux et leurs successeurs de tout droit de franc-fief et nouvel acquêt : pour le maire et les onze échevins, dispense de commissions ou charges publiques de collecteurs de tailles ou autres subsides ; exemption, en faveur des trente, des ost et chevauchées et du ban et arrière-ban, tant du service personnel que du remplacement, sans avoir à payer aucune composition ou amende, si, bien entendu, ils possèdent des fiefs nobles obligés à ce service. Le conseil se

---

[1]. Voy. notamment celles de Troyes (1470), de Blaye (mai 1472), du Mans (février 1482). (*Ordonnances des rois de France*, t. XVII, p. 426 ; XVIII, p. 749 ; *Arch. hist. de la Gironde*, t. XII, p. 23.) Celle d'Angers (février 1475), plus libérale, ne donna pas cependant satisfaction aux habitants et suscita même des troubles, en 1478, par suite de l'attitude de Guillaume de Cerisay, maire nommé par le roi. (H. Sée, *op. cit.*, p. 259 et suiv.)

réunira pour traiter des affaires de la ville, sur la convocation du maire, toutes les fois qu'il sera jugé nécessaire.

Les maire et échevins feront lever le droit de barrage et l'appetissement du vin vendu en détail, ainsi que les aides et coutumes que la ville prélevait d'ancienneté aux gués de Velluire, de Maillé et de la Pichonnière, à condition que le produit de ces péages soit employé aux réparations et à l'entretien de la ville, et non ailleurs. Chaque année, les trente commettront l'un d'eux pour faire la recette des deniers communs, qui seront distribués de l'ordonnance du conseil. Le receveur annuel devra rendre compte par devant le sénéchal de Poitou ou son lieutenant à Fontenay-le-Comte, en présence du maire et des échevins, ou de partie d'entre eux. C'est dans cette circonstance seulement que l'intervention d'un officier royal est prescrite. Le droit de visiter les poids et mesures aux foires très fréquentées de la ville est concédé aux maire et échevins, et ils en garderont les étalons en l'hôtel de l'échevinage. Ils visiteront aussi les denrées, marchandises et objets manufacturés qui se fabriquent et se vendent dans la ville et les faubourgs, et auront la juridiction voulue pour réprimer les abus en cette matière. Le maire aura les clefs et la garde de la ville et des faubourgs, et les échevins, conseillers, bourgeois et habitants seront tenus de lui obéir [1].

Cette constitution bien observée eût été de nature à assurer à la ville de Fontenay-le-Comte une indépendance suffisante. Malheureusement et pour une raison qui n'apparaît pas bien clairement, elle resta longtemps lettre morte ou à peu près. Nous avons donné le texte d'un arrêt du Parlement du 21 août 1486, interdisant à la ville et aux habitants de donner suite à l'institution de leur échevinage, sous prétexte que les lettres patentes de mars 1472 n'avaient « esté verifiées ne expediées selon les ordonnances [2] ». Bien d'autres édits cependant avaient été mis à exécution sans avoir été enregistrés par les cours souveraines, auxquelles ils étaient adressés, notamment celui qui ordonnait la translation du Parlement de Bordeaux à Poitiers, comme on l'a vu ci-dessus. Charles VIII, par deux fois, en 1485, et plus tard François 1er, par lettres de novembre 1516, confirmèrent la charte municipale concédée par Louis XI à la ville de Fontenay-le-Comte. Nous avons constaté que ces dernières furent enregistrées par la Chambre des comptes.

---

1. Voy. le texte de ces lettres et les commentaires que nous y avons joints, ci-dessous, p. 295-303.
2. Ci-dessous, p. 302, note.

Si, comme il est vraisemblable, Pierre de Rohan, s¹ de Gyé, à qui Louis XI avait engagé la ville et seigneurie de Fontenay, doit être considéré comme l'auteur responsable des empêchements que rencontrèrent les habitants de cette ville dans la jouissance de leurs nouveaux privilèges, il ne serait pas surprenant que ceux-ci n'aient pu être entérinés et sortir leur effet légal qu'au commencement du règne de François Ier [1], puisque le maréchal de Gyé vécut jusqu'au 22 avril 1513. Aux documents indiqués déjà touchant les démêlés entre le seigneur engagiste et la ville [2], peut être joint cet autre, dans lequel il semble que l'on soit fondé à voir une protestation des habitants de Fontenay-le-Comte contre la cession de leur ville au maréchal de Gyé ; il s'agit d'une commission de Louis XI à un huissier du Parlement, en date du 23 septembre 1478, lui enjoignant d'ajourner d'anciens officiers royaux de Fontenay qui, contre les intentions du roi, avaient voulu, *de concert avec les habitants*, maintenir et continuer la tenue des grandes assises royales, que le roi avait jugé à propos de supprimer, en donnant la ville et la terre à Pierre de Rohan [3].

On trouve parmi les papiers de Jean Bourré des lettres patentes, données au Plessis-du-Parc, le 28 février 1478, transférant les assises du sénéchal de Poitou, de Fontenay-le-Comte à Montaigu [4]. Louis XI voulait accroître l'importance de cette dernière ville, qu'il avait acquise, cinq ans auparavant, de Louis de Belleville, par voie d'échange avec celui-ci et de compensations à ses frères et sœur, dans le but de la transformer en place de guerre, capable de protéger la frontière de Bretagne. Le présent volume contient plusieurs textes et à leur suite des analyses de documents importants relatifs à cette affaire [5], qui présente un grand intérêt pour l'histoire du Poitou sous Louis XI, et sur laquelle nous reviendrons, autant qu'il sera possible, dans l'introduction du prochain volume.

Parmi les terres provenant de la succession de Thouars, données, au mois d'octobre 1472, à Philippe de Commynes, étaient comprises celles de la Chaume et d'Olonne. Au mois de décembre suivant, celui-ci obtint du roi, qui était venu visiter les domaines de son conseiller et chambellan, des lettres portant affranchissement,

---

1. On ne peut affirmer toutefois que la constitution municipale de Fontenay dut attendre jusqu'à l'année 1516 pour fonctionner régulièrement.
2. Ci-dessous, p. 303, note.
3. Collection dom Fonteneau, t. XX, p. 279-281.
4. Bibl. nat., ms. fr. 20494, fol. 52.
5. Voy. particulièrement ci-dessous, p. 395 à 398, et 417 à 428.

en faveur des habitants de ces localités, de toutes tailles destinées à la solde des gens de guerre et de toutes autres subventions, moyennant qu'ils seraient tenus de faire clore et fermer de tours, porteaux et murailles la ville des Sables, et d'y faire édifier les fortifications dont les devis seraient vus et approuvés par les s^{rs} de Bressuire et du Fou. Une nouvelle déclaration du 3 juillet 1474 étendit l'exemption aux droits de traite pour les blés et les vins sortant du royaume par le havre d'Olonne. Cette dernière ayant seule été transcrite sur les registres de la grande chancellerie, les lettres de décembre 1472 ne se trouveront pas dans ce volume ; mais comme elles ont été publiées dans le recueil des *Ordonnances des rois de France*, il était facile de rapprocher ces deux textes qui se tiennent étroitement ; c'est ce que nous avons fait [1]. Le roi, qui avait en outre accordé une somme de 5000 livres, payable en cinq annuités, pour contribuer à l'accomplissement de cette œuvre, avait peut-être en vue l'intérêt particulier de son conseiller ; mais l'intérêt public trouvait son compte aussi au développement du trafic et du port des Sables-d'Olonne, résultant de la sécurité que les fortifications ne pouvaient manquer de donner aux commerçants et à leurs marchandises.

D'ailleurs Louis XI, on doit le reconnaître, se faisait une haute idée de l'importance du commerce « pour l'utilité de la chose publique et pour le soustenement de ses sujets. » Dans le but d'encourager les relations commerciales, il comprit qu'il était grandement nécessaire d'améliorer les voies navigables. En 1462 déjà, il avait, sur le désir exprimé par le corps de ville de Poitiers, accordé un subside de 2000 livres pour les travaux du Clain [2]. La Sèvre étant ensablée, il fit, en 1464, remise à la ville de Niort d'une partie de la coutume qui se levait sur les marchandises transportées par la rivière. Le port de Niort réparé put désormais donner accès à des navires chargés de vingt-cinq à trente queues. On peut citer encore des lettres datées des Montils-lès-Tours, le 24 décembre 1468, imposant sur le Poitou une somme de 1000 livres destinée à payer les chaussées et écluses établies sur la Sèvre Niortaise, « pour entrer en la mer [3] ». La même année, le roi rétablit certaines aides qui doivent être employées à l'entretien de la navigation sur les rivières de Vendée et de Lay. Il s'occupa aussi du canal qui fait communiquer Luçon avec la Rochelle et

---

1. Ci-dessous, p. 436 à 440.
2. Arch. de la ville de Poitiers, D. 16.
3. Vidimus de 1469. (Arch. nat., K. 70, n° 49.)

donna à la première de ces villes, pour dix ans, « tout ce que les traictes et coustumes des blez, vins et autres marchandises, chargées ès païs et havres de Luçon, Thalemondais et autres ports de mer, pourroient valoir durant le temps susdit [1] ». A cette question du développement du commerce, se rattachent aussi les créations de foires et marchés, que l'on trouve en nombre appréciable sur les registres du règne de Louis XI. Nous en publions plusieurs : en février 1469, institution de quatre foires par an et d'un marché chaque semaine à Saint-Maixent ; à Ingrande, au profit de Galehaut d'Aloigny, seigneur du lieu, deux foires chaque année (octobre 1471) ; à Sepvret, en faveur de Mathurin Arembert, procureur du roi en Poitou, deux foires (19 mars 1473) ; à Conac, quatre foires chaque année et un marché hebdomadaire, à la requête de Louis de Belleville (août 1473) [2]. Pendant les dernières années du règne, ces créations furent plus nombreuses encore.

Nous ne pouvons que donner une énumération sommaire des actes suivants, qui à des titres divers se recommandent à l'attention : lettres octroyant franchise et exemption de toutes tailles et aides aux habitants de l'île de Bouin, à la requête des deux coseigneurs, Jean de Vendôme, vidame de Chartres, et René de Rais, s^r de la Suze (p. 61) ; permission et licence à l'évêque et au chapitre de Luçon de séculariser cette église, qui est de fondation royale, et ratification de l'acte de sécularisation (p. 118 et 155) ; autorisation à Louis, bâtard du Maine, de réédifier le château et de réparer les fortifications de Sainte-Néomaye, détruites par ordre de Charles VII pour punir Jean de la Roche, s^r de Barbezieux, de sa révolte (p. 152) ; dons et fondations de messes à l'abbaye de Notre-Dame de Celles (p. 206, 304, 320) ; concessions de droits d'usage en la forêt de Moulière en faveur de Pierre Laigneau, s^r de la Morinière, et de Pierre de Combarel, s^r de l'Isle-Jourdain, pour son château de Rouet (p. 223 et 272) ; permission à Jean de Moussy, écuyer, de fortifier sa place de la Contour (p. 284) ; don à Patrice Valentin de la haute justice de Saint-Maixent et de Germeville, avec permission de fortifier ces deux localités (p. 291) ; autorisation à Guichard Brulon, écuyer, s^r de Plaisance, d'entourer son hôtel de la Brulonnière de murs, tours et fossés (p. 309) ; à Jean d'Estissac, l'un des principaux

---

[1]. Bibl. nat., ms. fr. 20492, fol. 105-107 ; H. Sée, *Louis XI et les villes*, p. 321.
[2]. Voy. ci-dessous, p. 139, 288, 362, 400.

conseillers de Charles duc de Guyenne, de réédifier les châteaux de Coulonges-sur l'Autize et du Bois-Pouvreau, que Louis XI, le traitant en rebelle, avait fait raser (p. 337) ; confirmation des statuts des chaussetiers de la ville de Poitiers (p. 354); cession à Marguerite de Culant, veuve de Louis de Belleville, des ville, terre et seigneurie de Montmorillon, en échange de Montaigu (p. 417); réunion sous un seul hommage, en faveur de la même, des seigneuries de Chavagnes-en-Paillers, les Brouzils, Copechagnière, la Boissière et autres, démembrées de la châtellenie de Montaigu, avec permission de transformer Chavagnes en place forte (p. 423) ; lettres d'anoblissement de sept Poitevins : Guillaume Merlin, homme d'armes de l'ordonnance, s^r de Frouzille ; Nicolas Papion, de Chantonnay ; Pierre Pourceau, de Mervent ; Guillaume et Jean Richelot, frères ; André Ouvrart et Jean Sicoteau (p. 5, 125, 134, 278, 281) ; légitimations de Louis d'Anjou, bâtard du Maine, s^r de Sainte-Néomaye ; de Raoul de La Woestine, de Louis de Montfrault, de Gervais de Vesins et de Jean de La Trémoïlle (p. 39, 70, 113, 118, 434); naturalisation de Raoulet de Valpergue, lieutenant de la compagnie de Louis de Crussol, sénéchal de Poitou (p. 96), etc.

L'itinéraire de Louis XI, de 1465 à 1474, d'après les lettres de sa chancellerie (patentes et missives) n'indique qu'un assez petit nombre de séjours dans des localités poitevines. En voici le relevé : 1465. Poitiers (du 20 février au 9 mars), Parthenay (mars), Thouars (16, 20, 22 et 24 mars) ; — 1469. Niort (1er septembre), Puyraveau (7 septembre), Cenan et Benet (septembre, s. q.), Coulonges-les-Royaux (14 et 18 septembre); — 1470. Thouars (3 avril), la Ferrière-en-Parthenay (6 avril), Thiors (avril, s. q.), Celles (24 avril et s. q.), Limon près Curçay (25 avril) ; — 1472. Poitiers (mai, s. q.), Celles (4 juin), les Châteliers (12 juin), Niort (juin, s. q.), la Roche-aux-Aubiers (6 octobre), Notre-Dame de Celles (10 et 14 octobre), Poitiers (13 novembre), Fontenay-le-Comte (20, 22 et 23 novembre), l'Hermenault (du 25 au 30 novembre), les Sables d'Olonne (5 décembre), le Puybéliard et Dinechien (château de Dinchin, près le Puybéliard) (6, 16 décembre et s. q.), Mortagne-sur-Sèvre (23, 24, 26 et 27 décembre) ; — 1473. Montaigu (1er janvier), Mortagne, Vendrennes, Thouars et Missé près Thouars (janvier, sans quantième), Prailles (22 janvier), Notre-Dame de Celles (19 mars et 17 avril).

Il nous reste à dire quelques mots au sujet des lettres de rémission, dont le nombre est aussi élevé proportionnellement que dans les précédents volumes. On en compte quatre-vingt-dix-sept sur un total de cent cinquante actes. Vingt et une visent, individuellement ou collectivement, une trentaine de personnages nobles, seize des hommes d'armes, archers et coutilliers de l'ordonnance ou des francs-archers, quinze des prêtres et des officiers de finance et de justice, quelques-unes des bourgeois ou commerçants. Les autres sont octroyées à des gens de métier ou à des laboureurs, ces derniers surtout. Nous donnons, comme précédemment, la liste alphabétique des gentilshommes ayant obtenu, pendant cette période de dix ans, la remise des peines qu'ils avaient encourues pour des actes criminels variés, quelques-uns pour crime de lèse-majesté : Pierre Angot, écuyer, Péron de Basché, Jean Béchet, s^r de Genouillé, Abel Bexon, s^r de la Martinière, Jean Bonnin, s^r de la Cepière, Pierre Boudet, Louis Catus, s^r de Lassy, capitaine de Talmont, Louis Chasteigner, s^r de Malvault, Jean Charreton, écuyer, Gilles de Chezelles, Jean Coulon, Savary Girard, fils du s^r de Bazoges, Etienne de Granges, Jean de L'Age, François de La Muce, Pierre Marvilleau, s^r de la Vergnaie, Jean Méneguy, Antoine de Mosnart, écuyer, et ses trois fils, Jean du Moulin, écuyer, Dimanche de Mussy, Jean du Plessis-Saint-Martin, Jean du Pouët, Guillaume de Pousolz, Poncet de Rivière, s^r de Château-Larcher, Jean de la Rochefaton, Guy Scolin, Joachim de Velort, s^r de la Chapelle-Bellouin, et François du Vilier, écuyer. Pour la plupart, ils s'étaient rendus coupables de meurtre.

Neuf d'entre eux, pour lesquels il convient de former une catégorie spéciale, sont porteurs non de rémissions à proprement parler, mais de lettres d'abolition ; c'est dire qu'ils sont amnistiés à la suite de crimes ou délits politiques, complots et menées contre le roi, trahison. Joachim de Velort, Guy Scolin, Jean de L'Age, Gilles de Chezelles, Jean du Plessis-Saint-Martin, Pierre Boudet et Jean Méneguy, tous de familles loudunaises, avaient servi Charles, frère de Louis XI, dans sa révolte et l'avaient accompagné en Bretagne. Poncet de Rivière, que nous avons déjà rencontré dans le dernier volume, personnage mal connu, bien qu'il ait tenu une place éminente, avait, dans la première partie de sa carrière, rendu à Charles VII et à son fils des services appréciés. Déjà suspect d'intelligence avec le comte de Charolais, à la fin de la guerre du Bien public, il abandonna les fonctions de chambellan qu'il remplissait près de Louis XI et se retira définitivement à la cour de Bourgogne, au mois de mai 1468 ; il siégea désormais dans les conseils de

Charles le Téméraire et de François II, duc de Bretagne, et porta les armes contre le roi de France. Péron de Baschë, de son côté, avait pris part aux machinations de Nicolas d'Anjou, duc de Calabre (d'abord marquis du Pont), contre Louis XI, dont il avait failli devenir le gendre. Ils bénéficièrent donc de lettres d'abolition, les sept premiers collectivement, Poncet de Rivière avec Pierre d'Urfé, et Péron de Basché individuellement [1].

Ces lettres sont peu explicites ; conçues plutôt en termes généraux, elles ne précisent guère les faits incriminés, pas plus que leurs causes et les circonstances dans lesquelles ils ont été accomplis. Des recherches nous ont permis d'en éclaircir le contenu par des renseignements biographiques sur les personnages en cause, notamment sur Poncet de Rivière, sr de Château-Larcher. Nous l'avons suivi plusieurs années après la date de ses lettres d'abolition, malgré lesquelles il continua à servir les ducs de Bourgogne, de Bretagne et de Guyenne. Un clerc et serviteur d'un conseiller de Charles de Guyenne, Jean Hardy, qui fut exécuté à Paris, le 30 mars 1474, pour avoir tenté d'empoisonner Louis XI, avait accusé Poncet d'avoir été mis au courant du projet et de l'avoir approuvé. Condamné par contumace au bannissement perpétuel et à la confiscation, celui-ci fit intervenir François II, duc de Bretagne, pour obtenir que le roi l'admît à se justifier. Après de multiples négociations, Louis finit par se contenter d'un serment solennel prêté par Poncet de Rivière, sur le fragment de la vraie croix conservé en l'église de Saint-Laud d'Angers, et lui accorda sa grâce plénière, par lettres du 31 octobre 1477 [2].

Quant aux lettres de rémission proprement dites, beaucoup présentent aussi un intérêt véritable. Comme il faut bien nous borner, nous en citerons deux ou trois seulement, sans prétendre imposer un choix au lecteur et assigner à celles-là une place au-dessus des autres. Un jeune écuyer, Pierre Marvilleau, sr de la Vergnaie, avait, par amour pour Marguerite de Razilly, veuve d'Antoine, sire d'Argenton, et à sa sollicitation, fait au profit de Louis Chabot, sr de la Grève, dont cette dame était aussi la maîtresse, une déposition mensongère dans le but de nuire à Jean de Chambes, sr de Montsoreau. Les deux beaux-frères étaient en procès au sujet de la riche succession d'Argenton, et il s'agissait

---

[1]. Voy. ci-dessous pour Joachim de Velort et autres (p. 121 à 124) ; pour Poncet de Rivière (p. 264-269) et pour P. de Basché (p. 412-414).
[2]. Voy. pour cette affaire, ci-dessous, p. 267, note.

entre eux d'intérêts considérables. Ce procès, assez compliqué, dura longtemps et eut plusieurs phases ; nous avons essayé de le reconstituer à l'aide des registres du Parlement et de compléter les renseignements contenus dans les lettres de rémission. Antoine, sire d'Argenton, était décédé en 1461 sans postérité ; son père, Guillaume d'Argenton, avait été tuteur de Louis Chabot et avait fort mal administré la fortune de son pupille, qui de ce fait avait souffert une diminution sensible. Le s^r de la Grève réclama Argenton et autres biens de l'héritage d'Antoine, et produisit à l'appui de cette revendication une prétendue lettre de celui-ci, par laquelle il lui faisait cession *post mortem* de cette terre, en dédommagement des pertes que Guillaume d'Argenton lu avait causées. Cet acte, qui en définitive fut reconnu falsifié, avait été admis comme authentique dans la première instance, et le Parlement avait donné gain de cause à Louis Chabot. Le s^r de Montsoreau, persuadé qu'il y avait eu subornation de témoins, que des faux avaient été commis, ce que Marguerite de Razilly du reste fut obligée d'avouer, entama de nouvelles poursuites devant le sénéchal de Poitou d'abord, puis au Parlement de Bordeaux installé temporairement à Poitiers, qui, à la requête de Louis Chabot lui-même, évoqua l'affaire[1]. La conclusion n'en a pas été retrouvée et l'on ne saurait dire si elle se termina par un arrêt de la cour ou par une transaction entre les beaux-frères ; mais, en fin de compte, Argenton demeura au s^r de Montsoreau. Telle est la substance du procès, dont on peut voir plus loin le développement et lire les curieux épisodes[2].

Dans les secondes lettres, il est question encore d'un procès, pour le gain duquel l'une des parties fit usage de faux, mais qui se présente dans des conditions différentes. Les habitants de Saint-Jean de Monts, de Notre-Dame de Monts et du Marais-Doux étaient tenus de payer annuellement au seigneur de la Garnache une taille de 850 livres et de s'acquitter d'autres prestations en nature, comme de garder le château fort et de travailler aux réparations qu'il était nécessaire d'y faire. Dans les temps anciens, paraît-il, ils avaient été serfs et s'étaient affranchis à ces conditions. C'était certes une lourde redevance, et s'ils l'avaient toujours payée, c'était bien à contre-cœur. Tout à coup, en 1465, ils la refusèrent

---

1. Les plaidoiries prononcées devant cette cour ont été résumées ci-dessous, p. 385, note.
2. Voy. ci-dessous, p. 373 à 386.

et décidèrent de la faire annuler par la voie judiciaire. Un syndicat fut constitué et plusieurs notables désignés pour défendre les intérêts de la collectivité et diriger le procès. Ceux-ci assignèrent Jean II, vicomte de Rohan, sr de la Garnache, en lui signifiant qu'ils entendaient ne plus lui payer désormais la redevance exigée, et l'affaire s'engagea ainsi. Le vicomte de Rohan offrait de prouver son bon droit par des arrêts de justice et par la production des registres de son receveur, constatant que la taille de 850 livres avait toujours été perçue par ses prédécesseurs et par lui. Ses adversaires répondaient qu'elle était exigée à tort, qu'elle n'était pas due et qu'ils étaient en mesure de produire des titres prouvant qu'ils avaient toujours été de condition libre et qu'ils avaient obtenu exemption de toutes tailles, bans et corvées, en acquittant chaque année huit sols par feu seulement. Comme ces prétendus titres n'existaient pas, l'un des procureurs des habitants de Saint-Jean de Monts, Jean Nicolas, s'avisa de faire fabriquer une charte de l'an 1266, par laquelle Maurice de Belleville, alors seigneur de la Garnache, déclarait que la redevance serait ainsi *abornée* et ne pourrait jamais être augmentée, et de plus une confirmation de cet acte par Isabelle de Lusignan, alors veuve de Maurice de Belleville, datée de l'an 1279. Nicolas dut mettre dans le secret plusieurs de ses collègues. Un prêtre, Denis Berthelot, et son clerc, Olivier Joulain, leur servirent d'intermédiaire et s'abouchèrent avec deux peintres, qui exécutèrent la besogne matérielle, moyennant un prix débattu et convenu.

Qu'un seigneur, abusant de son autorité, pressure ses sujets, on n'en est point surpris, le fait s'étant produit plus d'une fois. Mais que des sujets attaquent leur seigneur en justice pour se soustraire à une imposition consacrée par le temps, et qu'ils aient recours, pour le déposséder de son dû, à des procédés de faussaires, c'est là un cas peu ordinaire. Les actes ainsi produits furent reconnus faux et le sr de la Garnache gagna son procès. Jean Nicolas et Denis Berthelot se firent délivrer par Louis XI des lettres de rémission, dont nous publions le texte, et d'autres par Edouard de Lancastre, prince de Galles, lors de son voyage en France, au mois de novembre 1470. Les premières nous font connaître comment et par qui furent fabriqués les faux, ainsi qu'une partie des faits de la cause entre les habitants de Saint-Jean et de Notre-Dame de Monts et le vicomte de Rohan, que nous avons pu, grâce aux registres du Parlement, contrôler, préciser et compléter. Les bénéficiaires de ces rémissions ne parvinrent point à les faire entériner ; Denis Berthelot, justiciable, comme clerc, de l'évêque de Maillezais, fut livré à ses juges ecclésiastiques qui le condamnèrent aux oubliettes. Quant à Jean Nicolas, par arrêt du Parlement du 21 juillet 1475, il fut condamné à faire deux fois amende honorable au vicomte de Rohan, la première à Paris et l'autre à la Garnache, nu-tête, en chemise et à genoux, tenant à la main une torche ardente du poids de quatre livres, à être tourné au pilori, et à payer 50 livres d'amende au roi, et autant au seigneur de la Garnache [1].

Paul Guérin.

Paris, le 16 janvier 1910,

---

1. Lettres de rémission et notes complémentaires, p. 235 à 246 et 406 à 412, ci-dessous.

RECUEIL DES DOCUMENTS

CONCERNANT LE POITOU

CONTENUS

DANS LES REGISTRES DE LA CHANCELLERIE DE FRANCE

MCCCXCVIII

Permission de fortifier Bourneau près Fontenay-le-Comte, accordée à Jacquette de La Ramée, veuve de Jean du Puy-du-Fou, chevalier, dame du lieu. (JJ. 199, n° 492, fol. 310 v°.)

Janvier 1465.

Loys, par la grace de Dieu roy de France. Savoir faisons à tous, presens et avenir, nous avoir receu l'umble supplicacion de Jaquete de La Ramée, dame de Bourneau, veufve de feu Jehan du Puy du Fou [1], en son vivant chevalier,

---

1. La famille de La Ramée était établie dans cette partie du Poitou au milieu du xiv° siècle ; nous avons publié, dans un précédent volume, le don que fit Charles v à André de La Ramée, écuyer, de la terre et seigneurie d'Ardenne, non loin de Fontenay-le-Comte, en récompense des services qu'il avait rendus au roi comme compagnon d'armes d'Olivier de Clisson et de Jean de Bueil, par lettres du 12 août 1372. (*Arch. hist. du Poitou*, t. XIX, p. 129.) Yvonnet Sauvage, seigneur du Plessis-Guerry et de la Salle-de-Fenioux, avait épousé, avant 1430, une Marguerite de La Ramée. (*Id.*, t. XXIV, p. 364, note.) Les deux frères Jean et Louis de La Ramée étaient en procès au Parlement de Poitiers contre Jacques Boussart, appelant des juges commis à connaître des causes des sujets de la vicomté de Thouars, qui l'avaient condamné à payer aux demandeurs les arrérages d'une rente de blé et à rendre à Louis un « harnais d'armes ». La cour confirma la sentence de pre-

contenant que ledit lieu et place de Bourneau est assiz ou pays de Poictou près Fontenay le Conte, pays marchissant et en frontière de la mer, et à ceste cause est souventes foiz fort foullé et endommagé par gens d'armes et autres passans, retournans et sejournans par ledit pays, et pour ce feroit ladicte suppliant, affin de y garder et sauver soy et ses biens et ceulx de ses hommes, subgetz et pays d'environ, volentiers clourre et fortiffier lesdiz hostel et place de Bourneau, qui sont à ce faire bien avantageux, se sur ce il nous plaisoit leur donner noz congié et licence, humblement requerant que, attendu ce que dit est, que..... [1] les moiens soubz nous dudit hostel est d'accord que icelluy hostel et place soit close et fortiffiée et que ce sera le prouffit de nous, desdiz habitans et dudit pays d'environ, nous lui vueillons sur ce pourveoir de nostre grace et oc-

---

mière instance, le 4 avril 1425. (Arch. nat., X¹ᵃ 9190, fol. 335 v°.) Louis de La Ramée, le même sans doute, qualifié écuyer, seigneur de Bourneau, rendit au comte de Richemont, seigneur de Parthenay, le 29 mai 1428, aveu de l'hôtel et hébergement dudit Bourneau, mouvant de Mervent, tenu à foi et hommage lige et au devoir de rachat, quand le cas y advient. (Arch. nat., R¹¹ 204, fol. 47 v°.) Jacquette de La Ramée était très probablement sa fille. Quant à Jean du Puy-du-Fou, mari de celle-ci, il est assez difficile de déterminer ce qui se rapporte particulièrement à lui dans les textes de l'époque, car il y eut, vivant au même temps, deux personnages de la même famille au moins qui portaient le même prénom. Peut-être est-ce le nôtre dont il est question dans un acte émanant de Louis d'Amboise, vicomte de Thouars, en juillet 1438, comme devant à celui-ci trente réaux de la ferme du rachat de la terre de Saint-Vincent-de-Jard. (*Cartulaire d'Orbestier*, publié par M. de La Boutetière, *Arch. hist. du Poitou*, t. VI, p. 466 et suiv.) Il est qualifié chevalier, capitaine de Surgères, dans une quittance de trente livres à lui ordonnées par le roi, datée du 8 avril 1443. Charles VII lui fit don aussi de quatre cents livres, pour avoir aidé à recouvrer la place forte de la Roquette en Guyenne, occupée par les Anglais ; il en donna quittance le 22 juin 1451. (Bibl. nat., ms. fr. 28.888, pièces 18 et 19.) Nous ne parlerons pas ici de deux procès criminels qui se rapportent certainement à l'autre Jean du Puy-du-Fou, dont la femme se nommait Jeanne des Serqueux. Un fils de Jean du Puy-du-Fou et de Jacquette de La Ramée, Pierre, écuyer, seigneur de Bourneau, avait épousé Aliénor de Juch et vivait encore le 19 mai 1492, date d'un paiement de cent vingt livres qui lui fut fait par le receveur des tailles de Poitou, pour sa pension de cette année (Bibl. nat., *id.*, pièces 20 et 22.)

1. *Sic.* Le scribe paraît avoir omis en cet endroit tout un membre de phrase.

troyer nos diz congié [et licence]. Pour ce est il [que nous] à icelle suppliante, ses hoirs, successeurs et ayans cause ou cas dessus dit, avons donné et octroyé, donnons et octroyons de grace special, par ces presentes, puissance et auctorité, congié et licence de clorre et faire clorre et fortiffier lesdiz hostel et place de Bourneau de murs, tours, foussez, portes, carneaulx et autrement ainsi que bon lui semblera, pourveu toutes voyes que ce ne nous tourne à prejudice ne au pays d'environ, et que, nonobstant ladicte fortifficacion, les habitans dudit lieu facent le guet où ilz sont tenuz le faire et ainsi qu'ilz ont acoustumé. Si donnons en mandement, par ces presentes, au seneschal de Poictou et à tous noz autres justiciers et officiers, ou à leurs lieuxtenans, et à chacun d'eulx, que, se appellez les nobles dudit pays d'environ et autres gens en ce congnoissans, qui pour ce feront à appeller, il leur appert de ce que dit est, ilz facent, seuffrent et laissent ladicte suppliante, ses hoirs, successeurs et ayans cause joir et user plainement et paisiblement de noz presens grace, congié et licence, sans sur ce lui faire ou donner, ne souffrir estre fait ou donné, ores ne pour le temps avenir, aucun destourbier ou empeschement au contraire, nonobstant quelzconques ordonnances, mandemens ou deffences à ce contraires. Et affin, etc. Sauf, etc. Donné à Chinon, ou mois de janvier l'an de grace mil III^{c}LXIIII, et de nostre règne le quatriesme.

MCCCXCIX

Lettres d'ampliation en faveur de Jean Genevois, praticien en cour laie à Melle, portant que la rémission par lui obtenue précédemment pour l'homicide de Guillaume Bastard, comprendra en outre plusieurs délits qu'il avait commis à une date antérieure. (JJ. 199, n° 499, fol. 316.)

Janvier 1465.

Loys, etc. Savoir faisons, etc., nous avoir receue l'umble supplicacion de Jehan Genevoys, praticien en court laye, demourant à Melle en Poictou [1], contenant que il a naguères obtenu noz lettres de rémission touchant l'omicide par lui commis en la personne de feu Guillaume Bastard, qui autrement se faisoit appeller de La Barre, acompaigné de Jehan Baud le jeune [2], son gendre, et de Jehan de Vignet, son clerc ; mais à l'occasion de ce que ledit suppliant a mis en ses dictes lettres de remission qu'il n'avoit esté actaint ne convaincu d'aucun autre villain cas, blasme ou reprouche, et n'y a point exprimé ne declaré que autrefois il baty Naudin Gillebert, qui estoit en la protection et sauvegarde de feu nostre très cher seigneur et père, que Dieu [absoille [3]], et dudit cas avoit esté icelluy suppliant actaint et convaincu par devant le seneschal de Poictou ou son lieutenant, à la requeste du procureur de nostre dit feu seigneur et père, que Dieu absoille, et dudit Naudin, et tellement qu'il avoit été retenu en l'amende envers justice et partie, qu'il a depuis paiée, et aussi qu'il a obmis y mettre que pareillement, longtemps a, il donna ung coup de baston sur le tour de l'oreille à ung jeune homme lors demourant à Melle, qui fut gendre Jehan Valée, tellement qu'il en fut grandement malade et y espera l'on la mort, mais depuis il en est guary et est remarié et a femme et enfans ; aussi qu'il a batu Jehanne Pichonne, elle estant en asseureté envers lui, dont aussi desdiz deux cas il a semblablement chevy à justice et à partie ; aussi qu'il donna ung coup ou front sur l'œil à Pierre Loreau, dont yssit sang, sur asseureté, dont il a encores à ester à droit, tant

---

1. Jean Genevois est nommé encore dans des lettres de rémission de janvier 1473 n. s., en faveur de Michau Moulineau, couturier du bourg de Notre-Dame de Celles, coupable d'un meurtre. (Ci-dessous, n° MDXIV.)

2. Le 19 novembre 1483, à la requête de Jean Baud et de Jacques Pichon, furent ajournés au Parlement pour excès, attentats et voies de fait, Jean Jourdain, assesseur du lieutenant du sénéchal de Poitou à Niort, Pierre Domusson et Jean Bussières, sergent royal. (Arch. nat, X^{2a} 48, fol. 3 v°.) On trouve aussi ce nom sous la forme Bault. (Cf. *Dict. des familles du Poitou.*)

3. Mot omis par le scribe.

envers justice que partie, icellui suppliant doubte que l'on le vueille accuser desdiz cas et par ce tendre à l'anullacion de nos dictes autres lettres de remission, par luy obtenues touchant ledit omicide, se nostre grace, etc. Pourquoi, etc., voulans, etc., audit suppliant avons quicté, remis et pardonné, quictons, etc. les faiz et cas dessus declarez avec toute peine, etc., en quoy, etc.; et l'avons restitué, etc., satisfacion, etc. Si donnons en mandement à nostre seneschal dudit Poictou et à celluy de Xantonge et à tous, etc., que de noz presens grace, quictance, remission et pardon ilz facent et laissent ledit suppliant joir et user plainement et paisiblement, sans luy faire ou donner, ne souffrir estre fait ou donné, ores ne pour le temps avenir, aucun destourbier ou empeschement ; ainçois se son corps, etc. Et afin, etc. Sauf, etc. Donné à Chinon, ou mois de janvier l'an de grace mil cccc. soixante quatre, et de nostre règne le quart.

Signé : Par le roy, à la relacion du conseil. Gontier. — Visa. Contentor. J. Duban.

MCCCC

Anoblissement de Guillaume Merlin, homme d'armes de l'ordonnance.
(JJ. 199, n° 500, fol. 316 v°.)

Janvier 1465.

Ludovicus, etc. Probitatis merita, nobiles actus gestusque laudabiles et virtutum insignia, quibus persone decorantur et ornantur, merito nos inducunt ut eis justa opera, proprio Creatoris exemplo, tribuamus et eos eorumque posteritatem favoribus congruis et nobilium honoribus, ut nomen rei consonet, attollamus, ut ipsi hujusmodi prerogativa letentur ceterique ad agenda que bona sunt ardencius aspirent et ad honores, suffragantibus virtutum bonorumque operum meritis, adipiscendos alicientur et advollent. Notum igitur facimus universis, presentibus et futuris, quod nos, attendentes vitam laudabilem, morum honestatem fidelitatemque et alia quamplurimum merita, que in dilecto nostro Guilliermo Merlin [1], armigero ad vadia et stipendia nostra existenti, nonnullorum fide dignorum testimonio, novimus suffragari, pro quibus non inmerito gratum apud nos se reddidit etacceptum, nos personam et prolem ipsius honorare [volentes] sic quod sibi et posteritati sue ac proli perpetuum cedere valeat ad honorem, eumdem Guilliermum Merlin, cum tota ejus posteritate et prole utriusque sexus, in legitimo matrimonio procreata et procreanda, et eorum quemlibet, de nostre regie potestatis plenitudine et speciali gracia, nobilitavimus et nobilitamus per presentes, nobilesque facimus et habiles reddimus ad omnia et singula quibus ceteri nobiles regni nostri utuntur ac uti possunt et consueverunt, ita quod ipse Guilliermus Merlin ejusque proles et posteritas masculina, in legitimo matrimonio procreata et procreanda, a quocunque milite voluerunt cingulo milicie valeant decorari. Concedentes eidem Guillermo Merlin universeque posteritati sue et proli, ex legitimo matrimonio procreata et procreanda, quod ipsi et eorum singuli in omnibus et singulis suis actibus, locis et rebus, in judicio et extra, pro nobilibus et ut nobiles ab omnibus de cetero teneantur et imperpetuum pociantur quibuslibetque nobilitatibus, previllegiis, prerogativis, franchisiis, honoribus, libertatibus et juribus universis et singulis, quibus ceteri nobiles dicti regni nostri gaudere possunt et utuntur, pacifice,

---

1. Guillaume Merlin est qualifié écuyer, seigneur de Frouzille (paroisse de Saint-Georges-les-Baillargeaux) dans un procès qu'il soutint d'abord devant le lieutenant du sénéchal de Poitou à Poitiers, puis en appel au Parlement de Bordeaux transféré à Poitiers, contre Colette de Segrie, femme de Godemar de Vie, Légieret Dupuy, André Bernier, Jean Barengier, Guillaume Boucicaut et sa femme, Jean Larchier, dit Dauvergne, Guyon Tristan, sa femme, et consorts. (Appointement du jeudi 29 novembre 1470; Arch. nat., X¹ᵃ 4812, fol. 17.)

libere et quiete utantur et gaudeant, et quod ipse Guilliermus Merlin ejusque posteritas et proles, de legitimo matrimonio procreata et procreanda, feuda, retrofeuda nobilia aliasque possessiones nobiles, quecunque sint et quacunque prefulgeant auctoritate, acquirere possint, acquisitaque et jam habita per eum ejusque posteritatem et prolem, ac in futurum acquirenda et habenda, perpetuo retinere, habere et possidere licite valeant atque possint, ac si fuissent vel essent ab antiquo originaliter nobiles et a personis nobilibus ex utroque latere procreati ; absque eo quod ea aut aliqua earum, in parte vel in toto, vendere seu extra manum eorum ponere, nunc vel quomodolibet in futurum, cogantur, nec propter hoc aliquam financiam nobis et successoribus nostris solvere teneantur. Quam quidem financiam nos, consideracione serviciorum per dictum Guilliermum Merlin precarissimo domino et genitori nostro, cujus anime propicietur Altissimus, in custodia sui corporis, nobisque nostris in guerris et alias multimodo impensorum et que impendere non desinit, eidem Guillermo Merlin dedimus et quictavimus, damusque et quictamus penitus et omnino, de nostra ampliori gracia, per presentes, manu nostra signatas. Quocirca dilectis et fidelibus gentibus compotorum nostrorum et thesaurariis, senescallo Pictavensi ceterisque justiciariis et officiariis nostris, aut eorum locatenentibus, presentibus et futuris, et eorum cuilibet, prout ad eum pertinuerit, tenore presentium, damus in mandatis quatinus eumdem Guillermum Merlin et ejus posteritatem et prolem utriusque sexus, in legitimo matrimonio procreatam seu procreandam, nostris presentibus nobilitacione, concessione et dono uti et gaudere faciant et permittant pacifice et quiete, nec ipsos aut eorum aliquem contra presentium tenorem inquietent aut molestent, nunc vel quomodolibet in futurum. Quod ut firmum et stabile perpetuo perseveret, sigillum nostrum presentibus duximus apponendum. Salvo, etc.

Datum in domo Rasilliaci propè Caynonem, in mense januarii anno Domini millesimo quadringentesimo [sexagesimo] quarto, et regni nostri quarto.

Signatum : Loys. Per regem, comite Convenarum [1], admiraldo [2], domino [de] Roseria [3] et aliis presentibus. J. de La Loère. — Visa. Contentor. J. Duban.

MCCCCI

Lettres de sauvegarde octroyées au chapitre de l'église cathédrale de Poitiers, avec règlement des obligations qui incomberont aux sergents royaux commis à la maintenir et faire observer [4]. (JJ. 197, n° 102, fol. 61.)

Février 1465.

Ludovicus, Dei gracia Francorum rex. Racioni congruum arbitramur si, inter curas et sollicitudines quas frequenter habemus in regendis nostris subditis, ad hec precipue nostre mentis aspiret affectus, per que status ecclesiasticus nostris temporibus sub commisso nobis regimine in pacis tranquilitate maintuneri valeat et tueri, et

---

1. Jean, bâtard d'Armagnac, seigneur de Gourdon, fils d'Arnaud-Guilhem de Lescun et d'Anne d'Armagnac, avait obtenu en don du roi, le 3 août 1460, le comté de Comminges. Il fut vers la même époque nommé maréchal de France et gouverneur de Dauphiné, et mourut en 1473.

2. L'amiral de France était encore, à cette époque, Jean de Montauban, sur lequel cf. notre vol. précédent, p. 369. Décédé au mois de mai 1466, il fut remplacé par Louis, bâtard de Bourbon, comte de Roussillon.

3. Georges Havart, chevalier, seigneur de la Rosière, bailli d'Amiens, conseiller et maître des requêtes de l'hôtel du roi, fut chargé, par commission donnée le 16 mai 1465, de se rendre sur les marches du pays de Caux, pour prolonger la trêve avec le comte de Warwick, au nom du roi d'Angleterre. (Ph. de Commines, *Mémoires*, édit. Lenglet-Dufresnoy, t. II, p. 448.) Il mourut l'an 1484. (Voy. Blanchard, *Les généalogies des maistres des requestes*, in-fol., 1670, p. 178.)

4. L'original de ces lettres patentes est conservé aux *Arch. de la Vienne*, G. 183 (chapitre de l'église de Poitiers) et une copie s'en trouve dans la collection de dom Fonteneau. Le texte n'en a pas été publié dans le recueil des *Ordonnances des rois de France*.

regni predicti ecclesie ecclesiasticeque persone, que de die et nocte divinis insistunt obsequiis, sub nostre protectionis clipeo a suis releventur pressuris ac per realem potenciam senserint se ductas. Notum igitur facimus universis, tam presentibus quam futuris, quod nos, clare memorie carissimorum dominorum Karoli genitoris et aliorum predecessorum nostrorum felicibus vestigiis inherentes, dilectos nostros decanum et capitulum ecclesie Pictavensis speciali prosequentes affectu, eosdem, tam in capite quam in menbris, unacum eorum gentibus, familiaribus singularibusque personis, dictorumque ecclesie et capituli et menbrorum ejusdem hominibus de corpore, et bonis ipsorum omnibus in regno nostro existentibus, in nostra protectione, tuicione, salva et speciali gardia suscipimus per presentes; eisdemque decano et capitulo gardiatores concedimus universos et singulos servientes nostros, qui nunc sunt et qui pro tempore fuerint, quibus servientibus et eorum cuilibet committimus et mandamus quatinus predictos decanum et capitulum, gentes, familiares, singularesque personas dicte ecclesie et menbrorum ejusdem ac homines de corpore deffendant ab omnibus injuriis, violenciis, gravaminibus, oppressionibus, vi armorum, potencia laïcorum et novitatibus indebitis quibuscunque, et in suis justis possessionibus, franchisiis, libertatibus, inmunitatibus, juribus, usibus et saisinis, in quibus ipsos esse et eorum predecessores fuisse pacifice ab antiquo invenerint, conservent et deffendant, non permittentes in personis ipsorum aut gentium, familiarium singularumque personarum dicte ecclesie ejusdemque menbrorum, hominum de corpore, seu in bonis eorum, aliquas fieri vel inferri injurias aut indebitas novitates; quas si factas esse vel fuisse, in nostre salve ac specialis gardie et ipsorum prejudicium, invenerint, ad statum pristinum reducant seu reduci faciant, et nobis ac parti propter hoc emandam condignam fieri ac prestari, dictamque salvam gardiam nostram publicari faciant ubi et quando fuerit opportunum; et in signum hujusmodi nostre salvegardie, penuncellos nostros in suis ecclesiis, domibus, possessionibus et rebus predictis, in terra que jure scripto regitur, et alibi in casu eminentis periculi dumtaxat, situatis, apponant seu apponi faciant, inhibendo ex parte nostra omnibus illis de quibus fuerint requisiti, sub omni pena quam erga nos possent incurrere, ne eisdem decano et capitulo, familiaribus singularibusque personis dicte ecclesie et menbrorum ejusdem, hominibus de corpore seu bonis quibuscunque eorum, quomodolibet forefacere presumant. Et si in casu novitatis inter ipsos decanum et capitulum, gentes, familiares singularesque personas ipsius ecclesie et menbrorum ejusdem, homines de corpore et aliquos alios, racione bonorum quorumcunque dicte ecclesie, aliquod oriatur debatum, locis ablatis, si sint in rerum natura, alioquin de valore et extimacione ipsorum, realiter et de facto ressaisitis, dictum debatum et rem contenciosam in manu nostra tanquam superiori ponant, partesque debatum hujusmodi facientes et eciam dicte nostre salvegardie infractores et contemptores, et qui, in contemptum ejusdem, predictis gardiatoribus, gardiatoris officium exercendo, injuriam fecerint vel offenssam, sive quod inobedientes fuerint, coram seneschallo Pictavensi, aut ejus locum tenenti in sua sede Pictavis, adjournent ad certam et competentem diem, processuros super hoc prout fuerit racionis. Si vero dicti decanus et capitulum, aut aliquis de suis gentibus, familiaribus singularibusque personis dicte ecclesie et menbrorum ejusdem, seu hominibus de corpore, ab aliquo vel aliquibus assecuramentum habere voluerint, volumus quod dicti gardiatores aut alter eorumdem adjournent, si opus fuerit, illos a quibus dictum assecuramentum habere voluerint, coram dicto senescallo Pictavensi, in prefata sua sede, ad certos et compettentes dies, daturos assecuramentum predictum, bonum et legitimum, juxta patrie consuetudinem, prout racionabiliter fuerit faciendum ; necnon omnia debita, bona et legalia [1], recognita vel probata legitime per litteras, instrumenta, testes vel alia legitima documenta, que predictis decano et capitulo, tam racione fructuum, exituum, censuum et reddituum quam alias, deberi noverint, de quibus nulla refferatur querela, eisdem decano et capitulo, vel eorum certo mandato persolvi faciant indilate, debitores hujusmodi ad hoc per captionem, vendicionem et explectacionem bonorum suorum quorumcunque et eorum corporum detencionem, si ad hoc fuerint obligati, viriliter et debite compellendo, litteris gracie vel aliis, impetratis vel impetrandis a nobis seu curia nostra, per ipsos debitores vel eorum alterum, super statu vel respectu de non solvendo ad tempus debita sua, vel procedendo in eorumdem causis, quibus per eos fide et juramento intervenientibus fuerit renunciatum, de fide et juramento predictis expressam minime facien[tibus] mencionem, non obstantibus. Si vero aliqui debitorum predictorum ad hoc se opponent, ipsos opponentes adjornent ad instanciam et requestam supradictorum decani et cappituli, coram predicto senescallo nostro, aut ejus locum tenente in prefata sede Pictavis, ad diem seu dies competentes, in causa hujusmodi processuros ut fuerit racionis, et dictum senescallum aut ejusdem locumtenentem in prefata sede compettenter de hiis que fecerint in premissis certificent ipsi gardiatores. Et generaliter faciant dicti servientes et eorum singuli, presentes pariter et futuri, omnia et singula que ad gardiatoris officium pertinent ; nolumus tamen quod dicti servientes de recredencia facienda et de hiis que cause cognicionem requirunt se aliquatenus intromittant. Cui senescallo nostro Pictavensi, aut ejus locumtenenti in dicta sua sede Pictavis, tenore presentium,

---

1. Le registre porte « *vegalia* », au lieu de « *legalia* ».

mandamus et, quia coram ipso, cunctis cessantibus favoribus, partibus poterit administrari celeris justicie complementum, et ipse partes ibidem recuperare bonum et legale consilium pro deducione sui juris, et eciam quia facilius et minoribus sumptibus poterunt ipse partes litigare coram dicto senescallo quam facerent in curia nostra Parlamenti Parisius, in qua ipsi decanus et cappitulum ex previllegio per nos confirmato, cui per presentes nullo modo derogare intendimus, si sibi libuerit, solum litigare tenentur, committimus et mandamus quatinus in dictis causis coram se agitandis, tam agendo quam deffendendo, exhibeat partibus auditis inter ipsas justicie complementum. Ab omnibus autem justiciariis et subditis nostris, dictis servientibus et cuilibet eorumdem in premissis pareri volumus efficaciter et intendi. Que omnia, ex nostra certa sciencia, auctoritateque regia et gracia speciali, duximus concedenda et concedimus per presentes. Et quia dicti decanus et cappitulum de hujusmodi litteris in pluribus et diversis locis se juvare intendunt, in quibus impossibile esset ad invicem ipsas portare et ostendere, ut dicunt, volumus et eisdem, de ampliori gracia nostra, concedimus quod tanta fides adhibeatur vidimus seu transsumptis harum presentium litterarum, sub sigillo regio confectis, quanta adhiberetur originali. Quod ut firmum et stabile perpetuis perseveret temporibus, nostrum presentibus litteris fecimus apponi sigillum. Salvo in aliis jure nostro et in omnibus quolibet alieno. Datum Pictavis, in mense februarii anno Domini M° CCCC° LXIIII°, et regni nostri quarto.

Sic signatas : Per regem, comite Cenomanie [1], episcopo

---

1. Charles d'Anjou, comte du Maine, vicomte de Châtellerault, seigneur de Melle, Civray, Chizé, Sainte-Néomaye, Saint-Maixent, etc., lieutenant du roi en Poitou, troisième fils de Louis II duc d'Anjou, et d'Yolande d'Aragon, décédé le 10 avril 1473. (Voy. *Arch. hist. du Poitou*, t. XXIX, p. 146, note.)

Pictavensi [1] et aliis presentibus. J. de Moulins [2]. — Visa.

MCCCCII

Confirmation des lettres de Charles VII, du mois d'avril 1431, exemptant de toute imposition, ainsi que du guet et de la garde des portes de la ville, les coutres du chapitre de la cathédrale de Poitiers. (JJ. 200, n° 205, fol. 109 v°.)

Février 1465.

Loys, par la grace de Dieu roy de France. Savoir faisons à tous, presens et avenir, nous avoir veues les lettres de nostre feu seigneur et père, que Dieu absoille, à nous presentées de la partie de noz bien amez les doyen et chappitre de l'eglise cathedrale de Saint Pierre de Poictiers, desquelles la teneur est telle :

Charles, par la grace de Dieu roy de France. Savoir faisons à tous, presens et avenir, nous avoir receue l'umble supplicacion de noz bien amez les doyen et chappitre de l'eglise cathedrale de Saint Pierre le Grant de Poictiers, contenant, etc... Donné à Poictiers, ou moys d'avril l'an de grace mil cccc. trente et ung après Pasques, et de nostre règne le neufviesme [3].

Lesquelles lettres dessus transcriptes et toutes les choses contenues en icelles, affin que soyons participans ès prières et biens faiz de ladicte eglise et que le divin service y puisse tousjours de mieulx en mieulx estre continué en

---

1. Jean VI Du Bellay, cinquième fils de Hugues, tué à Azincourt, et d'Isabelle de Montigny, fut abbé de Saint-Florent de Saumur, en 1431, évêque de Fréjus (novembre 1455), puis évêque de Poitiers de 1461 au 13 septembre 1479, date de sa mort. (*Gallia christ.*, t. II, col. 1201 ; *Dict. des familles du Poitou*, 2e édit., t. I, p. 423.)
2. Jean de Moulins, écuyer, sr de Rochefort en Mirebalais, secrétaire du roi, maire de Poitiers en 1465. (Cf. vol. précédent, p. 216, note 2.)
3. Les lettres de Charles VII du mois d'avril 1431, dont le texte est reproduit intégralement dans la confirmation de Louis XI, sont imprimées dans notre t. VIII des *Documents concernant le Poitou contenus dans les registres de la chancellerie de France* (*Archives hist. du Poitou*, t. XXIX), p. 20-24.

icelle, avons confermées, ratiffiées et aprouvées, et, de nostre grace especial, plaine puissance et auctorité royal, confermons, ratiffions et aprouvons par ces presentes. Et pour ce que lesdiz Thomas de La Barre, Jehan Regnault, dit Meriaut, Herbert Maudouyn, Jehan Charpentier, Pierre Ferjant [1] et Symon [2] Chanvillon, lors coultres de ladicte eglise denommez ès dictes lettres dessus transcriptes, sont alez de vie à trespassement, pour quoy iceulx doyen et chappitre ont pourveu en leurs lieux pour coultres de la dicte eglise Jehan Douyn, Jehan Leconte, Jehan Bobin, Jehan Vianeau, Jehan Pasquier, Pierre Meriault et Leon Dursonneau, lesquelz coultres et chacun d'eulx et autres qui seront en leurs lieux au temps avenir, avons, en tant que mestier seroit, de nostre plus ample grace, plaine puissance et auctorité royal, affranchiz et eximez, affranchissons et eximons à tousjours, par ces dictes presentes, de toutes tailles, guet et garde de porte et de tous autres subcides et subventions mis et à mettre sus, pour quelque cause que ce soit, iceulx demourans en ladicte ville et chastellenie de Poictiers, tout ainsi et en la manière que iceulx doyen et chappitre et coultres de ladicte eglise en ont raisonnablement joy et usé par cy devant. Si donnons en mandement, par ces dictes presentes, à noz amez et feaulx les generaulx conseillers par nous ordonnez sur le fait et [maniement [3]] de toutes noz finances, aux esleuz et commissaires, commis et à commettre, à mettre sus, asseoir et imposer lesdictes aydes en ladicte ville et chastellenie de Poictiers, au seneschal de Poictou, au maire de ladicte ville de Poictiers, presens et advenir, et à tous noz autres justiciers et officiers ou à leurs lieuxtenans, presens et advenir, et à chascun d'eulx, si comme à luy appartiendra, que de nostre presente grace, confirmacion, ratificacion, appro-

---

1. Nommé « Ferrand » dans les lettres de 1431.
2. Prénommé « Jehan » dans lesdites lettres de Charles vii.
3. Mot omis par le scribe.

bacion, quictance, eximacion et affranchissement, facent, seuffrent et laissent les dessus diz coultres et chascun d'eulx, et autres qui en leurs lieux seront ou temps advenir, demourans en ladicte ville et chastellenie de Poictiers, jouir et user plainement et paisiblement, sans leur faire, mettre ou donner, ne souffrir estre fait, mis ou donné aucun desbourbier ou empeschement au contraire, [ores] ne pour le temps advenir; lequel se faict, mis ou donné leur estoit, le mettent ou facent mettre incontinent et sans delay au premier estat et deu. Et affin que ce soit chose ferme et estable à tousjours, nous avons fait mettre nostre seel à ces presentes. Sauf en autres choses nostre droit et l'autruy en toutes. Donné à Poictiers, ou moys de febvrier l'an de grace mil cccc. LXIIII, et de nostre règne le IIIIe.

Ainsi signé : Par le roy, les contes du Maine et de Comminge, l'evesque de Poictiers[1], les sires de Landes[2] et de Bazoges[3], et autres presens. De Moulins[4].

---

1. Charles d'Anjou, comte du Maine, Jean, bâtard d'Armagnac, comte de Comminges, Jean du Bellay, évêque de Poitiers, cf. ci-dessus, p. 8, note 1, p. 12, note et p. 13, note 1.

2. Charles de Melun, baron de Landes, seigneur de la Borde et de Nantouillet, chambellan du roi, bailli de Sens, capitaine de Vincennes et gouverneur de la Bastille. Par lettres patentes données à Chinon, le 6 juin 1462, Louis XI lui fit don du droit de haute, moyenne et basse justice dans sa seigneurie de Landes (Arch. nat., X[1a] 8605, fol. 273); il lui octroya une partie des terres, seigneuries et biens confisqués sur Antoine de Chabannes, comte de Dammartin, au mois d'août 1463 (X[1a] 8606, fol. 30), et par lettres datées de Poitiers, le 8 mars 1466, il le nomma son lieutenant général et gouverneur de la ville de Paris. (*Id.*, fol. 75.) Accusé d'intelligence avec les ennemis du roi, Charles de Melun fut condamné à la peine capitale et eut la tête tranchée sur la place du marché aux Andelys, le 20 août 1468. (Le P. Anselme, *Hist. généal.*, t. VIII, p. 381.)

3. Renaud Girard, seigneur de Bazoges-en-Pareds, maître d'hôtel et ambassadeur de Charles VII, ou plutôt son fils Jean. (Cf. notre vol. précédent, p. 434, note.)

4. Les lettres de Charles VII du mois d'avril 1431 et la présente confirmation de Louis XI, dont les originaux sont conservés aux Archives de la Vienne, avec d'autres pièces relatives aux coutres (G. 389 à 391), ont été publiées d'après cette source (JJ. 200) dans le recueil des *Ordonnances des rois de France*, in-fol., t. XVI, p. 302. Il en existe sur les registres du Trésor des chartes une seconde copie, intercalée dans une nouvelle confirmation donnée par Charles VIII en 1484, sans indication de mois ni de lieu. (JJ. 211, n° 1478, fol 106 v°.)

MCCCCIII

Confirmation des lettres patentes de Charles vii, du 6 juillet 1437, autorisant le chapitre de l'église cathédrale de Poitiers à créer un juge lai pour faire les inventaires après décès de ses membres et dignitaires, au lieu et place des officiers royaux qui jusque-là en étaient seuls chargés. (JJ. 200, n° 206, fol. 110.)

Février 1465.

Loys, par la grace de Dieu roy de France. Savoir faisons à tous, presens et advenir, nous avoir veûes les lettres de feu nostre très chier seigneur et père, que Dieu absoille, à nous presentées de la partie de noz bien amez les doyen [1] et chappitre de l'eglise de Poictiers, desquelles la teneur s'ensuit :

Charles, par la grace de Dieu roy de France, à tous ceulx qui ces presentes lettres verront, salut. Receue avons l'umble supplicacion des doyen et chappitre de l'église de Poictiers, etc..... Donné à Bourges, le sixiesme jour du moys de juillet l'an de grace mil cccc trente sept, et de notre règne le quinziesme [2].

---

1. Le doyen de l'église de Poitiers était alors Olivier de Pontbriant, qui avait succédé à Léon Guérinet, quand celui-ci devint évêque, l'an 1456. Il fut nommé, en 1476, trésorier de la Sainte-Chapelle de Paris, et mourut en 1505. (*Gallia christ.*, t. II, col. 1218 ; A. Richard, *Invent. sommaire des Arch. de la Vienne*, série G., t. I, p. viii.)

2. Les lettres de Charles vii, du 6 juillet 1437, dont le texte est reproduit en entier dans la présente confirmation de Louis xi, ont été publiées aussi dans notre t. VIII des *Documents concernant le Poitou*, etc. (t. XXXIX des *Archives hist. du Poitou*), p. 105-107. Elles sont imprimées, l'une et l'autre, dans le recueil des *Ordonnances des rois de France*, in-fol., t. XVI, p. 304. Elles avaient été enregistrées au Parlement de Paris, par arrêt du 5 juillet 1470 (Arch. nat., X¹ᵃ 8606, fol. 219), y compris l'acte d'enregistrement de celles de Charles vii à la sénéchaussée de Poitiers, donné à Poitiers, le 26 juillet 1437. Cet acte, émanant de Jean de la Roche (La Rochefoucauld), sʳ de Barbezieux, sénéchal de Poitou, et signé de son lieutenant général Maurice Claveurier, Barbe et J. Arembert, avocat et procureur du Roi, est compris dans la publication faite par les éditeurs des *Ordonnances*, sauf un passage qu'ils ont jugé inutile. C'est un état des maisons canoniales appartenant au chapitre de Saint-Pierre en 1437, fournissant des renseignements topographiques intéressants, et quoiqu'il eût été mieux à sa place à la suite du texte des

Lesquelles lettres dessus transcriptes et le contenu en icelles avons confirmées, ratiffiées et approuvées, et de notre grace especial, plaine puissance et auctorité royal, confirmons, ratiffions et approuvons, par ces dictes presentes, et tout ainsi que iceux doyen et chappitre en ont joy et usé par cy devant. Si donnons en mandement, par ces dictes presentes, à nostre seneschal de Poictou et à tous noz autres justiciers et officiers, ou à leurs lieuxtenans, presens et advenir, et à chacun d'eulx, comme à luy appartiendra, que de nostre presente grace et confirmacion ilz facent, seuffrent et laissent lesdiz doyen et chappitre joir et user plainement et paisiblement, sans sur ce leur donner ne faire donner aucun destourbier

---

lettres de Charles VII (dans notre t. VIII, p. 105-107), on ne nous saura pas mauvais gré de l'insérer ici :

« Desquelles maisons la declaracion s'ensuit : Premierement les maisons des doyen, chantre, prevostz, soubzdoyen, soubzchantre, chevecier, maistre escolle, abbaye de Nostre Dame, archidiaconé de Poictou, archidiaconé de Briensay, archidiaconé de Thouars, ainsi comme elles se comportent ; *item*, la maison canoniale que tient à present maistre Guillaume Le Maire, chanoine de lad. eglise en la parroisse Saint Michel, en la grant rue par laquelle l'on vait du Pont Anjobert à Nostre Dame la Grant, tenant d'ung cousté à lad. rue, et d'autre part, le derrière avecques ses jardins et appartenances à la rue des Carmes, et d'un cousté touche à la maison Macé, et d'autre part à ung fondis qui fut à Mestoyreau ; *item*, la maison canoniale que tient à present messire Jehan Cronier, chanoine de lad. eglise, assise en lad. paroisse Saint Michel, laquelle tient à la rue par laquelle l'on vait de l'eglise de Poictiers à l'eglise Saint Michel, et touche par devant à ladite rue et par derriere au jardin qui est à present de l'abbaye de Saint Messant, et de l'un des coustez le jardin touche à lad. rue et à la maison où demeure à present maistre Jehan d'Asnières, et d'autre cousté au jardin Jehan de Varast, et ung autre jardin appartenant à lad. maison, touchant au jardin qui fut feu maistre Pierre Boutet et est de present de lad. abbaye de Saint Messant ; et a ladite maison issue par le derrière à la tour de l'uis de fer ; *item*, la maison canoniale que tient à present maistre Jehan de Vailly, chanoine de lad. eglise, et est assise devant lad. eglise de Poictiers, et tient par le devant à la rue par laquelle l'on vait de l'eglise de Poictiers à l'eglise Saint Paul, devant l'ostel du *Coq*, et aussi tient du bout derrière et du long du cousté ès maisons de l'archidiaconé de Poictou ; *item*, la maison canoniale, en laquelle demeure maistre Thomas Vimart, chanoine de lad. eglise, et les enffans de la Salete de lad. eglise; et est assise d'une part devant le pignon de l'eglise Saint Pierre et à la rue par laquelle l'on vait de l'eglise de Poictiers à Saincte Ragonde, et d'autre part à la maison du four de Saincte Croix, une rue entre

ou empeschement ; lequel se fait mis ou donné leur estoit, le mettent ou facent mettre à plaine delivrance tantost et sans delay, et au premier estat et deu. Et affin que ce soit chose ferme et estable à tousjours, nous avons fait mettre nostre scel à ces dictes presentes. Sauf en autres choses nostre droit et l'autruy en toutes. Donné à Poictiers, ou moys de febvrier l'an de grace mil cccc. soixante et quatre, et de nostre règne le quart.

Ainsi signé : Par le roy, les contes du Maine et de Comminge, l'evesque de Poictiers, les sires de Landes et de Bazoges et autres presens. — De Moulins.

---

deux, et à la maison Jehan Gouaut ; *item*, la maison canoniale de maistre Leonet Guerinet, chanoine de lad. eglise, assise derrière le pignon Saint Pierre et tenant à lad. rue par laquelle l'on vait de l'eglise de Poictiers à Saincte Ragonde, et à la maison messire Jehan de La Vessère, à cause de la cousterie de Saincte Croix, et à la maison de la chapellenie messire Pierre Laubert, fondée en lad. eglise de Saincte Croix ; *item*, la maison canoniale où demeure maistre Berthomé Lucas, assise devant la porte, par laquelle l'on vait de l'eglise de Poictiers à l'eglise Saincte Ragonde et Saincte Croix, et tient d'une part au chemin par lequel l'on vait de lad. eglise de Poictiers à la maison de la Prevosté, et d'autre part à l'eglise et au chemin par lequel l'on vait de lad. eglise de Poictiers à l'eglise Saint Jehan Baptiste, et aussi tient à l'eglise Saint Ylaire d'entre les eglises ; *item*, la maison canoniale, appellée l'ostel de Vivrane (*sic*), laquelle est à maistre Jehan de La Marche, chanoine de lad. eglise, assise derrière la rue alant de l'eglise de Poictiers à Saincte Ragonde, et tenant d'un des coustez par le dessus à la maison de André Galipeau, une petite allée entre deux, et par le dessoubz, d'autre part, à la maison d'une chapellenie fondée en l'eglise de Saincte Ragonde, à l'autel de devant le cueur, où est l'imaige de Madame Saincte Ragonde, laquelle tient à present Pierre de Morry, clerc, et par le derrière tient et joinct ledit hostel au vergier et treille de l'abaye de Saincte Croix, et d'un des boutz joinct au mur du vergier de la cure de Sainct Hilayre, derrière la porte ; *item*, la maison ou demeure maistre Jehan Maigny, tenant d'une part au cimictière de l'eglise de Saint [Savin] et d'autre part au vergier de l'archidiaconé de Poictou, et d'un bout au chemin par ou l'on vait du carrefour du Coq à lad. eglise de Saint Savin, et d'autre part à la treille de l'Ausmonnerie de Saint Pierre de Poïctiers ; *item*, la maison où demeure messire Robin Luillier, prebstre, assise en la rue par laquelle l'on vait de l'eglise de Poictiers à celle de Saint Michel, et tenant d'une part à la maison ou garniers du chapistre de Poictiers, et d'autre part à la maison et vergiers de la chappelle Saint Martin entre les eglises. » (X¹ª 8606, fol. 220 v°-221 v°.)

MCCCCIV

Confirmation des lettres patentes de Charles vii (juin 1440), portant *committimus* au Parlement des causes du chapitre et de celles des chanoines de l'église cathédrale de Poitiers. (JJ. 200, n° 204, fol. 108 v°.)

Février 1465.

Ludovicus, Dei gracia Francorum rex. Notum facimus universis, presentibus et futuris, nos litteras felicis memorie domini et genitoris nostri, cujus anime propicietur Altissimus, vidisse formam que sequitur continentes :

Karolus, Dei gracia Francorum rex. Ad perpetuam rei memoriam, etc. Datum in Claromonte in Arvernia, mense junii anno Domini millesimo quadringentesimo quadragesimo, et regni nostri decimo octavo [1].

Quas quidem litteras preinsertas ac omnia et singula in ipsis contenta, ratas et gratas rataque et grata habentes, laudavimus, aprobavimus et ratifficavimus, laudamusque, aprobamus et ratifficamus, de gracia speciali, plena potestate et auctoritate regia, per presentes, prout et quemadmodum prefati decanus et cappitulum de eisdem rite et juste usi [2] sunt et gavisi. Quocirca dilectis et fidelibus consiliariis nostris gentibus nostrum presens tenentibus et qui nostra futura tenebunt parlamenta, ceterisque justiciariis et officiariis regni nostri, vel eorum locatenentibus, presentibus et futuris, ac eorum cuilibet, prout ad eum pertinuerit, damus in mandatis quatinus de nostris presentibus gracia et confirmacione faciant,

---

1. Les lettres de Charles vii du mois de juin 1440, dont le texte est reproduit intégralement en cet endroit du registre, ont été publiées dans le tome VIII des *Documents concernant le Poitou extraits des registres du Trésor des chartes* (*Arch. hist. du Poitou*, t. XXIX), p. 114-118.

2. Le texte du registre porté par erreur « visi », au lieu de « usi ».

sinant et permittant dictos de cappitulo et eorum quemlibet uti et gaudere plene et pacifice, absque eis inferendo vel inferri faciendo quodvis disturbium, molestam vel impedimentum in contrarium ; quod si a quodam secus factum fuerit, id tollant et amoveant statim et indilate. Super quibus omnibus et singulis procuratori nostro generali et omnibus aliis quibuscunque perpetuum imposuimus ac imponimus silencium. Et ut ea firmitate perpetua perseverent, nostrum hiis presentibus duximus apponi sigillum. Quarum literarum transcripto seu vidimus sub regio sigillo confecto (nam dicti de cappitulo, eorum particulares ac eciam persone singulares hujusmodi Pictavensis ecclesie eisdem litteris indigebunt in pluribus et variis locis, in quibus, discriminum et periculorum formidine que sunt et eminere possunt super itineribus, non auderent hoc originale defferre), nos, de ampliori gracia nostra, volumus, ordinamus et decernimus tantam fidem adhiberi sicut hiis originalibus litteris. Nostro tamen in aliis et alieno in omnibus jure semper salvo. Datum Pictavis, mense februarii anno Domini millesimo quadringentesimo sexagesimo quarto, et regni nostri quarto.

Sic signatum : Per regem, comites Cenomannie et Convenarum, episcopo Pictavensi, dominis Landarum, de Basoges ac aliis presentibus [1]. [De Moulinis. — Visa. Contentor. Duban.]

---

[1]. Ces lettres furent enregistrées aussi, y compris celles de Charles vii, au Parlement de Paris, le 29 janvier 1470 n. s. (Arch. nat., X¹ᵃ 8606, fol. 207), et elles sont imprimées, les unes et les autres, dans le recueil des *Ordonnances des rois de France*, in-fol., t. XVI, p. 300. Les cinq mots qui suivent entre [] ont été omis dans JJ. 200. Une nouvelle transcription des lettres de Charles vii et de Louis xi se trouve sur le registre JJ, 211 (n° 477, fol. 106), insérée dans une seconde confirmation donnée par Charles viii l'an 1484, sans indication de lieu ni de mois.

MCCCCV

Rémission accordée à Antoine Maucoin, de Pamproux, qui, victime d'un jeu brutal de la part de Jean Texier, avait, dans un moment de colère, frappé celui-ci d'un pilon de bois et avait été ainsi cause de sa mort. (JJ. 199, n° 502, fol. 317 v°.)

Février 1465.

Loys, etc. Savoir faisons à tous, presens et avenir, nous avoir receue l'umble supplicacion de Anthoine Maucoin, povre homme, demourant en la parroisse de Pamprou ou diocese de Poictiers, chargé de femme qui est grosse d'enfant, preste à gesir, et de deux enffans, contenant que le derrenier jour de decembre derrenier passé, pour ce que ledit suppliant devoit de l'argent à ung nommé Mathelin Audouin, texier, pour la façon de certaine pièce de toille qu'il lui avoit fait, et luy avoit promis le paier et porter sondit argent en l'ostel d'un nommé Guillaume Boutin, qui tenoit et tient taverne publicque audit lieu de Pamprou, ledit suppliant se transporta ledit jour en l'ostel dudit Guillaume Boutin, et quant il fut arrivé oudit hostel il se assist sur ung banc devant le feu, pour attendre advenir ledit Mathelin Audouin, et s'i tint par certaine espace de temps et jusques à ce que ledit Audoin feust venu. Et quant icellui Audouin fut arrivé et que ledit suppliant l'aperceut entrer au dedans dudit hostel, icellui suppliant se leva de dessus ledit banc où il estoit assis, pour venir oudit Audouin, et ainsi comme il passoit devant ung nommé Jehan Texier, dit Vierne, qui estoit aussi oudit hostel et taverne, ledit Texier leva ung de ses piez et le mist entre les jambes dudit suppliant, tellement qu'il le feist cheoir à terre et se frappa de la teste contre ung mur, et se fist si grant mal qui ne se cuida oncques lever; et quant il fut levé, il estoit tout estourdi du grant mal qu'il s'estoit fait et trouva au coing de la cheminée ung pilon de bois dont l'on pille le verjust et braye on la saulse, qu'il print en

— 22 —

sa main, et luy esmeu de chault couraige pour le grant mal qu'il s'estoit fait et que ledit Jehan Texier luy avoit fait faire sans cause raisonnable, frappa dudit pillon ledit Jehan Texier ung coup sur ung de ses braz au dessoubz du coude, dont il yssit ung peu de sang. Et ce fait, pour ce que ledit Texier avoit ung cousteau et que ledit suppliant doubtoit qu'il le tirast et que d'icellui il le frappast et bleçast, pour à ce obvier et lui faire paour, il tira une dague qu'il avoit à sa sainture, laquelle dague il remist incontinant en son fourreau, sans en frapper ledit Texier ne lui faire aucun mal. Et combien que depuis ledit cas advenu, ledit Texier soit alé et venu par pays à toutes ses besongnes et affaires, de jour, de nuyt, et qu'il ait fait tousjours bonne chière et par l'espace de III. sepmaines ou environ, sans soy plaindre dudit suppliant, neantmoins au bout des dictes trois sepmaines, au moien dudit coup ou autrement, il cheut au lit malade et y fut malade par l'espace de huit jours ou environ, et après est alé de vie à trespassement. Et à ceste cause, ledit suppliant doubtant rigueur de justice, s'est absenté, etc. Pour quoy, etc., voulans, etc., audit suppliant avons quicté, etc. le fait et cas dessus dit, avec toute peine, etc., et l'avons restitué, etc., satisfacion, etc. Si donnons en mandement au seneschal de Poictou ou à son lieutenant que de noz presens grace, etc., joir, etc. Donné à Poictiers, ou mois de fevrier l'an de grace mil IIII^c LXIIII, et de nostre regne le IIIIe.

MCCCCVI

Rémission accordée, moyennant certaine composition financière, à Huet Yver, natif de Prinçay, sergent du roi en la châtellenie de Faye-la-Vineuse, poursuivi pour de nombreux abus, prévarications, exactions, faits d'usure, de faux, etc., par lui commis depuis vingt ans en l'exercice dudit office. (JJ. 199, n° 509, fol. 320 v°.)

Février 1465.

Loys, par la grace de Dieu roy de France. Savoir faisons, etc., nous avoir receue l'umble supplicacion de

— 23 —

Huet Yver, natif de la parroisse de Prinzeau[1] en chastellenie de Faye la Vineuse, contenant que, depuis xx. ans ença ou environ, ledit suppliant a esté en office de sergent de nostre très cher et très amé oncle le roy de Jherusalem et de Secille à Saumur, [et de nous[2]] au bailliage dudit lieu de Faye, en exerçant lequel office, ledit suppliant a fait mettre à pris noz fermes et aides, en ladicte chastellenie, par aucuns ses familliers et complices, et par les pors et faveurs qu'il avoit à cause de sondit office de sergent, guères de gens n'osoient mettre enchère après luy sur icelles fermes et aides, par quoy plusieurs foiz elles en ont esté diminuées. Et avec ce, ledit Yver a esté consentant et participant de faire à part monopoles ou bail d'icelles noz fermes, mesmement quant il y avoit aucuns fermiers qui avoient prinses les fermes de la dicte chastellenie de Faye, il leur disoit que s'il n'avoit aucunes parroisses comme celles de Prinzçay et Savigny, qu'il leur feroit oster et mettre hors de leurs mains lesdictes fermes, et leur feroit desplaisir, et par plusieurs années a eu desdictes fermes ladicte parroisse de Prinzçay, sans en paier que très peu de chose, le tout soubz umbre de l'auctorité de sondit office. Avecques ce, ledit suppliant a eu communement les execucions des tailles et celles aussi du sel en ladicte chastellenie; ès quelles execucions faisans, ledit suppliant a plusieurs foiz prins plus excessif salaire qu'il ne devoit, aucunefoiz de la moitié, l'autre du tiers, et plusieurs foiz s'est entremis de son auctorité de faire execucions où il n'en devoit point faire, en prenoit du prouffit des parties qu'il adjournoit; et aucunefoiz quant ledit suppliant a presté de l'argent à aucuns, il en a prins, oultre son sort principal, draps de layne, comme quant il avoit presté vingt ou trente escuz il prenoit une aulne de drap ou aulne et demye, sans en faire aucun

---

1. *Sic* pour Prinzçay (Prinçay).
2. Mots omis par le scribe.

rabaiz de la somme principalle, ainsi que dit est par luy prestée ; a aussi prins plusieurs vivres à boire et à menger et autres choses oultre le sort principal des deniers par luy prestez, en commettant par ce moyen et autres plusieurs moiens fait d'usure et, qui pis est, contraictz frauduleux et usuraires. Oultre plus, a fait ledit suppliant acroire aux subgetz de ladicte chastellenie de Faye qu'ilz estoient imposez ès commissions de noz tailles et aides, mesmement en celles du sel, et pour mettre iceulx subgetz hors d'icelles commissions, ou quoy que soit, faignant les en mettre hors, icellui suppliant a prins et exigé d'eulx plusieurs sommes de deniers. Et aussi a ledit suppliant faiz et commis plusieurs vexacions, faultes, abus en faisant les adjournemens et exploiz en sadicte sergenterie, en prenant deniers, afin que les personnes par lui adjournées ne alassent au jour que ledit suppliant leur avoit baillé, aucunes foiz sans requeste de partie, ains faisans lesdiz adjournemens, les adnulloit de sa simple et pure volenté. Et semblablement a fait, en l'excercice de sondit office et autrement, tant en la chastellenie de Faye que ailleurs, plusieurs autres faultes, exactions et abus, durant ledit temps, au prejudice de noz subgetz et irreverence de nous et de nostre justice, en commettant par ledit suppliant crime de faulx, pilleries, roberies et autres abuz et exactions indeues, en grant mespris, scandale et vittupère de nous et de nostre justice et autrement, grandement excedant et delinquant. A l'occasion desquelles choses et moiennant certaines informacions sur ce faictes contre ledit suppliant, à la requeste de nostre procureur, il en a esté poursuy par justice et adjourné à trois briefs jours à comparoir en personne en nostre Grant conseil, sur peine de bannissement de nostre royaume et d'estre actaint et convaincu des cas à lui imposez, pour ce qu'il s'estoit absenté ; ausquelz trois briefs jours ledit suppliant ne s'est aucunement comparu, et à ceste cause nostre dit procureur [a obtenu] trois deffaulx contre lui. Pour laquelle cause il doubte qu'on voulsist proceder à l'encontre de luy rigoreusement par peine corporelle et le condempner en grans peines et amendes, se noz grace et misericorde, abolicion et pardon ne luy estoient sur ce imparties, en nous humblement requerant, etc. Pour quoy, etc., audit suppliant, moiennant certaine somme d'argent par luy paiée comptant par nostre commandement, où luy avons ordonné et dont nous [nous] tenons à contens, aussi eu pitié et compassion de ses diz femme et enfans, et pour autres causes et consideracions à ce nous mouvans, avons les faiz et cas dessus diz, avecques tous autres quelzconques qui pourroient par luy avoir esté faiz et commis, en faisant et excerçant sondit office de sergent et autrement, en quelque manière que ce soit, par avant le jour d'uy, remis, quictez et pardonnez, remettons, etc., ensemble toute peine, etc., en mettant au neant par cesdictes presentes tous procès, deffaulx et autres exploiz de justice qui pour raison des choses dessus dictes en sont et pourroient ensuire à l'encontre dudit suppliant. Et l'avons restitué, etc., et imposons silence, etc. Si donnons en mandement, par ces dictes presentes, au bailly de Touraine et des ressors et exempcions, etc., aux esleuz sur le fait des aides ordonnez pour la guerre ès païs d'Anjou et de Poictou, et à tous noz, etc., sans pour ce, etc., ains se son corps, etc. Et afin, etc. Sauf, etc. Donné à Poictiers, ou moys de fevrier l'an de grace mil cccc.lxiiii, et de nostre règne le iiiie.

Ainsi signé : Par le roy, maistre Jehan Balue [1] et autres presens. L. Toustain. — Visa. Contentor. J. Duban.

---

1. Cet illustre personnage était, suivant l'opinion la plus généralement admise et la plus vraisemblable, originaire du Poitou, né vers 1421, à Angle, au diocèse de Poitiers, de parents de condition modeste. A la date des présentes lettres, Jean Balue, aumônier du roi, venait d'être nommé évêque d'Evreux (5 février 1465). Transféré à Angers, le 5 juin 1467, cardinal peu de temps après, on connaît ses intrigues,

MCCCCVII

Rémission obtenue par Pierre Hillereau, jeune homme de seize ans, laboureur, coupable du meurtre de Jean Lucas. Venant au secours de son jeune frère, que Lucas maltraitait et frappait avec sauvagerie, il avait porté à ce dernier sur la tête un coup de bâton, dont il était mort la nuit suivante. (JJ. 199, n° 530, fol. 333.)

Février 1465.

Loys, etc. Savoir faisons, etc. nous avoir receue l'umble supplicacion de Pierre Hillereau, jeune enfant, aagé de seize ans ou environ, filz de Mathurin Hillaireteau (*sic*), povre laboureur, demourant au villaige de Puycaraut en la chastellenie de Paluyau, contenant que ledit suppliant qui demeure avecques ledit Mathurin Hillareau, son père, est doulx, simple, de bonne vie et honneste conversacion, sans jamais avoir esté noizeux ne rioteux, et que, le lundi troisiesme jour du mois de decembre derrenier passé, par avant souleil couchant, Jaques Hillaireau, son frère, aussi demourant avecques leur dit père, se transporta en ung pré appartenant à leur dit père, seant ledit pré au dessous dudit village et en la valée estant entre ledit village et le village de la Rochière [1], ouquel village de la Rochière demouroit en son vivant feu Jehan Lucas. Et estant ledit Jaques oudit pré, vit et trouva en ung buisson d'icellui ung ormeau qui avoit esté ebranché et escaussé [2] ce mesme

---

la trahison dont il fut accusé lors de l'entrevue de Péronne, sa longue captivité, sa légation en France sous Charles VIII, etc. Il mourut en 1491. Voir *Jean Balue, cardinal d'Angers*, par Henri Forgeot, archiviste aux Archives nationales Paris, in-8°, 1895 (106e fascicule de la Bibliothèque de l'école des Hautes-Etudes). Cette biographie critique, puisée aux meilleures sources, redresse plus d'une erreur accréditée par les anciens historiens.

1. Ce nom de lieu est écrit huit lignes plus loin et jusqu'à la fin de l'acte « la Rochete ». Cette seconde forme paraît préférable; il y avait dans la même paroisse, la Chapelle-Palluau, deux villages, l'un appelé la Rocherie, l'autre la Rochette, mais le second était beaucoup plus voisin de cet autre village auquel notre texte donne le nom de « Puycaraut » ou « Puycayraut » (Pic-Eraut, dans Cassini, et Piquerraut, sur la carte de l'Etat-Major). La Rochette et Puycaraut étaient situés tout près de la rivière de Vie.

2. Ce mot s'écrit le plus souvent « escossé » et signifiait dépouillé.

jour par Pierre Lucas, filz dudit feu Jehan Lucas, et en avoit esté partie mise en fagotz, comme le nombre de sept à huit fagotz, et le plus appourté au bout pour faire cordes, et estoit ledit bois en une terre labourable joignant dudit buisson et par dehors ledit pré, devers ledit village de la Rochete ; laquelle terre appartenoit et appartient semblablement audit Mathurin Hillereau, père dudit suppliant et dudit Jaques, son frère. Et ce voyant ledit Jaques, icellui print ledit boys qui avoit esté cueilli oudit ormeau et le passa et remist oudit pré, voulant, après qu'il auroit parlé à sondit père qui estoit à la foire de Paluyau qui tenoit, et où il estoit alé ce dit jour, le porter et mettre là où il plairoit à son dit père le commander, ou le laisser sur le lieu. Et estoit avecques ledit Jaques une sienne seur de l'aage de trois à quatre ans ou environ, qui estoit alée avecques luy en icelluy pré. Et ainsi que ledit Jaques passoit et mettoit ledit bois de ladicte terre oudit pré, survint illec auprès ledit feu Jehan Lucas, lequel sans parler mot ne dire audit Jaques qu'il faisoit bien ne mal de transporter ainsi ledit bois, gecta maliceusement et de sa force grant quantité de grosses pierres audit Jaques, tendant à l'en frapper, mutiller et murdrir, et de fait l'en eust murdry et occis, se n'eust esté ce que icelluy Jacques se gardoit dudit giect desdictes pierres le plus qu'il povoit, cryant tant qu'il povoit au murdre et à l'aide, et aussi pleuroit ladite jeune fille, sa seur ; mais pour tant ledit Lucas ne cessoit de gecter pierres contre icelluy Jaques, plusieurs desquelles cheurent bien souvent près de luy et aussi de sadicte seur, laquelle fut en grant dangier de estre tuée et murdrie. Et combien que plusieurs personnes passans le chemin dudit Puycayraut, en venant de ladicte foire, cryassent plusieurs foiz audit Lucas qu'il ne gectast pas lesdictes pierres contre lesdiz enfans, disans qu'il les tueroit, neantmoins sans dire mot, il gectoit toujours pierres pour en cuider actaindre ledit Jacques, après que lui et sadicte seur n'eussent peu eulx en aler ne partir d'ilec qu'il ne les eust occiz ou grandement blecez. Et non contant de ce, ledit Lucas, voyant qu'il n'ataingnoit ledit Jaques, ala chez lui oudit village de la Rochete, qui ne distoit comme riens du lieu dont il gectoit lesdictes pierres, et se despoilla de sa robe et de son chapperon et ung bonnet, et retourna au lieu dont il gectoit lesdictes pierres et gecta derechief pierres contre lesdiz enfans, qui encores estoient ou pré et regardoient les pierres qu'il avoit gectées, cuidans qu'il n'y retournast plus ; et furent tous esbahiz quant ilz le virent revenir et gecter de rechief pierres sur eulx. Et y vint après luy courrant sa femme oudit pré ; et incontinent qu'elle y fut entrée, icelluy Lucas y entra et d'un baston, qu'il avoit en ses mains, frappa ledit Jacques sur la teste et ou visaige et le blessa à grant effusion de sang. Adonc icellui Jacques se mist en fuite, mais ledit Lucas le poursuy et derechief en s'en fuyant le frappa encores dudit baston par les espaulles si grant cop qu'il en chancella et cuida cheoir à terre. Et voyant ledit Jacques que ledit Lucas le frappoit et mutilloit ainsi d'un baston, il se print au corps dudit Lucas, affin que dudit baston il ne le peust plus frapper, mais ledit Lucas [l']estraingnoit fort et en manière qu'il cuidoit illec mourir, et crya à haulte voix au murdre et à l'aide. Lequel cry ledit suppliant son frère qui estoit environ ledit village du Puycaraut, qui ne distoit dudit pré que d'un gect de pierre, ouy et tantost courut à luy et print oudit pré ung petit baston qu'il y trouva et s'entremist de departir ledit Lucas d'avecques sondit frère, qui estoit tout blecié et sanglant ou visage, en luy disant qu'il faisoit mal de meurtrir ainsi sondit frère ; mais ledit Lucas qui estoit entasché de mal faire, n'en voult departir et s'efforçoit tousjours de plus grever ledit Jaques, frère dudit suppliant, et aussi ladicte femme d'icellui Lucas se print audit suppliant et lui cuida oster ledit baston et le gecter à terre. Adonc icelluy suppliant dudit baston qu'il avoit frappa ledit Lucas par les espaulles, et tantost après ladicte femme dudit Lucas se print encores audit baston et l'osta à icellui suppliant. Lequel, quant il se vit dessaisy de sondit baston et que ladicte femme le cuidoit tousjours saisir et prandre au corps, affin qu'il ne secourust sondit frère, que ledit Lucas tenoit tousjours et le fouloit grandement, et que sondit frère tousjours crioit au murdre et à l'aide, print ung autre petit baston qu'il trouva en la place et en frappa sur la teste ledit Lucas, dont il cheut à terre, et tantost après lui et sadicte femme s'en alèrent oudit village de Rochete où ilz demouroient ; ouquel village, par deffault de barbiers et d'estre pensé ou autrement, il ala de vie à trespassement, la nuyt ensuivant. Pour occasion duquel cas, ledit suppliant, doubtant, etc., s'est absenté, etc., et n'y oseroit, etc., humblement requerant que, attendu ce que dit est et que en tous autres cas, etc. Pour quoy nous, etc., audit suppliant avons quicté, etc., avec toute peine, etc. en quoy, etc., et l'avons restitué, etc., satisfaction, etc. Si donnons en mandement au seneschal de Poictou ou à son lieutenant, etc., que de noz presens grace, quictance, remission, etc., ilz facent, etc. ledit suppliant joir et user plainement et paisiblement, sans lui faire, etc. Et afin, etc. Sauf, etc. Donné à Poictiers, ou mois de fevrier l'an de grace mil cccc. soixante quatre, et de nostre règne le quatriesme.

Signé : Par le roy, à la relacion du conseil. S. Des Vergers. — Visa. Contentor. J. Duban.

MCCCCVIII

Rémission en faveur de Louis Catus, écuyer, détenu prisonnier à Parthenay pour le meurtre d'un prêtre nommé Jean Prochau, donnée à l'occasion de la première entrée du roi en cette ville. (JJ. 199, n° 514, fol. 323 v°.)

Mars 1465.

Loys, etc. Savoir faisons à tous, presens et avenir, nous avoir receue l'umble supplicacion des parens et amis charnelz de Loys Catus[1], escuier, aagé de xxiiii. ans ou environ, natif du lieu des Granges près Thalemont sur Jart en Poictou, à present detenu prisonnier ès prisons de ceste ville de Partenay, contenant que environ la feste Nostre Dame Chandeleur l'an mil iiii^c lxi, ledit Loys Catus et feu Jehan Procha, en son vivant prebstre, eurent certaines grans parolles ensemble, pour occasion de ce que ledit feu Procha avoit fait desplaisir à Charles Catus[2], chevalier, frère dudit Loys, et qu'il l'avoit menacé et oultragé de parolle, et depuis ne se firent ne dirent mal ne desplaisir jusques environ la feste de Noel mil iiii^c lxii, que ledit Loys, qui estoit deliberé de soy en retourner veoir son ayeule, avecques laquelle il avoit longtemps de-

---

1. Louis Catus, écuyer, seigneur de Lassy en la vicomté de Paris, capitaine de Talmont, né en 1441, était le fils puîné de Jean, seigneur des Granges-Catus, Saint-Généroux, etc., et de Robinette du Plessis, sa seconde femme. On voit, quelques lignes plus bas, que son aïeule vivait encore en 1462 et habitait l'Ile-de-France. Le *Dictionnaire des familles du Poitou* dit que le grand-père de Louis, Hugues Catus, seigneur du Bois-Catus, vivant en 1443, eut de sa seconde femme, Jeanne Jousseaume, Jean, s^r des Granges, et Françoise, femme de Pierre des Cloudis. Ce doit être une erreur. Car Jeanne Jousseaume mourut en 1412, entre juillet et novembre. (Cf. *Arch. hist. du Poitou*, t. XXVI, p. 223, note.) Il faut admettre que Hugues Catus contracta un troisième mariage, que sa troisième femme, dame de Lassy, lui survécut plusieurs années et que c'est elle qui fut mère de Jean Catus et grand'mère de Charles, nommé plus loin, et de Louis. Celui-ci est dit aussi seigneur de la Brunetière, paroisse de Vautebis, dans un acte de 1482 ; au ban de 1488, il présenta pour le remplacer Jean Vaslon, en qualité de brigandinier. Il épousa Catherine de Coudun, fille de Guy, écuyer, seigneur de Chaillé, et de Catherine Poussard, qui lui donna un fils, Jean, chevalier, s^r des Granges-Catus, et trois filles. (*Dict. des familles du Poitou*, nouv. édit., t. II, p. 139.) Louis Catus eut, à cause de sa femme, de violents démêlés avec Jean Legier, seigneur de la Sauvagère, au sujet des droits de justice à Vautebis, et du droit de sépulture en l'église du lieu, comme nous l'apprennent de curieux actes judiciaires des 18 décembre 1486, 16 février 1487 et 16-20 novembre 1493. (A. Richard, *Archives du château de la Barre*, t. I, p. 135-140 ; t. II, p. 156, 165, 181, 494.)

2. Charles Catus, chevalier, seigneur des Granges, Saint-Généroux et des Lineaux-Jousseaume, fils aîné de Jean, s^r des Granges, et de Marguerite Voyer, sa première femme. Il servit comme homme d'armes du seigneur de Soubise aux bans des nobles du Poitou de 1467, 1488, 1491 et 1492. Marié d'abord à Marie Maynard, puis, le 11 septembre 1470, à Jeanne Chasteigner, dame de Guigneffolle, il eut de cette dernière, veuve en 1503, Jean, s^r des Granges, mort sans postérité.

mouré ou pays de France, se party à ung soir après souper dudit lieu des Granges pour aler audit lieu de Thalemont, qui n'est que à ung quart de lieue d'ilec, acompaigné d'ung sien frère et de deux varlez, pour aler veoir ung sien frère, qui estoit serviteur de nostre cher et bien amé cousin le viconte de Thouars, et luy dire adieu. Et pourtoit icelluy Loys son espée soubz son braz, sans penser audit Prochau ne estre deliberé de faire mal à luy ne à autre. Et advint, quant il fut en ladicte ville de Talemont, qu'il estoit nuyt ; ilz rencontrèrent ledit Prochau, et quant ledit Loys le vit, il luy souvint desdictes parolles et injures, et dist audit Procha : « Demoure, ribault prebstre. Est il heure d'aler maintenant parmy la ville ? » Lesquelles choses oyes par ledit Prochau, combien que ledit Loys ne tirast son espée ne fist semblant de le frapper, s'aproucha incontinent dudit Loys et saisy son espée et s'efforça de la luy oster. A quoy ledit Loys obvia, doubtant qu'il ne luy en feist oultrage, mais fist tant qu'il la tira et en la tirant, ledit Prochau, qui la tenoit fort, se coppa la main. Et quant icelluy Loys eut sa dicte espée au delivre, il en donna audit Prochau deux coups sur la teste tellement qu'il cheut à terre, et, ce fait, s'en fouyt. Et depuis oyt dire que ledit Prochau, pour occasion desdiz cops ou autrement, ala de vie à trespassement. Pour occasion duquel cas, ledit Loys a tousjours esté depuis absent du pays et à present s'est trouvé èsdictes prisons, en esperance que sur ce luy eslargirons nostre grace et misericorde, comme nous ont fait dire lesdiz supplians, requerans humblement que, attendu que ledit Loys est jeune escuier, de noble lignée, bien fâmé et renommé en tous autres cas et est pour nous servir ou fait de noz guerres, il nous plaise, à nostre première entrée en ceste dicte ville depuis nostre advenement à la couronne, luy impartir benignement nostre grace et misericorde. Pour quoy, etc., voulans, etc., audit Loys Catus avons quicté, remis et pardonné, quictons, remettons et pardonnons, etc., avec toute peine en quoy, etc., et l'avons restitué, etc., satisfaction faicte, etc. Si donnons en mandement au seneschal de Poictou et à tous noz autres justiciers, etc., que de noz presentes grace, quictance, remission et pardon ilz facent, etc. ledit Loys joir et user plainement et paisiblement, sans luy faire, etc. Et affin, etc. Sauf, etc. Donné à Partenay, ou moys de mars l'an de grace mil iiii^c lxiiii, et de nostre règne le iiiie.

Signé : Par le roy, le sire du Lau [1], Guillaume de Varye [2], general, et autres presens. J. de La Loère. — Visa. Contentor. P. de Fontaines.

MCCCCIX

Rémission accordée à Jean et Savin Viault, coupables d'homicide. Etant intervenus auprès d'un compagnon de guerre passant par le pays, pour lui faire rendre les souliers qu'il avait pris à un pauvre enfant de Saint-Savin, attaqués par celui-ci et obligés de se défendre, ils l'avaient frappé d'un coup mortel. (JJ. 199, n° 519, fol. 325.)

Mars 1465.

Loys, etc. Savoir faisons, etc. nous avoir receue l'umble supplicacion de Jehan et Savin Viaulx, frères, laboureurs, enfans de Clement Viault, demourant en la chastellenie de Saint Savin, contenant que, le premier jour de ce present karesme, vint à leur hostel de la Forme-

---

1. Antoine de Châteauneuf, chevalier, seigneur du Lau, sénéchal de Guyenne et des Lannes. Aux documents relatifs à ce personnage, mentionnés dans notre précédent volume, on peut ajouter les lettres patentes, datées de Beauvais, au mois d'avril 1471, octroyant à Jean Aubin, seigneur de Malicorne, chambellan de Charles duc de Guyenne, la terre et seigneurie de Blanquefort en Médoc, confisquée sur le s^r du Lau, parce qu'il s'était rendu coupable de désobéissance envers le roi. (Arch. nat., X^{1a} 8606, fol. 247 v°.)

2. Guillaume de Varie, ou Varye, qui avait été facteur et secrétaire de Jacques Cœur (A. Thomas, *Revue historique*, mai-juin 1908, p. 81), exerçait depuis le commencement du règne de Louis xi la charge de général des finances de Languedoc, qui lui donnait entrée au conseil. (Vaësen, *Lettres de Louis XI*, t. II, p. 125, 136, note.) Il n'était plus vivant à la date du 7 août 1469, à laquelle Louis xi nommait Pierre du Refuge pour lui succéder en qualité de général des finances. (*Catalogue des archives de M. de Joursanvault*. Paris, 1838, in-8°, t. Ier, n° 175.)

lière[1] ung jeune enfant, nommé Denis Duvergier, querir de l'uylle, pour ce qu'ilz la font à leurdit hostel, et en s'en retournant d'icelluy, ung crugeon d'uylle en ung sac à son col, rencontra ung compaignon passant chemin qui venoit devers Saint Savin, duquel l'on ne scet autrement le nom, qui estoit en habit d'omme de guerre, vestu court d'une jaquete, une grant espée à son col, avecques ung petit manteau et une bougette troussée à son espée et une dague à sa sainture et ung becquet en un exsil[2] en sa main, lequel becquet il avoit osté celluy jour à ung marchant de poisson du Blanc en Berry. Lequel compaignon retourna ledit Denis, qui s'en alloit audit lieu de Saint Savin dont il est, jusques au droit dudit lieu et hostel de la Fornollière, oultre son gré et volenté en le faisant tomber devant luy, et lui disoit qu'il lui monstreroit le chemin pour aler à Ingrande près ledit Blanc en Berry, et que s'il couchoit dehors, si seroit il avecques luy, et auquel Denis il osta ses soliers, comme il disoit. Et quant ledit Denis Duvergier, qui est jeune enfant de l'aage de XII. ans ou environ et avoit peur dudit compaignon qui le menast plus loing, pour ce qu'il estoit tart, fut endroit le village de la Fornollière ou chemin, il s'en fouit audit villaige jusques au dedans d'une clye près et au rez des maisons. Auquel Denis lequel compaignon dist lors : « Tu m'as trompé », et ledit Denis lui dist : « Rendez moy mes souliers ». Lequel compaignon lui fist response qu'il n'en feroist rien, s'il ne lui monstroit le chemin. Et alors ung nommé Jehan de Faugères, qui illec estoit auprès dudit village, au dedans d'un champ, qui estoit aussi allé querir de l'uylle et parloit audit Clement, père desdiz supplians, qui illec besoignoit, dist audit compaignon qu'il rendist les solliers audit Denis, qui estoit povre enfant orfelin. Lequel compaignon fist res-

---

[1]. *Sic.* Le nom de ce village est écrit plus bas, dans ce même acte, la Fornollière. L'orthographe actuelle est la Fernaulière.
[2]. Pinces, dites aussi *bec-d'âne* ou *de cane*, dans une gaine.

ponce en manière de rigueur audit de Faugères, en lui
disant : « Viens les querre toy mesmes », et peu après
ledit Clement, père desdiz supplians, s'en alla à leur maison et dist à iceulx supplians ses enfans, qui estoient en
leurdit hostel, telles paroles ou semblables : « Il est illec
passé ung compaignon qui a osté les soliers à ce pauvre
enfant, qui estoit icy venu querir de l'uylle, lequel est là
dehors où il pleure. Vous ferez bien d'aler après à luy
demander les souliers dudit enfant, qui est povre orfelin, et lui dire qu'il les lui vueille rendre, et il fera bien. »
Lesquelles parolles ledit Clement Viaut dist à sesdiz enfans,
sans penser en nul mal. Et incontinant les dis supplians,
qui sont bons laboureurs et de très bonne renommée,
sans estre brigueurs, noyzeux, murtriers ne bateurs de
gens, allèrent après ledit compaignon, ung peu avant soulleil couchant, sans porter ne avoir avecques eulx aucuns
ferremens, fors que ung petit baston blanc de la longueur de quatre pyez ou environ, que ledit Jehan suppliant avoit en sa main. Et quant ilz l'eurent aconsceu et
furent près dudit compaignon, lequel estoit arresté auprès
du chemin où il parloit à ung petit garson, ilz lui distrent
telles parolles ou en substance : « Galant, rendés les souliers que vous avez osté à ung pouvre enfant illec ou chemin. » Lequel compaignon alors tout rigoureusement leur
dist : « Que randré je ? » et incontinant print une pierre
en sa main et son espée en l'autre, et jecta sondit manteau
ou bougette à terre, en regnyant Dieu qu'il les turoit, et
venant contre eulx. Lesquelz supplians, voyans que ledit
compaignon estoit mal esmeu et ainsi venoit contre eulx,
se recullèrent en eulx voulant retourner, et en eulx recullant ledit compaignon gecta une pierre qu'il avoit en sa
main contre eulx, de laquelle il frappa ledit Jehan suppliant parmy la cuisse ; lequel soy voyant estre frappé
tellement qu'il ne povoit bonnement fouir, se bessa pour
prandre une pierre pour gecter audit compaignon ; mais

— 35 —

ledit compaignon s'aproucha de lui et de l'espée qu'il avoit ou poing, frappa ledit suppliant dessoubz l'aisselle soubz la tetyne, tellement que ladicte espée entra demy pié dedans, ainsi que dient les barbiers qui l'ont visité, tellement que par le moien dudit coup il est allé de vie à trespassement[1]. A l'occasion duquel cas, lesdiz supplians doubtans rigueur de justice, se sont absentez, etc., et n'y oseroient, etc., se noz grace, etc. Pour quoy, etc., voulans, etc., ausdiz supplians avons le fait et cas dessus declaré quicté, remis et pardonné, etc., avec toute peine en quoy, etc. Si donnons en mandement au seneschal de Poictou, etc. Donné à Saumur, ou mois de mars l'an de grace mil iiii^c lxiiii, et de nostre règne le iiiie.

Signé : Par le conseil. Gautier.

MCCCCX

22 avril 1465.

Confirmation par le roi de lettres de Jean d'Orléans, comte d'Angoulême [2], données au château d'Angoulême, le 31 janvier 1465 n. s., en faveur de son chambellan, Pierre de Saint-Gelais [3], chevalier,

---

1. *Sic*. L'omission par le scribe de quelque membre de phrase, essentiel au sens, intervertit complètement les rôles. L'on doit comprendre, suivant toute vraisemblance, que l'un des deux frères Viaut désarma le compagnon et de l'épée qu'il lui avait enlevée lui porta le coup mortel.

2. Jean d'Orléans, comte d'Angoulême, second fils de Louis de France, duc d'Orléans, et de Valentine de Milan, né le 26 juin 1404, prisonnier en Angleterre de 1412 à 1444, mort au château de Cognac, le 30 avril 1467. (Cf. le vol. précédent, p. 53, note.)

3. Pierre de Saint-Gelais, chef de la branche du Montlieu, cinquième fils de Charles iv, seigneur de Saint-Gelais, et d'Yolande Bouchard, avait pris part aux excès des gens de guerre de la compagnie de Jean de La Rochefoucauld, puis à la révolte de la Praguerie, avec Guy de La Rochefoucauld, s^r de Verteuil, faits pour lesquels, à deux, reprises, il obtint de Charles vii des lettres d'abolition, qui ont été imprimées dans l'un de nos précédents volumes. (*Arch. hist. du Poitou*, t. XXIX, p. 13, 334, 365.) On conserve, dans les archives de la Chambre des comptes, l'hommage qu'il fit au roi, le 13 février 1455 n.s., pour sa seigneurie de Montlieu et les terres qu'il tenait en la châtellenie de Talmont-sur-Gironde et dans la paroisse de Rouffignac, mouvant du duché de Guyenne. (Arch. nat., P. 566¹, cote 2833.) Pierre de Saint-Gelais, qui avait épousé Philiberte de Fontenay et en eut cinq fils, dont

seigneur de Montlieu, Saint-Séverin, Saint-Aulaye et Chassaignes, par lesquelles il abandonne à son profit le droit de guet au château d'Angoulême qui lui appartenait sur les sujets desdites terres et justices de Saint-Séverin et de Chassaignes, et lui permet d'obliger ceux-ci au guet et à la garde de son château et place de Saint-Aulaye, « qui est forte place tenue de nous, laquelle a esté tousjours si bien gardée, que jamais n'a tenu party contraire, et a mestier de garde... Donné à Tours, le xxii® jour d'avril l'an de grace mil iiii^c lxv, après Pasques, et de nostre règne le quart. — Signé : Par le roy, les contes d'Angolesme et de Cominge, le sire du Lau [1] et autres presens. J. de La Loère. » (JJ 199, n° 537, fol. 337 v°.)

MCCCCXI

Rémission octroyée à François Du Vilier, écuyer, d'Angliers, qui avait audit lieu frappé mortellement un braconnier nommé Etienne Saunier, dit Carbonneau, qui l'avait nargué. (JJ. 194, n° 34, fol. 18 v°.)

Septembre 1465.

Loys, etc. Savoir faisons, etc., nous avoir receue l'umble supplicacion de Françoys Du Vilier, pauvre escuier du pays de Lodunoys, contenant que, le dimanche xiiie jour de juillet derrenier passé, ainsi que ledit suppliant et Christofle de Chauvigny [2] venoient de la messe de l'eglise Saint Martin d'Anglers oudit pays de Lodunoys, ilz se arretèrent devant le cymitère de ladicte parroisse et eulx

---

le plus connu, à cause de ses écrits, est Octavien, évêque d'Angoulême, fit son testament en 1470. Mellin de Saint-Gelais, abbé du Reclus, poète célèbre, était son fils naturel.

1. Jean, bâtard d'Armagnac, comte de Comminges, et Antoine de Chateauneuf, seigneur du Lau. (Voy. ci-dessus, p. 8, note 1, et p. 32, note 1.)

2. Suivant MM. Beauchet-Filleau, ce Christophe de Chauvigny, écuyer, appartenait à l'illustre famille dont sont issus les barons de Châteauroux et fut seigneur d'Angliers, ainsi que ses descendants jusque vers la fin du xvie siècle. Il fit une vente à Jean Eschinart, clerc, par acte passé sous le sceau de Moncontour, le 3 mai 1465. Le 18 septembre 1466, il vendit une rente à Jean de Fontenay, seigneur de Saint-Cassien (Arch. de la Vienne, E² 128 et 234), et eut des procès avec Joachim de La Touche au sujet de domaines situés à Angliers, l'an 1500. Marié, vers 1460, à Catherine de Remefort, fille de Jean, écuyer, seigneur d'Oiron, et à Guillemette Gorrin, il en eut un fils, Jean, qui était encore mineur en 1484, et succéda à son père dans la seigneurie d'Angliers. (Notes de M. le comte de Maussabré, recueillies dans le *Dict. des familles du Poitou*, 2e édit., t. II, p. 357.)

estans illec, survint ung garson, varlet et serviteur d'un chausetier de Lodun, appellé Champion, lequel demanda de l'argent audit Christofle de Chauvigny, pour certaines denrées de son mestier ; lequel Christofle lui respondit qu'il ne lui devoit riens, mais qu'il pensoit que son père le lui devoit et que ce n'estoit pas lui, et oultre plus lui dist qu'il s'en alast disner à sa maison et puis qu'il parleroit à lui sur icelle matière. Sur lesquelles parolles, ledit suppliant dist audit garson qu'il s'en alast et qu'il n'estoit pas lors temps de demander argent, veu qu'il lui convenoit engager sa terre pour nous venir servir ou fait de nostre armée ; et lui dist oultre que, s'il estoit ung peu plus grant, qu'il lui bailleroit deux soufflez, en despit de son maistre qui l'avoit fait excommenier pour la somme de vii. solz vi. deniers tournois qu'il lui devoit. A quoy ledit garson respondit audit suppliant très mal gracieusement qu'il lui devoit encores de l'argent ; pour laquelle cause ledit suppliant suyvit pas à pas ledit garson, pour lui cuider bailler ung soufflet, mais il trouva en son chemin ung homme du lieu de Maulay, le nom duquel il ne scet, qui lui dist qu'il ne failloit pas ainsi batre les gens. A quoy ledit suppliant lui dist qu'il ne parloit pas à luy et de quoy il se mesloit, ou autres parolles semblables, et y eut plusieurs autres grandes parolles dictes entre eulx, entre lesquelles ledit suppliant l'envoya pisser ; et sur ce ledit homme lui dist que si feroit il, quant il en auroit besoing. Et à icelle heure, ledit suppliant bailla du plat de sa dague sur la joue dudit homme qui parloit à luy, et atant furent separez l'un de l'autre et leur noise apaisée et estanchée. Et pou après et sur l'eure, furent[1] illecques ung nommé Estienne Saunier, dit Carbonneau, demourant audit lieu d'Anglers, homme de mauvaise vie et robeur de garennes à connilz, qui dist audit suppliant bien malicieusement

---

1. *Sic.* Il faudrait lire plutôt : « survint ».

pour quoy il batoit les gens. A quoy ledit suppliant lui
respondit qu'il ne parloit pas à luy et qu'il se teust, ou
qu'il lui bailleroit deux soufflez ; et sur lesdictes parolles
ledit Estienne Saunier luy dist qu'il le frappast, et adonc
ledit suppliant lui bailla de la main sur la joue. Et après
une appellée Jehanne, femme de Jehan Olivier, print ledit
suppliant et lui dist qu'il s'en allast d'illec et qu'il ne se
deshonnorast point pour ung meschant homme ; dont ledit suppliant fut content et s'en ala d'une court où ilz
estoient, et le conduisy par dessoubz le bras ung chappellain, nommé Jehan Perrotin. Et combien que ledit Estienne
Saunier n'eust cause ou matière de suyvre ledit suppliant,
neantmoins, quant ledit suppliant fut hors de ladicte
court, icellui Saunier le commença à suyvre, en lui disant
plusieurs parolles injurieuses ; à quoy ledit suppliant respondit qu'il s'en allast et qu'il ne lui demandoit riens. Et
de fait ledit Saunier suivit ledit suppliant jusques auprès
de la porte de Mery Duboys, dudit lieu d'Anglers, en
disant audit suppliant qu'il lui vaulsist mieulx avoir esté
endormy que de l'avoir frappé et autres parolles semblables. Et adonc ledit suppliant eschappa audit chappellain qui le tenoit par dessoubz le braz, et en disant : « Cest
homme ne me cesse d'arguer », ledit suppliant bailla de sa
dague audit Estienne Saunier sur la teste tant que le sang
en saillit, et cheut à terre ; et illecques en la place ledit
Estienne Saunier fut habillé, se leva tout par luy et s'en
ala en sa maison, et a vescu depuis trois sepmaines ou
environ. Pour occasion duquel cas, ledit suppliant, doubtant rigueur de justice, s'est absenté du païs et n'y oseroit, etc., se noz grace, etc., en nous humblement requerant que, attendu que ledit Saunier estoit homme noiseur
et de mauvaise vie et fut agresseur de parolle et de fait, et
que ledit suppliant est homme de bonne vie, renom
mée, etc., sans avoir jamais, etc., nous lui vueillions, etc.
Pour quoy, etc., voulans, etc., audit suppliant avons ou

cas dessus dit le fait et cas dessus declaré quicté, remis et pardonné, quictons, remettons et pardonnons, avec toute peine, etc., en quoy, etc. ; et l'avons restitué, etc., satisfaction faicte, etc. Et sur ce, etc. Si donnons en mandement, etc., au bailly de Touraine, des ressors, etc., ou à son lieutenant à Chinon, et à tous, etc., que de noz presens grace, quictance, remission et pardon ilz facent, etc., sans lui faire, etc., ainçois, etc. Et afin, etc. Sauf, etc. Donné à Paris, ou mois de septembre l'an de grace mil cccc.lxv, et de nostre règne le cinquiesme.

Ainsi signé : Par le roy, à la relation du conseil. — Visa. Contentor. J. d'Orchère.

MCCCCXII

Octobre 1465.

Lettres de légitimation accordées à Gervais de Vésins, *aliàs* la Marche, écuyer, fils naturel de Gervais de Vésins, *aliàs* la Marche, en considération des services qu'il a rendus et ne cesse de rendre au roi pendant les guerres. « Quocirca dilectis et fidelibus gentibus compotorum nostrorum et thesaurariis, baillivo Turonie ac senescallo Pictavie, etc., mandamus quatinus eundem Gervasium nostra presenti legitimacione, etc., uti et gaudere pacifice faciant... Datum Parisius, in mense octobris anno Domini millesimo cccc° lxv°, et regni nostri quinto. — Sic signatas : Loys. Per regem, domino de Landes[1] et aliis presentibus. G. Picart. — Visa. Contentor. J. d'Orchère. » (JJ. 194, n° 90, fol. 48 v°.)

MCCCCXIII

Rémission octroyée à Louis Chasteigner, écuyer, qui, dans une discussion d'intérêt dégénérée en rixe, avait frappé mortellement d'un coup de dague son beau-père, Guillaume Maynaut. (JJ. 202, n° 15, fol. 10.)

Novembre 1465.

Loys, par la grace de Dieu roy de France. Savoir faisons à tous, presens et avenir, nous avoir receue l'umble

---

1. Charles de Melun, baron de Landes, seigneur de la Borde, etc. (Cf. ci dessus, p. 15, note 2.)

supplicacion de Loys Chasteigner [1], escuier, demourant au village de Malevaut près Cherveux en Poictou, contenant que jà pieça feu Jehan Chasteigner et Jehanne Baussaise [2], père et mère dudit suppliant, furent conjoincts ensemble par mariage, desquelz et de leur dit mariage yssirent et furent nez plusieurs enffans et entre autres ledit suppliant ; lequel Jehan Chasteigner, père dudit suppliant, aucun temps après ala de vie à trespas, delaissant ladicte Jehanne, sa femme et ledit suppliant ; laquelle Jehanne fut depuis conjoincte par mariage avecques Guillaume Maynnaut, desquelz et de leurdit mariage yssit Georgete Maynnaude, seur uterine dudit

---

1. Louis Ier Chasteigner, seigneur de Malvault, du Bourgneuf, etc., né vers 1411, fils de Jean III Chasteigner, seigneur de Prinçay (1355-1425), et de Jeanne de Baussais (cf. la note suivante), mourut à un âge avancé, antérieurement au 19 juin 1490. Il avait épousé, vers 1440, Catherine de Saint-Aubin, fille d'Aimery, seigneur de la Blouère, et de Catherine d'Aine, dont il eut Pierre, seigneur de la Blouère, et Antoine, seigneur de Malvault. André Du Chesne cite ces lettres de rémission du mois de novembre 1465. (*Hist. généal. de la maison des Chasteigners*, Paris, 1634, in-fol., p. 570.)

2. Famille noble des environs de Saint-Maixent, dont le nom patronymique paraît avoir été Girard, et qu'il faut se garder de confondre avec les Bauçay du Loudunais. La seigneurie dont elle prit le titre est Baussais, qui fit successivement partie de la prévôté de Melle, puis de la sénéchaussée de Saint-Maixent. Jeanne était la fille cadette de Jean Girard, dit de Baussais, chevalier, seigneur de Baussais, Galardon, la Motte-Bigot, etc., et de sa seconde femme, Thomasse de Vaux, dame de Malvault en la paroisse de Cherveux. Elle avait une sœur, nommée aussi Jeanne, née du premier mariage de Jean avec Aiglantine Pichier, dame de Galardon, ce qui donna lieu à quelque confusion, et un frère prénommé aussi Jean, qui décéda jeune, probablement sans alliance, au château de Melle, entre le 17 février et le 24 août 1407. Après sa mort, le fief de Baussais paraît avoir été partagé entre ses deux sœurs ; car à la date du 24 août 1407, on trouve un aveu de Jean de Montfaucon, chevalier, seigneur de Saint-Mesmin, pour partie de l'hébergement de Baussais, mouvant de Melle, qu'il tenait à cause de sa femme, Jeanne de Baussais, l'aînée, héritière depuis peu de son frère Jean, aveu renouvelé le 27 septembre 1418, et à la date du 22 juin 1422, un autre aveu de Jean Chasteigner, à cause de Jeanne de Baussais, la cadette, sa femme, de moitié du même hébergement, relevant alors de Saint-Maixent. (Arch. nat., R^{1*} 217², p. 724 ; R^{1*} 217³, p. 1705 ; P. 1145, fol. 113 et 116) Jeanne la cadette, devenue veuve, s'était remariée, avant le 6 mars 1430, à Guillaume Maynaud, dit Souchier, écuyer, seigneur de Gagemont près Melle, lequel mourut de la main de son beau-fils, comme on l'apprend par le présent acte. (Cf. *Dict. des familles du Poitou*, 2e édit., t. I, p. 390.)

suppliant. Durant lequel mariage, lesdiz Guillaume Maynnaut et sa femme, mère dudit suppliant, et aussi icellui suppliant ont demouré par long temps ensemble en ung hostel assis oudit village de Malevaut, qui est l'eritage de ladicte Baussaise ; pendant lequel temps est advenu que icellui suppliant, qui est vaillant homme et a suivy les guerres à l'occasion des divisions qui puis naguères ont eu cours en ce royaume, s'est mis sus par nostre ordonnance, comme les autres nobles du païs, tant pour lui que pour ledit Maynnaut, son payrastre, et s'est tenu ou chasteau du Couldray Sallebart avec autres, pour la garde d'icellui, où il a tousjours esté à ses despens, sans avoir fait ne commis aucune chose digne de reprehencion, et jusques au XIIme jour de ce present moys, que icellui suppliant ala audit lieu de Malevaut, ouquel semblablement arriva ledit Maynnaut, son payrastre, qui amena ladicte Georgete, sa fille, lequel l'estoit allée querir au lieu de Gagemont près Mele en Poictou ; ausquelz ledit suppliant fist bonne chère et baisa ladicte Georgete, sa seur, et dist que l'on mist plus largement de la viande au feu pour souper. Et eulx estans illec, se meurent parolles entre lesdiz Guillaume Maynnaut et suppliant, à l'occasion d'un mur qui jà pieça avoit esté encommancé en ung hostel que avoit sadicte mère au lieu de Saint Giles près Nyort, pour ce que ledit mur n'estoit parachevé, et de ce donnoit charge ledit Maynnault audit suppliant ; lequel suppliant, en soy deschargant, dist gracieusement audit Maynnaut qu'il n'avoit peu faire parachever ledit mur parcequ'il avoit esté, comme dit est, à la garde dudit chasteau du Couldray. Laquelle excusacion ledit Maynnault ne print pas bien en gré, et se courroussèrent l'un contre l'autre très fort et tellement que icellui suppliant dist audit Maynnaut qu'il avoit fait vendre à sa femme, mère dudit suppliant, certaines pièces de son heritaige, et que c'estoit mal fait à lui. A quoy ledit Maynnaut dist qu'il lui en feroit encores vendre, dont icellui suppliant sa courroussa très fort, et en parlant l'un à l'autre, ledit Maynnaut par derrision dist audit suppliant tel mot ou semblable : « Trut », et aussi dist ledit suppliant à icellui Mainnault : « Mais trut pour vous ! » Et ce dit, icellui Maynnaut, meu de mauvais courage, print son espée qu'il avoit illec près et la tira nue, et d'icelle s'efforça en bailler ung coup d'estoc audit suppliant ; et ce voyant, ledit suppliant tira sa dague, qu'il avoit à sa sainture, qu'il avoit acoustumé porter et destourna le cop de ladicte espée, en soy deffendant et, ledit cop destourné, doubtant que encores il retournast pour le frapper de ladicte espée, meu et eschauffé, frappa ledit Maynnaut de ladicte dague ung cop en la poictrine ; à l'occasion duquel icellui Maynnaut, par faulte de bon gouvernement ou autrement, certain temps après, est alé de vie à trespassement. Pour occasion duquel cas, ledit suppliant, doubtant rigueur de justice, s'est absenté du païs et n'y oseroit jamais retourner, se noz grace et misericorde ne lui estoient sur ce imparties, ainsi qu'il dit. Et pour ce nous a humblement fait supplier et requerir que, attendu que ledit cas est advenu par chaude cole et par fortune, aussi que ledit feu Guillaume Maynnaut fut agresseur et non pas ledit suppliant, et que en tous autres cas icellui suppliant a esté de bonne fame et renommée, et ne fut jamais actaint ne convaincu d'aucun autre villain cas, blasme ou reprouche, il nous plaise sur ce lui impartir nos dictes grace et misericorde. Pour quoy nous, ces choses considerées, voulans misericorde preferer à rigueur de justice, audit suppliant, ou cas dessus dit, avons quicté, remis et pardonné, quictons, remettons et pardonnons, de grace especial, plaine puissance et auctorité royal, par ces presantes, le fait et cas dessus dit, avecques toute peine, amende et offence corporelle, criminelle et civile en quoy il pourroit estre, à la cause dessus dicte, encouru envers nous et justice, avec tous bans, appeaulx et deffaulx, si aucuns estoient pour ce ensuiz, et l'avons restitué et restituons à ses bonne fame et renommée, au païs et à ses biens non confisqués; et sur ce imposons silence perpetuel à nostre procureur, present et avenir, et à tous autres, satisfacion faicte à partie civillement tant seullement, si faicte n'est. Si donnons en mandement, par ces mesmes presentes, au seneschal de Poictou ou à son lieutenant et à tous noz autres justiciers, ou à leurs lieuxtenans, presens et advenir, et à chacun d'eulx, si comme à lui appartendra, que de nostre presente grace, quictance, pardon et remission ilz facent, seuffrent et laissent ledit suppliant joyr et user plainement et paisiblement, sans lui faire ou donner, ne souffrir estre fait ou donné, en corps ne en biens, ores ne pour le temps advenir, aucun destourbier ou empeschement au contraire, ainçoys, se son corps ou aucuns de ses biens, meubles ou immeubles, sont ou estoient pour ce prins, saisiz, arrestez ou aucunement empeschez, les lui mettent ou facent mettre à plaine delivrance. Et afin que ce soit chose ferme et estable à tousjours, nous avons fait mettre nostre seel à ces presentes. Sauf en autres choses nostre droit et l'autruy en toutes. Donné à Orleans, ou moys de novembre l'an de grace mil cccc. soixante cinq, et de nostre règne le cinquiesme.

Ainsi signé : Par le roy, à la relacion du conseil. N. Dubrueil. — Visa. Contentor. J. Duban.

MCCCCXIV

Décembre 1465.

Lettres d'amortissement, en faveur de Jean d'Orléans, comte d'Angoulême, d'une rente annuelle et perpétuelle de soixante livres tournois assise sur les terres qu'il a acquises ou acquerra en Poitou [1], Sain-

---

[1]. Jean d'Orléans, comte d'Angoulême, possédait entre autres en Poitou les terres et seigneuries de Beauvoir-sur-mer et de l'île d'Yeu, sur lesquelles, par son contrat de mariage du 31 août 1449, il avait

tongé et Angoumois, rente destinée à entretenir la fondation d'une messe quotidienne et de quatre services anniversaires, par lui fondés en l'église cathédrale d'Angoulême. Donné à Orleans, ou moys de decembre l'an de grace mil iiii^c lxv, et de nostre règne le cinquiesme.— Ainsi signé : Loys, et sur le reply : Par le roy, l'arcevesque de Narbonne [1], l'évesque d'Evreux [2] et autres presens. J. de La Loère. — Visa. Contentor. J. Duban. (JJ. 194, n° 111, fol. 60 v°.)

MCCCCXV

Rémission en faveur de Simon Moysen, fermier des aides sur le vin en la ville et châtellenie de Bressuire, et de Macé Baudu, sergent de la cour dudit lieu, détenus prisonniers [pour avoir par leurs mauvais traitements causé la mort] de la femme de Jean Guiot, dit de Saint-Bardoux, hôtelier du faubourg Saint-Cyprien, à laquelle ils étaient allés réclamer une somme due par son mari audit Moysen. (JJ. 194, n° 2, fol. 2.)

Vers décembre 1465.

Loys, etc. Savoir faisons à tous, presens et avenir, nous avoir receue l'umble supplicacion de Simon Moysen et Macé Baudu, pauvres gens demourans en la ville de Bresure, chargez de femmes et enfans, à present detenuz prisonniers ès prisons dudit lieu de Bersure, contenant que, l'année dernière passée, ledit Moisen suppliant print la ferme du huitiesme du vin vendu à detail en la ville et faulxbourgs de Bressure, et aussi print et afferma, des commissaires commis sur ce de par nous en la ville de Bressure, la ferme du xe du vin vendu à detail en la ville et

---

assis le douaire de sa femme, Marguerite de Rohan. (Cf. notre volume précédent, XXXV des *Arch. hist.*, p. 53, note.) Les présentes lettres ne fournissant point d'autres renseignements sur les acquisitions faites en Poitou par le comte d'Angoulême, il nous suffira d'en donner une analyse.

1. Antoine du Bec-Crespin, fils de Guillaume, baron du Bec et de Mauny, fut archevêque de Narbonne depuis le 18 janvier 1460 jusqu'au 15 octobre 1472, date de sa mort ; il était en même temps abbé de Jumièges. Le traité conclu à Amiens, le 10 septembre 1468, entre Louis xi et le duc de Bretagne porte sa signature. (*Gallia christ.*, t. VI, col. 104.)

2. Jean Balue était évêque d'Evreux depuis le mois de février précédent ; il échangea ce siège épiscopal contre celui d'Angers, le 5 juin 1467 (ci-dessus, p. 25, note).

chastellenie de Bressure, par nous octroyé jusques à certain temps, qui encores dure, aux seigneur et habitans de la ville de Bressure, pour la reparacion et entretenement des ville et chastel dudit lieu. Et pour ce que Jehan Guiot, dit de Saint Bardoux, et feue Collete Grelère, sa femme, tenoient ladicte année hostellerie et vendoient vin à detail ou bourg de Saint Cyprien, près et hors ladit ville de Bressure, ledit Guiot et sa femme se affermèrent avecques ledit Moisen, suppliant, à certaine somme de deniers, dont ilz lui paièrent partie et lui en resta encores à paier certaine somme ; pour avoir paiement duquel reste ledit Moysen, suppliant, et en sa compaignie ledit Macé Baudu, qui est sergent de la court dudit lieu de Bersuire, se transportèrent audit bourg de Saint Ciprien, le mercredi avant la saint Michel derrenierement passée, environ une heure après midi, à l'ostel des diz Guiot, dit de Saint Bardoux, et sa dicte femme, ouquel hostel ilz trouvèrent ladicte feue Colette Grelère, femme dudit Guiot, à laquelle ledit Moisen suppliant demanda l'argent qui lui restoit à paier de sesdictes fermes. Laquelle femme luy respondi qu'elle n'avoit point d'argent et qu'il attendist que son dit mary feust [là], qui estoit alé dehors. Et pour ce que ledit Simon Moisen, suppliant, ne povoit plus attendre, par ce que nostre receveur le contraignoit à paier ce qu'il devoit de reste de ladicte ferme dudit huitiesme, et semblablement le receveur des deniers dudit x^e de par le seigneur et habitants de Bresure le contraignoit à paier le reste qu'il devoit de la ferme dudit x^e, icelluy Moysen suppliant dit à la dite femme qu'il ne attendroit plus et qu'il lui convenoit avoir argent..... [1].

---

1. Ces lettres sont ainsi incomplètes sur le registre ; de plus, la partie transcrite a été ensuite cancellée. Si ce texte doit être considéré comme non avenu en ce qui concerne la rémission des deux impétrants, et s'il ne permet que des conjectures sur l'issue de leur entrevue

MCCCCXVI

Février 1466.

Rémission accordée à Valentin Bétuyseau, natif de Bressuire en Poitou, âgé de vingt ans ou environ, boulanger et patissier à la Rochelle, « où il faisoit pour lors puis naguères sa demeurance, portant ung corbillon plain d'oblies, ainsi que gens de son mestier de patisserie ont accoustumé de faire ». Le vendredi 3 janvier précédent, après avoir débité ses oublies, il alla boire dans une taverne publique, sur la paroisse Saint-Nicolas de ladite ville, avec un de ses compagnons ; là un des buveurs, Macé Legay, sans aucun motif, leur chercha noise, si bien que des injures on en vint aux coups et que Valentin finit par frapper Legay d'un coup à la poitrine, avec un petit couteau à trancher pain, dont celui-ci mourut deux heures après. « Donné à Orleans, ou moys de fevrier l'an de grace mil cccc. soixante cinq, et de nostre règne le cinquiesme. » (JJ. 194, n° 249, fol. 138 v°.)

MCCCCXVII

Rémission accordée à Pierre Duclou, archer de la compagnie du sire de Crussol, sénéchal de Poitou, pour un meurtre commis aux Landes-Génusson sur un compagnon, avec lequel il s'était pris de querelle. (JJ. 194, n° 12, fol. 7 v°.)

Mars 1466.

Loys, etc. Savoir faisons à tous, presens et avenir, nous avoir receue l'umble supplicacion de Pierre Duclou, natif

---

avec la femme de l'hôtelier de Saint-Cyprien, il n'en fournit pas moins des particularités certainement exactes et intéressantes pour l'histoire de Bressuire. C'est pourquoi nous le publions tel quel, en le classant à la date approximative de décembre 1465, parce que les actes immédiatement voisins sur le registre JJ. 194 sont tous de novembre et décembre 1465, janvier ou février 1466. Les noms de Simon Moysen et de Macé Baudu sont mentionnés en différents endroits du *Chartrier de Saint-Loup*, le premier, en 1450, parmi un certain nombre de pannetiers de Bressuire, rappelés à l'observation des règlements de police de leur métier, et en 1461, dans une liste de taverniers de la même ville, auxquels on interdit de recevoir les buveurs après certaines heures déterminées suivant les saisons ; quant à Macé Baudu, il paraît avoir été drapier à Bressuire avant d'être sergent de la cour ; en 1447 son nom figure, en compagnie de vingt-deux autres drapiers, poursuivis pour infractions aux ordonnances sur la fabrication des draps. (Archives des Deux-Sèvres, E. 1654, fol. 104 ; E. 1698, fol. 222 ; E. 1700, fol. 137.)

de Nyvernoys, aagé de xxxvi. ans ou environ, archier de nostre ordonnance soubz la charge de nostre amé et feal conseiller et chambellan le sire de Crussol, seneschal de Poictou [1], contenant que, le mercredi xxvie jour de fevrier derrenier passé, ainsi que ledit suppliant venoit de Poictiers et s'en alloit à Palluau, où il est logé de present, et passoit par Lande Genusson, il trouva illec trois compaignons dudit village, ausquelz il demanda où ilz alloient, et lors l'un desdiz compaignons lui respondit rigoreusement : « Tu n'en as que faire ! » Auquel ledit suppliant dist : « Par le sang Dieu, tu es bien ung mauvais villain », et ledit compaignon respondit de rechief qu'il mentoit parmy la gorge et qu'il n'estoit point villain. Et lors ledit suppliant, voyant que ledit compaignon l'avoit ainsi desmenty oultrageusement, se approucha dudit compaignon, lequel se retourna contre lui ; et ce voyant ledit suppliant, qui estoit sur son cheval, tira sa dague et en frappa du plat d'icelle ledit compaignon sur la joue, dont il n'en yssit oncques sang. Et incontinent après ledit compaignon s'efforça de frapper d'une serpe qu'il tenoit en sa main ledit suppliant, mais icellui suppliant rabatit le coup de sadicte dague, tellement qu'elle en rompit ; et s'aproucha ledit compaignon dudit suppliant si près et si rudement que la dague dudit suppliant entra dedans le cousté gauche dudit compaignon. A l'occasion desquelz cops, ledit compaignon se mist au lit, et le lendemain, environ dix heures de matin, les père et mère dudit compaignon menèrent ledit suppliant devers leurdit fils qui estoit ainsi blessié, et quant il fut devant luy, ledit suppliant lui requist qu'il lui voulsist pardonner ; lequel compaignon pardonna audit suppliant, et dedans le tiers

---

[1]. Louis, seigneur de Crussol et de Beaudiner, occupa la charge de sénéchal de Poitou, du mois de novembre 1461 au mois de juin 1473, et mourut le 21 août de cette même année. (Voy. la notice qui lui a été consacrée dans notre précédent vol., p. 450, 451.)

jour après, icelluy compaignon ala de vie à trespassement. Et a ledit suppliant depuis satisfait à partie. Pour occasion duquel cas, ledit suppliant doubtant rigueur de justice, s'est absenté du païs, ouquel il n'oseroit jamais surement converser, reperer ne demourer, se noz grace et misericorde ne lui estoient sur ce imparties, si comme il dit, humblement requerant que, attendu que en tous ses affaires il a esté homme bien famé et renommé, sans avoir esté actaint ne convaincu d'aucun autre villain cas, blasme ou reprouche, et aussi qu'il a satisfait à partie et lui a ledit deffunct pardonné, il nous plaise nosdictes grace et misericorde, lui impartir. Pour quoy nous, voulans, etc., audit suppliant avons le fait et cas dessus declaré quicté, remis et pardonné, avec toute peine, etc., en quoy, etc., et l'avons restitué, etc. Si donnons en mandement au seneschal de Poictou, ou à son lieutenant, que de noz presens grace, quictance, remission et pardon il face, seuffre et laisse ledit suppliant joir et user plainement et paisiblement, sans lui faire, etc., ainçois, etc. Et affin, etc. Sauf, etc. Donné à Orleans, ou mois de mars l'an de grace mil CCCC. LXV, et de nostre règne le cinquiesme.

Ainsi signé : Par le roy, le conte de Roussillon [1] et autres presens. B. Meurin [2]. — Visa. Contentor. J. d'Orchère.

---

1. Louis, bâtard de Bourbon, fils naturel de Charles Ier, duc de Bourbon, et de Jeanne de Bournan, était comte de Roussillon en Dauphiné et de Ligny et fut, quelques mois après la date de ces lettres, pourvu de la charge d'amiral de France, en remplacement de Jean, sire de Montauban, décédé en mai 1466. Successivement gouverneur de Dauphiné et lieutenant général en Normandie, il mourut le 19 janvier 1486. (Le P. Anselme, *Hist. généal.*, t. I, p. 308, et t. VII, p. 857.) Louis XI lui fit don, le 5 octobre 1470, de terres confisquées sur Jacques d'Armagnac, et, au mois de septembre 1481, du comté de Ligny. (Arch. nat., X^{1a} 8606, fol. 246 v°, et X^{1a} 8608, fol. 4 et 21 v°.)

2. Baudes Meurin, notaire et secrétaire du Roi. Par lettres données à Amboise, au mois de mai 1469, Louis XI lui accorda la permission de construire un château à la Motte-le-Roi près Saint-Benoit-sur-Loire, au bailliage de Montargis, et de le fortifier. (*Ordonnances des Rois de France*, in-fol., t. XVII, p. 218.)

MCCCCXVIII

Nouvelle rémission expédiée en faveur de Jean de La Rochefaton, écuyer, qui avait obtenu, près de quatre ans auparavant, des lettres lui remettant les peines qu'il avait encourues pour le meurtre de son frère Alexandre et les blessures faites à sa femme, Françoise Chapperon, qu'il avait surpris en flagrant délit d'adultère, les premières lettres ayant été perdues depuis dans un voyage qu'il fit à Rome. (JJ. 202, n° 36, fol. 24.)

Avril 1466.

Loys, par la grace de Dieu roy de France. Savoir faisons à tous, presens et avenir, nous avoir receue l'umble supplicacion de Jehan de la Roche, escuier, contenant que ledit Jehan de la Roche, suppliant, lui estant jeune enffant de l'aage de xiiii. à xv. ans, fut conjoinct par mariage avec Françoise Chapperonne, damoiselle, qui estoit lors jeune fille de l'aage de x. à xi. ans; après lequel mariage ledit suppliant demoura par aucun temps en l'ostel de nostre très cher et très amé oncle le conte du Maine [1], ou plusieurs gens dudit hostel, en le farsant et par jeu, lui parlèrent et dirent par plusieurs foiz, comme gens de court ont acoustumé faire, que c'estoit grant folie de laisser ladicte Françoise, sa femme, qui estoit encores jeune et demouroit avec sa mère, et autres choses. A l'occasion desquelles parolles et sans ce que jamais il eust riens veu ne apperceu chose qui eust esté au deshonneur de sadicte femme, ainçois se arresta ausdictes parolles et fut très fort geleux et suspeçonneux que ladicte Françoise, sa femme, se gouvernast autrement que femme de bien doit faire. Et depuis ledit suppliant et sadicte femme demourèrent par longtemps ensemble; durant et pendant lequel temps, ladicte Françoise a eu deux enffans qui encores vivent. Et certain temps après, ledit suppliant et sadicte femme s'en alèrent demourer en leur hostel de Montalem-

---

1. Charles d'Anjou, comte du Maine, vicomte de Châtellerault (ci-dessus, p. 12 note.).

bert en la chastellenie de Rouffect, ou pays et conté d'Angomoys, où ilz faisoient bastir et ediffier. Et pour ce qu'il estoit besoing audit supliant d'aler souvent dehors pour ses besongnes et affaires, et mesmement ou pays de Mirabaloys et Touarçoys, où il avoit ung peu de chevance, il donna la charge de sondit hostel et mesnage à ladicte Françoise, en soy donnant tousjours bien garde s'il pourroit aucune chose appercevoir de ce qui le mouvoit à estre souspeçonneux et geleux, comme dit est. Et troys ans et demy a ou environ, lui estant lors oudit pays de Mirabalès où il estoit alé pour ordonner de ses besongnes, s'en partit souldainement, comme homme fantastique et merencolicque, sans dire adieu ne autre chose et tout seul, combien qu'il eust tousjours acoustumé d'avoir des gens avec lui, troublé et suspeçonneux de ce que dit est, et cuidant que par son absence et qu'il estoit loings dudit lieu de Montalembert, où il avoit laissé ladicte Françoise toute seulle, queque soit que une demoiselle et autres ses serviteurs et servantes de son hostel, et qu'elle estoit jeune et n'estoit plus en la subgection de sadicte mère, où elle avoit esté par longtemps, et estoit plus en son liberal arbitre que jamais n'avoit esté, elle eust eu plustost occasion de faire mal que jamais n'avoit eu, chevaucha tout ledit jour à tue cheval et sans repaistre, tant que ledit jour lui dura, et la nuyt se retrahy en ung sien hostel nommé de Saveilles, et le lendemain ung peu avant jour, ledit supliant arriva audit lieu de Montalembert et s'essaya entrer dedans son dit hostel, affin de savoir s'il y avoit aucun couché avec sadicte femme ; mais pour ce qu'il n'y povoit entrer sans avoir fait grant bruyt, il appella et frapa à la porte, faignant qu'il fust ung des hommes dudit lieu de Saveilles et qu'il avoit à besongner à ladicte damoiselle sa femme, dame dudit lieu de Saveilles ; laquelle incontinant commanda à sa demoiselle ou servante, qui estoit couchée devant elle, qu'elle ouvrist ladicte porte. Et incontinant qu'elle fut ouverte, ledit suppliant entra en ladicte chambre, où il trouva sadicte femme couchée en son lit, et Alixandre de la Roche, son frère germain, avec elle, l'un d'ung costé du lit et l'autre d'autre. Et ce voyant ledit supliant, esmeu par grant ire, tempté de l'ennemy, et sans regarder ne adviser quel homme s'estoit, cuidant et pensant que ce fust quelque homme estrange, qui par mal et villenie fust venu coucher avec sadicte femme, sans mot dire tira [son espée qu'il avoit à [1]] sa sainture et d'icelle frappa et donna plusieurs cops d'estoc et de taille ausdiz Alixandre, son frère, et à ladicte damoiselle sa femme ; au moien desquelz coups ledit Alixandre tantost après, par faulte de bon gouvernement ou autrement, ala de vie à trespassement, et ladicte damoiselle sa femme demoura très fort blecée. Et combien que pour ledit cas ainsi commis par ledit supliant que dit est, eut depuis obtenues noz lettres de remission et pardon [2], et eust intencion d'icelles faire mettre à execucion et en requerir l'enterinement, neantmoins, obstant que incontinent ou peu après l'impetracion d'icelles noz lettres de remission, ledit suppliant, desplaisant dudit cas et aussi qu'il lui avoit esté enjoinct par confessions ou autrement, s'en alla à Romme et en plusieurs autres lieux et voiages, où il porta lesdictes lettres de remission, lesquelles et plusieurs autres bagues qu'il avoit avec lui, lui estant sur la mer, par fortune de temps se perdirent. Et neantmoins pour ce qu'elles ne furent enterinées, il doubte que noz officiers ou autres voulsissent, ores et pour le temps avenir, tendre et vouloir proceder à rigueur de justice ; et pour ce nous a humblement suplié et requis que, attendu ce que dit est, que ledit suppliant est très desplaisant du-

---

1. Le registre porte : « tira sa sainture ».
2. Le texte de ces premières lettres de rémission, datées d'octobre 1462, est imprimé dans notre précédent volume (t. XXXV des *Arch. hist*, p. 392 à 394). Nous y avons joint quelques renseignements sur Jean de La Rochefaton et sa femme, Françoise Chaperon.

dit cas et de la desplaisance, qu'il en a prins et fait encores, il en est comme insensé, et que jamais il n'avoit eu noisse, discord ne debat avec ledit Alexandre, son frère, et ne l'eust jamès ainsi frappé s'il eust sceu que si ce eust il esté, ainçois l'en eust deffendu, que les parens et amys dudit deffunct, saichant ledit cas estre avenu par fortune et en la manière que dit est, lui ont pardonné, et que en tous ses autres faiz il a tousjours esté de bonne vie, renommée et honneste conversacion, sans jamais avoir esté actaint ne convaincu d'aucun villain cas, blasme ou reproche, nous lui veuillons sur ce impartir nosdictes grace et misericorde. Pour quoy nous, ces choses considerées, voulans misericorde preferer à rigueur de justice, audit supliant avons quicté, remis et pardonné et, par la teneur de ces presentes, quictons, remettons et pardonnons de nostre grace especial, plaine puissance et auctorité royal, etc., satisfacion, etc. Si donnons en mandement, par ces presentes, aux seneschaulx de Poictou, de Xaintonge et à tous noz autres justiciers ou à leurs lieuxtenans, presens et avenir, et à chacun d'eulx, si comme à lui appartendra, que de nostre presente grace, quictance, remission et pardon facent, seuffrent et laissent ledit supliant joir, etc., sans lui faire, etc. Et affin que, etc. Sauf en autres, etc. Donné à Baugency, ou moys d'avril l'an de grace mil cccc. LXVI, et de nostre règne le cinquiesme.

Ainsi signé : Par le roy, à la relacion du conseil. Pouffé. — Visa. Contentor. Rolant.

MCCCCXIX

Don à Louis de Beaumont, chevalier, s^r de la Forêt-sur-Sèvre, chambellan du roi, de la justice de Loge-Fougereuse, confisquée par arrêt du Parlement sur Jacques Jousseaume, seigneur du lieu. (JJ. 194, n° 190, fol. 101 v°.)

24 août 1466.

Loys, etc. Comme puis naguères, en certain procès

meu en nostre court de Parlement, entre ung appellé
Coulon, d'une part, et Jaques Jousseaume, seigneur de
Loge la Vineuse [1], tant ait esté procedé que, par arrest
d'icelle nostre court de Parlement, entre autres choses,
la justice que avoit ledit Jousseaume en ladicte terre et
seigneurie de Loge la Vineuse a esté declarée forfaicte et
confisquée à nous, par quoy povons d'icelle ordonner et
disposer à noz plaisirs et volenté ; savoir faisons à tous,
presens et avenir, que nous, considerans les bons, louables

---

1. Partout ailleurs cette seigneurie est désignée sous le nom de Loge Fougereuse, notamment dans les actes du Parlement dont il va être question. Nous n'avons rien à ajouter aux renseignements sur Jacques Jousseaume, seigneur de la Geffardière et de Loge-Fougereuse, réunis dans notre précédent volume (*Arch. hist.*, XXXV, p. 136, 137 ; voir aussi l'Introduction), sauf cependant en ce qui concerne son procès avec M⁰ Pierre Coulon, rappelé dans les présentes lettres. Il avait été jugé en première instance par le Prévôt de Paris. M⁰ Pierre Coulon, demeurant à Loge-Fougereuse, auquel s'était joint le procureur du roi au Châtelet, accusait Jacques Jousseaume et son père Jean, sʳ de la Geffardière, alors défunt, d'avoir fait condamner à mort sous ombre de justice et quoique innocent, puis exécuter, Hugues Coulon, son père. L'arrêt rendu sur appel par le Parlement, seul document que nous possédions sur cette affaire criminelle, ne mentionne pas le prétexte invoqué contre Hugues par les seigneurs de la Geffardière, mais il fallait qu'il y eût réellement crime judiciaire, car le procureur du roi réclamait la peine capitale contre Jacques Jousseaume. En un autre procès, relaté avec détail dans le précédent volume, il est dit incidemment qu'il avait fait mettre à mort Hugues Coulon, puis détruire sa maison par le feu, sur une fausse accusation de sorcellerie. (T. XXXV, Introduction, p. xxx.) Les juges se montrèrent relativement indulgents. Jousseaume fut condamné : 1º à restituer les biens meubles du défunt qu'il avait fait prendre et s'était appropriés, situés tant à Loge-Fougereuse que dans les châtellenies de Vouvant et de Mervent ; 2º à ériger une croix de pierre en la place où il avait eu lieu l'exécution, pour perpétuer le souvenir de l'injuste condamnation ; 3º à fonder au même lieu une chapelle et à la doter d'un revenu annuel de six livres parisis, pour y célébrer chaque semaine, le jour où l'innocent avait été exécuté, une messe pour le salut de son âme ; 4º à payer pour une fois une somme de 500 livres parisis à Pierre Coulon, fils de la victime, et au roi une amende de 250 livres ; 5º à perdre la justice de Loge-Fougereuse, déclarée confisquée au roi ; 6º au paiement de tous les dépens du demandeur et aux frais du procès ; 7º à tenir prison fermée jusqu'au parfait accomplissement de ces peines. Jacques Jousseaume ayant relevé appel de cette sentence, le Parlement la confirma purement et simplement par arrêt daté du 24 août 1466, c'est-à-dire de même date que les lettres de don de la justice confisquée à Louis de Beaumont, mettant en outre à la charge du sʳ de la Geffardière les frais de la procédure d'appel. (Arch. nat., X^{2a} 31, fol. 39; X^{2a} 34, fol. 155 vº.)

et grans services que par cy devant nous a faiz nostre amé
et feal conseiller et chambellan, Loys de Beaumont [1], chevalier, sire de la Forest, à feu nostre très cher seigneur et
père que Dieu absoille, et à nous, ou fait des guerres et
autrement, fait et continue chacun jour et esperons que
plus face ou temps avenir; considerans aussi que ledit lieu
de Loge Vineuse est prouchain d'aucunes des terres dudit
s^r de la Forest, à icelluy Loys de Beaumont, qui sur ce
nous a supplié et requis, avons, ou cas dessus dit, donnée,
cedée, quictée, transportée et delaissée, et par la teneur
de ces presentes, de grace especial, plaine puissance et
auctorité royal, donnons, cedons, quictons, transportons
et delaissons tout tel droit de justice, haulte, moienne et
basse, que avons et povons avoir et qui nous peut com-
pecter et appartenir en ladicte terre et seigneurie de Loge
Vineuse, au moien de ladicte confiscacion, ensemble les
droiz, prerogatives, prouffiz et revenues d'icelle, pour
l'avoir et en joir par ledit de Beaumont, ses hoirs, successeurs et ayans cause à tousjours mès perpetuellement,
ensemble desdictes prerogatives, droiz, prouffiz et emolumens d'icelle, tout ainsi que en ont joy, le temps passé,

---

[1]. Louis de Beaumont, seigneur de Vallans, du Plessis-Macé, et de la Forêt-sur-Sèvre par son mariage, sénéchal de Poitou de 1441 à 1461, a été en plusieurs endroits de cette publication l'objet de notices suffisantes, sur lesquelles nous n'avons pas à revenir. (Voy. notamment *Arch. hist*., t. XXIX, p. 135 ; t. XXXII, p. 378, 379.) On rappellera seulement ici que sa femme était cousine issue de germain de Jacques Jousseaume, seigneur de la Geffardière. En effet, il avait épousé, l'an 1440, Jeanne, fille de Jean Jousseaume, seigneur de la Forêt-sur-Sèvre, et de Jeanne de l'Isle-Bouchard ; le frère de celle-ci, Louis Jousseaume, qui mourut jeune, sans avoir été marié (il était encore, en 1441, sous la tutelle de son grand-oncle, Jean, s^r de la Geffardière) la fit héritière de la Forêt-sur-Sèvre, vers la fin de l'année 1448. Citons encore un acte du Parlement de Bordeaux transféré à Poitiers, du 13 mai 1471, où il est question d'une sentence du sénéchal de Poitou au profit de Louis de Beaumont, pour l'exécution de laquelle et le paiement de la somme à lui ordonnée, celui-ci avait fait saisir et vendre aux enchères des biens des enfants de son adversaire, Louis de Belleville, chevalier, et Marie de Belleville, alors femme de Bertrand Larchevêque, et exerçait des poursuites contre eux à ce sujet (Arrêt interlocutoire, Arch. nat., X^{1a} 4812, fol. 145 v°.)

ledit Jousseaume et ses predecesseurs, seigneurs de ladicte terre et seigneurie de Loge Vineuse, en faisant les devoirs et paiant les droiz deuz à cause d'icelle, là où il appartendra. Si donnons en mandement à noz amez et feaulx conseillers les gens de nostre Parlement et de noz comptes, au seneschal de Poictou et à tous noz autres justiciers, etc., presens et avenir, et à chacun d'eulx, etc., que ledit Loys de Beaumont, sesdiz hoirs, successeurs et ayans cause, ilz facent, seuffrent et laissent joir et user paisiblement de noz presens don, cession, quictance et transport, en lui baillant ou faisant bailler la possession et joissance reelle de ladicte justice et des fruiz, prerogatives et revenues d'icelle. Car ainsi, etc. Et afin, etc. Sauf, etc. Donné à la Mote d'Esgry en Gastinoys, le xxiiie jour d'aoust l'an de grace mil cccc. soixante six, et de nostre règne le sixiesme.

Signé : Par le roy, monseigneur le duc de Bourbon [1], Phelippe Monsieur de Savoye [2], l'evesque de Langres [3], le sire de Craon [4] et autres presens. J. de La Loère. — Visa.

---

[1]. Jean II, dit le Bon, duc de Bourbon et d'Auvergne, comte de Clermont, de Forez, seigneur de Beaujeu et de Roussillon, etc., fils de Charles Ier et d'Agnès de Bourgogne, pair, connétable et chambrier de France, par lettres données à Saint-Priest en Dauphiné, le 12 mars 1456, gouverneur de Guyenne et de Languedoc en 1483, mort le 1er avril 1488.

[2]. Philippe, 5e fils de Louis comte de Savoie, et d'Anne de Lusignan-Chypre, beau-frère de Louis XI, né à Chambéry, le 5 février 1438, fut comte de Bresse, puis succéda dans le comté de Savoie à son arrière-neveu, Charles II, le 16 avril 1496 ; il mourut le 17 novembre 1497.

[3]. Guy Bernard, originaire de Tours, fils d'un receveur général des finances sous Charles VII, archidiacre de l'église de Tours, abbé de Saint-Rémy de Reims, avait été élu évêque de Langres en 1453 et sacré l'année suivante ; il resta à la tête de ce diocèse jusqu'au 28 avril 1481, date de sa mort.

[4]. Georges de La Trémoïlle, seigneur de Craon, de Jonvelle, de Rochefort, de l'Isle-Bouchard, etc., second fils du premier ministre de Charles VII, et de Catherine de l'Isle-Bouchard, sa deuxième femme, premier chambellan héréditaire de Bourgogne, lieutenant général de Champagne et de Brie, l'an 1474, depuis gouverneur de Bourgogne, dont il avait pris la capitale après la mort de Charles le Téméraire. Il mourut l'an 1481, sans laisser d'enfants de Marie, dame de Montauban, qu'il avait épousée, le 8 novembre 1464.

MCCCCXX

Rémission en faveur d'Aymer d'Excées, homme d'armes de la compagnie du sire de Crussol, sénéchal de Poitou, prisonnier à Poitiers pour le meurtre de Pierre Jobert, sergent de l'abbaye d'Airvault. (JJ. 194, n° 182, fol. 97 v°.)

Août 1466.

Loys, etc. Savoir faisons, etc., nous avoir receue l'umble supplicacion de Aymer d'Excées, homme d'armes de nostre ordonnance soubz la charge et retenue de nostre amé et feal conseiller et chambellan, le sire de Crussol, seneschal de Poictou, contenant que, le xxe jour de juing derrenier passé, environ deux heures après midy, survint ung religieux de l'abbaye d'Ervau en Poictou, demourant avecques l'aumosnier de ladicte abbaye, nommé frère Jehan Bertonneau[1], au lieu et villaige de Loyn à ung quart de lieue près dudit lieu d'Ervau, ouquel lieu de Loyn estoit logié ledit d'Exées, suppliant, par l'ordonnance de son cappitaine ou commis pour lui de par nous, et illec apporta ledit religieux ung jeune enfant qu'il vouloit bailler à Thomas Fessart, demourant audit lieu de Loyn, disant qu'il estoit sien et son bastard, dont ledit Fessart disoit le contraire et que appoinctement autres-

---

1. Cet aumônier de l'abbaye d'Airvault est cité, d'après le présent texte uniquement, dans la nouvelle édit. du *Dictionnaire des familles du Poitou*, ainsi qu'Aymer d'Excées, qui y est nommé d'Exéa, sans doute par suite d'une mauvaise lecture. Nous avons eu, dans notre précédent volume, occasion d'identifier un homonyme et peut-être parent du religieux dont il est ici question, Jean Bretonneau, de Champdeniers, commandeur d'Isenheim en Alsace (*Arch. hist.*, t. XXXV, p. 112, note), sans remarquer que le répertoire de MM. Beauchet-Filleau le mentionne aussi, sous la forme *Berthonneau*, et donne, d'après les *Affiches du Poitou* de 1780, son épitaphe, qui existait alors dans l'église de cette localité, et par suite la date de sa mort : *Anno Domini M.CCCC.LXX, die mercurii X octobris, obiit R. P. et D. dom Johannes Bertonelli, natione Pictavus, magister in artibus ac decretorum baccalaureus, domus Sancti Antonii in Isenheim praeceptor, necnon hujus basilicae constructor et totius curiae reparator. Cujus anima requiescat in pace.* Au bas de l'épitaphe se voyait un écusson chargé d'un écu en abîme. (*Dict. des familles du Poitou*, 2e édit., t. I, p. 493.)

foiz avoit esté fait entre icelluy Fessart et aumosnier, par lequel ledit aumosnier d'Ervau devoit nourrir ledit enfant ; dont ledit religieux ne se vouloit contenter, mais le voulloit toujours laisser à toutes forces audit Fessart, qui tousjours le reffusoit. Et ce voyant, se meut noise et debat entre ledit religieux et Fessart, tellement que ledit religieux donna à icellui Fessart plusieurs coups. Et adonc la femme et fille dudit suppliant survindrent, qui le voullurent secourir ; mais ledit Bretonneau religieux commança à frapper sur lesdites femme et fille, lesquelles se prindrent fort à crier. Et ce pendant survint ung serviteur dudit Aymer d'Exès, suppliant, nommé Jehan, archier dudit suppliant, qui venoit de querir des fesves et passoit devant la maison dudit Fessart ; lequel Jehan dist audit religieux que ce n'estoit point son honneur de soy mesler de telles besongnes. A quoy ledit religieux dist que, en despit de lui et de ses dires, il s'en mesleroit, et que il avoit assez nourry ledit enfant, et desmantit ledit Jehan icelluy religieux une foys ou deux ; auquel icelluy Jehan dist qu'il ne le desmantist plus. Après lesquelles parolles, tira ledit religieux ung sien cousteau qu'il avoit, et pareillement ledit Jehan sa dague. Mais ledit religieux frappa le premier sur ledit Jehan et lui donna ung cop sur le col de son cousteau, et ledit Jehan se voyant ainsi frappé, frappa ledit religieux sur le braz, et tellement se prindrent eulx deux que ledit religieux eust oultragé ledit Jehan, se ne feust ung gentilhomme, à qui est la maison où estoit logié ledit suppliant, qui survint illec et donna ung coup sur la teste dudit religieux, qui fut cause de departir ledit religieux et ledit Jehan. Et d'ilec à deux heures après leur debat, arriva audit lieu de Loyn ..... ledit d'Ervau[1], et en les lachassant (*sic*), trouva ung

---

1. *Sic*. Entre « Loyn » et « ledit d'Ervau » il manque évidemment plusieurs mots ou même quelques phrases ; cette omission, imputable au scribe, rend le sens de la fin de l'acte très obscur.

nommé Pierre Jobert, sergent de l'abbaye dudit lieu d'Ervau, qui estoit de leur compaignie et à pié, lequel avoit ung espieu en son poing [1], auquel ledit suppliant donna ung coup d'espée sur la teste, et ledit Joubert frappa le cheval dudit suppliant en l'une des jambes de derrière, cuidant le frapper ou ventre ; et derechief vint ledit suppliant frapper ledit Jobert de sadicte espée sur la teste ung autre coup ou deux et sur la jambe, comme luy semble, tellement que mort s'en est ensuye. Pour occasion duquel cas, ledit suppliant, tantost après, a esté prins et constitué prisonnier en noz prisons de Poictiers, où illec il est en voye de miserablement y finer ses jours, se noz grace et misericorde ne lui estoient sur ce imparties, si comme ledit suppliant nous a fait dire et remonstrer, requerant humblement que, attendu que ledit suppliant a tousjours esté de bonne vie, renommée et honneste conversacion, sans jamais avoir esté actaint ne convaincu d'aucun autre villain cas, blasme ou reprouche, il nous plaise nos dictes grace et misericorde luy impartir. Pour quoy nous, ces choses considerées, voulans misericorde preferer à rigueur de justice, avons, etc., quicté, remis et pardonné, etc. Si donnons en mandement au seneschal de Poictou ou à son lieutenant, et à tous noz autres justiciers, etc. Et afin que ce soit chose ferme et estable à tousjours, nous avons fait mettre nostre scel à cesdictes presentes. Sauf en autres choses nostre droit et l'autruy en toutes. Donné à Montargis, ou mois d'avril l'an de grace mil cccc. soixante six, et de nostre règne le sixiesme.

Ainsi signé : Par le roy, les sires de Craon, de Crussol [2] et autres presens. L. Toustain. — Visa. Contentor. J. d'Orchère.

---

1. « En soing », lit-on sur le registre.
2. Georges de La Trémoille, sire de Craon, et Louis de Crussol, sénéchal de Poitou. (Cf. ci-dessus, p. 47, note, et p. 55, note 4.)

MCCCCXXI

Rémission en faveur d'Alain Lemosnier, mercier colporteur, qui avait été la cause indirecte et involontaire de la mort d'une fillette de six ans, à Mauzé. (JJ. 194, n° 220, fol. 121.)

Septembre 1466.

Loys, par la grace de Dieu roy de France. Savoir faisons à tous, presens et avenir, nous avoir receue l'umble supplicacion de Alain Le Mosnier, mercier, natif du pays de Bretaigne, contenant que, le vendredi xxiime jour du mois d'aoust derrenier passé, ledit suppliant arriva sur le soir au lieu de Mauzé, assez près de la Rochelle, avec ung jeune enffant, qui estoit sur ung sien cheval de poil rouen, chargié de marchandise et mercerie à lui appartenans ; auquel lieu de Mauzé il se logea et fist descendre sadicte mercerie et marchandise en l'ostel d'un nommé Pichault, en intencion de illec, le lendemain, desployer sadicte mercerie et marchandise pour la vendre, ainsi qu'il avoit acoustumé de faire journelement, de lieu en autre. Et après ce que ledit cheval eust esté en l'estable par certain temps et qu'il ot mengié, volut ledit mercier mener boyre sondit cheval, et pour ce faire monta dessus et le mena à la rivière, distant de son logis de environ deux traiz d'arc ; et quant ledit cheval ot beu, il voulut aproucher d'autres chevaulx qui semblablement buvoyent, pour leur ruer ; mais pour cuider resister, ledit suppliant, pour ce que il avoit ung jeune enfant qui estoit sur ung autre cheval, et doubtant ledit suppliant que sondit cheval ne lui fist desplaisir, en la chaleur où estoit icellui cheval, fist tant que le tira hors de la rivière. Et pour ce que ledit suppliant voyoit sondit cheval esmeu et comme plain de frenesie, et qu'il ne savoit pas encores bien ses condicions, par ce qui n'y avoit pas plus de xv. jours qu'il l'avoit achepté, il le voult mener bellement et hors de la grant rue, par laquelle il estoit venu à ladicte rivière, et entra en une rue foraine ; et incontinant, souldainement commença ledit cheval à rentrer en sa frenesie ou challeur, et se print à ruer, saulter et prandre le mors aux dans, tellement que ledit suppliant ne le pot tenir, et en corant rencontra ledit cheval une jeune fille de l'aage de six ans ou environ, que l'en dist estre fille d'ung nommé Taresnay, demourant oudit lieu de Mauzé, laquelle il fist cheoir arrière et la bleça du pié ou derrière de la teste, tellement que deux jours après ladicte fille ala de vie à trespassement. Pour occasion duquel cas, etc., ledit suppliant s'est mis en franchise, etc., humblement requerant que, etc., il nous plaise noz grace et misericorde lui impartir. Pour quoy nous, etc., avons quicté, remis et pardonné, etc. Si donnons en mandement, par ces presentes, au gouverneur de la Rochelle et à tous noz autres justiciers, etc. Donné à Montargis, ou mois de septembre l'an de grace mil quatre cens soixante et six, et de nostre règne le sixiesme.

Ainsi signé : Par le roy, à la relacion de son conseil. Amys. — Visa. Contentor. J. d'Orchère.

MCCCCXXII

Septembre 1466.

Rémission obtenue par Jean Benaste, natif de la Roche-sur-Yon, établi depuis douze ans avec sa femme et son ménage à la Jart en Saintonge, lieu appartenant à l'évêque de Saintes, réfugié en franchise dans l'église Notre-Dame de Pons, après le meurtre de son voisin, Héliot Natier. Le 31 juillet précédent, alors qu'il moissonnait son champ de blé situé sous le bourg dudit lieu de la Jart, en compagnie de deux de ses brus, ledit Natier avec un chariot attelé de plusieurs chevaux endommagea la haie de son champ, et repondit par des injures à la juste remontrance qu'il lui en fit ; la querelle qui en résulta dégénéra en combat à coups de bâton, dans lequel Natier fut frappé mortellement. « Donné à Montargis, ou mois de septembre l'an de grace mil cccc. soixante six, et de nostre règne le sixiesme. » (JJ. 202, n° 67, fol. 43.)

MCCCCXXIII

Octobre 1466.

Rémission donnée en faveur de « Guillaume de Pousolz, escuier, homme d'armes de nostre retenue et ordonnance soubz la charge de nostre amé et feal Jehan de Salezart [1], chevalier,... qui est en garnison en nostre pays de Berry, comme les autres gens de guerre estans soubz ledit Salezart. » Comme il était allé rendre visite « au lieu de Morterolz en la seneschaucie de Poictou, à ung sien oncle, commandeur dudit Morterolz [2] », le 2 août précédent, il s'était trouvé, à l'entrée du château dudit lieu, en présence d'Huguet Bloy, habitant la localité, avec lequel il avait eu « noises, debatz et questions », à l'époque où il y demeurait avec sondit oncle. Celui-ci l'accueillit par des outrages auquel il répondit par un démenti ; après des injures échangées, ils en vinrent aux mains, et finalement Huguet Bloy fut tué d'un coup de dague. « Si donnons en mandement au seneschal de Poictou, etc. Donné à Orleans, ou moys d'octobre l'an de grace mil IIIIcLXVI, et de nostre règne le VIme ». (JJ. 202, n° 65, fol. 41 v°.)

MCCCCXXIV

Lettres octroyant franchise et exemption de toutes tailles et aides aux habitans de l'ile de Bouin, pour le présent et pour l'avenir, conformément aux conclusions d'une enquête faite quatorze ans auparavant, et sur la requête de Jean de Vendôme, vidame de Chartres, et de René de Rais, seigneur de la Suze, les deux coseigneurs de ladite île. (JJ. 202, n° 107, fol. 63 v°.)

Novembre 1466.

Loys, par la grace de Dieu roy de France. Savoir faisons à tous, presens et advenir, nous avoir receue l'humble

---

1. Ou plutôt de Salazar, famille originaire de la Biscaye. Jean de Salazar vint en France et entra au service de Charles VII, qui lui donna les terres et seigneuries de Saint-Just, de Marcilly et de Montaigu, et dont il commanda une compagnie d'ordonnance. Il avait épousé, le 31 octobre 1441, à Sully, Marie, fille naturelle de Georges de La Trémoille, dame de Saint-Fargeau, et mourut à Troyes, le 12 novembre 1479. (Le P. Anselme, *Hist. généal.*, t. IV, p. 166.)

2. La commanderie de Morterolles (canton de Bessines, Haute-Vienne) est dite en Poitou, ressort de Montmorillon, diocèse de Limoges, dans l'étude de M. L. Niepce sur *le Grand prieuré d'Auvergne de l'ordre des hospitaliers de Saint-Jean-de-Jérusalem*. Lyon, 1883, in-8°, p. 326.

— 62 —

supplicacion de noz chers et bien amez Jehan de Vendosme, chevalier, vidasme de Chartres, seigneur de Lessay et de Pousauges, et de Katherine de Thouars[1], sa femme, à cause d'elle, Regné de Rays[2], chevalier, seigneur de la Suze, et des manans et habitans de l'isle de Boign, consors en ceste partie, avons receue (*sic*), contenans que ladicte isle de Boign est située et assise en mer de toutes pars et ès marches de Poictou et de Bretaigne, de laquelle sont seigneurs, c'est assavoir lesdiz Jehan de Vandosme et sa femme, à cause d'elle, de la moictié par indivis du cousté de Poictou, et de l'autre moictié, du costé de Bretaigne, ledit Regné de Rays, sire de la Suze ; et laquelle isle fut ou temps passé recouvrée par industrie et puissance de chaussées, et pour icelle garder tant de inundacions de la mer que des perilz de noz anciens ennemis les Anglois, lesdiz habitans, supplians, ont fait et font chacun jour de très grans mises et despenses, peines et travaulx, tellement que à peine les pevent supporter. Et combien

---

1. Veuve du fameux Gilles de Rais, Catherine de Thouars, fille et héritière de Miles de Thouars, seigneur de Pouzauges, Chabanais et Confolens, dont il a été question à plusieurs reprises dans nos précédents volumes, s'était remariée en 1441 avec Jean de Vendôme, vidame de Chartres, chambellan du roi. (Le P. Anselme, *Hist. généal.*, t. VIII, p. 730.) Voy. aussi deux actes, l'un du 26 mai 1447, l'autre du 21 octobre 1452, relatifs à une transaction passée avec l'abbaye de la Grenetière, par le vidame de Chartres à cause de Catherine, sa femme. (Coll. dom Fonteneau, t. IX, p. 301, 303.)

2. René de Laval, dit de Rais, seigneur de la Suze par la mort de Jean de Craon, son aïeul, décédé en 1432, et de Rais, moitié de l'île de Bouin, etc., par la succession de Marie de Laval, sa nièce. Il était frère cadet de Gilles de Laval, seigneur de Rais, la Benaste, Bourgneuf, Ingrande et Chantocé, maréchal de France, condamné au feu pour ses crimes atroces (déc. 1440). Leur mère était Marie de Craon. Gilles avait laissé une fille unique, Marie de Laval, dame de Rais, qui fut mariée : 1° à Prégent de Coëtivy, sr de Taillebourg, amiral ; 2° à André de Laval, sr de Lohéac, maréchal de France ; elle mourut sans enfants le 1er novembre 1458. Son oncle et héritier René de Rais vécut jusqu'en 1474. Le 4 juin 1459 et le 30 mai 1460, il était en procès au Parlement au sujet de l'hommage et du ressort de la baronnie de Rais. (Arch. nat., X^{2a} 29, fol. 62 v° et 213.) Un arrêt du 7 juillet 1464 lui accorda une partie des réparations qu'il demandait pour violences commises à son préjudice, à Saint-Etienne-de-Mermorte (anc. Malmort), terre et seigneurie provenant, avec Souché et les Jamonnières, de l'héritage de sa nièce. (X^{2a} 30, fol. 331.)

que de toute ancienneté et de tel temps qu'il n'est memoire du contraire, les ysles de la mer, et non pas seullement ladicte ysle de Boign qui, comme dit est, est sciluée et assise èsdictes marches dudit pays de Poictou et de Bretaigne, mais aussi les ysles qui sont assises du tout ou pays de Poictou, comme est l'isle de Nermoustier et l'isle Dieux, sont et doivent estre, par les privilèges des ysles de mer et autrement, franches, quictes et exemptes de toutes tailles, subsides et autres subvencions ; par quoy et par plus forte raison, les habitans en la dicte ysle de Boign qui, comme dit est, est ysle de mer, soient et doivent estre frans, quictes et exemps desdictes tailles et subsides. Ce non obstant, ou moys de fevrier mil iiii^{c}li. ou environ, Me Jehan Chevredent[1], nostre procureur en Poictou, et ung nommé Me Loys Prevost[2], eulx disans commissaires de par feu nostre très chier seigneur et père, que Dieu absoille, pour imposer certain aide ès marches communes de Poictou, se transportèrent ès dictes marches communes et illec baillèrent commission, comme commissaires dessus diz, pour imposer et lever illec certaine somme de deniers au prouffit de nostre dit feu seigneur et père, et mesmes sur ladicte ysle de Boign la somme de iii^c livres tournois, comme marche dessus dicte ; lesquelles commissions baillées à ung nommé Jehan Robiou, soy portant sergent, et ung nommé Jehan Jonemère, soy disant receveur

---

1. Sur Jean Chévredent, procureur du roi en la sénéchaussée de Poitou, maire de Poitiers en 1453-1454, cf. notre précédent volume, p. 218, 221, 225, 275, note, 276.

2. Ce personnage appartenait sans doute à la famille, dont plusieurs membres furent maires et échevins de Poitiers. Un Louis Prévost était en procès au Parlement de Poitiers, le 22 novembre 1470, contre Me René Regnault, appelant du sénéchal de Poitou, on ne voit point à quelle occasion ; le registre dit simplement que le procès est à cette date en état d'être jugé. (X^{1a} 4812, fol. 6.) Quinze ans plus tard, Louis Prévost, licencié en lois, de Poitiers (est-ce le même?) était poursuivi par François de La Guérinière, pour falsification de contrats. Après que l'affaire eut été instruite par le lieutenant du sénéchal, Prévost fut ajourné à Paris, devant la cour, le 3 janvier 1485 n. s. (X^{2a} 45 et 48, à la date.)

dudit aide, se sont transportez en ladicte ysle de Boign, pour sur icelle lever ladicte somme, ce que faire ne povoient parce que, comme dit est, ladicte ysle est et doibt estre franche, quicte et exempte desdictes tailles et autres subvencions quelzconques. Et à ceste cause, lesdiz suppliants se tirèrent dès lors et ou mois de mars ensuivant iiii^{c}li, par devers nostredit feu seigneur et père et obtindrent lettres adreçans aux esleuz sur le faict des aides en Poictou, et à nostre dit procureur, maistre Jehan Chievredent, pour eulx informer et faire informer bien et deuement de et sur lesdictes franchises et exempcions dudit ysle et desdiz supplians, et l'informacion que faicte en auroient, avec leurs advis sur ce, qu'ilz les renvoyassent par devers nostre dit feu seigneur et père ou les gens de son grant conseil, pour en estre fait, ordonné et pourveu ausdiz supplians telle provision que on verra estre à faire par raison. Lequel maistre Jehan Chievredent, adjoinct avec luy maistre Simon Blandin [1], commis

---

[1]. Simon Blandin, fils très vraisemblablement de Henri, aussi élu, ancien receveur des aides en Poitou, fut échevin de Poitiers l'an 1463 ; il avait épousé Perrette de Janoilhac. Nous signalerons un procès jugé par la Cour des Aides, où son nom figure en tête des demandeurs, et dans lequel se trouvent des renseignements intéressants touchant la répartition des impôts et les abus auxquels elle donnait lieu. Simon Blandin, élu en Poitou, Guillaume Rogier, procureur du roi, Michel Dauron, receveur des aides, Jacques Chambret, commis des élus, Jacques Martinet, substitut du procureur, André Gendrot, commis du receveur au siège de Thouars, Louis François, Pierre Guillaume, Janin Dubreuil, Mathurin Bruneteau et autres réclamaient à Jean Guerry, procureur du roi sur le fait des aides en la ville et élection de Loudun, Etienne et Jean Malescot, Guillaume Mistre, André Rouleau et Denis Cailleau, collecteurs, les rôles des tailles de Tourtenay et autres localités, de l'année 1466. L'affaire fut plaidée les 14, 15 et 22 octobre 1468, et 18 janvier 1469, et le 18 mars suivant, après avoir pris connaissance du procès-verbal d'Hervé Prévost, enquêteur pour le roi en Poitou, la Cour des Aides rendit un arrêt ordonnant que « les deffendeurs et chacun d'eulx [seraient] contrainctz, par toutes voies deues et raisonnables à mettre par devers la court de ceans les vraiz roolles et commission dont oudit procès-verbal est faicte mencion. Et ordonne icelle court que ce pendant, le procès principal pendant en icelle entre les dictes parties surcerra jusques à ce que par ladite court sera discuté de la rature dont aussi oudit procès verbal est faicte mencion. (Arch. nat., Z^{1a} 27, fol. 240, 247, 282, 315 ; Z^{1a} 68, à la date du 18 mars 1469 n. s.) Simon Blandin

à l'excercice de la justice des diz esleuz, par vertu des lettres de notre dit feu seigneur et père, se sont transportez sur les lieux et illec se sont informez bien et deuement de et sur l'intendit et articles à eulx baillez par lesdiz suppliants, et ont examiné plusieurs tesmoings dignes de foy, et ladicte informacion par eulx faicte ont envoyée par devers nous, avec leur advis sur ce, en nous humblement requerans par les diz supplians que lesdictes informacions et advis voulsissions veoir et visiter, et sur ce leur pourveoir de remedde convenable, et, eu regart à ce que dit est, leur impartir nostre grace. Pour quoy nous, les choses dessus dictes considerées et mesmement le contenu ès dictes informacions et advis, lesquelles nous avons fait veoir et visiter par aucuns de nostre conseil, et par l'advis et deliberation d'iceulx, avons les habitans en ladicte ysle de Boign, leurs hoirs, successeurs et aians cause, demourans en ladicte ysle, de nostre certaine science, pleine puissance et auctorité royal, par ces presentes, octroyé et octroyons qu'ilz soient et demeurent doresenavant et à tousjours frans, quictes et exemps de toutes tailles et aides qui sont et seront mises sus en nostre royaulme, soit pour le paiement de noz gens de guerre ou autrement, en quelque manière que ce soit, et de nostre plus ample grace, les en avons exemptez et afranchiz, exemptons et afranchissons, par ces mesmes presentes, et tout ainsi que ont esté et sont les autres habitans et demourans ès ysles de Nermoustier, de Dieux et autres de ladicte marche commune. Sy donnons en mandement, par ces mesmes presentes, à noz amez et feaulx les generaulx conseillers par nous ordonnez sur le fait et gouvernement de toutes noz finances, aux esleuz sur le fait de noz aides en Poictou

---

mourut avant le 9 janvier 1486 n. s. A cette date, Perrette de Janoilhac, sa veuve, était appelante au Parlement d'une sentence du conservateur des privilèges royaux de l'Université de Poitiers, donnée contre elle, au profit de Raoul du Fou, évêque d'Evreux, abbé de Nouaillé, de Valence et de Noyers. (X^{1a} 4827, fol. 60.)

et à tous noz autres justiciers, ou à leurs lieuxtenans, presens et avenir, et à chacun d'eulx, que de noz presens grace, affranchissement et octroy ilz facent, seuffrent, etc., joyr et user, etc., et tout ainsi et par la manière que font les autres habitans desdictes ysles de Nermoustier, de Dieux et autres de ladicte marche commune, sans pour ce leur mettre ou donner, ne souffrir estre mis ou donné, ores ne pour le temps avenir, en corps ne en biens, aucun destourbier ou empeschement au contraire; ainçoys, se fait, mis ou donné leur avoit esté en leurs corps ou aucuns de leurs biens, si l'ostent et facent oster et mettre sans delay à plaine delivrance et au premier estat et deu. Et afin, etc. Sauf, etc. Donné à Orleans, ou moys de novembre l'an de grace mil IIII^{c}LXVI, et de nostre règne le VIe [1].

Ainsi signé : Par le roy, l'evesque d'Evreux, le sire de la Forest [2] et autres presens. G. Meurin. — Visa. Contentor. Duban.

MCCCCXXV

Rémission en faveur de Pierre Filleau, marchand de Poitiers, poursuivi devant le sénéchal de Poitou parce qu'il avait acheté de Simon et Guillaume Roy des cuirs que ceux-ci avaient indûment pris chez leur grand-père, Simon Roy, après la mort de celui-ci, ledit Filleau étant considéré comme leur complice. (JJ. 200, n° 144, fol. 78 v°.)

Janvier 1467.

Loys, par la grace de Dieu roy de France. [Savoir faisons] à tous, presens et avenir, nous avoir receue l'umble supplicacion de Pierre Filleau [3], marchant, de-

---

1. Le texte de ces lettres patentes est imprimé, d'après la même source, dans le *Recueil des Ordonnances des Rois de France*, in-fol., t. XVI, p. 524.

2. L'évêque d'Evreux, Jean Balue, depuis cardinal évêque d'Angers (cf. ci-dessus, p. 25, note); Louis de Beaumont, seigneur de la Forêt-sur-Sèvre, etc., ancien sénéchal de Poitou. (*Id.*, p. 54, note.)

3. Ce Pierre Filleau, marchand établi à Poitiers, n'est point mentionné dans les généalogies des quelques familles de ce nom imprimées dans la récente édition du *Dictionnaire des familles du Poitou*.

mourant en nostre ville de Poictiers, contenant que feu Symon Roy fut pieça conjoinct par mariage avec une nommée Jehanne Mauvoisine, demourant en nostre dicte ville de Poictiers, lesquelz conjoincts donnèrent, comme l'en dit, mutuellement, par le traictié de leur dit mariage ou autrement, tous leurs biens meubles et acquestz au survivant d'eulx deux. Et est advenu que ledit Symon Roy est alé de vie à trespas, delaissée ladicte Mauvoisine, sa femme, qui l'a survesqu, laquelle, par le moyen dessus dit, a maintenu lesdiz biens meubles et acquestz dudit feu Symon Roy, son mary, à elle appartenir. Et soit ainsi que, quinze jours après la feste de Pasques mil cccc. soixante cinq, ung nommé (*sic*) Symon et Guillaume Roys, frères, enfans de feu Pierre Roy, filz desdiz feu Symon Roy et de ladicte Mauvoisine, se transportèrent en la maison de la tannerye de ladicte Mauvoisine, vefve dudit feu Symon Roy, assise en nostre dicte ville de Poictiers, en laquelle ledit feu Roy faisoit sa tannerye et en laquelle estoyent les cuirs à elle appartenans ; ausquelz Simon et Guillaume Roys, frères, elle avoit, comme on disoit, donné congié de prendre desdiz meubles dudit deffunct son mary. Lesquelz Symon et Guillaume Roys prindrent en icelle tannerie certaine quantité desdiz cuirs, et après furent querir ledit suppliant, qui estoit couchié en son lit, et le menèrent en ladicte tannerie et en icelle prindrent douze cuirs, present ledit suppliant ; et depuis iceulx Symon et Guillaume retournèrent en icelle tannerie et y prindrent desdiz cuirs, montans toutes lesdictes prinses le nombre de trente cuirs, qui vendirent audit supliant certaine somme de deniers. Mais, combien que ung nommé Pierre de Varaines, dit Milort [1], lequel a espousée

---

[1]. Nous avons rencontré déjà le surnom de ce personnage dans un acte de novembre 1459, publié dans notre précédent volume, p. 206. Pierre de Varennes, dit Milord, avait été fermier du dixième à Poitiers en 1450, et les maire et échevins, le 20 décembre 1451, lui accordèrent

Jehanne, fille dudit feu Symon Roy et de ladicte Mauvoisine, n'eust que veoir ne que cognoistre en ladicte maison, tannerie et cuirs de ladite Mauvoisine, neantmoins, après ladite prinse desdiz cuirs, il obtint certaines lettres d'amonicion de l'official de Poictiers à l'encontre de ceulx qui avoyent prins et esté à prandre lesdiz cuirs. A l'encontre de laquelle monicion, lesdiz Symon et Guillaume Roys s'opposèrent ; depuis laquelle opposicion, lesdiz Milort, Symon et Guillaume Roys ont fait certain appoinctement entre eulx sur ce, sans le sceu de ladicte Mauvoisine. Depuis lequel appoinctement fait, ledit de Varaines, dit Milort, a accusé ledit supliant et denuncié à nostre procureur audit lieu de Poictiers que ledit supliant avoit esté furtivement à la prinse desdiz cuirs, avec lesdiz Symon et Guillaume Roy, au moins de XII. pièces desdiz cuirs. Au moyen de laquelle denunciacion ainsi faicte à nostre dit procureur, icellui nostre procureur a fait adjourner ledit supliant à comparoir en personne par devant nostre seneschal de Poictou, ou son lieutenant, pour respondre sur ce à nostre dit procureur et audit Milort, à fin civile. Sur laquele matière ledit supliant a esté chaudement interrogué par serement de dire verité, par plusieurs foiz ; et après lesdiz seremens il, comme mal advisé, a dit qu'il n'avoit point esté avec lesdiz Symon et Guillaume Roys à prendre lesdiz cuirs ne partie d'iceulx ; et après furent confrontez deux tesmoings devant ledit supliant, l'un desquelz dit et depposa qu'il avoit veu ledit supliant à prendre lesdiz cuirs, et l'autre qu'il lui avoit oy dire, et par ce ledit supliant con-

---

une réduction de vingt-cinq livres sur la somme qu'il redevait pour ladite ferme. (Arch. comm. de Poitiers, G. 20.) En 1447 et 1451, il prit à bail, en deux fois, du chapitre de Saint-Pierre-le-Puellier, dix-neuf sexterées de terre, au lieu dit le Champ-Boyn ou Deffens-le-Comte, et l'on trouve encore son nom dans des accensements faits en 1478, par le même chapitre, d'autres pièces de terres sises sur le chemin de Poitiers au pont de Chardonchamp, « au pré de Pierre de Varenne, dit Milort », etc., etc. (Arch. de la Vienne, G. 1763, 1772.)

fessa ce estre vray ; et a volu et veult nostre dit procureur prendre droit sur sa dicte confession, et a sur ce esté appointé que ledit supliant respondra aux conclusions baillées par nostre dit procureur et ledit Milort et en droit. Et doubte ledit supliant que, par le moyen desdiz seremens faiz par devant nostredit seneschal, ou sondit lieutenant, et par juremens par lui faiz, jasoit ce que par iceulx aucune partie ne soit dampnifiée, et que icellui supliant et lesdiz Symon et Guillaume Roys, en faisant ladicte prinse desdiz cuirs n'ayent commis furt, et que ledit Milort n'ait aucun droit èsdiz biens, que nostre dit seneschal ou sondit lieutenant le vueille declairer parjure et par ce rendre infame, ou autrement le mettre et condamner en grans amendes honnorables et prouffitables envers nous et justice, ou autrement, qui seroit en grant scandalle et infamie de sa personne, de sa femme, famille et enfans, et recullement de leurs avancemens et de tous ses parens et amys, se nostre grace et misericorde ne leur estoit sur ce impartie, si comme il dit, requerant humblement que, attendu qu'il a tousjours esté de bonne renommée et honneste conversacion, sans oncques mais avoir esté actaint d'aucun autre vilain cas, blasme ne reprouche, et que en icelle matière n'a offensé que Dieu, il nous plaise lui quicter, pardonner et remettre lesdiz furt et parjuremens, et sur ce lui impartir nostre dite grace et misericorde. Pour quoy nous, ce considéré, voulans misericorde preferer à rigueur de justice, à icellui supliant avons oudit cas quicté, pardonné et remis, etc., ledit furt qu'il peut avoir commis à ladite prinse desdiz cuirs, ensemble lesdiz parjuremens par lui faiz en jugement, comme dit est, avec toute peine, amende, etc., satisfaction sur ce faicte à partie civilement tant seulement, se faicte n'est et faire se doie. Si donnons en mandement, par ces dictes presentes, à nostre dit seneschal de Poictou et à tous autres justiciers, etc., que de nostre presente grace, quictance, pardon et remission facent, seuffrent et laissent ledit supliant joir, etc. Et afin que ce soit, etc. Sauf, etc. Donné à Bourges, ou moys de janvier l'an de grace mill cccc. soixante six, et de nostre règne le sixiesme.

Ainsi signé : Par le roy, à la relation du grant Conseil. J. des Molins. — Visa. Contentor. Duban.

MCCCCXXVI

Lettres de légitimation de Jean de La Trémoïlle, fils naturel de feu Georges, seigneur de La Trémoïlle, et de Marie Guypaud. (JJ. 200, n° 149, fol. 80 v°.)

Janvier 1467.

Ludovicus, Dei gracia Francorum rex. Illegitime genitos quos vite decorat honestas nature vicium minime decolorat, nam decor virtutis abstergit in prole maculam geniture et pudicicia morum originis pudor aboletur. Notum igitur facimus universis, presentibus et futuris, quod licet sincere nobis dilectus Johannes, filius naturalis deffuncti Georgii, quondam domini de Tremolia [1], et Marie Guypaude, tunc uxorate, ex illicita et dampnabili traxerit originem, talibus tamen virtutum donis et morum venustate coruscat quod in ipso suplent merita et virtutes id quod ortus odiosus adjecit, adeo quod super deffectu natalium hujusmodi quem patitur gratiam, quam nobis humilime postulavit, merito debet obtinere. Hinc est quod nos, hiis attentis, ipsum Johannem, de nostre regie potestatis plenitudine auctoritateque et gratia speciali, legitimavimus et legitimacionis titulo decoramus per presentes; volentes ut ipse deinceps in judicio et extra pro legitimo habeatur, ac eidem concedentes et cum eo dispensantes ut, quanquam ipse de

---

1. Nous avons donné sur ce bâtard du célèbre ministre de Charles VII, dans notre huitième volume (*Arch. hist. du Poitou*, t. XXIX, p. 274), une notice à laquelle nous n'avons pour le moment rien à ajouter.

cohitu illicito traxerit originem, bona mobilia temporalia quecumque et inmobilia acquirere et jam acquisita retinere et pacifice possidere valeat, ac de eis disponere inter vivos vel in testamento, ad sue libitum voluntatis, ad successionemque dictorum patris et matris ceterorumque parentum, consanguineorum et amicorum carnalium suorum quorumlibet, ex testamento vel ab intestato, dummodo de eorum processerit voluntate et nisi alteri foret jus jam quesitum, et ad quoscumque honores, officia et alios actus legitimos admittatur, ac si esset de legitimo matrimonio procreatus, quodque etiam sui liberi, quos habet vel in futurum habebit, totaque ejus posteritas, de legitimo matrimonio procreanda, in bonis suis quibuscunque jure hereditario succedant et succedere valeant, nisi aliud quod deffectus hujusmodi natalium repugnet, predicto deffectu, quem prorsus abolemus, jure, constitutione, statuto, edicto, consuetudine, usu generali vel locali regni nostri, ad hoc contrariis, non obstantibus quibuscunque, absque eo quod idem Johannes nec quispiam pro eo nobis aut nostris officiariis, nunc aut in futurum, pro premissis aliqualem financiam prestare teneantur, quam nos, in favore plurimorum serviciorum, nobis per eum diversis modis impensorum, remittimus, quictamus et donamus per presentes, manu nostra signatas. Quocirca dilectis et fidelibus gentibus compotorum nostrorum et thesaurariis Parisius, baillivo......[1] ceterisque justiciariis et officiariis nostris, aut eorum loca tenentibus, presentibus et futuris, et eorum cuilibet, tenore presentium, mandamus quatinus dictum Johannem et ejus posteros nostris presentibus legitimacione, concessione et gratia uti et gaudere pacifice faciant et permittant, absque quovis impedimento, quod si illatum foret, id reparent et ad statum pristinum et debitum reducant

---

1. Trois ou quatre mots en blanc sur le registre.

seu reduci faciant indilate, visis presentibus. Quibus, ut perpetue stabilitatis robur obtineant, nostrum jussimus apponi sigillum. Nostro in aliis et in omnibus quolibet alieno jure semper salvo. Datum Bituris, mense januarii anno Domino M⁰ cccc^{mo} lx^{mo} vi^{to}, et regni nostri sexto [1].

Signatum subtus plicam : Loys, et supra illam plicam : Per regem. Bourré [2]. — Visa.

MCCCCXXVII

Rémission donnée en faveur de Perrotin Hurtault, archer de l'ordonnance, en résidence à Charroux, qui, outragé puis frappé par Gillet Vigieux, habitant de cette ville, l'avait tué à coups de dague. (JJ. 194, n° 240, fol. 133.)

Mars 1467.

Loys, par la grace de Dieu roy de France. Savoir faisons à tous, presens et avenir, nous avoir receu l'umble supplicacion de Perrotin Hurtault, archer de nostre ordonnance soubz la charge et compagnye de nostre amé et feal chevalier, conseiller et chambellan le sire de... [3], contenant que, le viie jour de janvier derrenier passé, ledit suppliant estant logié en la ville de Charroux en Poictou, au moyen de ce qu'il avoit esté adverti que ung nommé Gilet Vigieux, demourant en ladicte ville de Charroux, disoit et profferoit dudit suppliant plusieurs parolles

---

[1]. La collection dom Fonteneau contient une copie de ces lettres de légitimation, prise sur l'original existant dans le chartrier de Thouars. (T. XXVI, p. 445.)

[2]. Beaucoup de lettres expédiées par la chancellerie royale, sous Louis xi, sont contresignées par ce personnage. Il s'agit de Jean Bourré, seigneur du Plessis-Bourré, né à Château-Gontier, d'abord secrétaire de Louis xi, alors qu'il était dauphin, puis successivement ou simultanément notaire et secrétaire du roi, contrôleur des recettes de Normandie, conseiller maître à la Chambre des comptes, capitaine de Langeais, trésorier de France, gouverneur du dauphin Charles viii. (Voir *Notice biographique sur Jean Bourré, suivie du Catalogue chronologique des manuscrits du fonds Bourré à la Bibliothèque nationale*, par J. Vaësen. *Bibl. de l'Ecole des Chartes*, t. XLIII, 1882, in-8°, p. 432 et suiv., 722 et suiv.)

[3]. Le nom a été laissé en blanc sur le registre.

injurieuses, se tira icellui suppliant par devers ledit Gilet et luy demanda pour quelle cause il disoit ainsi mal de luy. A quoy ledit Gilet respondit que de ce n'estoit riens, sans autrement excuser, ledit suppliant veant l'oultrage dudit Gilet se tenir. Or est avenu que, trois sepmaines ou environ après et ainsi que ledit suppliant venoit de souper d'avec aucuns ses compaignons, et s'en aloient à son logiz, environ huit ou neuf heures de nuyt, rancontra ledit Gilet, non sachant que ce fust il, et demanda ledit suppliant qui est ce là, et ledit Gilet ne luy respondit riens ; et alors ledit suppliant en marchant s'aprocha dudit Gilet et demenda encores qui est ce là ; et incontinant que ledit suppliant fut près dudit Gilet, icelluy Gilet, qui tenoit en sa main ung groz baston, donna dudit baston audit suppliant ung si grant coup sur la joue qu'il luy rompit deux dans en la bouche et le fist tumber à terre. Et incontinant que ledit suppliant se sentit ainsi frapé, de douleur qu'il sentoit et desplaisance de l'oultrage dudit Gilet, se leva diligemment et tira sa dague et en donna audit Gilet trois ou quatre coups, au moien desquelz, après ce que ledit Gilet a esté certaine espace de temps malade et declairé et confessé qu'il avoit abatu ledit suppliant et que, du coup qu'il luy avoit donné, il le cuidoit bien avoir tué, est iceluy Gilet alé de vie à trespas. Pour occasion duquel cas ainsi advenu comme dit est, ledit suppliant, doubtant rigueur de justice, s'est absenté hors du pays, ouquel il n'oseroit jamais aler, converser ne retourner, se nostre grace et misericorde ne luy estoient sur ce imparties, en nous humblement requerant que, attendu que en tous autres cas il a tousjours esté de bonne vie, fame et renommée et honneste conversacion, etc., aussi que tout le temps de sa vie il a servy nostre très cher seigneur et père, que Dieu abseulle, en ses guerres et armées, et nous aussi, nous luy vueillons sur ce impartir noz grace et misericorde. Pour ce est il que nous, ces choses considerées, voulans misericorde estre preferée à rigueur de justice, audit Perrotin Hurtault avons, etc., quicté, remis et pardonné, etc. Si donnons en mandement, par cesdictes presentes, à nostre sennechal de Poictou ou à son lieutenant, et à tous noz autres justiciers, etc. Et affin que ce soit chose ferme et estable, etc. Sauf, etc. Donné à Tours, ou mois de mars l'an de grace mil cccc. soixante six, et de nostre règne le sixiesme.

Ainsi signé : Par le roy, à la relacion du Conseil. Amys. — Visa. Contentor. Duban.

MCCCCXXVIII

Mars 1467.

Rémission octroyée à Aubert Leconte, homme de guerre de l'ordonnance sous la charge du sire de Craon [1], qui, au mois de janvier précédent, s'était pris de querelle avec Guillaume Le Vavasseur, archer de ladite compagnie, à propos d'un cheval « appartenant à Jehan de Barbançois [2], escuier, seigneur de la Tour de Germigné près Faye la Vineuse, homme d'armes de ladite charge, soubz lequel lesdiz feu Guillemin et suppliant estoient ». Après avoir échangé des injures et des démentis, les deux adversaires en étaient venus aux mains, et Leconte en se défendant avait frappé à mort ledit archer d'un coup de dague dans le côté, après quoi il s'était mis en franchise. « Si donnons en mandement au bailli de Touraine, etc. Donné à Tours, ou mois de mars l'an de grace mil cccc. LXVI, et de nostre règne le sixiesme. » (JJ. 194, n° 239, fol. 132 v°.)

___

1. Georges de La Trémoïlle, sire de Craon. (Cf. ci-dessus, p. 55, note 4.) La collection de dom Fonteneau renferme une commission que lui adressa Louis XI, à la date du 7 février 1472 n. s., pour conduire les nobles à Lusignan, et de là marcher contre les Anglais et autres ennemis du roi qui ravageaient la Guyenne. (Copie sur l'original conservé dans les arch. du château de Thouars, t. XXVI, p. 457.)

2. Jean de Barbançois, seigneur dudit lieu, de Sarzay et autres terres en Berry, fils aîné d'Hélion et de Catherine de Villaines, fit son testament le 12 septembre 1476 et laissa huit enfants de ses deux mariages : 1° avec Françoise de Boisé ; 2° avec Isabelle du Puy-de-Vatan, trois du premier lit et cinq du second. (La Chenaye-Desbois, *Dictionnaire de la noblesse*, t. II, p. 297.) On ne sait comment il avait acquis la seigneurie de la Tour-de-Germigny ; au milieu du XVI° siècle elle appartenait à la famille de Gastineau. C'est à la Tour-de-Germigny que l'événement tragique rapporté dans les lettres de rémission résumées ici paraît avoir eu lieu.

MCCCCXXIX

Mars 1467.

Lettres en faveur de Louis, seigneur de Crussol[1], sénéchal de Poitou et grand panetier, autorisant l'établissement d'un marché, le samedi de chaque semaine, en son lieu des Granges, sis au mandement et seigneurie de Crussol. « Donné aux Montilz lez Tours, ou mois de mars l'an de grace mil cccc. soixante six, et de nostre règne le sixiesme. — Ainsi signé : Par le roy, à la relacion du conseil. Toustain. Visa. (JJ. 194, n° 218, fol. 120 v°.)

MCCCCXXX

Rémission octroyée, en l'honneur de la Passion, à Jean Gastineau, berger, âgé de dix-sept ans, détenu dans les prisons du château de Lusignan, parce que lui et un de ses compagnons avaient tenté de violer une jeune fille de treize ans, ladite grâce accordée à condition qu'il prenne ladite fille en mariage. (JJ. 200, n° 169, fol. 92.)

Mars 1467.

Loys, etc. Savoir faisons, etc., nous avoir receue l'umble supplicacion de Jehan Gastineau, pouvre jeune enffant de l'aage de xvii. ans ou environ, à present prisonnier ès prisons de nostre chasteau de Lezignen, contenant que dès longtemps son père ala de vie à trespas et le laissa en bien bas aage ; après lequel trespas, sa mère, pour ce qu'elle n'avoit de quoy le nourrir, le mist servir dès son jeune aage à garder les bestes aux champs, où il a esté et exploicté son temps jusques à naguères, pendant lequel temps il a conversé et frequenté avec plusieurs autres bergiers et pasteurs, et mesmement avec ung nommé Tantin, par l'admonestement duquel ledit supliant, en la compaignie dudit Tantin, se soit pris au corps de Jehanne Delagan, jeune fille de l'aage de xiii. ans ou environ, et se soient lui et ledit Tantin efforciez de la violer et cognoistre charnellement, et si n'eust esté la resistance que fist au contraire ladicte fille, ilz eussent

---

1. Pour le sr de Crussol, voy. la notice qui le concerne dans notre précédent volume, p. 450.

acomply le cas. A l'occasion duquel, icellui supliant est detenu prisonnier ès dictes prisons, ès quelles il est en voye de miserablement finer ses jours, se noz grace et misericorde ne lui estoient sur ce imparties, ainsi qu'il nous a fait remonstrer, en nous humblement requerant que, en l'onneur de la benoite Passion de Nostre Seigneur qui à tel jour qu'il est aujourd'uy receut mort et passion [1], il nous plaise lui impartir nostre dicte grace. Pour quoy nous, voulans en ceste partie misericorde preferer à rigueur de justice, à l'onneur de la Passion de nostre dit Sauveur, et aiant regart au jeune aage dudit supliant, et aussi que le fait n'a pas esté acomply, à icelui avons quicté, et par la teneur, etc., avec toute peine, etc., et l'avons restitué, etc., pourveu toutesvoies qu'il sera tenu prendre en mariage ladicte Jehanne. Et sur ce imposons, etc. Si donnons en mandement, par ces presentes, au seneschal de Poictou, etc., et à tous noz autres justiciers, etc., que de noz presens grace, etc., facent, seuffrent, etc. ; ainçoys, etc. Car ainsi, etc., audit supliant l'avons, etc. Et afin que ce soit, etc. Sauf en autres choses, etc. Donné aux Montilz lez Tours, ou moys de mars l'an de grace mil cccc. soixante six avant Pasques, et de nostre règne le sixiesme.

Signé : Par le roy en ses requestes, vous et autres presens. B. Meurin. — Visa.

MCCCCXXXI

Rémission accordée à Guillaume Leroy, de Saint-Gervais au diocèse de Luçon, qui s'était mis en franchise dans l'église Sainte-Catherine de Beauvoir-sur-Mer, à la suite du meurtre de François Lombart, qui avait débauché et enlevé sa femme, Guillemette, fille de Méry Texier. (JJ. 200, n° 196, fol. 104 v°.)

Avril 1467.

Loys, etc. Savoir faisons à tous, presens et advenir,

---

1. En 1467, le Vendredi saint tomba le 27 mars.

nous avoir receu l'umble supplicacion de Guillaume Leroy, simple homme de labour, aaigé de trente ans ou environ, de la parroisse de Saint Gervaiz ou dyocèse de Luçon, contenant que, sept ou huyt ans a ou environ, ledit suppliant print mariage avec Guillemete Texeire, fille de Mery Texier, aussi homme de labour, et par le moyen du traictié d'icelluy mariaige, ledit suppliant s'en vint demourer en societé avec ledit Mery Texier, en l'ostel où il faisoit sa residence, par certaine porcion à convenance accordée entre eulx. Pendant lequel temps qu'il demeuroit [1] audit hostel et trois [ans] a ou environ, ung nommé Françoys Lombart, jeune homme de l'aage de xxv. ans ou environ, natif du pays de Bretaigne, eut acointance oudit hostel, et pour ce que iceluy Texier tenoit bonne despence selon faculté et que ledit Lombart avoit illec des charges de lever certains deniers tant de guez que d'autres subsides, traicta avec ledit Texier de faire sa despence de couschier et lever oudit hostel, pensant icelluy Texier que ledit Lombart feust homme de bien et voulsist garder l'onneur et utilité de sa maison, comme promis luy avoit. Mais ledit Lombart, durant le temps qu'il y fut, but, mengea et coucha oudit hostel, induisit et enorta par induccions et seduccions frauduleuses ladicte Guillemete, femme dudit suppliant, à concupiscence charnelle et avoir sa compaignie et tellement l'induisit qu'il eut sa compaignie et la maintenoit et l'a maintenu secretement oudit hostel; et non contant de ce, se perforçoit la tenir en subgeccion en la menaçant, comme si elle eust esté sa femme. Et quant il apperceut que ledit suppliant s'en doubtoit, pour les divers termes qu'il luy tenoit, ledit Lombart, perseverant tousjours en son maulvaiz propoz, induisit ladicte Guillemette de ne demorer plus avec ledit suppliant, son mary, en la mena-

---

[1]. Le registre porte la leçon évidemment fautive « donneroit », au lieu de « demeuroit ».

çant et disant que, si elle y demouroit plus, qu'il la tueroit, et qu'il l'en vouloit mener. Et certain jour du moys de may dernier passé, environ la feste de l'Ascension Nostre Seigneur, après souleil couché, ledit Lombart, acompaigné d'autres ses alliez et complices, enmenèrent ladite Guillemette, au desceu de son dit mary et des autres dudit hostel, lesquelx ne s'en aperceurent fors jusques à peu de temps après en icelle nuyt. Et en après lesdiz suppliant, Mery Texier et Jehan Texier, frère de ladicte Guillemette, pour la vouloir garder de perdicion et cuidier sauver son honneur, alèrent après eulx et les poursuivirent jusques à la parroisse de Guypry oudit pays de Bretaigne. Et quant ilz furent illec, sceurent que ledit Lombart l'avoit mise en ung hostel appellé de la Fauvelaye, dont est seigneur Pierre de Lassy [1], chevalier, oncle dudit Lombart, distant de l'ostel où demouroit ledit Texier, où ilz avoient attractié à eulx ladite Guillemette, de xxv. lieues et plus ; lesquelx suppliant et Texiers, pour trouver moyen d'avoir ladite Guillemette d'entre les mains dudit Lombart et de ses diz complices, se transportèrent par devers Guillaume Lombart, père dudit Françoys Lombart, ou Port de Roche, distant dudit lieu de Fauvelaye de quatre lieues ou [environ.................. [2]] voit fait, et lors ledit Guill[aume Lombart vint audit lieu] de la Fauvelaye où

---

1. Ce nom de Lassy se rencontre assez fréquemment dans les Preuves des histoires de Bretagne de dom Lobineau et de dom Morice. Même on trouve que le 4 avril 1458, Robin de Lassy et Germain de Vivonne reçurent en don d'Artur de Richemont, duc de Bretagne, une certaine quantité de bois dans les forêts de Vouvant et de Mervent. (Dom Morice, *Hist. de Bretagne, Preuves*, t. II, col. 1715.) Le même Robin de Lassy possédait à cause de sa femme, non nommée, un fief « vulgaument appellé le fief Louat », relevant de la Châtaigneraye. (Aveu de Germain de Vivonne, sr de la Châtaigneraie, du 16 novembre 1446. Arch. nat., R¹* 204, fol. 43.)

2. La première ligne du fol. 105 r° et v°, rongée par l'humidité, a complètement disparu, sauf trois mots, et la deuxième ligne est en partie illisible. Nous avons restitué autant que possible d'après le sens les passages effacés.

la[dicte Guillemette estoit] enfermée en une chambre, et fist tant envers son dit filz et ses diz [alliez et complices, qu'il recouvra] d'eulx ladicte Guillemette et la rendit ausdiz suppliant et Texiers ; et pour ce que ledit Françoys Lombart et sesdiz alliez menaçoient fort les[diz suppliant et] Texiers et que à très grant peine avoient peu recouvrer icelle Guillemette, doubtant que iceluy Lombart et sesdiz alliez les pours[uivissent, furent] par ledit Guillaume Lombart et autres gens de bien acompaignez partie du chemin, ouquel lesdiz Lombart et ses diz aliez les poursuivirent et leur v[ouloient] oster ladicte Guillemette et les envillener en leurs personnes ; mais ce neantmoings ilz ramenèrent ladicte Guillemette à leur hostel où ilz ont depuis demouré, ledit suppliant et son dit sire ensemble, jusques environ la feste de saint Michel derrenierement passée, que ledit supliant et ladicte Guillemette, sa femme, s'en allèrent demourer en la parroisse de Saint Gervaiz, ou vilaige du Fresne. Et combien que ledit supliant eust expressement deffendu audit Françoys Lombart qu'il ne se trouvast plus à son hostel ne frequentast avec ladicte Guillemette, sa femme, neantmoins iceluy Françoys, après qu'il fut retourné dudit pays de Bretaigne, pour trouver moyen de frequenter tousjours avec ladicte Guillemette et avoir sa compaignie comme par devant, ou autrement, s'en ala demourer en l'ostel d'un nommé Perrot Denyau en ladicte parroisse de Saint Gervaiz, près de la maison dudit suppliant, et luy juroit et regnyoit Nostre Seigneur et les saints et sainctes de paradiz que, voulsist ledit suppliant ou non, et autres ses parens et amis, il auroit ladite Guillemette et que, si elle n'acomplissoit sa voulenté et le suivoit pour la mener en Bretaigne ou ailleurs où luy plairoit, il la tueroit, et que icelluy suppliant ne mourroit d'autre mort que de ses mains. Et pour mettre son maulvaiz et dampnable propoz à execucion, le xiiie jour du moys de mars derrenier passé, pou [avant] ou environ souleil couché, ledit Françoys Lombart, embastonné d'une espée et dague, accompaigné d'un nommé Jehan Coutelleau, demourant au villaige du Fresne, distant d'un giet d'arballeste de la maison dudit suppliant, se partirent de la maison dudit Denyau ensemble, et s'en allèrent à la maison dudit Couteleau, et en eulx en allant passèrent emprès dudit suppliant et Estienne Le Roy, son frère, qui faisoient ung fossé, avecques lesquelx ledit Lombart ne parla aucunement, mais seulement les salua ledit Coustelleau ; et après ce ledit Lombart, pour accomplir sa maulvaise et dampnable voulenté, se transporta à icelle heure en l'ostel dudit suppliant, iceluy supliant et son frère estans en leur besongne et faisant ledit fossé. Et quant le souleil fut cousché, ilz laissèrent leur besongne et prindrent leurs esploictes dont ilz faisoient leur fossé et s'en alèrent à leur hostel, ne pensans en nul mal. Et quant ilz furent près dudit hostel, ilz virent ledit Lombart en [l'une] des chambres de la maison où il estoit entré par force, tenant en sa main son espée nue et parlant avecques ladicte Guillemete, avecques laquelle estoit la femme dudit Estienne, et l'injuriant et donnant de grans menaces à ladite Guillemete de la tuer, si elle ne luy accomplissoit sa voulenté toutesfois qu'il luy plairoit et vouldroit comuniquer avecques elle. Lesquelles femmes pleuroient et luy deffendoient la maison et leur compaignye, en luy disant qu'il s'en alast, dont il n'en vouloit riens faire. Et incontinent qu'il aperceut ledit supliant et son frère, yssit de la maison et vint contre eulx avec ladicte espée nue et une dague à sa sainture, en jurant et malgreant Dieu qu'il les tueroit, et de fait les assallit et voult tuer et tellement que, se ce n'eust esté la resistance qu'ilz faisoient, ilz croyoient qu'il les eust tués à mort, comme il se ventoit et s'efforçoit à son pouair ; et convint audit Estienne, en tant qu'il combatoit avec ledit suppliant, recouvrer en ladite maison, pour eulx deffendre, une javeline et un baston non ferré appellé anneigle ¹, au moyen desquelx bastons ilz se deffendirent au myeulx qu'ilz peurent. Et combien qu'il s'en fust bien peu aler par plusieurs foiz sans estre blecié, neantmoins il ne s'en voult aller, ainçoys s'efforçoit tousjours de les tuer, et coupa de son espée la javeline en divers lieux et enleva le fer, et de ladite anneigle ledit supliant le fist cheoir à terre, et quant il fut cheu à terre, luy ostèrent sadicte espée et dague ; et en ladite noise fut blecié en plusieurs parties de son corps, comme en la main droicte et en la jambe senestre, avecques la dague qu'ilz luy avoient ostée et d'autres bastons qu'ilz avoient. A l'occasion desquelx coups, par faulte de bon gouvernement ou autrement, dix jours après ou environ, ledit Françoys Lombart est alé de vie à trespassement ; et luy estant malade au lit, pardonna par plusieurs foiz sa mort ausdiz suplians, en disant qu'il en estoit coulpable et cause, et qu'il ne vouloit que jamaiz ilz en fussent molestez ne travaillez par justice, ne autrement. Pour occasion duquel cas, ledit suppliant, doubtant rigueur de justice, s'est mis en franchise en l'esglise de Sainte Katherine de Beauvoir sur mer ², et ses biens ont esté saisiz et mis en la main du seigneur de ³... .... par ses officiers de Saint........................ ⁴

---

1. Cf. les formes « anille » et « eneille », ayant le même sens, dont Fr. Godefroy a recueilli plusieurs exemples. (*Dict. de l'anc. langue française*, t. I, p. 295.)

2. Sainte-Catherine de Beauvoir-sur-Mer était un prieuré conventuel, commanderie ou ministrie, fondé antérieurement à l'année 1258, et possédé dès lors par des chanoines réguliers de l'ordre de la Sainte-Trinité pour la Rédemption des Captifs, dits aussi Mathurins. (Paul Deslandres, *L'ordre des Trinitaires*. Toulouse, Paris, 2 vol. in-8°, 1903, t. I, p. 126, 470.) Guillaume Ysoré en était ou s'en prétendait commandeur en 1485 et était à cette époque en procès contre Robert Gaguin, général des Trinitaires, le célèbre chroniqueur, poète et négociateur de Louis XI et de Charles VIII, qui soutenait les prétentions d'Alexis Siméon, compétiteur d'Ysoré. (Arch. nat., X¹ᵃ 1492, fol. 27 v°, 49, 57 v° 70 et 89.)

3. Le nom est illisible, mais ne peut être ni Saint-Gervais, ni Thouars, le fief dominant, suivant M. A. Bitton, *Les juridictions bas-poitevines*. (Annuaire de la Société d'émulation de la Vendée, XXXVIe année, 1889, p. 205.)

4. Les deux premières lignes du fol. 105 v° ont été, sauf quelques mots, détruites par l'humidité.

converser ne repairer seurement au pays, [se noz grace et misericorde ne luy estoient sur ce imparties] ; humbl[ement requerant, attendu ce que] dict est et que ledit Françoys Lombart fust aggresseur, aussi l'ancienne trahyson, injure, diffame et deshonneur que ledit Lombart luy avoit et a fait et à sadicte femme et leurs lignaux, et que en tous autres cas ledit suppliant a esté et est homme bien famé, renommé et de honneste conversacion, sans jamais avoir esté actaint ne convaincu d'aucun autre villain cas, blasme ou reprouche, il nous plaise nosdites grace et misericorde lui impartir. Pour quoy nous, attendu ce que di test, voulans en ceste partie misericorde preferer à rigueur de justice, audit Guillaume Le Roy, suppliant, oudit cas avons quicté, remis et pardonné, et par la teneur de ces presentes, de nostre grace especial, plaine puissance et auctorité royal, quictons, remettons et pardonnons le fait et cas dessus declairé, ensemble toute peine, amende et offense corporelle, civille et criminelle, en quoy pour occasion d'iceluy il pourroit estre encouru envers nous et justice, en mettant au neant tous bans, appeaulx et deffenses, s'aucuns s'en sont contre luy ensuis, et l'avons restitué, etc. Et sur ce imposons scilence, etc. Si donnons en mandement, par ces mesmes presentes, au seneschal de Poictou et à tous noz autres justiciers, etc., sans luy faire, mettre ou donner, etc., ainçoys se son corps ou aucuns de ses biens, etc. Et affin que ce soit, etc., nous avons fait mettre, etc. Sauf, etc. Donné à Tours, ou moys d'apvril l'an de grace mil cccc. soixante sept après Pasques, et de nostre règne le sixiesme.

Ainsi signé : Par le roy, à la relacion du Conseil. J. Le Roy[1].

---

1. Etienne Leroy, frère de Guillaume, obtint de même des lettres de rémission pour sa participation au meurtre de François Lombard, comme on l'apprend par cette mention qui vient, sur le registre, immédiatement à la suite du présent texte :

ix^{xx}xvii. — Alia pro eodem casu pro Stephano Regis, fratre supra-

MCCCCXXXII

Rémission accordée à Jean Léart, marchand de Melle, coupable du meurtre de sa femme à la suite d'une dispute motivée par l'inconduite de celle-ci. (JJ. 200, n° 127, fol. 68 v°.)

Juin 1467.

Loys, par la grace de Dieu roy de France. Savoir faisons à tous, presens et avenir, nous avoir receue l'umble supplicacion de Jehan Leart, marchant, aagé de xxx. ans ou environ, demourant à Melle en nostre païs de Poictou, contenant que deux ans a ou environ il fut, par le conseil d'aucuns ses parens et amys, conjoinct par mariage avecques feue Katherine Poinssaude, fille de François Poinssaud, dudit lieu de Melle. Après lequel mariage fait et acomply, ilz allèrent demourer en certaine maison de ladicte ville de Melle, près l'ostel de Guillaume Poinssaud, prebstre, oncle d'icelle Katherine, et pour l'entretenement de leur dit hostel et mesnaige ledit suppliant bailla à ladicte Katherine la conduite et charge de sondit hostel et marchandise. Et depuis, c'est assavoir x. ou xii. jours après la feste de Pasques derrenière passée, ledit suppliant se partit dudit lieu de Melle, pour mener et conduire certaine marchandise en la ville de Tholose et autres lieux ès parties de par delà, et oudit voyage allant, sejournant et retournant, demoura jusques au lundi d'après la feste de Penthecouste aussi derrenière passée, qu'il arriva oudit lieu de Melle, environ l'eure de porte fermant, et se adreça à la porte de Saint Hilaire de ladicte ville de Melle, laquelle il trouva fermée ; et ce voyant, s'en ala en l'ostel dudit François, père de la dicte Katherine, ou bourg dudit Saint Hilaire. Auquel François il demanda comment se portoit son mesnaige, et ledit François lui respondit

---

dicti supplicantis, data Carnotensi (sic), die xxviii^a mensis Aprilis anni et regni supradictorum. Signata : ad relacionem Consilii. Le Roy.

que tout estoit perdu et que ladicte Katherine s'estoit appaillardée avec les gens d'armes, avec lesquelz elle estoit lors et entendoit s'en aller en leur compaignie, en lui disant qu'il en estoit le plus courroucé, mais qu'il le voulsist prendre en pacience. Après lesquelles parolles oyes par ledit suppliant, il yssit dudit hostel et s'en ala courant, pour veoir sadicte femme et savoir se lesdictes parolles estoient vrayes, à certaine autre porte de ladicte ville, appellée la porte de Fossemaigne, par laquelle il entra en ladicte ville ; et pour la honte qu'il avoit de ce que lui avoit dit son beau père, n'osa aler le long de la grant rue et monta sur les murs de ladicte ville pour aler en sondit hostel, et en y alant, ainsi qu'il passoit par devant l'eglise de monsieur Saint Savenien de ladite ville, il vit et apperceut ladicte Katherine, sa femme en une dance, laquelle tenoit par la main ung appellé Grant Jehan, varlet d'un nommé Martin Chevalier [1], archer de nostre ordonnance soubz la charge de nostre amé et feal chevalier, conseiller et chambellan le sire de Crussol, qui estoit logé en ladicte ville. Et lors ledit suppliant s'approucha de sadicte femme et la print par la main, en lui disant telles parolles : « Madame, alons nous en ». Laquelle Katherine, jasoit ce que ledit suppliant ne lui meffist ou mesdist autre chose que dit est, et eust par avant de coustume de l'appeller Madame, cuidant s'eschaper dudit suppliant, se tira arrière en disant que non feroit et qu'elle ne s'en yroit point. Et à ceste cause, ledit suppliant, de ce desplaisant et esmeu tant desdictes parolles à lui dictes par son dit beau père que aussi de ce que faisoit en sa presence icelle Katherine, tira ung cousteau ou petit poignart qu'il portoit de cous-

---

1. Martin Chevalier figure encore en cette même qualité sur le « Roolle de la monstre et reveue faicte à Poictiers, le ve jour de mars M. IIII^c LXX, de 96 hommes d'armes et de 190 archers estans soubz la charge et retenue de Monsr de Crussol, seneschal de Poictou », rôle publié par M. de La Boutetière, dans le t. II des *Archives hist. du Poitou*, p. 305.

tume avec lui, quant il aloit sur les champs, et du plat dudit cousteau lui donna deux coups par derrière sur la couche[1] du chapperon. Ce que voyans, aucunes autres femmes estans en presence, disdrent à la dicte Katherine telles paroles : « Va t'en m'amye, va t'en avec ton mary. » Et la dicte Katherine leur respondit que non feroit, en resistant au contraire de toute sa puissance. Lequel suppliant, voyant qu'elle persistoit en sa dampnable voulenté, lui donna aucuns coups du tranchant dudit cousteau sur sa robe, et la dicte Katherine fleschit soubz les diz coups tellement que d'iceulx ne lui pevoit ledit suppliant faire aucun mal. Et lors ledit suppliant ainsi esmeu, lui donna dudit poingnart plusieurs coups d'estoc ès cuisses, tellement qu'il lui fist plusieurs plaies. Après lesquelz coups icelle Katherine, en perseverant tousjours en son mauvais propos, s'en fouyt ainsi blecée en l'ostel où estoient logez aucuns desdiz gens de guerre; ou quel hostel, six ou sept heures après ladicte bleceure, elle ala, par faulte de bon gouvernement ou autrement, à cause desdiz coups, de vie à trespassement. Pour occasion duquel cas ainsi avenu, ledit suppliant, doubtant rigueur de justice, se mist en franchise en une chappelle de la dicte ville appellée des Marches, où il a esté par aucun temps et jusques à ce que les gens de la justice dudit lieu de Melle...[2], où il a esté detenu par aucuns jours, et depuis au moyen de certaines monicions de nostre amé et feal l'evesque de Poictiers, lesdiz officiers de Melle l'ont rendu en ladicte chappelle et franchise, et illec est estroictement enserré, en voye d'y estre et demourer longuement en grant povreté et misère, sy nostre grace et misericorde ne lui estoient sur ce imparties, en nous humblement requerant que,

---

1. *Sic.* Godefroy, qui cite ce passage, se demande si le mot « couche » n'a pas ici le sens de bourrelet. On pourrait lire aussi bien « conche ».
2. *Sic.* Mots omis par le scribe, auxquels il est facile de suppléer. Le sens est de toute évidence que les gens de la justice de Melle l'avaient constitué prisonnier dans les prisons de cette ville.

attendu la manière dudit cas advenu et que ledit suppliant en tous ses autres cas a tousjours esté homme de bonne vie, renommée et honneste conversacion, il nous plaise ledit cas lui quicter, remettre et pardonner, nos dictes grace et misericorde lui impartir Pour quoy, etc. Donné, etc., ou moys de juing, à Rouen [1].

Et signé : de Molins. — Visa. Contentor. Duban.

MCCCCXXXIII

Rémission donnée en faveur de Jean Ricoleau, accusé d'avoir provoqué l'avortement de sa chambrière, Colette Porcheron, qui était enceinte de ses œuvres ; elle avait été emprisonnée de ce chef à la Fougereuse. (JJ. 200, n° 132, fol. 72.)

Juillet 1467.

Loys, etc. Savoir faisons à tous, presens et avenir, nous avoir receue l'umble supplicacion de Jehan Ricoleau, povre homme de labour, chargé de femme et de cinq petis enffans, contenant que, puis trois ans ença ou environ, ledit suppliant print à chamberière pour servir en son hostel une jeune fille nommée Collete Porcheronne, fille de Guillaume Porcheron, laquelle chamberière estant ou service dudit suppliant, requist cellui suppliant par plusieurs foiz d'amours et d'avoir sa compaignie. A quoy pour l'onneur de son mariage il ne se voult consentir, quelque prière ou requeste que lui en fist ladite chamberière et jusques à aucun temps après que, par l'enortement de ladicte chamberière et temptacion de l'ennemy, il se condescendi à la voulenté de ladicte chamberière, eut sa compaignie et la maintint par l'espace d'un an et demy ou environ, tellement qu'elle devint grosse d'enffant. Lesquelz suppliant et sadicte chamberière estans ainsi ensemble, lui fut

---

[1]. La fin de cet acte est ainsi résumée, et le millésime a été omis. D'autres lettres de ce registre en assez grand nombre, étant datées de Rouen, juin 1467, il est à peu près certain que la rémission accordée à Jean Léart est bien de juin 1467.

par icelle chamberière par plusieurs foiz dit telles paroles :
« Mon amy, se j'estois grosse, que feray je ? Je seray deshonnorée. » Et il lui respondit telles autres parolles : « M'amye, se ainsi estoit, vous pourriez acouchier à quelque villaige secretement, tellement qu'il n'en seroit jà nouvelles ; et ferions bien nourrir l'enffant. » Et peu de temps après, doubtant ladicte chamberière estre grosse, dist audit suppliant que autresfois elle avoit oy dire que en la ville de Thouars demouroit une femme qui se congnoissoit en femmes grosses et autres medicines, et qu'il lui convenoit porter de son orine, pour savoir qu'elle diroit d'elle. Ce que ledit suppliant, pour tousjours complaire à ladicte chamberière, fist voulentiers et porta de l'orine d'icelle chamberière à ladicte femme ; laquelle lui dist que icelle chamberière estoit fort chargie de gravelle blanche et avoit la mere du ventre close, et que encores ne savoit que ce seroit, et que, s'il lui vouloit porter une burète d'eaues pour user, qui lui cousteroit cinq solz, elle en pourroit guerir. A quoy ledit suppliant respondi qu'il n'en bailleroit pas ung denier, et voyant icelle medicine qu'elle ne pouvoit avoir de son argent, lui bailla de la pouldre dont il paya seullement trois deniers, et lui charga d'en faire boire à ladicte chamberière avec du vin blanc ou en sa soupe, et qu'elle lui seroit moult prouffitable. Et de fait lui porta ladicte pouldre et en usa par aucun temps ladicte chamberière. Et ung certain jour, environ la feste saint Michiel derrenière passée, voyant ledit suppliant que ladicte chamberière ne vouloit dire ne confesser qu'elle feust grosse, lui dist qu'il estoit besoing porter de son orine de rechief à ladicte medicine, ce qu'il fist. Laquelle medicine lui dist qu'elle estoit grosse, et adonc revint vers ladicte chamberière et lui declaira comment ladicte medicine avoit dit qu'elle estoit grosse et qu'elle se donnast garde d'elle et advisast bien qu'elle en feroit, et qu'elle lui en rendroit compte. Et lors lui dist

icelle chamberière qu'il avoit menty. Et ung jour de mardi avant ladicte feste saint Michiel, lui demanda de rechief s'elle estoit grosse, laquelle lui dist que non, et illec eurent plusieurs autres parolles ensemble. Et voyant ledit suppliant qu'elle ne vouloit confesser qu'elle feust grosse, lui avala ung peu le ventre de ses mains, en disant qu'il la feroit bien acouchier ou avaler ; dont elle ne tint compte. Et le mercredi ensuivant, ledit suppliant mena ladicte chamberière en ung gueret pour espendre du fumier où il avoit intencion de semer du blé ; et illec apperceut comme ladicte chamberière se plaignoit et estoit malade, et adonc la renvoya à l'ostel ; et fist ledit suppliant venir sa femme ou champ, pour espendre ledit fumier. Laquelle chamberière, en s'en retournant, trouva l'une des voysines dudit suppliant qui eurent parolles ensemble et après se departirent, et demoura icelle chamberière toute seulle. Laquelle, fort chargée de maladie, estant près d'un verger, tout incontinent rendit le fruit qu'elle avoit ou corps, tout mort, et n'eut loysir de pouvoir entrer en la maison de ladicte voysine, laquelle voyant et saichant icelle chamberière estre malade, s'en ala prestement advertir ses autres voysines ; lesquelles alèrent par devers icelle chamberière, pour savoir que c'estoit, et la trouvèrent près du feu où elle estoit retraicte pour se chauffer, et une autre femme avec elle, qui cousoit en linge, et demandèrent à la dicte chamberière s'elle avoit point eu d'enffant, qui respondit que non. Et se departirent sans autre chose lui demander. Et peu de temps après fut par souspeçon ladicte Collete chamberière prinse et menée prisonnière à la Fougerouse, et depuis, pour estre plus seurement gardée, fut menée ès prisons de Maulion, et illec par les seneschal ou juge et officiers dudit lieu de la Fougerouse fut commencé et fait son procès. Laquelle confessa avoir eu enffant, et pour eschaper des dictes prisons, donna charge audit suppliant des choses dessus dictes et de lui avoir serré et avalé le ventre et de soy estre vanté la faire acouchier, et que au moyen de ce, elle povoit avoir eu et rendu son fruit mort. Au moyen de laquelle charge, elle a esté delivrée et envoyée desdictes prisons, et ledit suppliant, doubtant rigueur de justice, s'est absenté du pays, etc., et n'oseroit, etc. Pour quoy, nous, etc., satisfacion, etc., en mettant au neant, etc. Si donnons en mandement, par ces dictes presentes, au seneschal de Poictou, et à tous, etc. Donné à Mellay, ou moys de juillet l'an de grace mil IIII^c LXVII, et de nostre règne le sixiesme.

Ainsi signé : Par le roy, le sire de Bueil [1] et autres presens. Toustain. — Visa. Contentor. J. Duban.

MCCCCXXXIV

Rémission obtenue par Jean Texereau, laboureur, demeurant au village de Champagné-Lureau, détenu prisonnier à Civray pour le meurtre de Guillaume Michault, de la Baronnière, avec lequel il s'était pris de querelle. (JJ. 200, n° 11, fol. 8 v°, et n° 203, fol. 107 v°.)

Août 1467.

Loys, par la grace, etc. Savoir faisons, etc., nous avoir receue l'umble supplicacion des parens et amys charnelz de Jehan Texereau, laboureur, demourant ou village de Champaigné Lureau ou pays de Poictou, pouvre homme, prisonnier ès prisons de Civray, contenant que, le mardi XXIIe jour de ce present moys de juillet, veigle de la feste de la Magdelaine, environ jour couchant, Guillaume Michault, gendre de Guillaume Chauffaud, laboureur, demourant au village de la Baronière en la seigneurie et baronnie de Civray, avec ledit Chauffault, son sire, ainsi qu'il abuvroit

---

1. Jean V, sire de Bueil, de Montrésor, Saint-Calais, etc., comte de Sancerre, fils aîné de Jean IV et de Marguerite dauphine d'Auvergne, dame de Marmande en Loudunais, chambellan du roi, amiral de France de 1456 à 1461, prit part depuis l'année 1427 à toutes les guerres du règne de Charles VII et continua ses services à Louis XI. Il mourut postérieurement à 1474; on le trouve cette année qualifié capitaine d'une compagnie de quatre-vingt-quinze lances des ordonnances.

les beufz de son hostel en ung marchaiz ou lac estant ou village fort, nommé le Troesne[1], survint ilec ledit suppliant qui dist audit Michau qu'il ne devoit point abuvrer ses diz beufz audit lac ou marchaiz et qu'il estoit sien et en son domaine et heritage, et que autres sinon luy n'y avoient nul exploict et qu'il luy avoit defendu par plusieurs foiz de non y aler abeuvrer ses diz beufz. Sur quoy se meurent entre eulx plusieurs paroles injurieuses, tant d'ung cousté que d'autre, à l'occasion desquelles ledit suppliant, ayant en sa main ung pau carré, frappa d'icellui ledit Guillaume Michau par la teste au dessus de l'oreille senestre, et aussi lui donna deux ou troys autres coups ailleurs sur la teste et autres parties de son corps, et le foula des piez et des genoulz, non pensant que à l'occasion desdiz cops il mourust ne que murdre s'en ensuivist. Après les quelles choses et le jour mesmes, ledit Chauffaud et ses gens ou autres alèrent querir ledit Michau et l'enmenèrent par dessoubz les braz jusques audit hostel de la Baronière, où il fut pensé, et, le mercredi ensuivant devers le matin, il ala de vie à trespassement. Pour occasion duquel cas, ledit suppliant a esté mis et constitué prisonnier ès prisons dudit lieu de Civray en grant pouvreté et misère, en voye et danger d'ilec finer miserablement ses jours, se noz grace et misericorde ne lui estoient par nous sur ce imparties ; en nous humblement requerant que, attendu que ledit suppliant n'a fait ne commis ledit cas de guet apencé, mais de chaude cole, pour les dictes paroles par eulx eues ensemble, qu'il a esté tousjours bien famé et renommé, sans oncques mais avoir esté actaint ne convaincu d'aucun autre villain cas, blasme ou reprouche, il nous plaise nosdictes grace et misericorde lui impartir. Pour quoy nous, etc., voulans misericorde preferer à rigueur de justice, audit suppliant le fait et cas dessus dit avons quicté, remis et pardonné,

---

1. Le registre porte « Tiresne », qui est une faute de lecture.

etc., satisfaction faicte à partie civilement tant seulement, et quant à ce avons imposé silence perpetuel, etc. Si donnons en mandement au seneschal de Poictou et à tous noz autres justiciers, etc., que de noz presens grace, etc., sans lui faire, etc. Et afin que ce soit, etc. Sauf, etc. Donné à Estampes, ou moys d'aoust l'an de grace mil cccc. soixante sept, et de nostre règne le septiesme.

Ainsi signé : Par le roy, les contes d'Eu [1], de Candale [2] et autres presens. P. Menart. — Visa. Contentor. J. Duban.

MCCCCXXXV

Lettres étendant la rémission obtenue précédemment par Jean Texereau, de Champagné-Lureau, à des circonstances aggravantes et à d'autres actes criminels qu'il n'avait pas déclarés dans sa première confession. (JJ. 200, n° 203, fol. 107 v°.)

Octobre 1467.

Loys, par la grace de Dieu roy de France. Savoir faisons à tous, presens et avenir, nous avoir receue l'umble supplicacion des parens et amis charnelz de Jehan Taixereau, povre homme de labour, de Champaigné Lureau ou pays de Poictou, à present detenu prisonnier en la Conciergerie de nostre Palaiz à Poictiers, contenant que, ou moys d'aoust derrenierement passé, il obtint de nous noz autres lettres de remission à laz de soye et cire vert, desquelles l'en dit la teneur estre telle : Loys, par la grace de

---

1. Charles d'Artois, comte d'Eu, fils de Philippe d'Artois et de Marie de Berry, prisonnier à Azincourt, lieutenant du roi en Normandie, puis en Guyenne, gouverneur de Paris l'an 1465, décédé sans enfants, le 25 juillet 1472.
2. Jean de Foix, comte de Candale et de Benauges, captal de Buch, etc., fils de Gaston et de Marguerite d'Albret, pris à la bataille de Castillon (1453), retourna, une fois libre, servir le roi d'Angleterre, Henri VI, du consentement de Charles VII. Par traité du 17 mai 1462, il fit sa soumission à Louis XI, qui lui restitua ses terres de France et le dédommagea largement de celles qu'il avait perdues en Angleterre. Il mourut environ l'année 1485.

Dieu, etc. [1]... Lesquelles noz lettres de remission dessus transcriptes ledit Taixereau a presentées ou fait presenter à nostre seneschal de Poictou ou à son lieutenant, pour en avoir l'enterinement. Après la presentacion desquelles il a esté mis et constitué prisonnier èsdictes prisons de nostre Palaiz de Poictiers, èsquelles il a esté oy et interrogué par plusieurs foiz sur le contenu èsdictes lettres de remission par ledit seneschal de Poictou ou sondit lieutenant, et autres noz officiers en ladite seneschaucie, et aussi sur le contenu en certaines informacions que nostre dit senneschal ou sondit lieutenant et nos diz officiers dient avoir tant dudit cas que de certaine seureté enfraincte, donnée à Civray par ledit Taixereau à la personne d'un nommé Luqueau, et pareillement sur certain boutement de feu mis par luy en ung buschier ou loge de boys. Et sur ces choses a dit et confessé de son bon vouloir et sans gesne que, le lundi devant la Magdelaine xxme jour de juillet derrenièrement passé, luy, Guillaume Chaffaud, ledit feu Micheau et Chardin Barjaud, gendres dudit Chaffaud, eurent debat et question ensemble touchant ce que lesdiz feu Micheau, Chaffaud et Barjault abeuvroient de jour en jour leur bestail ou lac ou marchaiz du Troyne appartenant audit suppliant, et que en y venant les dessus diz faisoient mangier et gaster à leursdites bestes ses blez ; et à l'occasion de ce les diz feu Micheau, Chardin et Chaffaud batirent ledit Taixereau, et le blesça ledit Chaffaud d'un cousteau en la main senestre, et atant pour ledit jour s'en alèrent ; et en oultre que, le lendemain qui estoit jour de sabmedi [2], xxie jour dudit moys, ledit suppliant estant en une pièce de terre, près ledit lieu, et avecques luy Jehan de Marigni, lesquelz mestivoient du blé, estant en ladicte pièce de terre, les diz Barjaud et Micheau, non obstant ce que dit est, vindrent

---

1. Suivent les lettres données à Etampes au mois d'août précédent, dont le texte est imprimé ci-dessus, n° MCCCCXXXIV, p. 89.
2. *Sic.* On devrait lire « mardi ».

abevrer leurs dictes bestes audit lac ou marchaiz, ce qui fut veu par ledit de Marigné qui ainsi le dist et rapporta audit Taixereau ; lequel incontinent dist que, avant le jour couché, il en mescherroit à aucun d'eulx. Et incontinent ala ledit Taixereau audit lac, tenant ung pal de boys qu'il trouva en son chemin, et illec eurent plusieurs parolles ensemble. Et après les diz Micheau et Barjaud, gendres dudit Chaffaud, commencèrent à eulx separer l'un de l'autre et emmener leurs bestes ; lequel Taixereau, voyant ladite separacion, se print à les suivre et actaignit ledit Micheau et luy donna ung cop sur l'oreille dudit pal, tellement qu'il cheut à terre ; et neantmoins suivit ledit Barjault et ne le peut actaindre, et en s'en retournent trouva encores ledit Micheau à terre, auquel, non obstant ledit premier cop, il donna deux autres coups de pal et le foula des genoulx, telement que peu de temps après ledit feu Micheau ala de vie à trespassement. Et pour ce que ledit Taixereau n'a les choses, ainsi qu'elles [sont] ci dessus specifiées et declairées, données à entendre en nosdictes lettres de remission dessus transcriptes, à luy octroyées, et que luy et ledit Lucqueau, auquel il avoit donné asseurement, avoient question ensemble, se trouvèrent oudit dommaine et y vouldrent labourer ; et pour ce que ledit Taixereau sçavoit bien que ledit Lucqueau n'y avoit riens et que ainsi soit que depuys ledit asseurement, iceluy Taixereau a obtenu gain de cause contre ledit Lucqueau touchant iceluy dommaine, ledit Taixereau frappa du poing seulement ledit Lucqueau et mist le feu en certaine quantité de boys couppé estant oudit dommaine ; et ainsi pour avoir aucunement varié sur lesdites choses, nostre procureur en ladite seneschaucie a contredit et debatu nosdictes lettres de remission, et dit et maintenu que ledit Taixereau n'en devoit joir ; et telement que à la parfin, par sentence de nostre dit seneschal de Poictou ou sondit lieutenant, ledit Taixereau a esté debouté de l'effect et contenu d'icelles noz lettres de remission, et condempné à estre pendu et estranglé, dont il a appellé. Et combien qu'il maintieigne avoir bonne cause d'appel, neantmoins il doubte que par le moyen d'icelle, se il la poursuivoit, il fust longuement detenu en procès et ce pendant demoure tousjours prisonnier et à la parfin en aventure de miserablement finer ses jours, se noz grace et misericorde ne lui estoient sur ce imparties, comme il nous a fait dire de par les diz supplians ; lesquelz à ceste cause nous ont humblement fait supplier et requerir que, attendu qu'il est encores dedans le temps deu et introduit à relever ledit appel, que lui avions du cas principal donné et octroyé nosdictes lettres de remission, et que ce qui en a esté obmis a esté par inadvertance et parce que ledit Taixereau, à l'eure qu'elles furent obtenues, estoit detenu en prinson, et ne povoient lesdiz supplians, qui en ont semblablement fait la poursuyte, savoir la naissance au vray des choses dessusdictes, et quant ilz l'eussent sceu, aussi bien l'eussent ilz donné à entendre par nos dictes lettres de remission, par quoy dure chose seroit que ledit Taixereau, qui de present à jà soustenu longue paine et prinson pour ledit cas, finist ainsi miserablement ses jours, il nous plaise ladicte appellacion et ce dont a esté appellé mettre au neant sans amende et sur ce luy begninement eslargir nos dictes grace et misericorde. Pour quoy nous, ces choses considerées, voulans misericorde preferer à rigueur de justice, la dicte appellacion oudit cas, avec ce dont a esté appellé, avons mise et mettons au neant sans amende, de grace especial, par ces presentes, sans ce que ledit Taixereau soit tenu icelle relever ne poursuivre en aucune manière. Et en ce faisant, luy avons de rechief quicté, remis et pardonné, et par la teneur de ces dictes presentes, de nostre dicte grace especial, plaine puissance et auctorité royal, remettons, quictons et pardonnons les faiz et cas dessus diz, ainsi par luy obmis en nosdictes lettres de remission et par luy confessez comme dit est, avec toute peine, amende et offence corporelle, criminelle et civile, en quoy pour occasion desdiz cas il pourroit estre encouru envers nous et justice. Et l'avons restitué et restituons à sa bonne fame et renommée, ou pays et à ses biens non confisquez ; satisfacion faicte à partie civilement tant seulement, se faicte n'est. Et sur ce imposons silence perpetuel à nostre dit procureur, present et advenir, et à tous autres. Si donnons en mandement à nostre dit seneschal de Poictou et à tous noz autres justiciers, ou à leurs lieux tenans, presens et avenir, et à chacun d'eulx, si comme à luy appartiendra, que ledit Taixereau de noz presens grace, quictance, remission et pardon facent, seuffrent et laissent joir et user plainement et paisiblement, sans luy mettre ou donner, ne souffrir estre fait, mis ou donné, ores ne pour le temps avenir, en corps ne en biens, aucun destourbier ou empeschement au contraire, maiz sondit corps, pour ce detenu prisonnier, et ses diz biens et tout autre empeschement luy mettent ou facent mettre incontinent et sans delay à plaine delivrance. Et afin que ce soit chose ferme et estable à tousjours, nous avons fait mettre nostre seel à ces dictes presentes. Sauf en autres choses nostre droit et l'autruy en toutes. Donné à Chartres, ou moys d'octobre l'an de grace mil cccc. soixante sept, et de nostre règne le septiesme.

Ainsi signé : Par le roy, le cardinal d'Angiers, le sire de Crussol[1] et autres presens. B. Meurin. — Visa. Contentor. Duban.

---

1. Jean Balue, cardinal, évêque d'Angers ; Louis, sire de Crussol, sénéchal de Poitou de 1461 à 1473. (Cf. ci-dessus, p. 25, note, et p. 47, note.)

MCCCCXXXVI

Lettres de naturalisation en faveur de Raoulet de Valpergue, natif de Piémont, écuyer d'écurie du roi, homme d'armes de la compagnie du sire de Crussol, sénéchal de Poitou. (JJ. 200, n° 213, fol. 113.)

Novembre 1467.

Loys, par la grace de Dieu roy de France. Savoir faisons à tous, presens et avenir, que nous, ayans consideracion aux bons et agreables services que nous a par cy devant faiz nostre chier et bien amé escuyer de nostre escuyrie, Raoullet de Valpersgue[1], homme d'armes de nostre ordonnance soubz la charge et retenue de nostre amé et feal conseiller et chambellan le sire de Crussol, natif du pays de Piemont, fait et continue chacun jour et esperons que plus face ou temps avenir ; considerans aussi qu'il a entencion de soy

---

1. Le chef de cette famille de Lombardie et de Piémont était alors Louis comte de Valpergue, qui était au service de la maison de Savoie. Mais beaucoup de ses parents étaient établis en France. Le plus connu parmi ces derniers est Théode de Valpergue, chevalier, bailli de Mâcon et sénéchal de Lyon en 1442, qui, au dire de la Chronique du héraut Berry, vint offrir ses services à Charles VII dès l'année 1423. Les présentes lettres de naturalisation étant adressées au sénéchal de Poitou, il y a tout lieu de croire que Raoulet de Valpergue s'était fixé dans cette province. L'année précédente, les maire et échevins de Poitiers ayant à se plaindre de pillages et violences exercés par des gens d'armes logés à Poitiers e' dans le pays environnant, avaient chargé Jean Rety et Louis Garnier de porter au sénéchal des remontrances à ce sujet. Le sire de Crussol leur répondit de Niort, le 1er décembre 1466 qu'il envoyait Raoulet de Valpergue, pour y remédier. (*Arch. hist. du Poitou*, t. Ier, p. 163.) Son nom est encore inscrit sur le rôle des hommes d'armes de la compagnie de Louis de Crussol, sénéchal, qui passèrent leur montre à Poitiers, le 5 mai 1470, rôle sur lequel figurent également et au même titre Jehannot et Mathieu de Valpergue. (*Arch. hist. du Poitou*, t. II, p. 305-307.) Il est question aussi de ce dernier dans un acte du mois de janvier 1473, imprimé dans ce volume (ci-dessous, n° MDXVII), comme ayant pris part à la guerre de Bretagne, l'année précédente, en qualité d'homme d'armes de l'ordonnance. On peut citer encore Michel de Valpergue, écuyer, neveu de Théode, et ses parents Amédée et Jean de Valpergue, possessionnés dans le Dauphiné, alors que Louis XI était encore dauphin, entre les années 1446 et 1458. (Voir Bibl. nat., Pièces originales, vol. 2924, dossier Valpergue, contenant une généalogie de cette maison ; Vaësen, *Lettres de Louis XI*, t. IV, p. 156 ; Pilot de Thorey, *Catalogue des actes de Louis II, dauphin*, in-8°, t. I, p. 114, 155, 242.)

rétraire et marier en cestuy nostre royaume, et de y demourer le surplus de ses jours, à iceluy Raoulet de Valpergue, qui sur ce nous a fait supplier et requerir, avons pour ces causes et pour la sureté de luy et de ses hoirs, octroyé et octroyons par ces presentes, voulons et nous plaist, qu'il puisse acquerir en cestuy nostre dit royaume tant de biens meubles et immeubles qu'il en pourra licitement acquerir, et disposer de ses diz biens, et aussi de ceulx qu'il y a ja acquis, par testament, ordonnance de derrenière voulenté ou autrement, ainsi que bon luy semblera, tout ainsi que s'il estoit natif de nostre dit royaume. Et quant à ce l'avons habilité et habilitons de nostre grace especial, plaine puissance et auctorité royal, par ces presentes, sans ce qu'il soit point tenu de nous payer aucunes finances, et nonobstant les ordonnances royaulx à ce contraires. Si donnons en mandement, par ces presentes, à noz amez et feaulx les gens de noz comptes et tresoriers, au seneschal de Poictou et à tous noz autres justiciers ou à leurs lieuxtenans, presens et advenir, et à chacun d'eulx, si comme à luy appartiendra, que ledit Raoulet de Valpergue[1] et ceulx qui de luy auront cause, facent, seuffrent et laissent joir et user paisiblement de nostre presente grace et octroy, sans luy faire ne souffrir estre fait, ores ne pour le temps avenir, aucun empeschement au contraire. Et affin que ce soit chose ferme à tousjours, nous avons fait mettre nostre seel à ces dictes presentes. Sauf en autres choses nostre droit et l'autruy en toutes. Donné à Chartres, ou moys de novembre l'an de grace mil cccc. LXVII, et de nostre règne le septiesme.

Ainsi signé : Loys. — Par le roy, le sire de Loheac[2],

---

1. Le scribe a écrit en cet endroit du registre « Malpergue ».
2. André de Laval, sire de Lohéac et de Rais, par son mariage avec Marie, fille unique de Gilles de Rais, et de Catherine de Thouars, dame de Pouzauges, fut amiral, puis maréchal de France ; il vivait encore le 18 novembre 1484. (Voy. notre t. IX, XXXII des *Arch. hist.*, p. 398, note, et le P. Anselme, *Hist. généal.*, t. VII, p. 72 et 841.)

mareschal de France, les sires de Bueil, de Craon et de Crussol [1], et autres presens. B. Meurin. — Visa.

MCCCCXXXVII

Rémission octroyée à Samson Hérault, de la paroisse du Port de Lésigny, détenu prisonnier à la Boutelaie, pour le meurtre de Pierre Savin, dit Bourneveau, qu'il avait frappé d'un essieu de charrette, parce qu'il s'obstinait à le troubler et à lui faire obstacle dans une partie de jeu de paume. (JJ. 195, n° 1, fol. 1.)

Novembre 1467.

Loys, par la grace de Dieu roy de France. Savoir faisons, etc., nous avoir receu l'umble supplicacion des parens et amis charnelz de Samson Heyrault, povre jeune homme de labour, aagé de XXXIV. ans ou environ, chargé de femme et de plusieurs petiz enfans, demourant en la parroisse du Port de Lesigné en nostre conté de Poictou, contenant que, le jour et feste saint Estienne d'aoust derrenier passé, ledit Samson Heyrault, au partir de la messe de l'eglise dudit lieu du Port de Lesigné où il estoit alé, dont il est parroissien, comme dit est, et plusieurs autres s'en alèrent au village de la Ralière estant en ladicte parroisse, en l'ostel de Martin Colet, lequel est compère dudit suppliant et tavernier vendent pain et vin, pour illec desjuner ; et après qu'ilz eurent desjuné, ledit suppliant et plusieurs autres se mirent à jouer à la paulme et à la boule pour le vin, et lesdiz jeuz finiz, icelluy suppliant se mist en chemin pour s'en retourner en son hostel, et ainsi qu'il s'en aloit, trouva en son chemin Denis Manceau, mary de la seur de la femme d'icelluy suppliant et demourant avec luy, lequel Manceau dist audit suppliant qu'il retournast avec luy audit lieu de la Ralière et qu'ilz joueroient à la

---

1. Jean v de Bueil, Georges de La Trémoille, sire de Craon, et Louis de Crussol, sénéchal de Poitou. (Cf. ci-dessus, p. 25, 47 et 55, notes.)

paulme contre aucuns compaignons de la parroisse de Meré qui illec estoient ; ce que accorda ledit suppliant, et retourna. Et eulx ainsi retournez, icelluy suppliant, ledit Manceau et ung nommé Malebrain entreprindrent de jouer audit jeu de paulme contre troys autres compaignons de ladicte parroisse de Meré estans audit lieu, et eulx ainsi jouans audit jeu, environ heure de troys heures après midy, survint illec ung nommé Pierre Savin, dit Bourneveau, tenant en sa main une pale de boys, avec luy ung nommé Huguet Prevost, lesquelz beurent en l'ostel dudit Martin Colet. Et après qu'ils eurent beu, oyt ledit suppliant comment ledit Bourneveau disoit audit Martin Colet qu'il luy baillast de rechief du vin, lequel luy fist response qu'il ne luy en bailleroit point, se premier il ne luy payoit le vin qu'il luy avoit jà baillé. Lequel Bourneveau, qui ne queroit que noyse et debat, ne volt faire, mais dist audit Colet, en jurant le sang Nostre Seigneur, qu'il en auroit et que de ce jour il n'en paieroit ja denier, et lesdites parolles proferées, issy hors de l'ostel dudit Martin, tenant en sa main ladite pale et s'en vint au lieu où jouoient lesdiz suppliant et compaignons, et ung bien peu d'intervalle de temps après devant luy....... [1] d'icelluy Martin Colet, tousjours tenant sa pale au poing et faisant demonstrance de vouloir batre et fraper icelluy Martin. Lequel, pour obvier à la fureur et mauvaistié d'icelluy Bourneveau, se retrahy et mist dedans son dit hostel. Lesquelles choses voyant ledit suppliant, qui fort aymoit ledit Martin Colet, en jouant en estoit desplaisant ; et alors que ledit Bourneveau vist qu'il n'avoit trouvé ledit Colet, tout incontinent retourna audit jeu de paulme, tenant sa dicte pale. Auquel jeu par sa meschant contenance et manière de faire il empeschoit et enuyoit, et à celle cause ledit suppliant luy dist par plusieurs foiz qu'il se voulsist oster de leurdit jeu de paulme, auquel il leur

---

1. *Sic* ; mots omis au registre.

faisoit grant empeschement et enuy. Dont icelluy Bourneveau, qui tousjours ne queroit que noyse, ne volt riens faire ; et pour ce de rechief ledit suppliant qui perdoit et estoit desplaisant, luy dist qu'il se ostast ou qu'il luy bailleroit ung soufflet, dont ne volt encores riens faire et ne tendoit que tousjours à courroucer et esmouvoir ledit suppliant en son jeu. Lequel en soy esmouvant et eschauffant, ayant desplaisance de ce et de sa dicte perte, prinst ung viel essil de charrète qu'il trouva en la court dudit Martin, où estoit ledit jeu de paulme, et de chaulde cole et par temptacion de l'ennemy frapa ung cop seulement sur la teste dudit Bourneveau, tellement qu'il cheut à terre, et d'ilec fut emporté au moyen dudit cop et mutilacion, et a depuis vesqu l'espace de treze jours ou environ, maiz par mauvaiz gouvernement, faulte de le appareiller ou autrement, à l'occasion de ce, il est alé de vie à trespas. Pour raison duquel cas ledit suppliant a esté prins et encores est detenu prisonnier ès prisons du lieu de la Bouteraye, où il est en grant povreté et misère, et est en voye de y finer miserablement ses jours, etc. Requerant, etc. Pour quoy nous, ces choses considerées, ayans compassion de ses diz povre femme et petiz enfans, et attendu le long temps qu'il a esté prisonnier, audit suppliant avons quicté, etc., les fait et cas dessus dit, avec toute peine, etc. Si donnons en mandement au seneschal de Poictou, etc. Et afin, etc. Sauf, etc. Donné à Paris, ou moys de novembre l'an de grace mil cccc. soixante sept, et de nostre règne le viime.

Ainsi signé : Par le roy, à la relacion du Conseil.

MCCCCXXXVIII

Rémission octroyée à Pierre Angot, écuyer, marié et établi au Bois-de-Céné, qui, réfugié, avec tous les autres sujets de la châtellenie, à la Garnache, et ayant été commis par Yves du Fou à diriger les travaux de réparation des murailles et fortifications de la place, avait frappé d'un épieu de chasse un nommé Colas Gahouart qui refusait de lui obéir et qui mourut des suites de ce coup. (JJ. 200, n° 97, fol. 53 v°.)

Janvier 1468.

Loys, par la grace de Dieu roy de France. Savoir faisons à tous, presens et avenir, nous avoir receue l'umble supplicacion de nostre bien amé Pierre Angot, escuier, contenant que dès son jeune aage il a tousjours suivy les guerres et esté de nostre ordonnance soubz la charge de nostre amé et feal chevalier, conseillier et chambellan Loys de Crussol, nostre seneschal de Poictou[1], jusques à ce qu'il s'est marié avec une femme demourant en la parroisse de Boys de Cenné, en laquelle ledit supliant fait de fait sa continuelle residence, qui est en la chastellenie de la Gasnache; ouquel lieu de la Ganasche[2], qui est joignant du païs de Bretagne, ville et chasteau et l'une des belles et fortes places du bas païs de Poictou, laquelle est de bien grant garde et où tenoient de mil à douze cens combatans, où par temps de guerre les subgectz de ladicte chastellenie sont astrains et ont acoustumé eulx retirer et leurs biens. En ensuivant lesquelles choses, nostre amé et feal Loys de Rezay[3], chevalier, cappitaine de ladicte place de la Ga-

---

1. Sur Louis de Crussol, sénéchal de Poitou, cf. notre volume précédent, p 450, note.

2. Béatrice de Clisson, l'une des filles du connétable, avait apporté les terres et seigneuries de la Garnache et de Beauvoir-sur-Mer à son mari Alain VIII, vicomte de Rohan, comte de Porhoët et de Léon, après la mort duquel elles passèrent à leur fils aîné, Alain IX. Celui-ci étant décédé le 20 mars 1462 n. s., c'était, à la date des présentes lettres, Jean II, vicomte de Rohan, son fils, qui était seigneur de la Garnache. Il quitta en 1470 le service du duc de Bretagne pour s'attacher à Louis XI.

3. D'une famille originaire de Bretagne, Louis de Rezay, chevalier, fils de Mathurin, était établi dans le Bas-Poitou, où il possédait les seigneuries de la Merlatière, de la Ralière, de la Jarrie et de Saint-Fulgent. Le 20 octobre 1467, à Fontenay-le-Comte, il s'excusa auprès d'Yvon Du Fou, commissaire du roi, de ne pouvoir se rendre au ban des nobles de la sénéchaussée de Poitou, retenu par ses fonctions de capitaine du château de la Garnache, et il prêta serment de garder fidèlement cette place. (*Roolles des bans et arrière-bans de la province de Poictou*, etc. Réimpr. Nantes, 1883, in-4°, p. 21.) Il occupait cette

nasche, voiant les divisions presentes, les cources et entreprinses qui y ont esté faictes ès places et chastellenies voisines, aussi l'eminent peril qui pourroit avenir oudit

---

charge dès avant l'année 1460, comme on l'apprend par un procès criminel jugé au Parlement de Paris, dans lequel il était inculpé. Alain VIII de Rohan, seigneur de la Garnache, s'était engagé à payer une rente de 120 écus à Nicolas de Volvire, chevalier, et il y eut contestation au sujet de l'assiette de cette rente entre Joachim et Maurice de Volvire, ses fils, d'une part, et Béatrice de Clisson, veuve d'Alain VIII, d'autre, contestation qui fut reprise par Maurice de Volvire, seigneur de Rocheservière, Saint-Gervais et Chaveil, héritier de son frère, contre Alain IX, puis contre Jean II, vicomte de Rohan, et durait encore le 1er septembre 1467, date de lettres de Louis XI, données à la requête du sr de Rocheservière. (Coll. dom Fonteneau, t. VIII, p. 215.) Au cours du procès, à l'instigation d'Alain IX ou pour lui être agréable, Louis de Rezay, capitaine de la Garnache, Pierre Du Tertre, châtelain, Jean Blois l'aîné, procureur, André Quesneau et plusieurs autres officiers dudit lieu se rendirent coupables de violences et d'excès contre Maurice de Volvire, battirent ses gens et prirent ses biens à Saint-Gervais. Une information ayant été ordonnée sur la plainte de celui-ci, ils l'entravèrent par tous les moyens, et mirent douze hommes armés en embuscade pour s'emparer de la personne du plaignant et de ceux qui étaient chargés de l'enquête. La cour, ayant été saisie de l'affaire, décerna un mandement pour informer à nouveau, le 16 juillet 1460. Maurice de Volvire dut se faire délivrer un sauf-conduit, le 23 mai 1461, pour venir sûrement à Paris, où il obtint, le 15 décembre suivant, un défaut contre les officiers de la Garnache. Les plaidoiries eurent lieu le 17 février 1462, et à partir de cette date on ne trouve plus rien de l'affaire sur les registres criminels, qui du reste présentent beaucoup de lacunes. (Arch. nat., X^{2a} 29, fol. 225 v°; X^{2a} 30, fol. 44 v°, 45 r° et v°; X^{2a} 32, aux dates du 15 déc. 1461 et du 17 février 1462, n. s..) Une dizaine d'années plus tard, Louis de Rezay (qui ne prend plus le titre de capitaine de la Garnache) fut à son tour victime de sévices semblables, et dans les mêmes conditions, ainsi que ses officiers de la Merlatière et de la Ralière. Un procès ancien, que Mathurin de Rezay et ensuite Louis, son fils, soutenaient contre le comte de Penthièvre et contre le fils de celui-ci, Jean de Brosse, sr de Laigle, parce que ces derniers voulaient contraindre les habitants de la châtellenie de la Merlatière à faire le guet au château des Essarts, fut la cause déterminante de la haine que le sr de Laigle voua à Louis de Rezay, et des voies de fait qu'il fit exercer par ses officiers et serviteurs contre sa personne et ses biens et ceux de ses gens. Au mois d'avril 1469, il envoya une cinquantaine de gens de guerre au « Bois-Roteau », appartenant aux Rezay, où ils chassèrent à cor et à cri, dans le but de faire sortir du château de la Merlatière, pour les attaquer, Louis de Rezay et ses serviteurs. La femme de celui-ci, qui était alors à la Jarrie, ainsi que son frère Gabriel, un garde et quelques hommes vinrent se rendre compte de ce qui arrivait. Les chasseurs alors leur coururent sus, criant : « Tuez! tuez! » Madame de Rezay fut jetée à terre et blessée, Gabriel et le garde furent emmenés prisonniers. Tels sont les faits qui motivèrent les poursuites de Louis de Rezay contre le sr de Laigle et ses serviteurs, et pour lesquels le procureur général s'adjoignit à lui. Par mandement du 26 juillet 1469, la cour ordonna l'arres-

— 103 —

païs par faulte de la garde d'icelle place de la Ganasche, commit à la garde d'icelle nostre amé et feal chevalier, conseillier et chambellan Yves du Fou [1], par nous der-

---

tation des coupables. Elle ne put sans doute avoir lieu, car, le 2 juillet 1470, Rezay et le procureur du roi requéraient défaut contre Jean de Brosse et ses officiers, qui depuis avaient été ajournés en personne, sur peine de bannissement et de confiscation, et s'étaient bien gardés de venir. Le s^r de Laigle d'ailleurs avait eu le crédit d'obtenir des lettres l'autorisant à se faire représenter par procureur. C'est dans les plaidoiries, prononcées le 20 novembre 1470, et dans le mandement du 26 juillet de l'année précédente, que l'on a puisé ce résumé des faits de la cause, dont l'issue n'a pas non plus été retrouvée. (X^{2a} 35, date du 2 juillet 1470 ; X^{2a} 36, fol. 246 ; X^{2a} 37, au 20 novembre 1470.)

1. Yves ou Yvon Du Fou, chevalier, second fils de Jacques Du Fou, seigneur de Rusfephen en Bretagne, fut, par les charges et missions importantes et nombreuses qu'il remplit, un personnage considérable et très en vue sous les rois Louis XI et Charles VIII. Écuyer d'écurie du premier dès le début de son règne, il lui était sans doute attaché déjà quand il était encore dauphin. Par lettres patentes datées de Paris, le 24 septembre 1461, ce prince lui fit don des moulins, prés, rivière et étangs de Lusignan (Arch. de la Chambre des Comptes, anc. mém. L, fol. 166 ; Bibl. nat., ms. fr. 21405, p. 138), et quelques mois après il le nomma capitaine du château de Lusignan. A l'époque de la Ligue du Bien public, trois jours après le combat de Montlhéry, le 19 juillet 1465, Charles comte du Maine écrivait de Châtellerault aux maire et habitants de Poitiers : « Pour aucunes choses survenues, envoyons presentement le cappitaine de Lusignen vers vous, auquel nous avons donné charge en parler à vous amplement et pour vous dire comment de présent monseigneur le roy est à Corbeil ou dedens Paris, avecques la pluspart de son armée ; par quoy les choses ne sont si mal qu'on les pourroit bien avoir semées. Et de nostre part sommes cy venuz pour faire garder les passaiges de par deça et pour amasser gens, ainsi que plus à plain saurez par ledit cappitaine... » (Arch. hist. du Poitou, t. Ier, p. 153.) Deux ans plus tard, il écrivait lui-même, de Paris, le 31 août 1467, à Messieurs de la ville de Poitiers : « Le roy a sceu que Monsr Charles (le frère de Louis XI) a eu aucuns entendemens et a cuidé faire aucunes entreprises secretes sur la ville de Poictiers. Et à ceste cause m'en a parlé et demandé mon advis, mais je luy ay repondu et avecques ce me suis fait fort pour tous vous, Messieurs, que sur ma vie il ne s'en doit soulcier ; toutesfoiz il vous en a escript par mons^r le bailly des Montaignes (Josselin Du Bois, seigneur engagiste de Montmorillon). Par quoy je vous pry que sur ce luy vueillez escrire en façon qu'il n'ait cause d'avoir suspection sur vous et que vueillez avoir aussi bonne voulenté à bien et leaument le servir, comme vous et vos predecesseurs avez tousjours fait ou temps passé... » (Id. ibid., p. 167.) La commission d'Yvon Du Fou pour recevoir les montres des nobles du pays de Poitou, rappelée dans les présentes lettres de rémission, était datée de Paris, le 21 septembre 1467, comme il nous l'apprend lui-même dans le rôle des nobles qu'il fit dresser à cette occasion. (Roolles des bans et arrière-bans de la province de Poictou, etc. Réimpression, Nantes, 1883, in-4°, p. 3.) Citons aussi un mandement de Louis de Crussol, sénéchal de Poitou, à Michel Dauron, receveur ordinaire pour le roi dans le comté, lui ordonnant, le 5 octobre sui-

reniement commis à recevoir les monstres des nobles en nostre conté de Poictou. Par lequel fut fait commandement à tous les subgetz de nostre dite chastellenie de eulx

---

vant, de payer les frais de déplacement de quatre sergents chargés d'aller faire « afficher les assignations desdites montres pour le present mois d'octobre, savoir le premier par tout le siège de Poictiers, le second par tout le siège de Nyort, le troisiesme par tout le siège de Fontenay le Comte, et le quatriesme par tout le siège de Thouars ». (Orig., Bibl. nat., ms. fr. 27692, n° 8.) Le 18 octobre 1469, par lettre écrite à « La Rementeresse », Du Fou demandait à Louis XI, en raison du serment qu'il lui avait fait en recevant la garde du château de Lusignan, de n'y laisser entrer jamais homme plus fort que lui, réservé la personne du roi, quel accueil il devait faire à une requête de Charles, duc de Guyenne, d'être reçu dans cette place. Il priait en même temps le roi de faire asseoir de nouveau sur les revenus du Poitou les 1.000 écus qui avaient été rayés de sa pension. (Bibl. nat., ms. fr. 20485, fol. 130.) Louis XI, qui était à ce moment en bons termes avec son frère, lui répondit d'Orléans, dès le 21 octobre suivant, le relevant de son serment et lui recommandant de ne faire aucune difficulté d'accueillir le duc de Guyenne au château de Lusignan et de lui en remettre les clefs. (Vaësen, *Lettres missives de Louis XI*, in-8°, t. IV, p. 39.) Une autre lettre d'Yvon Du Fou, de Cognac, le 3 mai 1472, annonce à Louis XI la capitulation de cette ville qu'il commandait, pour le frère du roi, le sire d'Archiac, qu'il garde prisonnier provisoirement, tout en sollicitant pour celui-ci l'indulgence royale. (Bibl. nat., ms. fr. 20486, fol. 18.) Une missive du roi en date du 7 mai suivant témoigne que celui-ci ne vit pas de bon œil l'indulgence dont le capitaine de Lusignan avait fait preuve envers le sire d'Archiac, qui s'était gravement compromis dans les menées du duc de Guyenne. (Vaësen, *op. cit.*, t. IV, pp. 318, 367.) Mentionnons encore deux lettres d'Yvon Du Fou adressées à Louis XI et datées des 30 octobre et 3 novembre, sans indication d'année, et une lettre à lui écrite en qualité de gouverneur d'Angoumois par le s‍r de Canaye, d'Ancenis, le 27 décembre 1472. (Ms. fr. 20428, fol. 48, 49 ; ms. fr. 20429, fol. 49.)

Si Louis XI garda rancune à Yvon, comme il l'appelle familièrement dans ses lettres missives, de sa modération envers le sire d'Archiac, ce ne fut pas pour longtemps ; car dans le courant de cette année même (1472) il lui donna l'office de grand veneur de France aux gages de 3200 livres. Il avait en outre 2000 livres d'appointements comme capitaine de la ville et du château de Lusignan et une pension de 2700 livres dont il jouit toute sa vie. En 1462 il était premier échanson du roi et quelques années plus tard son chambellan. Dans le troisième compte de Mathieu Beauvarlet, pour l'année finie le 30 septembre 1464, Yvon Du Fou figure en outre en qualité de capitaine de Cherbourg. Il est dit capitaine général des francs-archers dans des lettres patentes données à Chartres, au mois d'août 1474, confirmant à Agne de La Tour, vicomte de Turenne, et aux habitants de la vicomté, ses sujets, leur exemption de fournir aucun contingent de francs-archers ni de contribuer à leur habillement. (JJ. 204, n° 89, fol. 55 v° ; *Ordonnances des Rois de France*, t. XVIII, p. 46, où le nom Du Fou est imprimé par erreur Dufort.) La même année, Du Fou avait été nommé lieutenant général à l'armée de Roussillon et de Cerdagne, pour réduire ces pays en l'obéisance du roi. Dans des actes de 1475 on le trouve qualifié gou-

retirer et leurs biens en ladicte place de la Ganasche, et mesmement audit suppliant. Lequel en obeissant audit commandement, se retira lui et ses biens, estant en bonne

---

verneur de Dauphiné. En 1478, il obtint encore la charge de maître et général réformateur des eaux et forêts en Poitou ; l'on conserve à la Bibliothèque nationale quatre quittances de lui à Etienne de Bonney, receveur ordinaire de Poitou, pour les gages de cet office (16 nov.1478, 11 sept. 1480 (deux) et 13 déc. 1481 ; ms. fr. 27692, Pièces orig. 1208, Du Fou, nos 11, 12, 14 et 15). Pendant la longue minorité de Charles, comte d'Angoulême (1467-1476), Yvon Du Fou, qui lui avait été donné comme curateur, exerça aussi le gouvernement de l'Angoumois avec la comtesse douairière, Marguerite de Rohan, veuve de Jean d'Orléans, et eut à poursuivre un long procès contre Renaud Chabot, puis contre Louis, son fils, seigneur de Jarnac, qui avaient usurpé certains droits appartenant au comte et accablaient de vexations leurs sujets de ladite seigneurie. (Voy.Titres de la Chambre des comptes d'Angoulême, Arch. nat., P. 1406²,) Nommé bailli de Touraine l'an 1484, il fut reçu en cette qualité par la Chambre des comptes de Paris, le 10 juillet de cette année. (Arch. nat., PP 118, anc. mémorial S., fol. 92 v°. et Bibl. nat., ms. fr. 21405, p. 231.) Il n'exerça que peu de temps cet office*, car dès l'année suivante il fut appelé à remplacer, comme sénéchal de Poitou, Philippe de Commines. qui venait d'être destitué. Nous n'avons pas à entrer ici dans le détail de la disgrâce du célèbre auteur des *Mémoires*, assez connu d'ailleurs depuis les études publiées par leurs plus récents éditeurs. Par lettres patentes données à Orléans, le 15 septembre 1485, Charles VIII, ou plutôt la régente Anne de Beaujeu, avait déclaré Commines privé de sa dignité de sénéchal de Poitou et de la charge de capitaine de Poitiers, qui de tout temps avait été unie à celle de sénéchal, et disposé de ces deux offices en faveur d'Yvon Du Fou, grand veneur de France. (Edit. de Mlle Dupont, *Mémoires de Philippe de Commynes*, Preuves, t. III, 1847, in-8°, p. 128 ; Kervyn de Lettenhove, *Lettres et négociations de Philippe de Commines*, Bruxelles. 2 vol. in-8°, 1868,t.II, p.36.) On conserve aux Archives de la ville de Poitiers un acte du 1er octobre 1485, par lequel J. Guyneuf, chevalier, sr de Boulzé, fondé de pouvoirs de Mre Yvon Du Fou, sénéchal de Poitou, reconnaît avoir reçu d'Aimery Claveurier, au nom des maire, bourgeois et échevins de Poitiers, les clefs du château et stipule que, toutes les fois qu'il adviendrait péril imminent en cette ville, les maire et échevins auraient la garde des clefs avec le sénéchal, et qu'aucune des portes murées par leur ordre ne serait ouverte sans leur consentement. Le même jour, Jean Falaiseau, lieutenant général du bailli de Touraine, chargé par le nouveau sénéchal de prendre en son nom possession de cet office, déclara aux magistrats municipaux que les provisions de capitaine du château de Poitiers données au profit de Du Fou n'avaient

* *Il n'est pas absolument certain d'ailleurs qu'Yvon Du Fou ait été réellement bailli de Touraine. A la date du 3 mai précédent (1484), on trouve sur le registre du Parlement mention du serment et de la réception de Jean Du Fou en qualité de bailli de Touraine (X¹ª 4825, fol. 214) Les anciens inventaires de la Chambre des comptes portent bien Yves Du Fou comme ayant été reçu le 1er juillet ; mais il a pu y avoir confusion de prénom. D'autre part, il n'y a point de doute que Jean, grand échanson de France, frère aîné d'Yvon, ait exercé la charge de bailli et gouverneur de Touraine.* (Le P. Anselme, t. VIII, p. 582.)

et suffisant habillement de guerre pour la garde et deffence de ladicte ville. Et pour ce qu'il estoit homme congnoissant en fait de guerre et que ladicte place estoit ruyneuse

---

point pour effet de lui commettre la garde de la ville, qui par un ancien usage et privilège appartenait au maire, mais seulement la garde et capitainerie du château, sauf au sénéchal à faire valoir ses droits comme il le jugerait à propos. (Orig., Arch. comm. de Poitiers, E. 22.) Yvon Du Fou jouit de ces deux offices jusqu'à sa mort, c'est-à-dire pendant trois ans environ. Gautier des Cars, sénéchal de Périgord, lui succéda comme capitaine du château de Poitiers (21 août 1488, *id.* E. 23), et Jacques de Beaumont, sire de Bressuire, en qualité de sénéchal de Poitou. Le dernier acte émanant d'Yvon Du Fou que nous ayons trouvé, est daté du 27 juillet 1488, six jours avant son décès ; il s'y intitule chambellan du roi et sénéchal de Poitou, et confesse avoir reçu d'Antoine Bayart, trésorier général de Languedoc, la somme de 350 livres à lui donnée par le roi pour l'indemniser de ses dépenses devant la ville de Fougères, pendant que l'armée royale en faisait le siège, auquel il avait charge de par le roi de la conduite de l'artillerie. (Bibl. nat., ms. fr. 27692, Du Fou, n° 18.)

Louis XI s'était d'ailleurs toujours montré d'une grande libéralité envers ce personnage. Voici un relevé des principaux dons qu'il lui fit, outre celui des moulins, prés et étangs de Lusignan, daté du 24 septembre 1461, mentionné plus haut : Tours, juin 1469, don de l'étang de Coursec (c[ne] de Montamisé) et de la terragerie de Charracé (Bibl. nat., ms. fr. 27692, n° 5), dont aveu en date du 18 avril 1472 (Arch. nat., P. 1145, fol. 151) ; cf. une lettre de Louis XI à la Chambre des comptes, lui ordonnant d'enregistrer lesdites lettres, 4 août 1469, Vaësen, *Lettres de Louis XI*, t. IV, p. 19) ; Paris, 10 novembre 1474. Don à vie du revenu du domaine de Lusignan, à percevoir de la main du receveur de domaine du Poitou (anc. mém. O de la Chambre des comptes, fol. 191 ; Bibl. nat., ms. fr. 21405, p. 189), revenu qui s'élève, pour l'année finie à la Saint-Jean 1477, à la somme de 334 livres 6 s. 5 d., suivant la quittance de Du Fou à Etienne de Bonney, receveur ordinaire, du 18 novembre 1477 (ms. fr. 27692, n° 10) ; Le Plessis du Parc, 5 novembre 1477. Don de tout le profit, revenu et émolument du droit de gabelle du grenier à sel de Louviers (vidimus des lettres patentes et quittance, du 17 janvier 1480, d'une somme de 1024 livres tournois, montant dudit revenu pour la seule année 1479 (*id.*, n°s 9 et 13) ; Lierville, août 1480. Lettres de don à Yvon Du Fou, chambellan du roi et grand veneur de France, et à ses héritiers en toute propriété, de la forêt de Gâtine et de l'étang de la Tomberrard en Poitou (Arch. nat., X[1a] 8607, fol. 253 v°), enreg. le 22 novembre suivant au Parlement de Paris (*id.* X[1a] 1489, fol. 167), à la suite de deux lettres de cachet du roi à la cour, la première datée d'Orléans, le 21 août, et la seconde de Pithiviers, le 29 août 1480. (Vaësen, *Lettres de Louis XI*, t. VIII, p. 179 et 261) ; la forêt et l'étang étaient dans la mouvance de Lusignan ; Du Fou en fit hommage au roi, le 26 mars 1481 n. s. (Arch. nat., P. 554³, cote III[c] XLVI.) Citons encore : deux quittances de payement de sommes à lui dues pour parties de sa pension : 1° par Michel Dauron, receveur et payeur des gens de guerre en Poitou ; 2° par Jean Rideau, fermier de la ferme du quart du sel audit pays, le 4 avril 1471 n. s., et le 2 mars 1472 n. s. ; une autre du 15 juillet 1475, dans laquelle Yvon Du Fou s'intitule chambellan du roi, grand veneur de France et

en une partie des murailles d'icelle, par quoy estoit necessité de la reparer par taudeis de bois, clayes et autres choses, et faire par manière qu'on peust environner la

---

gouverneur d'Angoumois, par laquelle il reconnaît avoir reçu de Noël Le Barge, trésorier des guerres, 300 livres pour son état de capitaine de cent lances fournies d'avril à juin 1475. (Ms. fr. 27692, nos 6 à 8.)
Yvon Du Fou avait épousé une riche héritière de Poitiers, Anne, fille unique de Jean Mourraut, sr de la Roche, des Touches de Lezay, etc., etc. (sur lequel cf. notre t. IX, p. 328, et notre t. X, p. 305), et de Jeanne Larcher. Ce mariage eut lieu peu de temps avant le mois de juin 1469 ; en effet, dans la donation que lui fit le roi de l'étang de Coursec, à propos de la terre et seigneurie d'Armentaresse (*aliàs* la Ramentaresse), il est dit qu'elle lui était advenue tout récemment ; or l'on sait pertinemment qu'elle lui fut apportée en dot, avec beaucoup d'autres, par Anne Mourraut. La situation de ce fief plut à Du Fou : il y fit, construire un château et obtint de Louis XI, par lettres de mai 1470, que le nom d'Armentaresse serait commué en celui du Fou, qu'il a toujours conservé depuis. Dans une note relative à Jean Mourraut, nous avons indiqué les hommages et aveux qu'Yvon fit, au nom de sa femme, des terres et seigneuries relevant de la Barre-Pouvreau. (Vol. précédent, p. 306, note.) Après son mariage, il accrut encore ses possessions de Poitou par l'acquisition des terres et seigneuries du Vigean et de la Loubantière (paroisse de Buxerolles) ; cette dernière, relevant de la Tour-Maubergeon, lui fut cédée par les héritiers de feu Philippe Arnault, et il en rendit aveu le 25 janvier 1478 n. s. (Arch. nat., P. 1145, fol. 151.) Dans le but d'arrondir la première, il passa, le 19 juin 1487, devant le garde du sceau aux contrats de la ville et châtellenie de l'Isle-Jourdain, un contrat d'échange avec Jean de Langellée, écuyer, seigneur de la Fa, son voisin, de plusieurs pièces de terre sises au « Pré Chenevrault », aux Renardières, sur le chemin de la Fa au village du Magnou, etc. Dans cet acte Yvon Du Fou s'intitule chevalier, seigneur du Fou et du Vigean, chambellan du roi, grand veneur de France et sénéchal de Poitou. (Bibl. nat., ms. fr. 27692, Fou, n° 2.) Il avait fondé avec Anne Mourraut, le 7 mai 1475, une chapelle, des messes et anniversaires dans l'église Notre-Dame-la-Grande de Poitiers ; les titres et qualités qu'il prend dans l'acte de fondation sont : chambellan du roi, grand veneur, gouverneur d'Angoumois et capitaine de Lusignan. (Coll. dom Fonteneau, t. XX, p. 658.) Sa première femme étant morte un peu antérieurement au 20 septembre 1479, date d'aveux qu'il rendit au nom de ses fils mineurs, il épousa en secondes noces Catherine de Vivonne, fille de Germain, seigneur de la Châtaigneraie, dont il n'eut point d'enfants. Yvon Du Fou mourut le 2 août 1488 et fut inhumé dans la chapelle de Sainte-Anne à Notre-Dame-la-Grande, où l'on voit encore une partie de son tombeau orné de son blason, que l'on retrouve à la voûte avec celui d'Anne Mourraut. Ses deux fils, Jacques et François, encore mineurs, eurent pour tuteur Raoul Du Fou, évêque d'Evreux, abbé de Valence, leur oncle (cf. *Mémoire pour les enfants d'Y. Du Fou*, Bibl. nat., ms. fr. 20432, fol. 5), qui reçut en leur nom et en cette qualité, le 1er mars 1489, à cause de leur seigneurie de Lage-Saveneau, un aveu de Pierre Guenand pour diverses pièces de terre. (*Id.*, ms. fr. 27692, Fou, n° 26.) Catherine de Vivonne se remaria, en 1489, à Amanieu, vicomte de Comborn.

muraille de jour et de nuyt, fut par ledit commis par ledit cappitaine nommé ledit supliant pour ordonner et faire faire ladicte reparacion et emparement par les subgetz de ladite chastellenie, qui de toute ancienneté sont tenus de reparer ladicte place, et fait commandement ausdiz subgetz de obeyr en ce audit supliant, auquel fut par ledit cappitaine, le jour saint Thomas xxi° jour de decembre derrenier passé, donné puissance de les y contraindre. Et peu après, fist icellui supliant aporter par aucuns desdiz subgetz des clayes et autres boys pour ledit emparement, et fist porter partie d'iceulx sur la muraille ; pour ce que ceulx qui les avoient apportées estoient trop feibles pour les asseoir et mettre à point, ledit supliant descendit de dessus ladicte muraille pour trouver autres gens pour aider à faire ladicte reparacion et asseoir ledit taudeis, et assez près de la porte de ladicte ville, trouva l'un desdiz subgetz, nommé Colas Gahouart, qui estoit venu en ladicte ville pour aider à faire ladicte reparacion ; auquel il fit commandement de monter sur ladicte muraille, pour aider à asseoir ledit taudeis. Lequel Gahouart estoit homme de bras et haustère, habondant en rigoureux langaige, et lui fist responce en jurant le sang, la mort et la teste de Dieu, qu'il n'y entreroit point et qu'il n'en avoit que faire. Ce voiant ledit supliant et que ledit emparement requeroit scelerité, fist deffense au portié de non le laisser yssir jusques à ce qu'il eust aidé à faire ladite reparacion, ainsi que faisoient les autres subgetz. Lequel Gahouart, nonobstant ladicte deffense, s'efforça yssir hors ladicte ville, en jurant le sang et la teste de Dieu que, pour ledit supliant ne pour ledit portier il n'en feroit riens et s'en iroit oultre leur gré ; et ce fait, se prinst audit supliant et le rebouta bien rudement de sa voye ; et voiant par icelluy supliant la rebellion dudit Gahouart et les blaphèmes du non de Dieu qu'il faisoit, aussi l'eminent peril qui estoit par deffault de ladicte reparacion, s'avança de vouloir contraindre reaument et de fait ledit Gahouart à aider à faire ladicte reparacion, et en ce faisant d'un espieu de chasse que ledit supliant tenoit en sa main, cuidant [frapper] d'icellui ledit Gahouart sur les espaulles, de cas de fortune et d'avanture, ainsi que ledit Gahouart demarcha, le coup du plat dudit espieu luy cheut sur l'ouye senestre, duquel coup ledit Gahouart fut. . . . . [1] et l'oreille rendit ung peu de sang, et après qu'il fut confessé perdit la parolle. Et depuis a vescu quatre ou cinq jours, beut et manga, et après ce, par mauvais gouvernement ou autrement, ala de vie à trespas. [A l'occasion] duquel cas, ledit supliant, doubtant rigueur de justice, s'est mis en franchise, dont il n'oseroit yssir, se noz grace et misericorde ne lui estoient par nous sur ce imparties, si comme il dit, en nous humblement requerant que, attendu ce que dessus est dit et que ledit cas est advenu par cas de fortune, en cuidant contraindre ledit Gahouart à aider à faire ledit taudeis, que en tous autres cas il est bien famé et renommé et ne fut jamais actaint ne convaincu d'aucun autre villain cas, blasme ou reprouche, il nous plaise lui impartir nostre dicte grace et misericorde. Pour ce est il, etc., en quoy, etc., et l'avons relevé, etc., satisfacion, etc. ; et sur ce imposons, etc. Si donnons en mandement au seneschal de Poictou, etc., sans pour ce lui mettre ou donner, etc. Et se son corps, etc. Et afin, etc. Sauf, etc. Donné au Mans, ou moys de janvier l'an de grace mil cccc. soixante sept, et de nostre règne le septiesme.

Ainsi signé : Par le roy, à la relacion du Conseil. Rolant. — Visa. Contentor. Duban.

---

1. Ici, deux ou trois mots absolument illisibles, par suite de l'usure du parchemin.

MCCCCXXXIX

Rémission donnée en faveur de Jean Charreton, de la Chaussée en Loudunais, qui, ayant surpris son voisin Jean Bernard en train de tendre des collets dans sa garenne, en fut irrité au point qu'il le frappa d'un épieu et lui fit à la tête une plaie qui détermina la mort au bout de quatre mois. (JJ. 201, n° 11, fol. 6.)

Février 1468.

Louis, par la grace de Dieu roy de France. Savoir faisons à tous, presens et avenir, nous avoir receue l'umble supplicacion de Jehan Charreton[1], escuier, aagé de XLV. ans ou environ, demourant en la parroisse de la Chaussée ou pays de Lodunoys, contenant que, le samedi des foiriers de la Panthecouste darrenière passée mil CCCC. soixante sept, ainsi que ledit suppliant disoit les vespres et oroisons ou sepmetière dudit lieu de la Chaussée, ung peu avant jour couchant, vit et apersut deulx hommes, l'un nommé Jehan Bernard et l'autre Jehan Arnault, qui tendoient devant les terriers de la garranne de son père et de Françoise Rabourné, sa cousine, qui a partie en ladicte garenne, c'est assavoir dix poches à congnins qui jà estoient tendues, et vingt cordes à colet qu'ilz vouloient tendre, pour prendre et desrober de nuyt les congnins de ladite garenne. Et quant ledit Charreton suppliant les appersut, il fut bien courroussé, desplaisant et esmeu, et s'adressa à eulx, ayant ung espiot en son poing, en criant aux larrons ; et incontinant commancèrent à fouir, et en fuyant, ledit suppliant, non voulant les blesser ne meurtrir, donna dudit espiot sur les espaules dudit Jehan Bernard, lequel estoit son voisin et se fyoit

---

[1]. Nom que l'on trouve écrit Chareton, Charreton et Charton, et qui fut porté par plusieurs familles différentes. Jean Charton, écuyer, qui assista et signa au procès-verbal de rédaction de la coutume du pays de Loudunais en 1518 (*Dict. des familles du Poitou*, nouv. édit., t. II, p. 263), était vraisemblablement un descendant direct de celui qui obtint ces lettres de rémission.

en lui, et lui osta sa robe, lesdictes poches et cordes, à ce qu'il n'y alast plus, et de fortune arriva la noix [1] de l'espiot qui estoit pointue sur le darrière de la teste, lequel perça le chappeau et bonnet dudit Bernard et lui fist ung pertuys en la teste, sans blesser la servelle ; duquel pertuys les barbiers ostèrent des os, et après que les os furent ostez, Jehan Mestreau, barbier à Lodun, puriffia la ploye et guerit ledit Bernard tant et si bien que ledit Bernard aloit et venoit aux besongnes de leur maison, sain et en bon point, jusques environ la saint Michel qu'il fut malade au lit, et lui vint une apostume ou lieu où estoit la ploye, qui pourrit la toye du serveau ; et, comme le serveau s'enfloit et se dilatoit, il touchoit à ung os pointu que ledit barbier n'avoit pas osté, qui persa ladite toye du serveau, et tellement que quatre moys après ou environ, et le neufiesme jour d'octobre ensuivant, ledit Jehan Bernard, par faulte de bon gouvernement ou autrement, est allé de vie à trespas. A l'occasion duquel cas, ledit suppliant, doubtant rigueur de justice, s'est absenté du pays, ouquel ne ailleurs en nostre royaume il n'oseroit jamais seurement converser et reperer ne demourer, se noz grace et misericorde ne lui estoient sur ce imparties, si comme il dit, humblement requerant que, attendu ce que dit est, que les premiers mouvemens ne sont en la puissance des hommes, que ledit suppliant a apointé aux parties, le long temps qu'il y a que le coup fut donné jusques au trespas dudit Bernard, et que pour autre occasion, veu que le temps a esté dangereulx, la mort s'en est peu ensuir, que en tous autres cas ledit suppliant est bien famé et renommé, sans jamais avoir esté reprins, actaint ne convaincu d'aucun autre villain cas, blasme ou reproche, nous lui vueillons sur ce noz grace et misericorde impartir. Pour

---

[1]. La noix était le sommet du pommeau, qui se terminait souvent par une pointe.

quoy nous, ces choses considerées, voulans misericorde prefferer à rigueur de justice, audit Jehan Charreton, suppliant, avons le fait et cas dessus declairé quicté, remis et pardonné, etc., avec toute peine, etc. Et l'avons restitué, etc., en mettant au neant tous adjournemens, appeaulx, bans, proclamacions et deffaulx, s'aucuns s'en estoient pour ce contre luy ensuiz. Satisfaction faicte, etc. Si donnons en mandement au bailli de Touraine, des ressors, etc., ou à son lieutenant à Chinon et à tous, etc., que de noz presens grace, quictance, remission et pardon ilz facent, seuffrent et laissent ledit suppliant joyr et user plainement et paisiblement, sans pour ce, etc., ainçois se son corps ou aucuns de ses biens sont ou estoient pour ce prins, saisiz, arrestez ou autrement empeschez, les luy mettent ou facent mettre sans delay à plaine delivrance. Et afin, etc. Sauf, etc. Donné à Tours, ou mois de fevrier l'an de grace mil cccc. soixante sept, et de nostre règne le septiesme.

Ainsi signé : Par le roy, à la relacion du Conseil. J. d'Orchère. — Visa. Contentor. J. d'Orchère.

MCCCCXL

Février 1468.

Rémission accordée à Guillaume Quiéret, homme d'armes de la compagnie du sénéchal de Poitou [1], coupable du meurtre de Gérault, dit de Lorraine, archer de ladite compagnie, qui lui avait cherché querelle, le 22 janvier précédent, à Bouère (Maine), où, par ordre dudit sénéchal, plusieurs hommes d'armes et archers de sa charge étaient venus loger. « Si donnons en mandement aux bailliz de Tou-

---

1. Guillaume Quiéret figurait encore en qualité d'homme d'armes sur l'état de la compagnie de Louis de Crussol, sénéchal de Poitou, le 5 mai 1470, dont la montre ou revue fut passée ce jour-là à Poitiers ; on trouve aussi sur ce rôle, parmi les archers le nom de Pierre Quiéret. (*Arch. hist. du Poitou*, t. II, p. 303, 307.) Ils appartenaient à une famille de Picardie, dont un membre, Hugues, sr de Tours en Vimeu, fut amiral de France de 1356 à 1360. (Le P. Anselme, *Hist. généal.*, t. VII, p. 745.)

raine et de Meaulx, etc. Donné à Paris, ou moys de fevrier l'an de grace mil cccc. soixante-sept, et de nostre règne le·viime. (JJ. 195, n° 120, fol. 34 v°.)

MCCCCXLI

Mars 1458.

Rémission en faveur de « Guyon de Chansay, jeune clerc au Palais de Paris, natif du païs de Poictou », qui à la suite d'une dispute avec un nommé Jean Delahaye, qui lui avait joué un méchant tour en le faisant enfermer à clef dans une salle de la maison de Me Jean Le Roux, rue des Prouvaires [1], avec la chambrière de celui-ci, en était venu aux mains avec ledit Delahaye et l'avait frappé mortellement. « Si donnons en mandement au Prévost de Paris, etc. Donné à Paris, ou moys de mars l'an de grace mil cccc. soixante sept, et de nostre règne le septiesme. » (JJ. 195, n° 38, fol. 12 v°.)

MCCCCXLII

Lettres de légitimation accordées, sur la recommandation du sire de Crussol, sénéchal de Poitou, à Raflard ou Raoul de La Woestine, d'origine flamande, maître ès arts et en médecine, fils naturel de Perceval de La Woestine. (JJ. 200, n° 80, fol. 45.)

Avril 1468.

Ludovicus, Dei gratia Francorum rex. Illegitime genitos, quos vite decorat honestas, nature vicium minime decolorat, nam decor virtutis astergit in prole maculam geniture et pudicitià morum pudor originis abboletur. Notum igitur facimus universis, presentibus et futuris, quod, licet Raflardus de Woestinia, aliàs Radulphus, de Flandria oriundus, in artibus et medicinis magister, filius naturalis Perchevali de Woestinia [2], ex illicita copula traxerit ori-

---

1. Cette rue, dont le nom prouvaires, *aliàs* prevoirs, signifiant prêtres, lui fut donné à cause des prêtres de Saint-Eustache qui l'habitaient au xiiie siècle, existe encore ; elle va de la rue Saint-Honoré à la rue Berger.
2. « Parceval de La Woestine, ayant participé à un crime commis dans la seigneurie de Deulémont, a obtenu des lettres de pardon des religieuses de Messines, qui en ladite seigneurie de Deulémont ont toute justice, haute, moyenne et basse ; quarante ans plus tard, il est

ginem, talibus tamen virtutum donis et morum venustate coruscat quod in ipso supplent merita et virtutes id quod ortus odiosus adjecit, adeo quod super deffectu natalium hujusmodi quem patitur, gratiam, quam nobis humiliter [postulavit] merito debet obtinere. Hinc est quod [nos, hiis] attentis, necnon in favorem domini de Cursol, consiliarii atque cambellani nostri, ipsum Radulphum de Woestinia, de nostre regie potestatis plenitudine, auctoritate et speciali gracia legitimavimus et legitimamus, et legitimacionis titulo decoramus per presentes ; volentes ut ipse deinceps, in judicio et extra, pro legitimo habeatur, ac eidem concedentes et cum eo dispensantes ut, quanquam ipse de cohitu predicto traxerit originem, bona mobilia et inmobilia acquirere et jam acquisita retinere et pacifice possidere possit et valeat, ac de hiis disponere inter vivos [vel] in testamento, ad sue libitum voluntatis, ad successionem patris ceterorumque parentum et amicorum carna-

---

arrêté et mis en prison pour le même fait par les commissaires du duc de Bourgogne, « commis sur la réformation des officiers du comté de Flandre » ; dans l'intervalle, il avait égaré les lettres de pardon des religieuses de Messines et il lui fallut acheter des lettres de rémission du duc de Bourgogne, Philippe le Bon. (Ch. Petit-Dutaillis, *Documents nouveaux sur l'histoire sociale des Pays-Bas au XV*[e] *siècle. Lettres de rémission de Philippe le Bon.* Annales de l'Est et du Nord. Nancy, in-8°, fasc. d'avril 1908, p. 237.) On n'a pu déterminer dans quelles circonstances son fils naturel, Raffard ou Raoul de La Woestine, vint se fixer à Poitiers. Ce que l'on peut dire, c'est que, maître ès arts et docteur en médecine, il fut autorisé, le 8 novembre 1474, par le corps de ville de Poitiers à faire lecture de médecine en une chambre de l'échevinage. (Arch. municip. de Poitiers, reg. des délibérations, n° 7, fol. 144.) Le 23 janvier 1486 n. s. on trouve, sur un registre du Parlement, mention d'un procès par écrit entre maître Jean Boynet, appelant du sénéchal de Poitou, d'une part, et maître Raoul de « La Wastine », docteur en médecine, d'autre, lequel procès est reçu, ce jour-là, pour juger « *an bene vel male fuerit appellatum*, et y ont les parties conclud, *petitis expensis hinc indé et emenda pro rege.* » (Arch. nat., X[ia] 4827, fol. 74.) Le ms. 151 (anc. 261) de la Bibliothèque de la ville de Poitiers, intitulé : *Questiones Alberti Magni super librum de animalibus* (xive siècle), paraît avoir appartenu à notre personnage ; car parmi les notes du xve et du xviie siècle, tracées sur les feuillets de tête, on lit plusieurs fois ce nom : *R. de Wœstina, van Ypre.* Il avait épousé Catherine Guérie, qui fut enterrée le 20 avril 1497 dans l'église de Sainte-Opportune. Le 10 février 1485, vénérable André de Lawoestine, prêtre, avait été inhumé dans la même église. (*Arch. hist. du Poitou*, XV, p. 339.)

lium suorum quorumlibet, ex testamento vel ab intestato, nisi alteri jus fieret jam quesitum, et ad quoscumque honores, officia et actus legitimos admittatur, ac si esset de legitimo matrimonio procreatus, quodque etiam sui liberi, si quos habet de presenti vel in futurum habebit, totaque posteritas, de legitimo matrimonio procreata et procreanda, in bonis suis quibuscumque jure hereditario succedant et succedere valeant, nisi aliud quod deffectus hujusmodi natalium repugnet, dictoque deffectu, quem prorsus abolemus, jure, constitucione, statuto, edicto, usu generali vel locali regni nostri contrariis, non obstantibus quibuscunque, absque eo quod occasione predicta dictus Raflardus, aliàs Radulphus de Woestinia nec sui aliquam financiam nobis seu nostris, nunc nec quovismodo in posterum, solvere teneantur ; quam quidem financiam eisdem Radulpho de Woestinia et suis, in favorem predicti domini de Cursol, dedimus et quictavimus, damusque et quictamus de gracia speciali, per presentes, manu nostra signatas. Quocirca dilectis et fidelibus gentibus compotorum nostrorum et thesaurariis, et senescallo Pictavensi ceterisque justiciariis nostris, aut eorum locum tenentibus, presentibus et futuris, et eorum cuilibet, tenore presentium mandamus quatinus dictum Radulphum de Woestinia et ejus posteros nostris presentibus legitimacione, concessione et gracia uti et gaudere pacifice faciant et permittant, absque quovis impedimento, quod si illatum foret reparent et ad statum pristinum et debitum reducant seu reduci faciant indilate, visis presentibus, quibus, perpetue stabilitatis ut robur obtineant, nostrum jussimus apponi sigillum ; nostro tamen in aliis et alieno in omnibus jure salvo. Datum Turonis, in mense aprilis anno Domini millesimo quadringentesimo sexagesimo septimo, et regni nostri septimo, ante Pasqua.

Sic signatum : Loys. Per regem. Bourré. — Visa. Contentor. Duban.

MCCCCXLIII

Rémission accordée à Jacques Mauclerc, natif de Champagne, hôtelier à Colombiers près Lusignan, poursuivi devant le sénéchal de Poitou, parce que dans une dispute il avait frappé du poing Pierre Texeron, alors qu'il y avait assurement entre eux. (JJ. 194, n° 281, fol. 159.)

Mai 1468.

Loys, par la grace de Dieu roy de France. Savoir faisons à tous, presens et avenir, nous avoir receue l'umble supplication de Jacques Mauclerc, natif du pays de Champaigne et hostellier, demourant à Colombiers près Lezignan, contenant que, le quinsiesme de ce present moys de may, lui estant audit lieu, devers le soir amprès souper, le chien dudit suppliant et le chien d'ung nommé Pierre Texeron se bastoient l'ung l'autre, et lors ledit suppliant voiant que le chien dudit Texeron et autres qui estoient survenuz bastoient le chien dudit suppliant, icelui suppliant dist audit Texeron qu'il les vouloit despartir, et ledit Texeron lui dist qu'il les laissast faire et qu'il vouldroit qu'ilz se fussent tuez l'un l'autre ; et lors ledit Texeron en soy esmouvent et courroussant, gecta des pierres après le chien dudit suppliant et le poursuivit jusques à l'uys dudit suppliant, et pour ce que la femme d'icelui suppliant et son gendre blasmoient ledit Texeron de gecter lesdictes pierres contre leur huys, icelui Texeron lui dist plusieurs injures, en appellant la femme dudit suppliant vielle truende et leur disant plusieurs autres grans injures, tellement que ledit suppliant dist audit Texeron qu'il estoit meschans homs de prendre noise à ses gens pour sesdiz chiens. Et lors ledit Texeron lui dist qu'il s'alast chier et qu'il alast en son pays ; lequel suppliant lui dist telles parolles ou semblables : « Et pour quoy n'y oseroie ge aller ? » Lequel Tixeron lui dist telles parolles : « Nennil vroiement tu n'y oseroyes aller, villain picart banny que tu es ». Lesquelles parolles dictes, icelui suppliant, esmeu et courroucié d'icelles, bailla ung cop ou deux de la main seulement sur la joue dudit Tixeron, qui estoit en suretté envers ledit suppliant bien deux ans et demy avoitou environ. Et combien que de ladite asseuretté ledit suppliant ne fust pour lors recors, pour la grant longueur dudit temps, pendant lequel lesdiz suppliant et Tixeron avoient plusieurs foiz beu et mengé ensemble, par quoy icelui suppliant n'en estoit souvenant et la tenoit pour toute extaincte et delaissée, neantmoins lesdiz Tixeron et nostre procureur audit lieu de Luzignen, à l'occasion desdiz corps et infraction d'asseuretté, ont fait convenir et tiennent en procès ledit suppliant par devant nostre seneschal de Poictou ou le juge ou commis à la prevosté dudit lieu de Lezignen, et ilec l'ont fait emprisonner et s'efforcent de faire sur ce de luy pugnicion ou avoir quelque autre grant amende ou proffit contre ledit suppliant, se nostre grace et misericorde ne lui estoient sur ce imparties. Requerant humblement que, attendu le long temps qu'il a que ladicte asseuretté avoit esté donnée audit Texeron, par quoy ledit suppliant n'en povoit pas estre souvenable, ainçois avoit cause de la tenir pour extainte et delaissée, veue la communicacion et conversacion qu'il avoit depuis eue, et mesmement en boyre et menger, avec ledit Tixeron, aussi que ledit suppliant en tous autres cas a tousjours esté de bonne vie, renommée, etc., il nous plaise nostre grace et misericorde lui impartir. Pour quoy nous, ces choses considerées, voulans misericorde preferer à rigueur de justice, audit suppliant audit cas avons quicté, remis et pardonné, etc. Si donnons en mandement, par ces presentes, à nostre seneschal de Poictou et à tous noz autres justiciers, etc., que desdiz quictance, remission et pardon facent, seuffrent et laissent ledit suppliant joir et user, etc. Donné à Amboise, ou moys de may l'an de grace mil cccc. soixante huit, et de nostre règne le septiesme.

Ainsi signé : Par le Conseil. J. Leroy. — Visa. Contentor. J. Duban.

MCCCCXLIV

Mai 1468.

Lettres de légitimation de Louis d'Anjou[1], seigneur de Sainte-Néomaye, fils naturel de Charles comte du Maine, vicomte de Châtellerault, etc.

« Senescalo Pictavensi balivoque Turonensi ceterisque justiciariis, etc., mandamus quatinus dictum Ludovicum Cenomannensem et ejus posteros nostris presentibus concessione et gracia uti et gaudere pacifice faciant, etc. Datum Ambasie, mense maii anno Domini millesimo cccc^{mo} sexagesimo octavo, et regni nostri septimo. — Sic signatum : Per regem. Bourré. Visa. Contentor. J. Duban. (JJ. 194, n° 315, fol. 177 v°.)

MCCCCXLV

Lettres donnant licence à l'évêque et au chapitre de Luçon de séculariser ladite église qui est de fondation royale. (JJ. 194, n° 312, fol. 176.)

Juin 1468.

Loys, par la grace de Dieu roy de France. Savoir faisons à tous, presens et avenir, nous avoir receue la supplica-

---

1. Louis bâtard du Maine, tige des marquis de Mézières, comte de Saint-Fargeau, était seigneur de Mézières-en-Brenne par don de son père en date de Poitiers, le 10 mars 1465, de Sainte-Néomaye et de Chéneché en Poitou. Dans son contrat de mariage avec Anne, fille de Louis 1er de La Trémoïlle, comte de Benon, vicomte de Thouars, prince de Talmont, seigneur de Sully, Vierzon, etc., et de Marguerite d'Amboise, héritière de Thouars, passé le 26 novembre 1474, il prend les titres de chambellan du roi, gouverneur et sénéchal du pays et comté du Maine. (Coll. dom Fonteneau. t. XXVI, p. 469 ; copie d'après l'original conservé dans le chartrier de Thouars.) De Charles IV, roi de Naples, Sicile et Jérusalem, son frère, il acquit par acte daté du Mans, le 14 septembre 1475, les terres et seigneuries de Montmirail, Authon et la Bazoche-Gouet, et l'année suivante, d'Hardouin de Maillé, sr de la Rochecorbon, la seigneurie de Ferrières en Touraine. Il fut en 1481 l'un des exécuteurs du testament de son frère, qui instituait Louis XI son légataire universel, testa lui-même en 1488 et mourut avant le mois de mai 1489, laissant un fils, René d'Anjou, seigneur de Mézières, marié à Antoinette de Chabannes, dame de Saint-Fargeau, et une fille, qui épousa François de Pontville, vicomte de Rochechouart. (Le P. Anselme, *Hist. généal*, t. I, p. 235.) Des lettres patentes de Louis XI autorisant Louis bâtard du Maine à relever les fortifications de Sainte-Néomaye, le 27 mars 1469, sont publiées quelques pages plus loin (n° MCCCCLVII. Il rendit aveu au roi de sa terre et seigneurie de Chéneché, le 19 juin 1485. (Arch. nat., P. 1145, fol. 146.)

cion de nostre amé et feal conseiller l'evesque de Luçon[1] et des religieux du chappitre de l'eglise cathedralle dudit lieu de Luçon, contenant que puis aucun temps ença nostre Saint Père a exortez lesdiz religieux supplians, par certain brief, qu'ils voulsissent estre contens, pour le bien et decoracion de leur eglise, qui a esté par cy devant de l'ordre de Saint Benoist, qu'elle feust commuée en eglise seculière, pour en icelle estre doresenavant establiz et ordonnez chanoines, clercs et autres ministres seculiers pour le service de ladicte eglise ; et combien que ladicte commutacion puisse grandement prouffiter à la decoracion de ladicte

---

1. Nicolas Boutaud, évêque de Luçon du 14 février 1462 au 27 décembre 1490, sur lequel cf. notre précédent volume, p. 455, note. Pour compléter les renseignements qui se trouvent en cet endroit relativement à ce personnage, nous signalerons ici quelques autres procès importants qu'il eut à soutenir au Parlement : 1º contre Louis de La Trémoïlle, seigneur de Luçon, et ses officiers, parmi lesquels Louis de Fontaines, son capitaine de Mareuil, et Jean son bâtard sont particulièrement inculpés. Il s'agissait de la possession de l'hôtel de «la Mothe-Jodouin», et les officiers de La Trémoïlle sont accusés « d'excès et attentats ». C'est le Parlement de Bordeaux, transféré à Poitiers, qui fut saisi de cette affaire et s'en occupa les 15, 17, 21 et 22 janvier, 12 et 14 mars 1471. (Arch. nat., X^{1a} 4812, fol. 44 vº, 48, 51, 53 vº, 107, 109. et 113 vº) ; 2º contre Claude bâtard de Culant, écuyer, poursuivi pour excès et délits par le Procureur général joint à l'évêque de Luçon, qui le firent condamner par défaut, entre autres peines, à cent livres d'amende envers le roi, le 31 mai 1477 (X^{2a} 31, fol. 101) ; 3º contre Jean Peyraud, prieur du Boisgrollant, appelant d'une sentence du sénéchal de Poitou en faveur de l'évêque et de l'abbaye de la Réau (appointement du 16 décembre 1483, X^{1a} 4825, fol. 43) ; 4º contre le chapitre de Montaigu (acte du 26 juillet 1484, id., fol. 261, 298) ; 5º contre Bertrand Boueron, Boucron ou Boutron (on trouve même, dans les actes de procédure, ce nom écrit Bonneron ou Bouveron), fils de Jean, écuyer, seigneur de la Milletière, curé de Noireterre et aumônier de Bouin, qui avait été détenu sous Louis XI pour crime de lèse-majesté, par suite de délations mensongères et de faux témoignages. Après la mort du roi, il poursuivit en justice ceux qu'il considérait comme les auteurs de sa disgrâce : l'évêque de Luçon, Gilles Milon et François de la Muce, écuyer, Nicolas Mosnier et Pierre Yvon. Dans d'intéressantes plaidoiries des 9, 11 et 12 décembre 1483, de graves abus de pouvoir sont imputés à Jacques de Beaumont, sʳ de Bressuire. Après un long procès, le curé de Noireterre obtint, le 21 juillet 1485, un arrêt de condamnation contre Gilles Milon, François de la Muce et Nicolas Mosnier. (Arch. nat , X^{a2} 45, dates des 23 juin et 21 juillet 1485 ; X^{2a} 48, actes des 18 décembre 1483, et 2 et 8 janvier, 19 février, 19 et 24 mai, 20 août 1484, 7 mars, 13 juillet et 19 septembre 1485 ; X^{2a} 49, actes des 9, 11 et 12 décembre 1483, 3 mai, 21 juin, 13 et 27 juillet, 3 et 9 août 1484.)

eglise, neantmoins, pour ce que icelle eglise est de fondacion royal, lesdiz supplians n'y vouldroient proceder ne entendre en aucune manière, sans avoir sur ce noz congié et licence, si comme ilz dient, humblement requerans iceulx. Pour quoy nous, ce que dit est consideré, desirans la prosperité et acroissement des faiz de ladicte eglise et des membres d'icelle, avons, pour ces causes et autres à ce nous mouvans, consenti et octroyé, consentons et octroyons de gracé especial, plaine puissance et auctorité royal, par ces presentes, que ladicte eglise de Luçon et les membres d'icelle, qui ont esté par cy devant et sont encores de present dudit ordre de Saint Benoist, puissent estre commuez en eglise et membres seculiers, pour estre doresenavant deserviz par chanoines, clercs et autres ministres seculiers. Si donnons en mandement, par cesdictes presentes, aux seneschaulx de Poictou et de Xaintonge et à tous noz autres justiciers et officiers, ou à leurs lieux tenans, presens et avenir, et chacun d'eulx, si comme à lui appartendra, que de noz presens grace, octroy et consentement facent, seuffrent et laissent lesdiz supplians et leurs successeurs en ladicte eglise de Luçon et èsdiz membres d'icelle joyr et user plainement et paisiblement à tousjours perpetuellement, sans leur faire, mettre ou donner, ne souffrir estre fait, mis ou donné, ores ne pour le temps avenir, pour quelque cause ne en quelque manière que ce soit, aucun destourbier ou empeschement au contraire. Et afin que ce soit chose ferme et estable à tousjours, nous avons fait mettre nostre scel à cesdictes presentes. Sauf en autres choses nostre droit et l'autruy en toutes. Donné à Pluviers, ou moys de juing l'an de grace mil cccc. soixante huit, et de nostre règne le septiesme [1].

---

[1]. Ces lettres sont publiées dans le grand recueil des *Ordonnances des Rois de France*, in-fol., t. XVII, p. 97. La sécularisation de l'église et du chapitre de Luçon fut réglée par une bulle du pape Paul II, du 12 janvier 1469, et Louis XI la ratifia par d'autres lettres patentes, en date de Baugé, mai 1469, dont le texte est imprimé ci-dessous, n° MCCCCLIII.

Ainsi signé : Par le roy, J. Bourré. — Visa. Contentor. J. Du Ban.

MCCCCXLVI

Lettres d'abolition octroyées à Joachim de Velort, écuyer, seigneur de la Chapelle-Bellouin, Pierre Budet, Guy Scolin, Jean Delage, Gilles de Chezelles, Jean du Plessis-Saint-Martin et Jean Meneguy, pour leur participation à la Ligue du Bien public. (JJ. 194, n° 305, fol. 173.)

Juillet 1468.

Loys, etc. Savoir faisons, etc., nous avoir receue l'umble supplicacion de Joachim de Velourt [1], escuier, seigneur de

---

1. Joachim de Velort était fils de Renaud de Velort ou Velors, seigneur aussi de la Chapelle-Bellouin et de Meulles, et de Simone Tison. (Cf. notre t VIII, Arch. hist du Poitou, t. XXIX, p. 61, 62, 138.) Nous avons rencontré au cours de notre publication plusieurs autres membres de cette famille notable du Loudunais. Le Catalogue des Archives du baron de Joursanvault mentionne des lettres originales de Charles VII faisant remise à Joachim de Velort du droit de rachat de la seigneurie de Meulles, sans doute après la mort de son père ; il n'en indique pas la date, mais elles sont analysées dans un groupe d'actes compris entre les années 1452 à 1459. (In 8°, 1838, t. II, p. 78, n° 2551.) Après la rupture des conférences de Honfleur (octobre 1465) qui avaient pour but apparent de négocier la compensation qui pourrait être attribuée à Charles de France, frère du roi, en échange du duché de Normandie, celui-ci s'étant réconcilié avec François II, duc de Bretagne, passa avec ses conseillers et les officiers de sa maison dans les états de ce prince et s'établit à Vannes au château de l'Hermine (mars 1466). Olivier de la Marche nomme Joachim de Velort, sr de la Chapelle-Bellouin, parmi les principaux familiers de Charles, qui le suivirent en Bretagne ; les autres étaient Pierre de Beaujeu, Gilles de Chabannes, Guillaume de Haraucourt, évêque de Verdun, Pierre Doriole, Aubin sr de Malicorne. (Mémoires, édit. H. Beaune et J. d'Arbaumont, pour la Société de l'hist. de France, t. III, p. 34.) La date des lettres d'abolition publiées ici (juillet 1468) prouve que le sr de la Chapelle-Bellouin et les autres serviteurs de Charles qui y sont nommés, rentrèrent en grâce quelque temps avant leur maître ; car ce ne fut qu'après la ratification du traité d'Ancenis, qui eut lieu le 18 septembre 1468, que Louis XI se réconcilia avec son frère. (Dupuy, Hist. de la réunion de la Bretagne à la France, t. I, p. 214 et suiv.) Dans un acte du 18 juin 1470, imprimé ci-dessous (n° MCCCCLXXXIX), on voit que Joachim de Velort avait épousé Catherine de Lévis, veuve d'Antoine de Clermont, sr de Surgères. Elle était fille d'Antoine de Lévis, comte de Villers, vicomte de Lautrec, baron de la Roche et d'Annonay, et d'Isabelle de Chartres, sa première femme. Le sr de Surgères lui avait légué la terre et seigneurie de Demptézieu en Dauphiné, pour laquelle Joachim de Velort rendit hommage au roi, au nom de son épouse, le 17 février 1470 n. s. (Lettres enreg. à la Chambre des comptes de Grenoble, le 20 mars suivant.) On cite un autre acte d'hommage de cette terre en date du 18 juillet 1483,

la Chapelle Bellouyn, Pierre Budet[1], Guion Scolin[2], Jehan Delaige[3], Gilles de Chezelles[4], Jehan du Plaisis Saint Martin et Jehan Meneguy[5], contenant que ilz ont adheré avecques ceulx qui ont esmeu et suscité les divisions puis quatre ans survenues en nostre royaume, tenu la main et eulx emploié à icelles conduire et entretenir, et mesmement ledit de Velourt a esté ung de ceulx qui aida à induire nostre frère Charles de soy despartir d'avecques nous et de nostre obeissance, et qui le accompaigna et conduisy avecques autres, quant il s'en ala, et

---

rendu par Geoffroy de Velort, l'un des fils de Joachim et de Catherine, en son nom et au nom de ses frères. La terre de Demptézieu fut ensuite vendue, suivant acte du 26 mai 1484, par Artus de Velort, sr de la Chapelle-Bellouin, et ses frères cadets, à Barachin Alleman, sr de Rochechinard, pour le prix de 3.500 écus d'or. (Pilot de Thorey, *Catalogue des actes du dauphin Louis II*. Grenoble, 1899, 2 vol. in-8o, t. II, p. 154.) Un second Regnault ou Renaud de Velort, dont nous aurons à nous occuper ailleurs, qui vivait à cette époque, fut condamné à mort pour conspiration et exécuté à Paris le 20 novembre 1475, était apparemment un frère cadet de Joachim, seigneur de la Chapelle-Bellouin et de Meulles. Quant à ce dernier, il était décédé avant 1478, car, dans un acte de cette année, Catherine de Lévis est dite veuve.

1. Peut-être pour Boudet ; toujours est-il que l'on trouve un Pierre Boudet, de la Roche-sur-Yon, qui remplaça aux bans de 1491 et 1492, Jean Jay, empêché par maladie. (*Dict. des familles du Poitou*, nouv. édit., t. I, p. 661.)

2. Guy Scolin appartenait, comme les Velors, à une famille du Loudunais, dont la noblesse avait été reconnue par sentence des commissaires du roi sur le fait des francs-fiefs, le 20 octobre 1395. (*Arch. hist. du Poitou*, t. XXIV, p. 265 et suiv. ; cf. aussi, t. XXXII, p. 380.) Outre les personnages de ce nom mentionnés dans nos précédents volumes, on peut citer Artus Scolin, écuyer, sr de Launay, qui fut maréchal des logis de Louise de Savoie, maître d'hôtel du roi, capitaine de Melle, etc. (Voir *Catalogue des actes de François Ier*, in-4o, 1907, t. X, table.)

3. Ce personnage semble pouvoir être identifié avec Jean de l'Age, écuyer, seigneur de l'Age, de la Bretollière ou de la Berthollière, Vaucourt, etc., fils de Philippon de l'Age et de Jeanne de Coué, décédé un peu avant le 16 mars 1472, laissant deux enfants en bas âge, et dont la veuve Antoinette de Gondauville, se remaria à Jean de Rechignevoisin, écuyer, sr de Maisonneuve. (*Dict. des familles du Poitou*, nouv. édit., t. I, p. 17.)

4. La famille de Chezelles habitait les confins de la Touraine et du Poitou. Gilles, écuyer, seigneur de la Valinière (cne de Champigny-sur-Veude), était sans doute le fils cadet de Méry de Chezelles, sr de Nueil-sous-Faye, de la Noblaye, etc., et de Perrine de Chargé, dont le mariage avait eu lieu vers 1430. (*Id.*, t II, p. 460, 461.)

5. Par lettres de mai 1473, Jean Meneguy, le même très vraisemblablement, obtint rémission des peines encourues pour la part qu'il avait prise au meurtre de Jean de Peyré. (Ci-dessous, no MDXXIV.)

pour aider ausdites divisions, s'est trouvé à traicter, machiner et conspirer plusieurs choses contre nostre personne, en a dit plusieurs parolles mal sonnans, aussi s'est mis en armes et en guerre publicque contre nous, aidé à prindre places par force, tenu la main à en faire rendre d'autres par moiens illicites et fait plusieurs autres choses contre nous et la chose publicque de nostre roiaume, en commettant crime de leze magesté et plusieurs autres grans crimes et delitz, dont à present ilz sont fort desplaisans et ont bon vouloir et affection d'eulx maintenir et gouverner doresenavant comme bons et loyaulx subgietz doivent faire, et nous servir bien et loyaulment, sans varier, si nostre plaisir est leur pardonner, remettre et abolir lesdiz cas, crimes et delitz, et les reprendre en nostre bonne grace et leur impartir nostre misericorde sur ce ; laquelle ilz nous ont sur ce requise. Pour quoy nous, ces choses considerées, non voulans sur ce proceder par rigueur, ainsi que bonnement faire le pourrions, desirans de tout nostre cuer retraire à nous tous noz vassaulx et subgetz qui à l'occasion des dictes divisions se sont absentez de nostre dit royaume, ausdiz supplians, de nostre grace especial, plaine puissance et auctorité royal, avons abouly, quicté, remis et pardonné, abolissons, quictons, remettons et pardonnons tous lesdiz cas, crimes et delitz dessus diz et autres quelxconques qu'ilz pourroient avoir commis, tant de leze magesté contre nostre personne, nostre royaume ou autrement, en quelque manière que ce soit, avecques toutes peines, amendes et offences corporelles, criminelles et civilles, en quoy ilz pourroient estre encouruz envers nous et justice, jasoit ce que lesdiz cas ne soient cy autrement declairez, et lesquelz ne voulons qu'ilz soient tenuz de autrement les specifier et declairer. Et les avons restituez et restituons à leurs bonnes fames et renommées, au pays et à leurs biens non confisquez. Et sur ce imposons silence perpetuel à nostre procureur, present et avenir, et à tous autres. Si donnons en mandement, par ces mesmes presentes, à noz amez et feaulx conseillers les gens de nostre grant conseil, gens qui tiendront nostre Parlement, et à tous nos bailliz, seneschaulx, justiciers, officiers et subgietz ou à leurs lieuxtenans, presens et avenir, et à chacun d'eulx, si comme à luy appartiendra, que de nostre presente grace, abolicion, quictance, remission et pardon ilz facent, seuffrent et laissent lesdiz supplians joir et user plainement et paisiblement, sans leur faire, mettre ou donner, ne souffrir estre fait, mis ou donné aucun destourbier ou empeschement au contraire, ains, se leurs corps ou aucuns de leurs biens meubles et heritaiges sont ou estoient pour ce prins, saisiz, arrestez ou autrement empeschez, les leur mettent ou facent mettre incontinant et sans delay à plaine delivrance. Et afin que ce soit chose ferme et estable à tousjours, nous avons fait mettre nostre seel à ces dictes presentes. Sauf nostre droit [en autres choses] et l'ottruy en toutes. Donné à Meaulx, ou moys de juillet l'an de grace mil cccc. soixante huit, et de nostre règne le huitiesme.

Ainsi signé : Par le roy, monseigneur le duc de Bourbon [1], le viconté de la Bellière [2], maitre Pierre Do-

---

1. Jean II le Bon, duc de Bourbon et d'Auvergne. (Cf. ci-dessus, p. 55, note 1.)
2. Tanguy ou Tanneguy Du Chastel, vicomte de la Bellière, seigneur du Bois-Raoul, quatrième fils d'Olivier, seigneur du Chastel, et de Jeanne de Ploeuc, succéda à la faveur de son oncle, Tanneguy Du Chastel, grand maître de la maison du roi, prévôt de Paris, auprès du roi Charles VII, qui le créa son premier écuyer du corps et grand maître de son écurie. Après la mort de ce prince, il se retira en Bretagne, son pays, à la cour du duc François II, puis il rentra au service de Louis XI, le P. Anselme dit en 1472. On voit ici que c'est une erreur de date, puisqu'il siégeait au conseil du roi en juillet 1468. On sait d'ailleurs que dès cette même année il était gouverneur de Roussillon et de Cerdagne. On peut citer des lettres missives intéressantes que Louis XI lui adressa, du 30 avril au 15 mai 1472. relativement aux préparatifs militaires qu'il était alors chargé de faire en Poitou contre Charles duc de Guyenne, et que la mort de celui-ci, survenue quelques jours plus tard, rendirent inutiles. (J. Vaësen, *Lettres de Louis XI*, t. IV, p. 316-320, 322, 323.) Le roi lui fit don, par lettres patentes de février 1473 n. s., de la terre et seigneurie de Châtillon-sur-Indre. (Arch. nat., X¹ᵃ 8606, fol. 269.) Tanneguy fut blessé mortellement au siège de Bouchain, le 29 mai 1477.

riole ¹ et autres presens. B. Meurin. — Visa. Contentor. J. Duban.

MCCCCXLVII

Anoblissement de Nicolas Papion, de Chantonnay. (JJ. 194, n° 284, fol. 161.)

25 juillet 1468.

Ludovicus, Dei gracia Francorum rex. Ad perpetuam rei memoriam. Decens et juri consonum arbitramur illos nobilitatibus et aliis prerogativis muniri, quos probos et fideles ac vita laudabili, morum honestate aliisque virtutum insigniis [decoratos] adinvenit regia magestas. Sane, licet dilectus noster Nicolaus Papion ², habitator parrochie de Chantonnay, in patria nostra Pictavie, libere condicionis et ex legitimo matrimonio procreatus, e nobilibus parentibus non traxerit vel sumpserit originem, verumptamen vita laudabilis, morum honestas, vera erga nos etiam ipsius fidelitas et alii virtutes quibus persona ejus insinitur, merito nos inducunt ut erga eum ad graciam reddamur liberales. Notum igitur facimus universis, presentibus et futuris, quod premissorum consideracione, eundem Nicolaum Papion et ejus posteritatem et prolem masculinam

---

1. Pierre Doriole, sr de Loiré en Aunis, originaire de la Rochelle, dont il fut maire, était général des finances et conseiller maître de la Chambre des comptes, quand il fut nommé chancelier de France, par lettres du 26 juin 1472. Destitué en mai 1483, mais élevé peu de temps après à la charge de premier président de la Chambre des comptes, il mourut le 14 septembre 1485. On peut s'étonner de voir son nom parmi les membres du Conseil royal présents à la séance où fut décidée l'abolition de Joachim de Velort et autres, puisque lui-même avait accompagné le frère de Louis XI en Bretagne. (Cf. ci-dessus, p. 121, note.) Si Olivier de la Marche ne s'est point trompé, il faut supposer que Pierre Doriole avait fait sa soumission au roi antérieurement et abandonné le service de Charles duc de Berry, plusieurs mois avant la réconciliation de ce prince avec le roi.

2. Colas Papion, le même très probablement, est nommé parmi les brigandiniers du Bas-Poitou, de la compagnie du sr de Laigle, lors de la convocation de l'arrière-ban du Poitou, au mois d'octobre 1467. (*Roolles des bans et arrière-bans de la province de Poictou, Xaintonge et Angoumois.* Poictiers, 1667, in-4°, Réimpr. à Nantes, 1883, in-4°, p. 9.) Il existe encore en Poitou une famille Papion du Château qui pourrait descendre de Nicolas Papion.

et femininam, in legitimo matrimonio procreatam et procreandam, et eorum quemlibet, de nostre regie potestatis plenitudine et speciali gracia nobilitavimus et nobilitamus per presentes, nobilesque facimus et habilles reddimus ad omnia et singula quibus ceteri nobiles regni nostri utuntur ac uti possunt et consueverunt, ita quod ipse Nicolaus ejusque proles et posteritas masculina, in legitimo matrimonio procreata et procreanda, a quocumque milite voluerint cingulo milicie valeant decorari. Concedentes eidem Nicolao universeque posteritati sue et proli, ex legitimo matrimonio procreate et procreande, quod ipsi in judicio et extra pro nobilibus et ut nobiles ab omnibus de cetero teneantur et imperpetuum pociantur et utantur quibuscumque nobilitatibus, privilegiis prerogativis, franchisiis, honoribus, libertatibus et juribus universis et singulis quibus ceteri nobiles dicti nostri regni gaudere possunt et utuntur, pacifice, libere et quiete, et quod ipse et ejus posteritas et proles, de legitimo matrimonio procreata et procreanda, feuda, retrofeuda nobilia aliasque possessiones nobiles, quecumque sint et quacumque prefulgeant auctoritate, acquirere possint acquisitaque et jam habita per eum ejusque posteritatem et prolem, ac in futurum acquirenda et habenda, perpetuo habere, tenere et possidere licite valeant atque possint, ac si fuissent vel essent ab antiquo originaliter nobiles et à personis nobilibus ex utroque latere procreati, absque eo quod ea vel eas aut aliqua earum in parte vel in toto vendere seu extra manum eorum ponere, nunc vel quomodolibet in futurum, cogantur ; nec propter hoc aliquam financiam nobis nec successoribus nostris solvere teneantur. Et quam quidem financiam, quecumque sit, nos, intuitu serviciorum per ipsum Nicolaum Papion nostris in guerris et alias multimode impensorum, et que de die in diem impendere non desinit, speramusque quod adhuc faciet in futurum, eidem Nicolao dedimus, quictavimus, damusque et quictamus, de nostra ampliori gracia, per presentes, manu nostra signatas. Quocirca dilectis et fidelibus gentibus compotorum nostrorum et thesaurariis, senescallo Pictavensi ceterisque justiciariis nostris, aut eorum loca tenentibus, presentibus et futuris, et eorum cuilibet, prout ad eum pertinuerit, tenore presentium damus in mandatis quatinus prefatum Nicolaum Papion et ejus posteritatem et prolem, de legitimo matrimonio procreatam et procreandam, nostris presentibus nobilitacione, dono, quietacione et gracia uti et gaudere plenariè, pacifice faciant et permittant, omni impedimento cessante penitus et amoto, ordinacionibus, statutis et editis in contrarium factis vel fiendis, nonobstantibus quibuscumque. Quod ut firmum et stabile permaneat in futurum, nostrum presentibus fecimus apponi sigillum in absencia magni ordinatum. Nostro in ceteris et quolibet alieno jure semper salvo in omnibus. Datum Compendii, vicesima quinta die mensis julii anno Domini millesimo quadringentesimo sexagesimo octavo, et regni nostri octavo.

Sics ignatum : Loys. — Per regem, Tanguido de Castro, magistro Petro Doriole [1] et aliis presentibus. De La Loère.

MCCCCXLVIII

Rémission en faveur de Jean Du Bouchet, demeurant au Bouchet, détenu dans les prisons de Montreuil-Bonnin, sous l'accusation d'avoir causé la mort de Jean Morrigeau, qu'il avait surpris, ainsi que ses deux frères, en train de charger, pour l'emmener chez eux, du bois qui lui appartenait à lui et à Jean Amyot, meunier du Bouchet, ce qui avait amené entre eux une rixe violente et un échange de voies de fait. (JJ. 195, n° 173, fol. 49.)

Septembre 1468.

Loys, par la grace de Dieu roy de France. Savoir faisons, etc., nous avoir receu l'umble supplicacion des

---

1. Sur Tanneguy Du Chastel et Pierre Doriole, cf. ci-dessus, p. 124, note 2, et p. 125, note 3.

parens et amis charnelz de Jehan Du Bouchet, aagé de
xl. ans ou environ, chargé de femme et de six petis
enfans, contenant qu'il est demourant au lieu du Bouschet
près le molin du Bouschet, mouvant de l'abbaye des Chasteliers, auquel moulin demeure ung nommé Jehan Amyot
musnier, lequel Amyot depuis aucun temps ença se complaigny audit du Bouschet, en luy disant que en la rivière
de Boyvre, sur laquelle est assis ledit molin, au dessus et
au dessoubz d'icelluy avoit plusieurs arbres cheuz en ladicte
rivière, qui empeschoient le cours d'icelle, par quoy ledit
moulin ne mouloit pas si bien ; et à ceste cause lesdiz
Amyot et Du Bouschet entreprindrent de curer ladicte
rivière ; laquelle chose ilz firent et en tirèrent grant
quantité de boys, et icelluy boys misdrent tout abilleté et
prest à charrier, en ung pré appellé le Pré Rond ; et combien
que, veu ce que dit est, il ne fust loysible à aucun prendre
ledit bois, fors seulement à luy et audit Amyot, ce non
obstant ung nommé Symon Morrigeau, qui est fort envieux,
par ung jour de mercredy xviie jour d'aoust derrenier
passé, s'est transporté, ayant ses beufz et charrete audit
pré et, sans aucun droit ou cause, print à charger ledit
boys et mettre en sadicte charrete, dont ledit du Bouschet
estant en sa maison fut desplaisant, pour ce que ledit boys
luy appartennoit en partie, et print une fourche de fer en
sa main et s'en ala audit molin, pour savoir audit Amyot
s'il avoit commandé en mener ledit boys, qui lui dist que
non. Et incontinent ledit Du Bouschet s'en ala audit pré
et trouva ledit Morrigeau, auquel il demanda qui luy avoit
commandé de prendre ledit boys ; lequel respondy que ce
avoit esté Pierre et Jehan Morrigeaux, ses frères. Et lors
ledit Du Bouschet luy dit qu'il ne l'en menrroit point et
qu'il estoit à luy et audit Amyot, et qu'il le deschargast, ou
se non il coupperoit sa charrete ; et de fait, pour ce qu'il
ne deschargoit point, d'une sarpe qu'il avoit, frapa deux
ou troys coups sur les rays de ladicte charrete. Et lors ledit

Symon dist qu'il aymoit mieulx descharger et se print à descharger ; et en ce faisant survindrent lesdiz Pierre et Jehan Morrigeaux, frères, et mesmement ledit Jehan qui arriva le premier et dist audit Symon qu'il ne deschargeast point, et par ce moyen cessa ledit Symon de descharger. Et lors ledit Du Bouschet monta en la charrete et se print à descharger ledit boys ; et ledit Jehan Morrigeau print l'aguillée de laquelle ledit Symon touchoit les beufz et en frapa plusieurs cops ledit Du Bouschet en plusieurs parties de son corps, tellement qu'il rompit ladicte aguillée en deux pièces, et convint audit Du Bouschet descendre de ladicte charrete ; et incontinent qu'il fut descendu, ayant sa fourche de fer, ala audit Jehan Morrigeau et print par ung bout l'une des parties de ladicte aguillée que ledit Jehan Morrigeau tenoit, et semblablement icelluy Morrigeau se print à la fourche dudit Du Bouschet et tirèrent l'un contre l'autre tellement que ledit Du Bouschet osta l'aguillée dudit Morrigeau et ledit Morrigeau osta audit De Bouschet ladicte fourche. Et lors ledit Du Bouschet frapa de ladicte aguillée ledit Jehan Morrigeau sur la teste ung cop seulement ; après lequel cop ledit Pierre Morrigeau qui avoit ung pau de charrete en sa main, frapa dudit pau ledit Du Bouschet plusieurs cops en diverses parties de son corps, et mesmement sur la teste et luy persa la maschoère et navra tout le visaige, tellement qu'il chey à terre comme mort et demoura en cest estat en la place. Et lors lesdiz Pierre, Jehan et Symon Morrigeaux s'en alèrent et en menèrent ledit boys, et convint que ledit Du Bouschet fust d'ilec emporté. Et quand lesdiz Morrigeaux furent en leur maison, ledit Jehan Morrigeau, qui est maladif de la maladie dont l'en chiet, dist qu'il estoit malade et requist que on envoyast querir le prebstre, et depuis, tantost après, icelluy jour ledit Jehan ainsi malade et detenu dudit mal, comme dit est, ala de vie à trespas. Pour occasion duquel cas, ledit suppliant, ainsi malade que dit est, a esté prins et constitué prisonnier par les gens de la justice du seigneur de Monstereul Bonin [1] et est illec detenu en grant povreté et misère, en voye de y finer miserablement ses jours, se noz grace, etc. ; requerant, etc. Pourquoy, etc., audit suppliant avons quicté, etc. Si donnons en mandement au seneschal de Poictou, etc. Donné à Paris, ou moys de septembre l'an de grace mil cccc. soixante huit, et de nostre règne le viiime.

Signé : Par le roy, à la relacion du Conseil. De Wignacourt. — Contentor. Valengelier.

MCCCCXLIX

Rémission octroyée à Laurent Maistre, laboureur, demeurant au village de Vieilleville en Poitou, coupable de fratricide ; dans une querelle avec Gillet, son frère, celui-ci l'ayant grossièrement injurié, il l'avait frappé mortellement. (JJ. 197, n° 21, fol. 12.)

Décembre 1468 (vers le 8.)

Loys, par la grace de Dieu roy de France. Savoir faisons, etc. nous avoir receue l'umble supplicacion de Laurens Maistre, laboureur, demourant ou village de Vieilleville ou pays de Poictou, [natif] de Cunay [2] près Ruffec, chargé de femme et d'enffans, contenant que, le jeudi d'après la feste de Toussains darrenière passée, après ce que ledit suppliant, Jehan et feu Gillet Maistres, ses frères, eurent disné et prins

---

1. Jacques Vernon, chevalier, chambellan du roi, fils de Laurent et de Christine Goupille, était alors seigneur de Montreuil-Bonnin, depuis une vingtaine d'années. Il avait épousé Pernelle, fille de Jean, dit Maubruny, de Liniers, seigneur d'Airvault, dont il eut cinq fils et deux filles, et vivait encore le 17 septembre 1485, date d'un arrêt du Parlement, lui ordonnant de délivrer à l'abbé et aux religieux du Pin le bois que le roi avait mis à leur disposition dans la forêt de Montbeil, pour la réédification, de leur abbaye. (Arch. nat., X1a 1492, fol. 291 v°). Les registres de la cour sont d'ailleurs remplis de ses procès, dont plusieurs ont été mentionnés dans nos précédents volumes.

2. Paléographiquement on ne peut lire que Cunay ou Cimay. Doit-on supposer que c'est une mauvaise lecture pour Civray ?

leur reffection corporelle ensemble en leur hostel ou quel ilz demeurent, deliberèrent entre eulx d'aler besongner en leurs affaires, et en icelle entencion se partirent de leur hostel, sans avoir noise ne rencune l'un avec l'autre. Et quant ilz furent yssuz dudit hostel, ledit Laurens suppliant, qui yssit le premier, commença à dire audit feu Gillet, son frère, qu'il sortist dudit hostel après lui et qu'il estoit bien mary de ce qu'on avoit gecté du fumier devant la porte où estoient couchez leurs beufz. Et lors ledit Gilet respondit bien arrogamment audit suppliant, son frère, que de par tous les diables il alast hoster ledit fumier. Et ledit suppliant lui respondit gracieusement qu'il ne failloit pas qu'il sonnast mot. Et lors ledit feu Gilet appella ledit suppliant « ort villain galeux », en lui disant plusieurs autres injures, et qu'il avoit eu l'argent de feu Laurens Chaillot. Et adonc ledit suppliant qui fut fort desplaisant desdictes parolles et injures, des quelles il estoit ignocent, fut fort esmeu de ce et print une pierre en son poing et icelle apporta jusques à l'encontre du visage dudit feu Gilet. Lequel Gillet lui dist qu'il ne le frapast point, et à ces parolles ledit Laurens supliant laissa ladite pierre ; ledit Gillet commança de rechief à dire audit suppliant : « Ort villain pourry, tu ne vaulx riens » ; et à ces parolles ledit suppliant print ung pau en son poing et en disant audit Gillet : « Tu me deshonores », le frappa dudit pau deux ou troys coups sur les espaules tellement qu'il cheut à terre ; et lors ledit Laurens suppliant laissa ledit pau et incontinent qu'il l'eut laissié, ledit Gillet qui estoit cheut à terre, comme dit est, commança encores derechief à appeller ledit suppliant « villain pourry, trestre, larron » et plusieurs autres injures. Lequel Laurens, esmeu et desplaisant de ce que ledit Gillet ne vouloit cesser de l'injurier, retourna audit Gillet et le print par la gorge, en lui disant ces parolles ou semblables ; « Paillart, ne cesseras tu meshuy de me deshonnourer ? » [Lors Alamente, femme dudit Gillet [1]), qui vit ledit suppliant qui tenoit encores ledit Gillet, son mary par la gorge, arriva illec et dist audit Laurens suppliant, en le prenant par sa robe : « Laisse le ester », et à ceste heure ledit suppliant le cuida [fraper] du pié par l'espaule, et l'ategnit du bout d'un sollier de boys qu'il avoit chaussié par mi la temple, tellement qu'il esvanouyt ; et à ceste heure ledit suppliant s'escria et en fut bien courroucé. Auquel cry ledit Jehan Maistre, qui lors remoit une charrete, veant ledit Gillet estre ainsi bastu et esvanouy dudit cop, arriva [2] hastivement vers eulx et print ledit Laurens suppliant par la gorge, en lui disant : « Paillart, tu nous as deshonourez. » Et incontinant ledit suppliant, qui fut fort desplaisant de ce qu'il avoit ainsi blecé ledit Gillet, son frère, commança à pleurer, et dist audit Jehan Maistre et Alamente, femme dudit Gillet, qu'il convint mener chauffer ledit Gillet au long du feu et que pour Dieu ilz le levassent ; ce que firent lesdiz Jehan et ladite femme dudit Gillet, tellement que le landemain après, ledit Gillet se leva et cuidoit on qu'il fut presque garry tout le long du jour qui fut le venredi et jusques au samedi devers le matin, que ledit Gillet perdit la parrolle et recheut malade ; de laquelle maladie et coups à lui ainsi donnez, ledit Gillet est allé de vie à trespassement. Pour occasion duquel cas ledit suppliant, doubtant rigueur de justice, est absent du pays et n'y oseroit jamays retourner, converser ne demourer, se noz grace et misericorde ne lui estoient sur ce imparties, en nous humblement requerant que, attendu qu'il a tousjours esté de bonne vie et honneste conversacion, sans jamais avoir esté actaint, etc., il nous plaise, etc. Pourquoy, etc., voulons, etc., audit suppliant, en l'onneur de la con-

---

1. Le texte comporte ici plus de la moitié d'une ligne de blanc. Les mots entre crochets sont suppléés pour compléter le sens de la phrase.
2. Sur le registre on lit « envoya », au lieu de « arriva ».

— 133 —

ception Nostre Dame [1], et aussi en faveur et contemplacion de sadicte femme et enffans, avons oudit cas quicté, remis et pardonné et par la teneur de ces presentes, quictons, remettons et pardonnons, etc., avec toute peine, amende et offense corporelle, criminelle et civile, etc., satisfacion faicte à partie civillement tant seulement, se faicte n'est. Et sur ce imposons silence, etc. Si donnons en mandement, par ces presentes, au seneschal de Poictou ou à son lieutenant et à tous noz autres justiciers, etc., que de noz presens grace, quictance, remission et pardon ilz facent, seuffrent et laissent ledit Laurens Maistre, suppliant, joir et user, etc. Donné à Baugency, ou moys de decembre [l'an de grace] mil cccc. soixante huit, et de nostre règne le huitiesme.

Ainsi signé : Par le roy, le gouverneur de Roussillon [2], le sire de Chastillon [3] et autres presens. J. de Moulins. — Visa. Contentor. J. d'Orchère.

MCCCCL

Rémission octroyée à Pierre Gain, archer, et à Notinet Couppé, coutillier de la compagnie d'ordonnance du sire de Crussol, sénéchal de Poitou, prisonniers à Poitiers pour meurtre. A leur retour de Guyenne, ayant été logés à Vouneuil-sous-Biard, ils avaient pris part avec un de leurs compagnons, depuis exécuté par justice, à une rixe,

---

1. Dont la fête se célèbre le 8 décembre.
2. Tanneguy du Châtel, vicomte de la Bellière (ci-dessus p. 124 note). Même lorsqu'il eut été remplacé dans le gouvernement du Roussillon par Antoine de Châteauneuf, s' du Lau, rentré en grâce auprès du roi (22 déc. 1471), le vicomte de la Bellière continua dans les actes publics à porter cette qualification, comme le fait remarquer M. J. Vaësen. (*Lettres de Louis XI*, t. IV, p. 74.)
3. Fils puîné de Jean de Montfort, dit Guy XIII, comte de Laval et d'Anne dame de Laval, Louis de Laval, seigneur de Châtillon, fut successivement gouverneur de Dauphiné, de Gênes, de Paris, de Champagne et de Brie. Louis XI, par lettres du 18 mai 1466, l'avait institué grand maître enquêteur et général réformateur des Eaux et forêts de France. Il mourut sans postérité, le 21 août 1489. (Le P. Anselme, *Hist. généal.*, t. VII, p. 73, et t. VIII, p. 898.)

dans laquelle Guillemin Girard, franc-archer de Vouneuil, et son père, avaient trouvé la mort. (JJ. 195, n° 185, fol. 53.)

Décembre 1468.

Loys, par la grace de Dieu roy de France. Savoir faisons, etc., nous avoir receu l'umble supplicacion de Pierre Gain, archier, et Notinet Couppé [1], coustillier de la charge et compaignie de nostre amé et feal chevalier, conseiller et chambellan le sire de Crussol, seneschal de Poictou, prisonniers detenus en noz prisons de Poictiers, contenant que, le VIII° jour de ce present moys de decembre, ainsi que lesdiz supplians et feu Raymonnet Darmation, et deux femmes de chemin en leur compaignie, s'en retournoient du païs de Guienne, ainsi comme les autres, pour eulx en venir au logiz et garnison à eulx establiz par ledit seneschal, ilz arrivèrent au lieu de Voneul soubz Biart, auquel ilz se logèrent, ilz et leurs chevaulx ; et pour ce que au soir bien tart et après soupper, les diz supplians et ceulx de leur dicte compaignie ne povoient bonnement tous coucher en la maison où estoient leurs diz chevaulx, ledit feu Raymonnet se transporta, en ladicte heure, en l'ostel de feuz Guillaume Girart et Guillemin Girart, en son vivant franc archier, son filz, ausquelz père et filz, et autres dudit hostel, ledit Raymonnet en soy seant sur le banc dudit hostel, dist que on luy feist ung lit pour coucher et passer la nuit. A quoy luy fut respondu par ung jeune garson de leans que on ne luy en feroit point. Lequel Raymonnet, desplaisant de ladicte response, dist audit garson telles parolles : « Laisse parler ton père qui est plus saige que toy » ; et ainsi seant sur ledit banc, donna audit garson ung petit cop par la jambe du manche d'un vouge, sans luy faire

---

1. Les noms de « Pierre Gayn et Notinet Coppé » se retrouvent, l'un suivant l'autre, parmi les archers de la compagnie d'ordonnance de Louis de Crussol, sénéchal de Poitou, sur le rôle dressé à l'occasion de la montre qui en fut passée à Poitiers, le 5 mai 1470. (*Arch. hist. du Poitou*, t. II, p. 308.)

playe ne sang. Après lequel cop, les diz père et filz et ung nommé Mathé, gendre dudit Guillaume Girart, et autres dudit hostel, eulx cuidans venger, prindrent, c'est assavoir ledit Guillaume ung gros baston et ledit Guillemin son espée, en courant sus audit feu Raymonnet, et luy cuidèrent donner plusieurs cops. Et lors ledit Raymonnet, ce voyant, issit hors dudit hostel et pour fouyr debat, s'en vouloit aler à sondit logiz. Et lors ledit Pierre, suppliant, qui avoit oy ledit debat, print son espée et s'en issit dudit logiz et rencontra ledit feu Raymonnet qui lui demande : « Où allez vous ? », et ledit Pierre luy enquist : « Quel debat avez vous ? » et ledit Raymonnet luy dist : « Ce n'est riens ; alons nous en nostre logiz. » Et adonc ledit Pierre, suppliant, dist qu'il aloit parler ausdiz Girars, ausquelz il dist telles parolles : « Alez vous en voz maisons, car il n'est nul besoing de faire debat meshuy. » Après lesquelles parolles, vint l'un d'iceulx Girars, qui d'un levier donna audit Pierre suppliant ung cop tellement qu'il le fit tumber à genoulx ; et lors icelluy Pierre dist : « Vous avez tort de me fraper, car je ne vous demande riens, et vous en feray venir devant monsieur de Poictiers, car je suis clerc. » Et incontinent ledit Girart franc archier, irrité de ce que dit est, vint à l'encontre dudit Pierre et de sadicte espée luy donna ung cop sur la main et le blessa au polce, et le luy eust couppé, s'il n'eust retenu ledit cop. Ce que oy par ledit feu Raymonnet, retourna vers ledit Pierre pour le secourir tenant et portant sondit vouge, et pareillement issi ledit Notinet en pourpoint et print sa dague en sa main, et vint audit debat, et d'icelle frapa ung d'iceulx Girars, ne scet lequel, ung cop, et ledit feu Raymonnet à l'arrivée de sondit retour rencontra ledit feu Guillemin, franc archier qui luy gecta une pierre, cuidant l'en fraper par la teste ; et aussi le cuida fraper de ladicte espée. Et à ceste cause ledit Raymonnet, en soy defendant, donna audit Guillemin ung cop de la hampe dudit vouge par l'estomac, et lesdiz supplians se combatoient toujours ce pendent avecques lesdiz Guillaume, Mathé et autres gens dudit hostel, tellement que audit debat ledit Pierre, suppliant, donna ung cop sur le bras dudit Guillaume, tellement que sondit baston luy cheut hors des mains et qu'il eut le bras presque couppé, et semblablement fut blecé ledit Mathé en la teste en deux ou troys lieux ; et ledit feu Raymonnet, en poursuivant toujours ledit feu Guillemin, franc archier, luy donna aussi deux ou troys cops de l'estoc dudit vouge en aucunes parties de son corps. A cause desquelz cops, iceulx Girars puis naguières sont alez de vie à trespas. Pour occasion desquelz cas, les diz supplians et Raymonnet furent constituez prisonniers en noz prisons dudit Poictiers, où iceulx supplians sont encores de present ; et depuis a esté ledit feu Raymonnet à ceste cause exequté par justice. Et dobtent lesdiz supplians estre en voye d'y finer miserablement leurs jours, etc., requerans, etc. Pour quoy, etc., ausdiz supplians avons quicté, etc. Si donnons en mandement au seneschal de Poictou, etc. Donné à Loches, ou moys de decembre l'an de grace mil cccc. soixante huit, et de nostre règne le VIIIme.

Signé : Par le roy, les sires de Chastillon [1] et de Fontaines [2], et autres presens. De Moulins.

MCCCCLI

Rémission donnée en faveur de Guillaume Saucet, boucher à Hérisson, qui, étant ivre, avait tué, d'un coup de javeline, Gervais Mainot, serviteur d'un gentilhomme nommé François Gomart, lequel Gervais,

---

1. Louis de Laval, seigneur de Châtillon. (Cf. ci-dessus, p. 133, note.)
2. Il s'agit peut être de Louis de Montbron, seigneur de Fontaines et de Chalandray, troisième fils de François, baron de Montbron et de Maulévrier, et de Louise de Clermont. Lesdites seigneuries lui avaient été données par son père avec la capitainerie de Montbron, ce qui fut confirmé par le partage qu'il fit avec ses frères, le 28 novembre 1468. Son décès arriva entre 1499 et le 19 mai 1502. (Le P. Anselme, *Hist. généal.*, t. VII, p. 23.)

d'ailleurs, étant venu à Hérisson pour préparer les logis de la compagnie de son maître, avait dépouillé brutalement une pauvre femme d'une charge de paille, ce qui avait excité l'indignation dudit Saucet. (JJ. 197, n° 10, fol. 6.)

Janvier 1469.

Loys, par la grace de Dieu roy de France. Savoir faisons, etc. nous avoir receue l'umble supplicacion de Guillaume Saucet, povre boucher, demourant à Heriçon en Poictou, contenant que, le quatorziesme jour de novembre dernier passé, ung nommé Gervois Mennot, acompagné de deux hommes en habillement de guerre, vindrent audit lieu de Heriçon, environ soulail couchant, pour prendre les logeis de leurs maistres ou autrement, et se disoit ledit Mainot estre serviteur d'ung gentilhomme nommé François Gomart [1]. Et tantost après que ledit Mainot fut arrivé audit lieu de Heriçon, il trouva une femme qui portoit ung faiz de paille, laquelle paille icelui Mennot osta à ladite femme par force et la porta en l'ostel d'un nommé Festicier où il se vouloit loger, jaçoit ce que ladite femme le debatoit à tout son povoir, sur lequel debat survint ledit Guillaume Saulcet, suppliant, qui print parolles avec ledit Mannot pour ladite paille ; et après plusieurs parolles eues entre eulx, icelui Saulcet se empara d'une javeline qu'il trouva contre la maison d'un nommé Jehan Germain et ladite javeline print en sa main et vint parler à ung de ceux qui estoient venuz avec ledit Mainot et lui dit : « Que allègues tu ? » ou parolles semblables. Et ce fait, ledit suppliant, qui estoit yvre et embeu, se transporta par devers

---

1. On trouve, vers la même époque, un Foucaut Gommart, chevalier, sr d'Echillais en Saintonge, qui, ayant frappé mortellement, avec son valet nommé Capitaine, un de ses sujets de ladite seigneurie d'Echillais, obtint des lettres de rémission, datées de Bourges, au mois de mai 1455. (JJ. 191, n° 171, fol. 90 v°). Un Jean Gomart, écuyer, était poursuivi au criminel, quelques années plus tard, par le prieur et les religieux de Tusson, de l'ordre de Fontevrault. (Actes des 13 juillet 1459, 10 et 29 décembre 1461. (Arch. nat., X¹ 29, fol. 73, et X²ᵃ 30, fol. 96, 97 v°).

ledit Mainot qui vouloit monter à cheval, et après qu'il fut monté et qu'il s'en aloit, icelui suppliant frappa ledit Mannot du bout de sa javeline par derrière, en lui disant : « Tue ! avant ! » et le bleça ou cousté, au moien de quoy, au bout de deux ou trois jours après, cheut malade au lit et y a demouré l'espace de III. sepmaines et jusques au cinquiesme jour de decembre, qu'il est allé de vie à trespas. A l'occasion duquel cas, le dit suppliant, doubtant rigueur de justice, s'est absenté du pays, et n'y oseroit jamaiz seurement retourner, se nostre grace ne lui estoit sur ce impartie, en nous humblement requerant que, attendu que en tous ses faiz il a tousjours esté de bonne vie, renommée et honneste conversacion, etc., il nous plaise sur ce lui impartir nostre grace. Pourquoy, etc., voulans, etc. audit suppliant, de nostre grace especial, plaine puissance et auctorité royal, avons quicté, remis et pardonné, quictons, remettons et pardonnons le fait et cas dessus dit, avec toute peine, amende et offence corporelle, criminelle et civille en quoy, à ceste cause, il pourroit estre encouru envers nous et justice, et l'avons restitué, etc., satisfacion faicte à partie civillement tant seulement, si faicte n'est, etc. Si donnons en mandement, par ces mesmes presentes, au seneschal du Poictou et à tous noz autres justiciers, etc. que de nostre presente grace, etc. Donné aux Montilz lès Tours, ou moys de janvier l'an de grace mil CCCC. soixante huit, et de nostre règne le huictiesme.

Ainsi signé : Par le roy. B. Meurin. — Visa. Contentor. J. Duban.

MCCCCLII

Janvier 1469.

Rémission accordée à Pierre Denyas et à ses deux enfants, portant l'un et l'autre le prénom de Jean, « pouvres gens de labour, demourans en la paroisse de Merignac ou diocèse de Saintes, chargez de fames et d'enffens », coupables du meurtre d'un nommé Combret, à la suite d'une dispute qu'ils eurent ensemble au sujet du partage d'une pièce de terre, « au bout de laquelle avoit ung demy quart de terre ou environ, lequel lesdiz Denyas avoient prins du seigneur de Mareul [1], et l'avoient desarté, defrisché et mis en labour... Si donnons en mandement au seneschal de Poictou, ou à son lieutenant à son siège de Nyort [2], et à tous, etc. Donné à Tours, ou moys de janvier l'an de grace mil cccc. soixante huit, et de nostre règne le huitiesme ». (JJ. 197, n° 12, fol. 7 v°).

MCCCCLIII

Création de quatre foires par an et d'un marché chaque semaine à Saint-Maixent, en faveur de Charles comte du Maine, seigneur du lieu. (JJ. 197, n° 84, fol. 51).

Février 1469.

Loys, etc. Savoir faisons, etc., nous avoir receue l'umble supplicacion de nostre très chier et très amé oncle, le conte du Maine, seigneur de Saint Mexant, contenant qu'il est seigneur baron des ville, chastel et seigneurie de Saint Mexant [3], où il y a chastellenie, justice et jurisdicion haulte, moienne et basse, avec les droiz qui en deppendent et peuvent deppendre, icelle terre et seigneurie tenue de nous à cause de nostre conté de Poictou, et laquelle

---

1. Guy, s^r de Mareuil et de Saint-Christophe, de Villebois en Angoumois, de Dompierre et de Louayres, écuyer, conseiller du comte d'Angoulême, avait épousé Philippe de Paviel et vivait encore le 23 juin 1484. (Voir Bibl. nat., Pièces orig., vol. 1849, dossier Mareuil). Au sujet des terres données à défricher par le s^r de Mareuil et autres seigneurs de Saintonge, d'Angoumois et de Poitou, cf. le vol. précédent, *Introd.*, p. xii et suiv., 465 note.
2. Nous ne mentionnons cet acte qu'à cause de son adresse au lieutenant du sénéchal de Poitou à Niort. Mérignac, où demeuraient la famille Denyas et sa victime aussi, ce semble, n'était point du ressort de la sénéchaussée de Poitou, et l'on ne voit pas bien pourquoi la mission d'exécuter les lettres de rémission est confiée au sénéchal ou à son lieutenant à Niort, et non au sénéchal de Saintonge. On ne peut que constater le fait.
3. Charles vii avait fait don, par lettres datées de Montauban au mois de février 1443 n. s., à Charles d'Anjou, comte du Maine et depuis vicomte de Châtellerault, des châteaux, villes, terres et seigneuries de Saint-Maixent, Melle, Civray, Chizé et Sainte-Néomaye. (Texte imprimé dans notre huitième volume, *Arch. hist. du Poitou*, t. XXIX, p. 146 et suiv., avec une notice sur Charles comte du Maine).

terre et seigneurie nous doit appartenir et escheoir après
le trespas de nostre dit oncle, en deffault de hoir masle,
son heritier. Et pour ce que audit lieu de Saint Mexant
nostre dit oncle n'a aucunes foires ou marchez, qui soient
et pourroient estre à nous et à lui de grant prouffit et revenue, au moien que dessus, ainsi qu'il a esté adverti, et que
l'abbé dudit Saint Mexant [1] en y a aucuns qu'il y fait tenir
par octroy de noz predecesseurs, nostre dit oncle, pour
l'augmentacion de sadite seigneurïe et pour nostre proffit
et utilité, a entencion d'y faire tenir et avoir trois ou quatre
foires l'an et ung marché la semaine à certains jours, que
lui et ceux de ladite ville ou partie d'iceulx ont advisé pour
le bien de ladite ville et seigneurie, c'est assavoir l'une des
dites foires le premier jour de may, jour de la feste saint
Jacques et saint Philippes, la segonde le treziesme jour
d'aoust, jour et feste sainte Ragonde, la tierce le sixiesme
jour de decembre, jour et feste saint Nicolas, et la quatriesme le premier lundi de caresme, et ledit marché
chacun jour de samedi en chacune sepmaine, pour icelles
foires et marchez estre tenuz aus diz jours, en la halle ou
place estant devant l'ostel appelé l'ostel de la Court du Roy
audit lieu de Saint Mexent ; mais il ne le pourroit faire
sans avoir sur ce congié, licence et octroy de nous,
requerant humblement iceulx. Pour quoy nous, attendu
ce que dit est et mesmement que les dites foires et marchez sont pour le bien, proffit et utilité de nous, comme
dit est, de nostre dit oncle et des habitans en icelle ville,

---

1. L'abbé de Saint-Maixent était alors Jacques Chevalier (1461-1475).
D'après un mémoire sur les droits de baronnie et de haute justice de
l'abbaye de Saint-Maixent, rédigé vers l'an 1440, les foires et marchés
de l'abbaye remontaient à une très haute antiquité. Pepin 1er, roi d'A-
quitaine (814-838), fils de Louis le Débonnaire, en confirmant les privilèges accordés au monastère par ses prédécesseurs, « desclaira les foyres
et marchés de Sainct Maixent, estans en leur ville de Sainct Maixent,
estre et appartenir ausdits religieux. » (A. Richard, *Chartes et documents
pour servir à l'hist. de l'abbaye de Saint-Maixent*. In-8º, t. II, 1886, Arch.
hist. du Poitou, t. XVIII, p. 458.)

et aussi que ausdiz jours n'a autres foires ou marchez en ladite ville ne aux environs, à trois ou quatre lieues, où elles puissent prejudicier à nostre dit oncle, qui sur ce nous a requis, avons, pour ces causes et consideracions et autres à ce nous mouvans, de nostre grace especial, plaine puissance et auctorité royal, octroié et octroions les dites foires et marchié [1], et lui avons donné congié, licence et octroy de icelles tenir et faire tenir doresnavant ausdiz lieu et jours, tout ainsi qu'il est acoustumé faire en tel cas, et que l'abbé dudit lieu de Saint Mexent y en a acoustumé avoir à autres jours, et en joyr semblablement par octroy de nous ou de nosdiz predecesseurs. Si donnons en mandement par ces dites presentes, à noz amez et feaulx gens de noz comptes, à nostre seneschal de Poictou, et à tous, etc., que nostredit oncle et ses successeurs, seigneurs de Saint Mexent facent et souffrent joir et user de noz presens grace, congié, licence et octroy, en faisant icelles foires et marchié crier et publier, ainsi qu'il est acoustumé de faire en tel cas, sans pour ce troubler ou empescher nostre dit oncle ou ses successeurs èsdites foires et marchié, ores ne pour le temps avenir, en corps ne en bien, en aucune manière, ains se aucun empeschement lui estoit sur ce fait, mis ou donné, si l'ostent ou facent oster et mettre sans delay au premier estat et deu. Et affin, etc. Sauf, etc. Donné à Amboise, ou moys de fevrier l'an de grace mil cccc. soixante huit, et de nostre règne le huitiesme [2].

Ainsi signé : Par le roy. Toustain.

---

1. Toutes ces foires, sauf celle du 13 août, et le marché du samedi subsistent encore.
2. Ces lettres patentes ont été publiées déjà dans le recueil des *Ordonnances des rois de France*, in-fol., t. XVII, p. 190.

MCCCCLIV

Rémission accordée à François de La Muce, jeune écuyer de dix-huit à vingt ans, coupable du meurtre de Mathurin Cousseau, qui lui avait cherché querelle, l'avait injurié et défié. (JJ. 197, n° 33, fol. 21.)

Février 1469.

Loys, par la grace de Dieu roy de France. Savoir faisons à tous, presens et avenir, nous avoir receue l'umble supplicacion de François de La Muice [1], jeune

---

1. Cette famille avait des établissements, aux XIVe et XVe siècles, en Bretagne et dans le Bas-Poitou. Dans l'un de nos précédents volumes, à l'occasion de l'institution de deux foires à la Chaize-Giraud, par acte d'avril 1384, nous avons donné quelques renseignements sur Jean de La Muce, seigneur dudit lieu à cause de sa femme, et sur quelques autres membres de la branche poitevine. (*Arch. hist. du Poitou*, t. XXI, p. 219, 220.) Nous y ajouterons les suivants : Jacques, seigneur de La Muce, qui avait épousé Jeanne de Coulaines, veuve de Jean Chaudrier et tutrice de ses enfants du premier lit, plaidait au Parlement de Poitiers contre Jean Harpedenne, sr de Belleville et autres, le 16 janvier 1432. (Arch. nat., X^{2a} 9194, fol. 6). Jean de La Muce, écuyer, qualifié seigneur d'Aubigny et de Boisriau, maria, par contrat du 6 janvier 1453, sa fille aînée Perrette à Guyon de Rochefort, sr de Cornillé ; il avait épousé d'abord Françoise Du Plessis, puis Jeanne Fouchier, à laquelle il fit don de la tierce partie de ses biens. Après sa mort, le 21 avril 1467, une transaction intervint à ce sujet entre Jeanne Fouchier et son second mari, Richard de Châteaubriand, chevalier, d'une part, et les héritiers de Guyon de Rochefort et de Perrette de La Muce, Gilles Milon, écuyer, et Jacques Fouchier, chevalier, sr de la Barrouère, à cause de leurs femmes, N. et Jeanne de La Muce. (Coll. dom Fonteneau, t. XXIII, p. 541 et 547). D'après ces actes, Jean de La Muce paraît n'avoir eu que des filles, et nous ne savons point quel était son degré de parenté avec François de La Muce, le jeune écuyer, meurtrier de Mathurin Cousseau. Outre l'affaire exposée dans la présente rémission, François fut impliqué dans deux autres procès criminels, et poursuivi pour attaque à main armée et graves excès, la première fois au préjudice de Bertrand Boueron ou Boutron, curé de Noireterre, aumônier de Bouin (il a été question de celui-ci dans une note précédente, ci-dessus, p. 119), et la seconde au détriment de l'abbaye de Lieu-Dieu-en-Jard, en compagnie d'une nombreuse bande. Voici sommairement ce dont il s'agissait. René de La Tremblaye, religieux profès à Jard, avait été régulièrement élu abbé du lieu en remplacement d'Hélie Tirant, décédé le 27 janvier 1484 n. s. (la *Galia christ.* ne donne que les prénoms de ces deux abbés et une seule date pour chacun d'eux) et avait demandé à son supérieur l'abbé de Prémontré de ratifier son élection. Avant que la réponse fût arrivée, Jean de La Trémoïlle, protonotaire apostolique, prétendant que l'abbaye lui appartenait, mit en mouvement tout d'abord les hautes influences dont il disposait en

escuier, de l'aage de dix huit à vint ans ou environ, contenant que ung nommé Maturin Cousseau [1], puis aucun temps ença, presta audit suppliant cinq ou six blancs et quinze jours après lui demanda son argent ; mès ledit suppliant lui dist qu'il ne l'avoit pas. Et adonc icelui Mathurin lui demanda s'il vouloit jouer à la boulle pour l'argent qu'il lui devoit, dont ledit suppliant fut d'acord, et de fait jouèrent et gaigna icelui Mathurin dudit suppliant autres six blans ; et ainsi furent en somme douze blans. Et aucun temps après, icelui Maturin demanda audit suppliant son argent et que, s'il ne le poioit, qu'il le desgageroit ; et lui respondit qu'il n'avoit point d'argent, mès quant il seroit allé devers ses parens, il en auroit assez et lui presterait bien ung escu ou deux, et lui en donneroit bien plus long terme. Et lors icelui Mathurin dist qu'il trouveroit aussi bien ung escu ou deux que feroit ledit suppliant et sur l'eure. A quoy respondit ung

---

Poitou, pour s'en faire mettre en possession, puis voyant qu'il ne parvenait pas à ses fins, il résolut d'avoir recours à la force. Dans ce but, il soudoya une troupe de deux cents hommes d'armes qui envahirent l'abbaye et la mirent au pillage. A leur tête et parmi les plus compromis, on distinguait Antoine Maynart, sr de la Cornetière, Jean de Ployer, sr du Plessis, François de La Muce, sr de la Forest, François Chauvinière, sr de Beaupuy, François Jousseaume, sr de la Pacaudière, Guillaume de La Court, prévôt de Mareuil-sur-Lay, Roland Le Gras, capitaine de La Chaize-le-Vicomte pour le seigneur de La Trémoïlle, Abel de la Vallée, son lieutenant, Georges de Villeneuve, capitaine de la Grève, Louis Milon, sr de la Maynardière, André Bertin et beaucoup d'autres. Un parent de René de La Tremblaye, Lucas Mauclerc, chevalier, sr de Landaudière, voulant s'opposer aux agresseurs, fut tué. Ses enfants se joignirent à l'abbé et au procureur général dans les poursuites exercées contre les principaux coupables. L'affaire n'intéressant pas plus spécialement François de La Muce, nous ne l'examinerons pas plus avant, nous contentant d'indiquer ici les cotes des nombreux actes de procédure qui la concernent. (Arch. nat., reg. non foliotés : X^{2a} 45, mandements du 30 juillet et du 15 décembre 1484, ce dernier *sub fine*, deux arrêts des 21 et 22 mars 1486 n. s. ; X^{2a} 48, aux dates des 3 mai, 30 juillet et 6 août 1484 ; X^{2a} 49, 5 avril, 12 et 23 juillet et 3 août 1484.)

1. La généalogie de la famille Cousseau, « qui occupa d'importantes charges à Mauléon, depuis Châtillon-sur-Sèvre », publ. dans la nouvelle édit. du *Dict. des familles du Poitou*, t. II, p. 705, ne remonte pas au delà du XVIe siècle.

nommé Anthoine de Chastillon [1], qui ilec estoit present, que non feroit, et il replicqua que si feroit. Et adonc icelui Anthoine dist qu'il en mettoit sa robbe contre la dague dudit Mathurin, parmy ce qu'il n'en parleroit à personne et ne leur declaireroit la misaille [2] faicte entre eulx, et fineroit de ladite somme dedans certain temps dit et accordé entre eulx, et seroient les diz suppliant et Anthoine devant, quant il demenderoit l'argent ; dont icelui Maturin fut content. Et d'ilec se party de la compaignie et s'en ala dire la misaille ainsi faicte entre eulx à ung gentilhomme de l'ostel, qui lui promist bailler la dite somme ou ce que il lui demenderoit. Et tantost s'aprocha le terme de leur dite misaille, et s'en allèrent lesdiz suppliant et Anthoine veoir s'ilz auroient ladite somme, et ilz sceurent comment icelui Mathurin demenda à celui à qui il avoit parlé ladite somme, lequel tira à la bource et la lui bailla. Et lors ledit Anthoine se enquist se icelui Mathurin avoit point parlé audit gentilhomme devant la main [3] et trouva comme il avoit parlé à luy, ce qu'il ne devoit pas faire par ladite misaille. Et par ce moien gaigna icelui Anthoine la dague d'icelui Mathurin, laquelle dague fut par icelui Anthoine donnée sur l'eure audit suppliant, dont icelui Mathurin fut mal content, disant tousjours que ledit Anthoine ne l'avoit point gaigné et que tant pour lesdiz douze blans que pour ladite dague il desgaigeroit ledit suppliant ; et de fait lui print une pere de chausses. Et adonc

---

1. Charles de Châtillon, chef de la branche de cette maison qui se fixa en Poitou, avait épousé Catherine Chabot, fille aînée de Thibaut IX, seigneur de la Grève, et de Brunissant d'Argenton, qui lui apporta tous les biens de la branche aînée des Chabot. Ils eurent un fils, le cinquième dans l'ordre de naissance, qui porta le prénom d'Antoine (*id.*, t. II, p. 323) et qui pourrait être le personnage nommé ici. On ne dit point d'ailleurs, dans ces lettres de rémission, en quel lieu se passèrent les faits qui y sont rapportés.
2. Misaille signifiait gageure, pari.
3. Locution prise dans le sens de à l'avance, préalablement ; on trouve plus souvent « avant la main » que « devant la main ». (Cf. Godefroy, *Dict. de l'anc. langue fr.*, t. V, p. 77.)

icelui suppliant lui dist que voulentiers lui poieroit ladite somme de douze blans, mès au regard de ladite dague, il ne la lui rendroit point. Et peu de temps après, mesmement le jour de la feste du Saint Sacre[1] derrenière passée, advint que ledit suppliant laissa son chappeau avec une plume que icelui Mathurin print, disant qu'il lui rendroit lesdiz douze blans et dague. Et lors icelui suppliant, qui trouva sondit chappeau sur la teste dudit Mathurin, lui dist qu'il le laissast et qu'il ne seroit point son page pour porter ses demourans et vielles despoulles, et icelui Mathurin dist qu'il ne le laisseroit pour [lui] ; et ledit suppliant lui dist qu'il le lui osteroit doncques bien lourdement. Et adonc s'en party ledit Mathurin de la place et manda audit suppliant, par ung page, qu'il l'avoit menacé de batre, mès qu'il le batroit tout son saoul et le mettroit en pourpoint, ou il ne sortiroit pas dehors. A quoy respondit icelui suppliant audit page que, quant icelui Mathurin maintiendroit telles parolles, ilz seroient deux. Et lors ledit Mathurin, tenant ung petit baston en son poing, vint en place où estoit ledit suppliant, disant que icelui suppliant l'avoit menacé de batre, mès qu'il le batroit tout son saoul ; et lors icelui suppliant lui dist qu'il se teust, et eurent ainsi grosses parolles ensemble, tellement que le peuple estant en la compaignie dist qu'il s'esbahyssoit bien comment ledit suppliant en enduroit tant. Et pour ce que icelui Mathurin leva son baston pour vouloir frapper le dit suppliant, icelui suppliant tira la dague et, en le cuidant frapper par la cuisse, pour ce qu'il se tourna de cousté, il le frappa ung coup par l'eigne seulement, tellement que à l'occasion d'icellui coup, quatre ou cinq jours après, il ala de vie à trespassement. Et combien que, pour ledit cas, icelui suppliant ait chevy et deuement satisfait à parties, ainsi qu'il appert par lettres

---

1. Ou Saint-Sacrement, la Fête-Dieu.

d'accord, traictié et transaction faictes et passées entre eulx, soubz les seaulz de la court de Tiffauges, et que par ce ledit suppliant ne soit aucunement fuitif, toutes voies il doubte que pour le temps avenir nostre procureur et justice ne voulsissent imputer à charge ledit cas ainsi avenu, et que pour icelui il fust disne de pugnicion corporelle, se noz grace et misericorde ne lui estoient sur ce imparties, humblement requerant icelles. Pourquoy nous, etc., audit suppliant, etc., avons quicté, etc., avec toute peine, etc. Si donnons en mandement, par ces dites presentes, au seneschal de Poictou et à tous noz autres justiciers, etc., que de noz presens grace, etc. ilz facent, etc., ledit suppliant joir et user, etc. Donné à Tours, ou moys de fevrier l'an de grace mil cccc. soixante-huit, et de nostre règne le huitiesme.

Ainsi signé : Par le Conseil. P. Aude. — Visa. Contentor. J. Duban.

MCCCCLV

Rémission donnée en faveur de Jean Lemoine, maréchal et clerc du guet de Loudun, qui, accompagné de plusieurs autres habitants de la ville, le soir de la Toussaint précédente, avait été attaqué à coups de pierres par un nommé Bastien Jeanroy, qu'il avait ensuite poursuivi et frappé mortellement. (JJ. 197, n° 47, fol. 31.)

Mars 1469.

Loys, par la grace de Dieu roy de France. Savoir faisons à tous, presens et avenir, nous avoir receue l'umble supplicacion de Jehan Lemoyne, povre homme, mareschal, natif de la ville de Lodun, contenant que, le premier jour de novembre cest an present mil cccc.LXVIII, jour et feste de Toussains derrenière passée au soir, environ unze heures de nuyt, ledit Lemoyne, suppliant, Jehan Macars et Perrine Richarde et autres estans en leur compaignie, en ladicte ville de Lodun, en l'ostel d'ung nommé Jehan Reboutet, homme de braz, lequel vendoit pour lors vin en detail; auquel lieu ledit Lemoyne trouva plusieurs gens, c'est assavoir ung nommé Jehan Viart, prebstre, Andrée la Fourrée et la fille dudit Reboutet et Jehanne de Montreul, et ileques beurent tous ensemble. Et après ce que les dessus diz eurent beu ensemble, lesdiz Lemoyne, suppliant, Marcoys (*sic*), Perrine Richarde et ladicte Fourrée s'en allèrent en l'ostel de Jehan Girard, prebstre, auquel Girard le dit suppliant dist qu'il leur donnast d'un fagot, ce que fist ledit Girard aux dessusdiz et leur donna à boire. Et en leur chauffant, l'un d'iceulx, duquel on ne scet le non, dist qu'il y avoit des gens qui les guetoyent. Et incontinent, ledit suppliant dist audit Jehan Girart, prebstre, qu'il y alloit veoir pour savoir quelles gens c'estoient, et de fait y ala et au dehors d'icelle maison trouva ung nommé Bastien Jehanroy, ung nommé Ratillon et ung autre qui estoit varlet d'un nommé Crosnier, et autres; ausquelz ledit suppliant demanda qu'ilz demendoient, lesquelz respondirent qu'ilz beuvoient ilec une pinte de vin, laquelle la femme du dit Reboutet leur avoit baillée. Et lors ledit Lemoine leur respondit qu'il n'estoit point heure d'estre hors de leurs maisons où ilz faisoient leur demeure, et que maistre Jehan Dreux [1], juge de ladite ville, l'avoit fait deffendre en plain auditoire et que s'ilz ne s'en aloient, qu'il les feroit mettre en prison et qu'il le feroit assavoir audit juge; auquel les dessusdiz respondirent qu'ilz n'en feroient riens pour lui, et

---

1. D'une famille connue à Loudun dès le xive siècle, Jean Dreux, licencié ès lois, seigneur de Nueil-sur-Dive, était fils d'un autre Jean, marchand drapier de cette ville, fondateur de la chapelle de Saint-Sébastien en l'église Saint-Pierre-du-Marché. MM. Beauchet-Filleau citent plusieurs actes de lui entre les années 1450 et 1486, d'après lesquels il aurait été notaire à Loudun (1er février 1457), puis conseiller du roi en l'élection. Dans un document de 1486, ajoutent-ils, il est qualifié juge ordinaire de Loudun. On voit ici qu'il en exerçait déjà les fonctions en mars 1469. Jean Dreux, s^r de Nueil-sur-Dive, épousa Philippe, fille de Jean Berthelot, s^r de l'Herpinjère, maître de la chambre aux deniers du roi, et en eut deux fils et une fille. (*Dict. des familles du Poitou*, nouv. édit., t. III, p. 163.)

ledit suppliant leur respondit qu'il estoit clerc du guet et que d'icelui il avoit le gouvernement, par quoy n'estoit pas de necessité qu'ilz y fussent mieulx que lui. Et après ledit suppliant entra en l'ostel dudit Girart et print ung baston ferré à deux boutz et s'en sortit dehors, et leur dist qu'ilz s'en alassent ou qu'il les en feroit aller, et demanda audit Bastien que c'estoit qu'il avoit soubz son menteau. A quoy ledit Bastien lui respondit bien fierement qu'il n'en avoit que faire. Et alors ledit suppliant dist audit Bastien qu'il laissast les pierres qu'il avoit soubz sondit manteau, lequel respondit qu'il n'en feroit riens. Et incontinent commença ledit Bastien à soy eslongner dudit suppliant et se mist à costé dudit Jehan Girart, lequel s'estoit sorti de sa maison, et print ledit Bastien une pierre qu'il avoit soubz sondit menteau, et en frappa ledit Moynne par le visage tel cop qu'il le fist tunber par terre et le blessa très fort. Et alors dist ledit Girard qu'il estoit ung mauvais homme de l'avoir ainsi frappé, cuidant ledit Girart que ledit suppliant fust mort. Et ce fait, sans dire mot, ledit Bastien et autres ses aliez fouirent vers Sainte Croix ; et peu après, ledit suppliant se releva et en sa compaignie ledit Marçays allèrent après ledit Bastien et sesdiz aliez jusques au dessoubz dudit lieu de Sainte Croix, environ la rue du Morier, et au retour du coing d'icelle rue, le dit Bastien estant derrière le coing, lequel avoit une autre pierre en sa main et d'icelle en frappa de rechief ledit Lemoyne par l'estomac, et adonc ledit suppliant se appressa [1] dudit Bastien tout blecié, en lui disant : « Hé ! me tueras tu ? » et en ce disant tira sa dague et lui en bailla ung coup au dessoubz de l'oreille, dont yssit effusion de sang, et autres coups dont il n'est recollant ; et apprès ledit Bastien s'en alla bien loing d'ilec

---

[1]. Ce verbe a, entre autres significations, celle de s'approcher. (F. Godefroy, *Dict. de l'anc. langue française.*)

en une autre rue, et en soy en allant, tunba en ung grant patoil ¹ et s'en releva tout soillé, et le landemain, à l'occasion desdiz coups, par faulte de pensement ou autrement, est allé de vie à trespas. Pour raison duquel cas ledit suppliant s'est absenté, etc., ouquel, etc., se noz grace et misericorde, etc. ; humblement requerant que, attendu ce que dit est, que ledit Bastien fut agresseur, que les premiers mouvemens ne sont en la puissance des hommes, que ledit cas est advenu de chaude colle et que en tous autres cas il est bien famé et renommé, sans jamais, etc., nous lui vueillons, etc. Pourquoy nous, etc., audit Jehan Lemoyne, suppliant, avons quicté, etc. Si donnons en mandement, par ces presentes, au bailli de Touraine et des ressors, etc., ou à son lieutenant à son siège de Chinon, et à tous noz autres justiciers, etc., que de noz presens, grace, etc., sans pour ce lui faire, mettre ou donner, etc. Donné à Tours, ou moys de mars l'an de grace mil IIII^c LXVIII, et de nostre règne le huitiesme.

Ainsi signé : Par le conseil. J. d'Orchère. — Visa. Contenter. J. Dosban.

MCCCCLVI

Rémission accordée à André Declusseau, laboureur, demeurant avec son père au village de Fougeré, en la paroisse de Champagné-Saint Hilaire, qui, attaqué par trois jeunes gens et blessé grièvement, avait en se défendant frappé l'un d'eux d'un coup mortel. (JJ. 197, n° 68, fol. 43.)

Mars 1469.

Loys, par la grace de Dieu roy de France. Savoir faisons, etc., nous avoir receue l'umble supplicacion de André Decluceau, pouvre jeune homme de labour, aagé de xxxv. à xL. ans ou environ, chargé de femme et de troys petiz enfans, demourant avec Jehan Declusseau, son père, ou

---

1. Patoil, patoueil, patrouil, terme du dialecte poitevin, signifiant bourbier.

village de Faugieré en la parroisse de Champaigné Saint Hillaire en la chastellenie de Poictiers, contenant que, le prouchain lundi d'emprès Pasques derrenièrement passées, lui estant au lieu appellé le Soillac[1] en ladite parroisse de Champaigné, auprès des boys dudit lieu, où il gardoit les bestes de sondit père, ou quel lieu estoient troys ou quatre jeunes enffans bergiers gardans des bestes, chacun aagé de x. à xii. ans ou environ, lesquelz il trouva avoir debat ensemble et qu'ilz se besoient de leurs cousteaulx, les despartit et appaisa le mieulx qu'il peut. Et ce fait, s'en alla ledit suppliant en certains prez où il trouva des bestes qui y estoient entrées, et d'ilec s'en entra oudit boys de Champagné où il demoura bien demie heure, gardant lesdites bestes de sondit père ; pendant lequel temps ou tost après survindrent Jehan, André et Huguet Perons, lesquelz sont aagez, c'est assavoir ledit Jehan de xxv. ans, ledit André de xxiiii. et ledit Huget de xx. ans ou environ, ledit Jehan frère de l'un desdiz quatre enfans et lesdiz André et Huguet, ses cousins germains, tous demourans ensemble en une maison, compaignons en communauté, lesquelz estoient garniz de gros paux et de pierres et d'une serpe, et s'en vindrent esmeuz contre ledit suppliant, en luy voulant courir sus ; et ledit suppliant, qui estoit seul et n'estoit pour resister à eulx, leur dist qu'il ne leur en demendoit riens, mès pourtant ilz ne voulurent cesser à luy courrir sus. Par quoy il se mist en fuite à travers les boys, et les dessus diz le suivirent à cource ; et fouit ledit suppliant devant eulx ung demy quart de lieue ou environ et jusques au lieu appellé le Marchay du Letier ; auquel lieu voiant qu'il ne povoit plus fouir et que les dessus diz l'ateignoient, et qu'il trouva ilec des pierres de mines de fer qui autres foiz y avoient esté, en prinst pour soy deffendre, se arresta et print desdites pierres que on

---

[1]. Mauvaise lecture. Il faudrait corriger « le Pouyaud ».

appelle bouldures¹ et leur en gecta pour empescher qu'ilz ne approuchassent de luy ; et semblablement ilz lui gectòient des pierres et se approchèrent avec leurs bastons jusques à luy. Et ce voiant, ledit suppliant tira ung cousteau qu'il avoit à la sainture, de la longueur d'un pié de alumelle² ou environ, et s'en mist en deffence, en leur disant que le premier qui se approcheroit de luy qu'il le frapperoit et qu'ilz se tirassent arrière, et mist la pointe de sondit cousteau au devant desdiz paux qu'ilz avoient en leurs mains, dont ilz lui donnèrent tel coup sur la teste que ilz le tumbèrent à terre et se gectèrent sur luy et le frappèrent et blecèrent en plusieurs lieux desdiz paux et pierres et d'une serpe, et s'efforcèrent de le vouloir tuer, et luy firent neuf playes en la teste dont yssit grant effusion de sang. Et avoit, ce neantmoins, ledit suppliant sondit cousteau en la main et s'en deffendoit le mieulx qu'il povoit tant d'estoc que de taille, et passa sondit cousteau, à l'un desdiz estocs, à travers du corps dudit André, au dessoubz de l'esseelle ; aussi le bleça en la penillière, au dessoubz de la cuisse et en la poictrine ; et lui ostèrent les dessus diz sondit cousteau et lui en percèrent la jambe à travers jusques en terre ; et neantmoins se leva ledit suppliant et s'en fouyt jusques à ung gect de pierre ou environ, et ilec tumba et perdit son sang, et y demoura depuis vespres jusques à la nuyt et perdit la parrolle ; et à la nuit vindrent sa femme et l'un de ses frères le querir et l'en menèrent en une charrette en l'ostel dudit son père, où il demoura deux ou troys jours, èsquelz on esperoit plus la mort que la

---

1. Espèce de marcassite ou pyrite ferrugineuse. Le mot bouldure, pris dans ce sens, est sans doute particulier au Poitou. Fr. Godefroy n'en cite qu'un exemple, et c'est précisément celui du présent texte. Dans le Berry, on appelait bouldure la fosse placée sous les roues et bâtiments des moulins. (Dict. de l'anc. langue française, in-4°, t. Ier, p. 701.) — Deux lieux-dits voisins sont appelés la Forge et les Forges, autre souvenir de l'ancienne exploitation de mines de fer, rappelée ici.
2. C'est-à-dire un couteau dont la lame était longue d'un pied, le mot alumelle ou alemelle ayant le sens de lame.

vie. Et le voulurent prendre en icelui estat les gens de la justice dudit Champaigné ; mès pource que on n'y accordoit, le père dudit supliant le plegea. Et depuis est venu à convalessance, et après a sceu que ledit André estoit decedé des playes que ledit supliant avoit faictes en son corps deffendant, comme dit est. Pour occasion duquel cas, il s'est absenté du pays, ouquel, doubtant rigueur de justice, il n'est depuis osé retourner et ne s'i oseroit tenir seurement, se noz grace et misericorde ne lui estoient sur ce imparties, humblement requerant icelles. Pour ce est il que nous, voullans tousjours prefferer misericorde à rigueur de justice, audit supliant ou cas dessus dit avons quicté, remis et pardonné, etc. Si donnons en mandement à nostre seneschal de Poictou ou à son lieutenant, et à tous autres justiciers qu'il appartiendra, ou à leurs lieuxtenans, que de nostre presente grace, remission et pardon seuffrent et lessent ledit supliant joir et user plainement et paisiblement, etc. Et affin, etc. Sauf, etc. Donné à Tours, ou moys de mars l'an de grace mil cccc. soixante huit avant Pasques, et de nostre règne le huitiesme.

Ainsi signé : Par le roy, à la relacion du Conseil. J. Le Roy. — Visa. Contentor. J. d'Orchère.

MCCCCLVII

Permission à Louis bâtard du Maine de réédifier le château et de réparer les fortifications de Sainte-Néomaye. (JJ. 196, n° 75, fol. 47 v°.)

27 mars 1469.

Loys, par la grace de Dieu roy de France. Savoir faisons à tous, presens et avenir, nous avoir receu l'umble supplicacion de nostre cousin Loys bastard du Maine [1], contenant que, entre ses autres terres et seigneuries, il est seigneur du chastel, chastellenie, terre et seigneurie de

---

1. Sur ce personnage, cf. ci-dessus, p. 118, note.

Saincte Neomaye, située et assise en nostre pays et conté de Poictou, par don et transport à lui fait par nostre très chier et très amé oncle et cousin le conte du Maine [1], lequel a gaignée et obtenue ladicte seigneurie par arrest de nostre court de Parlement contre Jehan, seigneur d'Usson, et Jehan, seigneur de La Rochefoucault, et leurs femmes [2], à cause d'elles ; et lequel chastel de Saincte Neomaye estoit anciennement ung très bel chastel de garde et fortifficacion, et est situé et assis en pays de frontière, distant de nostre ville de la Rochelle de douze lieues ou environ ; et auquel lieu de Saincte Neomaye a beau bourg et ancien et plusieurs habitans en icellui, et y a plusieurs villages alentour ; aussi es ladicte chastellenie de grant estendue et spacieuse. Et fut ledit chastel de Saincte Neomaye par longtemps tenu et occupé par Jehan de La Roche [3], en son vi-

---

1. Sainte-Néomaye avait été donnée à Charles d'Anjou, comte du Maine, vicomte de Châtellerault, avec Saint-Maixent, Melle, Civray et Chizé par lettres patentes de février 1443. (*Arch. hist. du Poitou*, t. XXIX, p. 146.)
2. Jean de Husson, fils d'Olivier, chambellan de Charles VII, et de Marguerite de Châlon, qui fut comte de Tonnerre du chef de sa mère, avait épousé, vers 1446, Jeanne Sanglier, dame de Château-Guibert, veuve de Jean de La Rochefoucauld, s^r de Barbezieux, le sénéchal de Poitou, dont il a été si souvent question dans notre huitième volume. (Cf. notre vol. précédent, p. 81, 82, note.) C'est à cause d'elle et des enfants qu'elle avait eus de son premier mariage, qu'il revendiqua les château, terre et seigneurie de Sainte-Néomaye sur le comte du Maine. Quant à Jean, seigneur de La Rochefoucauld, le chef de la famille, fils de Foucaud III, et de Jeanne de Rochechouart, il avait épousé précisément, en 1446, Marguerite, dame de Barbezieux, Verteuil, Montendre, Montguyon, etc., la fille de Jeanne Sanglier et de son premier mari, le sénéchal de Poitou, ce qui explique ses prétentions à la possession de Sainte-Néomaye. Il mourut peu après le 2 décembre 1471, date de son testament. Pour ce qui est des procès en revendication de Sainte-Néomaye intentés par Jean de La Rochefoucauld et Jean de Husson au comte du Maine, voy. Arch. nat., X^{1a} 1483, fol. 268 ; X^{1a} 1484, fol. 353 v° ; X^{1a} 1485, fol. 82, 124 v°.
3. Jean de La Roche (La Rochefoucauld), seigneur de Barbezieux, sénéchal de Poitou de 1431 à 1440, avait obtenu de Charles VII des lettres de don des terre, château et châtellenie de Sainte-Néomaye, un peu avant le 13 juillet 1427, date de l'hommage qu'il en fit au roi. (Cf. notre t. IX, *Arch. hist. du Poitou*, XXXII, p. 88, note). Il pouvait d'ailleurs prétendre que ce fief lui appartenait comme héritage de son grand-père maternel. (*Id*., t. XXIX, p. XVII.) Dans le même vol., p. 149, note, et dans le t. XXVI, p. 57 et suiv., nous avons dressé la liste des possesseurs successifs de cette terre.

vant seneschal en nostre dit pays et conté de Poictou, durant lequel temps et paravant icellui, ledit chastel de Saincte Neomaye estoit en très bonne fortiffication pour le retrait des manans et habitans de la dicte chastellenie et du pays circonvoisin, et deffensable pour resister aux entreprinses de noz ennemys ou adversaires, et jusques à ce que, au moien de certaines desobeyssances et rebellions faictes et perpetrées par ledit feu Jehan de La Roche à deffunct de bonne memoire nostre très chier seigneur et père, que Dieu absoille, icellui chastel fut, en signe de perpetuel memoire de la dicte rebellion et desobeissance, abatu et demoly, et l'a tousjours esté jusques à present que nostre dit cousin, pour la tuicion et deffense et fortiffication dudit pays, qui est pays de frontière, comme dessus est dit, et la retraicte de ses hommes et subgetz, nous a requis lui donner congié et licence de le fortiffier et emparer. Pour quoy nous, ces choses considerées, attendu ce que dit est et que ledit chastel est situé et assis en pays de frontière, comme dessus est dit, et en recongnoissance de plusieurs grans et recommandables services à nous faiz par nostre dit cousin, à icellui nostre cousin, pour ces causes et autres à ce nous mouvans, avons donné et octroyé, donnons et octroyons par ces presentes, de grace especial, plaine puissance et auctorité royal, congié, licence, pouvoir et faculté de reffortiffier et remparer ledit chastel, et faire bastir, construire et ediffier où il estoit anciennement ou ailleurs, se bon lui semble, audit lieu de Sainte Neomaye, et le faire fort de tours, crenneaulx, barbecannes, pontz leveiz et autres fortifficacions quelzconques, tout ainsi que bon lui semblera, pour la fortiffication de nostre dit pays et retraicte des hommes et subgetz de ladicte chastellenie, du pays circonvoisin et utilité de la chose publique d'icellui pays et de nostre dit royaume, non obstant la dessus dicte demolicion. Si donnons en mandemant, par ces mesmes presentes, au seneschal de Poictou et à tous noz autres justiciers, ou à leurs lieuxtenans, presens et avenir, et à chacun d'eulx, si comme à lui appartendra, que de nostre presente grace, congié, licence et octroy, povoir et faculté ilz facent, seuffrent et laissent nostre dit cousin suppliant joir et user plainement et paisiblement, sans lui faire ou donner, ne souffrir estre fait, mis ou donné, ores ne pour le temps avenir, aucun destourbier ou empeschement en aucune manière au contraire, ains si fait, mis ou donné lui avoit esté ou estoit, le ostent ou facent oster et mettre tantost et sans delay au delivre et au premier estat et deu, en contraignant ou faisant contraindre à ce tous ceulx qui pour ce feront à contraindre, par toutes voyes et manières deues et raisonnables. Et affin que ce soit chose ferme et estable à tousjours, nous avons fait mettre nostre scel à ces presentes. Sauf en autres choses nostre droit et l'autruy en toutes. Donné en nostre chastel d'Amboise, le xxviie jour de mars l'an de grace mil cccc.lxviii. avant Pasques, et de nostre règne le viiie.

Ainsi signé : Par le roy en son Conseil. S. des Vergiers. — Visa.

MCCCCLVIII

Lettres de ratification de l'acte de sécularisation du chapitre de Luçon.
(JJ. 197, n° 98, fol. 57 v°.)

Mai 1469.

Loys, par la grace de Dieu roy de France. Savoir faisons à tous, presens et advenir, nous avoir receue l'umble supplicacion de nostre amé et feal conseillier l'evesque de Luçon[1] et de noz chiers et bien amez les doyen, archediacre, chanoines et chappitre de l'eglise dudit lieu de Luçon, contenant que puis certain [temps] ença nous leur

---

1 Nicolas Boutaud, dont il est question dans d'autres lettres patentes de juin 1468, visées quelques lignes plus bas, lui donnant licence de poursuivre en cour de Rome la sécularisation de son chapitre. (Ci-dessus, p. 119, et note.)

avons octroyé noz autres lettres patentes en forme de chartre, sceellées en laz de soye et cire vert, par lesquelles et pour les causes contenues en icelles, leur avons accordé qu'ilz peussent faire telle poursuite et dilligence que bon leur sembleroit envers nostre saint père le Pape, à ce qu'il luy pleust muer et convertir ladite eglise, qui est de fondacion royal, et les religieux, prieur et chappitre et menbres d'iceulx de regularité en secularité, et faire et créer en ladite eglise, ou lieu desdiz religieux prieur et chappitre et menbres, doyen, archediacre et autres dignitez et chanoines, ainsi qu'il y a en plusieurs autres eglises de nostre royaume ; lesquelz supplians se sont à ceste cause depuis traiz devers nostre dit saint père, lequel par sa grant et meure deliberacion de conseil, a fait ladite mutacion de ladite eglise et desdiz religieux prieur, convent et chappitre et menbres d'icelle de regularité en secularité, et sur ce leur a octroyé ses bulles en forme deue [1], sur lesquelles les procès et autres choses à ce requises ont esté bien et deuement faiz et ont esté mises à execucion deue. Pour laquelle cause, lesdiz supplians nous ont humblement fait supplier et requerir qu'il nous plaise, en ensuivant ledit octroy ainsi par nous à eulx fait par nosdites autres lettres, avoir agreable ladite mutacion faicte par nostre dit saint père, comme dit est, de ladite eglise et des religieux, prieur, chappitre et menbres d'icelle de regularité en secularité, et icelle louer, ratiffier, approuver et confermer, ensemble les execucions faictes sur icelles bulles, et sur ce leur impartir nostre grace. Pour quoy nous, les choses dessusdictes considerées, mesmes les causes qui nous

---

1. Les bulles du pape Paul II réglant la sécularisation de l'église et du chapitre de Luçon, sont datées de Rome la veille des ides de janvier 1468 (12 janvier 1469 n. s.) ; elles mentionnent les noms des dignitaires et de tous les autres membres du chapitre, vivants à cette époque. Le texte, très développé, en a été publié, dans la *Gallia christiana*, qui donne à la suite les nouveaux statuts édictés pour les mêmes église et chapitre par le pape Sixte IV, à Rome, le 3 des ides de mars 1472. (Tome II, *Instrumenta*, p. 390 et 402.)

meurent à leur octroyer nosdites autres lettres, dont sommes bien reccors, ladite mutacion et convertissement ainsi fait par nostredit saint père le Pape de ladite eglise et desdiz religieux, prieur, chappitre et menbres d'icelle, de regularité en secularité, et aussi lesdites execucions desdites bulles avons eues et avons agreables et icelles, en tant que à nous est, avons louées, ratiffiées, approuvées et confermées, louons, ratiffions, approuvons et confermons, de grace especial, plaine puissance et auctorité royal, par ces presentes. Par lesquelles donnons en mandement aux seneschal du Poictou et conservateur des privileiges royaulx de l'Université de Poictiers, et à tous noz autres justiciers, officiers ou à leurs lieuxtenans, presens et advenir, et à chacun d'eulx, si comme à lui appartendra, que de nostre presente grace, ratifficacion, approbacion et confirmacion ilz facent, seuffrent et laissent lesdiz supplians et leurs successeurs en ladite eglise, ou temps advenir, à tousjours perpetuellement, joir et user plainement et paisiblement, sans leur faire, mettre ou donner, ne souffrir entre fait, mis ou donné aucun destourbier ou empeschement au contraire. Car ainsi, etc. Et afin que ce soit, etc. Sauf en autres choses, etc. Donné à Baugé, ou mois de may l'an de grace mille cccc. soixante neuf et de nostre règne le huitiesme [1].

Ainsi signé : Par le roy. Bourré. — Visa.

MCCCCLIX

Rémission donnée en faveur de Jean Vallée (*alias* du Planché), de Poitiers, détenu dans les prisons de cette ville pour faux en écriture publique. (JJ. 196, n° 148, fol. 83.)

Mai 1469.

Loys, par la grace de Dieu roy de France. Savoir fai-

---

[1]. Ces lettres patentes sont imprimées dans la collection des *Ordonnances des Rois de France*, in-fol., t. XVII, p. 217.

sons à tous, presens et advenir, nous avoir receue l'umble supplicacion de Jehan Vallée [1], demourant à Poictiers, prisonnier detenu ès prisons dudit lieu, contenant que ledit suppliant a demouré la pluspart de son temps, avec ses père et mère, en ladite ville, et s'est entremis de faire des patins jusques à I. an ou environ qu'il fut conjoinct par mariaige avec une nommée Françoyse Pafirde (*sic*) de la ville de Nyort, paravant femme de feu Jehan Robertin [2], et fut fermier de la prevosté et amendes de la court ordinaire dudit Poictiers, laquelle luy afferma Guillaume Macé [3], prevost fermier dudit lieu et receveur de ladite ville, depuis la feste de saint Jehan Baptiste derre-

---

1. On remarquera que Jean et Vallée sont les nom et prénom donnés à plusieurs reprises, dans le cours du présent acte, au complice que l'impétrant s'associa pour la perpétration du faux en question, et que, d'autre part, vers la fin de cette rémission, le principal auteur est nommé Du Planché. Il est fort possible que tel ait été en réalité son nom et que, s'il est appelé ici « Jehan Vallée », cela soit le résultat d'une confusion avec le nom de son acolyte désigné plus loin, confusion qui serait le fait soit du rédacteur des lettres soit du copiste.

2. Un ancien inventaire des archives de la ville de Poitiers mentionne un acte de vente faite, le 7 janvier 1468, par Jean Robertin, bourgeois, et Françoise Pascaude, sa femme, à Hilaire Féliceau, cordonnier, pour la somme de cent écus d'or, d'une maison située en la paroisse de Saint-Michel, appelée la maison du *Poix*, en la rue par laquelle on va de Saint-Michel au pont Enjoubert, tenue des maire, échevins et bourgeois à une rente de trente-cinq sols. (A. Richard et Ch. Barbier, *Inventaire des Arch. de la ville de Poitiers*, dressé par L. Rédet. Poitiers, 1883, in-8°, p. 319.) Il s'agit peut-être des mêmes personnes nommées ici. Françoise « Pafirde » est certainement un mot déformé par l'ignorance du scribe ; il aura cru lire ce nom baroque, alors que la minute portait « Pascode ».

3. Guillaume Macé, qui appartenait sans doute à la famille de ce nom dont un membre fut maire de Poitiers (1406-1408) et qui possédait au XVe siècle la seigneurie des Touches en la paroisse de Mignaloux (Arch. nat., R1* 217¹, p. 53 ; P. 1144, fol. 9 v° ; P. 1145, fol. 86 v°), est mentionné trois fois dans l'inventaire des archives communales (*op. cit.*, p. 215, 319, 323), le 27 juillet 1468, comme chargé de la recette du barrage, l'an 1477, en qualité de receveur ordinaire de la ville, et le 24 décembre 1487, où il s'agit d'un acte par lequel les maire et échevins de Poitiers acceptent l'offre faite par Guillaume Macé, bourgeois, au cas où il serait reçu au nombre des vingt-cinq, en place de feu Jean Pasquier, d'amortir les 30 livres de rente que Jean Rideau avait engagées du domaine de la ville, sans être aucunement remboursé des premiers 200 écus qu'il payerait à cette fin. Nous pouvons en outre citer plusieurs actes judiciaires de l'année 1468, où G. Macé est qualifié commis à l'exercice de la prévôté de Poitiers. Jean Beslon, écuyer,

nière passée jusques à deux ans lors prouchains ensuivans, pour le pris et somme de ix^xx x livres tournois, partie de laquelle ferme il a tousjours levée et jusques à nagaires ; et aussi depuis ledit mariaige, icellui suppliant et sadicte femme ont, par divers contractz et appoinctemens par eulx faiz avec ledit Guillaume Macé, vendu à icelluy Macé rentes sur eulx et leurs heritaiges. Et semblablement vendit ladicte femme audit Macé, durant ladicte viduité, aucunes rentes dont ledit suppliant n'est records sur tous et chacuns ses biens, ainsi que par les contractz sur ce faiz, par ledit suppliant depuis ratiffiez et approuvez, on dit plus à plain apparoir. Lequel suppliant, voyant luy et sadicte femme estre tenuz et endebtez en grans sommes de deniers envers ledit Guillaume Macé, et considerant que ledit Macé luy en feroit en brief question et demande, et que aucun ne aucune ne vouldroit achepter ne contracter avec luy touchant aucuns des biens ne heritaiges de luy ne sadicte femme, jusques à ce qu'il

---

sr de Ringères, avait obtenu du roi des lettres de rémission des peines qu'il avait encourues pour complicité de meurtre et resistance à justice, et demandait qu'elles fussent entérinées au Parlement, requête à laquelle s'opposèrent Pierre Chevalier, meunier, Louis Garnier, enquêteur pour le roi en Poitou, Guillaume Macé, commis à l'exercice de la prévôté de Poitiers, Jean Audouin, sergent du roi, et Jean Caquereau, marchand bourgeois de Poitiers. Le meunier Pierre Chevalier, de Quinçay, fermier d'une pêcherie appartenant au chapitre de Saint-Hilaire, était la première victime : deux pages de Beslon lui avaient fait onze blessures mortelles ; il était resté plus de neuf mois entre la vie et la mort et était pour toujours estropié. Le commis à la prévôté, Guillaume Macé, et les autres avaient été envoyés avec la force armée à Ringères par Jean Chambon, lieutenant du sénéchal, pour prendre au corps les coupables ; mais Jean Beslon et ses gens en grand nombre s'étaient mis en état de rébellion contre la justice et s'étaient servis de leurs armes pour les empêcher d'exécuter leur commission ; plusieurs avaient eu leurs chevaux tués, d'autres avaient été blessés. C'est pourquoi ils se constituèrent avec le procureur général opposants à l'enregistrement de la rémission. (Voir les pièces du procès, Arch. nat., X^{2a} 35, aux dates des 11 et 12 mars, 23 et 24 mai, 14 juin 1468 ; X^{2a} 36, 1er juin et 7 décembre 1468, fol. 109 v°, 183 v°.) Jean Beslon mourut avant le jugement ; il est dit défunt dans un acte du 27 mars 1470 (X^{2a} 35, à la date), se rapportant à la même affaire, que Pierre Chevalier poursuivit d'ailleurs contre Louis Goulart et Bertrand de Marconnay, pendant plusieurs années encore. (Voir 1er et 10 septembre 1473, X^{2a} 40, fol. 85 v°, 89 v°.)

eust fait compte et recouvert quictance dudit Guillaume
Macé, touchant ladicte ferme et autres affaires dont ilz
avoient eu à besoigner ensemble, comme dit est, avoit
dèspieçà pourparlé et compté son cas à ung escripvain duquel ne scet le nom, lors estant au Marché vieil de ladicte
ville de Poictiers, et comment il estoit obligé audit Macé
soubz les compulsions du petit seel de Montpeslier (sic).
Lequel escripvain l'advertit de faire passer et avoir une
quictance ou nom dudit Macé. Et depuis parla à ung
nommé Jehan de Coustures, son varlet, de la manière de
passer ladicte quictance et de adviser quel homme il
pourroit trouver au plus près de la similitude en grandeur,
aage et parolle dudit Macé ; lequel de Coustures avertit
ledit suppliant d'ung nommé Jehan Vallée (sic), tenneur,
demourant audit Poictiers. Et à ceste cause ledit suppliant, lors estant audit Nyort, chargea audit de Coustures, son valet, partir dudit lieu de Nyort et s'en venir
audit lieu de Poictiers et dire audit Macé qu'il allast audit
lieu de Nyort par devers luy, affin de le payer de sondit
deu et compter avecques luy, et aussi devers ledit Vallée
luy dire qu'il allast parler à luy audit lieu de Nyort, ainsi
que ledit de Coustures fist, et bailla audit Vallée une robe
courte levée, disant qu'il en chemineroit plus legierement.
Et ce fait, se partirent lesdiz de Coustures et Vallée de
ladite ville de Poictiers et s'en allèrent, le jour dudit partement, coucher au lieu de Soubzdain et le lendemain
ensuivant au lieu de Nyort, à l'ostellerie de *la Teste
noyre*, où ilz arrivèrent environ six heures au soir, où
estoit logé ledit suppliant, qui tantost après arriva, de
retour de la ville, en ladicte hostellerie, et puis souppèrent
ensemble. Et après soupper, eulx estans en une chambre
basse, icelluy suppliant tira à part ledit Vallée, en la presence dudit de Coustures, [et lui dit] qu'il avoit à besoigner audit lieu de Nyort avecques aucunes gens et qu'il
convenoit qu'il luy fist ung plaisir de dire qu'il estoit

Guillaume Macé, prevost fermier et receveur de ladite ville. Lequel Vallée luy respondit qu'il ne l'ozeroit faire et qu'il en seroit apprehendé par justice, s'il estoit sceu, Et adonc ledit suppliant luy dist que jamais ne seroit sceu, et luy donna une espée et luy promist donner le drap d'une robe, luy retourné à Poictiers. Mais neantmoins ledit [Vallée] ne le voulut octroyer pour ledit jour, et atant se couchèrent, c'est assavoir ledit suppliant seul et lesdiz Vallée et de Coustures en ung autre (*sic*). Et le lendemain qui fut dymenche, ledit suppliant requist derechef par plusieurs foiz audit Vallée qu'il se voulsist nommer Guillaume Macé, disant que ledit Macé devoit venir audit lieu de Nyort, et qu'il n'en seroit jamais sceu aucune chose, et que parce en monstrant ladicte quictance de ladicte somme de $III^c IIII^{xx}$ livres [1], que devoit ledit suppliant, tant pour le fait de ladite prevosté que pour sesdictes autres affaires, il trouveroit assez gens qui besoigneroient avec luy touchant lesdiz heritaiges ; à quoy ledit Vallée fist responce qu'il ne le feroit point et qu'il en seroit reprins par justice ; mais icelluy suppliant fist tant et poursuyvit envers luy que, après plusieurs parolles, luy accorda le faire. Et ledit jour de dimanche, environ le soir ou lundy ensuivant, ne scet ledit suppliant bonnement lequel, arrivèrent en ladicte hostellerie de *la Teste noyre* ledit Guillaume Macé, Micheau Dabert [2] et Richard Thibault en sa compagnye, qui souppèrent tous ensemble en ladicte chambre, et ledit Vallée, par le commandement

---

1. On remarquera que cette somme est énoncée ici pour la première fois, quoique le texte porte « *ladicte* somme... »
2. Micheau Dabert appartenait aussi à une famille notable de Poitiers, dont deux membres sont connus par l'*Inventaire des Archives de la ville de Poitiers* : Jean Dabert, qui le 6 mai 1491, avec Jamet Gervain et quatre autres, signa une reconnaissance de 500 livres à l'Université de Poitiers ; Micheau Dabert, qui était receveur des deniers communs de la ville de Poitiers en 1515 et 1516, suivant son compte, clos et arrêté, le 9 novembre 1517, par Jean Bastart, maire, et autres. (Cf. p. 204 et 323).

et ordonnance dudit suppliant, se mist et souppa seul en une chambre avec l'oste et l'ostesse, et luy deffendit ledit suppliant qu'il ne se monstrast aucunement à eulx ne à aucun d'eulx. Et le lendemain, environ vii. heures de matin, et ainsi que lesdiz Macé, Dabert et Tibault estoient encores couchez en leur lyt, vint ledit suppliant audit Vallée, qui estoit en une chambre haulte, avec deux autres gens, et luy dist qu'il se levast et habillast pour aller où il le voulloit mener, pendent ce que ledit Macé, Dabert et Thibault estoient en leur dicte chambre, et qu'il se housast et esperonnast des houseaulx et esperons qu'il luy bailleroit, et qu'il seroit plus honnestement housé que autrement. Et lors ledit Vallée se habilla, houza et esperonna, et suyt ledit suppliant en ung hostel près Saint André de ladite ville de Nyort, ouquel hostel ilz trouvèrent ung petit prebstre notaire, et puis après alla ledit suppliant querir deux autres notaires, par devant lesquelx il dist audit Vallée, faignant parler audit Massé : « Or ça, monsieur le receveur Guillaume, vous et moy avons eu à besoigner ensemble de plusieurs grans sommes de deniers. Ne me tenez vous pas quicte de la somme de iii^c iiii^{xx} livres[1], en quoy je vous ay esté autresfoiz tenu, tant à cause de la prevosté que je tenoys que d'argent que m'avez presté, que aussi de ce que ma femme avoit à besoigner avec vous ? » Lequel Vallée, en entretenant ladicte promesse par luy faicte, comme dit est, respondit telles parolles : « Oyl, il le m'a très bien payé ». Et alors ledit suppliant requist ausdiz notaires lettres de quictance en forme deue et vallable. A quoy lesdiz notaires demandèrent audit Vallée s'il se tenoit content de ladicte somme, et s'il voulloit qu'ilz en donnassent quictance. Et il respondi que oy et qu'il l'en quictoit de tout ce qu'il luy devoit. Et ce fait, lesdiz notaires

---

1. *Sic.* Ci-dessus, on lit : iiii^c iiii^{xx} livres.

prindrent la main dudit Vallée et le jugèrent et condempnèrent de ladicte quictance. Et après ledit Vallée dist audit Vallée (*sic*) qu'il s'en retournast à ladite hostellerie de *la Teste Noyre* et que, s'il rencontroit ledit Macé, Dabert et Thibault, qu'il se tirast à part, affin qu'ilz ne le veissent et que, s'il advenoit qu'ilz le trouvassent, qu'il ne leur dist point dont il venoit ne pour quelle cause il estoit venu en ladicte ville. Lequel Vallée s'en alla en ladicte hostellerie et ledit Du Planché [1] demoura avecques lesdiz notaires, et une heure après ou environ, s'en retourna en ladite hostellerie, et deffendit derechef audit Vallée qu'il ne se trouvast point devant les dessusdiz Macé, Dabert, Thibault, ne en lieu où ilz le peussent appercevoir, jusques à ce qu'ilz s'en feussent allez. Après le passement de laquelle quictance, lesdiz notaires ou aucun d'eulx soy doubta de la manière du cas advenu, et dist audit suppliant que celuy qu'il avoit amené passer ladicte quictance n'estoit point Guillaume Macé, mais que c'estoit une tromperie. A quoy ledit suppliant afferma que non estoit, et fut lors meu de les rompre (*sic*) par plusieurs foiz, saichant avoir mal fait. Mais il differa, esperant que aucun vint besoigner avecques luy touchant lesdiz heritaiges assis audit lieu de Nyort, affin de soy acquicter. Et depuis ledit cas est venu à la congnoissance de justice, et à ceste cause lesdiz suppliant et Vallée, ont esté constituez prisonniers en noz prisons dudict Poictiers, etc. Au seneschal de Poictou et à tous, etc. Donné à Maillé, ou moys de may l'an de grace mil cccc. soixante neuf, et de nostre règne le neufiesme [2].

---

1. *Sic*. C'est la première et la seule fois que ce nom figure dans l'acte ; cependant il pourrait fort bien être le vrai nom du destinataire des présentes lettres de rémission. (Cf. ci-dessus, p. 158, note 1).
2. *Sic*. Il faudrait le huitiesme, ou bien changer le millésime 1469 en 1470, la neufième année du règne de Louis XI n'ayant commencé que le 22 juillet 1469. On connaît d'ailleurs une lettre missive du roi, datée de « Mailly » (pour Maillé), le 13 mai 1469. (J. Vaësen, *Lettres de Louis XI*, t. III, p. 345.)

MCCCCLX

Rémission à Guillaume Garineau, marchand de l'île de Bouin, qui mécontent des négligences d'Yvonne, sa servante, et irrité de la façon dont elle accueillait ses remontrances, l'avait tellement battue qu'elle en était morte. (JJ. 197, n° 99, fol. 58.)

Mai 1469.

Loys, par la grace de Dieu roy de France. Savoir faisons, etc., nous, etc., de Guillaume Garineau, marchant, demourant en l'isle de Boyn, contenant que ledit suppliant, pour la substantacion de sa vie et entretenement de son estat, a acoustumé avoir et nourir oudit isle certaines bestes aumailles, partie desquelles il tient ès maroys dudit isle, et aucunes foiz, quant ilz sont jeunes, les tient à sa maison dudit isle en temps et saison d'iver, et les a acoustumé nourir et passer l'iver de foing et pasture, et mesmement en l'an mil cccc. soixante sept, fist ledit suppliant venir à sadicte maison certaine quantité de veaulx pour les nourir et passer ledit temps d'iver desdiz foing et pasture qu'il avoit en sadite maison, et charga une sienne servante, nommée Yvonne... [1], bergière, qu'elle nourist et pensast bien lesdiz veaulx et les menast boire, quant il en seroit besoing. Laquelle servante, qui estoit paresseuse et non diligente en ses affaires, pensa petitement lesdiz veaulx et tellement que par deffault de nourriture et de leur doner à boire, ilz se descheurent et affoiblirent en manière que à paine ilz se povoient soustenir ; et fut rapporté audit suppliant par la femme d'un nommé François Anthoyne, qu'elle avoit trouvé ung desdiz veaulx cheut en ung foussé, ainsi qu'il cuidoit de soy mesme aller boire à l'aburvouer et que, se ce n'eust esté ung nommé Guillaume Rivault et elle qui levèrent ledit veau dudit foussé, il fust

---

1. Le nom est resté en blanc.

ilec mort, et que c'estoit mal fait à lui de laisser mourrir sesdiz veaulx par deffault de boire et menger. Lequel suppliant dist et remonstra lesdites choses à la dite Yvonne, sa servante, et qu'elle pensast autrement lesdiz veaulx qu'elle n'avoit acoustumé de faire, et que, se deffault y avoit et que inconvenient en avenoit èsdiz veaulx, il la corrigeroit et batroit. Et depuis, et le penultime de mars oudit an mil cccc. soixante sept, ledit suppliant entra après disner en ung parc qui estoit au bout du jardin de sa maison dudit lieu de Boyn, pour aller veoir sesdiz veaulx, et lui estant oudit parc, veit et aperceut l'un d'iceulx veaulx qui estoit presque mort de fain et de soif, par ce que iceulx veaulx n'avoient beu ne mengé de tout le jour, dont il fut très desplaisant, et appella ladite Yvonne bien hastivement, en lui disant que de par Dieu ou de par le diable elle alast abruver les diz veaulx et leur donnast à menger. Laquelle Yvonne ne fist pas grant compte de soy haster, et à ceste cause et que ledit suppliant vit et aperceut ledit veau qui estoit ainsi cheut à terre et ne se povoit lever, il, comme esmeu, dollant et courroucé, blasma très fort ladite Yvonne ; à quoy elle lui respondit mal grassieuses parrolles et tellement que ledit suppliant, ainsi esmeu et courroucé, print en sa main une verge ou baston de longueur d'environ de trois ou quatre pietz et de grosseur comme le poulce d'un homme, et dudit baston ou verge et aussi du poing batit et donna à ladite Yvonne plusieurs coups tant sur les bras que sur la teste et autres parties de son corps ; à cause desquelz coups icelle Yvonne, qui estoit femme maladive, cheut et tumba à terre et illec se esvanouyt, et depuis lui ayda à relever de terre et l'enmena jusques à sadite maison ou, pou de temps après, elle alla de vie à trespassement ; dont ledit suppliant, qui jamais n'avoit eu voulloir de la mutiller ne occire, a esté et est très dolent et corroucé et pour occasion dudit cas s'est absenté du pays, doubtant rigueur de justice, et a delaissé et habandonné tous sesdiz biens et heritaiges ; èsquelz ne ailleurs en nostre royaume il n'oseroit plus retourner, converser ne demourer 'seurement, se noz grace et misericorde, etc., en nous humblement requerant que, attendu la manière dudit cas advenu et que il est homme de bonne vie, renommée, honneste conversacion, il nous plaise sur ce nosdites grace et misericorde lui impartir. Pour ce est il que nous, etc., voulans, etc., avons, etc., avec toute peine, etc., en quoy, etc., et sur ce et par lesdites choses, nonobstant que autresfoiz il ait eu de nous semblable grace pour l'omicide par lui autresfoiz commis en la personne d'un nommé Yvonnet Joye [1], en son vivant demourant audit ysle, qui depuis lui a esté enterinée. Si donnons en mandement, par ces dites presentes, au seneschal de Poictou ou à son lieutenant et à tous noz autres justiciers, etc. Et afin, etc. Donné à Tours, ou moys de may l'an de grace mil cccc. soixante neuf, et de nostre règne le huitiesme.

Ainsi signé : Par le Conseil. De Moulins. — Visa.

MCCCCLXI

Rémission en faveur de Jamet Thomas, du village des Combes, coupable du meurtre de Jean Blondeau, dans une rixe. (JJ. 196, n° 84, fol. 52 v°.)

Juin 1469.

Loys, par la grace de Dieu roy de France. Savoir faisons à tous, presens et advenir, nous avoir receue l'umble supplicacion de Jamet Thomas, povre simple homme de labour, et de Marguerite sa femme, demourans ou village

---

1. Ces premières lettres de rémission visées ici, octroyées à Guillaume Garineau (dont le nom est écrit Guérineau) pour le meurtre d'Yvonnet Joye, boucher, portent la date de décembre 1461 et sont imprimées dans notre précédent volume (t. XXXV des *Arch. hist. du Poitou*), p. 309.

de Combes, contenant que, le lundi après la feste de Toussains derrenière passée, ledit Jamet suppliant envoya sadicte femme, ung nommé Françoys, nepveu d'icellui suppliant, et une jeune fille qui estoit aux journées dudit suppliant, amasser de la fougère en ung champ appellé la Broue du Serisier, appartenant à icellui suppliant, et pour ce que eulx estans oudit champ et amassans ladicte fougère, y surviendrent Jehan Blondeau, Pierre Blondeau et Katherine, sa femme, Jehan de Villesant, Pierre de Rossillé, Jehanne de Rossillé, Katherine Vraude et Huguète Pousarde, qui pretendoient ledit champ où se cueilloit ladicte fougère appartenir ausdiz Blondeaulx, et que ledit Françoys pretendoit au contraire icellui champ appartenir audit suppliant, et y eut plusieurs parolles et debaz à cause d'icelle fougère et tellement que les ungs en prenoient d'un costé et les autres d'autre. Et voyant par ledit Françoys que lesdiz Blondeaulx vouloient par force emporter ladicte fougère, il se tira devers ledit suppliant, son oncle, auquel il dit la force que vouloient faire iceulx Blondeaulx, et à ceste cause icellui suppliant print son charroy pour aller querir ladicte fougère oudit champ. Et sitost qu'il y fust arrivé, il commença à charger la dicte fougère en sondit charroy, et à ceste cause se meurent plusieurs parolles entre eulx et tellement que lesdiz Pierre et Jehan Blondeaulx commencèrent à frapper et batre ledit Françoys, et en soy revenchant icellui Françoys tira ung coustel qu'il avoit pendu en sa saincture et en bailla ung coup audit Jehan Blondeau par son ventre. Et depuis icellui Blondeau pardonna audit Françoys et lui dist qu'il estoit agresseur. A l'occasion duquel coup, ung jour ou deux après, ledit Blondeau est allé de vie à trespas. Et depuis le procureur de la justice dudit lieu des Combes ou autres ont fait prendre et saisir tous et chacuns les biens d'iceulx supplians, et doubtent que en iceulx et aussi à leurs personnes on voulsist mettre empeschement, en nous humblement requerant que, attendu ce que dit est, etc. Au seneschal de Poictou et à tous, etc. Donné à Tours, ou moys de juing l'an de grace mil cccc. soixante neuf, et de nostre règne le huitiesme.

Ainsi signé : Par le roy, à la rellacion du Conseil. J. Brisonnet. — Visa. Contentor. Duban.

MCCCCLXII

Lettres d'amortissement d'une rente annuelle de trente livres donnée par Louis vicomte de Thouars pour la fondation d'une chapellenie à Oiron. (JJ. 196, n° 137, fol. 77.)

28 juin 1469.

Loys, par la grace de Dieu roy de France. Savoir faisons à tous, presens et advenir, nous avoir receue l'umble supplicacion de nostre cher et amé cousin Loys, viconte de Thouars [1], contenant que, au moien de certains traictiez et appoinctemens jà pieça faiz et passez entre les religieux, prieur et convent de la Grant Chartreuse, d'une part, et nostredit cousin suppliant, d'autre, fut, pour la decoracion et augmentacion du divin service, fondée au lieu d'Oyron [2] près Thouars une chappellenie en laquelle

---

1. Voir la notice sur Louis d'Amboise, vicomte de Thouars, qui se trouve dans notre huitième volume (Arch. hist. du Poitou, t. XXIX, p. 60, note). Il est question de cet important personnage dans d'autres endroits du même volume et dans les deux suivants.
2. Le couvent de la chartreuse d'Oiron avait été fondé par Pernelle, vicomtesse de Thouars. Parmi les terres, biens et revenus qu'elle avait affectés à cette fondation, se trouvait une maison sise à Thouars, dont les religieux n'avaient pas encore été mis en possession, au moment de sa mort. Ils la revendiquèrent judiciairement, et le chef de l'ordre, le prieur et les définiteurs de la Chartreuse, assignèrent au Parlement Pierre d'Amboise, vicomte de Thouars, Ingelger d'Amboise, Marguerite de Thouars et Pernelle d'Amboise, comtesse de Longueville, en qualité d'héritiers de la vicomtesse Pernelle, pour se voir condamner à mettre la maison litigieuse entre les mains des religieux du couvent d'Oiron. Jean duc de Berry, comte de Poitou, intervenant par son procureur, demanda que la cause fût renvoyée devant sa cour, sous prétexte que la majeure partie des terres et revenus du couvent étaient situés dans la vicomté de Thouars et par conséquent

seroient dictes et celebrées quatre messes la sepmaine, pour la fondacion, entretenement et continuacion desquelles messes, ledit suppliant promist dès lors bailler et asseoir aux chappelains qui diront et celebreront icelles messes et deserviront ladicte chappellenie jusques à la somme de xxx. livres tournois de rente annuelle et perpetuelle, ce que icellui nostre cousin suppliant a entencion de brief faire pour l'acquict de sa conscience. Mais il doubte que quant il l'aura ainsi fait, que noz gens et officiers ou autres voulsissent ausdiz gens d'eglise mettre et donner empeschement ou temps avenir en la joyssance de ladicte somme de xxx. livres tournois de rente, et les contraindre à en vuyder leurs mains, s'elle n'estoit par nous admortie, comme dit nostre dit cousin suppliant, humblement requerant sur ce nostre grace lui estre impartie. Pour ce est il que nous, ces choses considerées et les bons, notables et grans services que nostredit cousin suppliant a par longtemps faiz à feu nostre très cher seigneur et père, que Dieu absoille, et à nous ou fait des guerres et autrement en plusieurs manières, à icellui suppliant, pour ces causes et consideracions et autres à ce nous mouvans, avons octroyé et octroyons qu'il puisse acquerir en nostre pays de Poictou, ou autre part où il le pourra licitement faire, jusques à ladicte somme de xxx. livres tournois de rente et revenue ou autres heritages et possessions à ladicte valeur, et iceulx rente, revenue ou autres heritages jà par lui ou par autre acquis ou à acquerir,

---

de son ressort. Le Parlement ne tint pas compte de cette prétention, et par arrêt du 9 décembre 1402 il retint la connaissance du litige. (Arch. nat., X¹ª 50, fol. 78, v°.) Quant à la terre et seigneurie d'Oiron, confisquée sur Jean Barillet, dit de Xaincoins, receveur général des finances, qui la possédait, elle avait été donnée par Charles VII (lettres patentes datées de Montbazon, le 9 avril 1451, à Guillaume Gouffier, son chambellan. (*Arch. hist. du Poitou*, t. XXXII, p. 295, note). Par acte du mois de septembre 1475, Louis XI, agissant comme vicomte de Thouars, accorda le droit de haute justice à la seigneurie d'Oiron, en faveur du même Guillaume Gouffier. (Coll. dom Fonteneau, t. XXVI, p. 475, d'après le chartrier de Thouars.)

bailler et donner à ceulx qui sont ou seront ordonnez pour dire, celebrer et continuer lesdictes messes et autres services divins en ladicte chappelle, jusques à ladicte somme de xxx. livres tournois de rente, et que lesdiz gens d'eglise et leurs successeurs la puissent tenir, posseder et en joir paisiblement et perpetuellement, comme admortie et à Dieu dediée. Et laquelle somme de xxx. livres tournois de rente ou revenue, ainsi par lui ou par autres acquises ou à acquerir nous avons dès maintenant pour lors admortie et admortissons, de grace especial, plaine puissance et auctorité royal, par cesdictes presentes, sans ce que lesdiz gens d'eglise ne leurs successeurs en ladicte chappellenie soient tenus icelles rentes et revenues mettre hors de leurs mains, ne pour ce paier aucune finance ou indempnité à nous ne aux nostres, pour quelque cause ne en quelque manière que ce soit ; et laquelle finance, quelle qu'elle soit, nous avons, pour consideracion des choses dessus dictes, donnée et quictée, donnons et quictons à nostredit cousin suppliant, de nostre plus ample grace, par ces dictes presentes. Par lesquelles nous donnons en mandement à noz amez et feaulx gens de noz comptes et tresoriers et à tous noz autres justiciers et officiers ou à leurs lieuxtenans, presens et avenir, et à chacun d'eulx, si comme à lui appartendra, que lesdiz suppliant et gens d'eglise et chacun d'eulx, et leurs diz successeurs en ladicte chappellenie, ilz facent, seuffrent et laissent joir et user paisiblement et perpetuellement de noz presens admortissemens, don, quictance, grace et octroy, sans leur faire ne souffrir estre fait, mis ou donné aucun destourbier ou empeschement au contraire. Et affin que ce soit chose ferme et estable à tousjours maiz, nous avons signé ces presentes de nostre main et à icelles fait mettre nostre seel. Sauf en autres choses nostre droit et l'autrui en toutes. Donné à Tours, le xxviiie jour de juing l'an de grace mil iiii^c lxix, et de nostre règne le huitiesme.

Ainsi signé : Par le roy [1], les sires de Crussol, de la Forest [2] et autres presens. Flameng. — Visa. Contentor. Duban [3].

MCCCCLXIII

Lettres patentes ordonnant la translation du Parlement de Bordeaux à Poitiers. (JJ. 196, n° 70, fol. 45.)

Juillet 1469 (avant le 22.)

Loys, par la grace de Dieu roy de France. Savoir faisons à tous, presens et advenir, comme après nostre advenement à la couronne, pour les grans plaintes et clameurs qui faites nous furent de ce que, pour la grant affluence et multitude des causes et procès estans en noz cours de Parlement à Paris et Thoulouse, tant par appel que autrement, qui ne povoient estre determinées ne decidées, et dont s'en estoient ensuy et ensuivoient de jour en jour plusieurs grans maulx, charges et inconveniens irreparables à noz subgetz et à la chose publique de nostre royaume, nous, pour obvier à nostre povoir ausdiz inconveniens et afin que briefve justice fust administrée ausdiz subgetz, eussions jà pieça, pour ces causes et pour le soulagement d'iceulx noz subgetz des peines et travaulx qu'ilz avoient supportez aux causes dessus dictes, fait, crée et institué une court de Parlement en la ville et cité de Bordeaulx [4],

---

1. *Sic*, quoique le texte annonce que les lettres sont signées de la propre main du Roi.
2. Sur Louis de Crussol, sénéchal de Poitou, et Louis de Beaumont, sr de la Forêt-sur-Sèvre, cf. ci-dessus, p. 47 et 54, notes).
3. L'original de ces lettres d'amortissement fait partie des Archives du château de Thouars et une copie s'en trouve dans la coll. dom Fonteneau, t. XXVI, p. 455.
4. Par édit daté de Chinon, le 10 juin 1462, avec ressort sur les sénéchaussées de Guyenne, de Gascogne, des Lannes, d'Agenais, de Bazadais, de Périgord et de Limousin, auxquelles des lettres patentes du 7 février 1463 n. s. joignirent l'Angoumois et le Quercy. (*Ordonnances des Rois de France*, in-fol., t. XV, p. 500, 610, 612.) Jean Tudert, originaire de Mirebeau (cf. vol. précédent, p. 59, note), qui en fut nommé président, était encore à sa tête lors de la translation à Poitiers. On

ainsi que ces choses et autres sont plus à plain contenues et declairées ès lettres de ladicte institution et creacion, en laquelle nostre court de Parlement eussions ordonnez et establiz ung president, quatre conseillers clers et quatre laiz, noz advocat et procureur, deux greffiers et quatre huissiers et eussions ordonné y ressortir les seneschaucies de Guienne, Lymosin, le hault et le bas Agenoys, Basadès, les Lannes, Quercy desà la rivière de Dordoygne, Xantonge et le gouvernement de la Rochelle, avec autres pays declairez en nos dictes lettres de institucion. Laquelle nostre dicte [court] ait esté de par nous tenue en ladicte ville et cité de Bordeaulx par noz amez et feaulx les president et conseillers et autres officiers d'icelle. Et il soit ainsi que depuis ayons baillé en partage et appanage à nostre très cher et très amé frère Charles le pays de Guyenne et autres pays, terres et seigneuries contenues et declairées ès lettres dudit appanage [1], pour la quelle cause ayons deliberé de translater,

---

sait que le Parlement de Paris avait siégé pendant dix-huit ans (1418-1436) dans cette ville, ce qui avait donné à celle-ci une importance qu'elle perdit nécessairement le jour où le départ des Anglais permit à Charles VII de faire rentrer la cour dans sa capitale. Ne pouvant se résigner à cette sorte de déchéance, les bourgeois et les magistrats municipaux de Poitiers firent plusieurs tentatives, dans les dernières années de Charles VII et au début du règne de Louis XI, pour obtenir la création sinon d'une cour nouvelle de Parlement, du moins d'une chambre rattachée au Parlement de Paris, mais qui aurait son siège à Poitiers et y jugerait souverainement. Leurs espérances, que l'établissement d'une cour suprême à Bordeaux paraissait avoir anéanties, se réveillèrent quand le roi donna à son frère le duché de Guyenne en apanage. Les sollicitations reprirent et le roi leur accorda enfin satisfaction, moyennant certaine compensation financière. Mais le nouveau séjour d'un Parlement à Poitiers n'eut qu'une bien courte durée. La mort, à vingt-six ans, du duc de Guyenne, vint remettre les choses dans leur ancien état, et dès le 1er juin 1472, par lettres données à Saintes, Louis XI ordonna le rétablissement à Bordeaux de ce Parlement qui avait siégé dans la capitale du Poitou un peu moins de trois ans. (*Ordonnances des Rois de France*, t. XVII, p. 511). Pour ne point donner à une simple note un développement excessif, nous nous réservons d'examiner, dans l'introduction du présent volume, les projets de création d'une cour spéciale à Poitiers et de résumer l'histoire du Parlement de Guyenne, pendant son séjour dans cette ville.

1. Charles de France, second fils et dernier enfant de Charles VII et de Marie d'Anjou, né le 28 décembre 1446, mort le 25 mai 1472. On sait comment sa courte vie se consuma à peu près tout entière dans

faire seoir et tenir nostre dicte court de Parlement, en la forme, estat et manière qu'elle estoit en icelle ville et cité de Bordeaulx, en aucun autre lieu à ce propice et convenable, à nous appartenant nuement et sans moyen ; par quoy nous deuement advertiz et acertenez des choses dessus dictes et aussi que nostre ville et cité de Poictiers, qui est notable et ancienne ville, est plus propice et convenable pour y mettre et faire tenir et seoir nostre dicte court de Parlement que nulle autre ville que nous ayons près de la dicte ville de Bordeaulx, et en laquelle ville de Poictiers nostre court de Parlement à present seant à Paris a esté autres foys tenue et y sont encores les lieux et sièges neccessaires pour la tenir, desirans justice estre administrée et

---

les intrigues avec les ducs de Bourgogne et de Bretagne contre le roi, son frère. Duc de Berry, il perdit son apanage en se faisant l'instigateur de la guerre dite du Bien public. Contraint de lui donner comme compensation la Normandie (1465), Louis xi la lui reprit l'année suivante. Charles alors se réfugia à Vannes et se mit au service du duc François ii, d'où une guerre entre le roi et la Bretagne. Après les traités d'Ancenis et de Péronne (1468), Louis xi fit montre à l'égard de tous les princes du royaume des dispositions les plus conciliantes ; il avait surtout grand intérêt à ménager le duc de Bretagne, dont il avait besoin pour écarter quelques-unes des fatales consequences du traité de Péronne. Il entama avec lui des négociations et envoya à Nantes ses ambassadeurs dans le but de régler, d'un commun accord, la question de l'apanage de Charles et de lui faire accepter le duché de Guyenne. Après de longs débats entre les conseillers du prince, ceux du duc de Bretagne et les commissaires royaux, un traité fut enfin conclu à Nantes. (Voir les détails de ces négociations dans l'*Histoire de la réunion de la Bretagne à la France*, par A. Dupuy. Paris, 1880, in-8º, p. 219-237.) Louis xi cédait à son frère, en échange de la renonciation par celui-ci à ses deux précédents apanages (le Berry et la Normandie), le duché de Guyenne tel qu'il se comportait au delà de la Charente, avec les sénéchaussées d'Agenais, de Quercy, Périgord, Saintonge, la ville et le gouvernement de la Rochelle et le bailliage d'Aunis (Lettres datées d'Amboise, avril 1469). Charles fit son entrée à la Rochelle, le 10 juin, et prit possession de son duché. Les deux frères se rencontrèrent sur les bords de la Charente et se réconcilièrent solennellement. Par autres lettres données à Coulonges-les-Royaux, le 18 septembre 1469, le roi étendit encore les limites de l'apanage du duc de Guyenne. (*Ordonnances des Rois de France*, in-fol., t. XVII, p. 209, 255.) Néanmoins l'accord entre les deux princes ne fut pas de longue durée. Charles ne tarda pas à renouer des intrigues avec Charles le Téméraire et François ii ; au moment de sa mort (25 mai 1472), Louis xi faisait presser en Poitou les préparatifs militaires pour attaquer les possessions de ce frère (cf. ci-dessus, p. 124, note 2) qu'on l'accusa d'avoir fait empoisonner.

entretenue à nosdictz subgetz et les causes et procès, estans
indecis en nostre diote court de Parlement naguères seant en
ladicte ville de Bordeaulx, estre jugez et determinez le plus
brief que faire se pourra, avons pour ces causes et autres
grandes causes et consideracions à ce nous mouvans, et par
l'advis et deliberation d'aucuns des seigneurs de nostre
sang et gens de nostre grant Conseil, translaté et mis, trans-
latons et mettons, de nostre certaine science, grace especial, plaine puissance et auctorité royal, par ces presentes,
en nostre dicte ville de Poictiers nostre dicte court de Parlement naguères seant en ladicte ville de Bordeaulx, pour
estre doresenavant tenue en icelle ville de Poictiers par les
president, conseillers, advocat, procureur, greffiers et huissiers qui par nous y ont estez ou seront establys et ordonnez, en tel ou plus grant nombre qu'ilz estoient oudit Parlement de Bordeaulx. Et en oultre, avons voulu, ordonné et
declairé, voulons, ordonnons et declairons que toutes les
causes meues et pendans indecises en nostre dicte court lors
seant audit Bordeaulx, tant par appel que autrement,
soient vuydées, decidées et determinées en nostre dicte
court de Parlement de Poictiers, tout ainsi qu'elles eussent
esté en nostre dicte court de Parlement de Bordeaulx, et
que les diz procès soient apportez en nostre dicte ville de
Poictiers, pour illec estre jugiez et determinez par icelle
court. Et avecques ce, pour les causes que dessus, avons
voulu, ordonné et declairé, voulons, ordonnons et declairons ressortir en nostre court de Parlement de Poictiers les
pays et conté de Poictou, la Marche haulte [1] et basse et
leurs enclaves, appartenances et appendances quelzconques,

---

1. Cependant, sur la réclamation du duc de Nemours, comte de la Marche et par déclaration royale donnée aux Montils-les-Tours, le 11 août 1470, il fut ordonné que les causes dudit duc et du comté de la Marche ressortiraient, non pas au Parlement établi à Poitiers, mais au Parlement de Paris, comme avant l'édit de translation (*Ordonnances des Rois de France*, t. XVII, p. 327, d'après le texte enregistré au Parlement de Paris, le 3 février 1471 n. s., X^{1a} 8606, fol. 229.)

et le pays de Combraille et le Franc Aleu, ensemble ledit pays de Limosin, le hault et le bas, lequel, comme dit est, ressortissoit en nostre dicte court de Parlement à Bordeaulx. En laquelle nostre dicte court de Parlement de Poictiers voulons et ordonnons y estre tractées, decidées et determinées les causes et querelles des subgetz desdiz pays par appel et autrement, et tout ainsi que font noz autres cours de Parlement de Paris et de Thoulouse. Et oultre avons voulu, ordonné et declairé, voulons, ordonnons et declairons que toutes les causes des pays dessus diz pendantes indecises en nostre dict court de Parlement à Paris qui ne sont closes en droit et receues pour juger en la dicte court soient decidées et determinées en nostre dicte court de Parlement, par nous establye et translatée en nostre dicte ville et cité de Poictiers. Si donnons en mandement, par ces mesmes presentes, à noz amez et feaulx conseillers tenans et qui tendront nostre dicte court de Parlement à Paris, que lesdictes causes et procès avecques les parties ilz renvoyent en nostre dicte court de Parlement à Poictiers, pour y estre procedé ainsi qu'il appartiendra par raison ; et lesquelles nous y avons evocquées et evocquons et en avons interdicte et deffendue, interdisons et deffendons à nostre dicte court de Parlement à Paris toute court, juridicion et congnoissance. Et afin que les parties a qui lesdiz procès pourroient toucher ne soient delayans d'aler proceder, en iceulx procès, en nostre dicte court de Parlement de Poictiers, nous avons voulu, decerné et declairé, voulons, decernons et declairons par edict, loy, statut et ordonnance royal, que tout ce qui sera fait et poursuy au contraire par nostre dicte court de Parlement à Paris, depuis la publicacion et notificacion de ces presentes, soit de nul effect et valeur, et lequel nous avons revocqué, cassé et adnullé, cassons, revocquons et adnullons, et mettons du tout au neant par cesdictes presentes. Par lesquelles nous donnons aussi en mandement à noz amez et feaulx les president, conseillers et autres officiers qui ont esté ou seront de nouvel par nous ordonnez pour tenir nostre dicte court de Parlement en nostre dicte ville de Poictiers, qu'ilz se transportent incontinent en icelle ville, pour illec seoir, tenir et exercer nostre dicte court de Parlement, et y expedier les causes et procès des fins et limites dessus declairées, ainsi et par la forme et manière qu'il est acoustumé faire en noz autres cours souveraines, en faisant publier ces presentes en nostre dicte ville et cité de Poictiers et ailleurs ou mestier sera, ainsi qu'il est acoustumé faire en tel cas. Mandons en oultre aux seneschaulx de Poictou et de Lymousin et à tous noz autres justiciers et officiers esdiz pays et limites, ou à leurs lieuxtenans ou commis, et à chacun d'eulx, si comme à lui appartendra, que ces dictes presentes ilz publient et facent publier en leurs cours et juridicions et partout ailleurs où il appartendra, et obeissent et facent obeyr les subgectz de leurs dictes seneschaucies et juridicions, selon la forme et teneur des lettres de l'institucion de nostre dicte court et de cesdictes presentes. Et neantmoins, pour ce que de cesdictes presentes on aura afaire en plusieurs et divers lieux, nous voulons que au vidimus d'icelles, fait soubz scel royal, foy soit adjoustée comme à ce present original. Et affin que ce soit chose ferme et estable à tousjours, nous avons fait mettre nostre scel à ces presentes. Sauf en autres choses nostre droit et l'autruy en toutes. Donné à Amboise, ou moys de juillet l'an de grace mil cccc. soixante neuf, et de nostre règne le huitiesme [1].

Ainsi signé en marge : Par le roy, J. Bourré. — Visa. Contentor. Rolant.

---

[1]. Ces lettres patentes sont imprimées, d'après le texte transcrit sur le registre du Trésor des Chartes, dans le recueil des *Ordonnances des Rois de France*, in-fol., t. XVII, p. 231.

MCCCCLXIV

Rémission accordée à Michau Texier, qui en se défendant contre une agression à main armée, avait frappé mortellement Mathurin Prévost. (JJ. 196, n° 85, fol. 53)

Juillet 1469 (avant le 22).

Loys, par la grace de Dieu roy de France. Savoir faisons à tous, presens et avenir, nous avoir receue l'umble supplicacion de Micheau Texier, povre jeune homme de l'aage de xxiii. ans ou environ, contenant que le xxv° jour de fevrier derrenier passé, environ dix heures devers le matin, survindrent à l'ostel du père dudit suppliant Jehan Maillet, frère de la femme d'icellui suppliant, et André Maillet, neveu de la dicte femme, demourant à Montigret [1], lesquelz dirent audit suppliant qu'ilz vouloient aller ou pays d'Aulnis gaigner argent à labourer ès vignes, et il leur respondit qu'il iroit volentiers avec eulx. Et alors il print son fessouer [2] et deux pains feliz [3] en ung sac pour sa provision de la sepmaine ensuivante, et s'en allèrent tous troys à Beauvoir et illec beurent pinte de vin en l'ostel de ung nommé Petit Guillaume Micheau, mareschal; ouquel hostel estoient ung nommé Jehan Mauduit et ung autre homme duquel ledit suppliant ne scet le nom, demourans à Perignet. Et quant lesdiz Jehan Maillez et icellui suppliant eurent beu ladicte pinte de vin, ilz se misrent en chemin pour aller oudit pays d'Aulnis; et quant ilz furent hors dudit lieu de Beauvoir, ilz virent venir après eulx ledit Mauduit et son compagnon qu'ilz attendirent. Et quant ilz furent

---

1. Sic. C'est une faute de copiste, pour « Montigné. »
2. Ce mot s'écrit le plus souvent fossouer ou fossoir et a le sens de houe.
3. Pain de qualité inférieure.

assemblez, ilz leur dirent que Guyot Reymond et Mathurin Prevost, son serourge, avoient beu audit lieu de Beauvoir, qui les menassoient à batre et qu'ilz s'en donnassent garde, et que lèdit Reymond avoit ung grant cousteau soubz sa robe, et d'illec s'en allèrent tous cinq ensemble jusques à ung village auprès duquel les aconsuivent lesdiz Guiot Reymond et Maturin Prevost et ung autre, duquel ledit suppliant ne scet le nom. Et quant ilz furent ensemble, ledit Guiot Reymond demoura derrière, comme s'il eust voulu pisser, et tantost après vinst bien hastivement et dist ausdiz Mailletz et suppliant qu'ilz le menaçoyent, et de fait tira ung grant cousteau qu'il avoit soubz sa robe et jura la passion Nostre Seigneur qui les tueroit tous troys. Et lors ledit suppliant, pour cuider apaisier la noise, se mist entre deux, en disant audit Guiot qu'il ne les batroit pas tous troys. Et adonc ledit Mathurin Prevost frappa ledit suppliant sur la teste d'un fessouer et le bleça bien oultrageusement. Et quant il se senty ainsi blecié, il se mist en deffense contre ledit Maturin Prevost et de son fessouer le frappa par la poictrine tellement qu'il le tumba par terre, et encores lui donna ung autre coup sur l'espaule, et après le laissa illec et s'en ala secourir lesdiz Mailletz que ledit Reymond batoit de son cousteau; et si tost qu'il fust avec eulx, icellui suppliant et lesdiz Mailletz frapèrent sur ledit Raymond, en eulx deffendant, tellement qu'il tumba par terre ; et quant il fut ainsi tumbé, lesdiz Mailletz le batirent par les jambes et lui ostèrent son cousteau, duquel ledit André Maillet frapa icellui Reymond de taille à travers la cuisse jusques à grant effusion de sang. Et après se departirent d'ilec et laissèrent en la place lesdiz Guyot et Prevost, et s'en vindrent à l'ostel d'un nommé Jehan Prevost, lequel envoya querir Guillaume Prevost, son cousin, pour habiller la bleceure dudit suppliant, et d'ilec s'en partirent lesdiz Mailletz et suppliant et s'en alèrent où bon leur sembla. Et pour doubte des choses dessus dictes, se mist ledit suppliant en franchise où il se tint par aucun temps, pendant lequel il a sceu que ledit Maturin Prevost est allé de vie à trespassement. A l'occasion duquel cas, ledit suppliant doubte estre aprehendé par justice, etc. Au seneschal de Poictou et à tous, etc. Donné à Tours, ou moys de juillet l'an de grace mill cccc.lxix, et de nostre règne le viiie.

Ainsi signé : Par le roy, à la rellacion du Conseil. P. Aude. — Visa. Contentor. Rolant.

MCCCCLXV

Rémission octroyée à Bernard de La Touche, archer de l'ordonnance de la compagnie de Louis de Crussol, sénéchal de Poitou, qui, à la suite d'une rixe avec Jean Salmon, lieutenant du château d'Argenton, celui-ci étant venu l'assaillir à la tête d'une troupe armée, avait frappé mortellement l'un de ses hommes. (JJ. 196, n° 138, fol. 77 v°.)

Juillet 1469 (avant le 22).

Loys, par la grace de Dieu roy de France. Savoir faisons à tous, presens et avenir, nous avoir receue l'umble supplicacion de Bernard de La Tousche, archier de nostre ordonnance soubz la charge et compaignie de nostre amé et feal chevalier, conseiller et chambellan, le sire de Crussol, seneschal de Poictou [1], contenant que, le viiie jour de juillet derrenier passé, à l'occasion de ce que Jehan Salmon, lieutenant du chasteau d'Argenton en Poictou, fut

---

1. Bernard de La Touche est encore nommé parmi les archers de la compagnie de Louis de Crussol, sénéchal de Poitou, dont la montre fut reçue à Poitiers, le 5 mai 1470. Au nombre des hommes d'armes de la même compagnie on trouve aussi un Pierre de La Touche, et un autre archer porte les mêmes nom et prénom. (*Arch. hist. du Poitou*, t. II, p. 304, 306.) Bernard de La Touche figure parmi les hommes d'armes du Châtelleraudais sur le rôle de l'arrière-ban convoqué en 1491 par Jacques de Beaumont, sire de Bressuire, sénéchal de Poitou, et dont la montre fut faite à Poitiers, le 26 novembre, par-devant Guillaume Arembert, procureur du roi en Poitou. (*Roolles des bans et arrière-bans de la province de Poitou*, etc. Réimp. Nantes, 1883, in-4°, p. 46.)

adverty que deux enfans de ladicte ville d'Argenton, peschoient en la rivière dudit lieu à la lingne, lui, acompaigné du portier dudit chasteau, d'un sien serviteur ou autre, nommé Jehan Mareschal, alèrent à ladicte rivière pour prendre au corps et mettre en prison lesdiz deux enfans, l'un desquelz enfans, pour cuider estre en seurté s'en vint retraire au logeis de Loys d'Escoreaulx, dit Finet [1], homme d'armes de nostre ordonnance soubz la charge d'icellui nostre dit seneschal de Poictou. Et ledit enfant entré oudit logeis, vint ledit Salmon qui le poursuyvoit et dist audit Finet, homme d'armes : « Baillez moy cest homme qui est entré en vostre logeis, qui a pesché à la rivière de Monseigneur, ou autrement je l'iray querir en vostre maison. » Et ledit Finet respondi : « Je ne l'ay pas fait venir, ne aussi je ne le chasseray pas dehors. » Et à tant s'en alèrent ledit Salmon et ses gens. Et peu de temps après, ledit suppliant se trouva devant le logeis dudit homme d'armes où il trouva lesdiz deux compaignons qui avaient pesché et leur commença à dire tout en riant : « Enfans, avez-vous du poisson ? » et après les convya à disner avec luy et ung nommé Guillaume de La Broce, seigneur desdiz enfans, et ung presbtre nommé Jehan Bertonneau. Et après qu'ilz eurent disné, chacun s'en alla à son affaire, et ledit suppliant s'en ala à la halle de ladicte ville, pour soy esbatre et jouer, et de là s'en retourna ou logeis dudit Finet, homme d'armes, où il trouva deux hommes, lesquelz lui tendirent à boire. Et après ung nommé le s^r de l'Almaire et ledit supliant jouèrent aux tables [2], et ainsi qu'ilz jouoient, ledit Finet

---

1. Sur l'état des hommes d'armes de la compagnie du sire de Crussol, dressé pour la montre du 5 mai 1470, ce personnage n'est désigné que par son sobriquet « Fynet ». (*Arch. hist. du Poitou*, t. II, p. 304.)
2. Le tablier en usage pour le jeu de trictrac était divisé en quatre parties qu'on appelait tables, et par extension ce mot au pluriel est employé le plus souvent pour le trictrac même. (Fr. Godefroy, *Dict. de l'anc. langue française.*)

partit de son logeis et s'en ala en la halle de ladicte ville où il trouva ledit Salmon ; lesquelz s'entreprindrent de parolles et s'entredirent de grans villenies l'un à l'autre, tellement que le gentilhomme avecques lequel ledit supliant jouoit aux tables dist : « Bernard, levez-vous et alez à ce debat », ce que ledit supliant fist et oy plusieurs parolles et injures que ledit Salmon dist audit Finet, et dist audit Salmon : « Vous estes ung très meschant homme de dire telles parolles et injures à cest homme d'armes. » Et ledit Salmon lui demanda : « De quoy vous meslez vous ? » Et lors ledit supliant lui respondi : « Si faiz et si vous m'en dictes ung mot de desplaisir, je vous monstreray comment il m'en desplaira. » Et incontinant ledit Salmon dist audit supliant : « Alez vous chier ! Vous n'oseriez. » Sur quoy ledit supliant tira sa dague et ledit Salmon cuida tirer la sienne ; mais ledit supliant y eut plus tost la main que luy et la tint si bien que en se demenant il rompit sa sainture et, de la sescousse de ladicte sainture, cheut à terre. Et quant il fut cheu, ledit supliant ne le bouta ne toucha, mais lui dist telles parolles : « Si n'estoit l'onneur de madame de Thouars, qui est fille de ton maistre [1], je te copperoys voulentiers la gorge, » com-

---

[1]. Il s'agit de Nicole ou Colette de Chambes, seconde femme de Louis d'Amboise, vicomte de Thouars, prince de Talmont, qui l'avait épousée par contrat du 5 mai 1465. Elle était fille de Jean II de Chambes, sr de Montsoreau et d'Argenton, à cause de sa femme, capitaine châtelain de la Rochelle, Niort, Talmont, etc., et de Jeanne Chabot, fille elle-même de Thibaut IX, sr de la Grève, et de Brunissende d'Argenton. Le frère de celle-ci, Antoine, seigneur d'Argenton, étant décédé en 1461, sans postérité, Jeanne Chabot hérita de ladite terre et seigneurie, dont son mari désormais porta le titre. Ensuite elle passa à Hélène de Chambes, leur fille cadette, qui épousa, comme l'on sait, Philippe de Commines. Quant à Colette, devenue veuve du vicomte de Thouars, le 28 février 1470, elle ne put obtenir de Louis XI, qui s'était emparé de la succession de Thouars, la restitution de sa dot et, mécontente de ses procédés, elle se lia avec Charles duc de Guyenne, dont elle d int la maîtresse ; elle en eut deux filles : Jeanne, religieuse, et Anne, femme de François de Volvire, sr de Ruffec, et mourut le 14 décembre 1471. (Cf. A. Ledru, *Louis XI et Colette de Chambes*. Angers, 1882, in-8°.)

bien qu'il n'avoit voulenté de lui malfaire, ce qu'il eust bien peu faire, car il n'y avoit homme qui l'en gardast. Et après que icellui Salmon fut levé, s'en courut en l'ostel de la chamberie pour cuider trouver ung baston et venir courir sus audit supliant, le quel ne partit point de là, tant qu'il vit saillir hors dudit hostel ledit Salmon qui n'avoit point de baston et print son chemin pour s'en aler au chasteau, en disant audit supliant : « Faulx traictre, villain, je t'auray aujourd'uy, » et ledit supliant print une petite pierre et la lenssa après luy ; de laquelle il ne le frappa point ne n'avoit voulenté de le frapper. Et ce fait, ledit supliant s'en ala au logeis dudit Finet et emporta la dague dudit Salmon en sa main, laquelle il gecta en l'ostel par la fenestre, en disant à ceulx qui estoient dedans qu'elle fust rendue audit Salmon, afin qu'il s'en deffendist mieulx unes autres foiz. Et commença à dire ledit Finet audit supliant : « A, Bernard, Bernard, ilz vont faire une armée au chasteau pour nous venir courir sus. » Et adonc ledit supliant dist à son varlet qu'il alast querir sa javeline et son espée et apportast le voulge dudit homme d'armes. Et si tost qu'il fut venu et arrivé, ledit Salmon et son armée vindrent devant le logeis dudit Finet pour l'assaillir, lui, ses gens et ledit supliant qui y estoit ; et eulx arrivez, ledit Salmon dist : « Saillez, villains, saillez ! Veés moy cy, homme pour homme ! » et le dist par plusieurs foiz. Et le dit supliant demanda audit homme d'armes : « Comment nous lairons nous en ce point oultrager ! » Et ledit Finet dist : « Ne sortons point, mais deffendons nostre porte. » Et ledit supliant dist : « Puisqu'ilz nous sont venuz assaillir, je sortiray, » et sortit franchement, sa javeline dedans sa main et son espée au costé saincte, et en saillant trouva ung nommé Jehan Douze, du chasteau, auquel il ne demanda riens et s'en ala aux autres qui l'estoient venuz assaillir, et vint à eulx et du premier coup vint bailler au portier du chasteau, qui illec estoit, un coup par le hault de la poictrine, dont ne le blessa point ; mais ung nommé Jehan Mareschal vint contre ledit supliant, lui cuidant donner d'un voulge par le cousté, et lors ledit supliant advisa qu'il le vouloit enclourre et recula ung pas en arrière, en disant troys foiz : « Ribault, laisse ton voulge ou je te navreray », dont il ne voult riens faire, ainçois empressoit tousjours ledit supliant, lequel ne le vouloit pas tuer ne frapper. Mais quant il vit qu'il ne vouloit pas cesser et qu'il se trouva empressé, doubtant le danger de sa personne, lui donna ung coup en la cuisse, dont ledit Mareschal est alé de vie à trespas. A l'occasion duquel cas ledit supliant, doubtant rigueur de justice, s'est absenté du pays et n'y oseroit jamais retourner, converser ne reppairer, se noz grace et misericorde ne lui estoient sur ce imparties, en nous humblement requerant que, attendu que en tous ses autres faiz, il a tousjours esté de bonne vie, renommée et honneste conversacion, etc. et que dès son jeune aage il s'est employé en nostre service, il nous plaise lui impartir nos dictes grace et misericorde. Pourquoy nous, etc., audit supliant, etc., en mettant au neant, etc., satisfaction, etc. Au seneschal de Poictou et à tous, etc. Donné à Tours, ou moys de juillet l'an de grace mil cccc. soixante neuf et de nostre règne le huitiesme.

Ainsi signé : Par le roy, à la relacion du Conseil. J. Dameysin. — Visa. Contentor. Rolant.

MCCCCLXVI

Juillet 1469.

Rémission accordée à Etienne Peneau, demeurant au bourg de « Chaillac ou conté de Poictou », coupable d'un meurtre. « Le dimenche ixe jour de ce present moys de juillet, Denis Peneau, prestre, son frère, estant oudit bourg de Chaillac ou viconté de Brosse et ressort de Montmorillon, devant une croix qui est entre les deux eglises qui sont en icellui bourg, en la compaignie d'un appellé Guillaume des Brosses, d'un autre nommé Quentin, qui sont archers de nostre ordonnance soubz la charge du bailli de Sens [1], logez oudit bourg » et de plusieurs autres habitants de la localité, survint « ung appellé Gilbert, qui estoit varlet d'un nommé le bastard Chevance, homme d'armes soubz ledit bailli de Sens, logé semblablement oudit bourg de Chaillac », lequel Gilbert chercha querelle à Denis Peneau et le frappa d'un bâton. Celui-ci s'enfuit dans l'église, pendant que son frère, Etienne Peneau, informé de ce qui se passait, sortit tout ému d'une hôtellerie où il se trouvait, et armé d'un tison pour venir à son secours, en porta un coup audit Gilbert qui en mourut le lendemain. « Si donnons en mandement au seneschal de Poictou ou à son lieutenant à son siège dudit lieu de Montmorillon [2], etc. Donné à Tours, ou moys de juillet l'an de grace mil cccc. soixante neuf, et de nostre règne le viiie. » (JJ. 196, n° 139, fol. 78.)

MCCCCLXVII

Lettres d'anoblissement en faveur de Guillaume et Jean Richelot, frères, poitevins. (JJ. 196, n° 39, fol. 25).

Juillet 1469 (après le 22).

Ludovicus, Dei gracia Francorum rex. Probitatis merita

---

1. Charles de Melun, s^r de la Borde et de Nantouillet, baron de Landes, accusé d'intelligence avec les ennemis du roi, ayant été condamné à mort et exécuté le 20 août 1468 (cf. notre volume précédent, p. 439, note), Renaud ou Regnault du Châtelet avait été nommé à sa place bailli de Sens. Seigneur de Pompierre puis du Châtelet en partie, comte de Vignory, souverain de Vauvillars, etc., Renaud était fils de Philibert, seigneur du Châtelet, et de Claude de Paroye, sa première épouse. Il devint successivement écuyer d'écurie de Charles VII, en 1454, chambellan et écuyer tranchant de Louis XI, capitaine de la grosse tour de Villeneuve-le-Roi, garde du château d'Alençon, bailli de Chaumont en 1466, puis de Sens (1468). Le roi venait de le marier avec Charlotte Alleman, dame d'honneur de la reine Charlotte de Savoie, et lui fit à cette occasion un don de dix mille écus d'or. Par lettres du 31 octobre 1472, il obtint les charges de maréchal de Dauphiné et de lieutenant du gouverneur de la même province, dont jouissait Soffrey Alleman, s^r de Châteauneuf et d'Uriage, son beau-père. Après le décès de Louis XI, le roi Charles VIII, par ordre daté de Cléry, le 29 novembre 1483, chargea Renaud du Châtelet de mettre la duchesse de Lorraine et le duc, son fils, en possession des places du duché de Bar qui avaient été confisquées par Louis XI. Sa mort arriva entre les années 1485 (un acte de cette date le qualifie encore maréchal du Dauphiné) et 1493. (Pilot de Thorey, *Catalogue des actes du dauphin Louis II, devenu le roi de France Louis XI*. 2 vol. in-8°, Grenoble, 1899, t. II, p. 142.)

2. Chaillac, situé sur la rive gauche de l'Anglin, est dit du comté de Poitou, de la vicomté de Brosse et du ressort de Montmorillon, où se trouvait un siège du lieutenant du sénéchal de Poitou. Ces renseignements méritaient que les présentes lettres de rémission fussent notées dans notre recueil.

nobiles actus gestusque laudabiles et virtutum insignia quibus persone decorantur, merito nos inducunt ut eis juxta eorum opera, Creatoris invitacione, nostre liberalitatis premia retribuamus et eos eorumque posteritatem favoribus congruis et nobilium honoribus, ut nomen rei consonet, attolamus, quatinus ipsi hujusmodi prerogativa letentur et alii, ipsorum exemplo, ad agenda que bona sunt fervencius aspirent et honores suffragantibus meritis adipiscendos allicientur. Notum igitur facimus universis, tam presentibus quam futuris quod, attentis vita laudabili, morum honestate fidelitateque et aliis quamplurimis virtutum generibus, que in dilectis nostris magistro Guillermo et Johanne les Richelotz [1], fratribus, nonnullorum fidedignorum testimonio novimus suffragari, pro quibus ipsos gratos erga regiam magestatem nostram se reddiderunt et acceptos, nos ipsorum personas ad culmen honorum erigere volentes, adeo quod sibi ac proli posteritatique suis perpetuo cedere valeant ad decoris incrementum, eosdem magistrum Guillermum et Johannem les Richelotz, libere condicionis thorique legitimi ac ex honestis parentibus procreatos, eorumque posteritatem et prolem utriusque sexus, de legitimo matrimonio procreatam et procreandam, et eorum quemlibet, de speciali gracia, certa sciencia, plena potestate auctoritateque regia nostris, per presentes, nobilitavimus et nobilitamus nobilesque facimus, etc., tamen nobis hac vice duntaxat financia moderata, quam nobis propter hoc in presenti realiter tradiderunt et quam recepimus aut recipere fecimus, computata et

---

[1]. Un Guillaume Richelot figure sur l'état des nobles du Bas-Poitou parmi les brigandiniers placés sous les ordres du sr de Laigle, lors de la convocation de l'arrière-ban, le 5 octobre 1467, c'est-à-dire près de deux ans avant la date du présent anoblissement; et sur le rôle de l'arrière-ban convoqué, sur l'ordre du roi, par le sr de Beaumont-Bressuire, sénéchal de Poitou, le 26 novembre 1491 et jours suivants, parmi les gens d'armes « qui sont en garnison à Mortaigne, frontière de Bretagne », on lit les noms de Jean et François Richelot. (*Roolles des bans et arrière-bans de la province de Poitou*, p. 9 et 59.)

numerata. Et a qua quidem financia sic per nos recepta, pro singulis rebus quibus nobis tenentur, ipsi magister Guillermus et Johannes les Richelotz pro hujusmodi nobilitacione ipsos quietos et immunes volumus esse ubique, absque difficultate quacunque, per presentes, manu nostra signatas. Quocirca dilectis et fidelibus gentibus compotorum nostrorum et thesaurariis, senescalo nostro Pictavie ceterisque justiciariis, etc. Datum Ambasie, mense julio anni Domini millesimi cccc^{mi} lxix^{mi}, et regni nostri nono.

Ainsi signé : Loys, et au reploy : Per regem, dominis de Concressault (*écrit* Condrussault [1]), de la Forest [2], du Lude [3], Yvone du Fou [4] et aliis presentibus. Flameng. — Visa. Contentor. Duban.

MCCCCLXVIII

Rémission accordée à Guitière Desgroies, jeune fille de dix-huit ans, poursuivie comme complice de l'assassinat de René Colinet, per-

---

1. Guillaume de Ménipeny, s^r de Concressault, chambellan de Charles vii, était, dès l'année 1439, attaché à la personne de Louis xi, dauphin, comme écuyer d'écurie, lors du voyage qu'il fit en Languedoc. Envoyé, l'an 1459, en ambassade en Ecosse, son pays d'origine, il fut à son retour fait prisonnier par les Anglais. Louis xi l'envoya aussi auprès du comte de Warwick vers la fin de 1467, et le nomma sénéchal de Saintonge en remplacement de Patrice Foucart, par lettres datées de Selommes, le 10 octobre 1473. On le trouve aussi qualifié vicomte d'Auvillars : il vivait encore le 6 juillet 1481. (Bibl. nat., mss. pièces orig., vol. 1926, dossier Menypeny ; cf. Fr. Michel, *Les Ecossais en France*, in-8°, 1862, t. I, p. 202-204.)

2. Louis de Beaumont, s^r de Vallans et de la Forêt-sur-Sèvre, etc. (Voir ci-dessus, p. 54, note.)

3. Jean de Daillon, seigneur du Lude, fut aussi élevé auprès de Louis xi, lorsqu'il n'était encore que dauphin ; il se qualifie son écuyer dans un acte de 1444. Après l'avènement de ce prince à la couronne, il fit du s^r du Lude un de ses chambellans et plus tard le créa bailli de Cotentin, titre qu'il prend dans une quittance du 23 avril 1474 ; dans une autre du 14 février 1476 n. s., il est qualifié capitaine de cent lances des ordonnances, gouverneur du Dauphiné ; il le fut ensuite de la ville d'Arras et du comté d'Artois en 1477. Il commanda en Roussillon l'armée qui prit Perpignan (1473), et en Picardie, celle qui ménagea la réduction d'Hesdin. Le roi lui fit de nombreux dons, entre autres des seigneuries de Leuse et de Condé en Hainaut, de la Ferté-Milon et de Nogent, de Gisy-lès-Sens, etc. ; il vivait encore à la fin de l'année 1481. (Le P. Anselme. *Hist. généal.*, t. VIII, p. 189.)

4. Sur Yvon de Fou, voyez ci-dessus, p. 103, note.

pétré à Benet par Michelle Péron, sa belle-mère, celle-ci ayant été condamnée à mort et exécutée pour ce crime. (JJ. 196, n° 127, fol. 72.)

Août 1469.

Loys, par la grace de Dieu roy de France. Savoir faisons à tous, presens et avenir, nous avoir receue l'umble supplicacion de Guitière Desgroies, jeune fille, aagée de xviii. ans ou environ, contenant que, troys ans a ou environ, ung nommé Regné Colinet estoit demourant avec Remond Robin, pour le servir et besongner du mestier de texier en linge, et pour le bon gouvernement que ledit Robin et sa femme virent dudit Colinet, deux ans a ou environ, traictèrent le mariage de lui et de Jehanne Robine, leur fille, et demoura ledit Colinet et sadicte femme en communaulté avec eulx par aucun temps, pendant lequel ledit Remond, qui est de bonne vie, aperceust que sadicte femme tenoit mauvaiz termes à ses enfans, dont il fut très fort coursé et en cheust au lict malade par bien longtemps, et au moien desdiz termes que leur tenoit Michelle Peronne[1], femme dudit Remond, se departirent de ladite communauté et s'en alèrent demourer en une autre maison joingnant; et durant ladicte société, ainsi qu'il est

---

1. Dans les lettres de rémission obtenues, en septembre 1469, par Jeanne Robin, complice de l'assassinat de René Colinet (ci-dessous, n° MCCCCLXXIV), le nom de la femme de Raimond Robin est écrit Michelle Pironne. Cette forme parait plus exacte, car sur le *Papier des cens, rentes, taillées, fromentages, etc., deuz chacun an en la ville, terre, chastellanie et seigneurie de Bennetz* » (le seigneur était alors Hardouin de Maillé), pour les années 1471 et suivantes, sont mentionnés plusieurs membres des familles Piron et Robin, de Benet. En voici quelques-uns : « Jehanne Pironne, l'aisnée, pour Jehan Piron et les hoirs feu Geoffroy Ymbault, sur ung froustiz ou souloit avoir herbergement et sur ung verger tenant, etc. ii. solz vi. deniers ». — « Mathurin Piron, pour Jehanne Soulice, femme de Jehan Piron, sur son herbergement tenant au chemin par où l'on va de la porte Groussart à l'eglise de Bennetz, xv. deniers. » — « Guillaume Girardin, à cause de Jehanne Robine, sa femme, pour Philippon Robin, sur sa maison tenant, d'une part, à la porterie du chasteau et d'un bout aux douhes dudit chasteau, du davant à la place du marché, ii. s. vi. d. » — « Helye Robin sur deux journaux de terre assis ou terrouer de Puybelin, etc., xii. d. » (Arch. nat., P 1037, fol. 20 v°, 22 v°, 40 v°, 43.)

notoire au lieu de Benet, icelle Michelle à tousjours tenu rigoureux termes à ladicte suppliante, tellement qu'elle ne savoit que devenir, sinon qu'elle penssoit tousjours à faire la volenté de ladicte Peronne, laquelle elle craignoit mout à courrousser, parce qu'elle avoit fait devenir fol le frère de ladicte suppliante et menger de la cervelle d'un chat. Et ce presupposé, ladicte suppliante, parce que icelle Michelle, environ la feste de Pasques derrenière, avoit trait la cervelle d'un chat et baillé à sa fille pour donner audit Regné à menger, affin qu'il deviensist fol, laquelle chose ladicte Michelle a confessé voluntairement, et par ce que dit est et aussi que ladicte suppliante doubtoit que ladicte Michelle lui fist boire quelque venin et qu'elle lui fist ennuy, et pour tousjours l'entretenir, afin que s'elle avoit fait avoir à son dit frère ladicte maladie, qu'elle lui vousist secourir, a tousjours compleu à ses voulentez. Et le mardi d'après Pasques derrenier, ladicte Michelle et Jehanne sa fille conspirèrent ensemble en leurs courages de tuer ledit Regné Colinet et de fait l'occirent de guet apensé, et pour ce faire et que ladicte suppliante leur fust secourable, s'elles en avoient besoing, ladicte Michelle par grans menaces et parolles rigoreuses contraignist icelle suppliante à aller avec elles audit murtre et à leur aider, et se acorda ladicte suppliante à aller avec elles, non obstant qu'elle y obvia le plus qu'elle peust ; maiz ladicte Michelle lui disoit que, s'elle ne alloit avecques elles, que jamaiz n'auroient ensemble repoux ne paciense, maiz aussi, s'elle y alloit, qu'elle lui tiendroit les meilleurs termes qui lui seroit possible, et lui feroit tant de biens et de courtoisies qu'elle auroit beau se tenir tousjours audit lieu de Bennetz, et tellement ennorta icelle suppliante par blandes et souefves parolles, et aussi par force et menace, qu'elle ala avecques elle en la maison dudit Regné ; en laquelle ilz le trouvèrent en son lict dormant, et d'un pillon de quoy on fait la saulce ladicte Jehanne donna sur la teste dudit Regné tel cop qu'elle en fist yssir la cervelle, et ladicte Michelle ung cop de cousteau. Et auparavant dudit cop, icelle Michelle avoit commandé à ladicte suppliante et Robine sa fille qu'elles prensissent les draps du lict où dormoit ledit Regné et le tiensissent le plus fort qu'elles pourroient, affin qu'il ne se peust deffendre contre elles, ce qu'elles firent et tindrent lesdiz draps de tout leur povoir. Pour lequel cas, ladicte Michelle a esté executée par justice, et a dit et confessé que par force et contrainte ladicte suppliante avoit esté avecques elles audit murdre et à faire ce que dit est. A l'occasion duquel cas, ladicte suppliante, doubtant rigueur de justice, s'est absentée du pays et n'y oseroit jamaiz converser, se noz grace et misericorde, etc. Au seneschal de Poictou et à tous, etc. Donné à Amboyse, ou moys d'aoust l'an de grace mil IIII^c LXIX, et de nostre règne le IXe.

Ainsi signé : Par le roy, le conte Daulphin [1], Regnaut du Chastellet, bailli de Sens [2], et autres presens. Flameng. — Visa. Contentor. Duban.

MCCCCLXIX

Rémission accordée à Guillaume Lucaseau, prêtre de Frontenay-l'Abattu, en fuite après avoir tué d'un coup de bâton son frère qui ne cessait de le frapper, de l'injurier grossièrement et de le menacer. (JJ. 196, n° 11, fol. 8 v°.)

Août 1469.

Loys, par la grace de Dieu roy de France. Savoir faisons, etc. nous avoir receue l'umble supplicacion de Guillaume Lucaseau, prebstre, pouvre chappellain, demourant

---

1. Louis Ier de Bourbon, comte de Montpensier, premier dauphin d'Auvergne de la maison de Bourbon. Il avait épousé Jeanne, fille unique et héritière du dauphin Béraud III et de Jeanne de la Tour-d'Auvergne, qui mourut en 1436, sans enfants, mais laissant par testament tous ses biens à son mari. C'est ainsi que celui-ci transmit à sa postérité le dauphiné d'Auvergne. Il mourut l'an 1486. (*Art de vérifier les dates*, édit. in-fol., t. II. p. 367.)
2. Sur Renaud du Châtelet, bailli de Sens, cf. ci-dessus, p. 184, note.

en la perroisse de Frontenay l'Abatu ou diocèse de Saintes, contenant que, pour la singulière amour et affection que les père et mère dudit suppliant avoient à lui, tant pour ce que icellui suppliant les nourrissoit et alimentoit que autrement, affin que tousjours les peult mieulx nourrir et alimenter le surplus de leurs jours, donnèrent à icellui suppliant tous et chacuns leurs biens meubles et conquestz ; et combien que ledit suppliant ait bien et honnestement recueilli et gouverné sesdiz père et mère, nourriz, vestus et alimentés au mieulx qu'il a peu, ce neantmoins feu Guillaume Lucaseau, frère dudit suppliant, desplaisant de ce que sesdiz père et mère ne s'estoient donnez à lui, est par plusieurs fois venu en la maison où demouroit ledit suppliant et sesdiz père et mère, et illec a fait plusieurs grans menasses tant à sesdiz père et mère que audit suppliant, son frère, disant à iceulx ses père et mère que c'estoit maufait à eulx d'eulx estre donnez à ce ribaut prebstre, lequel estoit infame et parjure et qu'il ne valoit riens, et qu'ilz estoient meschans gens. Lesquelz père et mère dudit suppliant et dudit Guillaume respondoient tousjours audit Guillaume, leur filz, que ilz se tenoient biens contens de lui et que il les traictoit bien et gracieusement, et qu'ilz vouldroient qu'il leur eust cousté du sang de sur eulx et ledit Guillaume fust d'aussi bon gouvernement que estoit ledit suppliant, et que pour Dieu il ne leur en parlast plus et qu'il s'en alast faire sa besogne. Et non content de ce, ledit Guillaume, une foiz entre les autres, tout eschauffé et esmeu, vint en la maison dudit suppliant, icellui suppliant estant au lit malade, auquel il dist en jurant et regniant le sang Dieu : « Ribault, prebstre infame, je te tueray. » Et de fait print ledit Guillaume Lucaseau ung baston en sa main pour en cuider frapper et asommer ledit suppliant son frère, ouquel on esperoit plus la mort que la vie ; et de fait l'eust tué, se ne fust une sienne voisine qui d'aventure y survint. Et en continuant et procedant par ledit

Guillaume en son mauvaiz dampnable couraige, injurioit et publioit contre verité que ledit suppliant n'estoit que ung ribault prebstre et qu'il maintenoit trois ou quatre femmes et aussi sa cousine, et qu'il estoit infame et parjure. Lequel suppliant, voyant lesdictes choses, remonstra gracieusement audit Guillaume qu'il faisoit mal, en lui disant telles parolles : « Mon frère, je te prie, deporte toy et ne me va plus vituperant. Je ne suis ribault, infame ne parjure, tu le scès bien. Beau sire, mect de l'eau en ton vin, et va faire ta besongne. » A quoy ledit Guillaume lui respondit bien arrogamment : « Je n'yray pas pour toy. » Et ledit suppliant luy dist : « Je m'en rapporte à toy. Si tu faiz bien, tu le trouveras. » Et certain temps après que ledit suppliant fut gary et relevé de sa maladie, en laquelle il avoist esté malade l'espace de sept sepmaines ou environ, voiant que ledit Guillaume, son frère, usoit tousjours de mauvaiz langaige contre ledit suppliant et l'appelloit ribault prebstre, parjure, qu'il disoit et publioit partout que ledit suppliant chevauchoit sa cousine, dont n'estoit riens, et autres parolles dessus dictes, ledit suppliant s'en alla de son hostel jusques au logeis dudit Guillaume, son frère, et lui remonstra gracieusement, en disant telles parolles en substance : « Mon frère, tu faiz mal de dire et publier les parolles que as dictes de moy. Tu as dit de moy que je suis infame, que j'ay porté faulx tesmongnaige et autres parolles injurieuses. » A quoy ledit Guillaume lui respondit : « Par le sang Dieu, il est vray, traictre, ribault prebstre, infame et parjure ! » Et adonc ledit suppliant, voyant que ledit Guillaume, son frère, lui respondoit si arrogamment et mal gracieusement, et que par plusieurs foiz il estoit venu menasser et injurier jusques en sa maison, et qu'il n'estoit riens de tout ce que ledit Guillaume luy mettoit à sus, ledit suppliant, courroussé et desplaisant desdictes parolles et injures, donna audit Guillaume d'un baston qu'il tenoit en sa main ung coup sur le braz. Et incontinant ledit Guillaume se vint gecter entre les jambes dudit suppliant pour le cuider abatre. Lequel suppliant se recula et après, ainsi que ledit Guillaume se reculoit, juroit et regnioit le sang Dieu qu'il tueroit ledit suppliant, [lequel], doubtant la fureur dudit Guillaume, son frère, leva ledit baston qu'il tenoit et l'en cuida frapper sur l'espaulle, mais ledit baston lui tourna en la main et l'ataigny d'avanture sur la teste un coup seullement, duquel icellui Guillaume, par faulte de bon pensement, mauvaiz gouvernement ou autrement, ala le lendemain de vie à trespassement. Pour occasion duquel cas edit suppliant, doubtant rigueur de justice, s'est absenté du pays et n'y oseroit, etc Pour quoy, etc., aux seneschal de Poictou et autres noz officiers, etc. Donné à Tours, ou moys d'aoust l'an de grace mil cccc. soixante neuf, et de nostre règne le ixe.

Ainsi signé : Par le roy, à la relacion du Conseil. Du Brueil. — Visa. Contentor. Rolant.

MCCCCLXX

Rémission octroyée à Jean Merceron, collecteur des aides et tailles en la paroisse des Magnils près Luçon, coupable du meurtre d'Amaury Marpaut, l'un des hommes de guerre qui occupaient alors le prieuré de Barbetorte, qu'il avait surpris en flagrant délit de vol dans sa maison. (JJ. 196, n° 32, fol. 21.)

Août 1469.

Loys, par la grace de Dieu roy de France. Savoir faisons à tous, presens et avenir, nous avoir receue l'umble supplicacion de Jehan Merceron [1], aagé de cinquante cinq

---

[1]. Jean Merceron était de Saint-Pierre-du-Chemin et avait un frère aîné, Colas, qui exploitait une hôtellerie dans cette localité. Depuis longtemps la mésintelligence présidait à leurs rapports. Craignant les mauvais traitements de ce frère, Jean l'avait assigné en justice et ils s'étaient donné un « assurement » mutuel, comme c'était l'usage, non seulement pour leurs propres personnnes, mais pour leur famille

ans ou environ, demourant ou bourg des Maignilz Reigner près Luçon, contenant que icelui supliant est pur lay, laboureur, chargé de femme et enfans en grant nombre, et a tousjours depuis son jeune aage vesqu bien et doulcement entre ses voisins, sans estre reprouché, blasmé, actaint ne convaincu d'aucun villain cas ou reproche ; et en l'année derrenière passée, a esté commis et ordonné par les esleuz en Poictou commissaire et collecteur des tailles et aides en ladicte parroisse des Maignilz, que il et autres commissaires ont commancé à lever et lèvent par chacun jour, et pour ce que, entre les festes de Toussains et de Noel dernierement passées se meut debat entre ung nommé frère Jehan Fricon et ung autre religieux de l'ordre de Grantmont, pour raison du prieuré de Barbetorte, se sont venuz loger oudit prieuré, qui est près et joignant dudit lieu des Maignilz, quinze ou vingt compaignons gens de guerre incongneuz et de diverses nacions, et tousjours ont demouré oudit lieu de Barbetorte jusques au dimenche penultime jour de juillet derrenier passé, pendant lequel temps lesdiz gens de guerre, entre lesquelz estoit ung nommé Amorry Marpaut, ont vesqu oudit

---

et leurs biens ; c'était un moyen, sinon de rétablir la paix entre eux, du moins d'éviter les voies de fait. Néanmoins, enfreignant cet assurement, Colas se livra à différents actes de violence au préjudice de son frère : il frappa la femme de celui-ci et la jeta à terre, si bien qu'elle dut garder le lit pendant un mois ; il fit tuer par ses chiens un porc appartenant à Jean, et il le battit lui-même à coups de bâton. La victime se plaignit en justice : Colas Merceron fut ajourné aux assises de Vouvant et le procureur du seigneur de Parthenay demanda contre lui une punition corporelle sévère, une amende de 500 livres et la prison fermée jusqu'au parfait payement, pour les excès par lui commis et surtout pour avoir enfreint l'assurement juré. Le 24 août 1444, les plaidoiries furent prononcées et les parfies renvoyées aux assises prochaines, pour entendre la sentence. L'année suivante, presque à pareil jour, le 23 août 1445, les deux frères se réconcilièrent et procédèrent à un accord que ratifia le juge de Vouvant. Dans ce procès, il est question aussi d'un Pierre Merceron, dont le lien de parenté avec les deux autres n'est pas indiqué (*Arch. nat.*, R1s 204, 1er feuillet.) Mentionnons encore un François Merceron qui était poursuivi criminellement au Parlement de Paris, le 11 mai 1462, par Jean Gourin, curé de Saint-Mesmin-le-Vieil. (*Id.*, X2a 31, à la date.)

prieuré de vie dissolue. Et parce que les fruiz et revenues dudit prieuré, qui ne valent par an que trante cinq ou quarente livres de rente ou environ, ne suffisoient pour le vivre et entretiennement desdiz gens de guerre et autres estans oudit prieuré, ilz se sont transportez par plusieurs et diverses foiz oudit village et bourg des Maignilz, et mesmement la dernière sepmaine devant la feste de Noel dernière passée, ung nommé le bastart Pierre Roy [1], ledit Amorry Marpaut, ung petit page et avec eulx une femme de peché, leur chambrière, nommée Guillemine, et y amenèrent aussi leurs chevaulx. Ung jour de ladicte sepmaine, environ souleil couchant, se transportèrent à la maison dudit supliant, en laquelle ilz se logèrent avec partie de leurs chevaulx, mengèrent le souper d'icelui supliant et de ses gens, enfans et serviteurs, et contraignirent l'un des enfans dudit supliant et sa femme d'eulx en aler coucher hors ladicte maison chés ung de leurs voisins, et couchèrent ledit bastart et ladicte femme de peché en leur lit. Et le lendemain au matin lesdiz Roy et Amorry, qui s'en estoient alez coucher ailleurs oudit bourg, vindrent parler audit bastart [2] lui dirent que lui et ladicte femme de peché estoient bien logez audit lieu et qu'ils viveroient aux despens de l'evesque de Luçon, seigneur dudit bourg ; et de fait alèrent percer les vins dudit evesque, qui estoient en sa maison dudit lieu. Et après ce, lesdiz Amorry Marpaut et le page ou valet dudit bastart alèrent par ledit bourg des Maignilz, pillèrent et robbèrent six ou sept boeceaux de blé qu'ilz portèrent chex ledit supliant pour leurs chevaulx, et par ce qu'ilz virent que ledit Merceron avoit grant mes-

---

1. Vers cette époque, vivait un Pierre Roy, curé de Saint-Carlais, paroisse depuis unie à celle de Brelou (acte de juillet 1464, mentionné par A. Richard. *Inventaire des arch. du château de la Barre*, t. II, p. 425), mais rien n'autorise à le croire père du personnage ici nommé.
2. *Sic*. Ce nom paraît devoir être remplacé par celui de Merceron, l'impétrant.

nage, lesdiz gens de guerre avecques la dicte femme s'en alèrent chez Pierre Rouxelin, prebstre, où ilz demourèrent par aucun temps et vesquirent aux despens des manans et habitans oudit bourg des Maignilz, en grant confusion de biens et sans ordre ne mesure. Et d'ilec à huit jours après ensuivant, les aucuns desdiz gens de guerre, qui estoient demourez logez oudit prieuré de Barbetorte, vindrent de rechief à la maison dudit supliant, où ilz ne trouvèrent que les femmes d'icelle maison qui ne les congnoissoient point, et par force et violance prindrent une couverte de lyt et l'emportèrent audit prieuré de Barbetorte; et tousjours depuis ont les diz gens de guerre continué leur forme de vivre, pillé et robbé lesdiz manans et habitans, tellement qu'il ne leur est demouré que bien pou de vivres, et par manière qu'ilz n'ont peu et ne povent paier les taux à quoy ilz sont tauxez pour les dictes tailles et paiement de noz gens de guerre. Et environ le xxiiie jour du mois de juillet derrenier passé, se transportèrent audit lieu des Maignilz ledit Amorry Marpaut et quatre autres varletz de guerre, armez d'espées et de dagues, et allèrent à la maison dudit supliant où ilz ne trouvèrent aucunes gens, coururent après la poulaille et en prindrent trois chex (*sic*) et l'un d'eulx s'efforça d'arrecher la claveure ou ferrure d'un coffre qui estoit au pié du lyt dudit supliant; lequel supliant estoit lors en une autre sienne maison près d'ilec de demy get de pierre, et oyt le bruyt que faisoient lesdiz gens de guerre en sadicte maison. Et alors icelui supliant, qui ne faisoit que venir des maroys et estoit fort lassé, se transporta en sadicte maison où estoient iceulx Amorry et autres compaignons de guerre, et trouva icelui Amorry qui tenoit en sa main lesdiz trois chex de poulaille, et l'un de ses compaignons se tenoit à arracher ladicte claveurre de sondit coffre, ouquel estoit tout son bien; et mesmement y estoit l'argent qu'il avoit cueilly et amassé de nosdictes tailles ou aydes, et la commission et quictances des paiemens qu'il avoit fait desdictes tailles. Ausquelz qui rompoient ladicte claveure il dist qu'ilz se deportassent, et aussi dist audit Amorry qu'il laissast lesdiz trois chex de poulaille à lui apartenans, en lui disant qu'il et sesdiz compaignons en avoient assez eu ou temps passé. Et sans ce que icelui supliant eust aucun baston, se print à ladicte poulaille, en disant audit Amorry, qu'il ne l'emporteroit point. Lequel Amorry tira son espée et frapa ledit supliant sur le braz et s'efforça d'encores plus le fraper ; et lors ledit supliant, doubtant que ledit Amorry le bleçast de ladicte espée, se recula en sadicte maison et print ung gros baston et poursuivy ledit Amorry, qui emportoit lesdiz trois chex de poulaille, jusques hors de ladicte maison, et lui dist de rechief qu'il laissast ladicte poulaille. Et ledit Amorry, qui avoit son espée toute nue, dist qu'il n'en feroit riens, et sur ce se combatirent ensemble tellement que ledit Amorry de sadicte espée trencha en plusieurs lieux le baston dudit supliant, et en soy combatant iceluy supliant donna et frapa de son dit baston sur la teste dudit Amorry ung seul cop et sur autres parties de son corps ung ou deux autres cops, autrement n'en est recors, pour ce qu'il estoit fort eschaufé et esmeu de grant chaleur. Et adonc ledit Amorry laissa ladicte poulaille et s'en ala de son pié dudit lieu où fut leur debat, jusques à la maison du curé dudit lieu des Maignilz, où estoient logez les chevaulx d'aucuns de sesdiz compaignons, et y a distance de l'un lieu à autre d'un traict d'arc et plus, et en s'en alant juroit et detestoit le nom de Dieu qu'il tueroit ledit supliant et qu'il en seroit revenché. Et après monta ledit Amorry sur l'un desdiz chevaulx et s'en ala audit lieu de Barbetorte et illec, deux ou trois heures après, par deffault d'avoir esté pensé ou autrement, est alé de vie à trespassement. A l'occasion duquel cas ledit supliant, doubtant estre aprehendé par justice, s'est rendu fuitif hors du païs et n'y oseroit jamais seurement retourner, converser ne repairer, se noz grace et misericorde ne lui estoient sur ce imparties, humblement requerant icelles. Pour quoy nous, ces choses considerées, voulans misericorde preferer à rigueur de justice, audit supliant avons quicté, remis, etc. Si donnons en mandement, par ces presentes, au seneschal de Poictou et à tous noz autres justiciers, etc. Donné à Tours, ou moys d'aoust l'an de grace mil cccc. soixante neuf, et de nostre règne le neufiesme.

Ainsi signé : Par le roy, à la relacion du Conseil. P. Aude. — Visa. Contentor. G. Duban. Et registrata.

MCCCCLXXI

Rémission en faveur d'Antoine de Mosnart, écuyer, et de ses trois fils, qui, attaqués par une troupe d'archers mis en embuscade par Janicot de Quéroy, se défendirent et frappèrent mortellement ledit Janicot, avec lequel ils étaient en contestation au sujet de la dîme du Puy de Mouterre, en la châtellenie de l'Isle-Jourdain. (JJ. 196, n° 299, fol. 183 v°.)

Août 1469.

Loys, par la grace de Dieu roy de France. Savoir faisons à tous, presens et advenir, nous avoir receue l'umble supplicacion de Anthoine de Mosnart [1], escuier, seigneur du Plas ou pays et conté de la Marche, et Jehan, Piarre et Françoys, frères, ses enffans, contenant que, tant à cause de la succession de ses feuz père et mère et autres ses parens, que aussi par acquisicions par luy faictes, il est seigneur dudit lieu du Plas et pluseurs autres hostelz, à cause desquelx il a pluseurs cens et rentes, et soit ainsi que, entre autres ses acquisicions, ilz eussent acquis luy et

---

1. Ou du Mosnard. D'Hozier a donné un fragment de la généalogie de cette famille, possessionnée en Poitou, Limousin et dans le comté de la Marche, mais il ne remonte pas au delà de Jacques écuyer, seigneur de Villefavard, marié en 1549. (*Armorial général*, in-fol., 1er registre, p. 394-395.)

Maurice de La Lande [1], oncle desdiz Jehan, Piarre et Françoys, ung hostel et villaige nommé le Puy de Moster, assis en la parroisse de Mouster oudit pays de la Marche, en la chastellenie de l'Ysle Jourdain, et autres cens, rentes, dixmes; et pour ce que entre les autres choses de la dicte acquisicion estoit la disme dudit Puy, en laquelle le curé de la dicte parroisse voulut mettre et de fait mist debat et contradicion aux tenanciers dudit villaige pour ladicte dixme, et les voult contraindre à la payer; lesquelx de ce faire furent reffusans, tellement que ledit curé les mist en procès par devant l'auditeur de Chauvigny pour nostre amé et feal conseiller l'evesque de Poictiers [2], où lesdiz habitans appellèrent ledit Anthoine et ledit Maurice, lesquelx en prindrent le garentaige, et par certain renvoy en pend procès par devant nostre seneschal de Poictou ou son lieutenant, au moyen duquel procès lesdiz supplians et Maurice demourèrent possesseurs et en eurent la possession et entière joyssance, au veu et sceu desdiz Jehan, Françoys et Jehanne de La Lande, dudit Janicot [3], et de

---

1. Maurice de La Lande, écuyer, seigneur des Vaux et possesseur de quelques biens à Chaveigne en 1465, était le fils cadet de Guyot de La Lande, seigneur de Busserolles et de Chaveigne, et de Marguerite du Plessis. Il mourut avant 1487, laissant un fils, Jean, et deux filles, Perrette et Suzanne, nommés dans un acte de cette année. (Le baron G. d'Huart, *Persac et la châtellenie de Calais*. Mém. des Antiquaires de l'Ouest, in-8°, 1887, p. 323, 324.)

2. L'évêque de Poitiers était alors Jean Du Bellay. Successeur de Léonet Guérinet, il administra ce diocèse de l'an 1461 au 3 septembre 1479, date de sa mort. (*Gallia christiana*, t. II, col. 1201.) On sait que les évêques de Poitiers étaient possesseurs du château seigneurial de Chauvigny depuis le XI° siècle et de deux autres châteaux situés dans la ville, celui de Montléon, qui leur avait été cédé le 18 janvier 1295, et celui d'Harcourt, acquis le 21 mai 1447. Leur juridiction, s'étendait, en dehors de Chauvigny, sur plusieurs paroisses et parties de paroisses voisines.

3. *Sic*. Il n'a pas encore été nommé, mais on voit, quelques lignes plus loin, qu'il s'agit de J. de Quéroy, beau-père (pérâtre) de Jean, François et Jeanne de La Lande. Or ces derniers étaient les enfants de Jacques de La Lande (frère aîné de Maurice), écuyer, sr de Busserolles et de Chaveigne en 1451, décédé avant l'année 1457, et qui avait épousé, le 18 septembre 1439, Marguerite de Rochedragon. Janicot de Queroy était par conséquent le second mari de celle-ci, et le renseignement

tous autres qui l'ont voulu veoir et savoir. Pour ce que depuis aucun temps, lesdiz Jehan et Francoys de La Lande, à l'instigacion, comme on veult dire, dudit Janicot leur perastre et de Margarite, leur mère, ont de nouvel voulu pretendre droit en ladicte disme et autres choses, et ou moys de jung, jour saint Hilaire[1], les diz Anthoine de Mosnar, suppliant, Janicot de Queroy et ledit Jehan de La Lande se trouvèrent au lieu de Lupchat, dont ledit suppliant est de parroisse, qui convia les dessus diz venir en sa maison disner, pour ce que c'estoit le jour de la sollempnité de la dicte parroisse, mais ilz ne voulurent accepter le convy et eurent parolles ensemble de trouver quelque appoinctement dudit debat. Et après lesdiz Janicot et de La Lande dirent audit Anthoine suppliant que ce soir viendroient soupper avec luy, au lieu du Plas, et prendroient aucun bon appoinctement ensemble, dont ledit Anthoine fut très content ; et cuidant que ainsi le feissent, fist très bien aprester à soupper, et y appella ledit Morice, affin d'estre à ung et acord. Mais au lieu de venir soupper, allèrent armez et embastonnez en certain champ estant des appartenances de ladicte mestaierie et illec fauchèrent et cuillirent le blé, non obstant qu'il ne fust encores meur. Laquelle chose venue à la congnoissance dudit suppliant, monta sur ung cheval, acompagné de Pierre, son filz, et quant ilz eurent ung pou chevauché, rancontrèrent ledit Jehan de La Lande, ung nommé Janot, archier de la com-

---

contenu dans les présentes lettres complète sur ce point le tableau généalogique des seigneurs de Chaveigne, de la famille de La Lande, donné par le baron d'Huart. (*Op. cit.*). Jean de La Lande est qualifié, dans un acte de 1465, écuyer, seigneur de Busserolles, Bussière-Poitevine et Chaveigne; marié en 1478 à Isabeau de Moussy, il était mort antérieurement à l'année 1490. Quant à François de La Lande, qui est dit aussi seigneur en partie de Busserolles et Chaveigne, il entra dans les ordres et vivait encore en 1501.

1. Il s'agit de la fête de saint Hilaire, évêque de Carcassonne, qui se célébrait le 3 juin. L'église de Luchapt était sous le vocable de S. Hilaire.

paignie dudit (*sic*) Sallezart[1] et ung nepveu dudit Genicot, embuschez ; lesquelx incontinent et très malicieusement vindrent courir sus audit Anthoine, suppliant, et audit Pierre, son filz, et leur dirent plusieurs injures ; et après ledit Janot, archer, tira son espée sur ledit Pierre et l'eust tué, n'eust esté la resistence qu'il y fist. Et eulx estans en ce debat, survindrent lesdiz Jehan et Françoys du Mosnars, frères, enffans dudit Anthoine, et eulx arrivez audit lieu, audit chemin virent leurs diz père et frère à terre et commencèrent à chevaucher fort contre lesdiz Jehan de La Lande, Janot archer et ledit nepveu dudit Queroy, lesquelx se mirent en fuite. Lesquelx, en les poursuyvant, trouvèrent lesdiz Jehan, Pierre et Françoys du Mosnar, frères, assiz près du champ où estoit la question, où estoient v. ou vi. archers de la compagnie dudit Sallezart, pour les murtrir ou endomager ; lesquelx frères les mirent en fuyte. Et alors ledit Anthoine, leur père, vint et leur dist telz motz ou semblables : « Enffans, je ne puis plus ycy demourer, car je suis las et le cueur me fault, et à Dieu vous commans ». Et s'en retournoit vers son hostel. Et alors tous lesdiz malfaicteurs se ralièrent et vindrent sur lesdiz frères, et à la fin, ledit Jehan de La Lande, qui estoit à cheval, ce pendent que lesdiz frères se deffendoient des autres, vint par derrière les voullant tuer et les hurta si fort de son cheval qu'ilz tumbèrent à terre et les blessèrent ; et quant ilz furent relevez ledit Jehan du Mosnar donna de son espée d'estoc audit Janicot au dessus de la memelle jusques à l'espaulle ; et après s'en fouyrent les compagnons dudit Janicot. Lequel Janicot demoura illec et après alla de vie à trespassement. A l'occasion duquel cas, les diz supplians se sont absentez, etc. Au seneschal de Poictou, à son sieige de Montmorillon et à tous, etc. Donné

---

[1]. Il n'en a pas été question encore dans le présent acte. Il s'agit de Jean de Salazar, gentilhomme originaire de Biscaye, entré au service de la France sous Charles vii. (Cf. ci-dessus, p. 61, note.)

à Tours, ou moys d'aoust l'an de grace mil iiii^c LXIX, et de nostre règne le IXe.

Par le roy, à la relacion du conseil. Roland. — Visa. Contentor. Rolant.

MCCCCLXXII

Lettres d'amortissement des biens et rentes légués par feu Jeanne Daniel, femme de feu Jean Colas, conseiller au Parlement, pour la fondation et la dotation de deux chapelles en l'église de Saint-Didier de Poitiers. (JJ. 196, n° 60, fol. 39.)

Août 1469.

Loys, par la grace de Dieu roy de France. Savoir faisons à tous, presens et avenir, nous avoir receue l'umble supplicacion des executeurs et heritiers du testament et ordonnance de derrenière voulenté de feue Jehanne Danyelle, jadiz femme de feu maistre Jehan Colas [1], en son vivant

---

1. Jean Colas, licencié en lois, était en 1419 sénéchal de Mauléon (Châtillon-sur-Sèvre) et en 1426 juge châtelain de Thouars. Il était poursuivi en cette qualité avec Jean Barret sénéchal, et Jean Chambret, procureur dudit lieu, par Jean Turcant qui les accusait de déni de justice dans une poursuite criminelle qu'il avait intentée à Thouars, contre Clément Augis, qui l'avait frappé, disait-il, à coups de bâton. Jean Rabateau plaida pour les officiers de Thouars et démontra que le plaignant avait été l'agresseur et qu'il avait été justement condamné. (Plaidoirie du 5 mars 1426 n. s. Arch. nat., X^{2a} 18, fol. 90.) Le 12 novembre 1433, Jean Colas fut reçu conseiller au Parlement siégeant à Poitiers. (*Id.*, X^{1a} 9194, fol. 54.) A partir de cette époque on le trouve chargé par le roi de missions importantes. Ainsi, quand à la fin de l'année 1439, le dauphin Louis fut envoyé en Poitou, Jean Colas lui fut adjoint, avec Jean de Montmorin, maître des requêtes de l'hôtel, et Pierre de Tuillières, aussi conseiller au Parlement ; ils portaient le titre de commissaires royaux pour enquêter sur les faits de pillage, rebellions, abus de justice, exactions et autres crimes commis dans le Poitou, en poursuivre les auteurs et les punir selon l'exigence des cas, en prenant les ordres du dauphin. Leurs lettres de commission portent la date du 12 décembre 1439. (Cf. notre t. VIII, *Arch. hist.*, XXIX, p. 120, note.) Jean Colas ne suivit point le dauphin dans sa révolte contre l'autorité royale et ne participa pas à la Praguerie. Il reprit ses fonctions de conseiller au Parlement rétabli à Paris. Sa sœur, Jeanne Colas, veuve de Nicolas Roigne, lieutenant général du sénéchal de Poitou, avait épousé, vers 1420, le successeur de celui-ci, Maurice Claveurier, et le laissa veuf au bout d'une douzaine d'années d'union. Claveurier contracta un nouveau mariage avec Louise Eschalart, le

conseiller en nostre court de Parlement, contenant que ladicte deffuncte par son testament, pour le salut de son ame et pour la fondacion d'une chappelle de deux messes

---

5 juillet 1434, et Jean Colas fut l'un des témoins de son beau-frère. (A. Richard, *Invent. des arch. de la Barre*, t. I, p. 13.) Il ne tarda pas cependant à se brouiller avec lui. Jeanne Colas étant morte sans enfants, sa succession devait revenir à ses proches parents ; mais Maurice Claveurier refusa de rendre ses comptes et abusa de son pouvoir de lieutenant général contre Jean Colas, qui les réclamait. Nous ne reviendrons pas sur le long procès qui s'ensuivit et dont nous avons parlé ailleurs. (*Arch. hist. du Poitou*, t. XXIX, p. 41, note, 42.) De nouveau commissaire du roi à Poitiers, le 31 juillet 1458, pour informer des troubles, assemblées, violences et voies de fait qui avaient eu lieu à l'occasion de l'élection du maire, charge que se disputaient à main armée plusieurs prétendants, Jean Colas, dès le 24 août suivant, décerna un mandat d'ajournement contre Guillaume Vousy, qui se disait maire, et celui-ci ayant refusé de comparaître et continuant ses menées, le 28 du même mois, il fit saisir et mettre sous sequestre l'office de maire, faisant défense à Vousy de l'exercer jusqu'à ce que le Parlement eût prononcé. Jean Colas mourut au cours de cette mission ou très peu de temps après ; car on trouve, à la date du 27 avril 1459, un mandement du roi pour contraindre un certain nombre d'échevins et conseillers de la ville de Poitiers à payer à Pierre Colas les vacations dues à feu son père, pour s'être transporté à Poitiers et y avoir procédé à l'exécution des lettres royaux du 31 juillet précédent. (Arch. de la ville de Poitiers, B 7 et 8.)

Jean Colas avait épousé Jeanne Daniel, ainsi qu'il est dit dans cet acte. Comme son mari elle était d'une famille poitevine. Nous avons rencontré à plusieurs reprises, dans nos précédents volumes, le nom d'Etienne Daniel, receveur ordinaire de Poitou pour Jean duc de Berry. Nous pouvons citer encore, entre autres personnages de ce nom, Jean Daniel, de Niort, qui le 7 août 1436, en remplacement de Marie Compagnon, sa femme décédée, et comme administrateur de Jean, son fils, rendit hommage au connétable de Richemont, seigneur de Parthenay du fief dit le Fief Barreau, sis entre les villages de Faugères et de Civray. (Arch. nat., R^{1*} 190, fol. 177.) Son fils épousa Catherine Poussart qui, veuve de lui, en 1482, rendit aveu de la moitié de la dimerie du Breuil de Fellez, sis en la paroisse de Saint-Christophe et mouvant de Saint-Maixent. (*Id.*, P. 596, fol. 189, 201.) Jeanne Daniel décéda un peu avant son mari ; car dans un acte de 1458, Louis Garnier, enquêteur à Poitiers, est dit son héritier, à cause de sa femme, laquelle n'est pas nommée. (Arch. de la Vienne, Saint-Pierre de Chauvigny, l. 27.) Cependant nous venons de voir que Jean Colas laissait un fils, Pierre, vivant à la fin d'avril 1459, qui naturellement devait hériter de sa mère. Il faut donc supposer que Jean avait été marié plusieurs fois, que ce fils était d'un premier lit et que Jeanne Daniel ne lui donna point d'enfants. Dans les quelques lignes qu'il consacre à Jean Colas, le *Dict. des familles du Poitou* dit, d'après un acte des Arch. de la Vienne, que le 13 janvier 1458 (1459 n. s.) Jean Favereau, licencié ès lois, fit cession de rentes sur ses héritages des Barballières, paroisse de Bonnes, pour la célébration de l'anniversaire fondé à Saint-Didier par Jean Colas et Jeanne Daniel. (Nouv. édit., t. II, p. 564.)

qu'elle ordonna estre cellebrées par chacune sepmaine perpetuellement en l'eglise monsieur Saint Didier de Poictiers, et cinq messes par chacune sepmaine en l'eglise Nostre Dame la Grant dudit lieu de Poictiers, lesquelles cinq messes, par son codicille ou derrenière ordonnance, elle voult estre converties en deux chappelles qu'elle ordonna estre fondées par sesdiz executeurs en ladicte eglise de Saint Didier, à l'autel Nostre Dame, à la louenge et reverence de Dieu, de la dicte glorieuse Vierge Marie et de tous les sains et sainctes de paradis ; et pour l'entretenement et perpetuacion desdictes messes, donna et legua ausdictes chappelles et aux chappellains qui diroient et celebreroient lesdictes messes, les rentes et revenues en choses roturières, qui cy après s'ensuivent : c'est assavoir la mestairie de Martigné en la parroisse de Chassegnoil et ses appartenances de terres, vignes et autres appartenances d'icelle, vallant, toutes les choses payées, huit livres de rente ou environ chacun an ; item, cinq sextiers deux boisseaulx deux tiers de froment, mesure de Poictiers, que lui doivent par chacun an les Charriers[1] de Chastelleraud, vallant par chacun an, en commune estimacion, trente et neuf solz et demi de rente ; item, quatre sextiers de froment assis sur le lieu et mestairie de la Bardonnière, valans par chacun an trente solz tournois de rente ou environ ; item, quatre solz tournois de rente par chacun an, assis sur une maison, appellée la maison du *Mouton*, estant en nostre ville de Poictiers ; item, quarente solz

---

1. Maitre Guy Charrier, de Châtellerault, était en son vivant possesseur d'une rente d'une mine de froment, constituée à son profit par Jean Dupoix et sa femme, Mathurine Coudreau. Après sa mort, cette rente fut l'objet d'une contestation, devant le conservateur des privilèges de l'Université de Poitiers, entre Huguet Mignon et Gilles Dorin, ce dernier prétendant qu'elle avait été cédée à son père par ledit Charrier. Le procès se termina par un accord, passé à Châtellerault, le 26 octobre 1474, et homologué au Parlement de Paris, le 11 juillet 1482. (Arch. nat., X^1 217, n°s 85 à 87).

tournois de rente, qu'elle avoit droit de prendre par chacun an sur les biens de feu Colas Reppin [1] ; item, une treille assise audit lieu de Poictiers, contenant journée à quatre hommes, valans par chacun an quatre solz de rente ou environ ; item, dix livres parisis de rente par chacun an, qu'elle ordonna estre acquises pour le pris et somme de cent escus d'or. Et avecques ce, voult et ordonna expressement par son dit testament et codicille que les rentes, revenues et autres choses dessus dictes fussent admorties, moyennant nostre bon plaisir, à ses despens et sur ses biens par les diz executeurs supplians, en manière que ledit service n'en cessast point, ainsi que plus à plain on dit ces choses estre contenues oudit testament et codicille. Et à ceste cause, nous ont lesdiz supplians, desirant de tout leur povoir accomplir la voulenté et ordonnance de ladicte deffuncte, ainsi que tenus y sont, et aussi affin qu'elle ne demeure ou temps avenir defraudée de son entencion ne lesdiz messes et service discontinuez, humblement fait supplier et requerir que, attendu ce que dit est, mesmement que toutes les dictes rentes et choses dessus dictes, acquises ou à acquerir, montant ensemble à la somme de vingt et cinq livres tournois de rente par chacun ou environ, sont rosturières et n'y a autres fondacions èsdictes chappelles, il nous plaise, moiennant aucune somme moderée que pour ce faire offrent nous paier content sur les diz biens de la dicte deffuncte, admortir lesdictes choses jusques à ladicte somme par chacun an, et sur ce nostre grace impartir. Pour quoy nous, ces choses considerées et afin que tousjours soyons partissipans ès prières et biens faiz èsdictes eglises et chappelles, et pour

---

1. L'an 1445, le chapitre de Sainte-Radegonde de Poitiers avait baillé à rente à Nicolas Repin ou Reppin, marchand de cette ville, une maison sise près de la Chantrerie et des murs et gardes de la ville. (Arch. de la Vienne, G 1365.) En 1472 et 1473, Jean Repin était procureur des maire et échevins de Poitiers, comme nous le verrons nommé dans des lettres du mois de mars 1473 n. s. (ci-dessous, n° DXVIII).

la singullière devocion que avons tousjours eue et avons à
la glorieuse Vierge Marie et audit monsieur Saint Didier,
dont est fondée ladicte eglise, où sont icelles chappelles,
avons lesdictes rentes et revenues et choses dessus declairées, ainsi tenues roturièrement jusques à ladicte somme
et valeur des dictes xxv. livres tournois de rente par chacun an, de nostre certaine science, plaine puissance et
auctorité royal, admorties et admortissons par ces presentes, et voulons estre du tout à Dieu dediées, à l'entretenement et perpetuacion desdictes chappelles et messes,
sans ce que lesdiz supplians ne lesdiz chappellains, ne
autres qui doresenavant s'entremettront d'icelles, soient
tenus, ores ne pour le temps advenir, en faire ou paier à
nous et à noz successeurs aucune indempnité ne finance,
ne les mettre hors de leurs mains, en quelque manière
que ce soit, et moiennant la somme de deux cens escus
d'or, à laquelle avons pour ce fait composer avec lesdiz
supplians, et laquelle ilz nous ont baillée content en noz
mains ; et d'icelle, ensemble de toute finance, admorti-
ment et indempnité, que nous ou noz successeurs pourroient pour ce demander ausdiz supplians et aux chappell-
lains desdictes chappelles, presens et avenir, avons iceulx
supplians, chappellains et entremetteurs desdictes chappelles et tous autres quelzconques quictez et quictons, par
ces dictes presentes, signées de nostre main. Si donnons
en mandement par ces dictes presentes à noz amez et feaulx
gens de noz comptes et tresoriers, au seneschal de Poictou
et à tous noz autres justiciers ou à leurs lieuxtenans, presens et advenir, et à chacun d'eulx, comme à lui appartendra, que de nostre presente grace, admortissement, quictance et octroy ilz facent, seuffrent et laissent lesdiz supplians et les chappellains et entremetteurs desdictes chappelles joir et user plainement et paisiblement, sans leur
faire, mettre ou donner, ny souffrir estre fait, mis ou
donné, ores ne pour le temps avenir, aucun destourbier

ou empeschement au contraire ; lequel, se fait mis ou donné leur estoit, mettent ou facent mettre sans delay à plaine delivrance. Et affin que ce soit chose ferme et estable à tousjours, nous avons fait mettre nostre scel à ces presentes. Sauf en autres choses nostre droit et l'autruy en toutes. Donné à la Menistré, ou moys d'aoust l'an de grace mil cccc. soixante neuf, et de nostre règne le ixe.

Ainsi signé : Loys. Et au reply desdictes lettres estoit escript : Par le roy, messire Yvon du Fou [1] et autres presens, et signé : Flameng. — Visa. Contentor. Duban.

MCCCCLXXIII

Don à l'abbaye de Notre-Dame de Celles d'une rente annuelle de soixante livres tournois sur la recette ordinaire de Poitou, pour la célébration d'une messe, chaque jour, à l'autel de la Vierge. (JJ. 196, n° 119, fol. 67 v°.)

Septembre 1469.

Loys, par la grace de Dieu roy de France. Savoir faisons à tous, presens et avenir, comme nous ayons esté bien amplement informez et advertiz des grans et merveilleux miracles qui chacun jour se font et adviennent en l'eglise et abbaye de Celles en Poictou, en laquelle est très devotement priée et adorée la glorieuse Vierge Marie, mère de Dieu, nostre Createur, et pour la singullière et grant devocion que nous avons à la dicte dame [2], congnoissant que, dès nostre jeune aage, elle nous a tousjours secouru et aidé en tous noz faiz et affaires, nous, pour

---

1. Une longue notice sur ce personnage se trouve dans le présent volume, ci-dessus, p. 103.
2. On verra plus loin que Louis xi fonda, au mois de juin 1472, deux messes chaque semaine dans cette même abbaye de Notre-Dame de Celles, et que au mois d'octobre suivant, pendant un séjour qu'il y fit, il lui accorda de notables exemptions et d'importants privilèges. (Ci-dessous, n° MDIV et MDVIII.) L'église de Celles, aujourd'hui classée comme monument historique, fut reconstruite à l'époque des présentes lettres, en partie aux frais du roi.

ces causes et aussi pour le salut et remède des ames de nostre très chier seigneur et père et de nostre très chière dame et mère et autres noz predecesseurs, que Dieu absoille, de nous et de noz successeurs roys de France, et la santé et prosperité de nous et de nostre très chère et très amée compaigne la royne, et de noz enffans, avons voulu et ordonné, voulons et ordonnons, par ces presentes, estre dicte, celebrée et continuée en ladicte eglise et abbaye de Celles en Poictou, par l'un des religieux d'icelle, chacun jour doresenavant à tousjours perpetuellement, à l'autel et devant l'image de ladicte dame, une messe basse de Nostre Dame, après que la messe de prime sera dite et chantée en ladicte abbaye ; laquelle basse messe les religieux, abbé et convent d'icelle abbaye et leurs successeurs feront sonner avec la plus grosse cloche de ladicte eglise et abbaye, par quinze coups entresuivans, avant que icelle commencer. Et pour les choses dessus dites faire, continuer et acomplir, et fournir de livre, calice, aornemens et luminaire, nous avons donné et ordonné, donnons et ordonnons, de grace especial, par ces dictes presentes, ausdiz religieux, abbé et convent la somme de soixante livres tournois, à icelle avoir et prendre, pour eulx et leurs diz successeurs doresenavant par chacun an à tousjours perpetuellement, par les mains de nostre receveur ordinaire de Poictou, par leurs simples quictances et sans ce qu'il leur soit besoing d'en lever aucunes descharges du changeur de nostre tresor ne autrement, des premiers et plus clers deniers qui viendront et ystront de la revenue de nostre halle de Nyort et sur les estaulx des drapiers, avant toutes autres charges ou assignacions qui pourroient estre mises sur nostre dommaine de nostre conté de Poictou, à deux termes, c'est assavoir ès festes de Noel et de saint Jehan Baptiste, chacun terme la moitié, à commancer le premier terme à la feste de Noel prouchainement venant, pourveu toutesvoyes que les diz relligieulx, abbé et convent de Celles, qui à present sont, seront tenuz de bailler et fournir, pour eulx et leurs diz successeurs, en nostre Chambre des comptes lettres et obligacion, en forme deue, de faire, continuer et acomplir, chacun jour, à tousjours mès la dicte messe, en la manière et ainsi que dessus est dit et declaré. Si donnons en mandement, par ces dictes presentes, à noz amez et feaulx gens de noz comptes et tresoriers et à tous noz autres justiciers, ou à leurs lieuxtenans, et à chacun d'eulx, si comme à luy appartiendra, que les diz relligieux, abbé et convent de Celles et leurs diz successeurs, à touzjours perpetuellement, facent, seuffrent et laissent joyr et user de noz presentes grace, don et ordonnance, sans leur faire, mettre ou donner, ne souffrir estre fait, mis ou donné aucun destourbier ou empeschement au contraire, en leur faisant payer, bailler et deslivrer doresenavant, par chacun an, par les mains de nostre receveur ordinaire de Poictou, qui à present est, ou autre qui pour le temps avenir le sera, des premiers et plus clers deniers de ladicte revenue de nostre halle de Nyort et sur les estaulx des diz drappiers, ladicte somme de soixante livres tournois par leurs simples quictances et sans ce que leur soit besoing, etc., ainsi que dessus est dit. Et par rapportant ces dictes presentes, signées de nostre main, ou vidimus d'icelles, fait soubz seel royal, pour une foiz seullement, avecques quictances sur ce suffisantes d'iceulx relligieux, abbé et convent, nous voulons ladicte somme de soixante livres tournois estre allouée ès comptes et rabatue de la recepte de nostre dit receveur ordinaire de Poictou, present et avenir, par nosdiz gens des comptes, sans aucune difficulté, non obstant que d'icelle somme de LX. livres tournois ne soit chacun an levée descharge par ledit changeur de nostre tresor, et quelzconques autres ordonnances, mandemens ou deffences à ce contraires. Et afin que ce soit chose ferme et estable à tousjours, nous avons fait mettre nostre seel à ces presentes. Sauf nostre droit en toutes autres choses et l'autruy. Donné à Puyraveau en Poictou, ou moys de septembre l'an de grace mil cccc.lxix, et de nostre règne le neufiesme.

Ainsi signé : Loys. Par le roy, J. Bourré. — Visa. Contentor. Duban.

MCCCCLXXIV

Rémission accordée par Louis xi, à l'occasion de son premier passage par la terre de Benet, à Jeanne Robin, détenue prisonnière au château dudit lieu parce que, à l'instigation de sa mère et avec la complicité de celle-ci et de sa belle-sœur, elle avait tué René Colinet, son mari. (JJ. 197, n° 104, fol. 62 v°.)

Septembre 1469.

Loys, par la grace de Dieu roy de France. Savoir faisons à tous, presens et avenir, nous avoir receue l'umble supplicacion des parens et amys charnelz de Jehanne Robine, jeune femme, grosse d'anffant, de la parroisse de Bennenz [1], contenant que, troys ans a ou environ que ladite Jehanne povoit avoir environ seze ans, vint demorer en l'ostel de Raymond Robin, père de ladite Jehanne, Regné Colinet, pour le servir et besongner de teixier en linge, durant lequel temps ledit Raymond Robin et Michelle Pironne, père et mère de ladite Jehanne, traictèrent le mariage d'elle et dudit Regné Colinet, oultre le gré et volunté d'icelle Jehanne. Lequel mariage fait et acompli, les diz Colinet et Jehanne, sa femme, demourèrent avecques ledit Remond et Michelle Pironne en communité par l'espace d'un an ou plus ; mais depuis, pour les grans haynes que conceurent ledit Regné Colinet et ladite Michelle Pironne, mère d'icelle Jehanne, se despartirent et alèrent demourer au près d'eulx ou

---

1. *Sic* pour Bennez ou Bennetz (Benet, dans la Vendée).

bourc dudit Bennez, où ilz ont depuis demouré par l'espace
d'un an ou environ ; durant lequel ledit Colinet, mari de
ladite Jehanne, lui tenoit mauvais termes et converssoit
souventes fois ès tavernes et lieux publicques. Et ladite
mère d'icelle Jehanne, mal contente du gouvernement
dudit Regné et deliberée de s'en venger, dist à ladite
Jehanne qu'elle lui vouloit faire des poissons (sic), lesquelles elle feroit boirre à sondit mary. Laquelle Jehanne
respondit à sadite mère que elle n'en feroit riens ; et lors
ladite Michelle Pironne lui dist de rechief que s'elle ne
le faisoit, qu'elle la feroit mourir ; laquelle Jehanne, qui
craignoit sa dite mère, pour la doubte d'elle et eviter à
son grant malleffice, lui promist de faire tout ce qu'elle
vouldroit. Laquelle Michelle Pironne, en perceverant en
son mauvaiz courraige et propos, le mardi de Pasques
derrenierement passées, print ung chat qu'elle tua et en
porta la cervelle à ladite Jehanne, et lui dit qu'elle en fist
mengier audit Regné en sa souppe ; laquelle Jehanne lui
promist le faire, et incontinant qu'elle fut absentée de sadite
mère, gecta ladite cervelle et n'en bailla point audit Regné.
Et le landemain icelle Michelle, mère de ladite Jehanne,
vint à elle et lui demanda si elle avait donné à son dit
mary de ladite cervelle à menger ; laquelle, pour tous jours
obeir à sadite mère et eviter à sa grant malice, respondit
que oy. Laquelle Michelle dist que, veu que ledit Regné
n'en estoit aucunement malade et que nulles poisons ne lui
povoient nuyre, qu'elle s'en vengeroit en aucune [autre]
manière. Et environ le xviiie jour d'avril derrenier passé,
ung jour de mardi que les gens d'armes de la compaignie
de nostre chier et amé cousin le grant seneschal de Normandie [1] vindrent loger audit lieu de Bennez, le père et

---

[1]. Jacques de Brézé, comte de Maulévrier, maréchal et grand sénéchal de Normandie, fils de Pierre II de Brézé (tué à Montlhéry, le 17 juillet 1465), et de Jeanne Crespin, dame du Bec-Crespin. Il avait épousé
Charlotte, fille naturelle de Charles VII et d'Agnès Sorel ; l'ayant sur-

le frère de ladite Jehanne [estans] au chasteau dudit lieu, pour garder de leurs biens meubles qu'ilz y avoient retraiz, incontinent, ce jour devers le soir, que ledit Regné estoit couchié, vint ladite Michelle Pironne, mère de ladite Jehanne, qui lui demanda où estoit ledit Regné son mary, qui lui respondit qu'il estoit couchié en son lit où il dormoit. Laquelle Michelle, mère de ladite Jehanne, lui dist lors que ledit Regné, son mary, l'avoit vendue aux gens d'armes et aussi l'avoit menassé toute la journée qu'il la meneroit à Jube (sic), en disant de rechief à ladite Jehanne qu'il estoit force qu'elles le feissent mourir, et que jamais n'auroit repoux jusques à ce qu'elle seroit vengée. Et à ceste heure, ladite Jehanne qui est jeune et craignoit sadite mère, et aussi pour ce que sadite mère lui avoit dit que sa dite mère [1] l'avoit vendue aux gens d'armes se accorda à estre à murdrir ledit Regné Colinet, son mary ; et appellèrent avec elles Guitère Desgrois [2], femme de Jehan Robin, frère de ladite Jehanne, laquelle par force et menaces de ladite Michelle, sa dame, se consentit pareillement à estre audit murtre ; et allèrent lors toutes troys ensemble à l'ostel dudit Regné et de ladite Jehanne, en laquelle ilz trouvèrent ledit Regné dormant en son lit. Et lors ladite Jehanne prinst ung pilon de quoy on fait la saulce et en donna sur la teste dudit Regné, mès ne scet bonnement en quel lieu ; au moien duquel coup ledit Regné se escria, et incontinent ladite Michelle Pironne le print au braz tellement qu'il ne se peut deffendre, et à l'aide que firent

---

prise en adultère avec Pierre de La Vergne, gentilhomme poitevin, son veneur, il les tua. Condamné à cent mille écus d'amende envers Louis XI, pour le paiement desquels il avait dû lui abandonner toutes ses terres, après la mort de celui-ci, il se pourvut au Parlement qui cassa le premier arrêt (1484). Jacques de Brezé mourut en 1494. (Voir Douet d'Arcq, *Le procès criminel de Jacques de Brézé*. Bibl. de l'Ecole des Chartes, t. X, 1848-1849.)

1. *Corr.* : « sondit mary ».
2. Cf. les lettres de rémission accordées, le mois précédent, à cette complice de l'assassinat de René Colinet. (Ci-dessus, n° MCCCCLXVIII, p. 186.)

lesdictes Jehanne et Guitière, qui tenoient les draps du lit, icelle Michelle ataignit et fist mourir ledit Regné Colinet. Pour l'occasion duquel cas, ladite Jehanne a esté constituée prisonnière ès prisons du chastel de Bennès [1], èsquelles elle est encores detenue prisonnière en grant misère et pouvreté, en voye d'y miserablement finer ses jours, se noz grace et misericorde, etc., si comme lesdiz supliaus dient, humblement requerant que, attendu que en tous ses autres faiz et affaires elle a esté de bonne vie, renommée et honeste conversacion, sans jamais avoir esté, etc., d'aucun autre villain cas, blasme ou reproche ; que en passant par la terre dudit Bennez, en justice de laquelle ladite Jehanne est prisonnière, comme dit est, en laquelle n'avons point encores passé depuis nostre advenement à la couronne, il nous plaise, etc. Pour quoy, etc., pour consideracion du fruit qui est entour icelle Jehanne, et aussi pour l'amour de Dieu nostre createur et de la glorieuse Vierge Marie, à icelle Jehanne Robine, à icelui nostre premier passage par ladite terre, avons quicté, remis et pardonné, etc., le fait et cas dessus dit, en quelque manière qu'il soit advenu, avec toute peine, etc., satisfacion faicte, etc. Si donnons en mandement, par ces mesmes presentes, au seneschal de Poictou et à tous noz autres justiciers, etc., que de noz presens grace, quictance et pardon ilz facent et laissent ladite Jehanne Robine joir et user plainement et paisiblement, etc., ains se son cors et ses biens, s'aucuns en a pour ce prins, saisiz, arrestez, etc., mettent ou facent mettre sans delay à pleine delivrance. Et affin que ce soit, etc. Sauf, etc. Donné à Senans [2], ou moys de septembre l'an de grace

---

[1]. Le château de la seigneurie de Benet appartenait alors à Hardouin IX, baron de Maillé, seigneur de Rochecorbon, La Haye, etc., chambellan du roi, sénéchal de Saintonge, et à sa première femme, Antoinette de Chauvigny, vicomtesse de Brosse, morte le 20 février 1473.

[2]. La commanderie de Cenan, de l'ordre de Saint-Jean de Jérusalem.

mil cccc. soixante neuf, et de nostre règne le neufviesme.

Ainsi signé : Par le roy, l'admiral [1] et autres presens. B. Meurin. — Visa. Contentor. J. Duban.

MCCCCLXXV

Rémission octroyée à Jean Bouquet, pâtissier de Notre-Dame de Celles, prisonnier à Poitiers pour avoir essayé de fabriquer de la fausse monnaie. (JJ. 196, n° 66, fol. 43.)

Octobre 1469.

Loys, par la grace de Dieu roy de France. Savoir faisons à tous, presens et avenir, nous avoir receue l'umble supplicacion des parens et amis charnelz de Jehan Bouquet, paticier, povre homme, demourant à Nostre Dame de Scelles, contenant que, environ la feste de l'Adnunciacion Nostre Dame derrenière passée, ung homme que lors ledit Bouquet ne congnoissoit, qui se faisoit nommer maistre Gabriel, lequel s'entremettoit de faire petiz ymages en papier et fleurs de fougière en estain, s'en vint loger en l'ostel dudit Bouquet audit lieu de Selles, où il fut par aucun temps; pendant lequel et entre les festes de Pasques et Penthecouste ledit maistre Gabriel, à deux jours de lundi et mardi, en la presence dudit Bouquet, et eulx estans en une chambre haulte en la maison d'icellui Bouquet, sur son ouvrouer, fondit certain metail, estaing, arguan, bourre et sublimé tout ensemble et le fist bouillir, et après chauffer certains moulles de fer qu'il avoit, et moiennant certaines mistions qu'il fist de cendres passées au bulleteau et destrempées de sel fondu et d'eaue, mola et fist dedans lesdiz moules certain nombre de faulse monnoye de grans blans et petiz blans, et aussi de grandes

---

1. Louis bâtard de Bourbon, comte de Roussillon, amiral de France, depuis l'année 1466 (cf. ci-dessus, p. 48, note 1).

et petites targes, jusques à la valeur de xxx. livres tournois ou environ. Et pour ce que icellui Bouquet se complaignoit audit maistre Gabriel, en le conduisant dudit lieu de Selles à Nyort, disant qu'il estoit povre homme et fort endebté, ledit Gabriel lui dist que, s'il lui vouloit promettre et jurer par son serement de non jamaiz l'encuser et fut il ores emprisonné, qui lui aprendroit à faire ladicte faulse monnoye ; dont ledit Bouquet fut content et de fait fist ledit serement. Et après icellui Gabriel lui bailla la longueur et largeur desdiz moles de fer, disant qu'il en fist faire de semblables molles de boys ; pour lesquelles faire faire ledit suppliant se transporta en la ville de Mesle, et illec par ung menuisier, nommé Jaquet, fist faire certains moles de boys, selon ce que lui avoit monstré et enseigné ledit maistre Gabriel, et dist audit Jaquet, menuysier, qu'il faisoit faire lesdiz moles pour tympaniser livres. Et après que lesdiz molles furent faiz, ledit Bouquet s'en retourna en son hostel et depuis a essayé, par troys ou quatre foys, à faire et moller de ladicte fausse monnoye, ainsi que lui avoit monstré ledit maistre Gabriel, et aussi au patron de sept targes que ledit maistre Gabriel lui avoit laissées au partir, enveloppées en ung pou de papier. Maiz la pluspart de tout ce que ledit Bouquet molloit de ladicte faulse monnoye devenoit[1] noire, et en a fait seulement icellui Bosquet (*sic*) pour vingt ou xxv. solz tournois ou environ, du nombre de laquelle il a esté trouvé saisi d'une targe et deux grans blans, et aussi desdiz moles de boys. A l'occasion duquel cas ledit suppliant a esté prins et constitué prisonnier en noz prisons de Poictiers, èsquelles il est detenu et en voye de miserablement finer ses jours, se nostre grace, etc. Au seneschal de Poictou et à tous, etc. Donné à Amboyse, ou moys d'octobre l'an de grace mil cccc. soixante neuf, et de nostre règne le neufiesme.

---

1. Le texte du registre porte « devoit ».

Ainsi signé : Par le roy, l'abbé de Selles [1] et autres presens, de Cerisay. — Visa. Contentor. Duban.

MCCCCLXXVI

Rémission octroyée à Mathé Maynard, d'Echiré, qui étant ivre avait cherché querelle à Jean Rouvereau, son beau-père, et avait été la cause involontaire de la mort subite de celui-ci. (JJ. 196, n° 97, fol. 58.)

Octobre 1469.

Loys, par la grace de Dieu roy de France. Savoir faisons à tous, presens et avenir, nous avoir receue l'umble supplicacion des parens et amys charnelz de Mathé Maynard, contenant que, le samedi ix° jour du moys de septembre derrenier passé, environ l'eure de vespres dudit jour, Jehan Rouvereau dit Jolyaud, et Guillemette Gendrelle, sa femme, ledit Mathé Maynard et Catherine Roverelle, sa femme, fille dudit Rouvereau et de ladicte Gendrelle, et André Calucher, tous demourans ou bourg et parroisse d'Eschiré près Nyort en la chastellenie de Partenay, lesdiz Rouvereau, Maynard et leurs femmes et avec eulx ledit Calucher estans ensemblement en la maison des dessus diz assis à table, environ ladicte heure, où ils prenoient leur reffection et avoient pinte de vin prinse de leur mai-

---

[1]. L'abbé de Notre-Dame de Celles, nommé ici parmi les membres du Conseil, était Louis de Lézignac, qui est mentionné en cette qualité dans des actes des années 1460, 1462, 1465, 1466, 1472 et 1477. Il avait succédé à son parent, Guy de Lézignac ; celui-ci était encore abbé en 1456. Un Guyot de Lézignac avait été écuyer d'écurie de Jean, duc de Berry, nommé à cette charge à Chauvigny le 7 août 1372. (Arch. nat., J. 187 ᵃ, n° 4.) Marguerite de Lézignac, vivant au milieu du xv° siècle, avait épousé Jean de Besdon, seigneur d'Oiré. Un acte du 27 juillet 1477 intitulé : *Ludovicus de Lesigniaco, abbas, et conventus Beate Marie de Cella*, etc., en souvenir des bienfaits dont Louis xi avait comblé ce monastère et de sa dévotion à la Vierge Marie, prescrit des prières pour la santé du roi, qui devront être récitées par les religieux à genoux, chaque jour, à l'issue de la messe et des vêpres. Il est encore question dans dom Martène de cet abbé de Celles, sous les années 1480 et 1483. (*Gallia christ.*, t. II, col. 1338.)

son, laquelle ilz beurent assembleement, et eulx estans à table, ledit Mathé cuidant qu'il y eust encores du vin en ladicte pinte, voult verser dudit vin en une escuelle ronde en laquelle y avoit du pain chault, et quant il vit qu'il n'y eut plus de vin, lors demanda icellui Mathé la clef du vin audit Rouvereau, son dit sire, lequel lui respondit qu'il ne l'auroit point. Et lors ledit Mathé print ladicte pinte et la remply d'eaue et la mist sur la table, en disant telles parolles ou semblables : « Tenez, buvez, vecy de l'eaue, puis que ne voulez que ayons du vin ». Lequel Rouvereau ne autres de la compaignie ne respondirent parolle, et ce voyant, icellui Mathé reprint ladicte pinte et retourna tumber et gecter ladicte eaue, et dist de rechief audit Rouvereau, son sire, qu'il failloit avoir du vin. Lequel Rouvereau respondit qu'il n'en auroit point. A quoy ledit Mathé dist que si auroit. Et en ce debat de parolles touchant ledit vin, ledit Rouvereau se leva de table et dist audit Mathé qu'il sortiroit de la maison, et ledit Mathé lui respondi que non feroit. Et alors ledit Rouvereau dit de rechief que il le feroit bien sortir, et en ces parolles s'en ala icellui Rouvereau à la porte de ladicte maison, et quant il fut à ladicte porte, s'en retourna le visage vers la table en regardant ladicte table et parlant de menaces. Et ce voyant, ledit Mathé despoulha sa robe et tout chault et esmeu, embu de vin, print une paelle plaine d'eaue, tenant une seille ou environ, et gecta paelle et eaue ensenblement au visaige dudit Rovereau. Et de ce ledit Rouvereau, par fortune et sans navreure de sa personne, cheut à terre mort soudainement. A l'occasion duquel cas ainsi advenu de fortune, ledit Mathé, doubtant rigueur de justice, s'est absenté, etc. Au seneschal de Poictou et à tous, etc. Donné à Tours, ou moys d'octobre l'an de grace mil cccc. soixante neuf, et de nostre règne le neufiesme.

Ainsi signé : Par le roy, à la rellacion du Conseil. P. Aude. — Visa. Contentor. Duban.

MCCCCLXXVII

Rémission accordée à Jean Robert, du Gué-de-Velluire, qui s'était rendu coupable du crime de bestialité. (JJ. 196, n° 91, fol. 55 v°.)

Novembre 1469.

Loys, par la grace de Dieu roy de France. Savoir faisons à tous, presens et avenir, nous avoir receue l'umble supplicacion de Jehan Robert, le jeune, chargé de femme et d'enfans, demourant au Gué de Veluire, contenant que jà pieça il fut conjoint par mariage avec sa dicte femme, durant lequel, de lui et d'icelle sa femme sont yssus, nez et procréez certains enfans, dont les aucuns sont encores en vie ; lequel, durant ledit mariage, s'est avec sa dicte femme et en son mesnage bien et honnestement gouverné jusques à puis la feste sainct Michiel derrenière passée que il, tempté de l'ennemi et gardant les vaches ou les touchant ès marez de la Ronde, il se print à une vache, la congneut charnellement et eust sa compaignie charnelle une foiz seulement. Et après ce, congnoissant avoir mespris envers Dieu, nostre createur, et justice, s'est absenté, sans contrainte de justice, du pays et n'y oseroit jamaiz retourner, converser ne repairer, doubtant rigueur de justice, se noz grace et misericorde ne lui estoient sur ce imparties, si comme il dit, en nous humblement requerant que, attendu ce que dessus est dit, qu'il s'est tousjours bien et honnestement gouverné jusques à puis la feste saint Michiel que, par temptacion de l'ennemi, il a fait et commis ledit cas, qu'il n'en a esté encores prins ne aprehendé par justice et que de lui mesmes, sans contrainte, il nous a requis de ce avoir grace et misericorde, il nous plaise, en faveur de ses diz femme et enfans, icelles leur impartir. Pour ce est il, etc. Si donnons en mandement, par ces mesmes presentes, au seneschal de Poictou ou à son lieutenant et à tous, etc. Donné à Tours, ou moys de novembre l'an de grace mil cccc. soixante-neuf, et de nostre règne le neufiesme.

Ainsi signé : Par le roy, monsieur le marquis du Pont [1] et autres presens. — Visa. Contentor. Duban.

MCCCCLXXVIII

Rémission donnée en faveur de Jean Favereau, laboureur, du village de la Garinière, paroisse de Commequiers, détenu prisonnier à Palluau, parce que, avec Michau Geoffroy, son voisin, il avait frappé mortellement Lucas Bétuis, réputé sorcier, qui s'était accusé lui-même d'avoir fait périr le père et plusieurs autres parents desdits Favéreau et Geoffroy. (JJ. 196, n° 92, fol. 56.)

Novembre 1469.

Loys, par la grace de Dieu roy de France. Savoir faisons à tous, presens et avenir, nous avoir receue l'umble supplicacion des parens et amys charnelz de Jehan Faverreau, povre laboureur, demourant ou village de la Garinère en la parroisse de Commequiers, en nostre pays de Poictou, à present detenu prisonnier ès prisons de Paluyau, chargé de femme et de petis enfans, contenant que ledit Faverreau, qui est aagé de quarente ans ou environ, fut né et a tousjours demouré et ses predecesseurs oudit village de la Garinère, ouquel ilz ont vesqu soubz l'estat de labourage de beufz, en exploictant ung pou de heritages chargez de grans rentes et devoirs qu'ilz avoient oudit village de la Garinère et illec environ, près d'un lieu nommé la Clavelère ; et estoit le père dudit Faverreau, nommé Estienne Faverreau, ung bon notable laboureur, vivant bien et deuement entre ses voisins, sans aucune reprehencion. Lequel père est alé de vie à trespas, huit ans

---

1. Nicolas d'Anjou, marquis du Pont, petit-fils du roi René, né en 1448, de Jean, duc de Calabre et de Lorraine, et de Marie, fille de Charles Ier, duc de Bourbon, succéda à son père aux duchés de Lorraine et de Calabre le 13 décembre 1470 et mourut le 24 juillet 1473. (Cf. ci-dessous, n° MCCCCLXXXVII.)

a ou environ, delaissé ledit Jehan Faverreau, son filz, lequel a continué en labourage l'estat de son dit père et s'est porté en toute doulceur et pacificacion envers ses voisins et autres, en tant qu'il est bien et notablement renommé de toutes personnes, et a payé et son dit feu père par chacun an ung bon grant taux et porcion de noz tailles et aides, et n'eust jamaiz ledit Faverreau question ne debat à aucuns de ses voisins, fors seulement à feu Lucas Betuys, lequel, dix ans a ou environ, pour porter rigueur et nuysance audit Faverreau et à ung nommé Micheau Geoffroy, son voisin, demourant audit village de la Garinère, fist faire ledit Betuys certaine nouvelle habitacion en ung tenant ou prinse qu'il fist nommer et appeller la Clavelière ; auquel lieu ledit Betuys a demouré depuis ledit temps et s'est efforcé de faire plusieurs surprinses des dommaines et possessions dudit Faverreau, et dont il avoit acoustumé joir, tant en pasturages que autrement, et pareillement dudit Micheau Geoffroy. Et pour conduire ledit euvre et sourprinse, ledit Betuys a prins, puis ledit temps, plusieurs sergenteries des seigneurs du pays, pour vexer et travailler par amendes et mauvaiz rappors ledit Faverreau, ainsi qu'il lui a fait et à plusieurs autres dudit pays. Et avec ce ledit Betuys estoit en son vivant ung homme yvroin, blafameur et injurieur de personnes, et estoit tenu et reputé estre invocateur et sorcier et de faire mourir par venin et invocacion plusieurs personnes, et en sont advenus plusieurs cas et mesmement au père dudit Faverreau et à ung enfant que enfanta sa femme mort et ne peust avoir baptesme. Or est avenu que, le dimenche xve jour du moys d'octobre derrenier passé, ledit Faverreau, environ souleil couché, mena en ung sien pré, appellé les Nohes, quatre jeunes beufz, ayant ung baston en ses mains, lequel pré est près du chemin par où l'en va de Commiquiers à Saint Christofle du Ligneron ; et illec en ung autre pré joingnant d'icellui, ung buisson entre deux, estoit ledit Micheau Geoffroy, voisin dudit Faverreau, lequel gardoit ses beufz. Et pour ce que ledit Geoffroy estoit plus prèz dudit chemin devers Commiquiers que ledit Faverreau, il s'aproucha d'icellui Faverreau et lui dist qu'il avoit oy ung homme qui parloit à soy mesmes, venant dudit lieu de Commiquiers par ledit chemin. Et s'aprouchèrent lesdiz Geoffroy et Favereau dudit chemin pour savoir qui c'estoit, et aloit ledit Geoffroy le premier, et sans que ledit Faverreau pensast en riens oudit Lucas Betuiz, lequel il n'a congneu jusques il fut près de lui, par ce qu'il estoit assez tard. Et quant il s'aproucha, suivant ledit Geoffroy, ledit Faverreau fut esbay qu'il oyt ung coup que frappa d'un baston icellui Geoffroy sur ledit homme qui passoit, et tant qu'il tumba à terre ; lequel Geoffroy estoit sur ledit chemin et aloit avant ledit Faverreau vers ledit homme, et lui donna ledit Geoffroy plusieurs grans coups par la teste. Et lors ledit homme demanda confession, et congneut lors ledit Faverreau à la parolle parfaictement que c'estoit ledit Lucas Betuys ; auquel homme ledit Geoffroy dist qu'il n'auroit autre confession fors celle qu'il vouldroit illec faire ; et fut ledit Faverreau très fort transsi et esbay, et eust le sens troublé de veoir ledit cas. Et illecques ledit Betuys tumbé à terre confessa avoir fait mourir Jehan et Jehan Geoffroy, ayeul et père dudit Micheau, plusieurs enfans sans baptesme, et mesmement ung enfant audit Faverreau et aussi ung nommé Maturin Loquin, marié à la seur dudit Faverreau et demourant avec lui, et pareillement le père d'icellui Faverreau. Lequel Faverreau fut troublé plus que devant d'oyr parler de son dit père, et par ce lui impourveu de sens et tout transi et esmeu, frappa ung coup ledit Betuys du baston qu'il avoit, ne scet si se fut sur la teste ou ailleurs, parce qu'il faisoit jà bien fort noir. Et pour ce que à celle heure passa ung chevaucheur illec près, se retirèrent et fouyrent lesdiz Faverreau et Geoffroy dudit

chemin et s'en alèrent à leurs maisons, et laissèrent ledit
Betuys qui estoit encores en vye et rendoit alayne, comme
s'il soufflast. Et le lendemain jour de lundi, ledit
Micheau Geoffroy vint, ung pou avant jour, appeller ledit
Faverreau, lequel estoit fort triste et desplaisant, maiz il
n'oza contredire à aller audit Geoffroy, et à celle heure
alèrent au lieu où ilz avoient delaissé ledit Betuys, lequel
ilz trouvèrent mort; et avecques une perche, rortes [1] et
autres choses le portèrent en ung taz de fagoz de boys qui
estoient illec près, esquelz fagotz ilz le mirent et le cou-
vrirent d'aucuns des diz fagotz. Et dès lors ledit Michau
Geoffroy dist audit Faverreau qu'il s'en yroit hors du pays,
combien que, ledit jour de lundi, les diz Faverreau et
Geoffroy firent ung pou de labourage de leurs blez illec
près, et virent et apperceurent comme les procureurs et
officiers des seigneuries de Paluyau et de Commiquiers [2]
queroient le corps dudit Lucas Betuiz qu'ilz ne peurent
trouver, ledit lundi ne le mardi ensuivant. Et par ce lesdiz
Geoffroy et Faverreau, le mercredi au matin, prindrent
ledit corps et le portèrent comme ilz peurent prez le
quarefour du village de la Villehervé en ung pou de
brendis et espines qui y estoient, et dès cellui jour ledit

1. Le mot « rorte » ou « reorte » se disait et se dit encore en Poitou,
d'un lien formé d'une branche souple et pliante, tordue sur elle-même.
(Fr.) Godefroy, Dict. de l'anc. langue française).
2. La seigneurie de Palluau, comprise dans la confiscation des biens
de Charles de Blois, dit de Bretagne, sr d'Avaugour, et de sa femme,
Isabelle de Vivonne, donnée alors à Richard, comte d'Etampes, troisième fils de Jean IV, duc de Bretagne, fut rendue par l'art. 14 du traité
de Nantes (27 juin 1448) à Jean de Blois, comte de Penthièvre, frère
de Charles, sr d'Avaugour. (Dom Morice, Hist. de Bretagne, Preuves,
t. II, col. 1422.) Nicole, fille unique de ce dernier et d'Isabelle de
Vivonne, et son mari Jean II de Brosse, sr de Sainte-Sévère et de
Boussac (voir notre vol. précédent, p. 38, note), ayant hérité, en 1454,
de leur oncle, le comte de Penthièvre, étaient possesseurs, à la date
des présentes, de la dite seigneurie. — Quant à celle de Commequiers,
elle avait été apportée en même temps que celle de la Forêt-sur-Sèvre,
par Jeanne Jousseaume, fille et héritière de Jean Jousseaume, seigneur
des dites terres, à Louis de Beaumont, sr de Vallans, qu'elle avait
épousé l'an 1440. (Cf. nos t. VIII et IX, Arch. hist. du Poitou, t. XXIX,
p. 135, note ; t. XXXII, p. 378.)

Michau Geoffroy s'en ala hors du pays, et dist et confessa à sa mère et autres comme il avoit premier frappé et mutilé ledit Lucas Betuys, et que ledit Jehan Faverreau lui avoit semblablement donné ung coup de baston, après qu'il avoit confessé avoir fait mourir son père, et aussi son enfant et ledit Loquin, mary de sa seur. Et le jeudi ensuivant, le corps dudit Lucas Betuys fut trouvé par les diz officiers de Paluyau et de Commiquiers et fut levé et enterré ; et ledit jour ledit procureur de Paluiau fist prendre au corps ledit Faverreau et le mener ès prisons dudit Paluyau, dont il est homme et subget ; et a ledit procureur fait inventorier tous les biens meubles dudit Faverreau et de sadicte femme et enfans, lesquelz n'ont de quoy vivre et leur convient mendier leur vie. Et depuis ledit Faverreau a esté et est detenu prisonnier audit lieu de Paluya, et doubtent lesdiz suppliants que, à cause dudit cas et homicide fait de la personne dudit Lucas Betuys, combien que ledit Faverreau n'eust jamaiz intencion de le tuer ne occire, et ne le frappa que ung coup, après qu'il eust confessé avoir fait morir son père, comme ledit Micheau Geoffroy a confessé, les seneschal et officiers dudit lieu de Paluyau veullent proceder contre lui à punicion corporelle et confisquer ses biens, se noz grace et misericorde, etc. Au seneschal de Poictou et à tous, etc. Donné à Tours, ou moys de novembre l'an de grace mil cccc. soixante neuf, et de nostre règne le neufiesme.

Ainsi signé : Par le roy, le sire de la Fourest[1] et autres presens. — Visa. Contentor. J. Duban.

MCCCCLXXIX

Concession à Pierre Laigneau, écuyer, seigneur de la Morinière à Dissay, valet de chambre et fauconnier ordinaire du roi, d'un droit

---

1. Louis de Beaumont, s^r de Vallans, la Forêt-sur-Sèvre, Commequiers, etc. (Cf. ci-dessus, p. 54, note).

d'usage pour son chauffage et de la glandée pour douze porcs, chaque année, en la forêt de Moulière. (JJ. 196, n° 161, fol. 92.)

Novembre 1469.

Loys, par la grace de Dieu roy de France. Savoir faisons à tous, présens et avenir, que nous, à la supplicacion et requeste de nostre bien amé valet de chambre et faulconnier ordinaire, Pierre Laigneau[1], escuier, nostre grenetier de Chartres et seigneur de l'ostel de la Morinière assis en la parroisse de Dissay, prez nostre forest de Molière, et pour consideracion des bons, agreables et continuelz services qu'il nous a faiz cy devant par bien longtemps ès diz offices et autrement, et pour aucunement l'en recompenser, à icellui, pour ces causes et consideracions et autres à ce nous mouvans, avons, de nostre certaine science,

---

[1]. Pierre Laigneau, qui déjà en 1466 est qualifié valet de chambre du roi et grenetier de Chartres, s'était marié à Poitiers et avait fixé sa résidence dans cette ville. On l'apprend par une lettre missive adressée par Louis XI, d'Orléans, le 16 avril de cette année, « aux maire, eschevins et cent de nostre ville de Poictiers », dans laquelle, après avoir exposé les titres de son valet de chambre, tels que, nous les rappelons, il ajoute : « par quoy vouldrions bien qu'il y fust eslevé et pourveu en honneur et prérogative. Nous vous prions que, en faveur de nous et à nostre requeste, vous vueillez mectre nostre dict varlet de chambre ou premier lieu de vostre eschevinage qui sera vacquant, et quant à ce le prefferer devant tous autres. Et vous nous ferez très singulier et agreable plaisir, et en aurons vous et les faiz et affaires de vostre dit eschevinage en plus grande recommandation. » (Arch. hist. du Poitou, t. I, p. 158 ; J. Vaësen, Lettres de Louis XI, t. III, p. 50.) Une nouvelle lettre, datée d'Etampes, le 25 septembre suivant, réitéra de façon expresse cette recommandation. (Arch. de la ville de Poitiers, 5e rég. des Délibérations, séance du 3 octobre 1466.) Un désir aussi formellement exprimé par le roi était un ordre ; en effet, Pierre Laigneau fut élu au premier poste d'échevin qui vint à vaquer, celui d'Antoine Vousy, qui venait de mourir, le 3 octobre 1466. (Ch. Babinet, Les Echevins de Poitiers de 1372 à 1675. Mém. de la Société des Antiquaires de l'Ouest, in-8°, t. XIX, année 1896, p. 16 du tirage à part.) Cette intervention de Louis XI dans les élections municipales n'est pas un fait isolé ; au contraire, à Poitiers elle était constante, comme le fait remarquer M. Henri Sée. Les magistrats cependant avaient demandé, deux ans auparavant, que la liberté d'élection fût laissée à la ville, mais on ne tint aucun compte de leur requête. (Louis XI et les villes. Paris, 1891, in-8°, p. 74.) Le fief de la Morinière, maison noble sur laquelle une rente était due au chapitre de Notre-Dame-la-Grande de Poitiers (Arch. de la Vienne, G. 1225) avait été sans doute apporté à Pierre Laigneau par sa femme, dont nous n'avons pu trouver le nom.

plaine puissance et auctorité royal, donné et octroyé, donnons et octroyons, voulons et nous plaist, de grace especial, que lui et ses hoirs et successeurs ou de luy aians cause, demourans oudit ostel de la Morinière, aient doresnavant à tousjours leur usaige pour leur chauffaige de boys mort et mort boys en ladicte forest de Molière, et pour le mestaier demourant oudit hostel ou en la grange d'icelluy touchant oudit hostel, et qu'ilz en joyssent tout ainsi que font plusieurs autres ayans ledit droit de boys mort et mort boys en icelle forest ; et avec ce, que luy et sesdiz hoirs et successeurs puissent avoir et tenir en icelle forest par chacun an, durant la pesson et glandée, jusques au nombre de XII. pourceaux pour engresser, en nous payant seullement par chacun an, ou à nostre recepte ordinaire de Poictou, XII. deniers tournois de cens ou devoir noble pour tout devoir seullement, pour recongnoissance des choses dessus dictes. Si donnons en mandement, par ces dictes presentes, à noz amez et feaulx genz de noz comptes à Paris, à nostre seneschal de Poictou et au maistre des eaux et forestz en nostre pays de Poictou, et à tous noz autres justiciers et officiers, ou à leurs lieuxtenans ou commis, presens et avenir, et à chacun d'eulx, si comme à luy appartiendra et qui requis en sera, que ledit, etc., ilz facent, seuffrent, etc. Donné aux Montilz lez Tours, ou moys de novembre l'an de grace mil IIII^{c}LXIX, et de nostre règne le neufiesme.

Par le roy, les sires de Brosse [1], du Lude [2] et autres presens. Toustain. — Visa.

---

1. Jean II de Brosse, s^r de Boussac et de Sainte-Sévère, chambellan du roi. Par son mariage, conclu le 18 juin 1437, avec Nicole, fille unique et héritière de Charles de Blois, dit de Bretagne, baron d'Avaugour, et d'Isabelle de Vivonne, il possédait des terres et seigneuries nombreuses et importantes dans le Bas-Poitou et en Bretagne. (Cf. la notice qui lui a été consacrée dans notre précédent volume, p. 38, note.)

2. Jean de Daillon, s^r du Lude, dont il a déjà été question ci-dessus, p. 126, note 3.

MCCCCLXXX

20 janvier 1470.

Ratification d'un échange de terres sises dans le Velay et l'Auvergne, conclu entre Louis seigneur de Crussol, chevalier, sénéchal de Poitou, et l'abbaye de la Chaise-Dieu, avec amortissement de la part cédée à celle-ci. « Donné à Amboyse, le xxe jour de janvier l'an de grace mil iiii^c soixante neuf, et de nostre règne le neufiesme [1]. » (JJ. 196, n° 120, fol. 68.)

MCCCCLXXXI

Rémission en faveur de Jean Taillebeuf, le jeune, marchand mercier de Melle, prisonnier à Fontaines, pour le meurtre d'un homme dans une rixe. (JJ. 196, n° 185, fol. 116 v°.)

Février 1470.

Loys, etc. Savoir faisons à tous, presens et avenir, nous avoir receue l'umble supplicacion de Jehan Taillebeuf, le jeune, marchant, demourant à Melle, contenant que, le lundi xxixe jour de janvier dernier passé, ledit suppliant qui est ung jeune marchant, en l'age de xxv. ans et se mesle du fait et estat de mercerie, vint du lieu de Nesré, où il avoit ledit jour desplayé sa marchandise, au lieu de Romasières en l'ostel de Lucas Rateau, ouquel hostel il avoit acoustumé de soy loger, et en sa compaignie quatre autres marchans. Ouquel hostel ledit suppliant et lesdiz quatre autres marchans souppèrent et après soupper allèrent pensser leurs chevaulx, et après s'en tournèrent en la chambre où ilz avoient souppé, pour ce que en icelle ilz devoient coucher. En laquelle chambre ilz furent par aucun temps, en eulx chauffant et esbatant, attendans l'eure de coucher. Pendant lequel temps

---

[1]. Nous indiquons cet acte, étranger à notre province, parce qu'il intéresse la biographie de Louis de Crussol, qui pendant plus de douze ans exerça la charge de sénéchal de Poitou. (Voy. sur ce personnage la notice imprimée dans notre précédent volume, p. 450-452.)

survindrent illec ledit Lucas Rateau, Jehan Beamont et Helyot Barraut, et eulx arrivez, firent lesdiz compaignons venir une pinte de vin, pour leur donner à boire. En buvant lequel vin, survint Guillaume David, demourant à Fontaines, lequel et aussi lesdiz Barraut et Beaumont estoient de nopces audit lieu de Romazières ; et lors dit ledit Rasteau qu'ilz coucheroient quatre en ung lict et troys en l'autre, pour loger lesdiz Beaumont et Barraut ; à qui fut par lesdiz marchans ou l'un d'eux respondu qu'ilz estoient logez leans et avoient bien payé leur escot et logiz, et qu'ilz coucheroient à leur aise. Et atant s'en ala ledit suppliant coucher en ung petit lit estant à l'uréé devers la porte de ladicte chambre ; et ce voyant ledit Barraut se vint coucher audit lit, vestu, sans chausses, jouste ledit suppliant. Dont icellui suppliant ne fut content et le gecta en la venelle du lit et print son cousteau qui estoit au chevet du lit et d'icellui avec le fourreau lui donna sur l'eschine. Et ce voyant, ledit Barraut se leva et osta ledit cousteau audit suppliant et le mist sur ledit lict, disant que pour lui ne pour son coucher n'y auroit nulle noise. Et atant se recoucha ledit suppliant et, lui recouché, vint à lui ledit Guillaume David, enbastonné d'un grant pal de houlmeau vert, duquel il frappa ledit suppliant sur la teste, lui estant dedans ledit lit, dont ledit suppliant fut fort esmeu et se leva et print sondit consteau, le tira de la gaine, en donna ung cop de revers au travers de la teste dudit David, au dessus de l'oreille, et si s'efforça lui en donner d'autres, et mesmement lui donna sur le colet de son pourpoint. Pour lesquelz coups le dit David, par mauvaiz gouvernement ou autrement, est allé de vie à trespassement. Et combien que depuis lesdiz coups donnez et avant le trespas dudit David, icellui David ait pardonné sa mort audit suppliant et declaré qu'il avoit esté agresseur et qu'il avoit fort oultragé ledit suppliant, et [que ledit suppliant ait] satisfait à partie, neantmoins icellui suppliant, à l'occasion dudit cas, a esté prins au corps et mis ès prisons de Fontaines [1], et ses biens prins par les officiers dudit lieu ; èsquelles prisons il est encores detenu prisonnier, à grant povreté et misère, en danger de miserablement finer ses jours, se noz grace, etc. Au seneschal de Poictou, à son siège de Nyort, et à tous, etc. Donné à Tours, ou moys de fevrier l'an mil ccccLXIX, et de nostre règne le neufiesme.

Ainsi signé : Par le roy, à la relacion du conseil. Triboulé. — Visa. Contentor. Duban.

MCCCCLXXXII

Mars 1470.

Rémission accordée à Jean Marteau et à Macée, sa femme, teinturiers en draps, pauvres et chargés de famille, qui s'étaient rendus coupables de plusieurs vols à Tours, leur dernière résidence. Après leur mariage, il y avait de cela six ou sept ans, ils étaient venus de Saint-Nicolas-du-Couldray près Châteaugontier s'établir « en la paroisse de Herisson en Poictou, en laquelle ilz firent leur demourance environ un an et demy, et d'illec s'en vindrent à Angiers où ilz ont besoigné de leur mestier environ II. ans. Et pour ce qu'ilz eurent congnoissance des libertez et franchises par nous données à ceulz de leur mestier en la ville de Tours [2] », ils étaient venus s'y fixer définitivement. « Mandons au bailly de Touraine, etc. Donné à Tours, ou moys de mars l'an de grace mil IIIIc LXIX, et de nostre règne le IXe. » (JJ. 196, n° 160, fol. 91 v°.)

---

1. La seigneurie de Fontaines appartenait alors à Louis de Montbron, sur lequel cf. ci-dessus, p. 136, note 2.
2. On ne connaît point le texte des lettres patentes visées ici : elles ne sont enregistrées ni au Parlement ni à la Chambre des comptes ; la *Compilation chronologique* de Blanchard n'en fait pas mention. Cependant elles sont rappelées dans une déclaration de Charles VIII, portant règlement pour la fabrique des draps dans la ville de Tours, donnée aux Montils, le 8 août 1490 : « Nostre feu seigneur et père, y lit-on, dès l'an 1461, voulant pourveoir et donner bon ordre et police au bien de la chose publique et à ce que le fait de ladite marchandise de draperie soit egalement conduit, mené et entretenu en et par toutes les bonnes villes et cités de nostre dit royaume, et mesmement de nostre ville et cité de Tours, etc., etc. » (*Ordonnances des rois de France*, in-fol., t. XX, p. 244.)

MCCCCLXXXIII

Rémission accordée à Dimanche de Mussy, jeune écuyer de la maison du comte du Maine à Châtellerault, qui croyant avoir à se plaindre de l'un de ses compagnons, nommé Etienne Matago, lui avait cherché querelle et l'avait frappé à mort. (JJ. 196, n° 252, fol. 154 v°.)

Mars 1470.

Loys, etc. Savoir faisons à tous, presens et advenir, nous avoir receue l'umble supplicacion des parens et amys charnelz de Dymenche de Mussi [1], escuier, jeune enffant, contenant que, le vi_e jour de fevrier derrenier passé, ledit Dymenche estant serviteur de nostre amé Jacques Palays, escuier d'escurie de nostre très chier et très amé oncle le conte du Maine [2], et en son logeys en la ville de Chasteauleraud, entre vii. et viii. heures devers le matin, et après ce que icelluy Dymenche, qui estoit allé en l'estable des chevaulx de sondit maistre, trouva et apperceut, en regardant en une fenestre où il avoit mis unes estrivières de la selle du cheval qu'il chevauchoit, qui estoit à sondit maistre, que lesdites estrivières n'y estoient pas et qu'elles avoient esté ostées ou emportées, et aussi qu'il ne trouva pas le harnoys d'ung autre cheval qui estoit à sondit maistre, de ce estant eschauffé, vint en la chambre dudit Palays où il trouva ung nommé

---

1. M. Beauchet-Filleau mentionne ce personnage d'après les présentes lettres de rémission uniquement et le rattache à la famille de Moussy (*Dict. des anc. familles du Poitou*, 1re édit., t. II, p. 430) dont il est question ci-dessous, à l'occasion de lettres autorisant Jean de Moussy, écuyer, seigneur de la Contour, à fortifier cette place (n° MCCCCXCVIII.)

2. Charles d'Anjou, comte du Maine, troisième fils de Louis ii, duc d'Anjou, et d'Yolande d'Aragon, né le 14 octobre 1414 au château de Montils-lès-Tours, mort à Neufvy en Touraine, le 10 avril 1473 (sur lequel cf. notre huitième vol., *Arch. hist. du Poitou*, t. XXIX, p. 146), résidait fréquemment à Châtellerault, dont il avait acquis la vicomté au mois de décembre 1445 de Jean vii, comte d'Harcourt. (*Id.*, t. XXXII, p. 12 et note.)

Estienne, auquel il s'adreça en luy disant pourquoy il avoit prinses lesdites estrivières qui estoient en ladite fenestre et aussi le harnoys du hongret. A quoy ledit Estienne Matago respondit qu'il cuidoit qu'elles ne servissent plus de riens ; et lors ledit Dymenche luy dist que s'il y eust eue meilleure chose, que il l'eust bien prinse et que tousjours le voulloit gouverner et suppediter. Auquel ledit Matago, de fière et grosse parolle, dist et respondit : « Je ne te veulx point gouverner. » A quoy icelluy Dymenche dist que non et que sondit maistre estoit pour le gouverner, s'il faisoit chose qu'il ne fust à faire, et non pas luy. Sur quoy ledit Matago respondit : « Tu en veulx faire ung tresor ! » Et ledit Dymenche luy dist : « Tu n'en as que faire, ce n'est de riens du tien, ains [1] de mon maistre. » A quoy ledit Matago luy dist : « Je ne sçay », et lors s'aproucha dudit Dymenche qui estoit près du feu et luy dist : « Tu es droit villain ! » Pour laquelle cause ledit Dymenche, comme très courssé de la villenie qu'il luy disoit et que jà il luy avoit dicte, luy donna deux cops de dague, l'ung en l'espaule et l'autre au costé, incontinent l'ung après l'autre, et le laissa et s'en yssit hors de la chambre. A l'occasion desquelx coups ledit Estienne dit Matago, III. ou IIII. jours après, par default de bon [gouvernement, est alé de vie à trespas], etc. Pour occasion duquel cas, ledit Dymenche s'est absenté du pays et, etc. Au seneschal de Poictou et à tous autres, etc. Donné à Tours, le... [2].

---

1. Le texte du registre porte « ne de mon maistre », ce qui est contraire au siens.
2. La fin manque. Les actes voisins étant datés de Tours au mois de mars 1470 n. s., nous classons à cette date la rémission accordée à Dimanche de Mussy.

MCCCCLXXXIV

Rémission accordée à Jean Du Moulin, écuyer, de Rom, près Couhé, qui s'était rendu coupable d'un homicide, alors qu'il était archer de la compagnie de Baud de Saint-Gelais en Catalogne. (JJ. 196, n° 173, fol. 108.)

Avril 1470 (avant le 22).

Loys, par la grace de Dieu roy de France. Savoir faisons à tous, presens et avenir, nous avoir receue l'umble supplicacion de Jehan Du Molin, escuier, demourant en la parroisse de Ron prés Coué, contenant que en l'an mil cccc. soixante troys ou environ, ledit suppliant estoit lors archer soubz la charge et compaignie de Baud de Saint Gelaiz [1], en laquelle compagnie ledit suppliant ala ou pays de Cathelongne, pour nous servir. Et aprés ce que la compaignie fut arrivée illec, icellui suppliant et autres compaignons de ladicte compaignie furent ordonnez, jusques au nombre de cinquante à soixante, par le commandement de leurdit capitaine, pour aller courre en

---

1. Baud de Saint-Gelais était le troisième fils de Mérigot, seigneur de Séligné, et de Jeanne de Viron. M. Beauchet-Filleau cite un acte du 28 janvier 1453, par lequel Baud et Jacques de Saint-Gelais, ainsi que Pierre de Saint-Gelais, seigneur de Montlieu, leur oncle, vendirent à Jean, leur frère aîné, un chapeau d'or orné de pierres précieuses. Le même généalogiste ajoute qu'en 1463 Baud de Saint-Gelais servait en Catalogne comme capitaine d'une compagnie de gens d'armes, renseignement emprunté sans doute aux présentes lettres de rémission. (*Dict. des familles de l'anc. Poitou*, 1re édit., t. II, p. 330.) Sans doute notre personnage faisait partie de l'armée commandée par le duc de Nemours, envoyée par Louis XI en Roussillon, après l'attaque du château de Perpignan par les habitants de la ville, mécontents d'avoir été engagés au roi de France, armée dont les opérations durèrent de décembre 1462 à mars 1463 et eurent pour résultat l'annexion des deux comtés de Roussillon et de Cerdagne, succès qui fit naître dans l'esprit du roi le projet de se rendre maître de la Catalogne. Baud de Saint-Gelais prit part aussi à la nouvelle expédition de Louis XI, en Roussillon, après que Jean II, roi d'Aragon, fut rentré dans Perpignan (février-septembre 1473); il fut l'un des deux commissaires français pour la négociation de la trêve de Canet, signée le 14 juillet de cette année, acte dans lequel il est qualifié sénéchal d'Angoumois. (J. Calmette, *Louis XI, Jean II et la révolution Catalane*, Toulouse et Paris, 1903, in-8°, p. 370.)

ung lieu nommé Belluer, distant de deux lieues de Puisarden pour avoir du bestial et autres vivres, ainsi qu'on a acoustumé faire en guerre. Et après ce qu'ilz eurent fait la prinse du bestial et qu'ilz furent prez dudit lieu de Puisardan, pour ce qu'il estoit souleil couché, advisèrent entre eulx quel cry ilz auroient pour celle nuyt, et fut appoincté tout d'un commun acord qu'ilz auroient pour ladicte nuyt « Nostre Dame, saincte Katerine » et ce acordé entre eulx, les deux capitaines d'iceulx compaignons ordonnèrent que ledit suppliant auroit la charge du gros bestial de ladicte prinse, et pour la conduite et garde d'icellui furent baillez troys autres hommes de ladicte compagnie. Et ainsi qu'ilz furent arrivez près du siège qui se tenoit à Age et illec environ, à l'eure d'entour mynuyt, ilz rencontrèrent certains compaignons et ne scet pas ledit suppliant s'ilz estoient gens de guerre ou brigans, pour ce qu'ilz ne disoient mot; et lors ledit suppliant leur demanda qui vive? lesquelz ne respondirent mot. Et adonc icellui suppliant oyt bruit de gens qui venoient après lui, et lors se retourna et aperceust deux hommes qui ne congnoissoit, ausquelz il demanda par troys foiz : Qui vive? Lesquelz ne lui vouldrent responre, mais marchoient tousjours rudement contre luy. Et adonc icellui suppliant, pensant qu'il fut mort, leur va dire par deux ou troys foiz : « Ne vous aprouchez point de moy, se vous ne parlez, ou autrement je vous feray marrys. » Lesquelz ne cessèrent point de tousjours marcher sur lui, et voyant icelui suppliant, qui avoit une arbaleste toute bandée, qu'ilz ne vouloient parler ne dire qui ilz estoient, doubtant qu'ilz ne le tuassent, desserra sadicte arbaleste et du traict qui estoit sur icelle actaingnit et frapa l'un d'iceulx, nommé Pierre Payelescot, demourant à Ruffect, comme ledit suppliant a sceu. Lequel Pierre Payelescot, à l'occasion dudit cop, troys ou quatre jours après, ala de vie à trespas, et avant sondit trespas pardonna audit suppliant ledit cas, en la presence de son capitaine et de plusieurs autres, en disant qu'il estoit plus coulpable de sa mort que n'estoit ledit suppliant, par ce qu'il ne parla point, quant il arriva ainsi devers lui. A l'occasion duquel cas ledit suppliant, doubtant rigueur de justice, n'oseroit jamaiz seurement demourer, etc. Au seneschal de Poictou et à tous, etc. Donné à Selles en Poictou, ou moys d'avril l'an de grace mil cccc. soixante neuf avant Pasques, et de nostre règne le neufiesme.

Ainsi signé : Par le Roy en ses requestes. L. Toustain. — Visa. Contentor. Duban.

MCCCCLXXXV

Lettres accordant à Jean d'Appelvoisin, chevalier, la permission de fortifier son lieu et seigneurie de Thiors, avec droit de moyenne et basse justice audit lieu et autres lui appartenant en la châtellenie de Thouars. (JJ. 196, n° 255, fol. 155 v°.)

Avril 1470 (avant le 22).

Loys, par la grace de Dieu roy de France. Savoir faisons à tous, presens et avenir, que pour consideracion des grans et recommandables services que nostre amé et feal conseiller et chambellan, Jehan d'Appellevoisin, chevalier, seigneur de Thiors et de la Jobetière [1], et les siens ont

---

1. Jean d'Appelvoisin, chevalier, sr de Thiors et de la Jobtière, chambellan de Louis xi et fort avant dans ses bonnes grâces, comme on le voit par le passage des présentes lettres où le roi déclare que Thiors lui a paru un lieu si plaisant qu'il se propose d'y faire sa demeure, quand il viendra dans le pays, était le fils aîné de Mathurin d'Appelvoisin, chef de cette branche de Thiors par son mariage avec Jeanne de Meulles, dame de Pompoy, fille de Jean de Meulles, sr de Thiors. Ils étaient mariés dès avant le 30 avril 1420 ; car à cette date Mathurin d'Appelvoisin rendit un aveu, au nom de sa femme, au vicomte de Thouars, pour le fief de Grandchamp près Pompoy. Jeanne de Meulles le renouvela le 16 décembre 1445, peu de temps après qu'elle fut devenue veuve, et le même jour, elle fit aveu au même de sa seigneurie de Thiors-Vollebinne. (*Les fiefs de la vicomté de Thouars*, par MM. le duc de La Trémoïlle et H. Clouzot, in-4°, p. 60 et 136.) Mathurin d'Appelvoisin était donc décédé à la fin de l'anné 1445. Sur un registre des grandes assises

de tous temps faiz à nous et à la couronne de France, tant ou fait des guerres à l'encontre de noz anciens ennemis et adverssayres les Angloys et autres, que autrement en plusieurs manières, et mesmement en faveur d'aucuns singuliers services et gratuitez par luy presentement à nous faiz, nous estans audit lieu de Thiors, et aussi pour ce que, entre les autres de ces marches, nous avons trouvé à nous très plaisant et agreable ledit lieu de Thiors, lequel à ceste cause avons retenu et ordonné pour nous demourer doresenavant, quant nous viendrons èsdictes marches, desirans par ce le bien, augmentacion et fortifficacion d'icelluy lieu, à icelluy nostre conseiller, qui sur ce nous a très humblement supplié et requis, avons, pour ces causes et autres à ce nous mouvans, donné et octroié, donnons et octroions par ces presentes, de nostre grace especial, plaine puissance et auctorité royal, congié et licence qu'il puisse et luy loise, quant bon luy semblera, fayre clourre et fortiffier ledit lieu de Thiors et icelluy mettre en estat de forteresse, tant de murs, tours, foussez, carneaux, barbecannes, pontz leveis, archières, canonnières que autres

---

de Bressuire, postérieur de dix ans, on lit qu'une amende de deux écus fut prononcée contre Jean d'Appelvoisin, chevalier, pour n'avoir point dressé l'inventaire des biens de son feu père. (*Chartrier de Saint-Loup*, aux Arch. des Deux-Sèvres, E 1747, fol. 51.) L'écart entre les deux dates pourrait faire supposer qu'il ne s'agit pas du s^r de Thiors ; cependant nous ne voyons pas à quel autre membre de la famille d'Appelvoisin cette mention pourrait s'appliquer. Le même fonds contient un aveu de l'hôtel et maison noble de la Jobtière rendu au s^r de Bressuire par Mathurin d'Appelvoisin en 1444, et un second de l'année 1447, rendu par Jean, son fils. (*Id.*, E 1529.) Le 21 janvier 1455, le même Jean d'Appelvoisin reçut de Guillaume de Puyguyon, écuyer, seigneur dudit lieu, l'hommage du fief dit le Petit-Pelvezin, et le 3 août 1467, il fit aveu de son hôtel de Tourtenay au vicomte de Thouars. Son nom est inscrit sur le rôle des hommes d'armes de la compagnie du s^r de Laigle, au ban et arrière-ban de Poitou convoqué le 5 octobre 1467. Au ban réuni l'an 1488, sa veuve et son fils aîné fournirent deux brigandiniers. Jean d'Appelvoisin avait épousé : 1º en 1439, Marie Dobé, fille d'Amaury et de Catherine Du Bouchet ; 2º Renée Boux du Teil, qui était veuve dès l'an 1486 et dont il eut deux fils, Hardy, s^r de Thiors, et Guillaume, chef de la branche de la Bodinatière, et une fille Marie, mariée en 1490 à Jean de La Roche. (*Dict. des familles du Poitou*, nouv. édit., t. I, p. 84.)

chouses quelxconques appartenans à clousture et fortifficacion de place. Et de nostre plus ample grace, luy avons donné et octroié, donnons et octroyons, par cesdictes presentes, sur tous ses hommes et subgiez qu'il a tant en sadicte seigneurie de Thiors tenue et mouvant de la ville et seigneurie de Thouars, que en la chastellenie dudit Thouars, moyenne et basse justice, avecq les droiz, prerogatives, preeminances et autres chouses appartenans à l'exercice d'icelle, et que, pour ce fayre, nostre dit conseiller puisse fayre et ordonner telx officiers et en tel nombre qu'il appartiendra, pour d'icelle justice moyenne et basse joyr et user doresenavant, tant par nostredit conseiller que par ses heritiers et successeurs, seigneurs dudit lieu de Thiors, tout ainsi et en la forme et manière que les autres ayans semblable moyenne et basse justice en ladicte viconté et seigneurie de Thouars ont acoustumé joyr et user. Si donnons en mandement, par ces mesmes presentes, à noz amez et feaulx conseillers les gens tenans ou qui tiendront noz Parlemens, gens de noz comptes, tresoriers, au senneschal de Poictou et à tous noz autres justiciers et officiers, ou à leurs lieutenans, presens et advenir, et à chacun d'eulx, si comme à luy appartiendra, que de nostre present don et octroy ilz facent, seuffrent et laissent nostre dit conseiller et sesdiz heritiers et successeurs, seigneurs dudit lieu de Thiors, joyr et user plainement et paisiblement, sans en ce leur mettre ou donner, ne souffrir estre fait ou donné, ores ne pour le temps avenir, aucun ennuy, destourbier ou empeschement au contrayre, ainçoys, se fait, mis ou donné leur estoit en aucune manière, si le repparent et remettent, ou facent repparer et remettre, chacun en droit soy, tantoust et sans delay, au premier estat et deu. Et affin que ce soit chouse ferme et estable à tousjours, nous avons fait mettre nostre scel à cesdictes presentes. Sauf nostre droit [en autres choses] et l'autruy en toutes. Donné ou moys d'avril l'an de grace mil IIII^c soixante et neuf avant Pasques [1], et de nostre règne le neufiesme.

Ainsi signé : Par le roy, le marquis du Pont [2], le sire de Berssuyre [3] et autres presens. J. Leclerc. — Visa. Contentor. Rolant.

MCCCCLXXXVI

Rémission octroyée à Denis Berthelot, prêtre, et à Olivier Joulain, son clerc, qui avaient révélé à la justice la fabrication, à laquelle ils avaient pris part, de faux titres destinés à favoriser les habitants de Saint-Jean-de-Monts dans un procès qu'ils soutenaient contre le seigneur de la Garnache. (JJ. 196, n° 169, fol. 105 v°.)

Avril 1470 (après le 22).

Loys, par la grace de Dieu roy de France. Savoir faisons à tous, presens et avenir, nous avoir receue l'umble supplicacion de Denis Berthelot, prebstre, demourant à Chavaignes près Montagu ou diocèse de Luçon, et Olivier Joulain, clerc, demorant à Couex oudit diocèse, contenant que, ou moys de septembre dernier passé a eu troys ans ou environ, ledit Denis suppliant estoit lors demourant à

---

1. C'est-à-dire avant le 22 avril. On remarquera que la date de ces lettres ne porte pas d'indication de lieu ; il ne serait pas surprenant qu'elles aient été données à Thiors même, le roi y ayant séjourné, comme il est déclaré ci-dessus dans ce texte même. D'ailleurs il était dans la région au mois d'avril 1470 : on a des lettres missives de lui, datées de Thouars, le 3 avril, de la Ferrière-en-Parthenay, le 6, de Notre-Dame-de-Celles, le 24.
2. Nicolas d'Anjou, marquis du Pont, depuis duc de Lorraine et de Calabre. (Cf. ci-dessous, p. 250, note.)
3. Jacques de Beaumont, chevalier, seigneur de Bressuire, Lezay, la Mothe-Saint-Héraye, etc., fils d'André de Beaumont, décapité à Poitiers le 8 mai 1431, et de Jeanne de Torsay, avait succédé (1440), âgé d'environ dix ans, comme seigneur de Bressuire, à son aïeul, Guy de Beaumont, sous la tutelle duquel il avait été placé. Ami et confident de Louis XI, alors qu'il était encore dauphin, il fut nommé son chambellan par lettres patentes de décembre 1461, et depuis reçut du roi, qu'il servit sans scrupule dans ses affaires secrètes, comme l'on sait, honneurs, dignités et profits. Le sire de Bressuire, à la date des présentes, venait d'être pourvu de la charge de lieutenant général en Poitou, Saintonge et Aunis. Nous rencontrerons encore ce personnage, en d'autres endroits de ce volume. (Cf. B. Ledain, *Hist. de Bressuire*.).

Couex en la chastellenie d'Aspremont, et estoit ledit Olivier son clerc et serviteur, aussi suppliant, et s'en alla icellui Denis au lieu de Nostre Dame de Rié, au jour d'une foire illec pieça ordonnée et assignée à tenir oudit moys de septembre ou environ, pour certaines ses affaires, où il rencontra, entre autres personnes de cognoissance, Jehan Nicolas et Guillaume Nicolas [1], son filz, lors tous deux demourans en la parroisse Saint Jehan de Mons, avecques lesqueulx il avoit cognoissance. Et après ce qu'ilz se furent illecques rencontrés et qu'ilz eurent plusieurs parolles ensemble, lesdiz Nicolas ou l'un d'eux, l'autre present, luy dirent qu'ilz avoient grant confience en luy et le repputoient pour secret homme et qu'ilz avoient neccessairement à luy dire certaines grans choses secretes, dont ilz et autres habitans des Maroies de Mons avoient à besongner, et que, s'il leur vouloit promettre de les tenir secretes, ilz les diroient et le contenteroient de ce qu'il feroit pour eulx à son plaisir, et que s'ilz pooient venir à leur entencion que jamais ilz n'auroient souffreté de rien. Et à l'occasion de ce que lesdiz Nicolas luy avoient fait certain plaisir et service touchant la cure dudit lieu de Couex et que par eulx n'estoit demouré qu'il feust curé, il leur octroya que de chose qui luy deissent il ne les descouveroit, et leur feroit tout le plaisir à luy possible. Et après toutes ces parolles, lesdiz Nicolas, quoy que soit l'un d'eux en la presence de l'autre, luy dirent en effet que eulx et les autres habitans des bailliages de Mons

---

1. Jean Nicolas avait obtenu aussi des lettres de rémission à la même époque, et étant prisonnier à la Conciergerie, en instance d'entérinement, au moment de l'entrée à Paris d'Edouard de Lancastre, prince de Galles (novembre 1470); celui-ci, usant du droit de grâce dont il disposait, le fit remettre en liberté, avec une nouvelle rémission. Puis après avoir, comme Denis Berthelot, avoué le faux, il se rétracta par devant notaires, à l'instigation de quelques notables habitants de Saint-Jean-de-Monts, revint sur cette seconde déclaration, prétendant qu'elle lui avait été arrachée par la menace, et parvint à se faire délivrer de nouvelles lettres de rémission, au mois de décembre 1473 ; elles seront imprimées ci-dessous à leur date, n° MDXXX.

avoient ung gros procès en la court de Parlement contre le seigneur de la Ganasche [1], à l'occasion de la taille de corps de omme, qu'il leur demendoit, laquelle taillée leur estoit très fort prejudiciable, et tellement qu'ilz estoient tous deliberés de plus tost laisser le païs et leurs biens et demourances que la payer et continuer [2] ; et pour à ce

---

[1]. Le seigneur de la Garnache était alors Jean II, vicomte de Rohan, comte de Porhoët, fils d'Alain IX (mort le 20 mars 1462 n. s.) et de Marie de Lorraine, sa seconde femme. En 1460, il était à Concarneau, pour s'opposer aux Anglais qui menaçaient de faire une descente sur les côtes de Bretagne, quitta le service du duc François II, l'an 1470, pour s'attacher à Louis XI, qui le nomma son chambellan, lui donna 8000 livres de pension et promit d'en donner 4000 à sa femme, quand elle serait venue le rejoindre. Il fut l'un des seigneurs bretons qui ratifièrent le traité de Senlis (1475), et obtint d'être exempté de l'arrière-ban convoqué par le roi en 1478. Arrêté prisonnier, au mois de novembre de l'année suivante, par ordre du duc de Bretagne, pour le meurtre du seigneur de Keradreux, le vicomte de Rohan ne recouvra la liberté qu'en février 1484. Alors il quitta de nouveau la Bretagne, puis se ligua, en 1487, avec plusieurs barons pour chasser le chancelier de Bretagne et les étrangers qui gouvernaient le duc. Quoi qu'il eût fait sa paix avec celui-ci et obtenu son pardon, le 26 mars 1488, il ne tarda pas à quitter encore une fois son service, car il combattit dans l'armée de Charles VIII à Saint-Aubin-du-Cormier, le 27 juillet de cette année. Le roi de France l'établit son lieutenant général en Basse-Bretagne, par lettres du 1er septembre 1491. Jean II de Rohan avait épousé Marie de Bretagne, fille du duc François 1er et d'Isabelle Stuart, par traité du 10 février 1456 n. s., accompli le 8 mars 1462 n. s. Sa mort date de l'année 1516. (Voy. le P. Anselme, *Hist. généal.*, in-fol., t. IV, p. 57.)

[2]. Ce procès avait été engagé par les habitants de Saint-Jean-de-Monts, dès l'an 1413, du temps d'Alain VIII vicomte de Rohan, et de Béatrix de Clisson, dame de la Garnache, sa femme. Interrompu avant l'arrêt définitif, il ne fut repris sérieusement qu'en l'an 1465. Les registres du Parlement en fournissent les actes essentiels, et comme ils précisent des faits ou font connaître des particularités que les lettres de rémission déforment ou passent sous silence, nous en donnerons ici un résumé aussi succinct que possible. La taille annuelle de 850 livres que le seigneur de la Garnache réclamait aux habitants de Notre-Dame et de Saint-Jean-de-Monts et du Marais-Doux se payait en deux termes, le premier à la saint Gervais (19 juin), le second à la saint Michel. Le terme de la saint Michel 1464 avait été acquitté régulièrement, mais quand celui de la saint Gervais 1465 vint à échéance, il fut protesté. Le vicomte de Rohan fit sommer les habitants de payer sans plus tarder. Ceux-ci répondirent en se faisant délivrer des lettres interdisant au seigneur de la Garnache de ne rien exiger d'eux, jusqu'à ce que la Cour ait examiné sur quoi était fondée sa prétention, et commettant Jean Gendronneau, sergent royal, pour signifier cette défense et la faire obéir. Rohan releva appel de cet exploit, et l'affaire fut de nouveau engagée à fond.
Le vicomte de Rohan prétendait donc que, entre autres droits lui

obvier, leur estoit besoing, ainssi qu'ilz disoient, avoir trouvé par conseil certaines lettres, savoir est l'une d'un

---

appartenant à cause de sa seigneurie de la Garnache, il avait celui de lever cette taille de 850 livres sur lesdits habitants, qui anciennement étaient serfs et s'étaient affranchis moyennant le payement annuel de cette somme et autres redevances en nature ; d'ailleurs ils l'avaient toujours acquitté, sauf en 1413 et en 1465. Et lui, il pouvait faire la preuve de son bon droit par des arrêts de justice et les registres de perception. Les habitants répondaient que le lieu de Monts est situé en frontière, tout près de la mer, ce qui leur imposait des charges, mais pas celle d'une taille annuelle de 850 livres à payer au seigneur de la Garnache ; ils n'y étaient nullement tenus et à plusieurs reprises ils avaient voulu y faire opposition entre les mains des officiers de la seigneurie, mais ceux-ci non seulement avaient refusé de la recevoir, mais avaient entrepris de les contraindre à contribuer aux réparations du château fort de la Garnache et à y faire les gardes, ce qui n'était pas dû davantage. Ils déclaraient être en mesure de produire des titres constatant qu'ils avaient toujours été de condition libre et qu'ils avaient obtenu exemption de toutes tailles, bans et corvées, en payant chaque année huit sols par feu ; par un acte de l'an 1266, Maurice de Belleville, alors seigneur de la Garnache, avait déclaré que la redevance desdits habitants serait ainsi *abornée* et ne pourrait en aucun cas être augmentée ni diminuée et qu'elle serait payée chaque année à la saint Michel. Cet accord avait été confirmé, l'an 1279, par Isabelle de Lusignan, alors veuve dudit Maurice de Belleville. Le connétable Olivier de Clisson, se conformant à leur volonté, avait ordonné, par son testament de l'année 1406, que l'on devait s'en tenir à ce qui avait été décidé alors, c'est-à-dire au payement de huit sols par feu remplaçant tous autres droits et taxes. Néanmoins les seigneurs de la Garnache, de la maison de Rohan, qui succédèrent à Clisson, sous prétexte des guerres et des divisions du royaume, imposèrent cette taille de 850 livres et contraignirent les habitants de Monts à la payer, par l'incarcération de leurs personnes et la saisie de leurs biens, contrairement à la concession et ordonnance de leurs prédécesseurs. Ayant interjeté appel à la Cour de ces exactions, il y avait eu procès à ce sujet en 1412 et 1413, mais il demeura indécis (Rohan prétendait que ses adversaires avaient été condamnés). Ceux-ci se plaignaient en outre que Jean de Saint-Gelais, chevalier, capitaine pour lors de la Garnache, toujours sous prétexte des guerres, leur imposa de travailler aux réparations de la place et d'y faire le guet ; sur leur refus, ils furent traînés en prison, et qui plus est le capitaine se fit donner commission de lever sur eux cent moutons, douze têtes de gros bétail, douzes pipes ou queues de vin et cinq pipes de froment. Comme ils ne pouvaient fournir une si forte contribution, Saint-Gelais menaça d'envoyer chez eux les deux cents archers placés sous ses ordres, pour mettre leurs maisons et meubles au pillage.

¹ Quelques-uns des griefs des habitants de Notre-Dame et Saint-Jean-de-Monts méritaient peut-être d'être pris en considération, mais la production qu'ils avaient faite du vidimus de deux actes faux compromit irrévocablement leur cause. Denis Berthelot, Olivier Joulain, Jean Nicolas et autres avaient avoué volontairement la part par eux prise à la fabrication des actes de Maurice de Belleville et d'Isabelle de Lusignan. Les habitants prétendirent que leur confession avait été

nommé Maurice de Belleville, qu'ilz disoient avoir esté en son temps seigneur de la Granasche, et d'une dame dudit

---

payée par le vicomte de Rohan. Qu'importait, si elle était l'expression de la vérité ? Quelques-uns de ceux qui avaient avoué se rétractèrent ; il fut prouvé que plusieurs habitants de Monts, au moins trois, Guillaume Bruneau, Jean Chupeau et Nicolas Simonneau, avaient, à l'aide de menaces et de promesses, provoqué cette rétractation, qu'ils avaient eu la précaution de faire certifier par trois notaires, ce qui n'empêcha pas du reste Jean Nicolas et autres qui s'étaient infligés ce désaveu, de revenir à leur première déclaration. Tous ces incidents, joints au fond de l'affaire, en retardèrent considérablement la conclusion.

Parmi les complices du faux qui se reconnurent coupables d'abord devant Philippe Boutillier, lieutenant du bailli de Touraine à son siège de Chinon, commis à les interroger par lettres du 28 mars 1469 (1470), puis devant les conseillers au Parlement, après qu'ils eurent été amenés à la Conciergerie, et qui, en conséquence de cet aveu, obtinrent leur rémission en 1470, outre Denis Berthelot et Olivier Joulain, on cite les noms de Jean et Guillaume Nicolas, Jean Le Normant et Olivier Méry. Aucun d'eux ne paraît être parvenu à les faire entériner. Jean Le Normant, n'étant pas encore reparti pour son pays, retenu à Paris par l'instance d'entérinement, avait tué un homme en l'église des Saints-Innocents. Quand on l'arrêta, il portait sur lui ses lettres de rémission ; interrogé dans les prisons du Châtelet sur leur contenu, il déclara qu'il était l'exacte expression de la vérité ; ensuite pour le meurtre dont il s'était rendu coupable, il fut pendu et étranglé par sentence du prévôt de Paris. Nous ne pouvons suivre la procédure pas à pas ; cela nous entraînerait trop loin ; nous n'en citerons plus que deux ou trois phases. Le 31 janvier 1471 n. s., la cour ordonna que les habitants de Monts seraient tenus d'apporter, le lendemain de Quasimodo, les actes incriminés de faux eux-mêmes, car ils n'en avaient produit jusque-là que la copie collationnée. Comme ils ne s'exécutèrent pas au jour dit, nouvel ajournement leur fut donné aux mêmes fins pour le jour de la Madeleine. Ils firent une seconde fois défaut, et le lendemain 23 juillet, le vicomte de Rohan demanda que ses conclusions lui fussent adjugées et ses adversaires condamnés. Et cependant, un an plus tard, le 14 août 1472, on trouve encore un arrêt interlocutoire, ordonnant une troisième fois aux habitants d'apporter l'*original du faux* et de plus les condamnant à payer, à titre de provision, les huit sols par feu dont ils s'étaient déclarés redevables envers le seigneur de la Garnache. Le 28 du même mois, le vicomte de Rohan fut autorisé à faire faire des extraits collationnés des comptes du receveur du lieu et domaine de la Garnache, jusqu'au nombre de dix ou douze des plus anciens. Remarquons encore que dans une plaidoirie du 18 avril 1474, les habitants de Monts accusent Rohan ou ses officiers de s'être emparés des actes (les faux) que la Cour leur réclamait, en faisant arrêter et mettre en prison ceux qui les portaient à Paris.

Enfin, le 21 juillet 1475 fut prononcé l'arrêt définitif, dont voici la substance en ce qui concerne les habitants de Notre-Dame et de Saint-Jean-de-Monts et du Marais-Doux, d'une part, et le seigneur de la Garnache, d'autre. Le Parlement déclare fausses la charte de Maurice de Belleville et la confirmation d'Isabelle de Lusignan et ordonne qu'elles seront lacérées publiquement devant la Cour, ainsi que les vidimus

lieu, nommée Beatrix ou Ysabeau [1], autrement ne s'en recorde ledit Denis suppliant, pour monstrer que ladicte taillée de corps d'omme avoit esté par lesdiz seigneur et dame remise ausdiz habitans de Mons à huit solz tournois pour chacun feu seullement. Et pour ce que lesdiz Nicolas savoient que ledit Denis suppliant avoit cognoissance avecques deux autres, nommés l'un Petit Jehan

---

qui en ont été produits au procès et pour réparer le tort fait par lesdits habitants au vicomte de Rohan, en voulant se servir de ces faux contre lui, il les condamne à cent livres parisis d'amende envers lui et à cent autres envers le roi (cette dernière somme destinée dores et déjà à défrayer Mes Jean de Sanzay et Jean Brinon, conseillers au Parlement, et leurs aides, du voyage qu'ils doivent faire par ordonnance du roi pour conduire un prisonnier, non nommé, de Paris à Bordeaux). En ce qui touche l'appel interjeté par lesdits habitants des officiers de la Garnache, il est déclaré nul et sans raison ; lesdits officiers ont bien et justement procédé, et par suite les appelants l'amenderont ; au contraire, l'appel fait par le vicomte de Rohan de l'exploit du sergent Gendronneau est admis comme légitimement relevé ; en conséquence, lesdits habitants supporteront les dépens des deux instances. De plus, ils sont condamnés à payer au seigneur de la Garnache la taille annuelle de 850 livres et les arrérages, déduction faite de ce qu'ils ont avancé, le procès pendant et en vertu de la provision accordée audit seigneur, sur les huits sols par feu, et ils seront tenus à l'avenir de s'acquitter de ladite taille et y seront contraints par toutes voies et moyens de droit. Des autres dispositions de l'arrêt du 21 juillet, celles qui concernent Jean Nicolas seront jointes en note au texte des lettres de rémission qui furent accordées à celui-ci, au mois de décembre 1473. (Ci-dessous n° MDXIII). Les actes du procès entre le vicomte de Rohan et les habitants de Notre-Dame et de Saint-Jean-de-Monts, qui viennent d'être résumés, se trouvent dans les registres du Parlement. (Arch. nat., X2a 31, fol. 91 v°, 92 ; X2a 38, fol. 201 v°, 205 ; X2a 39, plaidoiries du 18 avril 1474 ; X2a 40, fol. 192-196, arrêt.) Les habitants ainsi condamnés tentèrent encore d'échapper aux conséquences de leur défaite ; car à la date du 1er février 1486 n. s., on trouve un nouvel arrêt de la cour en faveur du vicomte de Rohan contre ses anciens adversaires de Notre-Dame et de Saint-Jean-de-Monts et des Marais-Doux portant que celui du 21 juillet 1475 sera mis à exécution « reaument et de fait ». (Id., X1a 1493, fol. 67 v°).

1. Comme on le voit dans la note précédente, les actes faux ayant été datés des années 1266 et 1279 avaient été attribués à Maurice II de Belleville, chevalier, seigneur de Belleville, Montaigu, la Garnache, Beauvoir-sur-Mer, Commequiers, etc., né vers 1210, décédé avant 1277, et à sa veuve Isabelle de Lusignan, fille aînée d'Hugues, comte de la Marche et d'Angoulême, et d'Yolande de Dreux, qui alors possédait en douaire Beauvoir-sur-Mer et Commequiers. Maurice de Belleville l'avait épousée en troisièmes noces, et elle-même avait été mariée une première fois à Geoffroy de Rancon, seigneur de Taillebourg. Elle vivait encore en 1303. (Dict. des familles du Poitou, 2e édit., t. I, p. 427.)

Grosselayne et l'autre Olivier Meriem, tous deux Bertons, qui besongnoient lors de leur mestier au lieu de Chalans, iceulx Nicolas dirent audit Denis suppliant qu'ilz le prioient et requeroient, sur tous les plaisirs qu'il leur vouldroit jamais faire, qui lui pleust parler ausdiz peantrés [1] et savoir à eulx s'ilz vouldroient entreprendre de leur faire et escrire lesdites lettres, en manière qu'elles ressemblassent estre lettres enciennes et valables à leur entencion oudit procès, jouxte les minutes qu'ilz bailleroient audit Denis suppliant, et les dater des dates de certaines autres viegles lettres qu'ilz avoient du temps des diz seigneur et dame, et que s'ilz y vouloient besongner, ilz les payeroient à leur plaisir et à l'ordonnance dudit Denis, suppliant. Oyes lesquelles parolles et requestes ainsi faictes par lesdiz Nicolas audit Denis suppliant, luy, considerant les plaisirs qu'ilz s'estoient deliberez luy faire et faire faire touchant ladicte cure de Couex, et aussi les grans biens qu'ilz luy promettoient, ignorans l'effect desdictes lettres, quoyquessoit ce qui povoit ensuir, a octroyé ausdiz Nicolas que pour eulx et leurs amys il feroit tout ce qu'il pouroit et qui luy seroit possible. Et pour ce qu'il avoit ja cognoissance ausdictes parties [2] et se tenoit fort et seur d'eux qu'ilz feroient pour luy tout ce dont il les requerroit, dist dès lors ausdiz Nicolas qu'il leur fineroit bien desdiz paintres et les feroit bien venir et rendre à sa maison audit lieu de Couex, toutesfoys et quantes qu'il leur manderoit ; et illec fut concleu entre luy et lesdiz Nicolas qu'il parleroit ausdiz paintres et leur assigneroit jour à eulx rendre à sadicte maison, pour besongner èsdictes lettres ; auquel jour lesdiz Nicolas se rendroient, garniz de leurs dictes lettres anciennes et minutes. Pendent lequel terme, ledit Denis suppliant retourna à sadicte

---

1. *Sic.* Il n'était pas dit précédemment que Jean Grosselaine et Olivier Meriem fussent peintres.
2. *Sic.* Lisez « paintres ».

maison et escrivy ausdiz paintres, eulx estans audit lieu de
Chalans, par [le moyen de laquelle lettre [1]] ledit Olivier
Meriem, l'un desdiz paintres, se rendit à l'ostel dudit suppliant, ou pareillement s'estoient lors, n'avoit guères, rendus
lesdiz Nicolas ou l'un d'eulx, qui s'atendoient illec trouver
lesdiz paintres, deliberés de besongner èsdictes lettres ; et
eulx estans ensemble en l'ostel dudit Denis, suppliant, il les
approucha et feist parler ensemble et eulx accorder de
ladicte besongne. Et fut lors prins et assigné autre jour entre
eulx, pour se rendre derechief oudit hostel, savoir est lesdiz
Nicolas et ledit Meriem et sondit compaignon, et atant se
departirent lors. Et audit jour ainsi assigné entre eulx,
lesdiz Nicolas ou l'un d'eux se rendirent de heure compe-
tente et lesdiz paintres non, et convint audit Denis,
suppliant, les renvoier querir, ce qui fut fait par ledit
Olivier, son clerc, aussy suppliant, aux despens desdiz
Nicolas. Et se rendirent lesdiz paintres oudit hostel celuy
jour, environ heure de neuf heures de nuyt, et eulx arivez
illec, après ce qu'ilz eurent souppé avecques lesdiz Nicolas
et Denis, suppliant, parlèrent derechief de la manière de
besongner èsdictes lettres, et monstrèrent lesdiz Nicolas
ausdiz paintres, present ledit Denis suppliant, certaines
viegles lettres en parchemin et certaines minutes en
papier, qui estoient l'effect desdictes lettres qu'ilz vouloient leur estre contrefaictes et mises en euvre par lesdiz
paintres, pour eulx en aider et lesdiz autres habitans de
Mons en leurdicte cause contre ledit seigneur de Rohan,
tendant à demourer quictez et... [2] de ladicte taille
de corps d'omme pour la somme de huit solz tournois
pour chacun feu. Lesquelz paintres firent responce
ausdiz Nicolas et Denis, suppliant, qu'ilz feroient bien
lesdictes lettres et tout ce qui y seroit neccessaire, maiz

---

1. Mots omis, suppléés comme nécessaires au sens.
2. Un mot omis par le scribe.

qu'ilz vouloient savoir quel salaire et payement ilz en auroient. A quoy leur fut respondu par les dessusdiz qu'ilz les payeroient à l'ordonnance dudit Denis, suppliant, et desdiz paintres. Dont lesdiz paintres furent très bien contens, et soubz ladicte promesse octroièrent de besongner à faire lesdictes lettres. Et dès le lendemain, demandèrent lesdiz paintres à avoir du parchemin pour faire lesdictes lettres, dont ledit Denis, suppliant, fist provision, et aussi de escritoire garnie. Et ce fait, ledit Olivier Meriem, l'un desdiz paintres, commença à besongner èsdictes lettres en la presence dudit Denis, suppliant, qui luy nommoit les moctz contenus èsdictes minutes en papier et luy nommoit les dates escriptes èsdictes viegles lettres, et ledit paintre escrivoit au plus près de la forme de l'escripture desdictes viegles lettres, et estoient lesdites minutes en ancien languaige poictevin ; et illec mirent ainsi en forme deux lettres, savoir est l'une en françoys et l'autre en latin. Lesquelles lettres ainsi faictes furent baillées à l'un desdiz Nicolas, n'est recors auquel, par deux foiz pour les porter à Jehan Audoier et Guillaume Cadou, qui faisoient la poursuite dudit procès, affin de les veoir et de savoir avec eulx si elles estoient bien ou non ; dont, à la première desdites fois, lesdiz Nicolas ou l'un d'eux les rapportèrent bien corrigées, et à l'autre foiz furent trouvées bien faictes. Et pour ce qu'il ne souffisoit pas, se lesdites lettres ne estoient aussi seellées, lesdiz paintres prindrent et coppèrent la queue d'une viegle lettre seellée en cire vert des armes dudit seigneur ou dame, n'est ledit Denis, suppliant, recors dequel, et en seellèrent l'une desdites lettres par eulx faictes et collèrent ladicte queue par manière qu'il n'y apparoissoit nulle incision ne rupture ; et à l'autre lettre firent ung seel tout neuf de vielle cire d'autres vieulx seaulx à traiz de pinceau sur la table ; et à ce faire vacquèrent lesdiz paintres par l'espace de huit ou dix jours ou environ. Lesquelles [lettres] ainsi contrefaictes et contreseellées par lesdiz paintres furent par eulx baillées et rendues ausdiz Nicolas ou à l'un d'eulx, qui les emporta, et bailla audit Denis, suppliant, certaine somme d'argent, tant pour le salaire desdiz paintres que pour la despence, pour eulx et lesdiz Nicolas, à l'ostel dudit Denis, suppliant. Et pour ce que, pendent ledit temps, ledit Denis, suppliant, et lesdiz paintres et Nicolas ne se peurent bonnement passer du service dudit Olivier Jouslain, aussi suppliant, lors clerc dudit Denis, suppliant, qui lisoit et escrivoit, et que en le servant et allant et venant vers eulx povoit veoir et lire le secret desdites lettres, s'advisèrent entre eulx de parler à luy et luy descovrirent la matière et luy firent faire serment de n'en dire mot, ce que ledit Olivier, suppliant, fist voluntiers, en obeissant à son dit maistre. Depuys lesquelles lettres ainsi contrefaictes, lesdiz suppliants, voians à l'occasion de ce grandement chargées leurs consciences, pour eulx en descharger, ont revellé le secret de ladicte matière à justice, c'est assavoir à nostre amé et feal Loys de Rezay[1], chevalier, à maistre Loys Tindo[2],

---

1. Louis de Rezay, capitaine du château de la Garnache pour le vicomte de Rohan. (Cf. ci-dessus, p. 101, note 3.)

2. La famille Tindo était déjà fixée dans cette région du Poitou au milieu du xive siècle. Pierre Tindo rendit aveu au roi, en 1344, d'une « borderie de terre herbergée » sise en la châtellenie de Châteaumur. (Arch. nat., P. 594, fol. 81.) Le 16 mars 1409 n. s., Jean Tindo se plaignait d'avoir été taxé à tort par les collecteurs des tailles en la châtellenie de Pouzauges. (Id., X¹ᵃ 56, fol. 337.) Dans des actes de 1467 à 1475, on trouve un Louis Tindo, écuyer, licencié en lois, sénéchal de Thouars, d'abord pour Louis d'Amboise, vicomte de Thouars, prince de Talmont, puis pour le roi. Il est très vraisemblable que c'est le même personnage que le sénéchal de la Garnache nommé ici. Les officiers des justices seigneuriales cumulaient souvent, et ils étaient d'autant plus excusables que très rarement une seule charge aurait pu suffire à l'activité, même ordinaire, d'un homme. Ce Louis Tindo fut nommé, par lettre de Louis d'Amboise du 7 août 1467, commissaire en l'île de Ré pour la recherche des nouveaux acquêts faits par les gens d'église. (Arch. nat., K 184, n° 65.) Le 15 novembre 1473, prenant le titre de sénéchal de Thouars pour le roi, il ordonna à Huguet Cartier, receveur dudit Thouars, de payer 7 livres tournois à Jean Colin, maçon, pour avoir refait à neuf un mur de la grange du château de Thouars, et le 31 janvier 1475, il donna au même Cartier quittance de 50 livres, montant de ses gages de sénéchal, pour l'année commencée le 1ᵉʳ janvier 1474. (Bibl. nat., Pièces originales, vol. 2846, dossier Tindo, pièces 1

cappitaine et senechal dudit lieu de la Ganache, et à autres gens de justice, affin qu'elle fust adverée et leurs consciences par ce moyen dechargées. A l'occasion duquel cas, lesdiz supplians, doubtant estre pugniz par justice corporellement, tant en nostre court de Parlement, où ledit procès est pendant et ledit Denis, suppliant, tenu prisonnier, et icellui Olivier, aussi suppliant, adjourné personnellement, comme en autres cours et juridicions où ilz pourroient estre apprehendez, se noz grace et misericorde ne leur estoient sur ce imparties, en nous humblement requerans, attendu que iceulx supplians ne furent jamais actains ne convaincuz d'autres villains cas, blasme ou

---

et 2.) Après la réunion de Thouars au domaine de la couronne, Tindo s'intitule lieutenant du sénéchal de Poitou au siège de Thouars ; il fut aussi secrétaire des finances du roi et en cette qualité on trouve sa signature au bas de missives du roi entre le 31 janvier 1476 et le 30 mars 1479. (Vaësen, *Lettres de Louis XI*, t. VI, p. 174.) Comme sénéchal de Thouars, après la mort de Louis d'Amboise, il assista à la prise de possession par les émissaires du roi, fut chargé de rechercher parmi les titres du chartrier les actes qui pouvaient être favorables aux prétentions royales, et il était présent quand Louis xi jeta au feu les lettres patentes, qu'il considérait comme nuisibles à sa cause. Aussi il fut appelé à déposer, le 29 janvier 1484, dans l'information faite à la requête de Louis de La Trémoille contre le procureur du roi au grand conseil et messire Philippe de Commines, pour parvenir à un arrêt de maintenue dans la possession de la vicomté de Thouars. Louis xi avait récompensé Louis Tindo par la première présidence du Parlement de Bordeaux et il continua d'en exercer les fonctions sous le règne de Charles viii. Sa déposition débute ainsi : « Honorable homme et saige Louis Tindo, licencié ès lois, seigneur de la Brosse, conseiller du roi et premier president en sa court de Parlement à Bordeaux, aagé de quarante neuf ans ou environ... dit et deppose par son serment que, ou vivant de feu messire Loys d'Amboise, viconte de Thouars, lui qui deppose a esté dès son jeune aage pourveu en office oudit viconté, et premierement en l'office d'avocat fiscal, en l'office de chastellain et après en l'office de seneschal qu'il tenoit au trespas dudit feu viconte.., » (Mlle Dupont, édit. des *Mémoires de Commines*, in-8°, t. III, Preuves, p. 96, 106, 108, 115, 117.) Le fief de la Brosse-Guilgaut, dont Tindo était seigneur, était situé en la paroisse de Coulonges-Thouarsais et relevait de la vicomté de Thouars à hommage plein. On cite, à la date du 11 janvier 1495, une procuration de Louis Tindo pour en faire hommage, et le 26 juin 1503, une autre du tuteur de Marguerite et Marie Tindo (ses filles ou petites-filles) aux mêmes fins. Il possédait aussi un fief de rentes sur Vieuxpont, paroisse de Massais, tenue du même à hommage lige, dont il fit hommage au roi, le 15 juillet 1470, et à La Trémoïlle, le 5 novembre 1493. (Le duc de La Trémoïlle et H. Clouzot, *Les fiefs de la vicomté de Thouars*, in-4°, 1893, p. 144, 190.)

reprouche, et que en ce faisant ilz ne cuidoient aucunement mesprendre, il nous plaise sur ce leur impartir nosdites grace et misercorde. Pour quoy nous, etc., à noz amés et feaulx conseilliers les gens tenans et qui tendront noz Parlemens à Paris et à Poictiers, au seneschal de Poictou et à tous, etc. [1]. Donné à Notre Dame de Selles, ou moys d'avril l'an de grace mil CCCC.LX. et dix après Pasques, et de nostre règne le neufiesme.

Ainsi signé : Par le roy, le gouverneur de Rousillon [2] et autres presens, de Serizay [3]. — Visa. Contentor. De Fontaines.

---

1. Dans le procès du vicomte de Rohan, seigneur de la Garnache, contre les habitants de Saint-Jean-de-Monts, il est dit que Denis Berthelot et Olivier Joulain eurent aussi des lettres de rémission d'Edouard de Lancastre, prince de Galles, lorsqu'il vint à Paris en novembre ou décembre 1470, ainsi que Jean et Guillaume Nicolas, Jean Le Normant et Olivier Méry (dont le nom est écrit Mériem dans le présent acte), qui avaient participé également à la fabrication des faux et l'avaient avoué de même. On ne trouve nulle part qu'elles aient été entérinées, pas plus d'ailleurs que les présentes datées d'avril 1470. Au moment où il profita de l'entrée à Paris du prince de Galles, Berthelot et les autres étaient prisonniers à la Conciergerie ; ils furent remis en liberté et retournèrent en Poitou. Mais les commissaires du vicomte de Rohan se saisirent en chemin de Denis Berthelot et de Jean Audoyer et les retinrent prisonniers. Le premier comme prêtre fut livré à ses juges ecclésiastiques et « condempné à Maillezais *en obliette* en court d'eglise pour faulcetés ». Cette affirmation se trouve dans une plaidoirie du 18 avril 1474 pour les habitants de Monts, opposants è l'entérinement des lettres de rémission de Jean Nicolas. (Arch. nat., X²ª 39, à la date.) On ne dit pas si Berthelot subit cette peine et s'il demeura longtemps dans les oubliettes de Maillezais. Mais, ce qui est certain, c'est que, le 14 août 1472, il fut décrété de prise de corps par le Parlement, en compagnie d'Olivier Joulain, son clerc, de Jean et Guillaume Nicolas, Perrot Audoyer, Guillaume Bruneau et Jean Chuppeau, pour être amenés de nouveau à la Conciergerie du Palais et répondre à justice du fait de ladite fausseté ; s'ils ne pouvaient être trouvés, ils devaient être ajournés à certain jour du prochain parlement, sous peine de bannissement du royaume, de confiscation et d'être convaincus des cas à eux imposés. (*Id.*, X²ª 38, fol. 201 v°.) Depuis lors, il n'est plus question de Denis Berthelot dans le procès, et l'arrêt définitif est complètement muet en ce qui le touche.

2. Sur Tanneguy du Châtel, vicomte de la Bellière, gouverneur de Roussillon, cf. ci-dessus, p. 124, note 2.

3. Guillaume de Cerizay, protonotaire et secrétaire du roi. (Voy. ci-après, p. 256, note 2.)

MCCCCLXXXVII

Don à Anne de France, fille du roi, de la vicomté de Thouars et des terres et seigneuries de Mauléon et de Berrie, acquises par Louis XI de feu Louis d'Amboise, en son vivant vicomte de Thouars. (JJ. 196, n° 152, fol. 85 v°, et n° 318, fol. 198 [1].)

Mai 1470.

Loys, par la grace de Dieu roy de France. Savoir faisons à tous, presens et advenir, que, comme tantost après nostre advenement à la couronne, meuz d'amour et affection paternelz, desirans avantaiger et augmenter le bien de nostre très chère et très amée aisnée [2] fille Anne [3], à

---

1. Ces lettres sont en effet transcrites deux fois sur le même registre, et les deux textes présentent des différences importantes ; nous avons soin de les signaler en note.
2. « Aisnée » ne se trouve que dans la 2ᵉ copie, n° 318.
3. Anne de France, fille de Louis XI et de Charlotte de Savoie, née dans les Pays-Bas au commencement de l'année 1461, morte le 22 novembre 1522. Le mariage dont il est question dans ces lettres avait donné lieu à des négociations dès le début du règne de Louis XI. La défection peut-être, en tout cas la mort prématurée de Nicolas d'Anjou, marquis de Pont, survenue le 27 juillet 1473, mit à néant ce projet d'union et, quelques mois après, Anne épousa Pierre de Bourbon, sire de Beaujeu ; son contrat de mariage est daté de Jargeau, le 3 novembre 1473. (Arch. nat., K 169 ; Bibl. nat., ms. fr. 3882, fol. 153.) En ce qui touche le don de la vicomté de Thouars, on sait comment Louis XI s'était approprié la riche succession de Louis d'Amboise, sous prétexte d'une vente (vente fictive) que celui-ci lui en avait faite au mois de septembre 1462, pour déshériter ses filles qui l'avaient fait interdire à cause de sa vie licencieuse et de ses prodigalités. Le vicomte de Thouars était mort le 28 février 1470 ; le sachant à l'extrémité, le roi avait envoyé à Thouars son homme de confiance, Jacques de Beaumont, sire de Bressuire, avec ordre de ne laisser pénétrer auprès du moribond ni sa femme, Colette de Chambes, ni la mère de celle-ci, ni Louis de La Trémoïlle, son gendre, ni aucun de ses gens et adhérents. Le sire de Bressuire était accompagné de vingt-cinq gentilshommes, et aussitôt que le vicomte eut rendu le dernier soupir, il fit faire l'inventaire des meubles du château et prit possession, au nom du roi, « des vicomté, terres et seigneuries de Thouars, Berrie, Mauleon, Talmont, Olonne, Ré et Marans, et généralement de toutes les seigneuries que tenoit ledit vicomte au temps de son decez, mit et ordonna officiers de par ledit seigneur, tant ès offices de receptes que de justices et juridictions d'icelles ». (Déposition de Richard Estivalle, procureur en la vicomté de Thouars. *Mémoires de Commines*, édit. de Mˡˡᵉ Dupont, t. III, Preuves, p. 111). Iniquement dépouillés, La Trémoille et ses enfants durent attendre la mort de Louis XI, pour rentrer en posses-

nostre povoir, voulans, le plus que possible nous est, maintenir et conserver en son entier le patrimoine et dommaine de nostre dicte couronne, ainsi que l'avons juré

---

sion de leur héritage. Ces faits sont assez connus et il n'y a pas lieu d'y insister ici. C'est Anne de Beaujeu, alors régente, qui rendit à ses légitimes propriétaires la vicomté de Thouars, dont elle avait joui elle-même, pas longtemps, il est vrai, et à un âge où elle ne pouvait être considérée comme responsable.

Louis XI n'attendit pas que Nicolas d'Anjou fût mort, pour révoquer et annuler la donation qu'il avait faite à sa fille en vue de son mariage. Par lettres données à Paris, le 26 mai 1473, il fit don à Jacques de Beaumont, sr de Bressuire, de tout le revenu de la seigneurie de Thouars ; le texte de ces lettres, qui étaient enregistrées à la Chambre des comptes, sur l'ancien mémorial O, fol. 80, détruit avec les archives de la Chambre dans l'incendie de 1737, ne paraît pas avoir été conservé dans des copies ; elles ne nous sont connues que par des mentions d'inventaires. (Arch. nat., PP 111 et 118 ; Bibl. nat., ms fr. 21405, p. 177.) Puis par lettres données aux Forges, le 27 octobre 1476, Louis XI décréta l'union définitive de la vicomté de Thouars au domaine de la couronne. Les considérants de cet acte méritent qu'on s'y arrête un instant. Le roi y déclare que c'est en vue de garantir la sécurité du pays de Poitou qu'il s'est décidé à acquérir la vicomté de Thouars de Louis d'Amboise, auquel il en avait d'ailleurs réservé l'usufruit, sa vie durant, que aussitôt le décès de celui-ci, il avait pris possession de son héritage et n'avait cessé d'en jouir en toute souveraineté jusqu'à la cession qu'il en avait faite à sa fille aînée en faveur de son mariage avec le marquis de Pont ; que, d'une part, ce mariage n'ayant pu sortir effet, et d'autre part, ayant considéré, la situation de ladite vicomté, le plus grand fief du Poitou, qui par ses dépendances s'étend jusqu'à la mer et englobe plusieurs îles de la côte, et qu'elle est « marchissant avec d'autres pays qui ne nous estoient surs ne feaulx, par quoy estoit mestier et expedient, voire très nécessaire icelle viconté demourer entre nos mains et de nos successeurs rois de France », il avait en conséquence révoqué et déclaré nulle et de nulle valeur la donation faite à Anne de France ; enfin qu'il décrétait la réunion et incorporation de ladite vicomté de Thouars et de ses appartenances au domaine de la couronne, ce qui était le plus sûr moyen d'empêcher que des places situées en pays de frontière ne tombassent entre des mains hostiles et de parer ainsi à un grave danger pour la sûreté du royaume. Étaient réservés seulement la baronnie, châtel et châtellenie de Bran et Brandois, et la châtellenie, terre et seigneurie de la Chaize-le-Vicomte, dont le roi reconnaît avoir disposé par ci-devant. (*Ordonnances des Rois de France* in-fol., t. XVIII, p. 208, d'après le texte enregistré au Parlement, le 18 avril 1478, Arch. nat., X¹ª 8607, fol. 126 v°.) On peut s'étonner qu'il ne soit pas spécifié, dans cet acte, d'exceptions pour Talmont, Olonne, Curzon, la Chaume, Berrie et Château-Gautier, que Louis XI avait aussi donnés, dès le mois d'octobre 1472, à Philippe de Commines, et auxquels il joignit Bran et Brandois par lettres de décembre de la même année, donations qu'il confirma au mois de mai 1480. (*Mémoires de Commines*, édit. de Mlle Dupont, in-8°, t. III, Preuves, p. 12, 29 et 74.) Toutes ces terres faisaient bien partie cependant de la succession de Louis d'Amboise, vicomte de Thouars, usurpée par Louis XI.

et promis, eussions proposé et deliberé avoir et acquerir aucunes terres et seigneuries pour donner à nostre dicte fille, pour l'augmentacion de son mariaige, quant l'eure adviendroit, en ensuyvant et continuant lesquelx propox et deliberacion et en l'entencion dessus dicte, eussions dès pieçà, à bons et justes tiltres, acquis de nostre feu cousin Loys d'Amboise les viconté, chastellenie, terre et seigneurie de Thouars, ensemblement les terres et seigneuries de Mauleon et de Berrye et toutes leurs appartenances, deppendances et appendances, tant en villes, chasteaulx, forteresses, noblesses, fiefz, arrierefiefz, hommaiges et teneures, prez, boys, moulins, estangs, rivières, cens, rentes, revenues, justices que autres droiz, prouffiz et esmolumens quelxconques, lesquelles terres et seigneuries, tant par ladicte acquisicion que autrement, nous compettent et appartiennent ; et depuis nous aions tousjours eu ferme propox d'icelles choses donner à nostredicte fille, pour elle, ses hoirs et aians cause, considerans que n'avons riens en ce monde plus prouchain que elle et que des choses qui d'ancienneté sont de nostre couronne, graces à Nostre Seigneur, avons entière et paisible joyssance, autant ou plus que de long temps aient eu noz progeniteurs roys de France ; et avec ce avons tellement augmenté le fait de nostredit royaume que y avons adjousté plusieurs belles seigneuries, par quoy de plus en plus devons estre meuz de liberalité envers nostre dicte fille. Pour ces causes et autres raisonnables qui à ce nous meuvent, avons, de nostre certaine science, propre mouvement, pure et liberalle voulenté, donné et octroyé, cedé, quicté, transporté et delaissé par pure et irrevocable donacion, donnons, octroyons, cedons, quictons, transportons, delaissons, par ces presentes, à nostre dicte fille, pour elle, ses hoirs et successeurs perpetuellement, pour estre censez et reputez le propre heritaige et patrimoine de nostre dicte fille et de ses hoirs et successeurs, sans ce qu'il puisse estre dit ne reputé pour acquest entre elle et nostre très cher et très amé filz et cousin le marquis du Pont[1], les dictes viconté, chastellenie, terre et seigneurie de Thouars, ensemble les terres et seigneuries de Mauleon et de Berrye et toutes leurs appartenances et deppendences, tant en villes, chasteaulx, forteresses, noblesses, fiefz, arrierefiefz, hommages, teneures, prez, boys, molins, estans, rivières, cens, rentes, revenues, justices, que autres droiz, prouffiz et esmolumens quelxconques, sans aucune chose excepter, reserver ne retenir, fors seullement la foy et hommaige, lesquelx foy et hommaige nostre dicte fille et ses diz successeurs seront tenuz nous faire à cause de nostre conté de Poictou, excepté la seigneurie de Berrye, qui est tenue de la seigneurie de Lodun, reservé aussi la souveraineté et le ressort et juridicion aux sieiges

---

[1]. Nicolas d'Anjou, né en 1448, connu sous le nom de marquis de Pont (Pont-à-Mousson) tant que vécut son père, était fils de Jean d'Anjou, duc de Calabre et de Lorraine, et de Marie de Bourbon, fille de Charles Ier, duc de Bourbon. Le roi René était son aïeul. Bien peu de temps après la naissance d'Anne de France, on songea à lui faire épouser cette princesse ; car on cite une commission du 27 novembre 1461, adressée par René, roi de Sicile, à Charles d'Anjou, comte du Maine, son frère, et au comte de Vaudémont, son gendre, pour traiter ce mariage (anc. mém. de la Chambre des Comptes, M, fol. 136). Le jeune prince vint se fixer à la cour de France (on ne dit pas exactement à quelle date, mais dès l'année 1467 on trouve son nom à plusieurs reprises au bas d'actes royaux) et il y demeura jusqu'au mois de juillet 1471. Louis XI, par lettres patentes données à Bourges, le 12 janvier 1467, s'était engagé, à l'occasion de ce futur mariage, à céder en toute propriété au marquis de Pont les seigneuries de Chaumont-en-Bassigny, Nogent, Montigny, Vaucouleurs, Sainte-Menehould et Saint-Dizier. (Dom Calmet, *Hist. de Lorraine*, in-fol., t. V, Preuves, n° ccxii.) Se référant à cette donation, le roi écrivit de Paris, le 7 octobre de la même année, aux habitants de Nogent-sur-Seine, leur ordonnant d'obéir dorénavant à Nicolas, marquis de Pont. (Vaësen, *Lettres de Louis XI*, t. III, p. 173.) Celui-ci succéda à son père, décédé le 31 décembre 1470, dans les duchés de Calabre et de Lorraine ; cependant il ne quitta Paris qu'au milieu de l'année suivante. En 1472, comme il prétendait avoir à se plaindre de Louis XI, qui, faute de secours, lui avait fait manquer la couronne d'Aragon, il se ligua contre lui avec Charles le Téméraire. Il prit part en cette année à toutes les expéditions, en Picardie, en Champagne et en Normandie, dirigées par le duc de Bourgogne, qui lui promit en mariage sa fille unique, promesse qu'il avait faite déjà et qu'il fit depuis à tant d'autres princes: Nicolas d'Anjou mourut à Nancy, le 24 juillet 1473. (*Art de vérifier les dates*, édit. in-fol., t. III, p. 56.)

de nostre dicte conté de Poictou, ausquelx sieiges les dictes terres ressortiront, ainsi qu'il a esté acoustumé par cy devant, pour icelles terres tenir, posséder et exploicter par nostre dicte fille, sesdiz hoirs et successeurs, comme leur propre heritaige et patrimoine, par la manière que dit est. Lesquelx donnacion et transport avons faiz, pour les causes dessus dictes et autres à ce nous mouvans, et pour ce que très bien nous a pleu et plest, et supposé que de nous ne soit à ceste heure vivant aucun presumptif hoir masle, yssu de nostre corps. Toutesvoyes, s'il advenoit, ainsi que moiennant la grace de Dieu esperons, que en eussions pour le temps advenir, ne voullons pourtant que ce portast aucun prejudice à ceste presente donnacion ne au contenu à ces presentes, ainçoiz voullons, entendons et desirons de tout nostre cueur que elle vaille perpetuellement, comme donnacion irrevocable sollennellement [1] faicte entre vifz, sans ce que par nous, noz successeurs ou autres elle puisse estre retractée, revocquée ou anullée en tout ne en partie, taisiblement ou expressement, soit à cause, soubz couleur ou pour occasion de ce que on veult dire que en l'acquest que en avons fait ait esté dit ou escript que lesdictes seigneuries seroient unyes et incorporées perpetuellement et inseparablement [2] à nostre couronne ou autrement, à quelque cause que ce soit ou puisse estre, de laquelle, en tant que mestier est ou seroit, nous lesdites viconté, chastellenies, terres et seigneuries dessus declarées en avons, de nostre certaine science, plaine puissance et auctorité royal, desjoinctes et separées, desjoignons et separons par ces mesmes presentes, declarans et affermans que dès lors nostre voulunté estoit [3] telle, nonobstant quelque chose qui pourrait estre contenue ès lettres dudit transport, lesquelles choses ne voullons nuyre

---

1. « Solennellement » manque dans la première transcription.
2. « Et inseparablement » manquent dans la première copie.
3. « Est » au lieu de « estoit » dans la première transcription.

ne prejudicier à nos dictes lettres de don et octroy. Et en faveur de nostre dicte fille et pour icelle relever, et ses successeurs, de charges et deppenses, nous avons promis et promettons que se, pour le temps advenir, on luy mouvoit procès et question à cause desdictes terres et seigneuries, nous ferons conduire lesdiz procès ou nom de nous et à noz despens jusques en fin de cause. Et promettons en parolle de roy de tenir et acomplir fermement et loyaulment toutes et chacunes les choses dessus dictes, sans jamès [1] faire ne venir au contraire. Et affin que nostre dicte fille soit investie des dictes terres et seigneuries [de Thouars, Mauleon et Berrye, de chacune d'icelles et de leursdictes appartenances et appendences, nous, par la tradicion de ces presentes, nous en sommes desvestuz et dessaisiz et en avons nostre dicte fille vestue et saisie, constituée et constituons, par ces presentes, vraye possesserresse et dame incommutable, moyennant l'ommaige, que ou nom d'elle nous en fera nostredit très cher et très amé frère (sic) et cousin le marquis du Pont [2]], nous l'en avons receue à l'ommaige que, ou nom d'elle, nous en a fait nostre très cher et très amé filz et cousin, le marquis du Pont, mary de nostre dicte fille, lequel a esté present à ceste presente donnacion et icelle a acceptée pour et ou nom de nostre dicte fille, et voulu et consenty que lesdictes terres et seigneuries fussent le propre heritaige et patrimoine d'elle et de ses successeurs, sans ce qu'elles soient tenues ne reputées pour acquest fait [3] entre eulx, et toutes les autres choses ci dessus contenues et escriptes. Et combien que lesdictes terres et seigneuries fussent tenues, à cause de nostre conté de Poictou, à plusieurs et divers hommages, nous, de nostre plus ample grace, avons

---

1. « Jamès » ne se lit que dans la première copie.
2. Les mots que nous plaçons ainsi entre crochets sont une addition fournie par la seconde transcription (n° 318).
3. Au lieu de « fait », on lit « commun » dans la copie n° 318.

voulu et octroyé, voullons et octroyons qu'elles soient doresnavant tenues de nous, à cause de nostre dit conté de Poictou, à une seulle foy et hommaige, reservé toutesfois ladicte seigneurie de Berrye qui est tenue de Lodun, comme dit est. [Par la reception duquel hommaige te tradicion de ces presentes, nous sommes desvestuz et dessaisiz desdictes terres et seigneuries de Thouars, Mauleon et Berrye et de chacune d'icelles, leurs dictes appartenances et deppendences, et en avons nostre dicte fille vestue et saisye, constituée et constituons par ces presentes vraye possesserresse et dame incommutable [1].] Si donnons en mandement à noz amez et feaulx conseillers les gens tenans et qui tiendront nostre court de Parlement, gens de noz comptes, tresoriers de France, au seneschal de Poictou et à tous noz autres justiciers et officiers et à chacun d'eulx, si comme à luy appartiendra, que de noz presens don, cession et transport [2] facent, seuffrent et laissent joyr et user plainement et paisiblement nostre dicte fille, ses diz hoirs, successeurs et ayans cause, en la forme et manière devant dicte, et ces presentes enterinent et facent lire, publier et enregistrer, chacun endroit soy, par tous les lieux où il appartiendra ; car ainsi nous plaist il estre fait, nonobstant comme dessus [3]. Et affin que ce soit chose ferme et estable à tousjours, nous avons signées cesdictes presentes de nostre main et à icelles fait metre nostre scel. Sauf toutesvoyes en autres choses nostre droict et l'autruy en toutes. Donné à Amboyse, ou moys de may l'an de grace mil cccc. soixante dix, et de nostre règne le neufiesme.

---

1. Les mots entre crochets manquent dans la deuxième transcription (n° 318).
2. « Transport et octroy » (n° 318).
3. *Add.* : « que on voulsist dire lesdites choses avoir esté, au moyen de ce qui dit est ou autrement, unies et incorporées à nostre dicte couronne, et toutes autres ordonnances, par nous ou noz predecesseurs faictes, et quelxconques lettres, impetrées, ou à impetrer, à ce contraires. » (Copie sous le n° 318.)

Par[1] le roy, les sires de Chastillon, de Crussol, de La Forest, de Bressuire, maistre Pierre Doriolle[2] et autres presens. Flameng. — Visa.

MCCCCLXXXVIII

Rémission accordée à Don Caulandon, homme d'armes, et à Jean Wach, archer de l'ordonnance en la compagnie de Tanneguy Du Chastel, écossais, qui, logés dans un village voisin de Chauvigny et ayant été contraints d'en venir aux mains avec des gens de la garnison du château, en avaient tué un et blessé plusieurs autres. (JJ. 196, n° 177, fol. 110 v°.)

Mai 1470.

Loys, par la grace de Dieu roy de France. Savoir faisons à tous, presens et avenir, nous avoir receue l'umble supplicacion de Don Caulandon, homme d'armes de nostre ordonnance soubz la charge et retenue de nostre amé et feal conseiller et chambellan Tanguy de Chastel[3], gouverneur de noz pays de Roussillon et de Sardaigne, et de Jehan Wach, archer de ladicte ordonnance, natif du royaume d'Escoce, contenant que, le premier jour de ce present moys de may, environ quatre heures après midi, lesdiz supplians vindrent loger en ung village près de Chauvigné, eulx, leurs gens, harnoiz et chevaulx ; auquel lieu de Chauvigné, icellui Don Caulondon (*sic*) trouva ung des archers de la garde de nostre corps, avecques lequel il vouloit demourer à soupper cellui jour. Maiz nouvelles lui survindrent que aucuns gens d'armes voul-

---

1. *Add.* : « Ainsi signé, soubz le reply desdites lettres : Loys, et dessus le reply est escript : Par le roy, etc. » (Seconde transcription, n° 318.) La signature du roi est d'ailleurs annoncée dans le corps du texte, aussi bien dans la première que dans la seconde transcription.
2. Sur Louis de Laval, seigneur de Châtillon, Louis de Crussol, sénéchal de Poitou, Louis de Beaumont, s^r de la Forêt-sur-Sèvre, Jacques de Beaumont, s^r de Bressuire, et Pierre Doriole, cf. ci-dessus, pp. 47, 54, 125, 133 et 235, notes.
3. Tanneguy du Châtel, vicomte de la Bellière, gouverneur de Roussillon, a donné lieu à une notice imprimée ci-dessus, p. 124.

loient aller destrousser ses gens, et incontinent il monta à cheval pour y aller, et appella l'oste de l'ostel où il estoit, auquel il demanda s'il lui devoit riens ; lequel lui respondit que non, et lors il lui pria qu'il voulsist prendre en pacience et que, se ses gens prenoient riens oultre son gré, il estoit prest de le payer. Et sur ces parolles survindrent les gens de la garnison de Chauvigné, en leur compaignie ung franc archer, et si tost que icellui suppliant les aperceust, il alla au devant d'eulx et les salua en leur demandant où ilz alloient. Lesquelz bien mal gracieusement lui demandèrent comment ilz s'estoient logeiz en leur parroisse, qui leur avoit esté donnée pour les fournir. Ausquelz ledit suppliant respondit que, s'il y avoit homme ne femme qui se plaignist de ses gens, qu'il estoit prest de l'amender. Alors, sans autre chose dire, ung de ceulx de leur compaignie lui donna ung coup d'espée sur le coülde du bras tant que à pou près il lui fut couppé, et s'efforcèrent tous les autres de lui donner plusieurs coups d'espées et de javelines. Et à ceste cause, ledit suppliant se retira devers ses gens, ausquelz il dist qu'ilz se meissent en habillement et qu'il y avoit des gens d'armes qui estoient venus pour les oultrager de corps et de biens ; maiz les autres le poursuivirent et descendirent tous à pié, qui commancèrent tous à crier : « A mort ! à mort ! » Et ce voyant, iceulx Don Caulondon et Jehan Wach, supplians, et autres de leurs gens, ilz se mirent en deffense, et commencèrent les autres à frapper sur eulx de tous coustez, et mesmement icellui franc archer, qui estoit le mieulx armé ; lequel icellui Don Caulondon rencontra, et se combatirent ensemble main à main, tellement qu'il lui donna ung coup d'espée par la jambe, pour raison duquel il tumba à terre et incontinent après ala de vie à trepassement. Et avecques ce, y eut plusieurs autres des diz gens d'armes blessez et navrez en plusieurs parties. Pour occasion duquel cas, iceulx supplians, doubtans rigueur de justice, se sont absentez du pays, ouquel ilz n'oseroient, etc. Au seneschal de Poictou et à tous, etc. Donné à Amboise, ou moys de may l'an de grace mil CCCC.LXX, et de nostre règne le neufiesme.

Ainsi signé : Par le roy, le sire de Torcy[1] et autres presens. De Cerisay[2]. — Visa. Contentor. Duban.

MCCCCLXXXIX

Lettres interdisant au sénéchal du Poitou de prendre connaissance d'une contestation entre Joachim de Velort, seigneur de la Chapelle-Bellouin, et Antoine de Belleville, au sujet de la possession des terres et seigneuries de Bruneray et des Coudreaux, et portant défense audit de Belleville d'user de voies de fait. (JJ. 196, n° 344 *bis*, fol. 224.)

18 juin 1470.

Loys, par la grace de Dieu roy de France, à nostre bailly de Touraine, des ressors et exempcions d'Anjou et du Maine, autre que maistre Philippes Boutiller[3], prevostz de Tours et de Chinon, ou à leurs lieuxtenans, et à chacun d'eulx, salut. Noz bien amez Joachim de Velort[4], escuier, seigneur de la Chappelle Bellouyn, et Katherine

---

1. Jean d'Estoutevelle, seigneur de Torcy, prévôt de Paris en 1446, puis grand maître des arbalétriers, mort le 14 septembre 1494. (Cf. notre vol. précédent, p. 84, note 2.)

2. Guillaume de Cerisay, écuyer, baron du Hommet, sr de Cerisay en Normandie, et du Châtelet en Anjou, vicomte de Carentan en 1456, général de la justice des aides à Paris (1467), secrétaire et protonotaire du roi, d'après des actes d'avril 1469 à septembre 1470, greffier civil du Parlement de Paris, fut imposé par Louis XI comme maire aux habitants d'Angers, de 1474 à la fin du règne. Ceux-ci, qui le détestaient, lui firent, après la mort du roi, un procès au Parlement. C'était un ami de Commines, dont il fut chargé, ainsi que Tanneguy du Châtel et Yvon Du Fou, de négocier le mariage avec Hélène de Chambes. Son décès arriva entre le 27 novembre 1491 et le 22 novembre 1492. (Voy. J. Vaësen, *Lettres de Louis XI*, in-8°, t. IV, p. 222 ; C. Port, *Dict. de Maine-et-Loire*, v° Cerisay.)

3. Dans un acte de la même époque (28 mars 1470 n. s.), Philippe Boutillier est qualifié lieutenant du bailli de Touraine au siège de Chinon. (Ci-dessus, p. 239, note.)

4. Joachim de Velort, seigneur de la Chapelle-Bellouin, et sa femme Catherine de Lévis, ont été l'objet d'une notice dans le présent volume, ci-dessus, p. 121, note.

de Levis, sa femme, par avant femme de feu Anthoine de Clermont [1], en son vivant chevalier, nous ont fait exposer que sadicte femme fut premierement conjoincte par mariage avecques ledict feu de Clermont, et après son decès lui appartint, et de present audit suppliant à cause d'elle appartient et a droit de joir, tenir et exploicter par droit de usuffruit, durant la vie de sadicte femme, tant par droit d'acroissement de douaire que à autres tiltres et moiens à declairer en temps et en lieu, des fruiz, prouffiz, revenues et esmolumens des lieux, terres et seigneuries de Bruneray et des Cousdreaux, leurs appartenances et deppendances, assis ès païs d'Anjou et de Loudunois, et desdiz lieux, terres et seigneuries, leurs appartenances et deppendances, ladicte femme dudit suppliant a joy et usé et les a tenuz, possidez et exploictez depuis le decès dudit deffunct de Clermont, son mary, et semblablement en ont joy et usé lesdiz supplians depuis leurdit mariage, par le temps de sept à huit ans et plus, consecutiz et derreniers passez, paisiblement et sans nulle contradicion. Ce non obstant, Anthoine de Belleville [2] par force et voye de fait,

---

1. Antoine de Clermont, seigneur de Surgères en Aunis et de Châteaugaillard en Dauphiné, était le second fils (il hérita de son frère aîné, Tristan, décédé sans enfants) de Joachim de Clermont, seigneur de Surgères et de Dampierre-sur-Boutonne, et d'Isabelle de Surgères, dame de Bernezay et des Coudreaux en Loudunais. Le P. Anselme fait mention des services qu'il rendit à Charles VI, sous David de Rambures et sous le maréchal d'Heilly, en 1412 et 1413, et de l'hommage qu'il rendit à Charles VII, l'an 1451, pour les fiefs qu'il possédait en Poitou. Il mourut en 1461. De Jeanne d'Amboise, sa première femme, il n'eut pas d'enfants. Catherine de Lévis lui en avait donné trois : Odet de Clermont, décédé sans hoirs ; Antoinette, dont il sera question dans la note suivante, et Louise, qui demeura héritière de la baronnie de Surgères, à la mort de sa sœur. (*Hist. généal.*, etc., in-fol., t. VIII, p. 922.)

2. Antoine de Belleville était le troisième des cinq fils de Jean III Harpedenne, seigneur de Belleville, et de Marguerite de Valois, fille naturelle de Charles VI et d'Odette de Champdivers. Ce qui n'est pas dit dans ces lettres du 18 juin 1470, et qu'il importe cependant de signaler pour connaître l'origine et la cause des prétentions d'Antoine de Belleville sur les terres et seigneuries de Bruneray et des Coudreaux, c'est qu'il était le beau-fils de Joachim de Velort, et avait épousé Antoinette de Clermont, dame de Surgères, fille aînée d'Antoine de Cler-

de son auctorité indeue et desraisonnable, acompaignez
de plusieurs gens incongneuz, armez et embastonnez de
harnois et armes invasibles et deffendues, puis quatre

---

mont et de Catherine de Lévis. C'est par conséquent du chef de sa
femme qu'il revendiquait cette part d'héritage d'Isabelle de Surgères,
son aïeule. (Cf. la note précédente.) Les violences qui sont reprochées
à Antoine de Belleville dans le présent texte paraissent lui avoir été
habituelles. Du moins nous avons fait connaître les graves excès dont
il s'était rendu coupable, dix ans auparavant (1er mai 1460), en compagnie de deux de ses frères, Louis et Jean de Belleville, sur la personne
et les biens de Jean Le Breton, sr de la Frairière et autres fiefs mouvant
de Montaigu, baronnie appartenant aux Belleville. (Voir notre vol. précédent, p. 367, note, et 456, note.) On voit par les actes relatifs au transport fait à Louis XI par Marguerite de Culant, veuve de Louis de Belleville, des château, terre et seigneurie de Montaigu (avril-mai 1479),
qu'Antoine prétendit pour sa part à une compensation et que le roi
promit de l'indemniser. (Lettres et contrats enreg. au Parl., Arch. nat.,
X^{1a} 8607, fol. 238. 239, 241), ce qu'il fit par lettres datées du Plessis-
du-Parc, le 20 avril de cette année, mandant à Jean Le Sellier, président de la chambre des enquêtes au Parlement, d'assurer à Antoine
432 livres tournois de rente sur le domaine royal en Poitou et en
Saintonge. (Enreg. au Parl., le 24 novembre 1480, id., fol. 249 v°.)

A la date du 18 février 1485 n. s., la cour de Parlement fit commandement à Antoine de Belleville, sur la requête de Louis de Beaumont,
évêque de Paris, de rendre à celui-ci tout ce qu'il avait pris et perçu
sur les terres de Saint-Hilaire-le-Vouhis et de la Baude, adjugées par
décret à l'évêque. En cas de refus, elle ordonnait de l'ajourner. (*Arch.
nat.*, X^{1a} 1492, fol. 66). Les registres du Parlement nous font connaître
une autre affaire, celle-ci criminelle, dans laquelle Antoine de Belleville était à la fois demandeur et intimé ; les violences ayant été réci-
proques, les plaintes étaient reconventionnelles. Il s'agissait du testament de Guillaume Hylairet, dont les exécuteurs, Jean Ouvrard,
écuyer, Jean Maréchal et Jean Paillier (*alias* Paillet), prêtres, étaient
avec Laurent Bonnin, parties contre ledit de Belleville, Thélet d'Albret
et Alain Tranchant, ceux-ci, prétendant droit sur les biens du défunt,
ayant voulu s'en rendre maîtres par la force. La première mention
de ces poursuites est du 7 mars 1485 n. s. ; des plaidoiries furent prononcées le 17 du même mois. Le procureur général s'était joint à
Ouvrard et consorts ; cependant, après avoir vu les informations faites, à
la requête d'Antoine de Belleville, touchant les excès reprochés à ses
adversaires, il reconnut les accusations fondées. Ouvrard et les autres,
qui avaient en conséquence été emprisonnés furent élargis, condition-
nellement par appointement du 18 mars (X^{2a} 45, à la date du 18 mars
1485, fin du registre ; X^{2a} 48, dates des 18 et 22 mars ; X^{2a} 52, dates des
7 et 17 mars 1485.) Jusqu'au 20 août suivant, il n'est plus fait mention
de ce procès, mais à cette dernière date, on lit ce qui suit : « Veues par
la court certaines informacions faictes à la requeste de Jehan Ouvrard,
escuier, sur plusieurs grans et énormes excès à luy faiz par Colas
Guillet et Jehan Girard, serviteurs d'Antoine, sr de Belleville, et autres
ses complices ; oy sur ce le procureur général et tout considéré ; la
court a ordonné que ledit Girard sera ajourné à comparoir ceans en
personne, sur peine de bannissement de ce royaume, confiscation de
corps et de biens, et d'estre convaincu des cas à luy imposez. Et quant

mois ença ou environ, s'est transporté ès diz lieux et places de Bruneray et des Couldreaux, et illec ont, lui et sesdiz complices, rompu et levé les serreures des huisseries de la poterne du chasteau dudit lieu de Bruneray, prins, ravy et emporté plusieurs biens meubles et utencilles de maison appartenans ausdiz supplians et fait plusieurs autres exploiz, excès et delitz tant audit suppliant que à ses hommes et subgectz, et lesdiz lieux a tenuz et occuppez, sans en vouloir laisser joir et user lesdiz supplians par aucun temps. Et à ceste cause, le ixme jour de may derrenier passé, ledit suppliant se tira par devers nous et nostre chancellerie et, narracion faicte de ce que dessus est dit, obtint noz lettre adressans à vous, bailly de Touraine, ou vostre lieutenant au lieu de Chinon [1], par lesquelles vous estoit mandé vous informer diligemment et secretement desdictes voyes de fait, port d'armes et autres delitz et excès dont en nos dictes lettres estoit faicte mencion, et que ceulx qui seroient trouvez chargez et coulpables feussent prins au corps, adjournez à comparoir en personne ou autrement, ainsi que vous, bailly, ou vostre lieutenant verriez estre à faire, et selon l'exigence du cas. Et avecques ce estoit mandé que, s'il vous apparessoit des droiz d'iceulx supplians et que ilz eussent joy et usé paisiblement desdictes choses, par le temps de sept ou huit ans, vous remeissiez lesdiz supplians reaument et de fait en la possession desdiz lieux de Bruneray et des Coul-

---

à Colas Guillet, chargé de la mort et omicide de feu Nicolas Godineau, la court a commis et commet le seneschal de Poictou ou son lieutenant au siège de Montaigu à luy faire et parfaire son procès. » (X^{2a} 48, à la date.) On ne connaît point la date du décès d'Antoine de Belleville, mais l'on sait que sa femme Antoinette de Clermont eut, après lui, deux autres maris : 1° Henri de Lévis ; 2° Jean de Maumont, seigneur de Tonnay-Boutonne. Elle n'eut d'enfant d'aucun de ses différents mariages. (Le P. Anselme, *loc. cit.*).

1. Ces lettres ou mandement du 9 mai 1470, adressés au lieutenant du bailli de Touraine au siège de Chinon, n'ont pas été retrouvées sur les registres du Parlement.

dreaux et de leurs appartenances et deppendances, et d'iceulx les feissiez joir et user, et à ce faire et souffrir contraignissiez ledit de Belleville et autres qui feroient à contraindre, par toutes voies et manières deues et raisonnables, non obstant oppositions ou appellacions quelzconques, en faisant au surplus aux parties oyes bon et brief droit. Lesquelles lettres furent presentées à maistre Philippes Boutillier, lieutenant de vous, bailly, audit lieu de Chinon, lequel, après ce qu'il fut deuement informé desdiz excès, delitz et malefices, il donna ses lettres par vertu desquelles ledit Anthoine fut adjourné par Gilles Fromaget, nostre sergent, à comparoir en personne devant ledit bailly, à sondit siège de Chinon, pour respondre sur lesdiz excès à nostre procureur en vostre bailliage, se partie s'en vouloit faire, et ausdiz supplians à tout ce qu'ilz lui vouldroient demander et contre lui proposer et requerre. Et pour remettre lesdiz supplians en leur possession des dictes choses, vostre dit lieutenant, en procedant à l'execution d'icelles lettres, fist adjourner ledit de Belleville à comparoir par devant lui, pour icelles veoir mettre à execution; mais il n'y voult comparoir, et pour ce ledit Boutillier, vostre lieutenant dessus dit, deuement informé de la joissance desditz supplians et du donné à entendre par nosdictes lettres quant ad ce, remist iceulx supplians en possession et saisine desdiz lieux, terres et seigneuries, ainsi que mandé estoit par lesdictes lettres; et ainsi lesdiz supplians ont la possession desdictes choses, ainsi que raisonnablement elles leurs appartiennent. Et lors ne fut appellé par ledit Anthoine de Belleville, mais ce non obstant icelui Anthoine s'est puis naguères trait devers nous ou nostre chancellerie, et nous a donné à entendre qu'il estoit appellant dudit Boutillier et a obtenu noz lettres adressans à vous, bailly de Touraine, et à nostre seneschal de Poictou, contenans, entre autres choses, adjourner en cas d'appel vous, bailly, ou maistre Philippes Boutillier, vostre lieutenant, et intimer lesdiz supplians. Par vertu desquelles il les a fait intimer en nostre court de Parlement à Paris, à certain jour avenir, pour proceder en la cause d'appel ; aussi les a fait adjourner en ladicte court en matière d'attemptatz, par ce qu'il supose que sur ce a euz attemptaz, dont il n'est riens. Et avecques ce, pour ce que, soubz umbre du faulx donné à entendre par ledit Anthoine, par nosdictes lettres par luy impetrées, et mesmement de ce qu'il nous a donné à entendre qu'il a joy desdictes terres et qu'il en avoit esté despoillé par voye de fait, taisans les droiz, possessions et joissance desdiz supplians, est mandé par nosdictes lettres au seneschal de Poictou ou à son lieutenant general que, appellez ceulx qui feront à appeller, s'il lui appert du donné à entendre dudit Anthoine, qu'il lui baille la joissance desdictes choses, ou autrement face sur ce telle provision à icelui Anthoine qu'il verra estre à faire. Et lesquelles lettres ont esté presentées audit seneschal ou à son lieutenant, et a esté ledit suppliant adjourné pour veoir proceder à l'enterinement desdictes lettres, à certain jour à escheoir. Et combien qu'il conviendra èsdictes matières d'appel et attemptatz, ausdictes parties desduire les droiz et possessions qu'ilz ont et pretendent èsdiz lieux, terres et seigneuries et leurs appartenances, et par l'issue desdiz procès d'appel et attemptaz, la question d'entre lesdictes parties pourra estre decidée et determinée, et par ce autre procès par devant autres juges que nostre dicte court de Parlement ne doye estre intenté, neantmoins lesdiz supplians doubtent que ledit Anthoine les veuille tenir en involution de procès devant ledit seneschal de Poictou, ou sondit lieutenant, touchant nosdictes lettres par lui impetrées et l'adjournement qu'il lui a sur ce fait bailler, et que ledit seneschal de Poictou ou son lieutenant qui n'est juge or-

dinaire desdictz lieux de Bruneray et Couldreaux, mais
sont hors de sa seneschaucie, s'efforce congnoistre de
ladicte matière, qui serait diviser la continence de la
cause, qui est deffendu de droit, et laquelle chose, se ainsi
estoit, seroit donner grandes vexacions, mises et despences ausdictes parties ; car oudit procès de devant ledit
seneschal de Poictou, s'il y convenoit sur ce proceder, il
conviendroit à icelles parties proposer et maintenir leursdiz droiz, possessions et jouissance qu'ilz pretendent et
maintiennent, et sur ce leur fauldroit faire preuves, aussi
bien qu'il conviendra faire èsdictes causes d'appel et
d'attemptatz ou sur mesmes faiz, qui seroit bien grande
vexacion et mise ausdictes parties, et faire d'une chose
divers procès par devant divers juges ; aussi congnoistre
de ladicte joissance seroit decider ledit appel, au moins
ce serait prejudicier à icelui, par ce qu'il conviendroit proposer et alleguer ladicte restitucion de ladicte possession
faicte par vostre dit lieutenant de Chinon, ou grant grief,
prejudice, vexacion, travail, mises et despences desdiz supplians, entreprinses sur l'appel relevé et pendant en nostre
dicte court de Parlement, en divisant la continence de la
cause, et plus seroit, se par nous n'estoit ausdiz suppliants
sur ce pourveu de remède de justice, si comme ilz dient,
humblement requerant iceluy. Pour quoy nous, ces
choses considerées, voulans eviter la multiplicacion des
procès d'entre noz subgectz, et les garder de peines,
vexacions et travaulx, et la souvraineté de nostre dicte
court de Parlement estre gardée, vous mandons et à chacun de vous sur ce requis, autre que ledit Boutiller, en
commettant, se mestier, par ces presentes, que, s'il vous
appert desdictes appellacions et execucion d'iceulx adjournemens èsdiz attemptatz en nostre court de Parlement à
Paris, et que ledit Boutillier ait ainsi remis icelui suppliant
en possession et saisine desdictes terres et seigneuries, en

executant nosdictes lettres impetrées par ledit suppliant, par informacion faicte ou à faire, et que icelui suppliant ayt joy et usé desdictes choses par le temps dessus dit ou de tant que souffire doye, vous, oudit cas, appellez ceulx qui feront à appeller, faites ou faites faire inhibicion et deffence de par nous, sur certaines et grosses peines à nous à appliquer, audit seneschal de Poictou ou à sondit lieutenant, que de ladicte joissance dessusdicte et autres choses dessusdictes, leurs circonstances et deppendances il ne entrepreigne court ne congnoissance, et audit Anthoine qu'il ne poursuyve aucune chose par devant lui, mais que ledit seneschal de Poictou ou son lieutenant renvoie la congnoissance de ladicte matière en nostre dicte court de Parlement à Paris, en laquelle ledit appel est relevé ; et en son reffus ou delay, faites ou faites faire ledit renvoy, en assignant jour certain et compectant ausdictes parties, pour estre procedé en nostre dicte court de Parlement, ainsi que de raison. Et la congnoissance desdictes choses nous, oudit cas, à nostredit seneschal de Poictou ou à sondit lieutenant avons interdicte et deffendue, interdisons et deffendons par ces presentes. En oultre, pour obvier aux voyes de fait qui à cause de ce se pourroient ensuyr, faites ou faites faire inhibicion et deffence de par nous audit Anthoine et autres qu'il appartiendra, sur certaines et grosses peines à nous à appliquer, et sur peine de perdicion de cause, que il n'attempte ne face aucune chose attempter ou prejudice dudit appel, ne empesche lesdiz supplians en la joissance desdictes choses, mais d'icelles les laissent joir, jusques à ce que autrement par nostre dicte court de Parlement en soit ordonné. Car ainsi nous plaist il estre fait, et ausdiz supplians l'avons octroié et octroions de grace especial, par ces presentes, non obstant oppositions ou à appellacions quelzconques et lettres subreptices, impetrées ou à impetrer, à ce contraires. Donné à Tours, le xviii° jour de juing l'an de grace mil cccc. soixante dix, et de nostre règne le neufiesme.

Ainsi signé : Par le roy, à la relation des gens de son grant conseil. Pouffé [1].

MCCCCXC

Juin 1470.

Rémission en faveur de Jean et Guillaume Salesse, « de la paroisse d'Arenac près de la Souterraine ou ressort de Montmorillon » coupables du meurtre de Pierre Salesse, leur aïeul, « homme de haulte manière, plain de voulenté oultrageuse », qui les troublait dans la possession des « heritages de la Roche, assis en la parroisse de Maillac », leur appartenant légitimement [2]. (JJ. 196, n° 19, fol. 14.)

MCCCCXCI

Lettres d'abolition octroyées à Poncet de Rivière, s^r de Château-Larcher, et à Pierre d'Urfé. (JJ. 196, n° 199, fol. 129 v°.)

Août 1470.

Loys, par la grace de Dieu roy de France. Savoir faisons à tous, presens et advenir, nous avoir receue l'umble supplicacion de Poncet de Rivière [3], chevalier, et Pierre

---

1. Cet acte n'a pas été transcrit sur le registre : c'est une minute de la chancellerie, écrite sur une peau de vélin de soixante-quatre centimètres de large sur trente-deux de haut, pliée en trois parties inégales, montée sur onglet et intercalée, à une date inconnue, entre les feuillets 223 et 224, ce dernier devenu par suite 224 *bis*. Les mandements de cette nature ne sont d'ailleurs pas ordinairement enregistrés au Trésor des chartes.

2. Cet acte, non transcrit complètement sur le registre et dépourvu de date, se trouve entre deux autres lettres de rémission, l'une et l'autre de juin 1470. Nous ne le mentionnons qu'en raison du renseignement géographique et administratif qu'il fournit sur l'étendue du ressort de Montmorillon.

3. Poncet de Rivière, chevalier, était seigneur de Château-Larcher en Poitou. (Voy. notre volume précédent, p. 104, note.) Il y a lieu de compléter ici, de préciser et même de rectifier certains renseignements donnés en cet endroit sur le rôle politique de ce personnage. La *Chronique* de Georges Chastellain raconte qu'il avait été page de Charles vii, que, lors de l'entrée de Louis xi à Reims, il fut chargé d'aller au devant de Philippe-le-Bon, duc de Bourgogne, et le « vint saluer emmy les champs à bannière close », et qu'après son sacre, le roi ayant ordonné six cents lances pour aller au pays de Liége, « y faire guerre et ous les maux et dommages que pourroient », afin de se venger du

d'Urfé, escuier, seigneur dudit lieu, contenant que, durant les derrenières divisions et differens qui ont eu

---

dessein qu'avaient eu autrefois les Liégeois de le livrer à son père, il mit à la tête de cette petite armée Poncet de Rivière avec Joachim Rouault et le sire de Crussol. Ce chroniqueur le qualifie de « gentil escuier et homme de grant bruit, lequel... estoit d'un troncq dont la fame avoit esté claire longuement ». (Kervyn de Lettenhove, Œuvres de Georges Chastellain. Bruxelles, in-8°, t. IV, 1864, p. 53 et 70. — A la première de ces références, l'éditeur, par suite d'une bizarre faute de lecture, le nomme *Poncet d'Erime*.) L'année suivante, pendant la campagne de Roussillon et de Catalogne, Amanieu d'Albret, sire d'Orval, l'un des chefs de l'expédition, étant mort, les deux mille hommes d'armes de sa compagnie, restés en Roussillon, commandés par son lieutenant, Poncet de Rivière, reçurent l'ordre de rejoindre les troupes qui opéraient en Catalogne et passèrent la frontière le 22 août 1462. Poncet entra dans Saragosse avec l'armée française, puis fut envoyé en ambassade au roi de Castille, pour conclure une trêve (janvier 1463). Le biographe de Gaston IV, comte de Foix, Guillaume Leseur, qui rapporte ces événements, fait ce portrait de Poncet de Rivière : « Bon chief de guerre, bel et adroit gendarme, grant homme et puissant et de sa personne courageux et vaillant. » (Guill. Leseur, *Hist. de Gaston IV, comte de Foix*, édit. H. Courteault, pour la société de l'hist. de France, 2 vol. in-8°, 1893, 1896, t. II, p. 154, 188, 192; voy. aussi J. Calmette, *Louis XI, Jean II et la révolte catalane*. Toulouse et Paris, 1903, in-8°, p. 149, 155, 160, 162, 405.) Notre personnage fut encore l'un des chefs de l'armée de Louis XI à Montlhéry, où il était à la tête des archers. (Commines, édit. de Mlle Dupont, t. I, p. 35.) Cependant il était entré en intelligence avec le comte de Charolais dès la fin de la ligue du Bien public, suivant l'auteur de la version interpolée de la *Chronique scandaleuse*. (*Bibl. de l'Ecole des Chartes*, t. XVI, 1855, p. 419.) Privé, à cause de ces intrigues, du commandement de sa compagnie de cent lances, mais avec une indemnité de 2.500 livres (Quicherat, coll. des Doc. inédits, *Mélanges hist.*, t. II, p. 469) et la charge de bailli de Montferrand (novembre 1465), il partit peu de temps après en pèlerinage à Jérusalem et à Sainte-Catherine du Mont-Sinaï (*Journal de Jean de Roye*, connu sous le nom de *Chronique scandaleuse*, édit. B. de Mandrot, t. I, p. 143-144), voyage auquel, sans doute, sa disgrâce ne fut pas étrangère.

On ne sait point exactement à quelle date Poncet de Rivière abandonna définitivement le service de Louis XI et se retira à la cour de Bourgogne. Jean Maupoint dit que ce fut au mois d'avril 1468. (*Journal parisien*, publ. par G. Fagniez, *Mémoires de la Société de l'hist. de Paris*, t. IV, p. 106.) Ce qui est certain, c'est que vers la mi-carême de cette année il était à Tours et qu'il prit part, quelques mois après, à la campagne de Charles le Téméraire contre Louis XI, dans l'armée bourguignonne. (*Journal de Jean de Roye*, t. I, p. 190, 212 ; *Mémoires de Commines*, t. I, p. 87, 88.) Il arriva à Péronne, ainsi que Pierre d'Urfé, au moment de l'entrevue du roi avec le duc de Bourgogne, et Commines rapporte que, pendant les pourparlers qui précédèrent le fameux traité, le duc requit Louis XI de consentir à y introduire un article en faveur de Du Lau, d'Urfé et de Poncet de Rivière, « et qu'il fust dit que leurs terres et estatz leur seroient renduz, comme ilz avoient avant la guerre ». Le roi ne s'en souciait nullement, et il répondit, avec son habileté coutumière, qu'il était prêt à accepter cette clause, si de son côté Charles voulait lui accorder la grâce du comte de Nevers et de M. de Croy. Il

cours en nostre royaume, lesdiz supplians, mal conseillez
et advertiz, ont adheré avec aucuns lors noz adversaires,

---

savait bien que le duc ne s'y résignerait pas, car il les haïssait profondément. En effet, cette proposition le rendit muet, et on en resta là. (*Edit.* de Mlle Dupont, t. I, p. 154, 199 ; t. III, p. 227, 229.) Il n'est donc pas juste de dire que les lettres d'abolition pour Poncet de Rivière et Pierre d'Urfé, dont nous publions ici le texte, leur furent octroyées à la prière du duc de Bourgogne, d'autant qu'à cette date d'août 1470, Louis XI faisait des préparatifs pour résister à une attaque probable de Charles le Téméraire qui, partisan d'Edouard d'York, venait de demander insolemment le renvoi du comte de Warwick venu en France pour négocier un traité d'alliance entre le roi et Henri VI d'Angleterre. C'était plutôt pour être agréable à son frère, le duc de Guyenne, que Louis XI avait amnistié Rivière et d'Urfé, celui-ci surtout qui était depuis 1465 le partisan avoué et dévoué du second fils de Charles VII. Le duc de Guyenne avait contribué récemment à un accommodement entre le duc de Bretagne et le roi, et les deux frères étaient au mieux pour le moment. D'ailleurs le nom du duc de Guyenne, tracé en tête de ceux qui souscrivirent ces lettres d'abolition, indique combien il y avait pris d'intérêt.

Au surplus, ces lettres ne paraissent pas avoir été suivies d'effet, ou cet effet en tout cas n'eut que bien peu de durée, celle tout au plus de la réconciliation du roi avec son frère. Bientôt Poncet recommença ses intrigues avec les ducs de Guyenne, de Bretagne et de Bourgogne. Le duc de Guyenne poursuivait à la fois l'organisation d'une nouvelle ligue féodale contre Louis XI et la conclusion de son mariage avec la fille de Charles le Téméraire. François II de Bretagne servait d'intermédiaire entre les deux autres ducs ; dans les instructions qu'il donna de Nantes, le 16 juillet 1471, à Poncet de Rivière qu'il envoyait vers le duc de Bourgogne, tant en son nom qu'au nom du duc de Guyenne, on lit que celui-ci « baillera son scellé pour soy joindre et allier avec mondit seigneur de Bourgogne et ses alliés, pour le favoriser, aider et employer sa personne et sa puissance, tant contre le roy nommement que autres quelzconques » et les contraindre à l'exécution des traités de Péronne et de Conflans, etc. (Voy. dom Plancher, *Hist. de Bourgogne*, t. IV, Preuves, p. 307 ; dom Morice, *Hist. de Bretagne*, Preuves, t. III, col. 225, texte abrégé.) Poncet, alors qualifié conseiller et chambellan du duc de Bretagne, fut de nouveau dépêché, le 17 avril 1472, vers Charles le Téméraire, en compagnie de Guillaume de Souplainville, maître d'hôtel du duc, pour réclamer son appui en faveur du duc de Guyenne, menacé par le roi d'être dépossédé de son apanage. (Instructions de cette date, données à Redon ; dom Morice, *id., ibid.*, col. 240). La mort du frère de Louis XI, survenue peu après (25 mai 1472), ne changea rien à la situation de Poncet de Rivière ; il demeura au service du duc de Bretagne, et le roi de France eut un motif de plus de le tenir en suspicion et même de le considérer comme un ennemi mortel, on le verra dans un instant. Auparavant disons quelques mots du traité de la Victoire-les-Senlis, conclu le 9 octobre 1475, entre Louis XI et François II, ou du moins de l'article où il est question de Poncet et d'Urfé. M. J. Vaësen dit que les lettres d'abolition d'août 1470 y sont « rappelées pour les confirmer ». (*Lettres de Louis XI*, t. II, p. 307, note.) Ce n'est pas tout à fait exact. Après avoir promis d'une façon générale et réciproquement amnistie pleine et entière aux serviteurs et sujets des deux contractants qui se trouveraient compromis, l'article

rebelles et desobbeissans, et tenu party à nous contraire, en eulx declarant à l'encontre de nous, faisans guerre ouverte

---

visé ajoute : « toutesfois au regard de Poncet de Rivière et de Pierre d'Urfé, le roy leur octroie lettres d'abolition, selon les modifications, forme et manière déclarées ès lettres sur ce faictes ». (Dom Morice, *op. cit.*, t. III, col. 289.) Les termes employés impliquent une réserve qui ne pourrait être précisée que si l'on connaissait le texte des lettres annoncées. Il est plus que probable d'ailleurs que celles-ci ne furent jamais expédiées et qu'elles furent remplacées, en ce qui concerne Poncet, deux ans plus tard, par les lettres de grâce dont nous allons parler. Un passage d'une curieuse missive de Louis XI, adressée au comte de Comminges (Odet d'Aydie), datée de Tours, le 25 août 1476, prouve qu'à cette date le sire de Rivière n'avait pas encore obtenu son pardon : « Si ne dois pas estre trop content, dit-il, de la grant mocquerie que le duc (de Bretagne) me fait touchant messire Poncet. Au fort, puisquil ayme tant les empoisonneurs et qu'il les garde si chèrement, je mettray peine de recouvrer maistre Ythier Marchant, pour le lui envoyer... » (*Lettres de Louis XI*. édit J. Vaësen, t. VI, p. 85.) Pour bien comprendre cette phrase, il faut se rappeler qu'Itier Marchant, maître de la chambre aux deniers du feu duc de Guyenne, et Poncet de Rivière étaient véhémentement soupçonnés d'avoir pris part à une tentative d'empoisonnement dirigée contre le roi. Le 13 janvier 1474 n. s., vingt mois avant la signature du traité de Senlis, Jean Hardy, clerc et serviteur de cet Itier Marchant, avait été mis en état d'arrestation. Sous prétexte de venir traiter de la rentrée en grâce de son maître, à laquelle Louis XI paraissait tenir beaucoup (il lui avait fait faire de lui-même des propositions en ce sens), cet homme s'était introduit dans l'entourage du roi et avait tenté de séduire des officiers de cuisine de la cour, pour glisser du poison dans les mets destinés à la table royale. Dénoncé par ceux qu'il avait tenté de gagner à son criminel dessein, arrêté, jeté en prison, renvoyé devant une commission extraordinaire, mis à la torture à plusieurs reprises, il avait tout avoué. Il avait déclaré, en outre, que c'était Itier Marchant qui l'avait envoyé dans ce but d'empoisonner le roi, et que Poncet de Rivière, au courant de ce projet, l'avait encouragé. Le procès de Jean Hardy fut ensuite évoqué au Parlement qui, le 30 mars 1474, prononça l'arrêt condamnant le misérable à être écartelé et décapité, sa tête plantée sur une lance devant l'hôtel de ville de Paris, ses quatre membres portés en quatre des bonnes villes des extrémités du royaume, le corps brûlé et réduit en cendres sur la place de Grève, etc. Il fut exécuté le même jour. (B. de Mandrot, *Journal de Jean de Roye*, t. I, p. 303-309 ; A. Vitu, *La Chronique de Louis XI*, etc., in-8º, p. 58 et suiv. Voy. aussi d'autres détails dans Arch. nat., Z^{1a} 16, fol. 128, 141 et 143 vº.) Le procureur général continua les poursuites contre Poncet de Rivière et Itier Marchant ; le 4 mai 1474, il les fit décréter de prise de corps et, comme il les savait hors d'atteinte, à plusieurs reprises il ordonna de les ajourner à son de trompe et cri public, sous peine de bannissement. (Arch. nat., X^{2a} 40, fol. 147.) Ils ne se laissèrent pas prendre et ne comparurent pas davantage. Alors la cour les jugea par contumace. Le procureur général requit contre eux deux la peine capitale ; néanmoins l'arrêt ne condamna Poncet qu'au bannissement à perpétuité et à la *confiscation de corps et de biens* envers le roi. Depuis le sire de Rivière fit des démarches pour faire reconnaître son innocence. François II, duc de Bretagne, envoya à Louis XI des ambassadeurs spé-

à nous et à noz subgectz, et commettant crime de felonnie et leze magesté envers nous. Pour doubte desquelx cas et doubtans rigueur de justice, ilz n'oseroient retourner ne seurement demourer et converser en nostre royaume, se noz grace et misericorde, etc. Pourquoy nous, ces choses considerées, qui voullons misericorde prefferer à rigueur de justice, ausdiz Poncet de Rivière et Pierre d'Urfé [1], supplians, avons, de grace especial, plaine puissance et

---

ciaux, le « suppliant et requerant de recevoir et faire recevoir ledit Poncet à soy justifier et purger dudit cas à luy imposé par la confession dudit Jehan Hardy, dont il se dit pur et ignocent ». Finalement, pour toute justification, le roi se contenta d'un serment solennel prêté par Poncet de Rivière, en présence du comte de Comminges, à ce commis exprès en l'église Saint-Lô près d'Angers, sur le fragment de la vraie croix, « de non avoir esté consentant, participant, adherant, complice ne coulpable desdiz poisons... » et en conséquence de ce serment, il lui fit délivrer des lettres de rappel de ban, cassant, annulant et abolissant l'accusation, les procédures, l'arrêt et tout ce qui avait été fait contre lui en cette matière, lettres datées du Plessis-du-Parc, le 31 octobre 1477. L'original de ce précieux document, dont la transcription ne se trouve pas sur les registres du Trésor des Chartes, est conservé aux Arch. nat., sous la cote K 72, n° 10². Nous rencontrerons, encore une fois au moins, Poncet de Rivière dans le prochain volume, à l'occasion de l'autorisation qui lui fut accordée au mois de mars 1478, de relever les fortifications de Château-Larcher, que Louis XI avait fait raser.

1. Pierre II, seigneur d'Urfé, de la Bastie, de Saint-Géran-le-Puy, etc., en Forez, fils de Pierre Iᵉʳ et d'Isabeau de Chauvigny, avait embrassé, en 1465, le parti de Charles, duc de Berry (depuis duc de Guyenne) et reçut de lui un commandement en Normandie, quand Louis XI eut cédé cette province à son frère. (Quittance du 24 oct. 1465.) Il servit aussi le duc de Bretagne, qui le créa son chambellan et grand écuyer de Bretagne. Nous avons vu, dans la note précédente, qu'il se trouva à Péronne pendant l'entrevue du roi et de Charles le Téméraire ; il prit part, dans l'armée de ce dernier, à l'expédition de Liége. Aussi ne fut-il pas compris dans l'amnistie stipulée par le traité de Péronne. (*Mémoires de Commines*, t. I, p. 154, 182, 199.) Malgré l'abolition d'août 1470, d'Urfé ne cessa de se montrer hostile à Louis XI et il poussa, en 1472, le duc de Bourgogne à lui faire la guerre. Le même Commines raconte que le roi acheta des lettres que le sʳ d'Urfé avait écrites au roi d'Angleterre. (*Id., ibid.*, p. 271, 316, 317.) Sous Charles VIII, au contraire, il fut en pleine faveur. Nommé grand écuyer de France par lettres données à Blois, le 4 novembre 1483, puis sénéchal de Beaucaire après la mort du sʳ du Lau, il prit part à l'expédition de Naples, quoiqu'il la désapprouvât, combattit à Fornoue et débloqua le duc d'Orléans, assiégé dans Novare par le duc de Milan. Pierre d'Urfé se démit de sa charge de grand écuyer au mois de septembre 1505 et mourut le 10 octobre 1508. (Le P. Anselme, *Hist. généal.*, t. VIII, p. 496 ; J. Vaësen, *Lettres de Louis XI*, t. IV, p. 257.)

auctorité royal, aboly, quicté, remis et pardonné, abolissons, quictons, remettons et pardonnons tous les cas, crimes, mallefices et deliz que lesdiz supplians et chacun d'eulx ont faiz, commis et perpetrez à l'encontre de nous, nostre auctorité et magesté royal et la chose publique de nostre royaume, en quelque manière qu'ilz soient avenus et tout ansi que s'ilz estoient expressement declairez et devisez en cesdictes presentes, et sans ce qu'il soit besoing en faire autre declaration; et de nostre plus ample et plus habondant grace, les avons restituez et restituons à leurs bons fames et renommées, et à tous leurs biens meubles estans en nature de chose et autres heritages et biens quelzconques. Et quant à ce imposons silence perpetuel à nostre procureur, present et avenir, et à tous autres. Si donnons en mandement, par ces mesmes presentes, à noz amez et feaulx conseillers les gens tenans et qui tiendront nostre court de Parlement, prevost de Paris, bailly de Vermendoys, Lyon, Chartres, Montargis et Berry, seneschaulx de Poictou, de Lymosin, Beaucaire et Thoulouse, et à tous, etc. Donné à Angers, ou moys d'aoust l'an de grace mil iiii^{c}lxx, et de nostre règne le dixiesme.

Par le roy, messeigneurs les ducs de Guienne et de Bourbon[1], le marquis du Pont, le sire de Craon, le vicomte de la Bellière, maistre Pierre Doriolle, general, et autres presens. De Cerisay. — Visa. Contentor. Rolant[2].

---

1. Sur Charles de France, duc de Guyenne, et Jean ii, dit le Bon, duc de Bourbon, cf. ci-dessus p. 55, note 1, p. 172, note 1. Les autres noms de la souscription sont identifiés aussi en d'autres endroits du volume: Nicolas d'Anjou, fils du duc de Lorraine, marquis de Pont-à-Mousson (p. 250, note); Georges de La Trémoïlle, sire de Craon (p. 55, note 4); Tanneguy du Châtel, vicomte de la Bellière (p. 124, note 2) et Pierre Doriole, p. 125, note 1.

2. Ces lettres ont été publiées une première fois par Mlle Dupont parmi les pièces justificatives de son édition des *Mémoires de Commines*, in-8º, t. III, 1847, p. 269.

MCCCCXCII

Septembre 1470.

Lettres de rémissions octroyées à Job Coninghan, écuyer, originaire du royaume d'Ecosse, archer de l'ordonnance sous la charge de Robert Coninghan [1], chambellan du roi, qui avait frappé mortellement, de

---

1. Beaucoup de membres de la famille Cuningham, maison d'ancienne noblesse du royaume d'Ecosse, vinrent en France au xv° siècle, pour servir dans les armées de Charles vii et de Louis xi, et s'y fixèrent. Ils formèrent trois branches distinctes : l'une en Poitou, celle des seigneurs de Cherveux ; l'autre en Touraine, celle des seigneurs de Cangé ; et la troisième en Bourgogne, celle des seigneurs d'Arcenay. Le plus ancien que nous ayons trouvé au service de la France est Patrice, qui était archer de la garde du duc d'Orléans, et dont on conserve trois quittances de gages en cette qualité, datées des 17 novembre 1403, 9 février 1404 et 10 mai 1405. (Bibl. nat., ms. fr. 27322, Pièces orig., vol. 838.) Robert Cuningham (Coninghan, Conigan, etc. ; les formes défigurées de ce nom sont très nombreuses), ici nommé, qui se mit au service de Charles vii vers 1440, est le chef de la branche poitevine. La seigneurie de Cherveux, dont il prit le titre, lui venait de son mariage avec Louise Chenin, mariage qu'il contracta très peu de temps après son arrivée en France. Il était aussi seigneur de Ribemont près Saint-Jean-d'Angély. Dans un acte du 5 décembre 1449, Robert Cuningham (Conighan) se qualifie écuyer d'écurie du roi, ayant la charge de quarante hommes d'armes et de quatre-vingts archers dans la haute Auvergne ; c'est une quittance de 1.240 livres, montant des gages de ladite compagnie. (Bibl. nat., ms. fr. 27322.)

Il se distingua, dans les guerres contre les Anglais, notamment au siège de Cherbourg et à la conquête de la Normandie, en 1450, et l'année suivante au siège de Bayonne. (J. Chartier, *Chronique de Charles VII*, édit. Vallet de Viriville, t. II, p. 154, 193, 205, 214, 225, 237, 315; *Chronique du héraut Berry*, édit. Godefroy, p. 449, 455.) Il fut nommé vers cette époque capitaine de Dun-le-Roi, avec don du revenu de la terre. (Anc. mém. L de la Chambre des comptes, fol. 22.) Devenu ensuite capitaine des archers écossais de la garde du roi, il se laissa mêler à une conspiration ourdie contre Charles vii. Condamné au bannissement en 1455, il fut réintégré dans son emploi par Louis xi. (Beaucourt, *Hist. de Charles VII*, t. VI, p. 27 et suiv.) Au milieu de l'année 1462, il fut adjoint avec ses archers à l'armée placée sous les ordres de Gaston iv, comte de Foix, et prit part à l'expédition de Catalogne et notamment au siège de Tarragone, qui dura du 17 octobre au 2 novembre 1462. (J. Calmette, *Louis XI, Jean II et la révolution catalane*, p. 118, 155.) Jean de Roye raconte que, pendant la guerre du Bien public, une nuit de la fin de septembre 1465, plusieurs Ecossais de la compagnie de Robert Cuningham furent surpris à Sèvres par « aucuns Bretons et Bourguignons » qui leur coupèrent la gorge. Nous le revoyons l'an 1467 envoyé par Louis xi au secours des Liégeois révoltés. (*Journal de J. de Roye*, dit *la Chronique scandaleuse*, édit. B. de Mandrot, t. I, p. 113, 183.) A l'appui de cette assertion, on peut citer une lettre missive adressée au roi, signée « R. Conygham » et datée d'auprès Rethel, le 25 novembre 1467. Il accuse réception d'une lettre que lui écrivait

deux coups de dague, Geoffroy Lecouturier, hôtelier à Montereau-faut-Yonne, à l'enseigne de *L'Ange*, parce que celui-ci avait refusé de le laisser jouer aux dés dans son hôtellerie où il était venu, le soir du 11 septembre 1470, en compagnie de deux autres hommes

Louis xi, et dit que le connétable, sous les ordres de qui il était alors placé, lui avait fait savoir que chacun pouvait retourner en son logis d'auparavant, son opinion étant qu'il n'y aurait point rupture des trêves. Mais il ajoute : « Toutesfois, sire, pour ce que nous voyons que l'armée de Bourgoigne est encores toute ensemble en Lyège et ne savons quelle volenté ilz ont, nous avons renvoyé devers mondit s^r le connestable pour savoir sa volenté plus à plain de ce que nous devons faire, en attendant tousjours si survient aucune autre chose de nouveau. » (Bibl. nat., ms. fr. 20428, fol. 34, anc. 26.) M. Francisque Michel (*Les Ecossais en France*, t. I, p. 232), et à sa suite la nouv. édit. du *Dict. des familles du Poitou*, prétendent qu'il fut tué l'année suivante, sous les yeux de Louis xi, au siège de Liége où le duc de Bourgogne l'avait entraîné. Je n'ai pas retrouvé la source de cette erreur. Le second de ces ouvrages, il est vrai, aussitôt après avoir annoncé la mort de Robert Cuningham en 1468, s'empresse de citer des actes de ce personnage de l'année 1476.

Une autre lettre écrite à Louis xi, de Villefranche de Rouergue, le 11 novembre 1469, par le capitaine de la garde écossaise, mérite d'être citée. Le roi lui avait prescrit d'obéir à M. le Grand maître (Antoine de Chabannes, comté de Dammartin), comme à sa propre personne ; il proteste qu'il s'est conformé à cet ordre et poursuit ainsi : « Item, sire, m'avez escript que je feisse marcher ma compaignie et que je ne feusse pas le dernier et que par ma négligence riens ne feust retardé. Sire, Dieu mercy, depuis que je suis en vostre service, il n'est riens demouré ne perdu par moy, ne sera ; et Dieu me doint la mort avant. Mais, sire, il est bien vray que mondit s^r le Grant maistre m'a escript unes lettres que je ne bougasse jusques à ce que j'eusse nouvelles de luy, et qu'il ne failloit conduire l'artillerie, et que si je faisoys autrement, que vous n'en seriez pas content. Et aussi, sire, je suis tousjours attendant le Grant maistre et l'artillerie, et ne sçay où il est. Et ne sçay pas encores s'il me veult mener en Armignac ou laisser ici. Et pour ce, sire, pensez que ce n'est pas ma faulte que je ne suis pieça en Armignac ou sur les marches, car je ne suis que à deux journées de Toulouse... » Et en *post-scriptum* : « Sire, je vous suply qu'il vous plaise avoir vostre povre clerc de Poictiers, pour lequel vous a pleu escripre au chapitre, pour recommandé. (Bibl. nat., ms. fr. 20428, fol. 39, anc. 29 *bis*.) Un autre recueil contient une quittance, signée et scellée du même personnage, à la date du 19 septembre 1470, d'une somme de 286 livres 10 s. pour un trimestre de son état de « cappitaine des quatre-vingt quinze lances et demi fournies, Ecossais, de l'ordonnance du roi ; Robert Cuningham est dit, dans cette pièce, seigneur de Cherveux et de Villeneuve, chambellan du roi. (Bibl. nat., ms. fr. 27322.) En avril 1477, il faisait campagne à la tête de ses archers sous M. le Grand-maître, dans le comté de Champagne, et au mois d'octobre suivant, avec le capitaine Salazar, dans le comté de Bourgogne, aux environs de Gray, où ils éprouvèrent tous deux de graves échecs. (*Journal de J. de Roye*, t. II, p. 62, 209.) On ne sait point la date du décès de Robert Cuningham. Au mois de mars 1477 n. s., il rendit, au nom de sa femme, aveu de la terre et seigneurie de Cherveux, et vivait encore le 21 novembre 1478. Ce jour-là il assista,

d'armes. « Donné aux Montilz les Tours, ou moys de septembre l'an de grace mil IIII^c LXX, et de notre règne le dixiesme. — Par le roy, le marquis du Pont, l'amiral et autres presens. Toustain. » (JJ. 196, n° 289, fol. 175 v°.)

MCCCCXCIII

Don à Pierre de Combarel, chevalier, seigneur de l'Isle-Jourdain et de Rouet, d'un droit d'usage en la forêt de Moulière pour son château de Rouet. (JJ. 196, n° 546, fol. 224 *bis* v°.)

Novembre 1470.

Loys, par la grace de Dieu roy de France. Savoir faisons à tous, presens et avenir, que, en faveur et pour consideracion des bons, notables et agreables services que nostre amé et feal conseiller, Pierre de Comberel [1], chevalier,

---

ainsi que Louise Chenin, sa femme, au contrat de mariage, passé à la fois en la cour du sceau aux contrats de Niort et en la cour du sceau aux contrats de Cherveux. entre Joachim Cuningham, leur fils, et Catherine de Montbron, fille d'Eustache de Montbron, vicomte d'Aunay, en présence de Jean, seigneur de Saint-Gelais et de Saint-Jean-d'Angles, et de Jean de Saint-Gelais, seigneur de Séligné, témoins; il y est qualifié « Robert de Conigam, escuier, seigneur du dit lieu de Cherveux, de Ribemont et de Pontchevron ». (Arch. nat., P. 1407^1, cote VI^c LV.) Joachim, qui dès l'année 1475 était capitaine de 96 hommes d'armes et de 19 archers écossais et servit aux bans de Poitou de 1488 et de 1491, ne laissa pas d'enfants. De son mariage avec Louise Chenin, Robert eut deux autres fils : François, seigneur de Ribemont, aussi décédé sans hoirs, et Jacques, chevalier, seigneur de Cherveux après la mort de Joachim, capitaine du château de Niort, marié à Catherine de Vivonne, vivant encore en 1516, qui ne laissa que deux filles. (Cf. *Dict. des familles du Poitou*, nouv. édit., t. II, p. 379 et 590.) Quant à Job Cuningham, au profit duquel sont données les rémissions analysées ici, nous ne l'avons trouvé mentionné nulle part ailleurs.

1. Fils puîné de Pierre Ier de Combarel ou Comberel, seigneur de Noailles, l'un des principaux habitants de Tulle en 1431, Pierre II, chevalier, était seigneur de l'Isle-Jourdain à cause de sa femme, de Rouet et de la Motte-de-Beaumont en Châtelleraudais. Il fut l'un des héritiers de son oncle Hugue de Combarel, président de la Cour des aides, évêque de Poitiers (de 1424 à 1440), sur lequel voy. notre t. VIII (XXIX des *Arch. hist.*), p. 54, note 2. On le trouve qualifié capitaine de cent arbalétriers, et gouverneur de la Rochelle. Charles VII lui accorda, par lettres patentes de novembre 1443, la permission de fortifier le château de Rouet, dont lui avait fait don, en 1437, Marguerite de Colombiers, veuve de Simes de Saint-Martin, tante de sa femme. En 1456, il acquit le fief de Corigné, et en 1460 il transigea avec le chapitre de Notre-Dame-la-Grande de Poitiers, au sujet d'une chaussée qu'il avait fait construire

seigneur de l'Isle et de Rouet, nous a faiz par cy devant, tant ou fait de noz guerres que autrement en plusieurs manières, fait chacun jour et esperons que encores face ou temps avenir, nous avons à icellui nostre conseiller qui sur ce nous a fait requerir et supplier, donné et octroyé, donnons et octroyons de grace especial, par ces presentes, l'usage en nostre fourest de la Molière, pour y prendre et avoir doresenavant perpetuellement, pour lui et ses hoirs, seigneurs dudit lieu de Rouet, tout le boys qui leur sera neccessaire en l'ostel d'icellui lieu de Rouet, tant pour bastir que pour chauffage, selon la monstrée qui leur en sera faicte par noz officiers et ainsi que ont acoustumé d'avoir les autres usaigers de nostre dicte forest. Si donnons

---

près de son moulin de Gastault, et reconnut devoir aux chanoines, comme indemnité du dommage que l'eau de son étang en cet endroit occasionnait à leurs terres. (Arch. de la Vienne, G. 1178.) Il eut d'ailleurs, en qualité de seigneur de la Motte-de-Beaumont, d'autres procès avec ce même chapitre, qui possédait la seigneurie de Beaumont.

Au mois d'octobre 1466, une levée de quatre mille francs archers avait été ordonnée par Louis XI en Saintonge et dans les pays voisins. Ce fut Pierre de Combarel que le roi commit à cet effet pour la Saintonge ; celui-ci délégua ses pouvoirs aux deux élus du pays, Jean Mérichon et Guillaume de Combes, et leur prescrivit de mettre sus un archer par cinquante feux et de procéder à leur équipement. Les deux élus furent poursuivis à la Cour des Aides pour exactions commises dans l'exercice de cette commission et condamnés à restituer 120 écus d'or. (Arch. nat., Z^{1a} 26, f° 373 v° et 384 ; Z^{1a} 68, aux 29 et 31 juillet 1467.)

Sur le rôle des nobles du comté de Poitou assemblés à Poitiers, le 5 octobre 1467, par Yvon Du Fou, le nom de Pierre de Combarel, seigneur de l'Isle, est inscrit comme ayant sous ses ordres vingt-cinq hommes d'armes et quarante brigandiniers. (*Roolles des bans* et *arrière-bans de Poictou*, in-4°, réimpr. de 1883, p. 19-20.) Le 18 avril 1474, il donna quittance à Jean Raguier, receveur général des finances en Normandie, de mille livres tournois pour partie de la pension que Louis XI lui avait ordonnée pour l'année courante, commencée le 1er octobre précédent. (Orig. signé, Bibl. nat., ms. fr. 27310, Pièces orig., vol. 826, dossier Combarel.) Par lettres patentes datées du Plessis-lès-Tours, le 18 février 1476 (1477), le roi fit don au sr de l'Isle-Jourdain de l'office de capitaine des ville et château de Fontenay-le-Comte, avec le revenu des terre et seigneurie du lieu. (Anc. mém. P. de la Chambres des comptes, fol. 58 ; Bibl. nat., ms. fr. 21405, p. 197.) Ce revenu lui fut repris peu de temps après, mais en compensation il eut une somme annuelle de 1.500 livres. On conserve quatre quittances de lui à Guillaume d'Elbène, receveur général des finances de Languedoc, qui en font foi, la première datée du 30 avril 1477, la deuxième du

en mandement, par cesdictes presentes, à noz amez et feaulx gens de noz comptes et tresoriers, aux seneschal de Poictou, maistre des eaues et fourestz en nostre dicte seneschaucie, verdiers et forestiers de nostre dicte forest de Molières et autres justiciers et officiers ou à leurs lieuxtenans, presens et avenir et à chacun d'eulx, si comme à lui appartendra, que de nostre presente grace, don et octroy facent, seuffrent et laissent ledict Pierre de Comberel, chevalier, et sesdictz hoirs, seigneurs dudit lieu de Rouet, joir et user plainement et paisiblement sans leur faire, mettre ou donner ne souffrir estre fait, mis ou donné aucun destourbier ou empeschement au contraire. Et affin que ce soit chose ferme et estable à tousjours, nous avons

---

25 mai 1478, la troisième du 31 décembre 1480 et la quatrième du 22 mai 1481. Elles portent toutes qu'il s'agit d'une somme de 1.500 livres à lui ordonnée chaque année par le roi, « pour le récompenser des terre et seigneurie de Fontenay-le-Conte, que ledit s^r a reprises de luy ». (Ms fr. 27810 *cit*.) Le même recueil contient l'original de lettres patentes de Louis XI, du Plessis-du-Parc, le 9 janvier 1478 n. s., faisant don à Pierre de Combarel des lods et ventes et autres droits seigneuriaux par lui dus au roi, pour l'acquisition par lui faite récemment de Guyot de Genoillé, écuyer, seigneur dudit lieu, et de Gillette de Mausson, damoiselle, sa femme, de l'hôtel noble de Chincé, sis en la paroisse de Jaunay, châtellenie de Poitiers, pour 900 écus d'or (à 32 sous tournois 1 denier pièce). Le 25 janvier suivant, le s^r de l'Isle-Jourdain rendait aveu au roi de ladite seigneurie de Chincé, et le 10 février de celle de Saint-Supplice. (Arch. nat., P. 1145, fol. 155.) Le dernier acte connu de ce personnage est l'acquisition qu'il fit, le 9 mai 1482, de Jean Buisson, paroissien de Naintré, d'une rente de deux boisseaux de froment et un chapon, payable en l'hôtel de Rouet. (A. Richard, *Arch. du château de la Barre*, t. II, p. 396.) Sa mort arriva vers la fin de l'année suivante ou tout au commencement de 1484. Il avait épousé : 1° Huguette de l'Isle-Jourdain, fille et héritière de Jean, chevalier, seigneur de l'Isle-Jourdain, et de Ayde de Saint-Martin ; 2° vers 1460, Françoise Cotet, fille du s^r de Benayes en Limousin, qui était veuve le 3 février 1484 et tutrice de son fils, Jacques, lequel décéda, encore mineur et sans alliance, trois ou quatre ans plus tard. Celle-ci, tant en son nom que comme tutrice de ce fils, était appelante au Parlement, le 9 février 1486, d'une sentence du sénéchal de Poitou, donnée contre elle au profit de René de La Roche et de sa femme. (Arch. nat., X^{1a} 4827, fol. 99.) De son premier mariage, Pierre de Combarel avait eu deux filles : Néomaye, épouse de Jean de La Beraudière, puis de Jean Cotet, s^r des Roches ; Huguette, femme de Jean de Blom, écuyer, s^r de Ressonneau. Le s^r de l'Isle-Jourdain fut inhumé avec sa première femme, en la chapelle de Notre-Dame-de-Recouvrance, qu'il avait fondée en l'église de Beaumont. (Cf. Lalanne, *Hist. de Châtelleraud*, t. I, p. 418 ; Beauchet-Filleau, *Dict. des familles du Poitou*, 2e édit., t. II, p. 580.)

fait mettre nostre seel à ces presentes. Sauf en autres choses nostre droit et l'autruy en toutes. Donné aux Montilz lez Tours, ou moys de novembre l'an de grace mil cccc. soixante dix, et de nostre règne le dixiesme.

Ainsi signé : Par le roy. Bourré. — Visa.

MCCCCXCIV

Rémission octroyée à Jean et Michel Martinon, frères, laboureurs à Payroux près Charroux, poursuivis pour le meurtre de la femme d'un nommé Pierre Allart, accompli dans une rixe ayant pour origine un procès existant entre ledit Allart et Jean Martinon, qui prétendaient l'un et l'autre avoir affermé un domaine appartenant à Jean Mangin, de Charroux. (JJ. 201, n° 158, fol. 121.)

Janvier 1471.

Loys, par la grace de Dieu roy de France. Savoir faisons à tous, presens et avenir, nous avoir receu l'umble supplicacion de Jehan Martinon, l'ainsné, laboureur, demourant en la parroisse de Peroux près de Charroux, chargé de femme et huit petitz enffans, et de Michel Martinon, son frère, aussi laboureur, demourans en ladicte parroisse, chargé de femme et d'un petit enfant, contenant que, longtemps avant la feste de saint Martin d'esté mil cccc. LXIX, ledit Jehan Martinon, suppliant, avoit prins à rente d'un nommé Jehan Mengin, dudit lieu de Charroux, ung certain heritage assis en ladicte parroisse de Peroux ; certain temps après laquelle prinse, ung nommé Pierre Allart, laboureur, demourant en ladicte parroisse, soy disant avoir prins à rente ledit heritage, se y intruit, bouta et institua. Et jasoit ce que ledit Jehan, suppliant, dist par plusieurs foiz qui l'avoit prins par avant ledit Allart et par ce icellui Allard ne avoir cause de l'occupper, y aler ne venir, toutesvoyes icellui Allard ne s'en voult abstenir, et le tint jusques à ce que ledit Jehan Martinon, suppliant, moyennant grant diligence, fist tant qu'il recouvra les lettres dudit contract qu'il monstra à gens de conseil, lesquelz lui conseillèrent qu'il se mist dedans ledit heritage et fist tant qu'il en feust possesseur, ce qu'il fist. Et au moyen de la possession qu'il en voult prendre, ledit Allart lui fist plusieurs contradicions, et firent adjourner l'un l'autre en asseurement, et eurent asseurement l'un de l'autre de la justice de nostre très cher et très amé cousin le duc de Nemours, conte de la Marche [1], et de la justice du seigneur de Rohemyo [2]. Et mesmes ledit Jehan, suppliant, eut asseurement dudit Allart, de sa femme et de leur filz, et semblablement leur donna asseurement. Et environ le samedi de devant la feste saint Martin d'esté oudit an mil iiii^c soixante neuf, fut rapporté audit Jehan Martinon, suppliant, par ung sien voisin que lesdiz femme et filz dudit Allart tenoient sa jument ou vergier dudit heritage. Lequel Jehan, pour savoir la cause de la retenue,

---

1. Jacques d'Armagnac, duc de Nemours, comte de Pardiac, etc., était fils de Bernard d'Armagnac, comte de Pardiac, et d'Eléonore de Bourbon, fille de Jacques, comte de la Marche. Le comté de la Marche fut l'objet d'un procès entre cette dame et son fils Jacques, d'une part, et Jean de Bourbon, comte de Vendôme, d'autre. L'arrêt du 21 janvier 1465, qui y mit fin, reconnut le bon droit de la fille et du petit-fils de Jacques de Bourbon, et Jacques d'Armagnac, duc de Nemours, hérita de sa mère le comté de la Marche. Lors de la guerre du Bien public, il se ligua avec les princes, et Louis xi écrivit à ce sujet aux maire et échevins de Poitiers, leur annonçant sa défection et leur interdisant de le recevoir dans leur ville et de lui donner aide ou confort. (Lettre du 29 juillet 1465, *Arch. hist. du Poitou*, t. I, p. 156.) On sait du reste comment le duc de Nemours passa toute sa vie dans les conspirations et les machinations contre le roi. Louis xi lui pardonna souvent, lui accorda à plusieurs reprises des lettres d'abolition. Mais enfin, convaincu d'intelligence avec le roi d'Angleterre, le duc de Bourgogne et le connétable de Saint-Pol, et arrêté dans son château de Carlat, il fut conduit à la Bastille, jugé et condamné par arrêt du Parlement, le 4 août 1477, à avoir la tête tranchée, ce qui fut exécuté le même jour, aux Halles de Paris. (Voy. B. de Mandrot, *Jacques d'Armagnac, duc de Nemours*. Paris, 1890, in-8°, extrait de la *Revue historique*.)

2. *Sic*. Le copiste a certainement oublié un c, et il faudrait lire Rochemyo, c'est-à-dire Rochemeaux, château et anciennement paroisse, près Charroux, dont était seigneur Guillaume Odart, s^r de Verrières, lequel, le 17 janvier 1421, était en procès précisément avec l'abbaye de Charroux au sujet d'un droit de pêche. (Arch. nat., X^{1a} 9190, fol. 138.) Il vivait encore en 1445. Sa plus jeune fille, Catherine, eut en partage la seigneurie de Rochemeaux qu'elle porta à son mari, François Bouchard, vicomte d'Aubeterre, sénéchal d'Angoumois en 1460, chambellan de Louis xi. C'est celui-ci qui est visé dans nos lettres de janvier 1471, car il mourut fort âgé, centenaire même, si l'on en croit Bouchet.

y ala et mist hors d'icellui heritage ladite jument et la chassa dehors devant lui ; et ainsi qu'il la chassoit, vint ledit Allart, garny d'un gros baston, dont il frappa ung coup ledit Jehan sur la teste ou entre col et chappeau, et dudit coup tumba à terre. Et ainsi qu'il se voult relever, ledit Allart frappa derechef ledit Jehan Martinon sur la teste, jusques à grant effusion de sang, ung autre coup dudit baston tellement que ledit baston rompit. Et à ce bruit ou conflict vint ledit Michel Martinon, frère dudit Jehan suppliant, qui leva ledit Allart de dessus ledit Jehan Martinon, son frère, en disant à icellui Allart qu'il ne tueroit pas ledit Jehan, son frère, et les departit. Et après ce, non contens de l'oultrage fait audit Jehan, suppliant, par le dit Allart, vindrent lesdiz femme et filz dudit Allart, icellui filz garny d'un espieu, avec bastons et pierres, lesquelz derechef aterrèrent ledit Jehan Martinon et lui ostèrent ung baston qu'il avoit et lui baillèrent plusieurs coups, mesmement ladite femme dudit Allart. Et peu après ledit Jehan, suppliant, se releva et en soy relevant esmeu, courroucié et desplaisant des oultrages qui lui avoient esté faiz par les dessusdiz, d'un cousteau qu'il avoit frappa de chaude cole ladite femme dudit Allart ung coup seulement par le ventre ou autre partie de son corps, à cause duquel coup, par son mauvais gouvernement ou autrement, elle est allée de vie à trespassement. A l'occasion duquel cas, lesdiz supplians, doubtans rigueur de justice, se sont absentez du païs, et n'y oseroient jamais seurement demourer, converser ne repairer, se noz grace et misericorde ne leur estoient sur ce imparties, humblement requerans icelles. Pour quoy nous, ces choses considerées, voulans misericorde preferer à rigueur de justice, à iceulx Jehan et Michel Martinons, frères, supplians, avons quicté oudit cas, remis et pardonné, et par ces presentes quictons, etc., avec toute peine, etc. Et tous adjournemens, deffaulx, appeaulx de ban et autres procedeures, s'aucuns s'en sont à ceste cause contr'eulx ensuiz, mis au neant. Et de nostre plus ample grace les avons restituez et restituons à leur bonne fame, renommée, au païs et à leurs biens non confisquez. Satisfaction faicte à partie civillement tant seulement, se faicte n'est, etc. Si donnons en mandement, par ces mesmes presentes, au seneschal de Poictou et à tous noz autres justiciers, etc., que de noz presente grace, quictance, remission et pardon ilz facent, seuffrent et laissent lesdiz supplians et chacun d'eulx joir et user, etc. Et afin que, etc. Sauf, etc. Donné à Orleans, ou moys de janvier l'an de grace mil cccc. soixante dix, et de nostre règne le dixiesme.

Ainsi signé : Par le roy, à la relacion du conseil. J. Pouffé, scriptor. — Visa. Contentor. J. Duban.

MCCCCXCV

Lettres d'anoblissement de Pierre Pourceau de Mervent, et de sa postérité. (JJ. 201, n° 117, fol. 89 v°.)

Avril 1471.

Ludovicus, Dei gracia Francorum rex. Probitatis merita, nobiles actus gestusque laudabiles ac virtutum insignia, quibus persone decorantur et ornantur, merito nos inducunt ut eis juxta opera, proprio Creatoris exemplo, tribuamus et eos eorumque posteritatem favoribus congruis et nobilium honoribus, ut nomen rei consonet, attolamus, ut ipsi hujusmodi prerogativa letentur, ceterisque ad agenda que bona sunt ardentes aspirent et ad honores, suffragantibus virtutum bonorumque operum meritis, adipiscendos alliciantur et advolent. Notum igitur facimus quod nos, attendentes vitam laudabilem, morum honestatem fidelitatemque et alia quamplurima virtutum merita que in dilecto nostro Petro Pourceau [1], habitatore parro-

---

1. Pierre Pourceau possédait déjà, le 16 novembre 1446, le Puyfaucillon, arrière-fief de la seigneurie de la Châtaigneraie, pour lequel

chie Majorisventi, nonnullorum fidedignorum testimonio novimus [1] suffragari, pro quibus non immerito gratum apud nos se reddidit et acceptum, nos personam et prolem ipsius honorare volentes sic quod sibi et posteritati sue ac proli perpetuum cedere valeat ad honorem, eundem Petrum Pourceau cum tota ejus posteritate et prole utriusque sexus, in legitimo matrimonio procreata et procreanda, et eorum quemlibet de nostre regie potestatis plenitudine et speciali gracia nobilitavimus et nobilitamus per presentes, nobilesque facimus et habiles reddimus ad omnia et singula quibus ceteri nobiles regni nostri utuntur ac uti possunt et consueverunt, ita quod ipse Petrus Pourceau ejusque proles et posteritas masculina, in legitimo matrimonio procreata et procreanda, à quocunque milite voluerint cingulo milicie valeant decorari. Concedentes eidem Petro Pourceau universeque ejus posteritati et proli, ex legitimo matrimonio procreate et procreande, quod ipsi in judicio et extra pro nobilibus et ut nobiles ab omnibus de cetero teneantur et imposterum ponantur, quibuscunque nobilitatibus, privilegiis, prerogativis, franchisiis, honoribus, libertatibus et juribus universis, quibus ceteri nobiles dicti nostri regni gaudere possunt et utuntur, pacifice, libere et quiete utantur et gaudeant, et quod ipse Petrus Pourceau ejusque posteritas et proles, de legitimo matrimonio procreata et procreanda, feuda, retrofeuda nobilia aliasque possessiones nobiles, quecunque sint et quecunque prefulgeant auctoritate, acquirere possint, acquisitaque et jam habita per eum ejusque pos-

---

il devait hommage plein à Germain de Vivonne, suivant un aveu rendu par ce dernier, à cette date, à Artus de Bretagne, comte de Richemont, seigneur de Parthenay, de sa terre et seigneurie de la Châtaigneraie, mouvant de Mervent. (Arch. nat., R !* 204, fol. 44). Au ban convoqué le 5 octobre 1467, il servit en qualité de brigandinier de la compagnie du seigneur de Laigle. (*Roolle des bans et arrière-bans de Poitou*, etc. Réimp. de 1883, in-4º, p. 8.)

1. Le texte, au lieu de *novimus*, qui est le terme exact et la vraie leçon, porte ici *nominis* dans le présent acte et dans les deux suivants.

teritatem et prolem et in futurum acquirenda et habenda, perpetuo retinere, habere et possidere licite valeant atque possint, ac si fuissent vel essent ab antiquo originaliter nobiles et a personis nobilibus ex utroque latere procreati, absque eo quod ea vel eas aut aliqua earum in parte vel in toto vendere seu extra manum suam ponere vel alienare, nec propter hoc nobis nec successoribus nostris aliquam financiam solvere cogantur ; quam quidem financiam, in favorem nonnullorum specialium servitorum nostrorum, qui nos instanter super hoc requisiverunt, dicto Petro Pourceau dedimus et quictavimus, damusque et quictamus, de nostra ampliori gracia, per presentes manu nostra signatas. Quocirca dilectis et fidelibus gentibus compotorum nostrorum et thesaurariis, senescallo Pictavensi ceterisque justiciariis et officiariis nostris, aut eorum locatenentibus, presentibus et futuris, et eorum cuilibet, tenore presentium damus in mandatis quatinus eundem Petrum Pourceau et ejus posteritatem et prolem utriusque sexus, in legitimo matrimonio procreatam et procreandam, nostris presentibus nobilitacione, concessione, dono, quictancia et gracia uti et gaudere faciant et permittant pacifice et quiete, nec ipsos aut eorum aliquem contra presentium tenorem ullathenus inquietent aut molestent, nunc vel quomodolibet in futurum. Quod ut firmum et stabile perpetuo perseveret, nostrum presentibus duximus apponi sigillum. Salvo in aliis jure nostro et in omnibus quolibet alieno. Datum Ambianis, in mense aprilis anno Domini millesimo cccc^{mo} septuagesimo post Pascha, regni vero nostri decimo.

Ainsi signé : Loys. Per regem, dominis de Bressure, de La Forest [1] et aliis presentibus. Flameng. — Visa. Contentor. J. d'Orchère.

---

1. Jacques de Beaumont, sire de Bressuire, et Louis de Beaumont, seigneur de la Forêt-sur-Sèvre. (Cf. ci-dessus, p. 54, note, et 235, note 3.)

MCCCCXCVI

Avril 1471.

Lettres portant anoblissement d'André Ouvrart, poitevin [1]. (JJ. 201, n° 61, fol. 48.)

MCCCCXCVII

Avril 1471.

Lettres portant anoblissement de Jean Sicoteau, poitevin [2]. (JJ. 201, n° 62, fol. 48.)

MCCCCXCVIII

Permission à Jean de Moussy, écuyer, de faire clore et fortifier le lieu et place de la Contour, dont il était seigneur. (JJ. 201, n° 116, fol. 89 v°.)

Avril 1471.

Loys, par la grace de Dieu roy de France. Savoir faisons à tous, presens et advenir, nous avoir receue l'umble sup-

---

1. André Ouvrart était décédé avant le 5 avril 1484 n. s. A cette date sa veuve, Louise Voyer, et son fils Jean, qui se qualifie écuyer, poursuivaient au criminel Guy de Rezay, s' de la Jarrie, et ses officiers, qui s'étaient rendus coupables d'excès et violences contre eux et leurs serviteurs. Depuis que la plainte avait été portée au Parlement, ils avaient aggravé leurs voies de fait, proféré des menaces de mort contre leurs adversaires, envahi et mis au pillage un moulin leur appartenant et frappé le meunier. La cour adresse au premier huissier sur ce requis mandement de faire défense de par elle, sous les plus grandes peines, à Rezay et à ses complices, de ne rien faire contre le sauf-conduit accordé à la veuve d'André Ouvrart et à son fils, et ne leur causer aucun préjudice pendant la durée du procès. (Arch. nat., X^{2a} 45, à la date.) L'on a vu ailleurs que Jean Ouvrart, était aussi en procès vers cette époque contre Antoine de Belleville (ci-dessus, p. 258, note). On peut en mentionner un troisième, qu'il intenta, toujours au criminel et pour excès et violences, à « Thelet d'Alebret, escuier », au sujet duquel le Parlement adressa, le 18 mars 1485, un mandement au lieutenant du sénéchal de Poitou au siège de Fontenay-le-Comte (X^{2a} 45), et rendit son arrêt interlocutoire touchant le paiement d'une caution, le 22 mars suivant. (*Id.*, X^{2a} 48, à la date.)

2. Le texte de l'anoblissement d'André Ouvrart et celui de Jean Sicoteau étant mot pour mot de même teneur que celui qui précède, en faveur de Pierre Pourceau, y compris la date et la signature, il a paru superflu de les répéter. Le titre suffit. Il y a cependant une différence sur laquelle il convient d'appeler l'attention. Alors que les lettres d'anoblissement de Pierre Pourceau indiquent le lieu de sa résidence, dans celles d'André Ouvrart et de Jean Sicoteau, le mot *habitatore* est suivi d'un blanc, nous laissant ignorer où ils habitaient. Seule l'adresse au sénéchal de Poitou autorise à les considérer l'un et l'autre comme poitevins.

plicacion de nostre chier et bien amé escuier d'escuirie,
Jehan de Moussy [1], escuyer, seigneur de la terre, place et
seigneurie de la Contour, à cause de sa femme, contenant
que ledit lieu et place est assiz en pays bon et fertile, et à
ceste cause est plus foullé et dommagé par les gens d'armes passans par ledit lieu, et pour ce que ledit suppliant,
afin de garder et sauver lui et ses biens et ceulx de ses
subgetz, est deliberé faire clorre ledit lieu et place de la

---

1. Cinquième fils de Hugues de Moussy, seigneur de la Lande en Bourbonnais, et de Jeanne de La Châtre, Jean, ayant épousé Antoinette, fille et héritière de Jean Gavarret, écuyer, seigneur de la Contour et de Langon, vint se fixer en Poitou où il fut le chef de la première branche de la Contour. Depuis l'âge de dix-huit ans jusqu'à sa mort, c'est-à-dire pendant plus de soixante ans, il servit dans les compagnies de gendarmerie, puis dans celles d'ordonnance, fit ses premières armes à la conquête de la Normandie et de la Guyenne (1449-1450), passa successivement dans les compagnies de Jean de Lorraine (1452), de Charles d'Albret, sr d'Orval, à Bordeaux, du comte de Penthièvre (1468), de Gilbert de Graçay (1492-1495), de Philippe du Moulin (1498-1503), de Lancelot du Lac (1507), et prit part à toutes les guerres pendant les règnes de quatre rois : Charles VII, Louis XI, Charles VIII et Louis XII. De 1480 à 1489, Jacques de Beaumont, sire de Bressuire, capitaine général des bans et arrière-bans de Poitou, choisit Jean de Moussy comme son lieutenant pour recevoir à Montmorillon les montres des hommes d'armes, archers, picquiers et brigandiniers, alors qu'il recevait les autres à Poitiers, Niort et Mortagne. (*Chartrier de Saint-Loup*, Arch. des Deux-Sèvres, E 1286.) Le 26 juillet 1503, André de Vivonne, sénéchal de Poitou, le commit de nouveau pour faire, en son lieu et place, les montres et revues des gentilshommes de vingt-trois châtellenies de cette province. Il mourut en 1510, laissant la réputation d'un chevalier « vrai prudhomme, loyal et vaillant en armes, ayant acquis honneurs tant en ce royaume que hors d'iceluy, pour s'être toujours comporté comme homme de son état devait faire », suivant le témoignage de Chérin, dans un mémoire cité par Beauchet-Filleau (*Dict. des familles de l'ancien Poitou*, 1re édit., t. II, p. 434). Le 18 février 1471 n. s., le Parlement siégeant à Poitiers autorisa Pierre de Combarel, chevalier, et sa femme, appelants d'une sentence du sénéchal de Poitou, donnée en faveur de Jean de Moussy, à conclure un accord avec leur adversaire ; on n'y dit point d'ailleurs en quoi consistait le litige. (Arch. nat., X^{1a} 4812, fol. 83.) Jean de Moussy épousa en secondes noces Pernelle Ebrard, dame de Montespedon ; il eut du premier lit deux fils et une fille, et du second un fils et une fille. Aux terres et seigneuries de la Contour, Boismorand, la Vergne, Boisbousseau, Beauchamp, qu'il possédait de son patrimoine ou du chef de sa femme, il joignit par acquisition de Léonnet de Segondat (fin de 1481) celle de Villars, mouvant de Lussac, au sujet de laquelle il fut en procès avec Geoffroy Taveau, seigneur de Mortemer et de Lussac. (Voir le baron d'Huart, *Persac et la châtellenie de Calais*. Mém. de la Soc. des Antiquaires de l'Ouest, 2e série, t. X, 1887. Poitiers, 1888, in-8°, p. 327-329, 337.)

Contour, qui à ce faire est avantaigeuse, se sur ce nous plaisoit lui octroyer noz congié et licence, si comme il dit, en nous humblement requerant que, attendu que ledit suppliant tient nuement de nous icelle place, à cause de nostre chastel et chastellenie de Montmorillon, et aussi que ladite place et ceulx d'environ en pourroient mieulx valoir, et en ce sera la seureté d'icelle place, nous luy vueillons sur ce pourveoir de nostre grace. Pour ce est il que nous, consideré ce que dit est, à icelluy, ou cas dessusdit, avons donné et octroyé, donnons et octroyons, de nostre grace especial, plaine puissance et auctorité royal, congié et licence de clorre et faire clorre, fortiffier et bastir icelle place de murs, tours, creneaux, canonnières, garites, pont leveis, fossez et autres choses qui y appartiennent. Si donnons en mandement, par ces mesmes presentes, au seneschal de Poictou ou à son lieutenant, et à tous noz autres justiciers, presens et advenir, et à chascun d'eulx, si comme à lui appartiendra, que se, appellé nostre procureur illec et autres qui feront à appeller, il leur appert de ce que dit est, ilz facent, seuffrent et laissent ledit suppliant joir et user plainement et paisiblement de nostre presente grace, congié et licence, sans sur ce leur faire ou donner, ne souffrir estre fait, mis ou donné aucun destourbier ou empeschement au contraire, non obstant quelzconques ordonnances, mandemens ou deffences à ce contraires. Et afin que ce soit chose ferme et estable à tousjours, nous avons fait mettre nostre scel à cesdictes presentes. Sauf en autres choses nostre droit et l'autruy en toutes. Donné à Amiens, ou mois d'avril l'an de grace mil cccc. soixante et unze, et de nostre règne le dixiesme.

Ainsi signé : Par le roy, l'admiral [1] et autres presens. B. Meurin. — Visa. Contentor. J. d'Orchère.

---

1. Louis bâtard de Bourbon, comte de Roussillon en Dauphiné, fils naturel de Charles 1er duc de Bourbon. (Cf. ci-dessus, p. 48, note 1.)

MCCCCXCIX

Rémission en faveur d'Abel Bexon, jeune gentilhomme, demeurant à la Martinière, paroisse des Herbiers, coupable de l'assassinat de Jean Joly ; celui-ci, simple cordonnier, ayant usurpé la qualité de gentilhomme, était parvenu à épouser la cousine germaine dudit Bexon, avait dissipé les biens qu'elle lui avait apportés et la maltraitait. (JJ. 201, n° 125, fol. 98.)

Avril 1471.

Loys, par la grace de Dieu roy de France. Savoir faisons à tous, presens et avenir, nous avoir receue l'umble supplicacion de Abel Bexon [1], povre gentilhomme, aagé de xx. ans ou environ, du lieu de la Martinière en la parroisse des Herbiers en nostre pays de Poitou, contenant que, vingt ans a ou environ feu Jehan Joly, soy disant estre gentilhomme du païs de Normendie, s'en vint demourer oudit païs de Poitou, en la parroisse de Chievresay, monté de deux chevaulx, et par ses subtilz moyens trouva façon d'avoir à femme et espouse Jehanne Morceyne (*sic*), fille de feu André Morin (*sic*), cousine germaine dudit suppliant,

---

1. Ce nom fut porté par plusieurs familles différentes en Poitou, et il s'orthographie plus fréquemment Besson. C'est sous cette dernière forme que la nouv. édit. du *Dict. des familles de l'ancien Poitou* a réuni une dixaine de mentions relatives à des personnages de ce nom, du xive au xviie siècle, parmi lesquels se trouve Abel Besson, évidemment le nôtre, qui est qualifié seigneur de la Martinière et faisait, en 1481, l'acquisition de quelques héritages en la paroisse Saint-Pierre des Herbiers, et l'un de ses ascendants, Simon Besson, aussi s^r de la Martinière, qui fit son testament le 13 février 1410. (*Op. cit.*, t. I, p. 516.) Deux des frères d'Abel sont cités dans le présent acte, Pierre Besson, prêtre, et Louis, religieux bénédictin. Nous signalerons ici des documents qui font connaître deux autres membres de la même famille, vivant trente-cinq ou quarante ans plus tôt. Le premier est une commission adressée par Charles vii, le 8 février 1430, au Parlement de Poitiers, pour l'ajournement d'un procès engagé au sujet de la succession de Guillaume Bexon, et particulièrement en ce qui touchait la terre de la « Masselière ». (Arch. nat., X^{1a} 8604, fol. 140.) Un André Bexon, dont le nom est écrit tantôt Besson, tantôt Bexon, était détenu prisonnier à la requête d'Ambroise de Grassay, abbé de la Grènetière, à la date du 14 juin 1435, et l'on trouve deux autres actes du procès criminel qui lui fut fait à cette occasion par le Parlement siégeant à Poitiers, au 19 décembre 1435 et au 13 février 1436 n. s. (*Id.*, X^{2a} 21, aux dates ci-dessus.)

demeurant audit Chievresay, de laquelle il eust ung très bon mariage, qui valoit de vi. à vii[x] livres de rente, cuidant qu'il fut gentilhomme, comme il avoit donné à entendre, ce qu'il n'estoit pas, ains estoit du mestier de cordouannier, et s'en est tousjours depuis meslé, et durant ce qu'il a esté avec sa dicte femme l'a menée en plusieurs pays, tant ès marches de Picardie, Normandie, que autre part, et par son mauvais gouvernement a vendu, dicippé et gasté tous les biens et chevance de sa dicte femme, tellement qu'elle ne savoit de quoy vivre; et après ce qu'il [l'] eust ainsi menée par lesdiz pays et qu'il vit qu'il ne savoit de quoy soy entretenir, pour ce qu'il avoit tout despendu, s'en vint demourer en la ville de la Rochelle, en laquelle il a demouré par certain temps, et tant qu'il a vescu, a tenu très mauvaiz et durs termes à sa dicte femme, tellement qu'il la fit enfanter devant son terme, et n'eust point son enfant de baptesme. Laquelle femme dudit deffunct, cousine germaine dudit suppliant, soy veant ainsi durement traictée, peut avoir xv. mois ou environ, manda venir vers elle Pierre Bexon, prebstre, frère dudit suppliant, demourant audit lieu de la Rochelle, et aussi ledit suppliant qui demouroit audit lieu de la Martinière oudit païs de Poitou, en la compaignie duquel suppliant y vint ung sien frère, nommé frère Loys Bexon, religieux de l'ordre Saint Benoist. Et quant ilz furent arrivez devers leur dite cousine, elle se commença fort à plaindre à eulx desdiz mauvaiz termes que son dit mary luy avoit tousjours tenus et tenoit, et comme il avoit tout vendu et despensé le sien, et que pour Dieu ilz le lui voulsissent remonstrer, affin qu'il se voulsist mieulx gouverner qu'il n'avoit fait. Lequel suppliant et ses diz frères, très corroussez et desplaisans de ce, mandèrent venir devers eulx ledit deffunct et luy commencèrent à remonstrer que ce n'estoit pas bien fait à lui de tenir si mauvaise vye à leur dite cousine et d'avoir si meschamment despendu le sien, et que s'il ne se gouvernoit autrement, qu'ilz estoient deliberez d'y pourveoyr. Lequel deffunct, qui estoit homme de très mauvaise vie, comme dit est, se commença à courroucer très fort audit suppliant et à ses diz frères, pour ce qu'ilz luy remonstroient son mauvaiz gouvernement et les menassa de batre, et demanda par courroux audit suppliant qu'il estoit venu faire audit lieu de la Rochelle, et ledit suppliant luy dit qu'il n'en avoit que besongner. Et après que ledit suppliant et sesdiz frères eurent demouré audit lieu de la Rochelle environ six jours, ilz s'en partirent et se mirent en chemin pour eulx en venir audit lieu de la Martinière, et ainsi qu'ilz s'en vouloient partir, ledit deffunct dit audit Pierre Bexon, frère dudit suppliant, qu'il y vouloit aller avec eulx, et ledit suppliant luy dit qu'il feroit que fol d'y venir, attendu qu'il savoit bien que sesdiz frères ne luy ne l'amoient point et qu'ilz pourroient bien avoir debat ensemble sur les champs ; et il dit qu'il y vouloit aller pour tenir compaignie audit Pierre Bexon, prebstre, frère dudit suppliant, quant il s'en retourneroit audit lieu de la Rochelle, pour ce qu'il y faisoit sa demourance. Et sur ces termes, la veille de la Chandelleur derrenière passée eust ung an, se mirent en chemin ledit suppliant, sesdiz frères et ledit deffunct, pour venir audit lieu de la Martinière, et porta ledit deffunct l'espée dudit suppliant ; et vindrent ce jour au giste à Charon, à quatre lieues de ladite ville de la Rochelle, et en y venant, eurent plusieurs parolles rigoureuses ensemble, pour ce que ledit suppliant et sesdiz frères luy remonstroient sa dite faulte. Et le lendemain, jour de Nostre Dame de Chandelleur, s'en vindrent au giste auprès de l'abbaye de Trisay et eurent pareillement ledit suppliant et sesdiz frères plusieurs questions et debatz audit deffunct. Et le lendemain ensuivant, cheminèrent ensemble environ cincq ou six lieues, en eulx en venant audit lieu de la Martinière, et quant ilz furent près de l'ostel du

Parc, pour ce que ledit suppliant et ledit deffunct s'estoient dictes des parolles rigoureuses l'un à l'autre, icelluy suppliant dit audit Pierre, son frère, qui estoient demourez ung peu derrière ledit deffunct et leur dit frère Loys, lesquelz s'en aloyent devant : « Mon frère, vous avez veu comme ce ribault a tout despendu les biens de notre cousine et les mauvaiz termes qu'il luy a tousjours tenus et tient chacun jour, et comme il nous a voulu batre et oultrager, pour ce que nous le luy avons remonstré ; par quoy je suis deliberé de le batre maintenant ; et aussi sommes nous en beau chemin ». Et son dit frère luy dit qu'il ne le bateroit point là ; car ilz estoient trop sur le grant chemin, et qu'il y pourroit bien venir des gens, et qu'il valoit mieulx qui le batit quant ilz seroient en la forest du Parc, qui estoit près d'illec, et ce fait cheminèrent tous ensemble jusques en ladite forest et prindrent ung chemin à l'escart du grant chemin d'environ demy quart de lieue. Et quant ilz furent près de l'estang de Blanchenore qui est dedens ladite forest, ledit suppliant dit audit deffunct : « Baillez moy mon espée, que je vous baillay, quant nous partismes de la Rochelle ». Lequel deffunct, soy doubtant dudit suppliant, pour ce qu'ilz avoient eu, comme dit est, de très rigoureuses parolles l'un contre l'autre et s'estoient menassez de batre, tira ladite espée et en bailla ung coup audit suppliant, et n'eust esté que ledit suppliant mist le bras au devant, icelluy deffunct l'eust tué ou villainement blessé. Et quant ledit suppliant se vit ainsi oultragé, qui estoit fort esmeu et eschauffé, tyra sa dague et en bailla trois ou quatre coups en l'estoumac dudit deffunct, et après luy osta sadite espée, de laquelle il luy bailla ung coup sur la teste dont ledit deffunct tomba à terre, et incontinent ala de vie à trespas. Lequel suppliant, doubtant que ledit deffunct ne fut apperceu sur le chemin, print icelluy deffunct et le gecta dedans ledit estang et lui mist une pierre au col, afin qu'il alast au fons de l'eaue. En quoy faisant, ne luy fut donné par sesdiz frères aucun ayde ne secours, maiz s'en fouyrent. A l'occasion duquel cas, dont ledit suppliant a fait satisfacion à partie, icelluy suppliant, pour ce qu'il a esté adverty que ledit deffunct a esté trouvé audit estang et que ceulx de la justice l'ont trouvé coulpable dudit cas, s'est absenté du pays, ouquel ne ailleurs en nostre royaume il n'oseroit jamais seurement converser ne repairer, se nostre grace et misericorde ne luy estoit sur ce impartie, en nous humblement requerant, etc. Pour quoy nous, etc., audit suppliant au cas dessusdit avons quicté, remis et pardonné, etc., avec toute peine, etc., en mettant au neant tous appeaulx, adjournemens, ban ou deffaulx, etc., et l'avons restitué et restituons à sa bonne fame et renommée, au païs et à ses biens non confisquez, satisfaction faicte à partie civillement tant seullement, se faicte n'est, etc. Si donnons en mandement, par ces dictes presentes, au seneschal de Poitou et à tous noz autres justiciers, ou à leurs lieuxtenans, etc., que noz presens grace, quictance, remission et pardon ilz facent, seuffrent et laissent ledit suppliant joyr et user, etc. Donné à Amiens, ou mois d'avril l'an de grace mil IIIIe LXXI. après Pasques, et de nostre règne le xe.

Ainsi signé : Par le roy, maistre Guillaume Compains [1] et autres presens. J. Damoisyn.

MD

Institution de deux foires par an à Ingrande, au profit de Galehaut d'Aloigny, seigneur dudit lieu et de la Groye. (JJ. 197, n° 118, fol. 70.)

Octobre 1471.

Loys, par la grace de Dieu roi de France. Savoir faisons

---

1. Guillaume Compains, *aliàs* Compaing, qui avait été reçu conseiller au Parlement de Paris, le 10 mai 1454 (Blanchard, *Catalogue de tous les conseillers au Parlement*, in-fol., p. 24), siégea au Conseil du roi à partir de 1465, et de cette date à 1473 on trouve son nom au bas d'une quantité d'ordonnances, édits ou lettres patentes. (Cf. le recueil des *Ordonnances des Rois de France*, in-fol., t. XVI, et surtout t. XVII.)

à tous, presens et advenir, nous avoir receue l'umble supplicacion de nostre bien amé Gallehault d'Aloygné [1], escuier, seigneur de la Groye et d'Ingrande, contenant que le lieu et bourg d'Ingrande est assis en païs fertile, bien peuplé et où affluent plusieurs marchans du païs d'environ ; à ceste cause, ledit suppliant y feroit volentiers tenir deux foires chacun an, c'est assavoir le jour et feste de saint Fiacre et l'autre le jour de la Conversacion (*sic*) saint Pol, se nostre plaisir estoit lui donner et octroyer sur ce noz congié et licence. Pour quoy nous, ces choses considerées et mesmement qu'il n'y a aucunes autres foires à dix lieues à la ronde, qui se tiengnent lesdiz jours, et que lesdites foires ne seront aucunement nuysibles ne prejudiciables à

---

1. Galehaut d'Aloigny, fils de Pierre, mort en août 1442, et de Marguerite de Mondion, fut seigneur de la Groye, Ingrande, Chêne, Dercé, etc., chambellan et maître d'hôtel du roi Louis XI, un des personnages considérables de la cour de ce prince. L'un de ses neveux n'était autre que le grand prévôt Tristan L'Hermite. Galehaut servit au ban de 1467 comme homme d'armes de la compagnie du seigneur de l'Isle-Jourdain, et dans des lettres patentes du 17 septembre 1472 il est dit homme d'armes des ordonnances sous la charge de Louis de Beaumont, s^r de la Forêt. Par autres lettres du 11 juillet 1474, il fut commis à la garde de la prévôté de Saint-Jean-d'Angély. (Anc. mém. O de la Chambre des comptes, fol. 52, 174 v°. Bibl. nat., ms. fr. 21405, p. 171, 187.) D'après le même recueil, la création de deux foires à Ingrande aurait été confirmée par acte daté de Paris, le 5 août 1473. (Mém. O, fol. 89 v°, ms. 21405, p. 178.) Le roi donna en 1479 à Galehaut d'Aloigny le commandement des archers et arbalétriers entretenus dans l'Angoumois, la Saintonge et le gouvernement de la Rochelle, et quand la vicomté de Châtellerault fut réunie à la couronne après la mort de Charles IV, comte du Maine, Louis XI ayant, par lettres patentes données aux Montils-lès-Tours, décembre 1482, érigé dans cette ville un siège royal « qui s'appellera gouvernement de Chastelairault », en nomma gouverneur et capitaine son chambellan et maître d'hôtel, qui fut reçu en cette qualité au Parlement, le 12 août 1483 : « Ce jour, messire Galhault d'Alloigné a esté receu à l'office de capitaine de Chastellerault et a fait le serment en tel cas acoustumé ». (Arch. nat., X^{1a} 4824, fol. 237.) C'est ce personnage qui, avec le prince de Tarente, fut chargé par Louis XI, quand il se sentit menacé de mourir, d'aller trouver François de Paule et de le ramener en France, Galehaut vivait encore le 23 juin 1490 : à cette date Charles VIII lui donna mission de pourvoir à l'avitaillement de plusieurs places, en vue de la guerre qui allait éclater contre la Bretagne. (L'abbé Lalanne, *Hist. de Châtelleraud*, t. I, p. 316, 407 ; t. II, p. 313). De sa femme, Marie de La Touche-d'Avrigny, qu'il avait épousée le 9 décembre 1442, il eut un fils, Jacques, qui lui succéda et fut grand panetier de France, et trois filles. (Cf. le *Dict. des familles du Poitou*, nouv. édit., t. I, p. 53.)

quelxconques autres foires ou marchez, ainsi que ledit suppliant nous a fait dire et remonstrer, à icellui, pour ces causes et autres à ce nous mouvans, et mesmement en faveur des bons et agreables services qu'il nous a faiz le temps passé et fait chacun jour ou fait de noz guerres et autrement, et esperons que encores plus face ou temps avenir, avons octroyé et octroyons, voulons et nous plaist, de grace especial, plaine puissance et auctorité royal, par ces presentes, qu'il puisse et lui loise faire tenir audit lieu d'Ingrande à tousjours mès perpetuellement doresenavant, ausdiz jours et festes de saint Fiacre et de la Conversacion (*sic*) saint Pol lesdites foires chacun an, et icelles foires faire crier et publier ès foires, marchez et assemblées [ès] bonnes villes, bourgades et places marchandes du païs d'environ, et partout ailleurs où besoing sera, pour estre tenues ausdiz jours et en joïr et user doresenavant perpetuellement par ledit suppliant et les siens, à telz et semblables previllèges, droiz, coustumes, terraiges, estallages, fenestrages, forfaictures, vuidanges et depry que font et ont acoustumé faire les autres ayans foires ou païs d'environ. Si donnons en mandement, par cesdites presentes, à noz amez et feaulx gens de noz comptes, au seneschal de Poictou et à tous noz autres justiciers ou à leurs lieux-tenans, presens et advenir, et à chacun d'eulx, si comme à lui appartiendra et requis en sera, que de noz presens grace, congié, licence et octroy ilz facent, seuffrent et laissent ledit suppliant et sesdiz successeurs joir et user plainement et paisiblement, sans en ce lui faire, mettre ou donner, ne souffrir estre fait, mis ou donné, ne à sesdiz successeurs, aucun destourbier ou empeschement ores ne pour le temps avenir èsdites foires ne aux marchans suyvans et frequantans icelles, en quelque manière que ce soit. Et afin que ce soit chose ferme et estable à tousjours, nous avons fait mettre nostre scel ordonné en l'absence du grant à cesdictes presentes. Sauf en autres choses nostre droit et l'autruy en toutes. Donné à Vendosme, ou mois d'octobre l'an de grace mil cccc. soixante et unze, et de nostre règne le unziesme.

Ainsi signé : Par le roy, le comte de Dampmartin [1], le sire de Bressure [2] et autres presens. Tilhart. — Visa. Contentor. De Fontaines.

MDI
Octobre 1471.

Rémission octroyée à Pierre Du Teilh, prêtre, « demourant au lieu ou village de Meillo en la parroisse de Chaillac, en la seneschaussée de Poictou », qui avait tué et jeté dans un vivier Antoine Guionnet, tavernier dudit lieu. Celui-ci était venu lui chercher querelle chez lui à propos d'une femme du pays, qui soupait avec ledit Du Teilh et que Guionnet prétendait emmener malgré elle. « Si donnons en mandement, par ces dictes presentes, à nostre seneschal de Poictou et à tous noz autres justiciers, etc. Donné à Maillé, ou mois d'octobre l'an de grace mil cccc. soixante et unze et de nostre règne le unziesme [3] ». (JJ. 194, n° 345, fol. 194.)

MDII

Don à Patrice Valentin, écuyer, panetier du roi, de la haute, moyenne et basse justice de ses seigneuries de Saint-Maixent et de Germeville, et permission de les entourer d'une enceinte fortifiée. (JJ. 197, n° 161, fol. 91.)

Janvier 1472.

Loys, etc. Savoir, etc., nous avoir receue l'umble supplicacion de nostre cher et bien amé pannetier, Patris Va-

---

1. Antoine de Chabannes né en 1411, mort à Paris le 25 décembre 1488, comte de Dammartin par son mariage (1439) avec Marguerite de Nanteuil, devint, malgré ses excès à la tête d'une bande d'*Ecorcheurs* et sa participation à la Praguerie, grand panetier de France en 1447, bailli de Troyes, puis sénéchal de Carcassonne. Grandement compromis pendant la Ligue du Bien public, il rentra en grâce après le traité de Conflans, et Louis XI le créa grand maître de France l'an 1467. (Voy. le comte H. de Chabannes, *Hist. de la maison de Chabannes*, in-4°, t. II, 1894, p. 1-287.)

2. Jacques de Beaumont, chevalier, sire de Bressuire, sur lequel cf. ci-dessus, p. 235, note 3.)

3. L'intérêt poitevin de cet acte est de fixer l'étendue des limites de la sénéchaussée du côté du Limousin, mais il ne nous a pas paru suffisant pour justifier sa publication *in extenso*, l'analyse permettant aussi bien de faire ressortir le renseignement géographique, qui est l'essentiel à notre point de vue.

lentin [1], escuier, seigneur de Saint Maixent et de Germe-

---

1. D'Hozier a publié une généalogie de cette famille originaire d'Ecosse (*Armorial général de la France*, in-fol., t. I, p. 593-594), généalogie qui a été reproduite telle quelle dans le *Dict. de la Noblesse*. Elle est très incomplète et peu exacte pour la période qui nous occupe. Patrice Valentin notamment n'y figure pas. Le chef de la branche française, d'après elle, est Wast ou Wastre Valentin, écuyer, seigneur de Saint-Maixent, archer de la garde écossaise de Charles VII, marié à Isabeau de « Graffort », lequel, ainsi que son frère Georges, aussi archer de la garde écossaise, obtint du roi, le 8 août 1448, des lettres adressées au sénéchal de Saintonge, par lesquelles était ordonné de les rétablir dans la jouissance des biens qui avaient été saisis sur eux. On trouve d'autres documents relatifs à ce Wast Valentin. Charles VII, qui le qualifie « archer écossois de la garde de nostre corps », lui avait fait don, le 17 décembre 1445, de la terre et seigneurie des Gonds près Saintes, et comme la possession en était réclamée par un Anglais dont l'aïeul l'avait eue par mariage avec une demoiselle de Matha, par autres lettres données aux Montils-lès-Tours, le 20 janvier 1447 n. s., il lui permit de transiger et d'arriver à un accord avec ce seigneur étranger. (*Arch. hist. de la Saintonge et de l'Aunis*, t. I, 1874, p. 126-129 ; t. III, p. 373.) Ce Wast aurait eu pour fils, suivant d'Hozier, Antoine Valentin, écuyer, seigneur de Germeville, qui épousa, le 1er novembre 1476, « Nice » de Barbezières, fille de Jehan, écuyer, seigneur de Barbezières, et d'Amice L'Hermite. Il est vraisemblable que le savant généalogiste, ignorant l'existence de Patrice Valentin, panetier de Louis XI, a passé un degré dans ses filiations, et qu'Antoine était petit-fils de Wast et fils de Patrice ; Antoine Valentin d'ailleurs eut un frère, Louis, que la généalogie ne mentionne pas davantage. Antoine et Louis Valentin, « frères, écuyers, seigneurs de Saint-Maixent », étaient poursuivis au Parlement par les habitants des châtellenies de Montignac et Marcillac « en Poictou » auxquels s'était joint le procureur général ; ils se plaignaient d'avoir été frappés, détroussés et maltraités de maintes façons par les deux frères et autres qui voulaient les expulser de force des terres qu'ils occupaient sur la foi des traités. C'est un épisode des nombreuses contestations dont nous avons parlé déjà entre les laboureurs invités, après la fin de la guerre de Cent ans, à venir remettre en culture les terres demeurées en friche depuis longtemps et leur en promettant la jouissance moyennant une redevance qui ne devait pas excéder la dîme de la récolte, et les seigneurs qui, une fois les terres défrichées et remises en valeur, voulaient les reprendre purement et simplement et en chasser ceux qui avaient peiné et dépensé pour les rendre productives, ou du moins leur faire payer des impôts excessifs. Nous pouvons signaler deux endroits des registres criminels du Parlement où il est question de cette affaire. Le 16 mars 1484 n. s., les habitants des châtellenies de Montignac et Marcillac requièrent le profit d'un défaut contre Louis et Antoine Valentin, qui, ajournés à comparaître personnellement sous peine de bannissement et de confiscation, ne s'étaient pas présentés. Le procureur des deux frères répondait que sa présence à lui, venant en leur nom, devait suffire, d'autant que les deux frères étaient occupés au service du roi en qualité d' « archers de la garde de son corps ». La cour renvoya au conseil pour examiner ce point spécial. Le 23 du même mois commencèrent les plaidoiries ; les habitants des deux châtellenies exposèrent leurs griefs par la bouche de leur avocat. (Arch. nat., X^{2a} 49, aux dates.)

ville, contenant que nostre dit pannetier, suppliant, est seigneur desdiz lieux de Saint Maixent et de Germeville, situez et assiz en nostre pays et conté de Poictou, lesquelles il tient de nous en fief ou arrière fief et y a plusieurs beaux droiz, revenues et prerogatives; et pour ce que lesdites terres et seigneuries sont de bonnes et grandes revenues et estandue, telles que raisonnablement ledit suppliant doye bien avoir en icelles sur ses subgectz et tenanciers tout droit de justice et juridicion, haulte, moyenne et basse, et aussi qu'elles sont situées et assises en païs de frontière, il nous a humblement supplié et requis qu'il nous plaise luy donner et octroyer èsdiz lieux, terres et seigneuries de Saint Maixent et de Germeville ledit droit de justice et juridicion haulte, moyenne et basse, sur sesdiz hommes, subgectz et tenanciers avec les droiz qui y appartiennent et en deppendent, ou pevent appartenir et deppendre; et aussi congié et licence de faire ediffier et construire èsdiz lieux et en chacun d'iceulx, maisons fortes et icelles faire fortiffier de tours, machicolis, carneaulx, ponts leveis, fossez, boulevars et autres ediffices propices et convenables à chasteaux et maisons fortes, et sur tout lui impartir benignement nostre grace. Pour quoy nous, ces choses considerées, inclinans à la supplicacion et requeste de nostre dit pannetier, suppliant, pour ces causes, mesmement en faveur des bons et agreables services qu'il nous a par cy devant faiz ou fait de noz guerres et autrement en maintes manières, fait et continue de jour en jour, et esperons que encores face ou temps advenir, à icelluy avons, de nostre certaine science, grace especial, plaine puissance et auctorité royal, donné et octroyé, donnons et octroyons par ces presentes, èsdiz lieux, terres et seigneuries de Saint Maixent et de Germeville et en chacun d'iceulx tout droit de justice et juridicion, haulte, moyenne et basse, sur sesdiz hommes, subgetz et tenanciers, avec les droiz qui y appartiennent et en deppendent, ou pevent appartenir et deppendre, et d'y commettre, ordonner et establir seneschal ou seneschaulx, bailliz, prevostz, gardes de sceaulx, sergens et autres officiers convenables et necessaires pour l'excercice de ladicte justice et juridicion, pour en joyr et user par ledit suppliant, ses hoirs, successeurs et ayans cause, seigneurs desdiz lieux, terres et seigneuries, perpetuellement et à tousjours, ensemble des prerogatives, preeminences, noblesse et autres droiz qui y appartiennent, soubz le ressort de noz seneschal ou seneschaulx, ou leurs lieuxtenans, où lesdites terres et seigneuries sont situées et assises, et tout ainsi que en usent et ont acoustumé joyr et user les autres seigneurs ayans droit de justice et juridicion haulte, moyenne et basse, en nostredit païs et conté de Poictou. Et oultre, de nostre plus ample grace, avons audit suppliant donné et octroyé, donnons et octroyons, par cesdictes presentes, congié et licence de faire edifier et construire èsdiz lieux de Saint Maixent et de Germeville, et en chacun d'iceulx, maisons et places fortes et icelles faire fortiffier de tours, machicolis, carneaulx, ponts leveis, fossez et autres edifices propices et convenables à chastellenies et maisons fortes. Si donnons en mandement, par cesdictes presentes, à noz amez et feaulx les gens de noz comptes, au seneschal de Poictou ou à son lieutenant et à tous noz autres justiciers ou à leurs lieuxtenans, presens et advenir, et à chacun d'eulx, si comme à luy appartendra, que de noz presens grace, don, congié, licence et octroy, et de tout le contenu en cesdictes presentes ilz facent, seuffrent et laissent nostredit pannetier, suppliant, ensemble ses hoirs, successeurs et ayans cause, seigneurs desdiz lieux, joyr et user plainement et paisiblement, sans en ce leur faire ne souffrir estre fait, mis ou donné, ores ne pour le temps advenir, aucun destourbier ou empeschement au contraire. Et afin que ce soit chose ferme et estable à tousjours, nous avons fait mettre nostre seel à cesdictes presentes. Sauf en autres choses nostre droit et l'autruy en toutes. Donné à Amboyse, ou moys de janvier l'an de grace mil cccc. soixante et unze, et de nostre règne le unziesme.

Ainsi signé : Par le roy. Tilhart.

MDIII

Lettres portant règlement des droits des habitants de Fontenay-le-Comte pour leur organisation municipale et le gouvernement de leur ville, avec concession de droits, franchises et exemptions aux élus, échevins et conseillers de la ville. (JJ. 195, n° 968, fol. 224.)

Mars 1472.

Loys, par la grace de Dieu roy de France. Savoir faisons à tous, presens et advenir, nous avoir receu l'umble supplicacion de noz bien amez les bourgois, manans et habitans de nostre ville et faulxbourgs de Fontenay le Conte, contenant que, considerans la situation de ladicte ville et faulxbourgs de Fontenay le Conte, qui est assise en grant trespas[1] et assez près de la mer, environné de bon païs et fertil au dedans de nostre païs et conté de Poictou, et laquelle est ville ancienne et grandement renommée audit païs, et en laquelle y a chastel ancien, grandement fortiffié le temps passé, au moyen duquel et de la situation de ladicte ville y a très grant frequentacion du fait de marchandise et mesmement de draperie qui se y fait et œuvre chacun jour, par le moyen de laquelle plusieurs estrangiers et autres de ladicte ville y font leur reffuge et demourance, et mesmement en temps de hostilité et de guerre, tant en ladicte ville qui est fortiffiée et grandement emparée de murailles et foussez, que aussi èsdiz bourgs et faulxbourgs qui sont aussi fortiffiez de foussez, nous octroyasmes ja pieça ausdiz supplians, pour ces causes et aussi pour aucuns agreables services qu'ilz nous avoient et ont par cy

---

1. Lieu de passage fréquent.

devant faiz, que ilz eussent corps, colliège et communaulté de maire avec soixante eschevins et conseilliers, et qu'ilz joyssent des previlèges de maire et de eschevins, tout ainsi que avons octroyé aux habitans de noz villes et citez de Poictiers, de Tours et Nyort, et que avoient d'ancienneté ceulx de nostre ville de la Rochelle [1], et qu'ilz avoient acoustumé en joyr et user par octroy de nous et de noz predecesseurs, ensemble des droiz, prerogatives, privileiges, franchises et libertez dont ilz avoient et ont acoustumé joyr et user à cause d'icelles mairies, par octroy de nous et de nosdiz predecesseurs, sans ce que iceulx supplians aient encores levé noz lettres d'octroy sur ce. Sur l'octroy desquelles iceulx habitans, qui se sont pour ce assemblez, ont eu advis et oppinion ensemble et ont deliberé et conclud entre eulx que pour le bien et entretenement de ladicte ville qui n'est pas de grant circuit ilz se abstineront et retraindront dudit octroy ou de partie d'icelluy, c'est assavoir qu'ilz aient corps, colliège et communité perpetuelz du nombre de trente personnes seulement, et que ladicte ville et faulxbourgs soient gouvernez par lesdictes xxx. personnes et par ung esleu oultre ledit nombre de xxx. qui sera le chief de ladicte ville, et que ilz joyssent des droiz de justice, juridiction, prerogatives, privileiges, franchises, libertez et autres choses cy après contenues et declarées en la manière qui s'ensuit :

Et premierement, que lesdiz bourgois, manans et habi-

---

[1]. L'organisation municipale de la Rochelle était antérieure à l'année 1199 ; Niort et Poitiers avaient obtenu leur charte communale en 1204, et ces trois villes avaient reçu leur constitution directement de Rouen. Quant à la ville de Tours, elle jouissait, à l'avènement de Louis XI, d'institutions sans aucun rapport avec le régime auquel étaient soumises les villes qui avaient pour loi municipale les *Etablissements* de Rouen. Au début du règne, dès octobre 1461, elle obtint une nouvelle confirmation des privilèges royaux qui sanctionnaient un gouvernement municipal auquel les habitants étaient fort attachés ; néanmoins, au bout de quatre mois (février 1462 n. s.) une ordonnance y substitua l'organisation de la Rochelle. (*Ordonnances des Rois de France*, in-fol., t. XV, p. 162, 332 ; A. Giry, *Les Etablissements de Rouen*, Paris, 2 vol. in-8°, 1883-1885, t. I, p. 54 et suiv., 178 et suiv.)

tans layz de nostredicte ville et faulxbourgs de Fontenay se puissent assembler ensemble et eslire entre eulx cinquante notables hommes, et que iceulx cinquante hommes choisissent et eslisent entre eulx ung esleu et trente eschevins et conseillers perpetuelz à vie, dont les xi. d'iceulx et ledit esleu seront principaulx eschevins, pour subvenir chacun jour plus aiseement aux affaires communs d'icelle ville et faulxbourgs ; et dès lors en avant ledit esleu sera choisi et esleu par chacun an, par lesdiz eschevins et conseillers, de l'un des eschevins et non d'autres. Et esliront iceulx esleu, eschevins et conseillers ung procureur, greffier, sergent et autres officiers qui leur seront neccessaires pour leur dit corps et colliège ; lesquelz esleu, procureur, greffier et autres officiers auront seulement les gaiges que lesdiz eschevins et conseillers leur ordonneront, et plus grans gaiges ne pourront pour ce avoir ne demander. Et s'il advient que celluy qui sera ainsi esleu voise de vie à trespas durant l'an de sadicte election, le premier desdiz autres eschevins conseilliers sera et demourra esleu ledit an durant. Et aussi, après que l'un desdiz conseilliers ira de vie à trespas, ilz en esliront ung autre en lieu du decedé, c'est assavoir au lieu desdiz xi. eschevins l'un desdiz conseilliers, et au lieu de l'un desdiz conseilliers ung des autres habitans de ladicte ville et faulxbourgs. Lesquelles elections se feront ainsi et par la forme et manière que lesdiz habitans estans dudit corps et colliège adviseront et verront estre à faire pour le mieulx, en nous humblement requerans noz grace, octroy et approbacion sur ce.

Pour quoy nous, bien recordz et memoratifz des causes qui nous ont meu et meuvent à donner ausdiz habitans, supplians, les choses dessusdictes, icelles avons eues et avons agreables, et les avons louées, ratifiées et approuvées, louons, ratifions et approuvons de grace especial, par ces presentes. Et de nostre plus ample grace, pour acroistre l'onneur desdiz esleu, conseilliers et eschevins, et leur

donner couraige de valoir et mieulx servir à la chose
publique, afin que ce soit exemple à tous autres, et que
chacun mette peine en soy de mieulx valoir, pour parvenir
à l'estat d'esleu, eschevin et conseillier, avons affranchy
et exempté, affranchissons et exemptons, par ces presentes,
tous ceulx qui seront doresenavant esleuz de ladicte ville,
pour l'année de leurdicte election seulement, de toutes
tailles et subsides quelxconques, et avons donné et octroyé,
donnons et octroyons, par cesdictes presentes, à tous
lesdiz eschevins et conseilliers qui seront ou auront esté
esleuz de ladicte ville, qu'ilz puissent en nostre royaume,
où bon leur semblera, acquerir fiefz et autres choses
nobles, et iceulx avec ceulx qu'ilz ont et qui par eulx ou
leurs predecesseurs ont esté acquis, tenir, eulx et leurs
successeurs, sans d'iceulx payer, à nous ou à noz successeurs roys de France, aucune finance de franc fief et nouveau acquest ; et laquelle finance nous leur avons donnée,
quictée et remise, donnons, quictons et remettons par ces
presentes. Et d'abundant, d'icelle mesme grace, avons
exempté et exemptons lesdiz xii.[1] principaulx eschevins de
toutes commissions et charges publiques, de lever d'icy
en avant aucunes tailles et subsides, temporalitez ne autres
choses. Et en oultre iceulx esleu, eschevins et conseilliers
et autres dudit corps, colliège et communité, pour nous
et noz successeurs à tousjours, avons quictez, affranchiz
et exemptez de nostre mesme grace, par cesdictes presentes,
quictons, affranchissons et exemptons de tous hostz, chevauchées, bans et arrèrebans, que nous et nosdiz successeurs pourrions faire et ordonner pour le fait de la guerre
ou autrement, et avons voulu et voulons qu'ilz ne soient
pour ce tenus ou contraintz d'y aler ou envoyer, ne à
ceste cause faire ou payer aucune composicion, aide ou

---

[1]. Précédemment le chiffre est xi ; mais ici il comprend l'élu, c'est-à-dire le chef de la municipalité, le maire.

amende, supposé qu'ilz aient et tiennent fiefz nobles à ce tenus et obligez, et qu'ilz soient et demeurent pour la garde de ladicte ville et faulxbourgs. Et pour la singulière confyance que avons èsdiz esleu, eschevins et conseilliers, leur avons octroyé et octroyons que, toutes fois et quantes que besoing sera, par l'ordonnance dudit esleu, ilz se puissent assembler ensemble et tracter de leurs besoignes et affaires, et faire faire par leursdiz sergens les adjournemens et autres choses, ainsi qu'ilz verront estre à faire pour le bien et utilité de nous et de ladicte ville. Et aussi avons donné et octroyé, donnons et octroyons ausdiz esleu et eschevins faculté et puissance de lever et faire lever, ainsi qu'ilz ont fait par cy devant, le droit de barrage ou peaige et l'appetissement[1] du vin vendu à detail en ladicte ville et faulxbourgs. Et avecques ce, pour ce que iceulx habitans nous ont fait dire que, par octroy de nous et de noz predecesseurs, ilz ont de tout temps et ancienneté acoustumé de lever ou faire lever certain aide ou coustumes aux guetz de Velleure, de la Pichonnière et de Maillé, à iceulx esleu, eschevins et conseilliers avons donné et octroyé qu'ilz puissent doresenavant lever ou faire lever ledit aide ou coustume, tout ainsi et par la forme et manière qu'ilz ont fait par cy devant, et les deniers qui en viendront convertir ès reparacions et entretenement de ladicte ville et non ailleurs. Et en oultre avons voulu et ordonné que chacun an ilz puissent eslire ung desdiz conseilliers et le faire receveur pour icelluy an desdiz deniers communs, lesquelz il distribuera par l'ordonnance dudit esleu et d'iceulx eschevins et conseilliers, qui à ce seront ordonnez et non autrement ; et sera tenu de rendre compte par devant nostre seneschal de Poictou, son lieutenant ou accesseur au siège dudit Fontenay le

---

[1]. C'est le droit, variable suivant les localités, qui se prélevait sur le vin vendu en détail.

Conte, appellé lesdiz esleu et eschevins ou les aucuns d'eulx à ce commis, lesquelz les pourront oyr, examiner, clorre et affiner ainsi qu'il appartiendra.

Et pour ce que en ladicte ville a plusieurs foires où il afflue grant nombre de marchans et marchandise, et que par cy devant n'y a eu aucun regard ou visitacion sur les aulnes et mesures de vin, et que chacun qui a voulu a prins aulnes èsdictes foires et tenu poix à poiser les marchandises en sa maison, sans en faire aucun prouffit à nous ne à ladicte ville, plusieurs grans faultes et abuz y ont esté faitz et commis ; pour obvier ausquelz et afin que doresenavant bon ordre, police et gouvernement soit mis et gardé en ladicte ville, avons voulu et ordonné, voulons et ordonnons, et ausdiz esleu et eschevins avons octroyé et octroyons, de grace especial, par cesdictes presentes, que doresenavant ledit esleu marquera et baillera la justificacion et mesures de toutes les aulnes, crochetz, poix et mesures tant de blé, de vin, de sel que de huisle, et que le poix de ladicte ville sera en l'ostel de l'eschevinage d'icelle ville ou en autre lieu propice et convenable où l'en advisera. Et prendront lesdiz habitans, pour l'adjoustement desdiz aulnes, mesures et crochetz et pour ledit poix, autel et semblable prouffit et du tout en useront et feront ainsi et par la forme et manière que font les maires de noz villes de Poictiers et Nyort, et les deniers qui en viendront employeront au prouffit de ladicte ville, et non ailleurs.

Et afin de entretenir plusieurs mestiers qui sont en nostre dicte ville de Fontenay le Conte, qui ne sont jurez, nous voulons et ordonnons qu'ilz les soient doresenavant. Et avecques ce, pour ce que par faulte de visite, les denrées et marchandises qui se font et vendent en ladicte ville et faulxbourgs, plusieurs grans maulx et inconveniens sont souvantes foiz advenuz en ladicte ville, nous, pour y obvier, avons ordonné et ordonnons que lesdiz esleu et eschevins auront doresenavant la visitacion desdictes denrées et marchandises qui se feront et vendront en icelle ville, et la juridiction, cognoissance et correpcion des abuz qui se y feront, et en joyront tout ainsi que font lesdiz maires desdictes villes de Poictiers et de Nyort. Et encores de nostre plus ample grace, ausdiz bourgoiz et habitans, supplians, avons octroyé et octroyons que celluy qui sera esleu d'icelle ville aura les clefz et la garde de ladicte ville et faulxbourgs, ainsi que lesdiz habitans ont eu par cy devant. Et seront tenuz lesdiz eschevins, bourgoiz et habitans de luy obeir, ainsi que font ceulx desdictes villes de Poictiers et de Nyort. Et voulons que iceulx esleu, eschevins, conseilliers, bourgois, manans et habitans, supplians, et leurs successeurs joyssent entierement des choses dessus declairées doresenavant à tousjours maiz, de point en point, sans enfraindre, selon leur forme et teneur, sans jamaiz aler ne souffrir venir à l'encontre par nous ou les nostres, ne par autres en aucune manière. Si donnons en mandement, par cesdictes presentes, à noz amez et feaulx gens de noz comptes et tresoriers de France, generaulx conseilliers par nous ordonnez sur le fait et gouvernement de toutes noz finances, au seneschal de Poictou et à tous noz autres justiciers ou à leurs lieuxtenans, presens et advenir, et à chacun d'eulx, si comme à luy appartiendra, que de noz presens grace, dons, concessions, octroys et privilèges cy dessus declarez facent, seuffrent et laissent lesdiz esleu, eschevins, conseilliers, bourgois, manans et habitans de nostre dicte ville de Fontenay le Conte et leurs successeurs, et chacun d'eulx, joyr et user à tousjours perpetuellement, plainement et paisiblement, sans leur faire, mettre ou donner, ne souffrir estre fait, mis ou donné, ores ne pour le temps advenir, aucun destourbier ou empeschement au contraire, en quelque manière que ce soit, ains, se fait, mis ou donné leur estoit, le facent, chacun d'eulx en droit soy, incontinent et sans delay, reparer et remettre au premier estat et deu. Car ainsi nous plaist il estre fait. Et afin que ce soit chose ferme et estable à tousjours, nous avons fait mettre nostre seel à cesdictes presentes. Sauf en autres choses nostre droit et l'autruy en toutes. Donné au Plesseiz du Parc lez Tours, ou moys de mars l'an de grace mil cccc. soixante et unze, et de nostre règne le xie [1].

---

1. Le texte de ces lettres est imprimé, d'après la même source, dans le grand recueil des *Ordonnances des Rois de France*, in-fol., t. XVII, p. 470-473. Pour être exécutoire et avoir force de loi, l'ordonnance devait être entérinée par les cours souveraines auxquelles elle était adressée. La Chambre des comptes et l'auditoire des Trésoriers généraux des finances, qui avaient mandement d'accomplir cette formalité obligatoire, refusèrent la vérification demandée, si bien que les habitants de Fontenay-le-Comte ne purent entrer en jouissance des concessions qu'ils avaient obtenues de Louis xi. Peu de temps après son avènement, Charles viii les leur confirma. Dans des lettres patentes, datées de Tours, février 1484 n. s., on lit : « Mais à l'occasion de ce que icelles lettres (celles de mars 1472) ne furent et n'ont esté, *par inadvertance ou autrement*, vérifiées et expediées ainsi qu'il est requis et acoustumé de faire en tel cas, ilz n'ont peu joyr d'aucuns des pointz et articles declarez en icelles, et doubtent (les habitants de Fontenay) que noz officiers ou autres leur voulsissent cy après, à ladite cause, donner empeschement en la jouissance du contenu en icelles lettres, et les impugner et debatre, si elles n'estoient par nous confirmées... » (JJ. 213, n° 51, fol. 48 v°.) Sur un second refus d'enregistrement, les habitants de Fontenay-le-Comte se pourvurent de nouveau à la Chancellerie royale et se firent délivrer de nouvelles lettres, données à Evreux, mars 1485 n. s., confirmant une seconde fois l'ordonnance de Louis xi et enjoignant à la Chambre des comptes et aux Trésoriers de France de l'entériner. De plus, à la requête desdits habitants, elles portaient que le nom de maire serait substitué à celui d'élu et qu'une partie des deniers communs serait affectée aux fortifications de la ville. Au sujet des lettres de Louis xi et de la première confirmation de Charles viii, il y est dit que lesdits habitants les ont « presentées à la Chambre des comptes et aux Trésoriers généraux, qui ont refusé icelles verifier et enteriner, *obstant qu'elles n'estoient par nous octroyées ne commandées, ains de nostre amé et feal chancellier*, et leur sont illusoires et de nul effect et valeur... » (JJ. 216, n° 218, fol. 158.)

Malgré tout, les gens des comptes et les trésoriers de France demeurèrent intraitables. La ville de Fontenay en appela au Parlement, mais la cour donna raison en principe à ses adversaires, par ce curieux arrêt, daté du 21 août 1486 : « Oy par la court le Procureur general du roy, qui a dit et remonstré que dès pieça, à la requeste du procureur du roy en la Chambre des comptes, inhibicion et defenses avoient esté faictes aux manans et habitans de Fontenay-le-Conte que, soubz umbre de certaines lettres de previlèges, non verifiées ne expediées selon les ordonnances, obtenues du feu roy Loys, que Dieu absoille, par lesdiz habitans, ilz ne feissent assemblées de populaire, mettre corps, college, communaulté de villes, tailles, aides, guetz ne

Ainsi signé : Par le roy, le sire du Lude [1] et autres presens. De Moulins. — Visa. [Contentor. d'Asnières [2]].

---

faire creacion d'officiers en justice ne autrement en icelle ville de Fontenay le Conte ne ès environs, desquelles defenses iceulx manans et habitans avoient appellé en ladicte court ; soubz umbre duquel appel lesdiz habitans puis naguères, de leur auctorité privée, se sont efforcez de joyr desdiz previleges, troubler et empescher les foyres et marchez de la feste sainct Jehan Baptiste, qui avoient acoustumé d'être tenues pour le roy au proffit de son dommaine, ont fait plusieurs autres entreprinses, tout ainsi que se lesdictes lettres leur eussent esté enterinées et verifiées par ceulx des comptes et par la court de ceans ; par quoy requiert à ladicte court provision luy estre sur ce faicte et donnée, et tout consideré ;

« Ladicte court a ordonné et ordonne commandement estre fait sur grosses peines ausdiz manans et habitans que, dedans le lendemain de la feste sainct Martin d'iver, ilz aportent ou envoyent par devers icelle court leurs dictes lettres de privileges, pour, icelles veues par ladicte court, estre ordonné comme de raison. Et ce pendant et jusques à ce que par icelle court autrement en soit ordonné, fait ladicte court defenses à iceulx manans et habitans, sur peine de cent marcs d'argent à applicquer au roy et de decheoir de l'effect de ses dictes lettres de previleges, de non user doresnavant aucunement d'iceulx lettres et previlèges, ne des droiz previleges et autres choses contenues en icelles, sur peine d'encourir esdictes peines, et ce non obstant opposicions ou appellacions faictes ou à faire au contraire, et sans prejudice d'icelles ». (Arch. nat., X^{2a} 51, date du 21 août 1486.) Il semble que Pierre de Rohan, sire de Gyé, seigneur engagiste, depuis le 11 décembre 1476, de Fontenay-le-Comte, ne devait pas être étranger aux difficultés rencontrées par la municipalité de cette ville. Le 19 mai de cette même année 1486, à la requête des maire, échevins, manans et habitants de Fontenay, Jean Boucherat et Pierre Jehan, accusés de « plusieurs excès, batures, forces, violances, exactions, crimes, delitz et maleflces contre eux et en leur préjudice commis », furent ajournés à comparaître en personne devant la cour sur peine de bannissement et de confiscation de corps et de biens, *et sub pena convicti.* Le Parlement en outre fit défense au s^r de Gyé de rien innover contre lesdits habitants et de ne pas les poursuivre en justice ailleurs que devant la cour, « où pend le procès qu'il leur fait pour raison du guet et garde audit Fontenay ». (*Id.*, X^{2a} 51, à la date.) Nous n'avons point trouvé à quelle époque les droits de la municipalité de Fontenay-le-Comte furent définitivement reconnus. Ce que l'on sait, c'est que François 1er les confirma par lettres données à Amboise, novembre 1516, et que la Chambre des comptes les enregistra. De nouvelles confirmations furent accordées encore par Henri II, à Fontainebleau, mars 1548 n. s., et par François II, à Blois, janvier 1560 n. s. Le Parlement, à qui ces actes n'étaient pas adressés, les fit cependant transcrire sur ses registres ainsi que l'ordonnance de Louis XI, de mars 1472, et celles de Charles VIII, de février 1484 et mars 1485, par arrêt du 7 août 1581. (Arch. nat., X^{1a} 8635, fol. 416-424.)

1. Jean de Daillon, seigneur du Lude, chambellan de Louis XI. (Cf. ci-dessus, p. 186, note 3.)

2. Ces mots entre crochets, qui manquent sur le registre du Trésor des chartes, sont rétablis grâce au texte transcrit sur le registre du Parlement, X^{1a} 8635, fol. 418.

MDIV

Lettres de fondation de deux messes par semaine en l'abbaye de Notre-Dame de Celles, avec dotation de dix livres de rente et amortissement de ladite somme, à prendre chaque année sur la partie du domaine du roi en Poitou y assignée. (JJ. 197, n° 213, fol. 119 v°.)

Juin 1472.

Loys, par la grace de Dieu roy de France. Savoir faisons à tous, presens et avenir, que en l'onneur et reverance de la glorieuse Vierge Marie mère de Dieu nostre Createur, qui est très devotement priée en l'esglise et abbaye de Nostre Dame de Selles en Poictou [1], et pour la grande et singulière devocion que nous avons à ladicte eglise, et afin aussi que nous soyons participans ès prières et au divin service qui sera fait et celebré en icelle eglise par les religieux, abbé et convent de ladicte abbaye, nous avons, de nostre certaine science, propre mouvement, grace especial, plaine puissance et auctorité royal, ordonné et fondé, ordonnons et fondons en ladicte eglise de Nostre Dame de Selles deux messes par chacune sepmaine, l'une de Nostre Dame et l'autre de saint Gilles, pour estre distes et celebrées perpetuellement en icelle eglise par l'un des religieux de ladicte abbaye, pour la prosperité de nous et de nostre très cher et très amé filz Charles, daulphin de Viennoys [2], et pour le salut et remède des ames de nous et de nostredit filz et de noz predecesseurs et successeurs roys de France. Pour laquelle fondacion nous

---

1. L'abbé de Notre-Dame de Celles était alors Louis de Lezignac, conseiller du roi, sur lequel cf. ci-dessus, p. 215, note. Le 4 de ce même mois de juin, Louis XI était à l'abbaye de Celles, d'où est datée une lettre qu'il écrivit, ce jour-là, à Jean Bourré. (J. Vaësen, *Lettres de Louis XI*, t. IV, p. 330.)

2. Charles, dauphin, depuis Charles VIII, était alors âgé de deux ans, étant né au château d'Amboise, le samedi 30 juin, entre deux et trois heures du matin.

avons donné, cedé, transporté et delaissé, donnons, cedons, transportons et delaissons, par cesdictes presentes, ausdiz religieux, abbé et convent de ladicte abbaye dix livres ung solz tournois de rente annuelle et perpetuelle, et icelle rente avons assise et assignée sur les lieux qui s'ensuyvent ; c'est assavoir cent solz tournois sur ung pré à nous appartenant, nommé le Pré le Roy, assis près nostre ville de Nyort, cinq solz tournois sur certaines pescheries qui nous appartiennent, nommées les pescheries de Comporté, et quatre livres seze solz tournois sur les dixmes et terrages de Tausché et Marigné, ès parroisses de Sainte Blandine et dudit lieu de Marigné. Laquelle rente sera prise, receue et parceue chacun an perpetuellement par celuy desdiz religieux d'icelle abaye qui dira et celebrera lesdictes deux messes par chacune sepmaine, par les mains de nostre receveur ordinaire oudit pays de Poictou, et par les simples quictances dudit religieux, et sans ce qu'il luy en conviengne lever aucunes descharges du changeur de nostre tresor ne d'autre quelconque. Et afin que ladicte fondacion soit entretenue et gardée et que nous ne soyons en ce defraudez de nostre entencion, nous avons, de nostre plus ample grace et auctorité royal, admorty et dedié [à Dieu], admortissons et dedions à Dieu et à ladicte eglise et abbaye de Nostre Dame de Selles lesdiz dix livres ung solz tournois de rente cy dessus declarez, sans ce que iceulx religieux, abbé et convent et ledit religieux de ladite abbaye qui dira et celebrera lesdictes deux messes par chacune sepmaine, comme dit est, ne leurs successeurs puissent estre empeschez, ores ou pour le temps avenir, par noz officiers ne autres quelzconques en la percepcion et joyssance d'icelle rente, ne contrains à en vuider leurs mains, ne aussi pour l'indampnité d'icelle rente paier à nous ne à nosdiz successeurs aucune finance. Et laquelle finance qui en pourroit estre deue, nous l'avons donée et quictée, donnons et quictons ausdiz religieux, abbé et convent, de nostredicte grace especial, par cesdictes presentes signées de nostre main. Si donnons en mandement, par ces mesmes presentes, à noz amez et feaulx gens de noz comptes et tresoriers, au seneschal de Poictou et à tous noz autres justiciers et officiers ou à leurs lieuxtenans, presens et avenir, et à chacun d'eulx, si comme à lui appartiendra, que nostre presente fondacion, don, cession, transport et amortissement, gardent, observent et entretiengnent, et facent observer, garder et entretenir de point en point, sans faire ou innouver, ne souffrir estre fait ou innouvé aucune chose au contraire. En faisant paier et bailler, chacun an perpetuellement, audit religieux de ladicte abbaye de Nostre Dame de Selles, qui dira et celebrera lesdictes deux messes par chacune sepmaine, ladicte somme de dix livres ung solz tournois de rente prinse sur les lieux et en la manière dessus declairée ; et par rapportant cesdictes presentes ou vidimus d'icelles fait soubz seel royal pour une foiz seulement et quictance dudit religieux, qui dira et celebrera lesdictes messes, nous voulons nostredit receveur ordinaire de Poictou estre tenu quicte et deschargé de ladicte rente et icelle estre allouée en ses comptes et rabatue de sadicte recepte par nosdiz gens des comptes, ausquelx de rechief mandons ainsi le faire sans aucune difficulté, non obstant que lesdictes choses sur lesquelles nous avons voulu et ordonné lesdictes dix livres ung solz tournois de rente estre prises et parceues chacun an soient de nostre demaine, que l'on voulsist dire que n'en povons aucune chose demenbrer ou aliener, que de ce ne soient levées descharges par ledit changeur de nostre tresor, et quelzconques ordonnances, mandemens ou defenses à ce contraires. Et afin que ce soit chose ferme et estable à tousjours, nous avons fait mettre nostre seel à cesdictes presentes. Sauf en autres choses nostre droit et l'autruy en toutes. Donné à Saint Florent lez Saumur, ou moys de juing l'an de grace mil cccc. soixante douze, et de nostre règne le unziesme.

Ainsi signé : Loys. Par le roy, Bourré. — Visa.

MDV

Rémission donnée en faveur de Mathurin Peyraudeau, compagnon pelletier, du Poiré près la Roche-sur-Yon, coupable du meurtre de Nicolas Piron, qui, poussé par une haine ancienne, l'avait provoqué et attaqué. (JJ. 197, n° 337, fol. 181 v°.)

Juin 1472.

Loys, etc. Savoir faisons, etc., nous avoir receue l'umble supplicacion de Mathurin Peyraudeau, povre compaignon de mestier de peletier, contenant que, le dimanche d'avant la feste de Penthecoste derrenierement passée, dixiesme jour du moys de may derrenier passé, ainsi que ledit suppliant menoit paistre la jument de Jehan Peyraudeau, son frère, en une pièce de pré appartenant à son dit frère, située près le bourg du Peyré sur la Roche sur Oyon, il rencontra audit pré ung nommé Nicolas Piron, filz de feu Jehan Piron. Et si tost que ledit Piron vit ledit suppliant, à l'encontre duquel il avoit long temps paravant conceue haine, à cause de ce que autresfois icelluy Piron avoit ledit suppliant oultraigé et osté par voye de fait certaine quantité de peaulx d'aigneaulx, au lieu de Saint Michel en Laer, ledit Peyron print une pierre en sa main et s'efforça d'en frapper ledit suppliant en l'assaillant de luter, ce que ledit suppliant reffusa de faire en luy disant qu'il estoit plus fort et vertueux que lui. Mais ce non obstant, ledit Piron qui taichoit tousjours de mettre à execucion sadicte haine, meu de mauvais vouloir, print et saisit au corps ledit suppliant et s'efforça de le gecter par terre. Et voyant par ledit suppliant la manière de faire dudit Piron et mesmement sa grant malice et mauvais conraige qu'il avoit de [le] villainement oultraiger en

sa personne, pour obvier à sa fureur, lui donna ung coup
des mailles des enseiges (*sic*) dont ledit suppliant vouloit
enseiger et lyer ladicte jument, qu'il tenoit en ses mains,
duquel cop ledit Piron tumba par terre, et, ce fait, ledit
suppliant qui ne tendoit qu'à evader ladicte fureur d'icellui Piron, se partist incontinent d'illec. Et pareillement
ung peu de temps après ledit Piron.... [1] lequel, huit ou
neuf jours après, ala de vie à trespassement audit lieu du
bourg (*sic*). Et est à doubte, comme dit ledit suppliant, que
c'est plus à cause de l'impidimie qui lors avoit et encores a
cours audit lieu, que à cause dudit coup, par ce que ledit
deffunct fist depuis bonne chère, et s'est meslé de faire le
fait de son mestier. Mais ce non obstant ledit suppliant,
doubtant rigueur de justice, s'est, à l'occasion dudit cop
ainsi par lui baillé audit Piron, huit ou neuf jours devant
sondit trespas, absenté dudit pays, et n'y oseroit jamais
retourner, converser ne reppairer, se nostre grace et misericorde ne luy estoient sur ce imparties, en nous requerant humblement ledit suppliant que, attendu qu'il n'est
pas agresseur, mais ledit feu Piron, qui le saisist au corps
par force et contre son vouloir, comme dit est, il nous
plaise lui impartir icelles. Pour quoy nous, ces choses
considerées, voulans misericorde preferer à rigueur de
justice, audit Mathurin Peyraudeau, suppliant, avons
quicté, remis et pardonné, etc., satisfacion faicte à partie
civillement tant seulement, se faicte n'est, etc. Si donnons
en mandement, par cesdictes presentes, au bailly de
Touraine et des ressors et exempcions d'Anjou et du
Maine, et à touz noz autres justiciers et officiers, etc.,
que de nostre presente grace, quictance, pardon et remission facent, seuffrent et laissent ledit suppliant joyr et user
plainement et paisiblement, etc. Donné à Angiers, ou

---

1. Plusieurs mots ou membres de phrases ont été omis en cet endroit par le clerc chargé de transcrire ces lettres sur le registre. Le sens général n'en est pas altéré.

moys de jung l'an de grace mil cccc. soixante douze, et
de nostre règne le unziesme.

MDVI

Permission à Guichard Brulon, écuyer, seigneur de Plaisance et de la
Brulonnière, d'entourer son hôtel de la Brulonnière de murs, tours,
fossés et autres fortifications, de contraindre les habitants de la
seigneurie à y faire le guet, et d'y ériger des fourches patibulaires.
(JJ. 197, n° 286, fol. 154.)

Juillet 1472.

Loys, par la grace de Dieu roy de France. Savoir faisons, etc., nous avoir receue l'umble supplicacion de nostre cher et bien amé Guischart Brulon [1], escuier, seigneur de Plaisance, assis ou conté de Poictou en la chastellenie de Monmorillon, et de la Brullonnière, assis ou conté de la Basse Marche en la chastellenie de Calaix, en la parroisse de Preressac (*sic*), contenant que puis certain

---

1. Guichard Brulon, écuyer, seigneur de la Brulonnière, la Brosse, l'Age-de-Plaisance, fils aîné de Huguet Brulon et de Marguerite Savary de Lancosme, fit aveu de la Brulonnière au comte de la Marche, le 28 août 1456, et de l'Age-de-Plaisance le 22 septembre 1464. Il avait épousé Jacquette de Saint-Julien et mourut sans postérité vers 1503, après avoir par testament institué pour héritières les deux filles de son frère François Brulon, Anne, dame de la Brulonnière, mariée d'abord à Jean de Greuille, puis à Jean de Séris, et Marguerite, dame de l'Age-de-Plaisance, femme de Guillaume de Blom, s^r de Ressonneau, et remariée à Jean de Chauvigny, seigneur d'Angliers. M. le baron d'Huart a décrit le château fortifié et retracé l'histoire de la châtellenie de la Brulonnière et de ses seigneurs, et la biographie de Guichard Brulon, qui en fut seigneur pendant près de soixante ans (1445-1503), y tient une large place ; c'est surtout l'histoire de ses procès. (Voy. *Persac et la châtellenie de Calais*. Mém. de la Société des Antiquaires de l'Ouest, 2e série, t. X, 1887. Poitiers, 1888, in-8°, p. 144-191.) Nous pouvons y ajouter deux mentions, provenant des registres criminels du Parlement de Paris. Guichard Brulon et Colas Martinet, son juge de la Brulonnière, ayant été appelés devant la cour par Jean Dumur, meunier, pour excès et attentats, ainsi que Jean et Pierre de Feydeau, père et fils, firent défaut le 23 décembre 1485. (X^{2a} 54 à cette date.) D'autre part, le 1er juillet 1488, ledit Brulon et Jean de Feydeau, qualifiés seigneurs de Persac, obtinrent défaut contre Jean Chéronneau, Pierre Breschou et un serviteur du s^r de Lussac, qu'ils avaient fait ajourner en personne, sous peine de bannissement et confiscation, les accusant de divers « excès, crimes et maléfices ». (X^{2a} 57, à la date.)

temps ença il a acquis de Guiot de Saint Savin [1] et de
Mathelin, son filz, tous et chacuns les hommes, subgetz,
cens, rentes, dommaines, droiz de justice et de guetz qu'ilz
avoient ès parroisses dudit Peressac et de Mousac sur
Vienne, qui vulgairement et d'ancienneté s'appelloient la
terre de la Tour aux Conions [2]. Et depuis, pour ce que son
hostel de la Brullonnière estoit lieu noble bien ancien et
tenu de nostre très cher et très amé cousin le duc de
Nemours [3] à foy et hommage, à cause de la chastellenie
dudit Calaix, et aussi que ladicte terre de la Tour aux Conions estoit semblablement tenue de luy à cause d'icelle
chastellenie, ledit suppliant se transporta par devers lui,

---

1. Guyot de Saint-Savin, écuyer, seigneur de la Tour-aux-Cognons pour les trois quarts, de 1446 à 1461, eut pour successeur, à cette dernière date, Mathurin ou Mathelin, son fils aîné, puis le cadet Galehaut de Saint-Savin, écuyer, qui fut seigneur de la Tour-aux-Cognons en partie de 1487 à 1496 et mourut avant 1506. (Le baron d'Huart, *op. cit.*, p. 153 et 434.) Ce dernier, en 1490, fit un procès à Guichard Brulon en annulation de la vente consentie par son père trente ans auparavant et dont il est question ici. Le 11 avril 1485, il revendiquait, contre François de Blet et sa femme, la possession de l'hôtel de l'Epine. (Arch. nat., X¹ᵃ 1492, fol. 112 v°.) Dix ans plus tard, Galehaut de Saint-Savin fut accusé de complicité dans l'assassinat de son gendre, Jean Gerbault, sʳ de Bregeons, et poursuivi au Parlement, ainsi que Marie de Saint-Savin, sa fille, veuve de la victime, ses deux fils Louis et Guillaume Gerbault, Guillaume du Chaillou, le bâtard de Saint-Savin, « appelé le bâtard de la Tour aux Connions », et autres. Ils furent tous condamnés solidairement à payer 1.200 livres parisis d'amende au roi, 1.200 livres aux parents de Jean Gerbault, et 500 livres pour célébrer un service solennel, des messes et aumônes pour le repos de l'âme du défunt, fonder une chapelle et ériger une croix de pierre avec inscription commémorative du crime. L'un des assassins, qui avait pu être pris, fut pendu à Montfaucon (on ne dit pas son nom). Marie de Saint-Savin et ses fils, Louis et Guillaume Gerbault, qui étaient en fuite, furent condamnés par contumace à être traînés sur une claie jusqu'aux fourches patibulaires érigées sur le chemin public près Bregeons pour les y pendre et étrangler, et de plus à la confiscation de tous leurs biens. (Arrêt du 21 juillet 1495 ; X²ᵃ 56, fol. 332.)
2. Le texte du registre porte en cet endroit « la Tour aux Coions ».
3. Jacques d'Armagnac, duc de Nemours, comte de la Marche, etc. (cf. ci-dessus). Ses lettres accordant à Guichard Brulon le droit de fortifier la Brulonnière, et dont celles de Louis xi, de juillet 1472, sont la confirmation et presque la reproduction, étaient datées du Dorat, le 26 novembre 1465. Le texte en a été publié, ainsi que la présente, par M. d'Huart, d'après une copie authentique sur parchemin, du 6 février 1551. (*Op. cit.*, p. 147-151.)

et après ce qu'il luy eut fait remonstrer ce que dit est et ledit acquest fait par lui desdiz de Saint Savin, et que lesdiz hommes par luy d'eulx acquis estoient plus prouchains de sondit hostel de la Brullonnière que de ladicte Tour aux Conions et aussi que icellui hostel estoit en lieux avantageux et de peu de chose aisé à fortiffier, et que à ceste cause il eust voulentiers fortiffié, pour soy y retraire, ses hommes, subgetz et aussi lesdiz hommes par luy acquis desdiz de Saint Savin et autres circonvoisins, mais que de ce faire il eust son congié. Laquelle chose veue et à plain oye par nostredit cousin, il lui donna congié de fortiffier sondit hostel de la Brullonnière de murailles, murectez, tours, canonnières, foussez, pont leveiz et autres fortifficacions et emparemens neccessaires à la fortificacion de sondit hostel, auquel il joigny et uny ledit acquest fait par lui desdiz de Saint Savin, en telle façon qu'il voult que dès lors en avant ledit suppliant et ses successeurs ne lui feussent tenuz de faire pour sondit hostel et acquest que ung seul hommaige, à ung autre devoir toutesvoyes que le premier accoustumé estre paié. Et en oultre lui donna congié et licence d'elever ou faire elever semblables fourches patibulaires que avoient fait et faisoient paravant lesdiz de Saint Savin en ladite terre de la Tour aux Conions, par eulx vendue audit suppliant, comme dit est, et de contraindre ou faire contraindre lesdiz hommes et subgectz par ledit suppliant d'eulx acquis à faire guet et garde et autres devoirs et repparacions que paravant ilz avoient acoustumé de faire à ladicte Tour aux Conions, veu ledit acquest que en avoit fait ledit suppliant. Et à ceste cause, a depuis icellui suppliant fait de grans provisions de matières pour emparer et fortiffier sondit hostel, lequel il a ja encommandé de fortiffier et emparer ; mais ne vouldroit ne oseroit proceder du tout à icelluy fortiffier et emparer, se sur ce il n'avoit noz congié et licence de ce faire, doubtant que, en ce et autres choses dessus dictes, nostre procureur lui voulsist ou temps avenir donner aucun trouble, destourbier ou empeschement, si comme il dit, humblement requerant que, attendu ledit congié et octroy à luy fait par nostredit cousin, en la terre et seigneurie duquel lesdiz hostel de la Brullonnière et acquest par lui fait desdiz de Saint Savin est assis, et tenu et mouvant de luy, comme dit est, et aussi que ledit suppliant et ses predecesseurs nous ont tousjours bien et loyaulment servy ou fait de noz guerres et autrement, il nous plaise sur ce lui impartir nostre grace et provision convenable. Pour quoy [nous, ces choses considerées] et mesmement lesdiz congié et octroy de nostredit cousin de Nemors, audit suppliant, de nostre grace especial, plaine puissance et auctorité royal, avons donné et octroyé, donnons et octroyons congié et licence de fortiffier sondit hostel de la Brullonnière de murailles, murectes, tours, canonnières, fossez, ponts leveiz, bolevars et autres fortifficacions et emparemens appartenans et neccessaires à la fortifficacion et emparement de sondit hostel, et aussi d'elever et faire elever lesdictes fourches patibulaires en sadicte terre, acquest et appartenances d'icelle, tout ainsi que y faisoient et avoient acoustumé de faire, paravant ledit acquest, lesdiz de Saint Savin, et aussi de contraindre ou faire contraindre lesdiz hommes et subgectz, par ledit suppliant acquis d'iceulx de Saint Savin, à faire en icellui hostel de la Brullonnière semblable guet et paier tous autres droiz et devoirs qu'ilz avoient acoustumé de faire et paier à ladicte Tour aux Conions, auparavant ladicte vendicion par lesdiz de Saint Savin faicte et ledit acquest d'eulx fait par ledit suppliant, comme dessus est dit. Si donnons en mandement, par ces mesmes presentes, au seneschal de Poictou et à tous noz autres justiciers, ou à leurs lieuxtenans, et à chacun d'eulx sur ce requis et comme à lui appartiendra, que ledit suppliant et ses successeurs de noz presens congié et licence et de tout le contenu en ces presentes ilz facent, seuffrent et laissent joir et user plainement et paisiblement, sans en ce que dit est lui mettre ou donner, ne souffrir estre fait, mis ou donné aucun trouble, destourbier ou empeschement ; ainçois s'aucun empeschement y estoit mis, ou sur aucuns des biens dudit suppliant à ceste cause, l'ostent et mettent ou facent oster et mettre incontinent et sans delay à plaine delivrance et au premier estat et deu. Car ainsi [nous plaist il estre fait] et audit suppliant l'avons octroyé et octroyons, de nostredicte grace, non obstant quelzconques ordonnances, restrincions, mandemens ou deffenses et lettres subreptices, impetrées ou à impetrer, à ce contraires. Et afin, etc. Sauf, etc. Donné au Plesseys Macé, ou mois de juillet l'an de grace mil cccc. soixante douze, et de nostre règne le douziesme.

Ainsi signé : Par le roy, le sire de Lenoncourt[1], maistres Jehan d'Amboise[2], Ambroys de Cambray[3] et autres presens. Dubrueil. — Visa.

---

1. Thierry III, seigneur de Lenoncourt, se mit d'abord au service de René d'Anjou, duc de Lorraine, roi de Sicile, pour lequel il resta dix mois en otage, puis à celui de Charles VII, qui le nomma bailli de Vitry en Perthois, par lettres du 15 mai 1443. Conseiller et chambellan de Charles, duc de Guyenne, il fut créé par ce prince gouverneur et capitaine de la Rochelle (1470). Après la mort de son frère, Louis XI accueillit le s^r de Lenoncourt, en fit l'un de ses chambellans et lui conserva, suivant le P. Anselme, son poste de gouverneur de la Rochelle dont il prenait encore les gages en 1476. Le roi lui donna en outre la capitainerie des terres et seigneuries de Dun-le-Roi en 1472, celle des ville et château de Château-Thierry, le 2 février 1473, et celle de Châtillon-sur-Marne, le 3 octobre 1474. Il prit part pour René, duc de Lorraine, à la bataille de Nancy où fut tué Charles le Téméraire (5 janvier 1477), et mourut à Paris, le 7 novembre 1483. (*Hist. généal.*, t. II, p. 55, 56.)

2. Jean d'Amboise, dit aussi le protonotaire d'Amboise, contresigna, comme membre du conseil royal, beaucoup de lettres patentes et d'ordonnances de Louis XI, à partir de l'année 1471.

3. Ambroise de Cambray, fils puîné d'Adam de Cambray, premier président du Parlement de Paris, était alors l'un des huit maîtres des requêtes de l'hôtel du roi ; il devint ensuite chancelier de l'Université de Paris. Décédé le 19 avril 1496, il fut inhumé dans la chapelle du collège de Sorbonne. (Blanchard, *Généalogies des maistres des requestes*. in-fol., p. 204.)

MDVII

Lettres confirmant et généralisant l'exemption de ban et arrière-ban précédemment accordée aux maire, échevins et bourgeois de Poitiers, et déclarant qu'ils ne pourront être appelés qu'à concourir à la garde et défense de leur ville, sans en sortir. (JJ. 197, n° 275, fol. 147 v°.)

Octobre 1472.

Loys, par la grace de Dieu roy de France. Savoir faisons, etc., nous avoir receue l'umble supplicacion de noz chers et bien amez les maire, bourgoys, eschevins et autres manans et habitans de nostre ville et cité de Poictiers, contenant que, comme par lettres et privilleiges par nous à eulx donnez, ayons voulu et octroyé que, quelque ban et arrière ban que feissions faire des nobles et autres tenans fiefz et arrière fiefz, ilz ne feussent tenuz eulx monstrer, aller ne envoyer en nostre service à nosdiz ban et arrière ban et armée, hors ladicte ville et cité de Poictiers, mais seroient tenuz la garder en nostre obeissance [1]; depuis lesquelles lettres octroyées, nous ayons fait faire certain ban et arrière ban des nobles du païs de Poictou et autres tenans fiefz et arrière fiefz nobles, previlleigiez et non previllegiez, exemps et non exemps, pour eulx rendre à Montagu, par devers nostre amé et feal

---

1. Par lettres patentes données à Eu, au mois de décembre 1463, Louis XI avait exempté les vingt-cinq échevins nobles de Poitiers de tout service militaire en dehors de leur ville : le texte en est imprimé dans notre précédent volume (t. XXXV des *Arch. hist.*, p. 432-434). Quatre ans plus tard, des lettres datées de Vendôme, le 15 novembre 1467, étendirent l'exemption de ban et arrière ban aux maire, échevins, bourgeois et à tous habitants de la ville, à la charge de mettre la place en état de défense, de la garder et d'y faire intérieurement, au point de vue militaire, tout le service nécessaire. Il existe aux Archives municipales de Poitiers deux expéditions originales de ces lettres, dont l'une est encore munie d'un fragment du grand sceau royal en cire jaune sur double queue de parchemin ; l'attache du sénéchal de Poitou, du 20 du même mois, y est jointe (A 27). Elles n'ont été ni enregistrées en Parlement ni transcrites sur les registres de la Chancellerie ; les éditeurs des *Ordonnances des rois de France* les ont ignorées, et elles ne paraissent pas avoir été publiées dans un autre recueil.

conseiller et chambellan le sire de Bressuyre[1], le quinziesme

---

1. Jacques de Beaumont, chevalier, seigneur de Bressuire (cf. ci-dessus, p. 235, note 3). Les maire et échevins de Poitiers lui ayant remontré que par privilège spécial les bourgeois et habitants de leur ville étaient dispensés de servir au ban et à l'arrière-ban, il leur répondit des Sables-d'Olonne, le 13 juillet précédent : « Vous savez la cause pourquoy l'arrière ban a esté fait, et est bien besoing de obvier à la descente des Anglois qui ont entrepris venir descendre ès parties de pardeçà, et croy bien qu'il faudra que, *quelque privilège que vous ne autres avez,* que chacun secoure et aide à ce besoing, et que vous fournissez de quelque nombre de gens, pour venir à la couste, et de deux ou trois pièces d'artillerie, le plus que pourrez vous supporter ; et au surplus vous feray sçavoir ce que devez fournir... » (B. Ledain, *Hist. de la ville de Bressuire*, p. 319.) On voit que le sire de Bressuire se trompait et que les habitants de Poitiers firent reconnaître et confirmer définitivement leur dispense par Louis XI. Nous ne referons pas ici la biographie de Jacques de Beaumont. M. Ledain s'en est acquitté consciencieusement ; il eut d'ailleurs à sa disposition le chartrier de Saint-Loup, alors propriété particulière, qui lui fournit nombre de documents intéressants, dont il sut tirer le meilleur parti. (*Op. cit.*, p. 298-332.) Il n'y aurait que peu de chose à y ajouter. Nous nous contenterons d'énumérer quelques actes qui lui ont échappé et de rectifier la date qu'il donne de sa nomination comme sénéchal de Poitou. Le sire de Bressuire a encore commandé le ban et l'arrière-ban huit ans plus tard, comme en témoignent des lettres patentes de Louis XI, le nommant et établissant « chief et principal conducteur des nobles et non nobles du ban et arrière-ban de Poictou, Anjou, Mayne, Vendosmois, Xantonge, Aulnis, ville et gouvernement de la Rochelle, Angoumois, Perigort, Lymosin haut et bas, la haulte et basse Marche, Touraine et Berry », et lui mandant de les réunir, d'en passer les montres et de les faire partir pour la Bourgogne, datées de Bonne-Aventure-lès-Chinon, le 13 janvier 1480 n. s. A la suite se trouve la convocation du ban et arrière-ban de Touraine pour le 10 mars suivant, afin de se rendre en Bourgogne, datée du même lieu, le 18 janvier 1480, et signée « Jacques de Beaumont », (Copies, Bibl. nat., ms. fr. 20428, fol. 43.) Parmi les bienfaits que le sire de Bressuire reçut du roi, il convient de ne pas omettre le revenu de la terre et seigneurie de Thouars, dont il lui fit don par lettres de Paris, le 26 mai 1473, et la capitainerie et gouvernement des château, châtellenie et baronnie de Chizé, qui lui furent attribués le 29 novembre 1482. (Anc. mémoriaux de la Chambre des comptes O, fol. 80, et R, fol. 180 ; Bibl. nat., ms. fr. 21405, p. 77 et 226.) Dans des lettres de rémission pour Bernard Grandjean, de Saint-Jean-d'Angély, datées de Tours, octobre 1481, le sire de Bressuire, chambellan du roi, est dit lieutenant général au pays de Saintonge. (JJ. 207, n° 114, fol. 56 v°.)

Après la mort de Louis XI, le désir de se venger de ceux qui s'étaient faits l'instrument de ses haines n'alla pas jusqu'à mettre directement en cause son serviteur zélé et confident, son second Tristan L'Hermite, comme Brantôme qualifia Jacques de Beaumont, après avoir lu sa correspondance. L'information faite à la requête des La Trémoïlle pour être remis en possession de la vicomté de Thouars (janvier-février 1484) révéla la part qu'il avait prise à la spoliation. (Mlle Dupont, *Mémoires de Commines*, t. III, p. 80-128.) Dans d'autres procès, on l'accuse indirectement des plus graves abus de pouvoir. Nous en

jour de septembre derrenier passé [1], sur peine de confiscacion de corps et de biens et autres peines contenues ès lettres dudit ban. Par vertu desquelles, les commissaires par nous sur ce ordonnez ont voulu contraindre lesdiz

---

avons vu un exemple ci-dessus (p. 119 note) dans les poursuites exercées par Bertrand Boueron, curé de Noireterre, contre l'évêque de Luçon et François de La Musse (9-12 décembre 1483 ; Arch. nat., X^{2a} 49). Nous en citerons un second. Un sergent royal au bailliage de Saint-Maixent, Thibaut Girard, ayant eu à signifier, l'an 1481, à l'abbé de Saint-Maixent et à Philippe Chevalier, son frère, un mandement obtenu de la cour par François Desclez, religieux de cette abbaye, encourut leur haine et leur vengeance. Profitant des relations familières qu'ils entretenaient avec le sire de Bressuire, ils entreprirent contre leur victime toute une série de violences, de mauvais traitements et de tortures. Jacques de Beaumont, qui était alors lieutenant général et gouverneur de Poitou, fit d'abord, sans aucune enquête, information ni forme de procès, enfermer Thibaut dans les prisons du château de Niort, les jambes et les bras entravés dans de gros fers ; il y resta trois semaines, au bout desquelles il le transféra dans son château de la Mothe-Saint-Héraye, le fit jeter, toujours enchaîné, dans une basse fosse et l'y retint trois mois. A plusieurs reprises, le malheureux sergent voulut interjeter appel au Parlement, mais toutes ses requêtes furent interceptées par le sire de Bressuire, qui finalement (il nous faut abréger) le fit transporter successivement dans les principales villes du pays, Poitiers, Châtellerault, Niort, Lusignan, Fontenay, Saint-Maixent, Montmorillon, et partout on le promenait dans les principales rues en le fustigeant de verges. (Lettres du 4 mars 1484 n. s., plaçant Thibaut Girard sous la sauvegarde de la cour, X^{2a} 45.) Néanmoins, s'il fut tenu quelque peu à l'écart des affaires politiques dans les premiers temps de la régence d'Anne de Beaujeu, le sire de Bressuire ne tomba pas en disgrâce. Charles VIII le chargea, par lettres du 7 avril 1487, de la garde des places de la Gâtine saisies sur le comte de Dunois ; il prit part à la bataille de Saint-Aubin-du-Cormier, l'année suivante, et fut nommé conservateur de la trêve conclue à la suite avec le duc de Bretagne. Peu de jours après la mort d'Yvon Du Fou (2 août 1488) et non en 1491, comme le dit M. Ledain, Jacques de Beaumont fut pourvu de la charge de sénéchal de Poitou et en cette qualité il commanda le ban et l'arrière-ban des années 1489 et 1491. Il mourut le 15 avril 1492, au château de la Mothe-Saint-Héraye que Charles VIII, en récompense de ses services, avait érigé en baronnie. On peut voir dans le chartrier de Saint-Loup le curieux détail des dépenses faites pour ses obsèques. (Arch. départ. des Deux-Sèvres, E 1958.)

1. L'arrière-ban de Poitou, réuni le 15 septembre 1472, à Montaigu, sous le commandement du sire de Bressuire, ne tarda pas à entrer en campagne sur les marches de Bretagne, d'où il rejoignit l'armée royale en Anjou. « Il prit une part active aux sièges d'Ancenis et de Chantocé, puis, après l'ouverture des négociations pacifiques, repassa la Loire, pour revenir prendre position dans les Marches. Une trêve du 15 octobre au 30 novembre 1472, prolongée bientôt pour une année, ayant été conclue à Poitiers entre Louis XI et le duc de Bretagne, l'arrière-ban fut dissous ». (Mémoire du temps, cité par Ledain, *Hist. de Bressuire*, p. 319.)

supplians à y aller et obeyr, non obstant leurs dictes lettres et octroy et sans y avoir regard et consideracion, disans qu'elles n'estoient valables pour eulx exempter dudit ban. Par quoy lesdiz supplians nous aient fait supplier et requerir que nostre plaisir feust les exempter et afranchir dudit arrière ban et autres que nous et noz successeurs pourrions faire le temps avenir, et d'abondant leur octroyer que, quelques monstres, ban et arrière ban que ayons fais ou que nous ou nosdiz successeurs ferions faire pour l'avenir des gens nobles et autres tenans fiefz et arrière fiefz, previlleigiez et non previlleigiez, exemps et non exemps, des villes, citez, communitez et colèges, ilz ne soient tenuz y aler ne envoyer ne eulx monstrer hors nostredite ville, mais en soient tenus quictes, exempts et excusez. Pour ce est il que nous, eue consideracion aux choses dessus dictes et principalement que ladicte ville est l'une des principales et plus fortes villes et citez de nostre royaume, la ville cappital et le reffuge dudit païs, de grant garde et estandue, mal populée et habitée, et que si les nobles et autres de ladicte ville tenans fiefz et arrière fiefz estoient contraincts à partir de ladicte ville pour nous servir en noz guerres, icelle ville pourroit demourer sans garde et entre les mains des gens mecaniques et pouvre populaire de ladicte ville, èsquelz elle ne seroit en seureté, aussi pour la bonne loyaulté et obeissance que lesdiz supplians et leurs predecesseurs ont tousjours gardée et eue à nous et à noz predecesseurs, et pour plusieurs grans et louables services et aides de leurs biens qu'ilz nous ont faiz par cy devant à l'entretenement de noz guerres et autrement, et pour les bonnes nouvelles que presentement avons eues de la nativité de nostre segond filz Françoys [1], et afin que icelle

---

1. François de France, duc de Berry, était né à Amboise à la fin de septembre 1472 ; il mourut au mois de juillet 1473 et fut enterré dans l'église des Cordeliers d'Amboise.

nostredicte ville soit plus amplement populée et habitée, et pour estre plus seurement gardée et entretenue en nostre obeissance, ce que desirons de tout nostre povoir, et pour plusieurs autres grans causes [et] consideracions à ce nous mouvans, nous, en confermant lesdiz previlleiges et exempcions et iceulx ampliant et donnant de nouvel, se mestier est, iceulx supplians et leurs successeurs, nobles et non nobles tenans fiefz et arrièrefiefz, soient du corps et colliège de ladicte ville ou non, de quelque estat ou condicion qu'ilz soient, qui à present demeurent ou qui pour l'avenir demourront en ladicte ville, avons exemptez, quictez et affranchiz, exemptons, quictons et affranchissons perpetuellement, de nostre grace especial, plaine puissance et auctorité royal, par cesdictes presentes, d'eulx monstrer, aller ne envoyer ou service de nous et de nosdiz successeurs, hors ladicte ville de Poictiers, pour quelques monstres, ban ou arrière ban que ayons fait ou faire, et que nous ou noz successeurs feront pour l'avenir, soit en general ou particulier, de gens nobles et autres tenans fiefz et arrièrefiefz, exemps et non exemps, previlleigiez et non previlleigiez, de villes, citez, colèges et communitez, pour quelque cause ou occasion que ce soit ou puisse estre. Et voulons, ordonnons et nous plaist qu'ilz en soient tenuz pour excusez et exemptez, sans que ce leur puisse tourner, ores ne pour l'avenir, à aucun reproche, dommaige ou amende ; mais voulons qu'ilz demeurent et soient tenuz demourer en ladicte ville, pour la garde d'icelle et y faire guet et garde, quant mestier en sera. Si donnons en mandement, par ces mesmes presentes, à noz amez et feaulx conseillers les gens tenans et qui tiendront nostre Parlement, au seneschal de Poictou, et à tous noz justiciers et officiers, cappitaines et commissaires par nous commis et à commettre sur le fait desdictes monstres, guerres, ban et arrière ban, ou à leurs lieuxtenans ou commis, et à chacun d'eulx sur ce requis, si comme à luy appartiendra, que de noz presens grace, previlleiges, exempcions, affranchissement, ampliacion et octroy ilz facent, souffrent et laissent tous lesdiz habitans de ladicte ville et leursdiz successeurs, qui sont et seront pour l'avenir demourans en icelle, de quelque estat ou condicion qu'ilz soient, joyr et user plainement et paisiblement, sans leur faire, mettre ou donner, ne souffrir estre fait, mis ou donné aucun destourbier ou empeschement au contraire. Et se leurs corps, fiefz nobles ou autres leurs biens, ou d'aucuns d'eulx, avoient esté ou estoient pour l'avenir pour ce prins, saisiz, arrestez, mis en nostre main ou autrement empeschez, les leur mettent ou facent mettre incontinant et sans delay à plaine delivrance, et lesquelx dès à present nous y avons [mis] et mettons du tout par cesdictes presentes, en relevant lesdiz supplians et chacun d'eulx de tous deffaulx, obmissions, peines, amendes et confiscacions en quoy ilz pourroient estre pour ce encouruz. Car ainsi, etc., et ausdiz supplians l'avons octroyé et octroyons de nosdiz grace especial, plaine puissance et auctorité royal, non obstant quelxconques monstres, bans et arrière bans, faiz et à faire, desdiz nobles et autres tenans fiefz et arrière fiefz, exemps et non exemps, previlleigiez et non previlleigiez, de villes, citez, colèges et communitez, et autres quelxconques faiz et à faire, et quelxconques mandemens ou deffences, ordonnances et lettres impetrées ou à impetrer, à ce contraires. Et pour ce que de cesdictes presentes lesdiz supplians ou aucuns d'eulx pourront avoir à faire en plusieurs et divers lieux, nous voulons que au vidimus d'icelles, fait soubz seel royal, foy soit adjoustée comme à ce present original. Et afin que ce soit chose ferme et estable à tousjours, nous avons fait mettre nostre seel et apposer à cesdictes presentes. Donné au Plesseys Baudoyn, ou moys d'octobre l'an de grace mil cccc. soixante douze, et de nostre règne le douziesme [1].

Ainsi signé : par le roy, maistre Loys d'Amboise [2] et autres presens. N. Tilhart.

MDVIII

Lettres patentes plaçant l'abbaye de Notre-Dame de Celles et ses sujets sous la sauvegarde royale, l'exemptant de toute imposition, amortissant ses possessions, acquises et à acquérir, commettant ses causes au juge royal le plus voisin, la maintenant dans son droit de haute, moyenne et basse justice, avec grandes assises, prévôté, sceau aux contrats et fourches patibulaires, et lui donnant en toute propriété le Pré-du-Roi près Niort, les pêcheries de Comporté et les dîmes et terrages de Tauché et de Marigny, pour la fondation de deux messes solennelles qui devront y être célébrées chaque semaine à perpétuité. (JJ. 197, n° 233, fol. 129.)

Octobre 1472.

Loys, par la grace de Dieu roy de France. Savoir faisons, etc., comme par noz predecesseurs roys de France ayent esté autresfois donnez plusieurs previlleiges, franchises et libertez à l'abbaye et religieux de Nostre Dame de Selles en Poictou, leurs hommes et subgetz demourans en et au dedans des croix, limites et franchises d'icelle, tant pour la fondacion, augmentacion d'icelle abbaye que autrement, èsquelz plusieurs noz officiers et autres leur ont donné et mis, mettent et donnent de jour en jour plusieurs destourbiers et empeschemens, ainsi qu'ilz nous ont fait remonstrer ; et pour ce que desirons garder et

---

1. Ces lettres ont été publiées, d'après le registre du Trésor des chartes, dans le recueil des *Ordonnances des Rois de France*, in-fol., t. XVII, p. 541. L'original en est conservé, avec une copie collationnée du 24 août 1503, dans les Archives municipales de Poitiers.
2. Louis d'Amboise, comme son parent, Jean d'Amboise, fut conseiller du roi et contresigna un grand nombre de lettres patentes à partir de l'année 1471. Le 24 janvier 1474, il fut promu au siège épiscopal d'Albi et en cette qualité fut président des Etats de Languedoc. Il n'en continua pas moins à siéger au conseil et occupa l'évêché d'Albi jusqu'au mois de mai 1497.

observer iceulx religieux, leursdiz hommes et subgetz en leursdiz droiz, previlleiges, franchises et libertez, et iceulx acroistre et augmenter tant pour la singulière devocion que avons au monastère d'icelle abbaye et à la glorieuse Vierge Marie, mère de Dieu, en l'onneur de laquelle ladicte abbaye est fondée, que afin que jour et nuyt lesdiz religieux soient de plus en plus tenuz pour[1] ladicte glorieuse Vierge Marie, pour la prosperité de nous, nostre royaume et de nostre très cher et très amé filz Charles, daulphin de Viennoys, et de noz autres enfans[2], nous pour ces causes et autres à ce nous mouvans, avons, de nostre grace especial, plaine puissance et auctorité royal, donné et octroyé, donnons et octroyons par ces presentes, ausdiz religieux, abbé et convent, leurs hommes et subgetz à cause de ladite abbaye, manans et demourans au dedans les limites de leursdictes croix et franchises d'icelle, et voulons et ordonnons qu'ilz soient doresenavant perpetuellement en nostre protection et sauvegarde, et lesquelz dès à present nous y avons prins et mis, prenons et mettons par cesdictes presentes avec leursdiz hommes et subgetz, biens, possessions et choses quelzconques, et que les demourans ou bourg de la ville et dessusdicte abbaye de Nostre Dame de Selles soient quictes et exemps doresenavant à tousjours perpetuellement de tous quatriesmes et impositions quelxconques, qui pour le temps avenir pourroient avoir cours en nostredit

---

1. Sic : ce mot doit être remplacé par « prier ».
2. Le fils aîné de Louis XI s'était appelé Joachim. Né à Namur le 27 juillet 1459, il était mort en bas âge et avait été enterré au couvent des Cordeliers d'Amboise. Charles dauphin, ici nommé, depuis Charles VIII, avait vu le jour au château d'Amboise, le samedi 30 juin 1470. Quant aux autres enfants du roi, vivants à la date de ces lettres, ils étaient au nombre de trois : 1º Anne, née en 1461, mariée en 1473 à Pierre sire de Beaujeu ; 2º Jeanne, duchesse de Berry, née en 1464, qui épousa par contrat passé à Jargeau, le 28 octobre 1473, accompli en 1476, Louis duc d'Orléans, depuis le roi Louis XII ; 3º François de France, duc de Berry, alors âgé d'un mois à peine, étant né à Amboise à la fin de septembre 1472 ; il mourut au mois de juillet 1473.

royaume [1]. Et avecques ce avons donné et octroyé ausdiz religieux, abbé et convent de ladicte abbaye, et prieurs des prieurez et menbres deppendans d'icelle, faculté et puissance de acquerir dommaines, terres et possessions en nostredit royaume, et icelles possessions, par eulx ou aucun d'eulx acquises ou à acquérir, tenir, possider, exploicter et en joyr comme admorties et à Dieu dediées, et lesquelles dès maintenant pour lors nous leur avons admorties et admortissons, de grace especial, plaine puissance et auctorité royal, par cesdictes presentes, sans ce qu'ilz soient tenuz de les mettre ne vuider hors de leurs mains, ne paier aucun droit de finance. Et pour ce que, comme avons esté advertiz, à cause des droiz et possessions de ladicte abbaye, prieurez et membres deppendans d'icelle, sont à present et pourront encores estre cy après plusieurs procès en divers lieux, sièges et juridicions, qui est et pourroit estre cause de divertir lesdiz religieux de vacquer continuellement au divin service de ladicte abbaye, selon les ordonnances, desir et affection de nous et de noz predecesseurs, et qui mieulx et à maindres fraiz se pevent poursuir devant ung seul juge à ce compettant que par devant divers juges et en diverses juridictions, voulons et ordonnons que lesdiz religieux de

---

[1]. On a retrouvé dans les papiers de Jean Bourré une courte requête de l'abbaye et des habitants de Notre-Dame de Celles à Louis XI, non datée, mais qui doit être de cette époque ou de peu de temps auparavant, dans laquelle profitant des bonnes dispositions du roi pour le monastère et son abbé, Louis de Lezignac, et de son culte particulier pour la Vierge Marie, « en l'onneur de laquelle lad. abbaye est fondée », ils lui soumettaient leurs désirs et revendications, auxquels les présentes lettres donnent toute satisfaction. En voici le texte : « Plaise au Roy, de sa benigne grace, donner aux manans et habitans du lieu de Nostre Dame de Celles en Poytou, dedans lez Croix seulement, la franchise dudit lieu, actendu que anciennement estoient francz de tous subcides, et l'abbé et convant de Celles seront tenus à faire une prière pour icellui seigneur à la première messe qui se dist tous lez jours à la chapelle de Nostre Dame, durant le temps de sa vie, pour la prosperité de sa personne, et amprès sa mort pour le salut de son ame, et les diz habitans prieront Dieu pour luy et sa très belle lignée. » (Bibl. nat., ms. fr. 20428, fol. 102, anc. 85.)

ladicte abbaye et prieurs des prieurez et membres deppendans d'icelle, ne soient tenuz, s'il ne leur plaist, plaider, soit en demandant ou en deffendant, par devant quelque juge que ce soit, si non par devant nostre plus prouchain juge royal et au plus prouchain siège de ladicte abbaye, en interdisant et deffendant à tous autres juges quelzconcques toute court, juridicion et congnoissance desdiz procès. Et en oultre pour ce que, comme avons entendu, nosdiz predecesseurs ont donné et octroyé à ladicte abbaye de Nostre Dame de Selles toute justice et juridicion, haulte, moyenne et basse, et à cause d'icelle aient tout droit de chastellenie, c'est assavoir grant assise, prevosté, sceaulx aux contratz et fourches patibulaires, desquelz, mesmement de l'excercice desdiz sceaulx aux contratz ilz n'ont pas longtemps usé, à l'occasion des guerres, hostilitez et divisions qui ont esté en nostre royaume et autrement, nous voulons et nous plaist que lesdiz religieux, abbé et convent de ladicte abbaye ayent, usent et joyssent desdiz seaulx aux contractz et puissent faire ediffier et drecier fourches patibulaires à quatre pilliers et chevalet par dessus, et qu'ilz puissent user de tous autres droiz de chastellenie, [comme] s'ilz avoient eu continuelle possession et joyssance d'iceulx. Et oultre plus avons, de nostre certaine science, propre mouvement, plaine puissance et auctorité royal, ordonné et fondé, ordonnons et fondons en ladicte abbaye de Selles estre dictes et celebrées perpetuellement en icelle eglise, par l'un des religieux de ladicte abbaye, pour la prosperité de nous et de nostre très cher et très amé filz, Charles, daulphin de Viennoys, et autres noz enffans, et pour le salut et remède des ames de nous et de nostre dit filz, et de noz predecesseurs et successeurs roys de France, deux messes solennelles par chacune sepmaine, l'une de Nostre Dame et l'autre de saint Giles, pour laquelle fondacion nous avons donné, cedé, quicté, transporté et delaissé, donnons, cedons, quictons, transportons et delaissons à tousjours perpetuellement, par cesdictes presentes, ausdiz religieux, abbé et convent de ladicte abbaye, qui sont et seront pour le temps avenir, en vray dommaine, fons et seigneurie, ung pré à nous appartenant, nommé le Pré le Roy, assis près nostre ville de Nyort, et certaines eaues ou pescheries, nommées les pescheries de Comporté, aussi les dismes et terrages de Tausché et Marigné ès parroisses de Saincte Blandine et dudit Marigné. Et afin que ladicte fondation soit entretenue et gardée et que nous ne soions en ce deffraudez de nostre entencion, nous avons, de nostre plus ample grace et auctorité royal, aussi admorty et dedyé, admortissons et dedyons à Dieu et à ladicte eglise et abbaye de Selles lesdictes choses cy dessus declairées, sans ce que iceulx religieux, abbé et convent et ledit religieux qui dira et celebrera lesdictes deux messes par chacune sepmaine, comme dit est, ne leurs successeurs, puissent estre empeschez, ores ne pour le temps avenir, par noz gens et officiers ne autres quelzconques, en la percepcion et joyssance desdictes choses, ne contrains à en vuider leurs mains en aucune manière, ne aussi pour l'indampnité d'icelle payer à nous ne à nosdiz successeurs aucune finance ; et laquelle finance qui nous pourroit estre deue pour toutes les choses dessus dictes, ainsi par nous admorties, nous avons donnée et quictée, donnons et quictons ausdiz religieux, abbé et convent, de nostre dicte grace especial, par cesdictes presentes signées de nostre main. Par lesquelles rapportant, ou le vidimus d'icelles fait soubz scel royal, pour une foiz seullement, nous voulons nostre receveur ordinaire [de Poictou] où lesdiz heritaiges sont assis et situez et qui en doit tenir compte, en estre tenu quicte et deschargé par tout où il appartiendra par noz amez et feaulx gens de noz comptes, ausquelz nous mandons ainsi le faire sans aucune difficulté. Si donnons en mandement,

par ces mesmes presentes, à nosdiz gens des comptes et
tresoriers, aux generaulx conseillers par nous ordonnez
sur le fait et gouvernement de noz finances, au seneschal
de Poictou et à tous noz autres justiciers et officiers, ou à
leurs lieuxtenans, presens et avenir, et à chacun d'eulx, si
comme à lui appartiendra, que de noz presens grace, concession, octroy, fondation, don, quictance, cession, transport, admortissement et choses dessus dictes ilz facent,
seuffrent et laissent lesdiz religieux et leurs successeurs,
leursdiz hommes et subgetz joyr et user plainement et
paisiblement doresnavant perpetuellement, sans leur faire,
mettre ou donner, ne souffrir estre fait, mis ou donné, ores
ne pour le temps avenir, aucun destourbier ou empeschement au contraire, en aucune manière ; ainçois, se fait, mis
ou donné leur avoit esté ou estoit, le reparent ou facent
reparer et remettre, tantost et sans delay, au premier
estat et deu. Car ainsi nous plaist il et voulons estre fait.
Et ausdiz religieux, abbé et convent et prieurs des prieurez et menbres deppendans d'icelle abbaye, leurs hommes
et subgetz, en tant que à eulx et ung chacun d'eulx
touche et peut toucher, l'avons donné et octroyé, donnons
et octroyons, de nostre grace especial, par cesdictes presentes, non obstant quelzconcques statuz, ordonnances
et editz par nous autresfoiz faiz, à ce contraires. Et afin
que ce soit chose ferme et estable à tousjours, nous avons
fait mettre nostre seel à cesdictes presentes. Sauf en autres
choses nostre droit et l'autruy en toutes. Donné audit
lieu de Nostre Dame de Selles, ou moys d'octobre l'an de
grace mil cccc. soixante douze, et de nostre règne le douziesme [1].

---

1. Ces lettres ont été reproduites, d'après le registre du Trésor des
chartes, dans le recueil des *Ordonnances des Rois de France*, in-fol.,
t. XVII, p. 543. Charles VIII les confirma par lettres données à Tours,
au mois de février 1484. (Arch. nat., JJ. 212, n° 30, fol. 20.)

Ainsi signé : Loys. Par le roy, l'evesque d'Avranches [1], confesseur, et autres presens. Flameng. — Visa.

MDIX

Rémission en faveur de Mathurin Perret, de Fontenay-le-Comte, coupable du meurtre de Jean Mahé, dit de Lusignan, avec lequel il s'était pris de querelle et en était venu aux mains. (JJ. 197, n° 243, fol. 234.)

Novembre 1472.

Loys, par la grace de Dieu roy de France. Savoir faisons à tous, presens et avenir, nous avoir receue l'umble supplicacion des parens et amis charnelz de Mathelin Perret, jeune homme de l'aage de vingt trois ans ou environ, natif de la ville de Fontenay le Conte, contenant que, le xviii° jour de septembre l'an mil cccc. soixante unze ou environ, et à l'eure de six heures au soir ou peu devant ou après, se adressa audit Mathelin ung nommé Jehan Mahé, dit de Lezignen, lequel, après aucunes parolles, dist audit Mathelin Perret qu'il avoit ung sien pijon ; lequel Perret respondit audit de Lezignan qu'il n'en estoit riens et qu'il n'avoit point ledit pijon, et lui dist qu'il allast veoir et visiter sa maison et qu'il la lui habandonnoit, et que s'il [le] trouvoit, qu'il le prensist. Lequel de Lezignan dist audit Perret qu'il avoit dit qu'il n'estoit que ung ruffien et qu'il n'y entreroit jà. Et ledit Perret lui respondit telz motz ou semblables : « Si tu l'es, si t'i tien ». Et à cest

---

1. Jean Bochard ou Bouchard, né auprès de Saint-Lo, d'abord aumônier de Charles vii et archidiacre d'Avranches, occupa ce siège épiscopal du 28 avril 1453 au 28 novembre 1484, date de sa mort. Louis xi le fit entrer en ses conseils et le chargea, en 1473, de la réforme des études à l'Université de Paris ; puis il lui donna en commende l'abbaye du Bec-Hellouin. La *Gallia christiana* (t. XI, col. 493, 494) cite une correspondance entre ce prélat et le célèbre Thomas Basin, évêque de Lisieux, qui le priait d'intervenir auprès du roi et de lui obtenir sa grâce.

instant survint illec ung nommé Jehan Girault, cordouannier, qui dist audit de Lezignen qu'il se donnast garde dudit Perret et qu'il lui avoit veu ung cousteau en sa manche ; auquel ledit de Lezignen dist que ledit Perret n'avoit point de cousteau et qu'il ne demandoit que son pijon. Et voyant ledit Girault que ledit de Lezignen estoit fort esmeu, print icellui de Lezignen pour l'emmener d'illec, afin que plus grant inconvenient ne s'en peust ensuir entre lui et ledit Perret, ce qu'il ne peut faire. Ainçois ledit de Lezignen, tousjours esmeu de sa volenté, ne voult cesser pour ledit Girault. Et incontinant ou tantost après se tira près dudit Perret et lui donna ung coup de son poing sur la teste, tellement que dudit coup icellui Perret reculla en arrière jusques dedans sadicte maison. Et advint que, incontinant après ledit coup frappé par ledit de Lezignen sur ledit Perret, icellui Perret frappa ledit de Lezignan par le ventre d'un cousteau qu'il avoit ; au moyen duquel coup, ledit de Lezignan fist ung hault cry et dist que ledit Perret l'avoit tué. Et tantost après ledit de Lezignan alla de vie à trespassement. Pour laquelle cause, icellui Perret s'est absenté du païs et n'y oseroit jamais bonnement converser, reppairer ne retourner, se nostre grace et misericorde ne lui estoit sur ce impartie, ainsi qu'ilz nous ont fait dire et remonstrer, humblement requerant icelle. Pour quoy nous, ces choses considerées, voulans misericorde prefferer à rigueur de justice, à icellui Mathelin Perret oudit cas avons remis, quicté et pardonné, etc. Si donnons en mandement, par cesdictes présentes, au seneschal de Poictou ou à son lieutenant, et à tous noz autres justiciers, etc., que de noz presens grace, remission, quictance, restablissement et pardon ilz facent, seuffrent et laissent ledit Mathelin Perret joir et user, etc. Et afin, etc. Sauf, etc. Donné à Fontenay le Conte, ou mois de novembre l'an de grace mil cccc. soixante douze, et de nostre règne le douzeiesme.

Ainsi signé : par le roy, l'evesque d'Aire [1], le gouverneur de la Rochelle [2], maistre Ambroys de Cambray et autres presens. Toustain. — Visa. Contentor. J. Duban.

MDX

Décembre 1472.

Rémission en faveur d'Etienne de Granges, écuyer, Mathurin Tubin et Robin Le Prevost, sergent de la seigneurie de Grandchamp au Maine, poursuivis pour coups et blessures. Sur l'ordre de Jacques de Surgères, seigneur de la Flocelière, de Cerisay et de Grandchamp [3], ils étaient allés saisir « la forme, la pâte ou le pain » qu'ils trouveraient chez un nommé Jean Le Villain, sujet de ladite seigneurie de Grandchamp, qui refusait, bien qu'il y fût tenu, de faire moudre son blé

---

1. Tristan d'Aure, d'abord référendaire du pape, puis évêque de Couserans, fut transféré au siège d'Aire vers l'an 1461. Du moins il est nommé en cette qualité au contrat de mariage de Gaston comte de Foix avec Madeleine de France, sœur de Louis XI, le 11 février 1462 n. s. Son nom ne se rencontre qu'assez rarement parmi les souscriptions de lettres patentes. Il paraît avoir occupé le siège d'Aire jusqu'en 1478 et mourut nonagénaire en 1509. (*Gallia christ.*, t. I, col. 1163.)

2. Louis de Beaumont, seigneur de la Forêt-sur-Sèvre, fut nommé gouverneur et lieutenant pour le roi à la Rochelle, suivant Amos Barbot (*Hist. de la Rochelle*, Arch. hist. de Saintonge, t. XIV, p. 369) ; le P. Arcère donne la date du 13 juin. Quand Charles, frère de Louis XI, prit possession de son troisième apanage, qui comprenait, avec le duché de Guyenne, la Saintonge, l'Aunis et le gouvernement de la Rochelle, il remplaça le s^r de la Forêt par Thierry de Lenoncourt, son chambellan, le 26 mai 1469. (*Id.* p. 383.) Ni Barbot ni Arcère ne disent si ce dernier fut maintenu dans ce poste par Louis XI, après la mort du duc de Guyenne (25 mai 1472). Ils mentionnent comme son successeur, mais sans indiquer la date de son entrée en fonctions, Philippe de Crévecœur, s^r d'Esquerdes, qui fut en effet gouverneur de la Rochelle à la fin du règne de Louis XI ; toutefois, comme il demeura au service de Charles le Téméraire jusqu'à la mort de ce duc de Bourgogne, sa nomination par le roi ne peut être antérieure aux premiers mois de 1477. D'ailleurs le P. Anselme cite des actes de 1473 et de 1476 dont on peut inférer que Thierry de Lenoncourt était encore gouverneur de la Rochelle à ces dates, de sorte qu'il est on ne peut plus vraisemblable qu'il en exerça les fonctions, sans interruption, de 1469 à 1476 au moins. (Cf. ci-dessus la note relative à ce personnage, p. 313.)

3. Jacques III de Surgères, chevalier, seigneur de la Flocelière, Saint-Paul, Cerisay, Ambrières, Balon et Grandchamp dans le Maine, comme on le voit ici, chambellan du roi, était fils de Jacques II et de Marie de Sillé, sa troisième femme. Il passa, le 3 avril 1452, une transaction avec le prieur du Châtellier au sujet d'une terragerie, transaction confirmée par Jean, abbé de Mauléon (coll. dom Fonteneau, t. VIII, p. 185), fut présent, le 31 août 1459, au contrat de mariage de

au moulin dudit Grandchamp, et comme celui-ci s'opposait par la force à les laisser entrer dans sa maison, ils l'avaient battu et frappé d'un coup de dague. « Si donnons en mandement au bailly de Touraine et des ressors et exempcions d'Anjou et du Maine, etc. Donné à Paris, ou moys de decembre l'an de grace mil cccc. soixante douze, et de nostre règne le xii°. » (JJ. 195, n° 758, fol. 186 v°.)

MDXI

Rémission accordée à Jean Rabeau, sellier, demeurant à Bressuire, qui, deux ans auparavant, à Saintes, avait frappé d'un coup mortel un de ses compagnons, nommé Robinet, dans une rixe provoquée par ce dernier. (JJ. 197, n° 266, fol. 143 v°.)

Janvier 1473.

Loys, par la grace de Dieu roy de France. Savoir faisons à tous, presens et avenir, nous avoir receue l'umble supplicacion de Jehan Rabeau, sellier, demourant à Bressuire, chargé de femme et enffans, contenant que ledit suppliant estant demourant en la ville de Xaintes, chez ung nommé Pierre Blanchet, aussi sellier, l'an mil cccc.lxx, environ

---

Marie, sa sœur de père et de mère, avec Aymar de Brisay, chevalier (*id.*, p. 185), et en décembre 1483, il obtint des lettres patentes portant réunion en un seul hommage lige de sept hommages qu'il devait séparément au roi, à cause de sa terre et seigneurie de la Flocelière (*id.*, p. 229). Nous avons signalé, dans un autre endroit, le curieux procès que Jacques de Surgères intenta à Jean de Brosse, seigneur de Laigle et de Châteaumur, à Aleran de Saint-Georges, son maître d'hôtel, à Miles, Jean et Gilles de Montournois, écuyers, et autres leurs complices, qu'il accusait d'avoir chassé sur ses terres, de l'avoir diffamé dans des libelles et de s'être livrés à des sévices sur sa personne, et indiqué les cotes d'actes relatifs à cette affaire, entre le 22 mai 1477 et le 4 janvier 1480. (Vol. précédent, p. 382, note.) Nous ne pouvons que nous y référer, sans vouloir entrer dans le détail qui exigerait trop de développements. Jacques de Surgères rendit aveu de sa terre de la Flocelière à la Tour de Maubergeon dont elle relevait, avec droit de haute, moyenne et basse justice, et au devoir d'un éperon doré, le 23 avril 1485. (Arch. nat., P. 1145, fol. 145 v°, 147.) Charles viii lui accorda l'établissement d'un marché chaque semaine et de deux foires par an dans chacune des localités de la Flocelière, Cerisay et Saint-Paul, « chasteaux fors et bonnes grosses bourgades », dont il était seigneur, par lettres données aux Montils-lès-Tours, au mois de mars 1488 n. s. (JJ. 219, n° 16, fol. 8.) Il avait épousé, en 1452, Renée de Maillé, dont il eut sept enfants, trois fils et quatre filles; elle lui avait apporté en mariage ses seigneuries du Maine, Balon et Grandchamp. (Voy. Beauchet-Filleau, *Dict. des familles de l'anc. Poitou*, 1re édit., t. II, p. 682.)

la my quaresme, et à ung jour dont il n'est recors, se
trouva en une taverne audit lieu de Xaintes, avec plusieurs
compaignons dudit mestier de sellier, desquelz icellui
suppliant ne scet les noms, fors et excepté de deux, dont
l'un estoit nommé Robinet, l'autre surnommé Fillon ; et
après qu'ilz eurent desjeuné ensemble, ilz se partirent de
ladicte taverne et allèrent conduire ledit Fillon, qui s'en
alloit demourer en ladicte ville de Xaintes (sic), et le con-
voyèrent jusques environ ung quart de lieue hors d'icelle
ville, et illec se departirent. Et ainsi que lesdiz suppliant,
Robinet et compaignons s'en retournoient en ladicte ville,
sans ce qu'il y eust entre eulx aucune question ou debat,
ne que ledit suppliant eust meffait ne mesdit audit Robinet, icellui Robinet gecta du bout du pié une pierre
contre le visaige dudit suppliant tellement qu'il le bleça et
lui fist sang, dont il despleut audit suppliant qui dist :
« Pour quoy m'as tu gecté ceste pierre ? Tu es tousjours
oultrageux en tes faiz ». Et ledit Robinet fierement lui
demanda : « Et t'en desplaist il ? », et il lui respondit que
oy. Et sans plus parler, icellui Robinet donna incontinant
audit suppliant du poing sur le visaige et le print aux
cheveulx. Et icellui suppliant en soy deffendant se coulpla
audit Robinet, le gecta à terre et se mist sur lui, sans le
frapper. Et ledit Robinet lui dist : « Lasche moy », ce que
ledit suppliant fist, et puis se acheminèrent droit à la ville.
Et après ce, quant ilz furent environ une portée d'arc
d'illec, ledit Robinet print ung baston que portoit l'un
desdiz compaignons et sans dire mot, vint audit suppliant
et dudit baston lui donna ung coup sur la teste, et ce fait
se coulpla à lui, le gecta à terre, saillit sur lui des deux
genoulz et du poing lui donna sur le visaige plusieurs
coups tellement que, se n'eussent esté lesdiz autres compaignons, veue sadicte felonnie, icellui suppliant croit
qu'il l'eust tué. Et tantost iceulx compaignons les departirent, en disant à icellui suppliant qu'il s'en allast ;

et lors, comme tout desplaisant, s'en alla chez sondit maistre en ladite ville. Et tantost après lesdiz Robinet et compaignons vindrent devant l'ouvrouer dudit Pierre Blanchet, où ledit suppliant estoit. Et quant icellui suppliant vit ledit Robinet, dist à ung nommé Jehan de Lamballe : « Je vous prie, faictes l'appoinctement d'entre Robinet et moy et je paieray une darne [1] de saumon. » Et à ceste cause, icellui Lamballe alla parler audit Robinet pour traicter ledit appointement, mais il lui respondit qu'il n'en feroit riens et qu'il s'en vengeroit. Et quinze jours après ou environ, ledit Robinet, à ung jour de lundy, pour ce qu'il s'en vouloit aller demourer hors ladicte ville de Xaintes, convoya et semonnit à desjeuner en une taverne de ladicte ville ledit suppliant et plusieurs des compaignons dudit mestier de sellier, et en desjeunant, ledit Robinet leur dist qu'il y avoit un enffant et serviteur, le nom duquel ne scet, demourant en ladicte ville avec ung des maistres du mestier de sellier, qui n'avoit point paié sa selle, et qu'il en vouloit menger sa part, avant qu'il s'en allast. Et ce dit, tous ensemble mandèrent venir devers eulx ledit serviteur, et lui venu devers eulx, ledit Robinet lui dist : « Vien ça, il fault que tu paies ta selle » ; lequel leur respondit qu'il n'avoit point d'argent, mais tellement firent iceulx compaignons que ledit serviteur emprunta de l'argent et consentit paier sadicte selle, et pour faire appareiller, cedit jour, à disner leur bailla ung escu d'or. Lesquelz compaignons firent appareiller ledit disner en ladicte taverne où ilz desjeunoient lors, et mandèrent venir audit disner deux des maistres dudit mestier et aussi ledit suppliant, qui s'i trouva. Et après ce qu'ilz eurent disné, lesdiz maistres et compaignons ou aucuns d'eulx dirent audit suppliant : « Tu ne es pas digne d'estre ycy, pour oïr les

---

1. « Darne », plus souvent écrit « derne », signifiait morceau, tranche. (F. Godefroy, *Dict. de l'anc. langue française*, v° Derne.)

secretz du mestier, pour ce que tu n'en es pas compaignon. Va t'en embourrer des contresangleaux ». Adonc ledit suppliant leur dist qu'il en estoit content, et incontinant s'en partit et s'en alla en l'estable dudit hostel, laquelle est soubz la chambre où lesdiz maistres et compaignons passoient [1] ledit serviteur compaignon dudit mestier. Et tantost après ledit Robinet, qui estoit homme fort noisif et ne queroit que avoir question audit suppliant, descendit en ladicte estable, où il trouva ledit suppliant, auquel il demanda : « Que fais tu illec ? » Lequel lui respondit : « Je ne foiz riens : je suis ycy venu pour ce que le cueur me fait mal. » Et lors icellui Robinet lui dist : « Tu as menty. Tu escoutes les droitz et secretz de nostre mestier. » Et il lui dist que non faisoit, et, sans plus dire, ledit Robinet print une fourche qui estoit en ladicte estable, vint audit suppliant et lui en donna ung coup en travers des jambes, tellement qu'il chey à terre. Et adonc ledit suppliant se escrya ; auquel cry et debat survint ledit Lamballe, lequel dist audit Robinet : « Pourquoy l'as tu frappé ? il ne te demandoit riens ». Et lors ledit suppliant dist audit Robinet : « Tu as fait que fol de m'avoir frappé ; je le te rendray avant que je dorme ». Et incontinant que ledit suppliant se peut relever et soustenir, soy sentent ainsi oultraigé sans cause, considerant aussi la perceveration et mauvais propos dudit Robinet, et qu'il n'avoit baston de quoy se deffendre, s'en alla en la maison de sondit maistre et en icelle print une petite espée d'armes, la mist soubz son braz, et puis s'en retourna en ladicte taverne, et y entra par l'uys de derrière. Et lui estant en une chambre d'icelle taverne, apperceut ledit Robinet ayant ung gros baston de chesne vert, qui serchoit ledit suppliant par ladicte maison, pour encores le vouloir oul-

---

1. C'est-à-dire le faisaient passer compagnon, en acceptant sa bienvenue.

trager ; et sitost que ledit Robinet le vit en ladicte chambre, sans dire mot, leva son baston, cuidant frapper ledit suppliant. Et ce voyant, icellui suppliant, pour resister à sa mauvaise entreprinse et pour la seureté de sa personne, vint au devant dudit Robinet, à l'uys de ladicte chambre, tira sadicte espée et lui en presenta ung estoc, sans lui toucher. Et lors ledit Robinet vint audit suppliant et de sondit baston lui cuida donner de plain braz sur la teste; à quoy icelluy suppliant resista et receut ledit coup de sadicte espée, et d'icelle donna audit Robinet ung coup de taille sur la teste, tellement qu'il cheut à terre. A l'occasion duquel coup d'espée ledit Robinet, sept ou huit jours après, par faulte de bon gouvernement ou autrement, alla de vie à trespas. Par quoy ledit suppliant, doubtant rigueur de justice, s'est absenté du païs et de sa demourance et n'y oseroit jamais retourner ne converser, se nostre grace et misericorde ne lui estoit sur ce impartie, comme il dit, humblement requerant, etc. Pour ce est il que nous, ces choses considerées, voulans misericorde prefferer à rigueur de justice, audit suppliant avons les faiz et cas dessusdiz quicté, remis et pardonné, etc. Si donnons en mandement, par ces mesmes presentes, aux seneschaulx de Poictou et de Xaintonge et à tous noz autres justiciers, etc., que de noz presens grace, quictance, remission et pardon facent, seuffrent et laissent ledit suppliant joir et user plainement et paisiblement, etc. Donné à Mortaigne, ou mois de janvier l'an de grace mil cccc. soixante douze, et de nostre règne le douzeiesme.

Ainsi signé : Par le roy, à la relacion du conseil. J. Menou. — Visa. Contentor. J. Duban.

MDXII

Rémission octroyée à Jeanne Mercier, jeune femme âgée de dix-neuf ans, de Saint-Pierre-du-Chemin, prisonnière à Fontenay-le-Comte, pour infanticide. (JJ. 197, n° 264, fol. 142 v°.)

Janvier 1473.

Loys, par la grace de Dieu roy de France. Savoir faisons à tous, presens et avenir, nous avoir receue l'umble supplicacion de Jehanne Mercière, jeune femme de l'aage de dix neuf ans ou environ, fille de feu Clemens Mercier et de Mathurine Brussaude, sa femme, ses père et mère, pouvre femme de la parroisse de Saint Pierre du Chemin, contenant que, certain temps a, André Mercier, son frère, qui jà l'avoit accueillie ou louée à aucuns autres, où elle avoit demouré son temps, la loua et acueilly de rechef avecques ung nommé Jehan Durandeau, lors demourant à la Gajonnière en la parroisse du lieu de Mairevant, avecques lequel elle demoura servante et chambrière par l'espace de cinq quarterons d'an ou environ ; pendant lequel temps ledit Durandeau, son maistre, l'a requise plusieurs foiz d'avoir sa compaignie charnelle. Laquelle au moyen de grans promesses qui lui fist tant de la marier, l'avancer et lui donner de ses biens, et durant ce que la femme dudit Durandeau, son maistre, estoit absente et hors de sa maison, se condescendy à la volenté dudit Durandeau, son maistre, lequel la deflora et la congneut charnellement en ung sien hostel qu'il avoit ou villaige des Oublières, où ilz estoient, environ la feste Nostre Dame de mars derrenièrement passée ; et depuis a eu la compaignie charnelle de ladicte suppliante diverses foiz et tellement qu'il l'angroissa d'un enffant masle. Et le jour et feste des Roisons [1] derrenièrement passée, ledit Duran-

---

1. C'est-à-dire les Rogations, prières publiques et processions pour les biens de la terre, célébrées pendant les trois jours qui précèdent l'Ascension. Fr. Godefroy (*Dict. de l'anc. langue française*, v° Rovaison), outre roisons, raysons, rovaisons, a relevé plus de vingt autres formes de ce dérivé du latin *rogatio*.

deau, son maistre, la fiança avecques ung nommé Pierre Gendron, filz de Estienne Gendron, du villaige de Serigné, avecques lequel, quinze jours après la feste saint Jehan Baptiste derrenierement passée, ladicte suppliante fut conjoincte par mariage. Et tantost après les nopces faictes, elle se senty grosse dudit enffant, et aussi s'en apperceut ledit Pierre Gendron, son mari ; depuis laquelle chose, il lui commança à tenir très mauvais termes, et depuis ung mois ença, à [ceste] cause, l'a batue très enormement de grosses verges d'oisif[1] dont il la blessa en plusieurs parties de son corps en la menassant ; et depuis l'a plusieurs foiz menassée de lui coupper la gorge d'un cousteau. Et aussi quinze jours ou trois sepmaines a ou environ, la mère de sondit mary fist porter à ladicte suppliant, depuis la maison où il estoit demourant jusques au four banier dudit lieu de Serigné, qui est distant de ladicte maison d'une portée et demie d'arbaleste ou environ, et par dessus une haye et sur sa teste ung boisseau et demi de paste, à grant peine et ahan, pour icelle faire cuyre audit four. Au moyen de quoy et des exceps que sondit mary lui avoit faiz, ladicte suppliant, comme elle croit, se greva du fruyt qu'elle avoit en son ventre, tellement que deux ou trois jours après elle cheut en grant maladie de fluz de ventre, dont elle fut detenue par deux jours et plus, en manière que, ung jour de mardi avant la feste de Noel derrenière passée, devers le soir, elle fut contrainte d'aller à chambre en ung jardin hors ladicte maison, pour ce qu'il n'y avoit nulz retraiz, et derrière certaine quantité de bois de chauffaige, et en alant à chambres audit retrait, ladicte suppliant rendy son enffant tout mort, dont elle fut bien esbahye ; laquelle ce voyant, pour cuider couvrir son cas, afin que sondit mary n'en sceust riens et pour la crainte qu'elle avoit de lui, print sondit enffant mort et le

---

1. Mot du patois poitevin signifiant « osier ».

mist et gecta par dessus ung mur et le couvry de pierres, puis s'en alla et retourna en ladicte maison où elle se chauffa ung peu au feu. Et pendant ce, les père et mère de sondit mary et sondit mary se misdrent à table pour souper, et voyant ladicte suppliant qu'ilz souppoient, elle s'en retourna de rechef ou vergier et au lieu où elle avoit mis sondit enffant, lequel elle print et le porta et gecta en une fontaine qui est publicque, assise en ung carrefour public dudit lieu de Serigné, afin qu'il feust plustost trouvé pour le ensepulturer ou autrement, et puis s'en retourna en l'ostel desdiz père et mère de sondit mary, faingnant qu'elle venoit de sondit retraict, comme elle avoit fait paravant, sans aucunement leur dire ne declarer ledit cas ainsi advenu. Et le jour ensuivant, ledit enffant fut trouvé mort en ladicte fontaine. Pour lequel cas, par suspeccion ou autrement, ladicte Jehanne suppliant fut arrestée par noz officiers au lieu de Fontenay le Conte, où elle a volentairement confessé ledit cas en la manière dessus dicte, et y est encores detenue prisonnière en voye de pouvrement et miserablement finer ses jours, se noz grace et misericorde ne lui sont sur ce imparties, humblement requerant que, attendu et consideré ce que dit est, mesmement qu'elle estant grosse dudit enffant, elle fut grevée aux causes dessus dictes et par ce le gecta mort, sans ce que autrement elle l'ait fait mourir, comme dit est, il nous plaise sur ce nosdictes grace et misericorde lui impartir. Pour quoy nous, ces choses considerées, etc., à ladicte suppliant oudit cas avons quicté, remis et pardonné, etc. Si donnons en mandement, par ces mesmes presentes, au seneschal de Poictou ou à son lieutenant audit lieu de Fontenay le Conte, que de noz presens grace, quictance, remission et pardon il face, seuffre et laisse ladicte suppliant joir et user, etc. Donné à Cholet, ou mois de janvier l'an de grace mil cccc. soixante douze, et de nostre règne le douzeiesme.

Ainsi signé : Par le roy, à la relacion du conseil. Gontier. — Visa. Contentor. J. Duban.

MDXIII

Permission à Jean d'Estissac de réédifier les châteaux et fortifications de Coulonges-les-Royaux et du Bois-Pouvreau, qui avaient été rasés par ordre du roi, ledit sr d'Estissac ayant été traité en rebelle lorsqu'il était au service de Charles duc de Guyenne. (JJ. 197, n° 252, fol. 138.)

Janvier 1473.

Loys, par la grace de Dieu roy de France. Savoir faisons à tous, presens et avenir, que, comme nostre bien amé Jehan d'Estissac [1] nous ait fait exposer que ès lieux de

---

1. Jean de Madaillan d'Estissac, écuyer, fils de Jeanne d'Estissac et de son second mari, Lancelot de Madaillan, seigneur de Lesparre, hérita vers 1460 de son oncle Amaury d'Estissac, seigneur de Coulonges-les-Royaux, le Bois-Pouvreau, Cherveux, etc., sénéchal de Saintonge, décédé sans enfants, dont il prit le nom et les armes. Conseiller et chambellan du duc de Guyenne, il servit ce prince avec un zèle qui lui attira la colère de Louis XI, comme on le voit ici. C'est en 1471 que le roi avait confisqué et fait raser ses châteaux de Coulonges et du Bois-Pouvreau ; il avait même fait don de la terre du Bois-Pouvreau à Jacques de Beaumont, sire de Bressuire, qui l'an 1472 en était seigneur, comme le prouvent les hommages qui lui furent rendus en cette qualité, entre autres par Jean Tudert, le fils, conseiller au Parlement de Bordeaux. (*Arch. du château de la Barre*, t. II, p. 17, 34 ; B. Ledain, *Hist. de Bressuire*, p. 321.) En dernier lieu, il avait été commis par le duc de Guyenne à la garde des château et ville de Mussidan, d'après une quittance qu'il donna, le 10 février 1472 n. s., à Jean Gaudète, trésorier des guerres du duc, de 240 livres « pour l'entretenement et soulde de trente hommes de guerre... ordonnez pour la seureté et deffense desdiz chasteau et ville, pendant ledit mois de février et le mois de mars suivant ». (Bibl. nat., ms. fr. 27564, dossier d'Estissac, n° 20.) Le 21 juillet 1465, Jean d'Estissac avait fait aveu au roi de sa terre et seigneurie de Coulonges-les-Royaux. (Arch. nat., P. 1145, fol. 43.) Comme seigneur du Bois-Pouvreau, le 5 août de la même année, par mandement adressé à son sénéchal de ladite châtellenie, il certifia que Louis Rousseau, écuyer, sr de la Boissière, procureur de Jean Tudert, lui avait fait les trois hommages qu'il lui devait, et par autre acte du même jour, que Laurent Sappin, laboureur, était venu lui rendre les foi et hommage lige, baiser et serment de feauté dus pour son hébergement de la Petite-Barre. De Bordeaux, le 8 août 1475, il adressa de nouveau à son sénéchal du Bois-Pouvreau des lettres attestant que Jean Tudert, conseiller au Parlement de Bordeaux, lui avait fait, au nom de Catherine de Champdenier, sa mère, quatre hommages, deux liges et deux pleins. Le 18 novembre 1482, ces hommages furent

Couloingnes les Reaulx et du Bois Povreau, qui sont belles et anciennes chastellenies, assises ou païs et conté de Poictou, souloit avoir anciennement très beaulx chasteaux et places fortes, èsquelles les habitans desdictes chastellenies avoient acoustumé de retraire eulx et leurs biens en temps de guerre et hostillité. Mais pour ce que ledit seigneur d'Estissac, qui estoit serviteur de feu nostre frère le duc de Guyenne [1], s'est, durant les divisions derrenières qui ont esté entre nous et nostredit feu frère, tenu ou party et obeissance d'icellui nostre frère et l'a servy à l'encontre de nous, sesdiz places et chasteaulx de Coulonges les Reaulx et du Bois Povreau et autres ses maisons et ediffices ont esté par nostre commandement et ordonnance demolies et abatues; lesquelles places, chasteaulx, maisons et ediffices ainsi abatues, ledit seigneur d'Estissac, pour le bien et entretenement de sesdictes chastellenies, terres et seigneuries desdiz lieux de Coulonges les Reaulx et le Bois Povreau et des habitans d'icelles, de ses hommes et subgectz, et aussi pour l'acroissement de sa revenue, feroit volentiers reediffier et mettre en estat. Mais pour ce qu'ilz ont esté, comme dit est, demolies et abatues par nostre commandement et ordonnance, il ne vouldroit ne oseroit ce faire, s'il n'avoit sur ce noz congié et licence, en nous humblement requerant icellui (*sic*). Pour quoy nous, ces choses considerées, inclinans à la supplicacion et requeste dudit seigneur d'Estissac, à icellui pour ces causes et mesmement en faveur d'aucuns bons et agreables services qu'il nous a par cy devant faiz et que esperons que encores plus nous fera ou temps avenir, avons

---

renouvelés, mais alors Jean d'Estissac était défunt, et ils furent reçus par Bertrand d'Estissac, son fils aîné, au nom de son cadet, Geoffroy, seigneur du Bois-Pouvreau, alors encore mineur. (A. Richard, *Arch. du château de la Barre*, t. II, p. 33, 35, 44, 100.) Pour la descendance de Jean d'Estissac, cf. le *Dict. des familles de l'ancien Poitou*, nouv. édit., t. III, p. 313.

1. Charles de France, duc de Guyenne, frère de Louis XI, était mort le 25 mai de l'année précédente. (Voy. ci-dessus, p. 172, note.)

donné et octroyé, donnons et octroyons, de grace especial, par ces presentes, plaine puissance et auctorité royal, congié et licence de faire reediffier, bastir et construire de nouvel lesdiz chasteaulx et places de Coulonges les Reaulx et du Bois Povreau, avec ses autres maisons et ediffices ainsi demolies et abatues que dit est, et iceulx chasteaux fortiffier de murailles, tours, portaulx, machecoliz, pontz leveis, boulevars, fossez et autres fortifficacions et emparemens ydoynes et neccessaires à places fortes, en telz lieux et places de sesdictes chastellenies, terres et seigneuries qu'il verra estre à faire plus avantageuses et convenables, non obstant que lesdiz chasteaulx, places, maisons et ediffices aient esté, à l'occasion desdictes divisions, demolies et abatues par nostre dit commandement et ordonnance, et quelxconques ordonnances, restrincions, mandemens ou deffences à ce contraires. Si donnons en mandement, par cesdictes presentes, aux seneschaulx de Poictou et de Xaintonge et à tous noz autres justiciers, ou à leurs lieux-tenans, presens et avenir, et à chacun d'eulx, si comme à lui appartiendra, que de noz presens grace, congié, licence et octroy ilz facent, seuffrent et laissent ledit seigneur d'Estissac joir et user plainement et paisiblement, sans lui faire, mettre ou donner, ne souffrir estre fait, mis ou donné aucun destourbier ou empeschement au contraire ; ainçois se fait, mis ou donné lui avoit esté ou estoit, l'ostent, repparent et remettent, ou facent oster, repparer et remettre, tantost et sans delay, au premier estat et deu. Car ainsi nous plaist il estre fait. Et afin, etc. Sauf, etc. Donné au Pontereau, ou mois de janvier l'an de grace mil cccc. soixante douze, et de nostre règne le douzeiesme.

Ainsi signé : Par le roy, le sire de Roscur [1] et autres presens. Tilhart. — Visa. Contentor. J. Du Ban.

---

1. *Sic*, et *id.*, JJ. 197, n° 241 (Cholet, janvier 1473) ; Roscures (*id.* n° 245); Renescur (*id.* n° 246) ; *aliàs* Renescures, qui est la véritable orthographe d'un nom de seigneurie (c^{on} d'Hazebrouck, Nord), apparte-

MDXIV

Rémission donnée en faveur de Michau Moulineau, couturier, du bourg de Notre-Dame de Celles, qui avait tué un nommé Jourdain, parce que celui-ci, dans une dispute, lui avait dit qu'il serait pendu comme son père. (JJ. 197, n° 302, fol. 164 v°.)

Janvier 1473.

Loys, par la grace de Dieu roy de France. Savoir faisons à tous, presens et avenir, nous avoir receue l'umble supplicacion de Michau Moullineau, pouvre homme, cousturier du bourg et parroisse de Nostre Dame de Selles en Poictou, aagé de vingt quatre ans ou environ, chargé de jeune famme et d'un petit enffant, contenant que le jour de saint Thomas devant la feste de Noël derrenier passé, ainsi que ledit suppliant venoit de la ville de Melle audit Selles, arriva en l'ostel de Jehan Callart où il trouva ung jeune homme qui se disoit clerc de Jehan Genevoys [1], homme de pratique, soy complaingnant, disant que l'on avoit prins son chappeau et sa cornète en l'ostel de Jehan Lespicier, et ne les povoit recouvrer, et sur ce point se partit icellui clerc et s'en alla. Et incontinant s'en alla ledit Michau suppliant chez ledit Espicier où il trouva plusieurs compaignons, et ainsi qu'ilz descendoient d'une chambre, leur dist ledit suppliant telles parolles ou semblables en substance : « Veez là le clerc du juge qui s'en va sans cornète et sans chappeau, et dit qu'il l'a perdu

---

nant à Philippe de Commynes, et celui-ci en porta le titre jusqu'après son mariage avec Hélène de Chambes, dame d'Argenton en Poitou (contrat du 27 janvier 1473 n. s. Mlle Dupont, *Mémoires de Commynes*, t. III, p. 38 53). A partir de cette époque, on l'appela plus ordinairement M. d'Argenton.

1. Jean Genevois est qualifié praticien en cour laie, demeurant à Melle, dans des lettres de janvier 1465, portant que la rémission qui lui avait été accordée précédemment comprendrait, outre l'homicide de Guillaume Bastard, plusieurs autres délits antérieurs. (Ci-dessus, n° MCCCXCIX, p. 3-5.)

ceans. Il ne fait pas bon se jouer à lui ; s'il y a personne qui l'ait prins, si le lui rende. » Et lors ung nommé Jourdain, l'un desdiz compaignons, dist : « Je ne sçay qui l'a eu ; je ne l'ay pas eu ». Et ledit suppliant dist : « Je ne le dy pas ». A quoy ledit Jourdain dist audit suppliant telles parolles : « De quoy te mesles tu ? » Et ledit suppliant respondit : « Je ne vous le dy pas par mal ». Et après eurent plusieurs parolles rigoreuses entre eulx, entre lesquelles ledit Jourdain dist audit suppliant telles parolles : « Tu seras pendu comme ton père ». Adonc, ledit suppliant s'efforça de prandre une espée sur ung lit et frapper ledit Jourdain, dont il fut reffraint et gardé ; puis print ledit suppliant dedens le foyer ung baston ferré de quoy l'on atize le feu, et poursuyvit ledit Jourdain jusques au fouyer dudit Jehan Lespicier, et ainsi que icellui suppliant cuidoit frapper ledit Jourdain, le coup cheut sur le bras du varlet dudit Espicier ; et atant furent deppartiz, et s'en alla ledit Jourdain chez son maistre, nommé Anthoine Doulx, et illec print ung grant baston, menassant ledit suppliant qui s'en alloit en son hostel. Lequel suppliant saillit et en icellui son hostel print une javeline et vint audit Jourdain, lequel monta en ung plancher où il fut laissé par ledit suppliant qui s'en retourna. Mais lui dist ledit Jourdain derechef et par plusieurs foiz qu'il seroit pendu comme son père. Et à ung certain autre jour, environ deux ou trois jours après, survint ledit Jourdain en l'ostel où demeure Jehan Moullineau, où estoit ledit suppliant, à qui porcion dudit hostel appartient, et audit Jourdain dist telles parolles : « Que vien tu querir cy ? Va t'en ». Et lors ledit Jourdain lui respondy : « Tes toy ! ta maison est bien engaigée et si hantes en tel lieu où les jambes te feront bien mestier ». Et alors ledit suppliant print ung tison de feu et s'efforça d'en frapper ledit Jourdain, lequel s'en alla. Et le jeudi vigille de la Circon-[ci]sion, advint que ledit suppliant se trouva en l'ostel de

Jehan Pallain [1], où estoient plusieurs compaignons faisant grant chère pour l'onneur de la feste que l'en appelle communement Aguillaneu, et bien tost survint une autre compaignie de gens qui venoient dançans, qui entra en icellui hostel et eulx tous assemblez chantèrent, beurent et dancèrent, excepté ledit suppliant qui point ne dança, mais s'efforça de jouer à saillir. Et illec estoit ledit Jourdain et ainsi qu'ilz se departoient, descendit d'un degré ou eschelle ledit suppliant, le second ou tiers, et tantost après descendit ledit Jourdain ; et ainsi qu'il sortoit dehors, ledit suppliant, recors de ce que ledit Jourdain lui avoit dit qu'il seroit pendu comme son père, tira ung cousteau ou badelaire qu'il portoit et d'un coup de taille le frappa en la teste, au travers de la jouë et environ l'oreille, dont il cheut à terre, et d'un autre coup le frappa par les deux jarretz ; au moyen desquelx coups ledit Jourdain, une heure après ou environ, alla de vie à trespas, sans parler. Pour occasion duquel cas, ledit suppliant, doubtant rigueur de justice, s'est absenté du païs, ouquel ne ailleurs en nostre royaume il n'oseroit jamais seurement converser, reppairer ne demourer, se noz grace et misericorde ne lui estoient sur ce imparties, en nous humblement requerant iceulx. Pour quoy nous, ces choses considerées, voulans misericorde prefferer à rigueur de justice, audit Michau Moullineau suppliant avons le fait et cas dessus declairé quicté, remis et pardonné, etc., satisfaction

---

1. Un Jean Pallain (on ne saurait affirmer qu'il s'agit du même personnage), Louis Pallain et Marguerite de La Rivière avaient été poursuivis pour « certains excès et attemptaz par eux commis et perpetrez », par Josselin Du Bois, chevalier, sr de Chabanne, comme ayant droit de Catherine Maussabré, et condamnés par le sénéchal de Poitou, ils avaient interjeté appel au Parlement. Le 20 février 1483, sur requête de Josselin Du Bois, la cour défendit aux appelants de ne rien entreprendre ni innover au préjudice de l'affaire pendante et de ne point tenir ledit Josselin en procès ailleurs qu'en ladite cour, sous peine de perdre leur cause et de payer cent marcs d'argent d'amende. Ils furent, à la même date, ajournés à comparaître en personne pour répondre au procureur général à toutes fins et à Josselin Du Bois, à fin civile seulement. (Arch. nat., X^{1a} 48, à la date.)

faicte à partie civillement tant seullement, se faicte n'est, etc. Si donnons en mandement, par ces presentes, au seneschal de Poictou et à tous noz autres justiciers, etc., que de noz presens grace, quictance, remission et pardon ilz facent, seuffrent et laissent ledit suppliant joir et user plainement et paisiblement, etc. Donné à Vandrines en Poictou, ou mois de janvier l'an de grace mil cccc. soixante et douze, et de nostre règne le douzeiesme.

Ainsi signé : Par le roy, l'evesque d'Avranches [1], le sire de Gaucourt [2] et autres presens. Tilhart. — Visa. Contentor. J. Duban.

MDXV

Rémission octroyée à Jeanne Hardouyn, fille de vingt-quatre ans, demeurant à la Béliardière en la châtellenie de la Merlatière, appelante d'une sentence des officiers de justice de la Merlatière qui l'avait condamnée à être brûlée pour infanticide. (JJ. 197, n° 257, fol. 140.)

Janvier 1473.

Loys, par la grace de Dieu roy de France. Savoir faisons à tous, presens et avenir, nous avoir receue l'umble supplicacion des parens et amis charnelz de Jehanne Hardouyne, fille de François Hardouyn et de Simonne Pescherelle, demourant ou villaige de la Beliardère en la chastellenie de la Merlatière, aagée ladicte Jehanne de

---

1. Jean Bouchard ou Bochard, évêque d'Avranches du 28 avril 1453 au 28 novembre 1484. (Ci-dessus, p. 326, note.)
2. Charles de Gaucourt, chevalier, seigneur de Châteaubrun en Berry, fils de Raoul vi et de Jeanne de Preuilly, était membre du Conseil royal depuis l'année 1455. Louis xi le fit chevalier à Reims, le jour même de son sacre, et, après la fuite de Charles, son frère, en Bretagne, il le chargea de maintenir le Berry dans son obéissance. Le 27 octobre 1465, le roi lui céda la seigneurie de Vierzon, en échange des capitaineries de Chinon, de Rouen et de Gisors, et un mois plus tard il ajouta à ce don une pension de 4000 livres. Le sire de Gaucourt mourut à Paris en 1482 et fut enterré dans l'église de Saint-Jean-en-Grève. (Le P. Anselme, *Hist. généal.*, t. VIII, p. 371 ; J. Vaësen, *Lettres de Louis XI*, t. V, p. 24.)

vingt quatre ans ou environ, contenant que ladicte Jehanne Hardouyne, qui est aagée desdiz xxiiii. ans, a tousjours demouré avecques sesdiz père et mère et par ce qu'ilz ne l'ont voulu marier, elle se habandonna, l'année derrenierement passée, à ung certain compaignon qui eut sa compaignie par plusieurs foiz et tellement quil l'angroissa d'un enffant ; laquelle estant ainsi grosse dudit enffant, en fut advertie par plusieurs et mesmement par sesdiz père et mère, en lui disant qu'elle estoit grosse et qu'elle gardast le fruit qu'elle avoit, mais tousjours elle nyoit le fait pour honte et vergoingne qu'elle avoit, disant qu'elle estoit malade du mal saint Eutrope [1]. Et une nuyt qui fut sept ou huit jours environ la Toussains derrenière passée, elle estant couschée en ung appentilz, en la maison de sondit père, avecques Justine Hardoyne, aagée de quinze ans, Jehan Hardouyn, aagé de neuf ans, et Jehanne Hardoyne, aagée de cinq ans, ses frère et seurs, enfanta et rendy le fruit qu'elle avoit, qui estoit ung filz. Après lequel enfantement, elle craingnant la honte et vergoingne du monde et qu'elle feust blasmée et corrigée par sesdiz père et mère, print ledit enffant, le baptiza et après le frappa la teste contre terre, et l'occist et tua, sans ce que sesdiz frère et seurs, qui estoient couschez avec elle et dormoient, en apperceussent riens. Et après couscha et mist ledit enffant en la paille du lit où elle estoit couschée, et y demoura jusques au lendemain matin qu'elle le print et emporta et puis l'enterra soubz ung esbaupin, près d'un foussé et d'un petit chesne ou dommaine dudit lieu de la Beliardière. Et ce fait, cellui jour et autres subsequens, besoingna ou fait du mesnaige et des affaires de la maison de sondit père, ainsi qu'elle avoit acoustumé, afin que on ne s'en apperceust qu'elle eust eu ledit enffant. A l'oc-

---

[1]. C'est l'hydropisie, qu'on appelait le mal saint Eutrope. (F. Godefroy, *Dict. de l'anc. langue française*.)

casion duquel cas, il y a ung mois ou environ, ladicte Jehanne a esté prinse et detenue prisonnière ès prisons dudit seigneur de la Merlatière [1], èsquelles elle est encores detenue à present en grant pouvreté et misaire. Esquelles prisons, elle a esté oye par plusieurs foiz par les officiers dudit lieu de la Merlatière et autres commis à ce, ausquelx de prime face elle a nyé ledit cas, et après s'est efforcée le fulsir [2] et palier, en disant que bien estoit vray qu'elle avoit esté grosse d'enffant, mais que ainsi qu'elle estoit alée querir du myl en ung four audit lieu de la Beliardière, par certains compaignons de guerre qui estoient audit lieu avoit esté mis le feu devant la goulle dudit four où elle avoit souffert grant tourment et destresse, tellement que depuis elle n'avoit senty sondit fruit, et autrement a varié en plusieurs cas ou fait de sa confession, mais finablement elle a esté condempnée par lesdiz officiers à estre brulée, dont elle ou ses procureur, parens et amis pour elle ont appellé. Pour reverance duquel appel, qui n'est encores relevé et est encores dedens le temps deu de ce faire, se bon lui semble, elle est surcise et en voye de pouvrement et miserablement finer ses jours par rigueur de justice, à la grant honte et vitupère et deshonneur de sesdiz père et mère et autres ses parens et amis, supplians, qui tousjours se sont bien et doulcement gouvernez sans reprouche, se noz grace et misericorde ne lui estoient sur ce imparties, si comme ilz dient, humblement requerans que, attendu ce que dit est et que, se lesdiz père et mère de ladicte Jehanne l'eussent mariée

---

1. Louis de Rezay, chevalier, fils de Mathurin, était à cette époque seigneur de la Merlatière. (Cf. ci-dessus p. 101, note 2.) Il possédait aussi les châtellenies de la Jarrie et de la Rallière, tenues, ainsi que la Merlatière, à hommage lige de la vicomté de Thouars. Par acte du 2 janvier 1504, ces trois châtellenies furent réunies et tenues désormais à un seul hommage, en faveur de Guy ou Guyon de Rezay. (Le duc de la Trémoïlle et H. Clouzot, *Les fiefs de la vicomté de Thouars*, in-4°, p. 21.)

2. Chercher une excuse. Sur le sens du mot « fulsir », cf. F. Godefroy, *Dict. de l'anc. langue française*.

à heure, ce qu'ilz ne povoient faire, obstant leur pouvreté et autrement, elle ne se feust pas forfaicte et ne lui feust ledit cas advenu, avant lequel estat s'estoit tousjours bien et doulcement gouvernée, sans reprehencion, il nous plaise sur ce lui impartir nosdictes grace et misericorde. Pour quoy nous, ce consideré, voulans misericorde prefferer à rigueur de justice, à ladicte Jehanne Hardouyne, en faveur de sesdiz parens et amis, supplians, avons quicté, remis et pardonné, etc., le fait et cas dessus declairé, avec toute peine, amende et offence corporelle, criminelle et civille, etc., et avons lesdictes sentence, condempnacion et appellacion mises et mettons du tout au neant sans amende, et sans ce que ladicte Jehanne soit tenue de plus poursuir ne relever ladicte appellacion en aucune manière, et l'avons restituée et restituons à ses bonne fame et renommée, au païs et à ses biens non confisquez, etc. Si donnons en mandement, etc., aux seneschal de Poictou, bailli de Touraine et des ressors et exempcions d'Anjou et du Maine, et à tous noz autres justiciers et officiers, etc. Donné à Myssé près Thouars, ou mois de janvier l'an de grace mil cccc. soixante douze, et de nostre règne le douzeiesme.

Ainsi signé : Par le roy, les sires de Roscur [1], de Linières [2] et autres presens. Tilhart. — Visa.

---

1. Pour Renescure, seigneurie possédée par Philippe de Commynes, cf. ci-dessus, p. 339, note.
2. François de Beaujeu, sr de Linières, fils aîné d'Edouard de Beaujeu, seigneur d'Amplepuis, et de Jacqueline de Linières, fille de Jean v, grand queux de France, héritière de la baronnie de Linières en Berry et de tous les grands biens de sa maison qu'elle transmit à ses enfants. François sire de Linières avait été, en 1464 et 1465, conseiller et chambellan de Charles duc de Berry, frère de Louis xi, et fut chargé par ce prince de remettre le Berry au roi en 1465. De 1469 à 1473, son nom figure au bas de plusieurs ordonnances de Louis xi, qu'il souscrivit comme membre du conseil. (*Ordonnances des Rois de France*, in-fol., t. XV, p. 357, 358, 397 ; t. XVII, *passim*.) On conserve trois testaments de François sr de Linières, des 16 octobre 1469, 19 décembre 1476 et 13 août 1485. Il décéda entre cette dernière date et le 23 août 1486, qui est celle d'une transaction entre sa veuve et Jacques, son frère et héritier. (Arch. nat., P. 1366¹, cotes 1470, 1475 ; P. 1367¹, cotes 1533, 1534.)

MDXVI

Rémission accordée à Pierre Lucas, couturier, de Benet [1], qui avait causé involontairement la mort d'un laboureur nommé Jean Moyron, l'ayant frappé en une jambe, en jouant avec ses ciseaux. (JJ. 197, n° 237, fol. 132.)

Janvier 1473.

Loys, par la grace de Dieu roy de France. Savoir faisons à tous, presens et avenir, nous avoir receue l'umble supplicacion de Pierre Lucas [1] cousturier, demourant à Bennetz en l'eveschié de Maillezays, contenant que, le jour de la feste de la Thiphaine derrenière passée, après vespres, lui estant ou villaige de l'Ourberye sur Vendée, ainsi qu'il parloit à Estienne Marteau et à Jehan Lucas, son nepveu, en ung carrefour dudit lieu, devant l'ostel Guillaume Beraut [2], survint ung nommé Jehan Moyron, laboureur dudit lieu, ayant une pièce de pain en l'une de ses mains et en l'autre ung petit cousteau dont il tranchoit son pain ; lequel demanda audit suppliant où il alloit, et il lui respondit doulcement qu'il alloit cheux lui querir de l'argent qu'il lui devoit de son mestier de cousturier. Et lors icellui Moyron lui dist qu'il n'en auroit jà, et en s'approuchant de lui par manière de raillerie, fist semblant de lui bailler de sondit cousteau qu'il tenoit en l'une de ses dictes mains par l'estomac. Et ce voyant, ledit suppliant, sans penser nul mal, dist audit Moyron que il

---

1. Sur le livre des cens dus à Benet au seigneur du lieu (alors Hardouin de Maillé), pour les années 1471 et suiv., on trouve cette mention : « Collas Lucas pour Pierre Lucas, cousturier, sur son vergier, tenant d'une part à la voye des prés, et d'autre part au verger de Jehan Durand, l'ayné, x deniers (Arch. nat., P 1037, fol. 41.) Le même registre mentionne différents membres de la famille Marteau de Benet, nommée quelques lignes plus bas.
2. Un Guillaume Beraut possédait dans la même région, à cause de sa femme, la grande dîme ou dîmerie de Béceleuf et ses appartenances et la moitié de la dîme du Bourg-Pallié, pour lesquelles il devait hommage plein aux seigneurs de Parthenay. (Arch. nat., R'* 190, fol. 251.)

avoit bien de quoy se deffendre et tira ungs sizeaulx
qu'il avoit en son sain destre, et incontinant que ledit
suppliant eust lesdiz sizeaulx en sa main destre, ledit
Moyron leva le pié, en faisant signe ou faignant d'en
frapper ledit suppliant. Et en ce faisant icellui suppliant,
cuidant se railler avec ledit Moyron, frappa icellui Moyron
en l'une de ses jambes, par le dedens de ladicte jambe, au
dessoubz du genoil. Et ce voyant, icellui suppliant, qui
estoit desplaisant dudit coup, dist audit Moyron qu'il
l'avoit affolé, et ledit Moyron lui respondit qu'il n'avoit
point de mal. Et incontinant s'en allèrent ensemblement
en l'ostel de Jehan Lucas, demourant audit lieu, et misdrent
à icellui Moyron par dessus la playe de l'uille chault ; et
après s'en alla ledit Moyron en son hostel. Et au moyen
de ladicte plaie, par deffault de bon gouvernement ou
autrement, sept jours après, alla de vie à trespassement.
A l'occasion duquel cas, ledit suppliant, doubtant rigueur
de justice, ne se oseroit jamais seurement trouver au païs,
se noz grace et misericorde ne lui estoient sur ce imparties,
humblement requerant que, attendu que ledit cas est
advenu d'avanture et qu'il n'y a eu riens paravant preco-
gité, et aussi que à la fin des jours dudit deffunct, il
pardonna audit suppliant ledit cas, en disant et recon-
gnoissant qu'il ne l'avoit pas fait à son essiant, et que il
ne vouloit pas qu'il en eust à faire pour lui ne pour les
siens, mais que en sa conscience il aidast à ses enffans, et
que en autres cas ledit suppliant est bien famé et renommé, il nous plaise sur ce lui impartir icelles noz grace
et misericorde. Pour quoy nous, ces choses considerées,
voulans misericorde prefferer à rigueur de justice, audit
Pierre Lucas, suppliant, avons quicté, remis et pardonné,
quictons, remettons et pardonnons le fait et cas dessus
dit, avec toute la peine, amande et offence corporelle,
criminelle et civile, en quoy, pour occasion dudit cas, il
pourroit estre encouru envers nous et justice ; et l'avons

restitué et restituons à sa bonne fame et renommée, au païs et à ses biens non confisquez, satisfaction faicte à partie civillement tant seullement, se faicte n'est. Et sur ce imposons scillence perpetuel à nostre procureur, present et avenir. Si donnons en mandement au seneschal de Poictou et à tous noz autres justiciers et officiers ou à leurs lieuxtenans, presens et avenir, et à chacun d'eulx, si comme à lui appartiendra, que ledit suppliant facent, seuffrent et laissent joir et user plainement et paisiblement de noz presens grace, quictance, remission et pardon, et, se son corps ou aucuns de ses biens avoient esté ou estoient pour ce prins, arrestez ou empeschez, si les mettent ou facent mettre sans delay à plaine delivrance. Et afin, etc. Sauf, etc. Donné à Thouars, ou mois de janvier l'an de grace mil cccc. soixante douze, et de nostre regne le douzeiesme.

Ainsi signé : Par le conseil. J. de La Loère, scriptor. — Visa. Contentor. J. Duban.

MDXVII

Rémission octroyée à Jean Daniau, charpentier, né à Quinçay, franc-archer des paroisses de Saint-Jouin, de Taizé et de Martaizé, bigame parce qu'il croyait morte sa première femme, détenu prisonnier à Poitiers pour ce fait et pour le meurtre de Jean Juquet, franc-archer, son compagnon, qui lui avait cherché querelle et l'avait frappé le premier. (JJ. 197, n° 238, fol. 132.)

Janvier 1473.

Loys, par la grace de Dieu roy de France. Savoir faisons à tous, presens et avenir, nous avoir receue l'umble supplicacion des parens et amis charnelz de Jehan Danyau, pouvre homme, charpentier, natif de la parroisse de Quinçay près Poictiers, à present detenu prisonnier ès prisons dudit lieu, contenant que xxv. ans a ou environ que ledit suppliant fut premierement marié, audit lieu de Quinçay, avec une nommé Jevyne, fille de Clemens

Herays. Et tantost après ledit suppliant et ladicte Jevyne, sa femme, s'en allèrent avec ledit Clemens ou païs de Normandie, et là ledit suppliant demoura en la compaignie de ladicte Jevyne, sa femme, l'espace de dix sept ans ou environ. Et peut avoir neuf ans ou environ que ledit suppliant s'en vint audit lieu de Quinçay veoir ses père et mère, où il demoura par certain temps et où il despendy ce qu'il avoit d'argent. Et pour ce que ledit suppliant n'avoit argent pour s'en retourner oudit païs de Normandie, à sa dicte femme, se mist avecques ung nommé Billard, charpentier, demourant à Poictiers, pour gaingner sa vie et argent pour s'en retourner. Avecques lequel Billard ledit suppliant demoura par certain temps, et ce pendant le mena à Saint Joyn de Marnes, pour faire certaine maison en l'abbaye dudit lieu, où ledit suppliant demoura après ledit Billard, son maistre, par certain temps, durant lequel survint ung homme qui mandyoit sa vie, qui se disoit venir dudit païs de Normandie et avoir eu bien congnoissance de la femme dudit suppliant, lequel asseura audit suppliant et afferma [ladite femme] estre allée de vie à trespas, et lui en donna de grans enseignes, dont ledit suppliant creut que ainsi feust. Et voyant icellui suppliant qu'il estoit veuf, par le conseil de ses amis, convola à secondes nopces avecques Guillemete Coquelle, demourant audit lieu de Saint Joyn, avec laquelle il demoura par ung an et demi ou environ. Et puis se mist avec Mathieu de Valepergue[1], homme d'armes de nostre ordonnance, qui le mena en la guerre en nostre service ou voyage que l'on faisoit en Bourbonnoys et à Ancenys[2].

1. Mathieu de Valpergue figure en qualité d'homme d'armes de la compagnie de Louis de Crussol, sénéchal de Poitou, sur un rôle de montre, passé à Poitiers le 5 mai 1470. (Cf. ci-dessus, p. 96 et note.)
2. Ancenis avait été assiégé, par l'armée royale, à la fin de juin 1472, dès le début de la guerre déclarée à François II, duc de Bretagne; la place fut prise le 7 juillet. (*Histoire de Bretagne*, par A. de La Borderie, continuée par B. Pocquet, in-4°, t. IV, p. 482.) Quant au Bourbonnais, on ne sait à quelle expédition il est fait allusion ici.

Et en passant par ledit païs de Normandie, ledit suppliant se tira au lieu de Rouen, où il avoit laissé sa première femme, cuidant trouver et veoir ung sien filz qu'il y avoit laissé. Et quant il fut audit lieu, on lui dit que ladicte Heraye, sa première femme, estoit encores en vie et demouroit à Saint Victor, où ledit suppliant se transporta, et illec il la trouva, où elle servoit ung changeur de Rouen, nommé Guillemin Rectou, où ledit suppliant se tint avec elle depuis la Toussains jusques à Noël prouchain ensuivant, qu'il revint audit lieu de Saint Joyn de Marnes, à sa seconde femme, avec laquelle il s'est tenu jusques à present, que sadicte première femme luy a envoyé lettres dudit païs de Normandie. Lesquelles lettres sont venues à la congnoissance de ladicte Guillemine Coquelle, sa seconde femme, laquelle l'a denoncé à justice. Aussi quatre ans a ou environ que ledit suppliant fut mis franc archier pour lez parroisses de Saint Joyn, de Taisé et de Martaisé; et pour ce que Jehan Juquet, aussi franc archier dudit lieu de Saint Joyn, fut desplaisant dont l'on faisoit ledit suppliant franc archier en ladicte parroisse, voult pourchasser et s'en efforça l'en faire oster et y mettre ung certain autre, dont les fabriqueurs et parroissiens de ladicte parroisse ne vouldrent riens faire, et fuablement y demoura ledit suppliant, et fut abillé et mis en pointe comme les autres francs archiers, dont [1] ledit Juquet fut indigné contre ledit suppliant et dist et se venta à plusieurs personnes que ledit suppliant ne revindroit du voyage de Catheloingne [2] où il leur convenoit aller. Et pour aller ou

---

1. Le texte porte « que » au lieu de « dont ».
2. Il ne peut être question ici que de l'expédition préparée de mars à juin 1472 par Louis XI, à la demande du roi René, dont le petit-fils occupait la Catalogue contre Jean II d'Aragon, auquel il ne pouvait résister avec ses propres forces, expédition qui d'ailleurs n'arriva pas à destination et n'aboutit à aucun résultat. Le 12 mars 1472 n. s., le roi écrivait des Montils à René : « ... J'ai ordonné d'envoyer IIIc lances et IIm archers en Roussillon et Cathelogne et en ai baillé la charge au sr du Lau, auquel ai ordonné qu'il ne s'en bouge jusques à ce que la cause

voyage audit lieu de Catheloingne, ledit suppliant, Estienne Baudoyn et ledit feu Juquet, tous francs archiers, se misdrent au chemin pour aller oudit voyage, acheptèrent ung cheval, pour porter leurs habillemens, et furent ensemble jusques à ung lieu nommé Donzenac et aussi la Tousche, et d'ilec, pour ce qu'ilz n'estoient bien logez, s'en allèrent, par le commandement de leur cappitaine, au lieu de Gorces près Lassac, où ledit suppliant, pendant ce que sesdiz deux compaignons oyoient messe, fist faire provision de vivres audit lieu de Gorces, en disant aux bonnes gens où ilz estoient logez : « Dilligentez vous d'apprester le disner. Veez ci mes gens qui viennent après moy. » Et tantost après, arrivèrent lesdiz Juquet et Baudoyn, et après ce qu'ilz eurent reppeu, envoyèrent ledit suppliant sur le cheval de leur hoste par devers leur cappitaine lui demander où il vouldroit qu'ilz allassent le lendemain ; ce que ledit suppliant fist. Et quand il fut retourné de devers ledit cappitaine audit logis où estoient sesdiz compaignons, ledit Juquet dist audit suppliant rigoreusement telles parolles : « Veulx tu estre nostre maistre ? » Et ledit suppliant respondy que non. Lequel Juquet de rechef dist audit suppliant en le desmantant, que si vouloit et qu'il avoit dit aux gens de l'ostel où ilz estoient logez, quant il y arriva, que l'on abillast à disner à ses gens qui venoient, comme si se feussent ses varletz. A quoy ledit suppliant respondit qu'il ne l'avoit pas dit en demonstrant avoir aucune preheminance sur sesdiz compaignons, mais seullement par bonne manière et en bonne intencion. Auquel ledit Juquet dist : « Tu lairras la chambrée ou je la lairay. » Et ledit suppliant lui

---

ait fin. Et à ceste heure ay depensé tout ce qu'il y falloit, tant argent que autre chose. Et s'en part anuyt le mareschal du Dauphiné, qui les doit mener jusqu'en Roussillon, où il doit trouver le sr du Lau... » Au mois de juin suivant, Louis XI songeait à faire passer en Roussillon toutes les forces qu'il avait en Guyenne, mais finalement il ne donna pas suite à ce projet. (J. Calmette, *Louis XI, Jean II et la révolution catalane*, in-8º, p. 327.)

respondy doulcement : « Ne la laissez point, car demain au matin je seray prest de m'en aller. » Et lesdiz suppliant, Juquet et Baudoyn, demourèrent ensemble jusques au soir et souppèrent ensemble joyeusement, sans faire aucune mencion des dictes premières parolles et noize desdiz suppliant et Juquet, fors icellui Juquet, qui tousjours estoit triste. Et quant ilz eurent souppé, ledit suppliant se leva et s'en alla devers le feu où il trouva ung billot de bois de la grandeur d'un pié en quarré ou environ, sur lequel les femmes se seoient, et icellui suppliant print entre ses mains ledit billot et demanda audit Juquet joyeusement s'il vouloit que eulx deux le gectassent par esbat et savoir qui le gecteroit plus loing. Lequel Juquet lui respondy qui n'y gecteroit point. Et quant ledit suppliant vit que ledit Juquet ne vouloit gecter ledit billot, ainsi que icellui Juquet[1] tenoit ledit billot entre ses mains, cuidant le porter au coing de la cheminée, il lui eschappa, et en cheant frappa ung peu au braz dudit Juquet, lequel demanda audit suppliant qui l'avoit frappé. Lequel suppliant respondit que ce avoit il fait en laissant cheoir ledit billot, mais qu'il ne le cuidoit pas [faire] et lui en requist pardon. Mais rigoreusement ledit Juquet se leva de la table et jura le sang Nostre Seigneur, en disant audit suppliant : « Tu ne mourras d'autres mains que des miennes », et en ce disant frappa ledit suppliant de sa dague par deux coups sur la teste, tellement que du second coup il lui fist tumber ses chappeau et bonnet. Et lors ledit suppliant se leva dessus ung banq où il estoit sis et dist audit Juquet que ne le frappast plus, mais ce non obstant, ledit Juquet avec sadicte dague la mist au travers du corps dudit suppliant ; lequel se voyant ainsi estre blecié, tira sa dague et en bailla ung coup seullement audit Juquet parmi la cuysse. Et ce fait, ledit Juquet dist

---

[1]. *Sic.* Lisez « suppliant » au lieu de « Juquet », qui n'a pu être écrit ici que par inadvertance.

audit suppliant : « Tu m'as tué, mais tu ne le cuidoies pas faire. » Duquel coup, par mauvais gouvernement ou autrement, six jours après ou environ, ledit Juquet alla de vie à trespas ; et lui estant en l'article de la mort, envoya querir ledit suppliant et lui dist : « Mon compaignon, sans cause je t'ay frappé et t'en requiers pardon » ; et se pardonnèrent l'un à l'autre. A l'occasion duquel cas, ledit suppliant est durement traicté ès dictes prisons et en voye à ceste cause de miserablement finer ses jours, se sur ce ne lui estoient impartiz noz grace et misericorde, si comme ilz dient, en nous humblement requerant [que, attendu] qu'il a tousjours esté de bonne vie, renommée et honneste conversacion, sans oncques mais avoir esté actaint et convaincu d'aucun autre villain cas, blasme ou reprouche, et qu'il a fait ledit omicide en soy deffendant, nous lui vueillons sur ce noz grace et misericorde preallablement impartir. Pour quoy nous, ces choses considerées, etc., audit suppliant avons lesdiz cas et chacun d'eulx, en tant que à nous est, quicté, remis et pardonné, etc. Si donnons en mandement, par ces presentes, au seneschal de Poictou ou à son lieutenant et à tous noz autres justiciers, etc. Et afin, etc. Sauf, etc. Donné à Thouars, ou mois de janvier l'an de grace mil cccc. soixante douze, et de nostre règne le douzeiesme.

Ainsi signé : Par le conseil. Texier. — Visa. Contentor. J. Duban.

MDXVIII

Confirmation royale des statuts donnés par les maire et échevins de Poitiers aux chaussetiers de cette ville [1]. (JJ. 197, n° 366, fol. 196.)

Mars 1473.

Loys, par la grace de Dieu roy de France. Savoir faisons

---

[1]. Les statuts des chaussetiers de Poitiers et leur confirmation par Louis XI ont été publiés, d'après le même registre du Trésor des chartes, dans le grand recueil des *Ordonnances des Rois de France*, in-fol., t. XVII, p. 566.

à tous, presens et avenir, [que] receu avons l'umble supplicacion des maistres jurez du mestier de chausseterie en nostre ville et cité de Poictiers, contenant que puis certain temps ença, à l'occasion de plusieurs plainctes qui venoyent des faultes et abuz qui se faisoient oudit mestier par ceulx qui s'en entremettoyent et leurs varlez et serviteurs, et aussi pour les debatz qui chacun jour sourvenoyent entre les maistres d'iceluy mestier, pour ce qu'ilz prenoient les varlez et apprentiz les ungs des autres, sans avoir regard s'ilz avoyent parachevé leurs services, furent faictes et avisées, pour le bien de la chose publique de ladicte ville, par les maire, bourgeoys et eschevins d'icelle, certains statuz et ordonnances dont lesdiz supplians ont jusques à present usé et usent, desquielx statuz et ordonnances la teneur s'ensuit :

Les maire, bourgoys et eschevins de la ville de Poictiers, à tous ceulx qui ces presentes lettres verront et orront, salut. Comme par cy devant plusieurs plaintes et clameurs nous ayent esté et soient de jour en autre faictes de plusieurs abuz, deffaulx et meffaiz qui ont esté et sont par chacun jour faiz en ladicte ville ou mestier de chausseterie et ès ouvrages d'iceluy, tant par aucuns qui s'efforcent ledit mestier faire et excercer, jà soit ce qu'ilz n'y soyent expers ne cognoissans deuement, aussi par les maistres dudit mestier en fortrayant les apprentiz et varletz les ungs des autres, que autrement en plusieurs manières, et dont s'ensuyvent et pourroient ensuyr plusieurs inconveniens, ou très grant prejudice et interest de la chose publicque de ladicte ville, et plus pourroit estre, si provision convenable n'estoit sur ce donnée, comme avons esté deuement advertiz ; savoir faisons que nous, desirans la police et gouvernement de ladicte ville estre faictz et entretenuz par bonne manière et ordre, et voulans pourveoir, à nostre povoir, ausdiz deffaulx et abuz, par grant deliberacion et adviz, et en presence et du consentement de Guillaume

Talineau, Jehan Maillet, Huguet de Pousses, Jehan d'Alençon, Jehan de Janailhac, Guillaume Bourcicaut, Pierre Policet, Macé Massue, André Rivière, François Favereau, Guillaume de Varennes, Jaques Aymon, Jehan Cordeau, Pierre Lymosin, Robert Rableau, Colas Corgeon, Jehan Rabillon, Mery Gobin, Guillaume Margain, Micheau Turqin, Cibart Massoulart, Jehan Foucault, Martin Thibault, André Gautier et Colas Teneguy, tous maistres dudit mestier, avons sur et touchant iceluy mestier fait, ordonné et estably, et par ces presentes faisons, ordonnons et establissons les statuz et ordonnances qui s'ensuyvent :

Et premierement, que celuy qui vouldra doresenavant lever ouvrouer dudit mestier en ladicte ville ou ès faubourgs d'icelle, sera tenu d'aler par devers les jurez qui lors seront d'iceluy mestier, leur exposer que son entencion est de lever ledit ouvrouer et leur requerir qu'ilz luy ordonnent son chief d'euvre à faire. Et lors lesdiz jurez seront tenuz luy bailler et declairer ledit chief d'œuvre, et s'ilz en sont refusans ou delayans, seront amandables envers la ville, et y sera pourveu par nous dit maire et noz successeurs, ainsi que verrons estre à faire.

Item, que aucun ne sera receu ne passé maistre oudit mestier ne à lever et tenir ouvrouer d'iceluy, jusques ad ce qu'il ait esté approuvé et experimenté par lesdiz jurez, et sinon qu'il puisse et saiche faire en une aulne de drap de cinq quartiers de large deux paires de chausses à homme à coign et talon et sans avant pié, l'une paire longue de troys quars et demy et l'autre paire de troys quars, et aussi qu'il puisse et saiche faire en une aulne de drap de cinq quartiers de leze quatre paires de chausses à femme et l'avant pié de mesme drap, c'est assavoir deux paires à moufle et les autres deux à pié copé.

Item, que celuy qui aura fait lesditz chiefz d'euvre sera par lesdiz jurez presenté à nous dit maire, nosdiz successeurs, ou à noz commis. Et s'il est suffisant et expert, sera par nous receu et passé maistre oudit mestier, en faisant serment que bien et loyaulment l'excercera, sans y faire fraude ne abuz, en payant pour sadicte recepcion et passement de maistre, pour une foiz, la somme de quatre escuz, moitié à ladite ville et l'autre moitié à la confrairie dudit mestier, avec le disgner aux maistres dudit mestier.

Item, que les maistres et ouvriers dudit mestier ne joindront vielh (*sic*) en quelque lieu ne endroit que ce soit, et ne fourniront d'autre sorte de drap que de celuy mesme dont seront les chausses, si ce n'estoit les avant piez des chausses qui seront de legier prix, et aussi en chausses fetisses [1]. Et seront toutes coustures faictes à surget rabatues et cousues de bon fil retors, sur paine de dix solz d'amende, moitié à la dicte ville, et l'autre moitié à ladicte confrairie.

Item, que toutes chausses à braye et locquet [2] seront bien garnyes dedans et dehors, et s'il y a deffault qu'elle ne soient garnies dedans jucques à l'atache de derrière, celuy qui l'aura fait sera tenu y mettre une lyeure [3] et amandable de sept solz six deniers à applicquer comme dessus.

Item, que tout ouvrage tant de chausses que d'escafignons [4] ou chaussons, qui sera trouvé fait de drap qui ne seroit moillé et retraict, sera prins et bruslé et celuy [qui aura fait] ledit ouvrage sera amandable de vingt solz, à applicquer comme dessus.

Item, que nulz cousturiers ou gens d'autre mestier ne feront ne excerceront ledit mestier de chausseterie, sinon que à iceluy ilz se veueillent arrester et qu'ilz y soient receuz et passez maistres, comme dit est dessus. Et si aucuns desdiz cousturiers ou d'autre mestier sont trouvez

---

1. Cet adjectif, que l'on écrit plus souvent « faitis, faitisse », signifiait de bonne façon, élégant.
2. Loquet, locquet, patte boutonnée qui retenait la braie ou braguette. (F. Godefroy, *Dict. de l'anc. langue française*.)
3. Lieure, c'est-à-dire ligature, lien, ruban. (*Id.*)
4. Escarpins, chaussure légère. Il y avait les escafignons de cuir, fabriqués par les cordonniers, et les escafignons de laine ou d'autre étoffe, faits par les chaussetiers.

faisans ou vendans chausses à detail en ladicte ville ou faubourgs, icelles chausses et ouvrage seront confisqués, si non que se feussent les merciers qui pourront vendre chausse de bale [1] en gros, comme ilz ont acoustumé, et chausses de petis enffans de six ans et au dessoubz.

Item, que aucun des maistres dudit mestier ne pourra tenir en son hostel que ung apprentiz à la foiz, sur peyne d'amende ; et payera ledit apprentiz, à son entrée, cinq solz qui seront à ladicte confrairie.

Item, que aucun des maistres dudit mestier ne fortraira l'apprentiz ou varlet de l'autre, sur peine de soixante solz d'amende, moitié à ladicte ville et l'autre moitié à ladicte confrairie.

Item, que les enffans desdiz maistres, pourveu qu'ilz soient expers et suffisans, pourront lever et tenir leur ouvrouer en payant seulement leur disgner ausdiz maistres dudit mestier.

Item, que si aucun ouvrier dudit mestier veult prandre à femme la fille d'aucun desdiz maistres, il sera receu à lever son ouvrouer en faisant son chief d'euvre, pourveu qu'il soit trouvé expert. Et ne payera, pour son passement de maistre, fors seulement deux escuz, moitié à ladicte ville et l'autre moitié à ladicte confrairie, et le disgner ausdiz maistres dudit mestier.

Item, que après le trespas d'aucun desdiz maistres, sa veufve pourra continuer et faire excercer ledit mestier tant qu'elle se tiendra en viduité, maiz si elle se remarie à autre qui par avant ne seroit maistre oudit mestier, il n'en tiendra plus ouvrouer, sinon qu'il face son chief d'euvre et paye tous les droitz et devoirs, comme dessus est dit.

Item, que toutes chausses blanches ou d'autre sorte que l'on garnist de toille seront garnies de bonne et proffitable

---

1. Sans doute chausses mises en balle, en ballot. Les éditeurs du recueil des *Ordonnances* ont imprimé Basle, nom de lieu.

toille, bien et suffisanment surpointée, sur peine de sept solz six deniers tournois d'amende, à applicquer comme dessus.

Item, que quant aucun maistre dudit mestier ira de vie à trespas, tous les autres maistres d'icelluy mestier seront tenuz acompaigner son corps et se trouver au service de son obit, sur peine d'une livre de cire à ladicte confrairie à applicquer.

Item, que pour l'entretenement dudit mestier et garder qu'il n'y ait fraudes ne abuz, seront par chacun an esleuz par lesdiz maistres ordonnés par nous dit maire et nosdiz successeurs, deux preudes hommes d'iceulx maistres, qui feront serment de bien et loyaulment excercer leur office et de faire visitacion de leur ouvrage de quinzenne en quinzenne pour le plus loign, et feront rapport de toutes les fraudes et abuz qu'ilz y trouveront, sans par crainte, faveur ou hayne aucune chose en receler. Et dès à present ont lesdiz maistres esleuz jurez pour ceste presente année lesdiz Tallineau et Huguet de Pousses, lesquielx avons commis et ordonnez à ce, o ce qu'ilz nous ont fait le serment tel que dit est dessus.

Et ont promis et juré tous les dessus diz, pour eulx et leurs successeurs maistres dudit mestier, ces presens statuz et ordonnances tenir, observer et garder inviolablement et sans faire ne venir au contraire, dont les avons jugiez et condempnez, de leur consentement. Et afin que ce soit chose ferme et estable à tousjours, nous avons mis et apposé à ces presentes nostre seel, le xxve jour de janvier l'an mil iiii^{c}lxxii.

Ainsi signé : J. Rideau, maire [1], J. Repin, procu-

---

1. Jean Rideau, bourgeois de Poitiers, s^r de Bernay et de Pons, maire l'an 1472-1473, faisait partie de l'échevinat antérieurement à cette date; il s'en démit le 22 décembre 1478 et fut remplacé par Jean Caquereau. (Ch. Babinet, *les Echevins de Poitiers, de 1372 à 1675*. Extrait des Mém. de la Société des Antiquaires de l'Ouest, 2e série, t. XIX, 1896, p. 17.) Nous énumérerons ici une demi-douzaine d'actes relatifs à ce person-

reur [1] et P. Estève [2] pour registre, et scellées de cire vert à double queue.

---

nage, de 1460 à 1487. Du 14 novembre 1460, bail à cens d'une maison sise près de l'église de Pouzioux et de plusieurs pièces de terre, consenti par Jean Rideau et Jean Audouyn, de Poitiers, en faveur de Nicole Barbier, prêtre, demeurant en la même ville, moyennant la redevance perpétuelle de deux setiers de froment, deux chapons et douze deniers de cens. (Arch. de la ville de Poitiers, F. 85.) Du 24 octobre 1463, permission donnée par Jean Rideau, bourgeois de Poitiers, de faire le retrait des rentes qui ont été vendues à Pierre Rideau, l'aîné, échevin, par Pierre et Méry Claveurier, montant à dix-huit écus d'or, assises sur le censif de Chasseneuil, sur les moulins à blé de la ville de Poitiers et sur la boucherie de la paroisse Saint-Michel. Le 25 avril 1469, partie desdites rentes fut échangée par Jean Rideau avec Maurice et Jean Claveurier, contre d'autres rentes qui leur sont dues à Poitiers. (A. Richard, Arch. du château de la Barre, t. II, p. 403.) L'année précédente (1468), Jean Rideau avait été commis, avec plusieurs autres, par les maire et échevins, pour procéder à l'examen des réparations à faire aux murailles, ponts, portaux et chemins publics de la ville de Poitiers. (Arch. municipales, H. 31.) Comme maire, le 8 mars 1473 n. s., il donna procuration à André de l'Eschale et à trois autres pour comparaître devant les commissaires des francs fiefs.(Id., anc. invent., E xix.) Le 12 juillet 1476, Jean Chambon, commis à l'office de sénéchal de Poitou, rendit une sentence en sa faveur, condamnant la ville de Poitiers à le laisser jouir des moulins de Chasseigne et de 30 livres de rente assises sur des maisons appartenant à la ville. (Id., anc. inv., BB ix.) Enfin le 24 décembre 1487, les maire et échevins alors en exercice acceptèrent l'offre faite par Guillaume Macé, au cas où il serait reçu au nombre des vingt-cinq, d'amortir de ses deniers les trente livres de rente que ledit Jean Rideau avait engagées du domaine de la ville. (Id., inv., ZZZxx.) Sur le registre criminel du Parlement du 23 juillet 1484, on lit que Jacques Bourbeau obtient l'ajournement de Louis Turmeau, Jean et Pierre Torteau, Jean de Villemartin, Jacques Cormereau et Jean Rideau, coupables d'excès et attentats à son préjudice, et que le conseiller Séguier est nommé rapporteur de cette affaire. (Arch. nat., X^{2a} 48.) S'agit-il de l'ancien maire de Poitiers ou de son fils, qui dans un acte du 14 juin 1516 est dit Jean Rideau, écuyer, seigneur de Bernay, et propriétaire d'une maison appelée l'*Aiglerie*, derrière la rue de la Regratterie, à Poitiers. (Invent. des arch. de la ville de Poitiers, F. 102.) Celui-ci mourut sans enfants vers 1525 et sa riche succession donna lieu à un long procès entre ses héritiers collatéraux, Jeanne Rideau, veuve d'André Chaillé, Marguerite Rideau, femme d'Antoine Terrasson, Jean Meignen, les Rabateau, les Tudert, etc. Un premier arrêt fut rendu le 7 septembre 1528 ; la plupart des héritiers s'opposèrent à son exécution. L'affaire paraît avoir été réglée par un autre arrêt du 7 novembre 1533, qui contient la longue et minutieuse énumération de tous les biens de la succession, leur répartition entre les parties et quelques renseignements de famille. (Arch. nat., X^{1a} 1526, fol. 465 v°-481.)

1. L'*Inventaire des archives de la ville de Poitiers* ne contient qu'une seule mention de Jean Repin, procureur de la ville. C'est une plainte de lui déposée, le 6 septembre 1472, en la cour ordinaire de la sénéchaussée de Poitou, contre Yvonnet Le Pintier, prévôt de Montmorillon, lequel avait détenu en cette ville des moutons appartenant à Jean

Et pour ce que iceulx statuz et ordonnances n'ont encores esté par nous auctorisées ne approuvées, se sont lesdiz supplians tirez par devers nous, en nous requerant humblement iceulx statuz et ordonnances avoir agreables et les ratiffier, louer et approuver, en tant que mestier est, et avec ce, que nul maistre dudit mestier ne la veufve d'aucun maistre ne puissent tenir que ung seul ouvrouer en la dicte ville et faubourgs, lequel ouvrouer ilz ne pourront louer, affermer ne transporter à autre personne dudit mestier, se eulx mesmes ne le tiennent en leurs personnes, et sur ce leur impartir nostre grace. Nous, les choses dessus dictes considerées, inclinans à la requeste desdiz maistres jurez dudit mestier, supplians, lesdiz statuz et ordonnances dessus declarées avons ratiffiez, louez et approuvez, louons, ratiffions et approuvons, de grace especial, plaine puissance et auctorité royal, par ces presentes, et voulons iceulx estre entretenuz et gardez de point en point, selon leur forme et teneur. Si donnons en mandement, par ces mesmes presentes, au seneschal de Poictou ou à son lieutenant, que de nostre presente grace, ratifficacion et approbacion face, seuffre et laisse lesdiz supplians doresenavant joir et user plainement et paisiblement, et iceulx statuz et ordon-

---

Garnier, habitant de Poitiers et du serment de la commune, en le voulant contraindre à payer le péage, contrairement aux exemptions et franchises des habitants. (N° 2019, p. 320.) On trouve, sous la date du 31 janvier 1422 n. s., l'aveu rendu par un Jean Repin de seize sexterées de terre, prés, vignes, bois, etc., mouvant de Saint-Maixent à hommage lige, à cinquante sous de devoir et soixante sous de service. (Arch. nat., P 1145, fol. 115 v°.) En 1445, les chanoines de Sainte-Radegonde passèrent bail à Nicolas Repin, marchand de Poitiers, d'une maison sise dans cette ville près de la Chantrerie et des murs de clôture, (Arch. de la Vienne, G. 1365.) Dans la première moitié du XVIe siècle, plusieurs membres de cette famille firent partie de l'échevinage.

2. Pierre Estève, qualifié alors étudiant à l'Université de Poitiers et appelant au Parlement d'une sentence du sénéchal du Poitou, obtint de la cour, le 30 janvier 1465 n. s., un mandement portant défense à Archambaud de Maxuel, son adversaire, et au procureur du roi en Poitou d'exercer des voies de fait et de ne rien entreprendre au préjudice de l'appelant, le procès pendant. (Arch. nat., X2a 34, fol. 74.) Nous n'avons point trouvé la suite de cette affaire ni aucune autre mention de ce personnage.

nances tenir et entretenir et garder de point en point, selon leur forme et teneur, sans faire ne souffrir estre fait aucune chose au contraire, ains, se fait, mis ou donné estoit, le mettre ou faire mettre, sans delay, à plaine delivrance. Car ainsi le voulons et nous plaist estre fait. En tesmoign de ce, nous avons fait mettre nostre seel à ces presentes, sauf en autres choses nostre droit et l'autruy en toutes. Donné au Plesseiz du Parc lez Tours, ou moys de mars l'an de grace mil iiii^cLxxii, et de nostre règne le xiie.

MDXIX

Lettres de création de deux foires par an à Sepvret, en faveur de Mathurin Arembert, seigneur du lieu, procureur du roi en Poitou. (JJ. 197, n° 405, fol. 214.)

19 mars 1473.

Loys, par la grace de Dieu roy de France. Savoir faisons à tous, presens et avenir, nous avoir receue l'humble supplicacion de nostre cher et bien amé maistre Mathurin Arember [1], nostre procureur en Poictou et seigneur du

---

1. Mathurin Arembert, procureur du roi en la sénéchaussée de Poitou, a été l'objet d'une notice dans notre précédent volume. (*Arch. hist. du Poitou*, t. XXXV, p. 412.) Un nouveau document relatif à ce personnage, découvert depuis cette publication, nous permet de préciser certaines dates et de fournir quelques renseignements complémentaires. Le 15 mai 1468, Louis de Crussol, sénéchal de Poitou, se fondant sur les lettres patentes du roi du 11 novembre 1461, lui permettant de nommer à tous les offices royaux en Poitou (cf. *id.*, p. 450, note), avait pourvu Jean Rousseau de l'office de procureur du roi en la sénéchaussée de Poitou, au siège de Niort, et celui-ci avait été institué par Pierre Laidet, lieutenant du sénéchal audit siège. Mathurin Arembert, qui jusque-là avait été le seul procureur du roi en chef et exerçait son office aussi bien à Niort et dans les autres sièges de la sénéchaussée qu'à Poitiers même, soit par lui, soit par son substitut, se considérant comme lésé par cette nomination qui en réalité créait dans la sénéchaussée un second procureur du roi en chef, son égal, et par suite diminuant son autorité et ses prérogatives, l'attaqua comme attentatoire à ses droits et dignités et engloba, dans son procès contre Jean Rousseau, le lieutenant de Niort, Pierre Laidet, le sergent qui avait été commis à l'exécution des lettres de provision et le sénéchal lui-même, le sire de Crussol. Le Parlement de Bordeaux, ayant été transféré à Poitiers, fut saisi de l'affaire. Elle y fut plaidée les

lieu de Cevret en nostre dit païs de Poictou, contenant que audit lieu de Cevret, qui est assis en païs fort fertil et en lieu de grant passaige, affluent plusieurs tant marchans que autres, lesquelx y viennent partie par devocion et voyage en l'onneur de saint Lyenne et de saint Clouaud [1] qui illec sont reclamez, et les autres pour vendre leurs denrées et marchandises et pour leurs affaires ; pour quoy, pour le bien et utilité d'icellui et de tout le païs d'environ, est bien requis qu'il y ait aucunes foires l'an, èsquelles lesdiz marchans se puissent plus aisement trouver et converser ensemble, pour faire et demener le fait de marchandise. Et pour ce nous a ledit seigneur de Cevret fait supplier et requerir que nostre plaisir soit leur octroyer oudit lieu deux foires l'an, c'est assavoir la première le jour et feste de saint Lyenne et la seconde le jour et feste de saint Clouaud ensuivant, et sur ce lui impartir nostre grace. Pourquoy nous, ces choses considerées et que à six lieues près dudit lieu de Cevret ne se tiennent aucunes foires ou marchez, dont icelles deux foires soient prejudiciables aux autres foires du païs d'environ, ainsi

---

28 mars, 23 avril, 2 et 9 mai 1471. (Arch. nat., X^{ta} 4812, fol. 121 v°, 132 v°, 134 v°, 140 v° et 145.) Mathurin Arembert y fait rappeler par son avocat, Bermondet, que l'office de procureur en la sénéchaussée de Poitou avait été donné, dès l'an 1422, par Charles vii, à Jean Arembert, son père, qui l'exerça jusqu'en 1439. A cette date, « o le congié du roy », celui-ci le résigna au profit de son fils et Mathurin, régulièrement pourvu et institué, en remplit les fonctions jusqu'à la mort de Charles vii, se les fit confirmer par Louis xi et les a toujours depuis exercées sans contestation, jusqu'à cette nomination de Jean Rousseau. Comment la question fut-elle tranchée, et le fut-elle par le Parlement de Poitiers, l'unique registre de cette cour qui subsiste, à notre connaissance, et ne s'étend pas au delà du 7 septembre 1471, ne permet pas de répondre à ces points d'interrogation. On voit, en tout cas, par les lettres instituant les foires de Sepvret que, le 19 mars 1473, Mathurin Arembert continuait à porter le titre de procureur du roi en Poitou.

1. Saint Lienne, disciple et collaborateur de saint Hilaire, était honoré particulièrement dans le Poitou. Sa fête se célébrait le 1er février. (Cf. Bollandistes, *Acta Sanctorum*, in-fol., *Février*, t. I, p. 91, et Bouchet, *Annales d'Aquitaine*, p. 44, 46.) Quant à saint Clouaud (*Clodoaldus*), autre forme du nom de saint Cloud, on sait qu'il se fête le 7 septembre.

que ledit suppliant nous a fait dire et remonstrer, à icellui
suppliant, pour ces causes et autres à ce nous mouvans,
mesmement en faveur et consideracion des bons et agreables services qu'il nous a par cy devant et dès longtemps
faiz ou fait dudit office de procureur et autres, et esperons
que plus face ou temps avenir, avons par ces presentes, de
nostre grace especial, plaine puissance et auctorité royal,
octroyé et octroyons, voulons et nous plaist qu'il puisse
et luy loyse faire tenir audit lieu de Cevret lesdictes deux
foires l'an, c'est assavoir la première le jour et feste de
saint Lyenne, la seconde le jour et feste de [saint] Clouaud
ensuivant, comme dit est, et lesquelles nous y avons
establies et establissons, par ces presentes, pour estre tenues ausdiz jours audit lieu de Cevret, et en joir et user
doresenavant plainement et paisiblement par ledit suppliant
et ses predecesseurs, à telz et semblables previllèges, droiz,
coustumes, truages, estallages, fenestrages, forfaictures et
vuydanges que font et ont acoustumé les autres ayans
foires et marchez ou païs d'environ. Si donnons en mandement, par cesdictes presentes, au seneschal de Poictou
ou à son lieutenant que, s'il lui appert de ce que dit est
ou de tant que suffire doye, mesmement que à six [lieues]
près et à l'environ dudit lieu de Cevret ne se tiennent nulles
autres foyres ou marchez, que celles dont dessus est faicte
mencion, et ne soient prejudiciables aux autres foyres d'environ, et que noz droiz et domaine n'en soient pour ce
diminuez, il oudit cas face, seuffre et laisse ledit suppliant
joir et user plainement et paisiblement desdictes foyres,
ensemble des droiz, previllèges, coustumes, truages, estellages [1], fenestraiges, forfaictures et vuydanges dessus dictes, en faisant ou faisant faire crier et publier
icelles foires ès autres foires, marchez et assemblées, villes,

---

1. *Sic* Plus haut on lit « estallages ». Ce mot s'écrit aussi bien
« estellages ».

bourgades et places marchandes du païs d'environ, et par tout ailleurs ou mestier sera, en faisant, en cas de debat, aux parties oyes raison et justice. Car ainsi nous plaist il estre fait, de grace especial, par cesdictes presentes. Et afin, etc. Sauf, etc. Donné à Nostre Dame de Selles en Poictou, le xix° jour du mois de mars l'an de grace mil cccc. soixante et douze, et de nostre règne le douzeiesme.

Ainsi signé : Par le roy, le sire de Bresuyre [1] et plusieurs autres presens, P. de Sacierges [2]. — Visa. Contentor. Rolant.

MDXX

Rémission octroyée à Jean Girard, franc-archer, qui, passant avec sa compagnie, par Vaussais, en la seigneurie de Civray, et s'étant pris de querelle avec divers habitants de cette localité qui refusaient de lui prêter des bœufs pour tirer de l'ornière son chariot de bagages embourbé sur le chemin, avait tué l'un d'eux, Jean Labbé, dit Villeneuve, et blessé le frère de celui-ci. (JJ. 197, n° 373, fol. 199.)

Avril 1473.

Loys, etc. Savoir faisons, etc. nous avoir receue l'umble supplicacion de Jehan Girard, franc archer, demourant à la Rochefoucault, estant de present en nostre service à Lectore [3] et ès marches de par delà, avec les gens

---

1. Jacques de Beaumont, seigneur de Bressuire, sur lequel voy. ci-dessus, p. 235, note 3, et p. 315.
2. Pierre de Sacierges, qui devint conseiller du roi, maître des requêtes de l'hôtel, prieur de la Châtille en 1484 (Arch. nat., X²ᵃ 45, sub fine), abbé de Notre-Dame-la-Grande de Poitiers (1487), chancelier et président du Sénat de Milan en 1500, évêque de Luçon, non pas à partir de l'année 1498, comme dit la *Gallia christ.* (t. II, col. 1411), mais dès avant le 4 août 1495 (X²ᵃ 61, à cette date) jusqu'à sa mort, arrivée le 9 septembre 1514.
3. Lectoure, reprise par Jean v comte d'Armagnac, qui s'y était enfermé de nouveau avec son prisonnier, le sire de Beaujeu, fut assiégée une seconde fois, dès la fin de janvier 1473, par les troupes royales commandées par Robert et Ruffet de Balzac, auxquels Jean Jouffroy, cardinal d'Albi, et le sire du Lude amenèrent des renforts. On sait comment la place capitula le 6 mars et comment, au mépris du traité, le comte d'Armagnac fut massacré, le même jour, par les francs-archers de Guillaume de Montfaucon. (Cf. Ch. Samaran, *La maison d'Armagnac au XVᵉ siècle.* Paris, 1908, in-8°, p. 185-194.)

de nostre armée qui y est encore à present, contenant que le jour de la Conversion saint Paoul [1], qui fut ou moys de janvier derrenier passé, ainsi que luy et ceulx de sa compaignie francs archers venoient de la garnison d'Ancenis [2] où ilz avoient esté mis par nostre ordonnance, et qu'ilz furent arrivez ledit jour au soir en la parroisse de Vauçay en la terre et seigneurie de Civray en nostre païs et conté de Poictou, icelle terre appartenant à nostre très cher et très amé oncle le conte du Maine [3], amenans et conduisans iceulx francs archers avecques eulx ung chariot qui estoit chargé de bagage, pour ce que leur dit chariot ne povoit plus tirer avant pour les mauvais chemins qui estoient lors, et lequel ilz avoient laissé en chemin près ledit Vauçay, icelluy suppliant s'en ala audit lieu de Vauçay pour querir et trouver des beufz pour tirer, enlever et enmener ledit chariot dudit mauvais chemin où il estoit. Et pour ce faire, se transporta d'aventure chiés ung nommé Jehan Richer, laboureur, demourant audit lieu, où il y avoit des beufz, auquel il demanda qu'il lui baillast ou prestast des beufz. A quoy ledit Richer respondit que il n'en avoit point et que, posé ores qu'il en eust, que il ne les sauroit lier. Et lors ledit suppliant jura qu'il en auroit, et pour despit desdictes parolles que lui avoit dictes ledit Richer, qui estoient

---

1. Le 25 janvier.
2. Jacques de Beaumont, sire de Bressuire, lieutenant général en Poitou, avait, comme on l'a vu précédemment, convoqué le ban et l'arrière-ban à Montaigu, le 15 septembre 1472, et entra presque aussitôt en campagne contre François II, duc de Bretagne. La ville d'Ancenis, qui avait été prise après un siège de plusieurs jours, au début des hostilités (7 juillet 1472), reçut une garnison française, laquelle y demeura jusqu'à la fin de janvier 1473. La trêve ayant été prolongée pour un an entre Louis XI et la Bretagne, elle eut les mêmes conséquences qu'un véritable traité de paix : Ancenis fut alors rendu à François II.
3. Civray avait été donné par Charles VII, en février 1443 n. s., avec Melle, Saint-Maixent, Chizé et Sainte-Néomaye, à Charles d'Anjou, comte du Maine, acquéreur quelques années plus tard de la vicomté de Châtellerault (voy. notre t. VIII, *Arch. hist. du Poitou*, t. XXIX, p. 146 et suiv.), et appartenait depuis quelques jours (le comte étant décédé le 10 avril 1473) à son fils Charles, comte du Maine et de Provence, qui mourut sans enfants, le 12 décembre 1481, léguant ses Etats à Louis XI.

fières et sonnans refuz et mauvais vouloir d'acomplir ce qu'il lui demandoit, icellui suppliant gecta ledit Richer ou feu. Et lors ledit Richer s'escria ; auquel cry survindrent entre autres ung nommé Jehan Labbez, alias Villeneufve, lequel sorty de sa chambre. Et tantost dist audit suppliant qu'il n'auroit point les beufz et qu'ilz estoient siens. Et lors ledit suppliant jura que si auroit, en despit de ses dens, en l'appellant villain, et tantost se prindrent de parolles injurieuses l'un contre l'autre, et tellement que, au moien d'icelles, icellui suppliant, eschauffé et esmeu comme dit est, bailla audit Jehan Labbez, aliàs Villeneufve, d'un vouge sur la temple et l'enversa à terre. Et pour ce que le frère dudit Jehan Labbez vouloit aider à sondit frère, ledit suppliant le bleça au braz. Au moien duquel coup ainsi baillé par ledit suppliant audit Jehan Labbez alias Villeneufve, sur ladicte temple, par cas de fortune et d'aventure, icelluy Labbez ala de vie à trespas, deux heures après ledit coup ou environ. A l'occasion duquel cas, ledit suppliant qui est en nostre service pour le bien de la chose publicque de nostre royaume, doubte que ou temps avenir on lui en vueille faire question et demande, ne n'oseroit seurement converser ne repairer au païs, se noz grace et misericorde ne lui estoient sur ce imparties, si comme il dit, humblement requerant que, attendu que ledit cas est advenu de fortune, que ledit suppliant ne le cuidoit point avoir tué ne occis, et ne le frappa pas à ceste entencion, que il nous a servy et sert ou fait de noz guerres, etc., il nous plaise sur ce lui impartir iceulx. Pour quoy, etc., voulans misericorde preferer à rigueur de justice, audit suppliant avons remis, quicté et pardonné, etc., satisfacion faicte à partie civillement tant seulement, se faicte n'est, etc. Si donnons en mandement, par cesdictes presentes, à nostre seneschal de Poictou et à tous noz autres justiciers, etc., que ledit suppliant de nostre presente grace, quictance, remission et pardon facent, seuffrent et laissent joir et user plainement et paisiblement, etc. Donné à Nostre Dame de Selles, ou mois d'avril l'an de grace mil cccc. soixante et douze, et de nostre règne le douziesme [1].

Ainsi signé : Par le roy, le sire de Beaujeu [2] et plusieurs autres presens. P. Sacierges. — Visa.

MDXXI

Rémission accordée à Simon de Roches, meunier du moulin de Roches en la paroisse de Tersannes, au ressort de Montmorillon, coupable du meurtre d'un nommé Jamet, archer ou coutillier du sr de l'Isle-Jourdain, qui, après l'avoir rançonné, l'avait attaqué et frappé le premier. (JJ. 197, n° 368, fol. 197.)

Avril 1473.

Loys, etc. Savoir faisons, etc. nous avoir receue l'umble supplicacion de Simon de Roches, mosnier, demourant au lieu, villaige et moulin de Roches en la parroisse de Tercennes ou diocèse de Lymoges ou ressort du siège de Montmorillon en nostre seneschaucée de Poictou, contenant que, le premier jour de ce present moys d'avril, ung nommé Jamet, soy disant archer ou coustilleur du seigneur de l'Isle Jourdaing [3], fut logé avec autres gens de

---

1. Le roi était à Tonnay-Charente, venant de Guyenne, le 12 avril, et le 17, à Notre-Dame de Celle. (J. Vaësen, *Lettres de Louis XI*, t. V.)

2. Pierre de Bourbon, sire de Beaujeu, troisième fils de Charles Ier duc de Bourbon et d'Agnès de Bourgogne, remis en liberté par la seconde capitulation de Lectoure, suivie du meurtre de Jean v comte d'Armagnac (6 mars 1473), allait épouser (contrat passé à Jargeau, le 3 novembre 1473) Anne de France, fille de Louis XI. Il prit le titre de duc de Bourbonnais et d'Auvergne après la mort de son frère aîné Jean II, connétable de France, décédé sans enfants, le 1er avril 1488. Lieutenant général du royaume pendant l'expédition de Charles VIII en Italie (lettres du 9 août 1494), il représenta le duc de Normandie au sacre de Louis XII et mourut en son château de Moulins, le 8 octobre 1503.

3. Pierre II de Combarel ou Comberel, chevalier, seigneur de l'Isle-Jourdain, Rouhet, la Motte-de-Beaumont, capitaine de cent arbalétriers. (Cf. ci-dessus, p. 272, note.)

guerre soubz ledit seigneur de l'Isle, ou villaige de Charrocer, mesmement ledit Jamet en la maison de Pierre et Jehan de Jarrocier, qui sont hainneux dudit suppliant parce que long temps ilz ont playdoyé ensemble et du procès sont decheuz par sentence envers ledit suppliant. Lequel Jamet vint ledit jour en l'ostel d'icellui suppliant et le rançonna de poisson et quatre boisseaulx d'avoine, que icelluy suppliant lui envoya oudit villaige de Charrocier, ou quel lieu ledit Jamet et autres gens de guerre furent ce jour et y demourèrent jusques au lundi ensuivant ou autre jour, que ledit Jamet retourna en l'ostel dudit suppliant et apporta deux grans barris, tenans environ chacun sept ou huit pintes de vin, et dist audit suppliant qu'il lui fist emplir lesdiz barris de vin et lui portast en son logeis; lequel suppliant respondit qu'il ne pourroit paier ne faire emplir lesdiz barris à ses despens, car il n'avoit pas de quoy, par ce que la misère du pays estoit grande et le vin bien cher, maiz estoit content de faire emplir l'un desdiz barris à ses despens. Et alors ledit Jamet dist audit suppliant, en jurant le sang Nostre Seigneur, qu'il lui feroit emplir sesdiz deux barris, ou qu'il seroit bien batu. Et icellui suppliant fit responce de rechief que de sa part il estoit content de faire emplir l'un desdiz barris, et qu'ilz estoient plusieurs personnes ou villaige, et valoit mieulx que chacun en payast sa part, que qu'il paiast tout. Maiz ledit Jamet lui repplicqua, en jurant autres foiz le sang Nostre Seigneur, qui lui empliroit ses diz deux barris ou qu'il seroit bien batu ; et gecta icellui Jamet sesdiz deux barris et prist une barre de charrette qui estoit devant l'ostel dudit suppliant et en frappa icellui suppliant par le costé, tellement qu'il cheut à terre. Lequel après se releva et osta ladicte barre audit Jamet, sans lui faire aucun mal, le mist hors de sa maison et ferma l'uys sur lui. Maiz ledit Jamet reprint une autre barre de ladicte charrette et par force rompit et brisa l'uys de ladicte maison d'icellui suppliant, et tellement fist qu'il lui entra. Et ce voyant, ledit suppliant s'en fouy par ung autre huys, maiz ledit Jamet lui vint au devant et le frappa de rechief de ladicte barre, tellement qu'il le fist chanceller du coup qu'il lui bailla. Et après osta de rechief ledit suppliant audit Jamet ladicte barre et la gecta assez loing de lui, en lui disant : « Ne me batez plus, car j'en ay assez enduré, et si vous me faictes plus d'oultraige, je me deffendray. » Et non comptent de ce, ledit Jamet dist audit suppliant que jamaiz ne se deffendroit contre homme de guerre, et tyra sa dague sur ledit suppliant et s'efforça de le vouloir tuer ou autrement oultraiger. Et voyant ledit suppliant estre ainsi oultraigé, print une barre de ladicte charrette pour se deffendre et resister à l'entreprinse dudit Jamet, et en frappa icellui Jamet par la teste deux coups tellement que, icellui jour, il ala de vie à trespas. Au moyen duquel cas, ledit suppliant doubte estre apprehendé et que on vueille contre lui proceder par rigueur de justice, se noz grace et misericorde ne lui estoient sur ce imparties, humblement requerant icelles. Pour quoy nous, ces choses considerées, voulans misericorde preferer à rigueur de justice, audit suppliant avons quicté, remis et pardonné, etc., satisfaction faicte à partie civilement tant seulement, se faicte n'est, etc. Si donnons en mandement, par ces dictes presentes, au seneschal de Poictou ou son lieutenant à son siège de Montmorillon, et à tous noz autres justiciers et officiers, etc., que de nostre presente grace, quictance, remission et pardon facent, seuffrent et laissent ledit suppliant joyr et user plainement et paisiblement, etc. Donné à Tours, ou moys d'avril l'an de grace mil cccc. soixante douze, et de nostre règne le douziesme, avant Pasques.

Ainsi signé : Par le Roy, à la relacion du Conseil. A. Texier. — Visa. Contentor J. Duban.

MDXXII

Rémission en faveur de Pierre Plumaut, d'Asnières, détenu prisonnier pour un viol commis par plusieurs de ses confrères de la confrérie de Saint-Sulpice, et auquel il n'avait pas participé autrement que par sa présence. (JJ. 197, n° 394, fol. 204.)

Mai 1473.

Loys, par la grace de Dieu roy de France. Savoir faisons à tous, presens et avenir, nous avoir receue l'umble supplicacion de Pierre Plumaut le viel, povre homme de labour, contenant que, le premier jour du mois de septembre l'an mil cccc. soixante et unze, après ce que ledit suppliant, avecques autres frères de la confrarie de Saint Supplice, eurent fait grant chière et eulx festoyé, en faisant la feste de ladicte confrarie dudit Saint Supplice au lieu d'Asnières [1], et après bien boire, environ une heure après jour cousché, se meurent parolles entre Anthoine du Chasteau [2], escuier, disant à frère Jehan Guiot [3], Jehan Perrin, Jehan Bonet, clercs, Jehan Charle et à feu Jehan bastart

---

1. L'église paroissiale d'Asnières était sous le vocable de Saint-Sulpice.
2. Antoine du Chasteau, écuyer, sr de Château-Gaillard, fils puîné de Guillaume du Chasteau, écuyer, sr du Fanet, et de Marguerite de Fontlebon, épousa Elisabeth Prévost, fit accord avec son neveu Pierre, sr du Fanet, le 16 mars 1506, et laissa un fils aussi nommé Pierre, sr de Château-Gaillard. (*Dict. des familles de l'anc. Poitou*, nouv. édit., t. II, p. 271.)
3. Ce Jean Guiot ou Guyot est dit plus bas fils du seigneur d'Asnières, ce qui permet de l'identifier assez facilement. Suivant la généalogie insérée par M. Beauchet-Filleau dans la 1re édit. du *Dictionnaire des familles de l'anc. Poitou* (t. II, p. 193), il était le fils cadet de Jean Guiot, chevalier, seigneur d'Asnières et de Villard, et de Pérotte de Saint-Savin, et devint abbé de « Bournetz ». En effet, la *Gallia christiana* mentionne parmi les abbés de Notre-Dame du Bournet, au diocèse d'Angoulême, d'après des actes de mars 1480 et des années 1482 et 1490, *Johannes Ier Guyot* (t. II, col. 1051), mais n'en dit rien de plus. Quant à son père, il fut enseigne de la compagnie des gens d'armes du duc de Bourbon et en cette qualité il reçut, le 12 septembre 1475, l'ordre de conduire ladite compagnie. Le 20 mars 1449, il avait rendu au seigneur de l'Isle-Jourdain l'aveu de son fief et hébergement d'Asnières. Le 30 décembre 1478, fondé de la procuration paternelle, son fils aîné, Pierre, qui fut depuis seigneur d'Asnières, de Saint-Germain, de Saint-Martial, du Villard, etc., fit hommage à Pierre de Bourbon, comte de Clermont et de la Marche, sire de Beaujeu, pour raison des lieux du

de Huguet d'Ourdour [1], à Perrinet Plumaut et audit suppliant, que la femme d'un nommé Colas du Mas Comerit, nommée Bonne Pasquète, faisoit plaisir aux compaignons ; et disoit ledit Anthoine que lui mesmes autres foiz de son bon gré avoit eu sa compaignie, et aussi avoient plusieurs autres. Et sur ces parolles, se transportèrent dudit lieu d'Asnières vers l'ostel où ladicte Bonne Pasquète faisoit sa demourance, qui estoit en la parroisse dudit Dourdour (*sic*) ou village de Villefrye [2]. Et quant ilz furent près dudit hostel d'environ ung gect de pierre, ledit suppliant et icelui Charles se demeurèrent sur et environ le chemin, pour doubte des survenans, et aussi qu'ilz n'avoient pas entencion de toucher à ladicte femme. Et au regard des autres dessus nommez, ilz se transportèrent jusques oudit hostel où estoit ladicte Bonne Pasquète, laquelle ilz prindrent et enmenèrent hors dudit hostel et en ung champ où ilz la detindrent l'espace d'une heure ; et illec, comme a ouy dire ledit suppliant, la cognurent charnellement lesdiz du Chasteau, Guiot, Jehan Perrin et Jehan Bonnet. Pendant laquelle chose, ledit suppliant les attendit illec environ, et après les dessus diz du Chasteau, Guiot, Perrin et Bonnet lessèrent aller ladite Bonne Pasquète en son hostel et s'en retournèrent, et lesdiz suppliant et Perronnet (*sic*), audit lieu d'Asnières. Et combien que ledit suppliant n'ait fait à ladite Bonne Pasquète aucun mal et ne l'ait ne se soit efforcé la cognoistre charnellement, toutesfoiz obstant ce que il a esté en la compeignie des dessus diz qui, comme on dit, la cognurent charnellement, il a esté prins pour

---

Dognon et de la Vergne. (Coll. dom Fonteneau, t. I, p. 17.) Le 10 février 1480, Jean Guiot, sr d'Asnières, rendait encore hommage audit comte de la Marche, comme seigneur de Champagnac, de la moitié de la juridiction de Saint-Marsault. Son testament est daté du 22 mai 1481. Outre ses deux fils, Pierre et Jean, le sr d'Asnières eut deux filles : Marguerite, femme de Dauphin de Fougerat, écuyer, et Jeanne, mariée à Gracien de Passy, aussi écuyer.

1. *Sic*, sans doute pour Ouradour, Oradour.
2. Villefrier (Cassini), paroisse d'Oradour-Fanais.

ledit cas et constitué prisonnier ou chasteau du Dorat, où il est en voye de miserablement finer ses jours, se noz grace et misericorde ne lui est sur ce impartie (*sic*), si comme il dit, en nous humblement requerant que, attendu ce que dit est et que ce que a fait ledit suppliant n'a esté en entencion de mal faire à la [dite] Bonne Pasquète, mais pour obeir audit Guyot, qui est filz du seigneur d'Asnières, duquel ilz sont subjectz et ont auctorité par dessus lui(*sic*), tellement que bonnement il ne lui eust osé desobeir, il nous plaise lui impartir nostre grace. Pourquoy nous, ces choses considerées, voulans misericorde preferer à [rigueur de] justice, etc., à icelui suppliant, de nostre grace especial, plaine puissance et auctorité royal, avons le fait et cas dessus dit quicté, remis et pardonné, etc., satisfacion faicte à partie civillement tant seulement, se faicte n'est. Si donnons en mandement, par ces mesmes presentes, au seneschal de Poictou ou à son lieutenant à Poictiers, et à touz noz autres justiciers, etc., que de noz present grace, quictance, remission et pardon ilz facent, seuffrent et laissent icelui suppliant joyr et user plainement et paisiblement, etc. Donné à Tours, ou moys de may l'an de grace mil cccc. soixante treize, et de nostre règne le xiie.

Ainsi signé : Par le roy, à la relacion du Conseil. Ronssart. — Visa scriptoris, contentor. Du Ban.

MDXXIII

Rémission obtenue par Pierre de Marvilleau, écuyer, s^r de la Vergnaye, poursuivi en Parlement parce qu'il avait, par amour pour Marguerite de Razilly, veuve d'Antoine sire d'Argenton, fait une déposition mensongère, profitable à Louis Chabot, seigneur de la Grève, contre le s^r de Montsoreau. (JJ. 197, n° 395, fol. 204.)

18 mai 1473.

Loys, par la grace de Dieu roy de France. A tous ceulx qui ces presentés lettres verront, salut. L'umble supplicacion de Pierre de Marvilleau, escuier, seigneur de la Vignoie [1], [avons receue], contenant que v. ou vi. ans a ou environ, il estoit demourant avecques feue Marguerite de Rasillé, lors vefve de feu Anthoine d'Argenton [2], chevalier, sei-

---

1. *Sic.* La Vignoie est une faute de lecture, le scribe sans doute ayant mal interprété une abréviation. Il faut corriger la Vergnaie, qui était un ancien fief en la paroisse de Chanteloup. Ce Pierre de Marvilleau, écuyer, seigneur de la Vergnaie, n'ayant en 1473 que de vingt-quatre à vingt-six ans, comme il est dit dans un autre endroit de ces lettres de rémission, les documents conservés dans le chartrier de Saint-Loup, que nous allons citer, se rapportent plutôt à son père. Il s'agit d'abord de trois aveux rendus au sire de Bressuire, le premier en 1433, les deux autres en 1445, par Pierre Marvilleau, qualifié chevalier dans le dernier, pour : 1° une borderie de terre herbergée, appelée la Girardière ; 2° l'hôtel, terre et seigneurie du Bois-Renault ; 3° l'hôtel des Pascauderies, autrement dit du Russot, sis en la ville de Moncoutant. (Arch. des Deux-Sèvres E. 1393, 1458, 1482.) La même année 1445, Pierre Marvilleau, « seigneur de la Vergnaye », fit hommage à Jacques de Beaumont dudit hôtel des Pascauderies et des herbergements de la Brousse et de la Limbaudière, sis à Chanteloup.(*Id.*, E. 1681.) En 1450, Hugues de Conzay, sénéchal de Bressuire, fit défense à « Pierre Marvilleau, chevalier, demeurant au lieu de la Vergnaie, d'avoir en sa maison chiens ne levriers qu'ils ne soient accouplés, ledit lieu étant en dedans des garennes de la seigneurie. (*Id.*, E. 1700.) A l'arrière-ban convoqué à Poitiers par Yves du Fou, le 5 octobre 1467, Pierre Marvilleau servit personnellement en qualité d'homme d'armes dans la compagnie du sire de Bressuire et fournit en outre deux archers, et sur le rôle de l'arrière-ban du 26 novembre 1491 et jours suivants, parmi « ceux qui sont dans la garnison de Tiffauges... et ont duement fait la montre audit lieu », figure « Pierre Merveillau, sieur de la Vergnais, archer (Bressuire) », le même évidemment que le bénéficiaire de ces lettres de rémission du 18 mai 1473. (Cf. *Roolles des bans et arrière-bans de Poictou*, etc., p. 14 et 60.)

2. Antoine, seigneur d'Argenton, de Gourgé, l'Hérigondeau, Souvigné, etc., avait épousé Marguerite de Razilly, le 3 février 1455. Le 12 mars de la même année, il reçut de Guy de Montfaucon, chevalier, s[r] de Saint-Mesmin, l'aveu de la terre d'Aubigny, testa en 1460 et mourut l'année suivante sans postérité. Il était fils de Guillaume s[r] d'Argenton, chevalier, et de Jeanne de Naillac, héritière de tous les biens de sa maison, et avait quatre sœurs : Brunissende, mariée, le 21 juin 1422, à Thibault ix Chabot, s[r] de la Grève, tué à la *Journée des harengs* (18 février 1429) ; Jacquette, femme de Jean de Vendôme, vidame de Chartres ; Antoinette, mariée, le 13 avril 1439, à Jean de Montenay ; Louise, femme de Bertrand de la Haye, seigneur de Mallièvre, mariée le 25 mars 1456. (*Dict. des familles de l'anc. Poitou*, 2e édit., t. I, p. 102.) Razilly, ancien fief connu dès le xiie s., château fort en la paroisse de Beaumont-en-Véron, où Charles vii résida pendant les mois de mai, juillet et septembre 1446, appartenait à la famille de ce nom. Marguerite était la fille de Jean de Razilly, chevalier, qui donna l'hospitalité à Charles vii, et sœur d'un autre Jean auquel Louis xi rendit aussi visite en son château, car les lettres patentes de janvier 1465 n. s., par lesquelles il lui permet de chasser sur une étendue de quatre arpents

gneur dudit lieu d'Argenton, durant lequel temps estoit fort accointé, famillier et en grace d'icelle de Rasillé ; et aussi estoit pour lors Loys Chabot, chevalier, seigneur de la Gresve [1], fort famillier de ladicte Rasillé, et avoient ensemble grans communicacions et accoinctances. Et durant icelui temps, deux ans a ou environ, avint que, au moyen de certaine hayne que eurent ensemble lesdiz de Rasillé et de la Gresve, icelui suppliant sejourna ung jour,

---

faisant partie de la garenne royale dans la forêt de Chinon, sont datées de Razilly. (Carré de Busserolle, *Dict. géogr., hist. et biogr. d'Indre-et-Loire*, t. V, p. 264.) Nous devons signaler aussi quatre actes d'hommage rendus, le 1er avril 1451 n. s., par Antoine, sr d'Argenton, à Artus de Bretagne, comte de Richemont, comme seigneur de Parthenay, à cause 1º de son herbergement de Gourgé; 2º de son herbergement de l'Herigondeau ; 3º de son hôtel de Parthenay, sis près les murs de la ville en la paroisse Sainte-Croix ; 4º d'une borderie de terre « desherbergée, appelée la borderie aux Millés ». (Arch. nat., R¹ˢ 190, fol. 66 à 69.) C'est cet héritage, qui en réalité revenait pour la plus grande partie à sa mère, Brunissende d'Argenton, que Louis Chabot, sr de la Grève, chercha et parvint même un instant à s'approprier, à l'aide d'un faux et avec la complicité de Marguerite de Razilly, veuve d'Antoine d'Argenton.

1. Louis Chabot, chevalier, seigneur de la Grève, chambellan du roi, fils de Thibaut ix et de Brunissende d'Argenton, ayant à peine six ans à la mort de son père, était resté longtemps sous la tutelle de Guillaume, sire d'Argenton, père d'Antoine, son aïeul maternel. On accusait celui-ci de s'être montré peu scrupuleux dans l'administration de la fortune de son pupille, d'avoir aliéné plusieurs terres importantes comme celles de Pressigny en Gâtine, de Verneuil et la châtellenie de Loches, si bien qu'à sa majorité, celui-ci se trouvait dépouillé de plus de 500 livres de rente. La nouv. édit. du *Dict. des familles du Poitou* parle de ses démêlés judiciaires avec Antoine d'Argenton au sujet des comptes de sa tutelle, puis celui-ci étant décédé, avec l'une de ses sœurs, Antoinette, femme de Jean de Montenay (t. II, p. 180), mais reste muet en ce qui touche ses procès avec sa sœur Jeanne et le mari de celle-ci, Jean de Chambes, sr de Montsoreau, et l'accusation de faux portée contre lui et reconnue fondée, ce qui fut cause qu'il dut rendre Argenton, dont le Parlement, sur le vu du titre faux, lui avait d'abord reconnu la possession. Outre ces procès, dont il sera question plus spécialement dans une note suivante, on peut indiquer ici un arrêt rendu par la cour, le 17 janvier 1453 n. s., entre lui et Jean de Graville (Arch. nat., X²ᵃ 26, fol. 220 vº), et un acte du 26 août 1454, dans lequel Louis Chabot est qualifié chevalier, seigneur de la Grève, de Moncontour et de Marnes et accepte l'amortissement, moyennant vingt-sept écus d'or, d'une rente de douze livres que lui devait le chapitre de Saint-Hilaire de Poitiers. (Coll. dom Fonteneau, t. XII, p. 83.) Il mourut à la fin de 1479 ou au commencement de 1480 ; son fils et sa fille aînée décédèrent avant lui. Seule, Madeleine, née après le 5 mai 1453, lui survécut ; elle avait épousé, le 4 février 1470, Navarrot d'Anglade, écuyer, chambellan du roi, capitaine de Mauléon.

comme souvent sejournoit avec ladicte de Rasillé, et en parlant de plusieurs choses, icelle de Rasillé, commança à parler audit suppliant dudit Chabot, en lui disant qu'il n'estoit point homme qui lui deust porter les termes qui lui portoit, et qu'elle l'avoit bien servy et fait trop de plaisir et plus qu'elle ne devoit, dont elle sentoit sa consience chargée. A quoy ledit suppliant respondi ces motz ou semblables : « Madame, si vous avez fait chose contre Monsieur de Monsoreau [1] qui ne soit à faire, il vauldroit

---

1. Jean de Chambes, sr de Montsoreau, né vers 1400 ou 1410, suivant Vallet de Viriville (Article de la *Nouvelle Biographie générale*), avait épousé, par contrat daté de Saumur, le 17 mars 1446 n. s., Jeanne Chabot, fille de Thibaut IX, seigneur de la Grève et de Montsoreau, et de Brunissende d'Argenton. La collection des pièces originales de la Bibl. nat., vol. 655, contient un dossier de plus de quarante pièces relatives à ce personnage, dont J. Vaësen a donné l'analyse (*Lettres de Louis XI*, t. IV, p. 273 ; t. VII, p. 72) et desquelles il résulte qu'il fut d'abord écuyer d'écurie de Charles VII (lettres datées du Bourg-de-Déols, le 11 mars 1426), panetier du roi, d'après une quittance du 14 février 1438, puis son conseiller et chambellan (autre quittance du 8 janvier 1442), commissaire royal aux Etats tenus à Montferrand en novembre 1441, et enfin premier maître d'hôtel du roi (quittance de gages des 12 janvier 1444, 4 août 1447 et 4 mai 1449). Jean de Chambes fut également capitaine d'Aigues-Mortes (don de Charles VII, du 26 février 1428), dont on le trouve, plus tard sous Louis XI, qualifié châtelain et viguier, connu aussi capitaine de la tour de Charbonnière près dudit lieu d'Aigues-Mortes (quittance du 25 juillet 1466), puis capitaine de Talmont-sur-Gironde (quittance du 11 septembre 1451), de Niort (*id.* du 15 juillet 1456), gouverneur de la Rochelle, après André de Villequier, suivant des lettres du roi lui accordant délai pour prêter serment en cette qualité (20 janvier 1450). Sous ce règne, le sr de Montsoreau fut mêlé à d'importantes négociations diplomatiques. Il avait acquis la terre et seigneurie de Montsoreau, en 1450, de Louis Chabot, sr de la Grève, son beau-frère. Jeanne Chabot, sa femme, était en 1473 dame d'honneur de la reine Charlotte de Savoie, et recevait du roi une pension de 1.000 livres, comme on le voit par le compte de Guillaume de Nève, trésorier et receveur général de Languedoc, pour l'année 1476. Ils eurent un fils, Jean de Chambes, baron de Montsoreau, et deux filles : Nicole ou Colette, seconde femme de Louis d'Amboise, vicomte de Thouars, puis maîtresse de Charles, duc de Guyenne, frère de Louis XI, morte en 1472 ; et Hélène, mariée, par contrat du 27 janvier 1473 n. s., à l'illustre Philippe de Commynes, auquel elle apporta entre autres biens la terre et seigneurie d'Argenton. (Mlle Dupont, *Mémoires de Commynes*, t. III, Preuves, p. 38-53. — Voy. aussi l'abbé A. Ledru, *Louis XI et Collette de Chambes en Poitou* ; *Id.*, *Un procès au XVe siècle*. *Louis XI, Philippe de Commines, le seigneur de Montsoreau et les habitants de Savigny*. Angers, 1884, in-8°.) MM. Beauchet-Filleau mentionnent « un appointement daté de 1480, entre Jeanne Chabot, dame de Montsoreau, veuve de Jean de Chambes, d'une part, et Gosceline (*alias* Hes-

mieulx, selon Dieu et vostre conscience, en dire et faire savoir audit de Monsoreau la verité. » Et adonc ladicte de Rasiglé lui en commança à conter comment autresfoiz en faveur dudit de la Gresve elle avoit fait emplir et escripre, au lieu de Champeigné sur Veude, en ung blanc signé de son feu mary et scellé du seel de ses armes une lettre par François Gibert [1], laquelle ledit Gibert, après ladicte es-

---

seline) Chaperon, seconde femme, alors veuve, de Louis Chabot, d'autre part », sans indication de source ni d'objet. On n'en peut déduire que la date approximative du décès des deux beaux-frères. (*Op. cit.*, t. II, p. 180.)

1. *Aliàs* Gébert. François Gébert, écuyer, demeurant à l'Isle-Bouchard, s'était avoué, pour libérer sa conscience, disait-il, l'auteur matériel du faux fabriqué à l'instigation de Louis Chabot, et comme Pierre Marvilleau, sans doute à la même date, il avait obtenu des lettres de rémission. Elles portaient en substance que douze ans auparavant, après le décès d'Antoine d'Argenton, Louis Chabot s'en vint à l'Isle-Bouchard, en l'hôtel d'un s^r Germier, et pria Gébert, « avec lequel il avoit grant accointance tant au moien de la guerre que autrement », de le venir trouver, ce qu'il fît. A cette entrevue, le s^r de la Grève lui montra « un blanc signé et seellé du feu s^r d'Argenton et une minute en papier », dont il le requit très instamment de transcrire le contenu sur ledit blanc, lui affirmant qu'il n'y avait aucun risque à courir et qu'il ne lui en arriverait aucun inconvénient. Comme Gébert ne se prêtait pas à ce désir, Chabot le menaça de le « destruire de corps et de biens », mais ne parvint pas à vaincre sa résistance. Il agissait d'accord avec Marguerite de Razilly, veuve du s^r d'Argenton, et la tenait au courant de ses démarches. Celle-ci se chargea de continuer les pourparlers avec François Gébert ; elle le fit venir à Champigny-sur-Veude, où elle s'était transportée à la demande de son complice, « avec une solue damoiselle », et sut si bien s'y prendre qu'elle le décida à ce qui lui était demandé. Depuis, ayant su que Chabot s'était aidé de ce faux titre dans le procès qu'il avait au Parlement contre Jean de Chambes, et que par ce moyen il l'avait gagné, Gébert « a fait conscience d'avoir emply ledit blanc signé et à ceste occasion en a adverty le roy, qui a fait prendre par son chancellier (Pierre Doriole) et Chambon, conseiller ceans, sa confession sur ce, par devant lesquelx il a confessé la verité du cas et en a requis pardon au roy ». Le jeudi 3 juin 1473, François Gébert et Pierre Marvilleau, écuyers, demandaient à la cour respectivement l'entérinement de leurs lettres de rémission. Jean de Chambes, Philippe de Commynes, son gendre, et le procureur général s'y portèrent opposants et exposèrent dans une longue plaidoirie, le 10 du même mois, les procès interminables qu'ils avaient été obligés de soutenir, les dépenses qu'ils leur avaient occasionnées, et tous les dommages que cette pièce fausse leur avait fait subir ; ils demandaient que lesdites lettres fussent déclarées subreptices, obreptices, inciviles et déraisonnables, et Gébert condamné à faire amende honorable et à vingt mille écus de dommages-intérêts envers lesdits de Chambes et Commynes. (Arch. nat., X^{2a} 39, aux dates.) On ne sait comment l'affaire se termina ; il n'en est plus question sur les registres du Parlement, après cette date du 10 juin 1473.

cripture, avoit signé, et l'avoit fait minuter, comme elle disoit, ledit de la Gresve par Thomas Gibourreau, son chastellain et officier, contenant, entre autres choses, que ledit seigneur d'Argenton, son feu mary, en recompence de certaines terres appartenans audit Chabot, qui autresfois avoient esté vendues par ledit d'Argenton ou ses predecesseurs, durant ce qu'ilz avoient l'administracion dudit Chabot et de ses biens, vouloit que ladicte terre d'Argenton demourast après son decès audit Chabot et qu'il... [1] audit Gibert la cappitainnerie, sa vie durant; de laquelle lettre ledit Chabot s'estoit aidé en certain procès qu'il avoit, en nostre court de Parlement, contre ledit de Moncereau (sic) et en avoit gangné sa cause. Après lesquelles parolles ainsi recitées et dictes par ladicte de Rasillé audit suppliant, elle le chargea de le dire et faire savoir audit de Monsoreau et qu'il le fist parler à elle, et qu'elle lui vouloit dire des choses touchant ladicte matière, ce que ledit suppliant fist peu de temps après. Et depuis les fist parler ensemble au lieu de Partenay, auquel lieu ilz furent par aucun temps et parlèrent ensemble, et croyoit le dit suppliant que ce feust de ladicte matière. Mais il ouyt que ledit de Monsoreau dist au deppartir qu'il faisoit venir ung commissaire pour veriffier ladicte matière et qu'il failloit que ladicte de Rasillé et ledit suppliant en deppossassent devant lui, dont ilz furent contens. Et à ceste cause, fist ledit de Montsoreau venir ou païs nostre amé et feal conseiller en nostre court de Parlement, maistre Jehan des Feugeretz [2], commissaire d'icelle pour interroger les des-

---

1. Blanc au registre. On peut, ce semble, suppléer par les mots « qu'il en donnast ».
2. Ou de Feugerais; il avait été reçu conseiller au Parlement de Paris le 10 mai 1454. Il était fils puiné de Jean de Feugerais et de Catherine Le Beurrier, et épousa Radegonde, fille de Robert Thiboust, président à mortier au Parlement, dont il eut un fils, prénommé aussi Jean, qui fut à son tour conseiller à la même cour, et deux filles. (Voy. F. Blanchard, *Catalogue de tous les conseillers au Parlement de Paris*, in-fol., p. 24.)

sus diz et autres touchant ladicte faulce lettre. Et quant ledit commissaire fut venu ou païs, icelui de Monsoreau manda audit suppliant qu'il convenoit qu'il depposast et que le commissaire estoit venu, et pour faire ses despens lui envoya cinquante escuz, lesquelz ledit suppliant print, et incontinent ala le dire à ladicte de Rasillé. Laquelle, pour ce que il [1] avoit fait appoinctement avecques ledit de la Gresve, lui dist qu'il ne depposast riens, touchant ladicte faulce lettre, de ce que autresfoiz lui avoit dit ne chose qui feust contre ledit de la Gresve, et que si autrement il le faisoit, jamais n'auroit beau se trouver devers elle, et lui feroit perdre son argent qu'elle lui devoit, montant de huit cens à mille escuz, laquelle (*sic*) il lui avoit presté, et que, se il en diroit riens, elle le desadvoeroit et diroit que jamais ne lui en auroit parlé, et que pour tant il demourroit seul en son oppinion et depposicion et en pourroit cheoir en inconvenient. Et ce voyant, ledit suppliant, qui estoit fort jeune de sens et de aage, comme de dix huit à xx. ans ou environ, et qu'il estoit fort amoureux et prins de l'amour de ladicte de Rasillé, tellement qu'elle ne lui sceust riens commander ne dire qu'il ne le fist pour lui complaire, doubtant que s'il lui disoit chose qui lui feust desagreable, qu'il feust et demourast en son indignacion et perdit la grant acointance qu'elle avoit à lui, et aussi son argent qu'elle lui devoit, comme dit est, dont il n'avoit cedulle ne obligacion, et aussi qu'il demourast seul en sa depposicion, icellui suppliant qui estoit jeune, simple et ignorant et qui ne cuidoit aucunement mesprandre ne faire chose qui feust digne de reprehencion, à l'instigacion, pourchatz, requeste et enortement de ladicte de Rasillé, quant ce vint au jour qu'il devoit estre examiné par nostredit conseiller, commissaire dessus dit, n'osa dire verité de ce qu'il avoit autresfoiz dit audit de Mont-

---

1. On devrait lire plutôt « elle ».

soreau, et dist que bien avoit oy dire et parler de ladicte faulce lettre à gens de ladicte de Rasillé, mais ne sçavoit èsquelx ne de quoy elle parloit ; et oultre afferma que jamais ne l'avoit oy dire à ladicte de Rasiglé ne audit de la Gresve, et que ladicte de Rasiglé jamais ne lui en avoit donné charge d'en parler audit de Montsoreau, et si aucunement il en avoit parlé, ce avoit esté de la promocion, instigacion et requeste dudit de Montsoreau et par le moyen dudit argent qu'il lui en avoit envoyé et fait bailler. Laquelle depposicion nostre dit conseiller, commissaire susdit, rediga et fist mettre par escript. Et par autre commission obtenue par ledit de Montsoreau et à sa requeste, ledit suppliant fut de rechef interrogé par nostre amé et feal conseiller en nostre court de Parlement, maistre Jehan Chambon, nostre lieutenant en Poictou [1], au lieu

---

1. Jean Chambon, dont nous rencontrons ici pour la première fois le nom, joua un rôle important en Poitou sous Louis XI, quoiqu'il fût étranger au pays. Blanchard le dit originaire d'Auvergne, et cette assertion parait très vraisemblable. Nous n'avons d'ailleurs trouvé aucun renseignement sur ce personnage avant sa nomination comme conseiller au Parlement de Paris, le 16 avril 1454. Il fit partie d'une promotion nombreuse, parce que depuis longtemps Charles VII n'avait pas pourvu aux vacances de la cour. Sur une dizaine de conseillers lais nommés en même temps que lui, les lettres patentes du 16 avril décident qu'il prendra séance au second rang. Reçu par la cour, le 10 mai suivant, avec Pierre Clutin, Jean de Feugerais et Raoul Pichon, tous licenciés en lois, il fut confirmé dans cet office à l'avènement de Louis XI, par lettres patentes du 8 septembre 1461, ainsi que les autres officiers du Parlement. (Arch. nat., X^{1a} 1483, fol. 242; *Ordonnances des Rois de France*, in-fol., t. XIV, p. 268, et t. XV, p. 13.) Suivant le *Dict. des familles du Poitou*, le roi le nomma, l'an 1464, lieutenant général de la sénéchaussée de Poitou (nouv. édit., t. II, p. 221) ; il aurait ainsi remplacé Hugues de Conzay (sur lequel voy. notre volume précédent, p. 274-276, note). La date exacte de ses provisions n'est pas autrement spécifiée ; mais ce que l'on peut affirmer, c'est que le 12 juillet de cette année, dans une lettre à Jean Bourré, écrite aux Sables-d'Olonne, il annonce à celui-ci qu'il y avait été envoyé avec mission d' « allonger » les gens d'armes et qu'il doit aller à Fontenay et à Niort pour s'enquérir de l'artillerie disponible. (Bibl. nat., ms. fr. 20484, fol. 10.) La ville de Poitiers le choisit, au mois de février 1468, pour l'un de ses trois députés aux Etats de Tours et lui conféra, la même année, la dignité de maire. Dans un acte daté de Poitiers, le 4 juillet 1468, il s'intitule conseiller au Parlement et commis par le roi « à l'exercice de la justice de Poitou », de concert avec Mathurin Arembert, procureur du roi en la sénéchaussée, et Pierre Aubert, greffier de l'élec-

de Bresuyre, devant lequel se percevera en sa première dicte depposicion et se rapporta à ce qu'il en avoit dit devant ledit des Feugerrois, en disant semblablement qu'il avoit bien oy parler de ladicte faulce lettre, mais ne sçavoit à qui, et que jamais n'en avoit oy parler à ladicte de

---

tion, et après enquête auprès des marchands boulangers et autres de la ville, il y certifie le prix de vente du froment, seigle, avoine, baillarge et volaille pendant l'année finie à la saint Jean précédente. (Original, signé de ces trois noms, Bibl. nat., ms. fr. 27140, n° 8.) Une constatation semblable pour l'année 1471, émanant de lui, de Roger Le Roy, substitut du procureur, et de Pierre Thoru, commis au greffe, se trouve dans le même manuscrit, sous la date de Poitiers, 7 janvier 1472 n. s. ; il y prend la qualité de conseiller au Parlement et de « lieutenant sur le fait de la justice au païs de Poictou ». (Original, *id.*, n° 9.)

Un inventaire du xvi° siècle des titres de la ville de Poitiers mentionne des lettres patentes de Louis xi, datées du 18 juin 1473, commettant Jean Chambon pour exercer l'office de sénéchal de Poitou. Ce document aujourd'hui perdu (*Invent. des Arch. de la ville de Poitiers*, par L. Rédet et A. Richard, p. 320, n° 2021) trouve sa confirmation implicite dans un mandement original de ce personnage adressé au premier sergent sur ce requis, lui ordonnant de saisir et mettre sous la main du roi « le fief de Genoillé », à la requête de Geoffroy Taveau, seigneur de Mortemer et d'Empuré, mandement daté du 18 août 1473 et signé de sa main, dans lequel il se dit, dans les mêmes termes, « commis par le roi à l'office de sénéchal de Poitou ». (Bibl. nat., ms. fr. 27140, n° 17.) Nous avons vu que Louis de Crussol, nommé gouverneur de Dauphiné, le 15 juin 1473, fut alors remplacé comme sénéchal de Poitou par Charles d'Amboise, seigneur de Chaumont. (Vol. précédent, p. 451, note.) En effet, dans les provisions du même office données au Plessis-du-Parc, le 24 novembre 1476, en faveur de Philippe de Commynes, il est dit formellement que celui-ci succéda au s^r de Chaumont, qui, ayant été nommé gouverneur de Bourgogne et de Champagne, a résigné à son profit l'office de sénéchal. (*Mémoires de Commynes*, édit. de Mlle Dupont pour la Société de l'hist. de France, t. III, Preuves, p. 60.) Jean Chambon exerça donc par commission l'office dont Charles d'Amboise était titulaire, et l'un et l'autre en conservèrent, jusqu'à la nomination de Philippe de Commynes, le premier les fonctions, le second le titre et les prérogatives. Nous pouvons citer au moins cinq autres actes dans lesquels Chambon prend cette qualité de commis par le roi à l'office de sénéchal de Poitou. Le premier, daté du 5 juillet 1474, est intitulé : « Commission donnée par Jehan Chambon, conseiller et maître des requêtes ordinaire de l'hôtel du roi, et *commis par ledit seigneur à l'office de sénéchal de Poitou*, à François Mignot, enquêteur pour le roi en Poitou, pour s'informer de ce qu'étaient les rentes amorties en faveur de l'abbaye des Châtelliers, etc. (L. Duval, *Cartulaire de l'abbaye royale de N.-D. des Châtelliers*, Niort, 1872, in-8°, p. 222.) Le second est une rémission, de décembre 1474, en faveur de Jean Coulon, dont on trouvera le texte à sa date dans le présent volume ; le troisième, du 20 juin 1475, est un nouveau certificat des prix du setier de froment, seigle, baillarge,

Rasiglé, et ne lui avoit donné charge en parler audit de Montsoreau, et que ladicte de Rasiglé estoit fine femme et qu'elle ne disoit point ces choses, si elle ne sçavoit bien à qui. Depuis lesquelles depposicions ainsi faictes par ledit suppliant, et après le trespas de ladicte de Rasiglé, il a

---

avoine, et des chapons, oies, gélines, etc., signé de lui, de Regnaut Du Noyer, procureur du roi en Poitou, et de Pierre Thoru, commis au greffe ordinaire de la sénéchaussée. (Original, ms. fr. 27140, n° 20.) Le quatrième, du 12 juillet 1476, est une sentence par lui rendue, condamnant les maire, échevins et bourgeois de Poitiers à laisser jouir Jean Rideau des moulins de Chasseigne et de plusieurs rentes assises sur des maisons. (*Invent. des Arch. de la ville de Poitiers*, p. 321, n° 2028.) Enfin, par le cinquième, daté du 7 août 1476, il donne l'ordre à Hervé Prévost, enquêteur en Poitou, de faire une information sur le contenu d'articles d'Etienne de Bonney, receveur ordinaire du roi en Poitou, énonçant certaines places et autres choses à bailler au profit du roi. (Orig. signé, ms. fr. 27140, n° 22.) Le même recueil contient des lettres patentes de Louis XI, datées de Niort, le 18 novembre 1472, portant que Jean Chambon avait été nommé, au mois de janvier 1468 n. s., conseiller et avocat du roi en la sénéchaussée de Guyenne, remplacé par Aymer Laborie, pendant que Charles, frère du roi, avait été duc de Guyenne, et confirmé dans cet office après la mort de ce prince. (*Id.*, n° 16.) Comme il est peu admissible que l'office d'avocat du roi à Bordeaux ait pu être compatible avec l'office de lieutenant général du sénéchal de Poitou, et à plus forte raison avec celui de commis à l'office de sénéchal, il y a lieu de supposer qu'il s'agit d'un autre personnage de mêmes nom et prénom. D'ailleurs, le 9 février 1474 n. s., Jean Chambon avait été promu maître des requêtes ordinaire de l'hôtel et remplacé dans sa charge de conseiller lai au Parlement par Artus de Cambray, licencié en lois. (Arch. nat., X¹ᵃ 1486, fol. 139.) Après que Commynes eut été élevé à la dignité de sénéchal de Poitou, Jean Chambon reprit l'exercice de la charge de lieutenant général de la sénéchaussée. Il figure dans beaucoup de textes des années 1477 et suivantes en cette qualité et, entre autres, dans l'acte de refus qu'il opposa, le 5 novembre 1482, à l'entérinement des lettres patentes du 8 juillet précédent, rétablissant le siège royal et les assises de Saint-Maixent. (A. Richard, *Chartes de l'abbaye de Saint-Maixent*, t. II, *Arch. hist. du Poitou*, t. XVIII, p. 263-264.)

Indépendamment de l'exercice de ces divers offices, Jean Chambon fut fréquemment employé pour les affaires du roi, qui lui confia plus d'une mission importante. Il fut avec Pierre de Rohan, seigneur de Gyé, et deux autres, l'un des négociateurs du traité conclu avec le duc de Bretagne, le 24 juillet 1477. (*Ordonnances des Rois de France*, in-fol., t. XVIII, p. 278.) Son nom figure dans ce recueil parmi les membres du conseil royal qui souscrivirent des ordonnances des années 1476 à 1484. (T. XVIII, p. 210, 258, 529, 542, 557, 722, 725 ; t. XIX, p. 181, 280, 531.) Louis XI le chargea aussi de traiter le mariage d'Antoine de Chourses, sʳ de Maigné et d'Echiré, fils de Guy, sʳ de Malicorne, avec Catherine, seconde fille d'Olivier de Coëtivy, seigneur de Taillebourg, janvier-avril 1479. Une très intéressante correspondance échangée à ce sujet a été publiée par P. Marchegay, sous le titre : *Louis XI, M. de Taillebourg et*

esté de rechef interrogé sur ladicte matière, et considerant que èsdictes deux premières depposicions il avoit depposé contre verité et autrement que à point, tant par indiscreccion, esnortement et crainte d'encourir en l'indignacion de ladicte de Rasiglé, de laquelle il avoit esté fort acointé, que aussi de paour de perdre son argent,

---

M. de Maigné. (Bibl. de l'Ecole des Chartes, t. XVI, p. 1-27.) Jean Chambon y est dit « lieutenant de Poitou ». Un mémoire du procureur du roi de la ville de Poitiers, conservé dans les archives municipales (L. 7), nous fait connaître qu'en 1477 ou 1478, Jean Chambon avait été en outre commis par le roi, ainsi que Guillaume de Paris, conseiller au Parlement, Gilles Le Flament, général de la justice des aides, Pierre Jouvelin, correcteur, et Guy Avrillot, clerc des comptes, pour juger les différends mus entre les maires et échevins, d'une part, Jean Tartas, Jean Thénot, Antoine Baiart et autres qui, ayant été chargés d'une enquête sur une soustraction de fonds, prétendaient revoir et corriger les comptes de Jamet Gervain, Jean Boylesve, Jean de La Fontaine, André Chaillé et Guillaume Macé, successivement receveurs de la ville.

Jean Chambon est surtout connu par son rôle dans le long procès de la maison de La Trémoïlle, héritière de celle d'Amboise, contre Louis XI, au sujet de la vicomté de Thouars et autres terres ayant appartenu à Louis d'Amboise, vicomte de Thouars, et que le roi s'était adjugées au détriment de Louis de La Trémoïlle et de ses enfants. Il avait donné une bonne partie de cette dépouille, comme l'on sait, à Philippe de Commynes. Peu de temps avant sa mort, il eut, paraît-il, des remords et reconnut, en présence de témoins, l'iniquité de sa conduite dans cette affaire. La régente, Anne de Beaujeu, prescrivit une enquête sérieuse qui aboutit à la restitution de l'héritage de Thouars aux La Trémoïlle. Mlle Dupont, dans son édition des *Mémoires* de Commynes, a publié en appendice ces très curieux documents qui avaient été connus de M. de La Fontenelle de Vaudoré (*Commynes en Poitou*) et dont il ressort que Jean Chambon, témoin d'une destruction de titres contraires aux prétentions de Louis XI, avait tenu en cette circonstance un langage d'une indépendance relative vis-à-vis du roi et surtout vis-à-vis de Commynes, dont il est juste de lui tenir compte, quoique en définitive il dut se soumettre à la volonté despotique de son terrible maître. (Voy. les *Mémoires* de Commynes, édit. par Mlle Dupont pour la Société de l'hist. de France, t. III, p. 80-128.) Sous Charles VIII, Jean Chambon fut maintenu dans son office de maître des requêtes ordinaire de l'hôtel, et il en exerça les fonctions jusqu'à sa mort, arrivée le 8 juin 1490 ; il était âgé de soixante-six ans et fut inhumé dans le couvent des Filles de l'Ave-Maria à Paris, où son épitaphe a été recueillie. Ses armes étaient d'azur à la tour d'argent maçonnée de sable. Il avait épousé Marie, fille de Philippe des Courtils, conseiller au Parlement, et plusieurs de ses descendants en ligne directe furent aussi conseillers au Parlement de Paris dans le cours du XVIe siècle. (Blanchard, *les Généalogies des maistres des requestes*, in-fol., p. 215 ; La Chenaye-Desbois, *Dict. de la noblesse*, in-4°, t. V, p. 46 ; E. Raunié, *Epitaphier du vieux Paris*, in-4°, t. I, p. 287.)

comme dit est, a dit et depposé la verité du cas et que la dicte de Rasiglé lui avoit dit et affermé les parolles dessus dictes, et lui avoit chargé les dire et notiffier audit de Montsoreau, et que depuis il les avoit fait parler ensemble, ainsi que dessus est dit. Depuis laquelle veritable depposicion ainsi par lui faicte, il a esté adjourné par ordonnance de nostre dicte court de Parlement à comparoir en personne en icelle court, à la requeste de nostre procureur general, à certain jour, auquel pour obeir à nous et à justice, s'est comparu et presenté en personne, et a esté de rechef interrogé, et a dit et depposé et affermé par verité toute sadicte derrenière depposicion estre veritable, et perceveré en icelle. Mais ce neantmoins, pour la variacion et contrarieté de sesdictes depposicions et qu'il s'est trouvé et trouve, par la derrenière d'icelle, qu'il avoit cellé verité en ses premières depposicions, il a esté arresté prisonnier en nostre ville de Paris, par ordonnance de nostre dicte court[1], et doubte que l'en lui voulsist tenir rigueur

---

1. Mandement du 19 mars 1473, ordonnant de prendre au corps et d'amener prisonnier à la conciergerie du Palais Pierre Marvilleau, François Gibert, Antoine Cauchon et Jean de Beauvoir, à la requête du procureur général, qui avait relevé des charges sérieuses contre eux, *visis certis oneribus et informacionibus factis super certis falsitatibus, subornacionibus testium et confectionibus falsarum litterarum per Ludovicum Chabot, militem, dominum de Gravia, seu ad ejus prosecucionem factis, ut dicitur, perpetratis in certo processu nuper pendente in dicta curia nostra, inter dictum Ludovicum Chabot, ex una parte, et dilectum nostrum Johannem de Jambes, eciam militem, dominum de Montsoreau, ex parte altera, racione successionis domini d'Argenton...* » (Arch. nat., X²ᵃ 40, fol. 55 v°). — Les procès touchant la succession d'Argenton commencèrent peu de temps après la mort d'Antoine sire d'Argenton (1461). Sa principale héritière était sa sœur aînée, Brunissende, veuve de Thibault IX Chabot, sʳ de la Grève, mère de Louis et de Jeanne, cette dernière femme de Jean de Chambes. Ce fut celui-ci qui ouvrit les hostilités. Le défunt était tenu envers lui à 2.200 livres de rente à prendre sur ses biens. C'était une somme considérable et qui engageait sinon la totalité, du moins une bonne partie de la succession ; le sʳ de Montsoreau réclama son dû à sa belle-mère, et un arrangement amiable termina ce premier différend (1463). C'est alors que Louis Chabot, sʳ de la Grève, intervint. Il avait été en procès avec Antoine d'Argenton à propos de la tutelle de sa personne et de ses biens exercée par Guillaume d'Argenton, père d'Antoine, dont l'administration, disait-il, avait été désastreuse pour lui. C'était l'explication qu'il donnait d'une

de justice et proceder contre lui à quelque rigoreuse pugnicion, se nostre grace ne lui estoit sur ce impartie, en nous humblement requerant icelle. Pourquoy nous, les choses dessus dictes considerées, audit suppliant avons quicté et pardonné et par ces presentes, etc. quictons et pardonnons le fait et cas dessus dit, avec toute peine, amande et offence corporelle, criminelle et civile, en quoy pour et au moyen des diz cas il pourroit estre encouru

---

prétendue lettre d'Antoine, qui lui faisait cession, *post mortem*, d'Argenton et autres biens, pour le dédommager. Ce titre avait été produit par Chabot dès avant le 12 septembre 1463, car à cette date déjà, Jean de Chambes l'arguait de faux, ainsi que deux autres actes. (X^{2a} 30, fol. 259, 262, 276, 280 v°.) Le Parlement ne se prononça que le 19 mai 1469; l'arrêt expose toute la procédure antérieure, énumère les nombreux châteaux, terres, fiefs et autres biens ayant appartenu à feu Antoine d'Argenton, écarte la présomption de faux, admet les pièces produites comme authentiques et envoie le sr de la Grève en possession du château d'Argenton et de la moitié du domaine, non seulement de cette seigneurie, mais de toutes les autres provenant de la succession ; le reste est abandonné à Jean de Chambes, sauf à acquitter certaines rentes dont ladite succession était grevée. Louis Chabot avait donc obtenu gain de cause, grâce à un titre suspect, mais dont la fausseté n'avait pu être établie. (X^{1a} 101, fol. 85-87 v°.) Le sr de Montsoreau n'en prit pas aisément son parti. D'abord, pour se venger de Marguerite de Razilly, veuve de sr d'Argenton, qu'il considérait non sans raison comme complice du sr de la Grève, il fit saisir les meubles du château de la Motte-Coupoux, dont elle jouissait en viager pour partie de son douaire, par sentences de Jean Chambon, lieutenant du sénéchal, et de Jean Favereau, prévôt de Poitiers ; mais en ayant appelé au Parlement, Marguerite obtint la cassation des décisions des premiers juges, par arrêt du 18 avril 1470. (X^{2a} 36, fol. 288 v°.) Persuadé qu'il y avait eu subornation de témoins, que des faux avaient été commis, Jean de Chambes ne se tint pas pour définitivement battu. Il entama de nouvelles poursuites contre le sr de la Grève, devant le lieutenant du sénéchal de Poitou, puis devant le Parlement de Bordeaux, installé temporairement à Poitiers, qui, à la requête de Louis Chabot lui-même, évoqua l'affaire. Des plaidoiries y furent prononcées, le 17 décembre 1470 et les 20 et 26 août 1471, d'après l'unique registre qui nous reste des archives de cette cour, pendant son séjour à Poitiers. (X^{1a} 4812, fol. 32 v°, 165, 166.) On comprendra que nous ne puissions pas entrer dans le détail de cette procédure, ce qui nous entraînerait beaucoup trop loin. En même temps, le sr de Montsoreau s'était adressé en cour de Rome et en avait obtenu « lettres de *significavit*, par lesquelles il feit ad monester tous ceulx qui retiennent le sien et qui ont dit en justice contre leurs consciences, en son prejudice, et les feit signifier et publier à la Chapelle Saint-Laurent, où demoure lad. dame (Marguerite de Razilly) qui, ce oy, feit conscience de ce que a fait et deposé en ceste matière, et parce revelé à Jambes le cas et luy en feit apparoir par l'obligation qu'elle a du sr de la Grève, et par les memoires et lettres nui-

envers nous et justice, etc., satisfacion faicte à partie, si aucune en y a interessée, civillement tant seullement, se faicte n'est, etc. Si donnons en mandement, par cesdictes presentes, à noz amez et feaulx conseillers les gens tenans et qui tiendront nostre dicte court de Parlement à Paris, et à tous noz autres justiciers, etc. que de nostre presente grace, quictance et pardon ilz facent, seuffrent et laissent ledit suppliant joir et user plainement et paisiblement, etc. Donné à Amboise, le xviiie jour de may l'an de grace mil cccc. soixante treize, et de nostre règne le xiie.

Ainsi signé : Par le roy, le sire de Roscur [1] et autres presens. Tilhart.

MDXXIV

Rémission octroyée à Jean Béchet, seigneur de Genouillé, Savary Girard, écuyer, Jean Méneguy et Louis Godelant, poursuivis pour le meurtre de Jean de Peyré qui avait résisté à certaines des exigences

---

sibles » qu'il lui avait adressés pour se mettre d'accord sur leurs fausses dépositions. (X^{2a} 39, date du 10 juin 1473.) Ainsi la veuve d'Antoine d'Argenton elle-même avait avoué sa participation à la fabrication du faux titre. Sa confession, jointe à celle de Pierre Marvilleau et de François Gébert, promettait à Jean de Chambes une revanche éclatante. L'affaire fut donc introduite de nouveau au Parlement de Paris, où le s^r de la Grève porta plainte contre le s^r de Montsoreau une plainte reconventionnelle en subornation de témoins et obtint, le 2 avril 1471, une ordonnance d'information. (X^{2a} 38, fol. 57.) Nous avons vu les incidents résultant des rémissions obtenues par Marvilleau et Gébert et de l'opposition de Jean de Chambes à leur mise à exécution ; mais les registres criminels ne fournissent plus, à partir du 15 juin 1474 (X^{2a} 40, fol. 64 v°) aucun renseignement sur le fond de l'affaire. Il est vraisemblable que quelque puissant personnage prit l'initiative de la soustraire à l'autorité judiciaire et de la terminer par un compromis, par une satisfaction secrète donnée par le s^r de la Grève à son beau-frère. On sait en tout cas que les château, terre et seigneurie d'Argenton restèrent en fin de compte à Jean de Chambes, et qu'il les céda, moyennant une somme de 30000 écus payée par le roi, à sa fille Hélène et à son gendre Philippe de Commynes, par leur contrat de mariage. (*Mémoires* de Commynes, édit. de Mlle Dupont, t. III, Preuves, p. 40, 183.)

1. Philippe de Commynes, gendre de Jean de Chambes, s^r de Montsoreau. (Contrat de mariage du 27 janvier 1473 ; Mlle Dupont, édit. des *Mémoires*, t. III, p. 38-53.) Sur sa qualification de sire de Roscur (Renescure) cf. ci-dessus, p. 339, note.

qu'ils prétendaient lui imposer en qualité d'administrateurs de la terre et seigneurie de Ciré, alors litigieuse entre ledit de Peyré et les héritiers de feu Joachim Girard, seigneur de Bazoges. (JJ. 195, n° 833, fol. 201 v°.)

Mai 1473.

Loys, par la grace de Dieu roy de France. Savoir faisons, etc., nous avoir receu l'umble supplicacion de noz amez Jehan Bechet, escuier, seigneur de Genoillé [1], Savary Girard [2], aussi escuier, Jehan Meneguy [3] et Loys Godelant, contenant que, pour raison de la terre et seigneurie de Ciré, s'est pieça meu procès entre feu Joachin Girard, en son vivant seigneur de Bazoches [4], d'une part, et

---

1. Fils de Pierre, déjà seigneur de Genoillé, mort en 1444, dont il a été question dans notre huitième volume (Arch. hist., t. XXIX, p. 367, note, 368) et de Catherine Poussard, Jean Béchet, chevalier, seigneur de Genouillé, les Landes, Ribemont, etc, vivait encore le 20 novembre 1496, date d'une donation qu'il fit à son fils André. Il avait épousé Guyonne de Cousdun, fille de Guillaume, seigneur des Ouches, et de Marie de Clermont, dont il eut deux fils, Antoine, mort jeune, et André, et une fille, Françoise, mariée à Briand Boutou, sr de la Baugisière. (Dict. des familles de l'anc. Poitou, nouv. édit., t. I, p. 398.)

2. Savary Girard, écuyer, était sans doute un cousin de Joachim Girard seigneur de Bazoges ou de Jean Girard, son fils (cf. ci-dessous la note 4). Fils puîné ou frère de Joachim, il n'aurait pu en droit être commis à l'administration du domaine de Ciré, litigieux entre ledit Joachim, sr de Bazoges, et Pierre de Payré.

3. Jean Méneguy avait obtenu déjà, en juillet 1468, des lettres d'abolition pour la part qu'il avait prise avec Joachim de Velort, à la Ligue du Bien public (ci-dessus n° MCCCCXLVI, p. 121.)

4. Joachim Girard ici nommé était le fils aîné de Renaud ou Regnault, seigneur de Bazoges, qui rendit à Charles VII, dont il était maître d'hôtel, des services diplomatiques importants. (Cf. notre t. IX, XXXII des Arch. hist., p. 218.) On possède moins de renseignements sur lui que son père. Il était capitaine de Moutiers-les-Maufaits pour Georges de La Trémoïlle, le 3 août 1436 (X^{2a} 21), fut nommé, conjointement avec son père, capitaine de Saint-Michel-en-l'Herm, le 30 novembre 1446, bailli du grand fief d'Aunis, par lettres du 31 juillet de la même année, et depuis conseiller et maître d'hôtel du roi. (Beauchet-Filleau, Dict. des familles du Poitou, nouv. édit., t. III, p. 160.) On sait aussi qu'il avait épousé Catherine de Montbron, sœur du vicomte d'Aunay, dont il eut quatre fils : Jean, Joachim II, Louis et Jacques, et deux filles, et qu'il vivait encore le 24 mai 1468. A cette date, il passa une transaction avec ses beaux-frères, François de Montbron, vicomte d'Aunay et seigneur de Matha, Guichard de Montbron, et Savary de Montbron, archidiacre de Reims. Joachim Girard s'y intitule chevalier, seigneur de Bazoges. (Arch. de la Charente-Inférieure, E., chartrier de Matha, 251.) C'était son fils aîné Jean

feu Pierre de Peyré [1], d'autre, au lieu desquelz defunctz, leurs enfans et heritiers ont reprins ledit procès, et mesmement Jehan de Peyré, filz dudit feu Pierre de Peyré ou lieu de sondit père ; pour le debat desquelles parties, les diz Bechet et Savary, supplians, ont esté commis de par nous à lever les fruitz et revenues de ladicte terre. Et pour l'excercice de leur commission, le mecredi XXIe jour d'aoust M.CCCC. LXXI, se transportèrent audit lieu de Ciré, pour recevoir le lendemain certains cens deuz à ladicte seigneurie, et en leur compaignie menèrent lesdiz Jehan Meneguy et Loys Godeland, aussi supplians ; et eulx arrivez et loigez audit lieu, oyrent le son du cor, que le

---

Girard, qui en 1472 avait repris contre Jean de Peyré le procès touchant la possession des château, terre et seigneurie de Ciré, et celui-ci était décédé, sans postérité, avant le 16 mai 1481. Un aveu de cette date pour la terre et seigneurie d'Anguitart, la terre et les moulins de Chasseneuil, fut rendu au roi par Joachim II Girard, seigneur de Bazoges, son frère cadet, qui épousa Jeanne, l'une des deux filles du chancelier Pierre Doriole. (Arch. nat., P. 1145, fol. 157 v°.)

1. Les registres du Parlement vont nous fournir quelques renseignements précis sur cette famille au XV° siècle. Pierre Ier de Peyré, *aliàs* Payré, seigneur de Ciré en Aunis, est nommé dans un acte du 27 avril 1393. (Arch. nat., X^{1a} 40, fol. 113.) Il avait épousé Marguerite Meschin, dont il eut au moins cinq enfants, et était mort avant le mois de mai 1406. Sa veuve dut soutenir au Parlement de Poitiers un procès au sujet de son douaire contre Pierre de Peyré, chevalier, en son nom et comme tuteur de son frère, Jacques, et de sa sœur Catherine ; on voit dans un acte du 18 mars 1430, que Jean de Peyré, autre fils puiné de Pierre Ier, vivait à cette date, ainsi qu'une autre sœur plus âgée, veuve alors de Guillaume Barrabin, chevalier, dont elle avait un fils, Jean Barrabin, écuyer. (X^{1a} 9190, fol. 327, acte du 23 déc. 1434 ; X^{1a} 9192, fol. 174, acte du 18 mars 1430.) Jean de Peyré, qui succomba sous les coups de Jean Béchet, s^r de Genouillé, et de Louis Godelant, était le fils de Pierre II et ne laissa point d'autres héritiers que des sœurs, comme on le voit dans les présentes lettres de rémission et par le procès qui eut lieu au Parlement touchant leur mise à exécution. (Ci-dessous, p. 392, note 2.) Pierre II était déjà en procès au Parlement de Poitiers, le 21 juillet 1422 : 1° contre Jean de Thorigné, auquel il réclamait le quart du manoir de la Cour-Sicart, les trois autres appartenant à Jean Racodet ; 2° contre Joachim de Clermont, seigneur de Surgères, parce qu'il prétendait que les habitants d'Ardillières, sujets de ce dernier, étaient tenus de faire le guet et de participer à la garde du château de Ciré. (X^{1a} 9190, fol. 187 et 190.) Le 22 août 1429, on le trouve prisonnier à Poitiers, le registre n'en donne pas le motif (X^{2a} 21, fol. 114), et le 23 décembre 1430, il présentait à la cour des lettres de caution. (*Id.*, fol. 151.)

fournier a acoustumé sonner, pour tirer le pain du four bannier. Lesquelz Bechet et Savary dirent ausdiz Meneguy et Godelant qu'ilz alassent audit four, pour lever le droit de fournaige, comme ilz avoient acoustumé de faire plusieurs foiz paravant ; lesquelz y alèrent et y trouvèrent une jeune damoyselle, seur dudit Jehan de Peyré, et en sa compaignie deux hommes, tenans chacun ung vouge en leur main. Et après ce que ledit fournier ot tiré le pain dudit four, ladicte damoyselle voult prendre ledit droit de fournaige, et de fait print ung pain et le bailla à ung desdiz hommes qui estoit avec elle, nommé Anthoine. Laquelle chose voyant, ledit Jehan Meneguy dist à ladicte damoyselle qu'elle ne leveroit pas ledit fournaige et ala audit Anthoine pour luy oster ledit pain ; lequel Anthoine mist la main à son vouge, et lors ledit Loys Godeland osta ledit pain audit Anthoine, et en ce faisant ladite damoyselle embrassa ledit Godeland pour luy oster ledit pain. Lequel Godeland, pour soy despescher d'elle, gecta ledit pain et se eschappa d'icelle damoyselle, laquelle commença lors à cryer à l'aide. Et oyans lesdiz Bechet et Savary, supplians, le bruit, alèrent audit four et trouvèrent les dessus diz qui s'entretenoient l'un l'autre, et dirent à icelle damoyselle que ce n'estoit pas bien fait à elle de vouloir lever ledit fournaige ; et en disant ces parolles, survint ledit Jehan de Peyré, fort esmeu, acompaigné de deux ou troys hommes, dont l'un tenoit une dague toute nue en sa main, et de prime face icelluy Jehan de Peyré courut sus audit Savary Girard et luy voult oster ung espieu qu'il tenoit ; et pour ce qu'il ne luy pot oster ledit espieu, il le print à la gorge et le renversa sur ung siège contre ung mur, et illec le tenoit estroictement, comme si le deust extrangler. Laquelle chose voyant, ledit Bechet qui avoit une espée à sa sainture, dist audit de Peyré par deux ou troys foiz qu'il laissast ledit Savary, et pour ce que ledit de Peyré ne voult lascher ledit Savary, icelluy

Béchet tira sadicte espée et en bailla ung cop d'estoc en la cuisse audit de Peyré, lequel ce non obstant ne voult lascher ledit Savary. Et ce voyant, ledit Loys Godelant, d'un vouge qu'il tenoit et qu'il avoit osté à ung desdiz hommes qui estoit venu avec ladicte damoyselle, bailla ung cop par derrière audit Jehan de Peyré au dessus de la sainture, sans ce qu'il y eust pour ledit cop aucune effusion de sang. Et après ce, icelluy de Peyré lascha ledit Savary, et en soy en voulant aler, tumba à terre, dont il fut relevé et emporté, et ce dit jour, à l'occasion desdiz cops, par faulte de gouvernement ou autrement, icelluy de Peyré ala de vie à trespas. Depuis lequel cas, lesdiz supplians ont esté en procès par devant le gouverneur de la Rochelle [1] ou son lieutenant, lors à ce commis par nostre dit (sic) frère le duc de Guyenne, à l'encontre de Guillaume Acquelet [2] et Jehanne de Peyré, sa femme,

---

1. Il ne s'agit pas ici du lieutenant pour le roi et gouverneur militaire de la Rochelle (alors Thierry de Lenoncourt), mais du chef de la justice ou sénéchal, qui en effet était aussi qualifié gouverneur. Le titulaire de cette charge était alors Jean Mérichon, seigneur d'Huré, Lagord, le Breuil-Bertin, Auzance près Poitiers, etc., qui en avait été pourvu, en 1471, par Charles de France, duc de Guyenne, et confirmé par Louis XI, à la fin de mai 1472. (Amos Barbot, *Hist. de la Rochelle, Arch. hist. de Saintonge*, t. XIV, p. 411.) Ce personnage ayant été, dans un autre de nos volumes, l'objet d'une notice assez développée (*Arch. hist. du Poitou*, t. XXXII, p. 67), nous n'y reviendrons pas ici.

2. Ce nom est écrit ailleurs Acquez ou Acquet, et dans un endroit des plaidoiries, et sur le registre du Parlement, à l'occasion de l'opposition qu'il fit à l'entérinement des présentes lettres de rémission, il est appelé « Guillaume de Achlet, escuier » (X²ᵃ 39, date du 3 juin 1473.) « Une autre maison du Poitou, dit M. Francisque-Michel, celle d'Acquet ou Acquez, dont le nom correspond parfaitement à un nom bien répandu en Ecosse, celui de *Halket*, se croyait originaire de ce pays. Les Acquez, qui habitaient autrefois les environs de Thouars et de Châtellerault, d'où ils sont passés en Picardie, portaient de sable à trois paniers, d'autres disent à trois seaux d'or. » (*Les Ecossais en France*, etc., in-8°, t. I, p. 270.) La nouv. édit. du *Dict. des familles de l'anc. Poitou* nie l'origine écossaise de cette maison ; d'ailleurs, la généalogie qu'elle en donne ne remonte pas au delà de l'année 1530, et notre Guillaume Acquelet, ou Achlet, n'y figure point. Or il est qualifié écossais, « escoçois », en un autre endroit du registre criminel cité ci-dessus (X²ᵃ 39 à la date du 8 avril 1473) et dans un acte du 22 juin suivant (*id., ibid.*) : « escuier, archier de la garde du corps du roy ». On connaît d'ailleurs d'autres membres de cette famille, vivant au XVᵉ siècle ; on peut citer notamment un accord du

Katherine, Marguerite et Anthoinète de Peyré, seurs dudit defunct. Par lequel gouverneur, icelles parties comparans, ou leurs procureurs pour elles, en la ville de Benon, en laquelle il tenoit lors son siège, fut appoincté que lesdiz supplians seroient constituez prisonniers et seroient interroguez sur la matière dessus dicte, et que il seroit pourveu de tuteurs ou curateurs à la cause ausdictes Marguerite et Anthoinète [1]. Duquel appoinctement et d'autres griefz lesdictes parties et chacune d'icelles appellèrent ès prouchains Grans jours qui se tiendroient, pour nostre dit frère, en ladicte duchié de Guienne. Et depuis obtindrent lesdiz supplians certaines lettres de nostre dit feu frère, par lesquelles estoit mandé aux conseillers tenans lesdiz Grans jours mettre ladicte appellation au neant, en acquiessant par eulx audit appoinctement, et faire proceder icelles parties ausdiz Grans jours sur le principal, ainsi qu'il appartiendroit par raison ; et semblablement eussent lesdictes parties adverses obtenu autres lettres de nostre dit feu frère, par lesquelles estoit mandé ausdiz conseillers tenans lesdiz Grans jours mettre leur appellacion au neant et proceder en iceulx Grans jours sur le principal, comme de raison ; desquelles lettres chacune des dictes parties eut requis l'enterinement par devant lesdiz conseilliers, et sur ce, icelles parties oyes, eussent par iceulx conseilliers esté appoinctées au conseil, et eussent lesdiz supplians esté interroguez et produict de leur cousté. Et depuis, sans avoir esté fait droit

---

11 septembre 1477, entre Helis de Mézieux, veuve de Thomas Acquez, de Voulon, Robert et Guichard Acquez, écuyers, ses enfants, et Jeanne du Vergier, femme de Jean de La Brousse, écuyer, au sujet de la possession d'un hôtel entouré de douves sis au village du Grand-Serze, accord conclu à la suite d'un procès entre Jean Acquez et François du Vergier. (A. Richard, *Arch. du château de la Barre*, t. II, p. 433, 434.)

1. Le tuteur désigné pour prendre les intérêts de Catherine, Marguerite et Antoinette, filles mineures, sœurs de Jean de Peyré, fut Jean Barrabin, écuyer, cousin germain de leur père. (Cf. ci-dessus, p. 388, note 1.)

ausdictes parties, nostre dit frère de Guyenne est alé de vie à trespas[1]. Après lequel trespas, soubz umbre desdictes appellacions, taisant par ledit Guillaume Acquelet, sa femme et sesdictes seurs, ce que dit est, ont obtenu certaines noz lettres, au moyen desquelles ilz ont fait adjourner lesdiz supplians à comparoir en leurs personnes en nostre dicte court de Parlement, à certain jour naguières passé, auquel jour ilz se sont bien et deuement comparus et presentez[2]. Et doubtent, etc., requerans, etc.

---

1. Charles de France, duc de Berry, puis de Guyenne, Saintonge et gouvernement de la Rochelle, frère de Louis XI, était mort le 25 mai 1472. (Cf. ci-dessus, p. 172, note 1.)

2. Nous allons énumérer sommairement les actes de cette cause, depuis le moment où elle fut introduite au Parlement de Paris. Elle y apparaît pour la première fois le 8 avril 1473. Jean Girart, écuyer, seigneur de Bazoges (le procureur général joint avec lui) y est demandeur *en cas d'excès*, contre Guillaume Acquelet, écuyer, mari de Jeanne de Peyré, et Jean Barabin, écuyer, tuteur de Catherine, Marguerite et Annette, *aliàs* Antoinette de Peyré, et demande qu'ils soient mis en défaut, parce qu'ils n'ont pas comparu en personne ; mais ils présentent à la cour des lettres les autorisant à être reçus par procureur. Le 25 mai suivant, Jean Béchet, Savary Girard, écuyer, Louis Godelànt et Jean Méneguy se défendent contre Acquelet et Barrabin, plaignants, au sujet du meurtre de Jean de Peyré. Les premiers exposent qu'ils ont eu des lettres de rémission du duc de Guyenne, et que, depuis qu'ils sont poursuivis en Parlement, ils se sont présentés aux ajournements, ont été interrogés, et par ordonnance de la cour, la ville de Paris leur a été donnée pour prison. Ils demandent congé et provision de leur corps et de leurs biens. Nanterre, avocat de la partie adverse, répond qu'étant porteurs de rémission, ils doivent avant d'« estre receuz à aucune chose dire » être envoyés en prison, « de droit, stille et usaige notoirement gardez ceans ». Il dit en passant que le duc de Guyenne n'avait pas pouvoir de délivrer des lettres semblables, et que par suite ce qui a été fait ci-devant est nul ; mais puisque Béchet et ses consors en ont obtenu, ce même mois, d'autres expédiées par la Chancellerie royale, ils sont tenus, s'ils veulent s'en aider, de se conformer à la règle. Ceux-ci répliquent qu'ils ont déjà été emprisonnés à la Rochelle, quand ils ont demandé l'entérinement des lettres du duc de Guyenne, et qu'ils ne doivent pas l'être une seconde fois, puisqu'il s'agit du même fait. Le substitut du procureur général est d'avis que le gouverneur de la Rochelle, ayant commencé à prendre connaissance du meurtre dont il est question, c'est à lui qu'il appartient de procéder outre et qu'il est plus qualifié que personne pour prononcer le jugement. Mais les deux parties protestent, d'un commun accord, que la nouvelle rémission est adressée au Parlement, et que par suite la cour est saisie non seulement du meurtre, mais des contestations qui en ont été cause. L'affaire est appelée de nouveau, le 1er juin, et renvoyée au jeudi 3, pour recevoir la déclaration de Jean Béchet et consorts, s'ils veulent, oui ou non, réclamer le bénéfice des lettres de rémission du roi. Ce jour,

Pour quoy, etc., à iceulx supplians avons quicté, etc., le fait et cas dessus dit, avec toute peine, etc. Si donnons en mandement à noz amez et feaulx conseilliers les gens

---

leur avocat affirme leur intention de « s'en aider ceans et ailleurs où il appartiendra ». Le 22 du même mois de juin, nouvelle plaidoirie sur la question de l'emprisonnement préalable ; elle est tranchée suivant l'opinion soutenue par Nanterre, avocat des sœurs de Jean de Peyré : « Appointé est que les impetrans desdites lettres de rémission seront emprisonnez en la Conciergerie, et les y a fait mener la court. »
Le 13 juillet suivant, la cour eut à entendre les arguments pour et contre l'entérinement et la mise à exécution des lettres, dont nous publions ici le texte, ainsi que la version du beau-frère et des sœurs de Jean de Peyré touchant la scène du meurtre et ses causes déterminantes. « Feu messire Pierre de Peyré, en son vivant, dit leur avocat, estoit noble chevalier, seigneur de Ciré, de bonne et grande lignée, lequel et ses prédécesseurs ont bien servy le roy en ses guerres, et mesmement à Montlehery ledit feu messire Pierre servy le roy en grande et noble compagnie et en grant dangier de sa personne, fut navré en plusieurs parties de son corps, et y morut son frère. » L'an 1470, il trépassa, laissant un fils âgé de *dix-huit* à *dix-neuf ans*, et quatre filles, dont la mère était morte auparavant. Vers cette époque Jean Aubin, s^r de Malicorne, qui « avoit grant gouvernement envers le duc de Guienne » et à l'occasion des divisions existant entre le roi et son frère, tenait à Surgères, dont il était seigneur, une forte garnison contre le roi, à la tête de laquelle étaient les meurtriers de Jean de Peyré, voyant que ces enfants, privés de père et de mère, n'étaient pas à craindre, il résolut de s'emparer de leur terre et seigneurie de Ciré, et commença à les accabler de vexations. Il acquit tout d'abord de Jean Girart, fils de Joachim, certain droit qu'il prétendait sur ladite terre, après quoi il voulut s'en mettre en possession. Jean Barrabin étant tout disposé à venir en aide à son cousin germain, Jean de Peyré, le s^r de Malicorne ouvrit les hostilités contre lui, et pour lui faire dommage et deplaisir « en une course fit mettre le feu en ses terres et fermes, et y fit faire plusieurs invasions et rançonnements ». En même temps, il fit mettre en la main du duc de Guyenne la terre de Ciré, sous prétexte que Jean de Peyré n'était venu au service dudit duc, et bien qu'il en eût obtenu main levée, elle fut en butte aux courses et déprédations de ceux de Surgères, et particulièrement du s^r de Genouillé et de Savary Girard. Le 1er août 1471, le s^r de Malicorne les envoya à Ciré avec d'autres de sa garnison, « armez et embastonnez » ; ils vinrent au four banal, croyant y trouver Jean de Peyré ; ils n'y rencontrèrent que « damoiselle Jehanne », laquelle était accompagnée seulement de son page, âgé de douze ans, et d'un autre valet; ils la déchevelèrent et traînèrent, battirent ceux qui étaient avec elle, et même Jean Méneguy frappa d'un coup de dague à l'épaule Antoine Mesgret, un autre de ses serviteurs. Averti de cette agression, Jean de Peyré arriva sur les lieux, sans pourpoint, ni armure, ni bâton, revêtu d'une robe longue. Aussitôt Savary Girard le menaça de son épieu, sur lequel il mit la main afin qu'il ne l'en frappât, mais il ne parvint pas à le lui ôter. Savary, de son côté, tirant de toute sa force pour dégager son arme, tomba en arrière et entraîna Jean de Peyré sur lui. C'est alors que le s^r de Genouillé tira son épée et « par

tenans nostre Parlement, etc. Donné à Paris, ou moys de may l'an de grace mil cccc. soixante trèze, et de nostre règne le xiime.

Ainsi signé : Par le conseil. Budé. — Visa.

---

derrière en traïson en frappa Jean par la cuisse jusques au fondement, et tournant son arme dedans la playe pour la faire plus grande lui dit : « Villain, y t'y failloit venir ! » Peyré se releva, mais après quelques pas il chut à terre et mourut sur la place, au bout d'une heure, sans confession. Son meurtrier refusa de le secourir, d'aider à étancher le sang, et montrant son épée toute sanglante, il se vanta hautement de l'acte qu'il venait de commettre, puis disparut. Privées de leur soutien, les sœurs de Jean de Peyré trouvèrent asile auprès de la veuve de Nicole Chambre, l'ancien capitaine de la garde écossaise, (elle se nommait Catherine Chenin et demeurait à Villeneuve-la-Comtesse) et y demeurèrent jusqu'au mariage de Jeanne avec Guillaume Achlet, archer de la garde du corps. Jean Barrabin obtint des lettres décrétant de prise de corps les meurtriers de son cousin, mais personne n'osa les exécuter par crainte du s^r de Malicorne. L'avocat expose ensuite les procédures faites à la Rochelle, déclare que la cour doit refuser l'entérinement des lettres de rémission et demande les peines les plus sévères contre les coupables, sans oublier la réparation pécuniaire due aux sœurs de Jean de Peyré. Jehan Béchet et consorts répliquèrent, le 15 juillet ; leur plaidoirie est naturellement la paraphrase des lettres de rémission. Les quelques autres renseignements que l'on y pourrait puiser ne présentent que peu d'intérêt. (Arch. nat., X^{2a} 39, reg. non folioté, aux dates des 8 avril, 25 mai, 1er, 3 et 22 juin, 13 et 15 juillet 1473.) Nous n'avons pas trouvé d'autre suite à cette affaire de l'entérinement de nos lettres de rémission.

D'autre part, l'action intentée par Jean Girard, s^r de Bazoges, à Guillaume Acquelet et à Jean Barrabin, que nous avons annoncée au début de cette note, avait continué son cours, indépendant de l'affaire de meurtre et d'entérinement de rémission. Le même Jean Girard, qui avait sans doute repris du s^r de Malicorne les droits qu'il lui avait cédés, s'était plaint à la cour que, au mépris de l'arrêt plaçant la terre et le domaine de Ciré, les port et passage du Gué-Charreau et les cens et revenus de la Jarrie sous l'administration de commissaires royaux, Guillaume Acquelet, écuyer, mari de Jeanne de Peyré, et autres avaient pris et levé, *vi et violencia ac portu armorum*, les fruits et revenus desdites terres et continuaient à le faire par les mêmes procédés, qu'ils avaient battu les commissaires nommés en vertu de l'arrêt de la cour, et commis d'autres énormes excès et violences. La cour, en conséquence, avait commis, par ordonnance du 18 juin de cette même année 1473, un de ses membres, Jean Burdelot, pour contraindre ledit Acquelet et ses complices, par emprisonnement de leurs personnes et autres peines, à obéir à l'arrêt en question, à rapporter les fruits et deniers indûment levés et recueillis par eux, à évacuer le château de Ciré et à le remettre entre les mains des commissaires chargés de l'administrer, et de ne plus les empêcher ou troubler à l'avenir dans l'accomplissement de leur mission. (X^{2a} 40, fol. 65.) Nous n'avons point trouvé non plus à qui les château, terre et seigneurie de Ciré furent définitivement adjugés : aux héritiers de Peyré ou au s^r de Bazoges.

MDXXV

Août 1473.

Rémission en faveur de Jean et Macé Mercier, frères, demeurant à Noyers-l'Abbaye, et de Julien Hubert, âgé de trente ans, leur beau-frère, demeurant à Port-de-Piles, tous trois cordonniers, coupables du meurtre d'un nommé Jean Cornet, qui leur avait cherché querelle dans une hôtellerie du bourg de Sauvage, où ils se trouvaient en compagnie de Jacquet Clemens, prévôt de Nouâtre [1]. « Donné à Tours, au mois d'aoust l'an de grace mil cccc. lxxiii, et de nostre regne le xiiie. — Ainsi signé : Visa, par le Conseil. D'Orchère. » (JJ. 194, n° 361, fol. 202.)

MDXXVI

Lettres de don à Louis, seigneur de Belleville, de tout le droit de traite appartenant au roi sur le port de Cosnac (Saint-Thomas-de-Conac), en compensation d'une partie de ce qui lui était dû à cause de la cession par lui faite à Louis xi des ville, château, baronnie, terre et seigneurie de Montaigu. (JJ. 194, n° 371, fol. 208 v°.)

Août 1473.

Loys, par la grace de Dieu roy de France. Savoir faisons à tous, presens et avenir, comme puis naguères nostre ame et feal cousin, conseiller et chambellan, Loys seigneur de Belleville, nous ait baillé et laissé, pour nous et noz successeurs perpetuellement et à tous jours, les ville, chastel, baronnie, terre et seigneurie de Montagu en Poictou [2], avec ses appartenances, appendances et deppen-

---

1. Jean Du Fou, sr de Rustrenan, chambellan de Louis xi, bailli et gouverneur de Touraine, frère d'Yvon Du Fou, était alors seigneur de Nouâtre, à cause de sa femme, Jeanne de La Rochefoucauld. Il obtint du roi des lettres patentes, données aux Montils, le 26 février 1467, lui conférant le droit de guet et de garde sur les habitants de ladite seigneurie, et d'autres, datées d'octobre 1469, établissant à Nouâtre un marché chaque semaine et quatre foires par an. (Carré de Busserolle, *Dict. géogr., hist. et biogr. d'Indre-et-Loire*, t. IV, p. 399.)
2. Louis de Belleville, seigneur de Montaigu, chambellan du roi, était l'aîné de cinq frères et une sœur, enfants de Jean iii Harpedenne, dit de Belleville, sur lequel voy. nos t. VIII et X (*Arch. hist.*, t. XXIX, p. 45 ; XXXV, p. 367), et de Marguerite de Valois, fille naturelle du roi

dances quelxconques, moyennant et parmy ce que, pour
et en recompense de ce, nous lui ayons, entre autres

Charles vi et d'Odette de Champdivers, la *petite reine*. Il avait épousé
lui-même Marguerite de Culant, fille de Charles, grand-maître de
France, dont il laissa quatre enfants, un fils, Louis II, qui rentra en
possession de Montaigu en 1492, et trois filles, Catherine, mariée à
Philippe de Cousdun, sr de Migré, Renée et Marguerite, nommés dans
des lettres patentes de mai 1474, dont on trouvera le texte plus loin,
à leur date, et dans un acte de vente du 16 juin 1478. (Bibl. nat.,
ms. fr. 20647, pièces orig., vol. 279, n° 18.) Louis Ier de Belleville
mourut après le 26 décembre 1473 et avant la fin d'avril 1474. Le
14 novembre 1473, Louis XI lui fit don, par lettres données à la Cour-
Dieu, des fruits, revenus et émoluments des ville, terre et seigneurie
de Montaigu jusqu'à cette date ; il y est qualifié chevalier, chambellan
du roi, *naguère* seigneur de Montaigu en Poitou. On trouvera plus
loin dans ce volume des lettres patentes datées de Senlis, au mois de
mai 1474, portant cession par le roi à Marguerite de Culant, veuve de
Louis de Belleville, des château, châtellenie, terre et seigneurie de
Montmorillon, en échange du comté de Dreux promis à son feu mari.
(JJ. 204, n° 73, fol. 47.) Aux renseignements donnés sur ce personnage
en différents endroits de notre précédent volume (p. 367, note, 407,
note, 454, note, 456, note) nous en ajouterons quelques autres. Par un
arrêt de la Cour des Aides, dont nous n'avons pas retrouvé la date, la
terre de Montaigu avait été saisie et mise en la main du roi, à la
requête de Mathieu Beauvarlet, receveur général des finances d'outre-
Seine et Yonne, pour une somme de 700 livres qui lui était due par
Jean III de Belleville, et trois commissaires furent nommés pour en
administrer les revenus, Pierre Raynart, Pierre Herbertin et Pierre
Guerry. Ceux-ci, n'ayant pas rendu leurs comptes, furent l'objet de
poursuites de la part de M. Beauvarlet, après le décès du père de Louis
de Belleville, ce dernier étant devenu seigneur de Montaigu. Assignés à
comparaître devant la Cour des Aides, dont ils tenaient leur délégation,
ils firent défaut et furent condamnés à payer les 700 livres et tous les
dépens. (Arrêts des 6 juillet 1468 et 3 février 1469 ; Arch. nat., Z¹ª 68,
à ces dates.) Le 13 mai 1471, Louis de Belleville était appelant au Parlement de Bordeaux, provisoirement installé à Poitiers, contre Louis de
Beaumont, sr de la Forêt, qui avait fait saisir et mettre en criée
quelques-uns de ses héritages et des biens appartenant à sa sœur
Marie, veuve de Bertrand Larchevêque, seigneur de Soubise, en payement d'une somme à laquelle ils avaient été condamnés envers lui, par
sentence du sénéchal de Poitou. (X¹ª 4812, fol. 145 v°.) Treize ans plus
tard, sa veuve, Marguerite de Culant, et deux de ses frères, Antoine et
Gilles de Belleville, étaient encore en procès contre ledit de Beaumont
ou ses ayants cause au sujet des criées des terres de la Lande et de
Saint-Hilaire-le-Vouhis. (Acte de février 1484, X¹ª 4825, fol. 140 v°.)
Citons encore deux quittances de Louis de Belleville, chevalier, l'une
du 9 avril 1471 n. s., l'autre du 15 mai 1478, chacune de 800 livres,
montant de sa pension d'une année. Louis XI avait porté cette pension
à 1.200 livres pour l'année 1474. Ce fut sa veuve qui en bénéficia ; elle
en donna quittance, pour elle et au nom de ses enfants mineurs, le
4 juin 1475. (Bibl. nat., ms., pièces orig., vol. 279, n°s 14, 15 et 16.) Le
n° 17 du même recueil est un mandement du roi au sénéchal de Poitou, donné à (*blanc*), le jour de (*blanc*) 1475, lui ordonnant de faire

choses, promis et accordé lui donner, bailler, ceder, quicter, transporter et delaisser, pour lui, ses hoirs et

---

jouir le chapitre et l'église collégiale de Saint-Maurice de Montaigu de la terre et seigneurie de Vendrennes, que feu Jean de Belleville, père de Louis, leur avait léguée par son testament, en même temps qu'il fondait ladite église. Au mépris de cette largesse, Marguerite de Culant, à la mort de son mari, comme ayant le bail de ses enfants mineurs, s'était emparée desdits château, terre et seigneurie, et prétendait les remettre en sa possession.

Louis XI, qui à plusieurs reprises avait eu à se venger des intrigues de François II, duc de Bretagne, avec Charles le Téméraire, ou à repousser ses agressions, regrettait de ne point posséder en propre quelque bonne place forte sur la frontière de Bretagne. Montaigu, à ce point de vue, méritait d'être l'objet de ses préoccupations. Louis de Belleville, seigneur du lieu, était fidèle, et le roi lui ayant demandé, le 14 août 1467, l'engagement de garder loyalement cette place à son service contre le duc, il n'hésita pas à en prêter le serment (Arch. nat., J. 183, n° 154) ; il donna du reste une preuve de cette fidélité en repoussant trois mois plus tard les Bretons qui étaient venus assaillir Montaigu et en leur donnant la chasse jusqu'à Clisson. (Dupuy, *Hist. de la réunion de la Bretagne à la France*, t. Ier, p. 194.) Malgré tout, il parut préférable au roi de se rendre acquéreur de la place et il traita de cette affaire avec Louis de Belleville, puis avec sa veuve et ses enfants. L'importance des concessions qu'il leur fit tout d'abord en échange indique assez le haut intérêt qu'il attachait à cette possession et combien il était pressé de mettre son projet à exécution. Le 1er janvier 1473, peu de temps après avoir signé avec François II la prolongation de trêve pour un an, il avait visité Montaigu (Dom Lobineau, *Hist. de Bretagne*, t. Ier, p. 720), et il ne tarda pas à entamer les pourparlers. Le 28 juillet, à Montsoreau, le sr de Belleville s'engagea verbalement à céder Montaigu au roi en toute propriété, moyennant des compensations à débattre ; le 1er août, il passa procuration, datée dudit Montaigu, à Marguerite de Culant, et celle-ci, quatre jours après, signa avec Louis XI à Sablé (4 août 1473) le traité de cession définitive. En échange de Montaigu, le roi abandonnait tout le comté de Dreux, et, comme il ne pouvait en disposer tout de suite, en attendant, il baillait en gage au sr de Belleville le comté d'Evreux et la terre et seigneurie de Montmorillon. Louis avait quatre frères, Jean, Antoine, Jacques et Gilles, et une sœur, la dame de Soubise, qui tous prétendaient avoir droit au dédommagement, « comme ayant chacun une part sur la succession de Belleville-Montaigu. Louis XI ne chicana pas ; il leur promit tout ce qu'ils demandèrent. Le sr de Belleville voulut se réserver quelques paroisses de la châtellenie de Montaigu, comme les Brouzils, Chavagnes, etc., et cette concession lui fut accordée sans difficulté. (*Vidimus* de Robert d'Estouteville, garde de la Prévôté de Paris, Arch. nat., J. 183, n° 159 ; voy. aussi ci-dessous, n° MDXXXV.) Ces conventions furent ratifiées par Louis de Belleville, le 26 décembre 1473, dans un acte notarié passé devant le vicomte d'Evreux, dans lequel il s'intitule seigneur de Belleville, comte d'Evreux, seigneur de Saintes, de Montmorillon, de Cosnac et de la Chaize-le-Vicomte, conseiller et chambellan du roi ; cet acte est revêtu de son sceau. (Arch. nat., P. 1373¹, cote 2208.) Le mois précédent, 12 novembre 1473, il avait donné quittance de 600 livres, sur les 10.000 livres que le roi lui avait

ayans cause à tousjours mès, nostre droit de traicte que avons acoustumé d'avoir, prandre, cueillir et lever au port de Caunac [1], et de les en faire joir paisiblement ; pour quoy nous, ces choses considerées, voulans acomplir nostre dicte promesse, ainsi que raison est, avons pour ces causes, de nostre certaine science, grace especial, plaine puissance et auctorité royal, donné, cedé, quicté, transporté et delaissé, donnons, cedons, quictons, transportons et delaissons, par ces presentes, à nostredit cousin, le seigneur de Belleville, pour lui, ses hoirs, successeurs et ayans cause perpetuelment et à tousjours, par manière et pour partie de sa recompense desdites ville, chastel, baronnie, terre et seigneurie de Montagu, qu'il nous a naguères baillées et delaissées, comme dit est, nostre dit droit de traicte que avons acoustumé d'avoir, prandre,

---

promises en outre pour le récompenser de la cession de Montaigu. (*Id.*, J. 183, n° 157.)

L'abandon du droit de traite sur le port de Cosnac, dont le texte est publié ici, constitue une nouvelle preuve du vif désir de Louis XI de terminer cette affaire coûte que coûte. Elle lui tenait tellement à cœur que, sans attendre la signature du traité, dès le 2 août, de Sablé, il écrivait au sire de Bressuire, lui annonçant qu'il venait de nommer gouverneur de Montaigu le sr de Blanchefort, et le pressant d'envoyer dans la place le plus diligemment possible une garnison et « trente ou quarante gentilshommes bien seurs, et qu'ilz y soient samedi prochain, bien habillez et en bon point, etc. ». (J. Vaësen, *Lettres de Louis XI*, t. V, p. 163.) La mort inattendue de Louis de Belleville ne changea rien aux projets de Louis XI de transformer Montaigu en une grande place de guerre, pour protéger la frontière de Bretagne ; mais elle détermina des changements dans les compensations offertes à la veuve, aux enfants et aux frères du défunt, lesquelles en définitive furent beaucoup moins avantageuses pour ceux-ci que les conventions du traité de Sablé. Les négociations se poursuivirent pendant plusieurs années et donnèrent lieu à deux nouveaux traités, l'un confirmé par lettres patentes datées de Senlis, mai 1474, dont on trouvera le texte plus loin (n° MDXXXIV) et l'autre, où il n'est plus question que de la terre et seigneurie de Montmorillon à attribuer à la veuve et aux enfants de Louis de Belleville, fut conclu au mois d'avril 1479. Notre prochain volume contiendra plusieurs actes relatifs à cette affaire, nous en signalerons d'autres conservés dans les layettes du Trésor des chartes, au Parlement, à la Chambre des comptes, etc., et nous en profiterons pour faire, dans la prochaine introduction, une étude sur cette période de l'histoire de Montaigu.

1. *Sic*. Conac, d'après la manchette de l'époque ; c'est aujourd'hui Saint-Thomas-de-Conac, petit port sur la Gironde.

cueillir et lever audit port de Caunac, avec toutes ses appartenances, appendences et deppendences quelxconques, sans aucune chose en reserver à nous ne à noz successeurs, pour icellui droit de traicte avoir, tenir et exploicter et en joir et user par nostre dit cousin le seigneur de Belleville, sesdiz hoirs, successeurs et ayans cause doresenavant perpetuelment et à tousjours, comme dit est, et autrement en faire et disposer à leur bon plaisir et volenté, comme de leur propre chose et heritage, en faisant et paiant les droiz et devoirs anciens et acoustumez où et ainsi qu'il appartiendra. Si donnons en mandement, par cesdictes presentes, à noz amez et feaulx conseillers les gens de nostre court de Parlement, de noz Comptes et tresoriers à Paris, au seneschal de Xaintonge et à tous noz autres justiciers et officiers, ou à leurs lieuxtenans, presens et avenir, et à chacun d'eulx, si comme à lui appartiendra, que de noz presens don, cession, quictance et transport et delaissement ilz facent, seuffrent et laissent nostredit cousin, le sire de Belleville et sesdiz hoirs, successeurs et ayans cause joir et user plainement et paisiblement, en lui baillant ou faisant bailler et delivrer, ou à son procureur ou commis quant à ce, la possession reelle et joyssance planière dudit droit de traicte et ses deppendances, sans lui faire, mettre ou donner, ne souffrir estre fait, mis ou donné aucun destourbier ou empeschement au contraire, et ces presentes facent lire, publier et enregistrer par tous les lieux où mestier sera. Car ainsi nous plaist il estre fait, nonobstant que ledit droit de traicte soit de nostre ancien dommaine, que d'icellui ne doyons aucune chose aliener ne transporter, que la valleur d'icelluy ne soit ycy aucunement declarée ne specifliée, que d'icelle valleur ne soit levée descharge par le changeur de nostre tresor, et quelxconques ordonnances, mandemens ou deffences à ce contraires. Et afin que ce soit chose ferme, etc., Sauf, etc. Donné à Sablé, ou moys d'aoust l'an de grace mil cccc. soixante treize, et de nostre règne le treizeiesme.

Ainsi signé : Loys. — Par le roy, Tilhart. Visa.

MDXXVII

Août 1473.

Lettres de création de quatre foires par an et d'un marché chaque semaine à Cosnac en Saintonge, en faveur de Louis, sire de Belleville, conseiller et chambellan du roi, seigneur du lieu. « Donné à Sablé, au moys d'aoust l'an de grace mil cccc. soixante treize, et de nostre règne le treziesme. — Ainsi signé : Par le roy, Tilhart. » (JJ. 204, n° 124, fol. 75 v°.)

MDXXVIII

Lettres affranchissant de toute taille et imposition les moulins que Louis de Beaumont, seigneur de la Forêt-sur-Sèvre, a fait édifier à Missé, près Thouars, ainsi qu'un pavillon servant de résidence au roi, quand il vient chasser dans le pays, et exemptant du guet et de toute garde le meunier qui est ou sera à l'avenir fermier desdits moulins. (JJ. 194, n° 360, fol. 201 v°.)

Septembre 1473.

Loys, etc. Savoir faisons à tous, presens et advenir, que, considerans la plaisance et deduit qui est environ les moulins que nostre amé et feal conseiller et chambellan, Loys de Beaumont, chevalier, seigneur de la Forest [1], a fait edifier en

---

1. Sur Louis de Beaumont, chevalier, seigneur de la Forêt-sur-Sèvre, du Plessis-Macé, de Vallans, etc., voy. deux notices dans nos volumes précédents (Arch. hist., t. XXIX, p. 135 ; t. XXXII, p. 378-379), et ci-dessus, p. 54, note. Nous y ajouterons que, par lettres patentes datées d'Amboise, le 10 mai 1470, enregistrées au Parlement de Paris, le 4 décembre suivant, Louis XI lui avait déjà fait don de la haute et moyenne justice dans ses seigneuries de Missé et de Riblaire, mouvant de la vicomté de Thouars, et dans celle de la Gorinerie, tenue du seigneur d'Airvault, et lui cédait en outre tous les *fromentages* que feu Louis d'Amboise, vicomte de Thouars, avait et prenait èsdites terres de Riblaire, Missé et la Gorinerie, à cause de la châtellenie de Thouars. (Arch. nat., X^{1a} 8606, fol 223 v°.) Dans une missive adressée des Ponts-de-Cé à la Chambre des comptes, le 17 juillet 1470, par laquelle il la presse d'entériner cette donation, il donne pour raison de cette libéralité « que led. seigneur de la Forest nous a bien et loyalement servi

la parroisse de Missé près Thouars, où il a garanne à lièvres, perdriz et autres bestes, et le logeis qu'il y a fait ediffier, en esperance de nous y logier, quant iryons ou pays, ce que ayons ja fait[1] et avons encores entencion de faire cy après, et pourront aussi faire noz successeurs roys de France, nous, pour ces causes et afin que le mosnier qui doresenavant prendra et tiendra à ferme de nostre dit conseiller ou des siens lesdiz molins, ait mieulx de quoy et puisse plus honnestement recueillir nous et les nostres en iceulx moulins, quant nostre plaisir sera d'y aler, avons quicté, exempté et affranchy, quictons, exemptons[2] et affranchissons, de nostre grace especial, plaine puissance et auctorité royal, par ces presentes, icelluy mosnier, qui à present tient et qui doresenavant perpetuellement tiendra et aura à ferme d'icelluy nostre conseiller, ou de ses hoirs, successeurs et ayans cause, lesdiz molins, de toutes les tailles, impostz et subcides quelzconques,

---

et sert chascun jour en *noz grans et principaulx affaires et est de noz plus prouchains et principaulx serviteurs.* » (J. Vaësen, *Lettres de Louis XI*, t. IV, p. 129.) En effet, quoiqu'il l'eût remplacé à la sénéchaussée de Poitou, quelques mois après son avènement, Louis XI ne paraît pas lui avoir retiré, sauf peut-être pour un moment, ses bonnes grâces et ne cessa depuis de le traiter comme un de ses conseillers de prédilection, admis dans sa plus intime familiarité ; les présentes lettres en fournissent une nouvelle preuve. Sous le règne précédent, Louis de Beaumont avait été déjà en grande faveur. Louis XI fit de lui successivement l'un des trente-six commissaires chargés de veiller à l'exécution des réformes promises à la suite de la guerre du Bien public, l'un des premiers chevaliers de Saint-Michel, lors de la fondation de cet ordre, et l'un des douze confidents qui accompagnèrent le roi, lors de son entrevue avec Charles, duc de Guyenne, à Coulonges-les-Royaux, au mois de septembre 1469. (*Op. cit.*, t. III, p. 85.) On connaît la curieuse et précise relation de cette entrevue et de la réconciliation des deux frères qui a été publiée, parmi les preuves des *Mémoires de Commynes*. (Edit. de Mlle Dupont, pour la Société de l'Hist. de France, t. III, p. 260-268.) Le même volume montre, d'après un interrogatoire de Commynes du 23 juillet 1487, dans le procès qui lui fut intenté sous Charles VIII, que le s^r de la Forêt fut l'un de ses accusateurs. (*Id. ibid.*, p. 143.) Il devait être âgé d'environ soixante-quinze ans à cette époque. Les généalogies n'indiquent pas la date de sa mort.

1. Louis XI était, dans le courant de janvier précédent, à Missé, d'où sont datées les lettres publiées ci-dessus, sous le n° MDXV, p. 343-345.
2. Le texte porte « remettons ».

qui sont et seront doresenavant mis sus et imposez, de par
nous ou noz successeurs, en nostre royaume, soit pour le
fait et entretenement de noz gens de guerre, francs
archiers ou autrement, pour quelque autre cause ne en
quelque manière que ce soit, et aussi de guet et garde
porté quelque part ou parroisse que ledit mosnier face sa
demourance en nostre royaume. Si donnons en mandement, par ces dictes presentes, à noz amez et feaulx les generaulx conseillers par nous ordonnez sur le fait et gouvernement de toutes noz finances, aux esleuz sur le fait
des aides ordonnez pour la guerre ou pays de Poictou et
à tous noz autres justiciers et officiers, ou à leurs lieuxtenans, presens et advenir, et à chacun d'eulx, si comme à
luy appartiendra, que de noz presens grace, quictance,
exempcion et affranchissement ilz facent, seuffrent et
laissent icelluy mosnier, qui à present tient et qui tiendra
pour le temps advenir à ferme de nostre dit conseiller et
chambellan lesdiz molins, joyr et user paisiblement, perpetuellement et à tousjours, sans l'asseoir ne souffrir estre
assiz ne imposé ausdictes tailles et autres subsides quelzconques, ne pour raison d'iceulx luy faire ne souffrir estre
fait, mis ou donné aucun destourbier ou empeschement
au contraire ; ainçois se fait, mis ou donné luy avoit esté
ou estoit en aucune manière, si l'ostent ou facent oster et
mettre sans delay à plaine delivrance. Car ainsi nous plaist
il estre fait, non obstant que par noz lettres de commission qui sont et seront, le temps advenir, par nous ou
nosdiz successeurs données, pour mettre sus et imposer les
dictes tailles, soit mandé icelles imposer sur toutes manières
de gens, exemps et non exemps, previllegiez et non previllegiez, en quoy ne voullons ledit mosnier qui tient ou
tiendra, pour le temps advenir, à ferme de nostre dit conseiller ou des siens lesdiz moulins, comme dit est, estre
comprins ne entendu en aucune manière, et quelzconques
ordonnances, mandemens ou deffences à ce contraires.

Et afin que ce soit chose ferme, etc. Sauf, etc. Donné à Sablé, ou mois de septembre l'an de grace mil CCCC.LXXIII, et de nostre règne le XIIIe.

Ainsi signé : Par le roy. Thillart. — Visa.

MDXXIX

Rémission donnée en faveur de Guillaume Huldot, clerc, coupable du meurtre de Colas Regnault, dit Audouin. Jean Huldot, curé de Blanzay, se voyant contester par Jean de Saint-Amant la dîme de blé des Combes-de-Frost, avait emmené Guillaume, son frère, et six hommes, un soir, fort tard pour la récolter et en prendre possession. Le cultivateur du champ et ses compagnons s'y étant opposés par la force, Guillaume Huldot, en résistant à celui-ci, lui avait porté un coup mortel. (JJ. 194, n° 368, fol. 207.)

Septembre 1473.

Loys, par la grace de Dieu roy de France. Savoir faisons à tous, presens et avenir, nous avoir receue l'umble supplicacion de Guillaume Huldot, clerc, contenant que à l'occasion de ce que Jehan Huldot [1], prebstre, curé de Blanzay, son frère, se disoit avoir droit de disme en la parroisse dudit Blanzay et mesmement en certains lieux appellez de Combes de Frost qui sont assis en ladicte parroisse, et aussi que ung nommé Jehan de Saint Amant, qui

---

1. Le registre criminel du Parlement, au 2 décembre 1485, contient l'ordonnance suivante qui parait viser ce personnage : « Veues par la court certaines informations faictes à la requeste des chappellains des commandises de la Magdalaine en l'eglise Saint-Ligier de Saint-Maixent, sur plusieurs excès et attemptas à eulx faiz par messire Jehan Hueildot, prebstre, et tout considéré ; lad. court a ordonné et ordonne que ledit messire Jehan Hueildot sera adjourné à comparoir ceans en personne, sur peine d'estre actaint et convaincu desdiz excès et attemptas, pour respondre au procureur general du roy à telz fins et conclusions qu'il vouldra contre luy prendre et elire, et ausdiz chappellains à fin civile seulement, procéder et faire en oultre selon raison. S. Hennequin, rapporteur. » (Arch. nat., X^{2a} 51, à la date.) Un autre membre de cette famille, Geoffroy Huildot, avait, l'année suivante, interjeté appel d'une sentence rendue contre lui par Alexandre Arnault, juge de Civray. Comme il ne comparut pas à l'ajournement, le procureur général demanda et obtint congé contre lui, le 31 juillet 1486. (*Id.*, X^{1a} 54, à cette date.)

pretendoit semblablement droit en la disme d'aucuns lieux assis en la dicte paroisse et mesmement audit lieu des Combes de Frost, s'estoit vanté que par voye de fait il lieveroit ladicte disme, icellui Jehan Huldot, suppliant (*sic*), prebstre, curé susdit, pour le vouloir empescher et garder sa possession, dist audit suppliant son frère, le jour saint Marsault, qui fut le jour du moys de... [1] derrenier passé, qu'il convenoit qu'il allast avecques lui èsdiz lieux où ladicte disme lui estoit deue, pour la lever, en lui disant qu'ilz menassent des bonnes gens de labour avecques eulx, pour la faire soyer. Lequel suppliant en fut content ; et à ceste cause, ledit Jehan Huldot et aussi ledit Guillaume Huldot, son frère, suppliant, devers le soir se transportèrent, ledit jour, audit lieu des Combes de Frost ; lesquelz, pour doubte dudit Jehan de Saint Amant, portèrent des bastons, c'est assavoir ledit Jehan Huldot, son espée, et ledit suppliant une javeline, et menèrent avecques eulx Jehan Guyon, Vincent Charoux et Jehan Dixmer, Simon Chaffault, Jehan Durant et Jehan Dixmer le jeune, tous gens de labeur, avecques leurs faulcilles, pour soyer le dixme seiglon du blé, pour droit de disme, et menèrent avec eulx une charrète pour amener les gerbes d'icelle disme. Et quant ilz furent audit lieu des Combes de Frost, ledit suppliant et son frère firent seyer ledit dixiesme seiglon en certains champs que labouroit ung nommé Colas Regnault, dit Audouyn, par les dessus diz, qui estoit heure tarde et devers le soir, et après que les gens des champs s'en estoient allez. Ce qui fut rapporté audit Colas Regnault, dit Audouyn. Et combien que en ce il n'eust aucun interest, par ce que il ne veult pas nyer que la disme ne feust deue, neantmoins Anthoine Texereau,

---

[1]. Blanc au registre. La dîme des blés ayant dû être levée lors de la moisson qui se fait au mois de juillet, la fête de saint Marsault dont il est ici question ne peut être que celle de saint Martial, apôtre de l'Aquitaine, qui se célèbre le 30 juin.

son gendre, se transporta avec ung voulge contre lesdiz Jehan Guyon, Vincent Charroux, Jehan Dixmer, l'ainsné, et Jehan Dixmer, le jeune, Symon Chaffault et Jehan Durant, lesquelz avec leurs dictes faulcilles seyoient ledit blé. Et tantost qu'il fut oudit champ, sans aucune chose dire, frappa sur eulx de sondit voulge à bras destourné et les bati tellement qu'il mist en fuyte lesdiz Simon Chaffault, Guillaume Huldot, suppliant, Jehan Durant et Jehan Dixmer, le jeune, lesquelz à ceste cause firent ung grand cry, et audit cry survint ledit Jehan Huldot, frère dudit suppliant, qui cuydoit que on l'eust tué, occis et murdry ; et quant ledit Texereau les vit, il s'en fouyt. Et tantost après ledit Regnault, dit Audouyn, s'en vint oudit champ, une fourche en la main et avec lui trois, quatre ou cinq compaignons, lesquelx avoient voulges, javelines et autres bastons ; et incontinant qu'ilz furent arrivez illec, coururent sus audit suppliant, en eulx efforçant l'estocquer, et mesmement ledit Regnault Audouyn de sadicte fourche ; mais ledit suppliant mist au devant sa dicte javeline, pour obvier à la fureur dudit Audoyn, de laquelle il l'eust estocqué et blecé plusieurs foiz, s'il eust voulu, mais doubtant estre cause qu'il l'eust tué dudit estoc, ne le voulut estocquer de sadicte javeline, en disant qu'il ne lui demandoit riens et qu'il s'en allast ; et pour ce qu'il ne se voult departir, pour obvier à la fureur dudit Audoyn qui s'efforçoit le murdrir et occire, leva seullement sadicte javeline oudit conflit et lui en bailla ung coup sur la teste, et l'attaingny d'avanture du tranchant, dont il le bleça fort, et tellement qu'il tumba à terre. Et après fut ledit Regnault, dit Audouyn, enmené dudit lieu, et quatre ou cinq jours après, par deffault de bon gouvernement ou autrement, alla de vie à trespas. A l'occasion duquel cas, ledit suppliant, doubtant rigueur de justice, s'est absenté du païs, et n'y oseroit jamais retourner, se noz grace et misericorde ne lui estoient sur ce imparties, humblement requerant que il nous plaise lui impartir iceulx. Pour quoy nous, etc., voulans misericorde, etc., audit Guillaume Huldot, suppliant, avons quicté, remis et pardonné, etc. Si donnons en mandement à nostre seneschal de Poictou et à tous noz autres justiciers, etc. Et afin, etc. Sauf, etc. Donné à Tours, ou mois de septembre l'an de grace mil cccc. soixante treize, et de nostre règne le treizeiesme, soubz nostre scel ordonné en l'absence du grant.

Ainsi signé : Par le Conseil. Gontier. — Visa. Contentor. F. Aude.

MDXXX

Rémission octroyée à Jean Nicolas, poursuivi pour usage de faux dans un procès des habitants de Saint-Jean et de Notre-Dame de Monts contre le sire de Rohan, leur seigneur, au sujet d'une redevance annuelle de huit cent cinquante livres tournois que celui-ci leur réclamait. (JJ. 195, n° 974, fol. 226.)

Décembre 1473.

Loys, par la grace de Dieu roy de France. Savoir faisons, etc., nous avoir receu l'umble supplicacion de Jehan Nicholas, contenant que pieça procès se meust en nostre court de Parlement entre le sire de Rohan, d'une part, et les habitans de Saint Jehan et Nostre Dame de Mons et de Maredouz, d'autre, sur ce que ledit s^r de Rohan maintenoit lesdiz habitans devoir par chacun an huit cens cinquante livres tournois, et lesdiz habitans au contraire [1]. Et pour ce que lesdiz habitans doubtoient, appoinctèrent ou aucuns d'eulx à ung prebstre du pays de luy faire une lettre, par laquelle iceulx habitans confessèrent devoir audit s^r de Rohan huict solz pour feu, et fut ledit suppliant, qui lors estoit pour la fabrique de l'eglise, chargié par lesdiz habitans d'aler querir ladicte lettre, ce qu'il fist ; et estoit

---

[1]. Sur ce procès, cf. ci-dessus, p. 237, note 2, et p. 246, note.

seellée d'un seel sans seing, laquelle il bailla à iceux habitans, qui l'envoyèrent pour produire audit procès. Et ce venu à la cognoissance dudit sr de Rohan, fist tant que ledit prebstre, qui avoit fait ladicte faulse lettre, confessa le cas et qu'il avoit baillé ladicte lettre audit suppliant. Lequel suppliant fut admené prisonnier en la Conciergerie de nostre Palais à Paris, desquelles il fut depuis mis hors par le prince de Galles [1]. Dont, après confession du cas, il obtint lettres de remission qui sont encores à enteriner [2]. Et après que ledit suppliant fut hors desdictes prisons, se tira en son païs en sa maison près dudit lieu de Saint Jehan de Mons ; auquel lieu, quant lesdiz habitans le sceurent, se assemblèrent jusques au nombre de xx. personnes ou environ, et alèrent devers ledit suppliant et luy dirent plusieurs parolles injurieuses, en disant qu'il avoit mal fait d'avoir dit ce qui estoit contenu en sesdictes lettres

---

1. Il s'agit d'Edouard de Lancastre, né en 1453, fils de Henri vi, roi d'Angleterre, et de Marguerite d'Anjou, fille du roi René. Venu en France, au mois de juin 1470, avec sa mère et avec Richard Nevill, comte de Warwick, dont il épousa la fille, en présence de Louis xi, aux Ponts-de-Cé, le 25 juillet. Mais c'est au mois de novembre suivant seulement que le prince de Galles vint à Paris, en compagnie de la reine sa mère et de sa jeune femme, escortés des comtes d'Eu, de Vendôme, de Dunois et autres gentilshommes que le roi avait choisis à cet effet. L'évêque de Paris, l'Université, le Parlement, le prevôt de Paris avec le Châtelet, les prévôt des marchands et échevins allèrent le recevoir en dehors de la porte Saint-Jacques, par où ils firent leur entrée dans la ville. (*Lettres de Louis XI*, publ. par J. Vaësen, t. IV, p. 131 ; *Journal de Jean de Roye, dit la Chronique scandaleuse*, édit. B. de Mandrot pour la Soc. de l'Hist. de France, 2 vol. in-8°, t. I, 1894, p. 240, 249.) Fait prisonnier après la bataille de Tewkesbury (1471), désastreuse pour la cause des Lancastre, le jeune prince, âgé de dix-huit ans, fut massacré sous les yeux du vainqueur, le roi Edouard iv.

2. C'est avant la visite du prince de Galles à Paris que Jean Nicolas s'était déjà fait délivrer des lettres de rémission par le roi de France, comme on le voit au procès du vicomte de Rohan contre les habitants de Saint-Jean-de-Monts : « Dudrac pour lesdiz habitans dit que pieça, durant unes vacacions, Jehan Nicolas obtint lettres de rémission desquelles il requist l'enterinement en l'une des chambres des enquestes, par devant feu maistre Jehan Dauvet, lors premier président ceans, et avant que estre passé outre, le procureur du roy requist que fust oy en la court; et demoura la matière oudit estat, sans ce que autrement y fust procédé ; et depuis a obtenu autres lettres de rémission du prince de Galles, au moien desquelles il fut elargy à ung jour, auquel il ne revint point. » (Arch. nat., X²ᵃ 39, date du 18 avril 1474.)

de remission et qu'il estoit cause de la destruction d'iceulx habitans, en le menassant que, s'il ne se desdisoit de ce qu'il avoit dit, qu'ilz le feroient villainement mourir et passer la mer et mener si loing qu'il ne sauroit où. Et de fait le prindrent et l'admenèrent audit lieu de Mons, auquel lieu le tindrent par l'espace de xv. jours, en le traitant l'une foiz par menasses et autres foiz par blandices, en luy disant que, s'il se vouloit desdire, qu'ilz le desdommageroient de tous les interestz et dommaiges qu'il avoit euz et pourroit avoir à l'occasion de ce, en nostre court de Parlement et ailleurs. Lequel suppliant, doubtant sa personne, s'accorda à desdire le contenu en sadicte remission. Et le menèrent en ung lieu appelé Nostre Dame de Ryé, auquel lieu, en la presence de troys notaires [1], dist et deposa ce que lesdiz habitans volurent, en desdisant le contenu en sadicte remission et luy firent passer procuracion pour fonder en ladicte court en son nom, et ce fait, le laissèrent aler. Et après iceulx habitans produisirent en ladicte court de Parlement les lettres ainsi passées que dit est. Laquelle chose venue à la cognoissance du tresorier dudit sire de Rohan, furent obtenues lettres pour prendre au corps ledit suppliant. Lequel suppliant de ce adverty, se mist en franchise. Et à ceste cause ledit tresorier se transporta en l'ostel de la femme dudit suppliant, auquel lieu il manda ledit suppliant à seureté, qui y ala, et luy arrivé en sondit hostel, luy fut demandé par ledit tresorier se il s'estoit desdit de ce qu'il avoit dit par sadicte remission. Lequel suppliant, doubtant qu'il fust prins prisonnier, dist que non, mais que lesdiz habitans avoient prins

---

1. L'acte de rétractation avait été reçu le 20 mai 1471, par Jean Thibault, Jean Garnier et Louis Avril, notaires, demeurant à Saint-Hilaire-de-Rié, lit-on dans un mandement du Parlement, daté de 26 juillet 1473, les ajournant devant la cour pour être interrogés sur le contenu audit acte et être confrontés avec Jean Nicolas, Guillaume Bruneau, Nicolas Simonneau et Jean Chupeau, alors prisonniers à la Conciergerie. (Arch. nat., X^{2a} 40, fol. 75 v°.)

ung sien filz, qui avoit nom comme luy, auquel ilz le avoient fait dire ; dont ledit tresorier print et leva lettre. Et depuis, environ la Chandeleur derrenière passée, ledit suppliant fut mandé à Montagu par nostre amé et feal conseiller en nostre court de Parlement, maistre Jehan Desplantes [1] estant illec, pour estre par luy examiné et interrogué sur les choses dessus dictes. Lequel y comparut et doubtant comme dessus, confessa seulement le contenu en sadicte remission. Et depuis ce, obtint ledit tresorier derechief autres lettres pour prendre au corps ledit suppliant, dont il fut adverty et à ceste cause se absenta, tellement que ceulx qui avoient charge de le prendre, ne le peurent trouver, mais parlèrent à la femme d'icelluy suppliant et luy dirent que, se ledit suppliant vouloit, qu'ilz le feroient conduire sans dangier à Paris et d'illec retourner en sa maison, aux despens dudit s^r de Rohan. A quoy, après que ledit suppliant le sceut, obtempera et s'en vint en ceste ville de Paris, où il fut interrogué sur les choses dessus dictes par noz amez et feaulx conseillers, maistres Jehan Lemaire et Jaques Fournier, conseillers en ladicte court, et depuis par ledit Desplantes, ausquelz il confessa bien que les lettres qu'il ala querir par devers ledit prebstre de par lesdiz habitans estoient faulses, et qu'il estoit vray ce qui estoit contenu en sadicte remission, non confessant avoir fait ladicte depposicion. Et comme ledit suppliant estoit par ladicte ville de Paris, vindrent devers luy Guillaume Bruneau, Jehan Chupeau et Colas Symoneau, habitans desdictes parroisses de Nostre Dame et de Saint Jehan de Mons [2], lesquelz parlèrent à luy et luy dirent plusieurs

---

1. Jean des Plantes avait été reçu conseiller au Parlement de Paris, le 15 mai 1454.
2. Dans les considérants de l'arrêt du 21 juillet 1475, il est dit que Guillaume Bruneau, Jean Chupeau et Nicolas Simonneau s'étaient ingérés, par le moyen de Jean du Boys, écuyer, d'inciter Jean Nicolas à rétracter tout ce qu'il avait avoué touchant les faux devant la cour et ses commissaires, et que ledit Simonneau, en qualité de notaire,

foiz qu'il convenoit qu'il se dedist de ce qu'il avoit dit devant nosdiz conseillers et que, s'il s'en vouloit desdire et aler hors du païs, qu'ilz luy bailleroient cent escus contans et xx. escus pour chacun an pour le aider à entretenir, en le pressant de ce faire plusieurs foiz. A quoy ledit suppliant, considerant les menasses qui autresfoiz luy avoient esté faictes par lesdiz habitans, afin de les essayer et aussi que nosdiz conseillers fussent mieulx advertiz des grans tromperies, menasses et seductions qui luy avoient par lesdiz habitans esté faictes, respondy qu'il y penseroit, en leur demandant, une foiz entre autres, s'ilz luy passeroient obligacion de ce que dit est, s'il le vouloit faire, qui luy dirent que oyl ; et certain jour ensuivant, mandèrent ledit suppliant en l'eglise des Jacobins et luy parlèrent de rechief de ce que dit est, promettans de luy entretenir ce qu'ilz luy avoient promis et qu'ilz bailleroient l'obligacion à ung nommé Jehan Du Boys [1], et bailleroient audit suppliant

---

avait rédigé la minute d'un acte par lequel il s'engageait, au nom des habitants de Notre-Dame et de Saint-Jean-de-Monts, à donner audit Nicolas, en reconnaissance de ce désaveu, cent écus d'or, et à Jean Du Boys un cheval du prix de vingt écus. Poursuivis pour ce fait et décrétés de prise de corps, le 14 avril 1472, ils furent amenés prisonniers à la Conciergerie du Palais. Simonneau nia d'abord, puis, mis à la torture, il avoua ce qui précède, y compris la rédaction de l'acte. Le 9 février 1473, ils obtinrent tous trois leur élargissement, à condition d'élire domicile à Paris, chez Jean Valin, leur procureur, et de se représenter devant la cour le 15 mai suivant. On voit par un autre acte qu'ils étaient de nouveau détenus à la Conciergerie le 26 juillet 1473. (X^{2a} 38, fol. 201 v° ; X^{2a} 40, fol. 48, 75 v°, 195 v°.) L'arrêt du 21 juillet 1475 ne mit pas fin aux poursuites dirigées spécialement contre Bruneau, Chupeau et Simonneau, car il ne statue pas en ce qui les concerne, et, d'autre part, à cette même date, on trouve un autre mandement de la cour, leur enjoignant de comparaître personnellement le lendemain de la Saint-André 1475, sous peine de bannissement du royaume et de confiscation de corps et de biens, et d'être convaincus des cas et crimes à eux imposés, pour répondre au procureur général à toutes fins et au vicomte de Rohan à fin civile seulement. (X^{2a} 40, fol. 251.)

1. D'après une pièce du procès, ce Jean Du Bois jouait un double jeu, du moins Jean Nicolas l'affirme. Il fait dire par son avocat que Bruneau, Chupeau et Simonneau étaient venus le trouver en l'église des Jacobins de Paris, où il était en franchise, et lui « disrent qu'il avoit mal fait d'avoir dit que sadite rémission contenoit vérité et qu'il convenoit qu'il dist le contraire et qu'il se desdist et que, s'il le faisoit, ilz

d'entrée dix escus, pour s'en aler. Lequel suppliant, non voulant y entendre, mais eviter à ce, dist qu'ilz feissent faire ce qu'ilz vouldroint qu'il feist et que puis après le feroit, se bon luy sembloit. Et après luy envoyèrent par ledit Du Boys en escript ce qu'ilz vouloient qu'il feist, dont ledit suppliant fist lecture, et ce fait respondy absoluement qu'il n'en feroit riens. Pour lequel cas ledit suppliant a depuis, par l'ordonnance de nosdiz conseillers, esté mis ès prisons de nostre Chastellet de Paris, et par aucuns d'eulx a esté interrogué et confessé les choses dessus dictes. Et combien que ledit supplians par devant nosdiz conseillers ait confessé ce que dit est et tousjours persisté au contenu en sesdictes lettres de remission, que la confession par luy faicte par devant lesdiz notaires, à l'instance desdiz habitans, ait esté par les menasses qu'ilz luy faisoient, et que en tous autres cas ait esté de bonne vie, neantmoins, il dobte, etc., en nous humblement requerant, etc. Pour quoy, etc., à icelluy suppliant avons quicté, etc., les faitz et cas dessus diz, avec toute peine, etc. Si donnons en mandement à noz amez et feaulx conseillers les gens tenans et qui tiendront nostre Parlement[1], etc. Donné à Paris, ou moys

---

lui donneroient cent escuz et par an une somme d'argent et l'envoyeroient en lieu qu'on ne le sauroit trouver. Laquelle chose oye par ledit demandeur, il dit aux dessus diz qu'ilz meissent par escript ce qu'ilz disoient et leurs promesses ; ce qu'ilz firent et le baillèrent à Jehan Du Boys pour le pourter au demandeur, mais Du Boys le pourta au trésorier de Rohan... » (Plaidoirie du 18 avril 1474 ; Arch. nat., X²ᵃ 39, à la date.)

1. Jean Nicolas, qui n'avait pu encore faire entériner ses deux premières lettres de rémission, requit au Parlement la mise à exécution de celles-ci, mais il ne fut pas plus heureux. Les habitants de Notre-Dame et de Saint-Jean-de-Monts et du Marais-Doux se joignirent cette fois au vicomte de Rohan, seigneur de la Garnache, et au procureur général pour s'y opposer. L'affaire fut plaidée le 18 avril 1474 (Arch. nat., X²ᵃ 39) ; nous ne nous arrêterons pas aux arguments que firent valoir pour ou contre les avocats des deux parties. Les principaux faits exposés dans ces plaidoiries, s'ils contredisaient ou complétaient le contenu des présentes lettres de rémission et de celles d'avril 1470 en faveur de Denis Berthelot (ci dessus, p. 235 et suiv.), nous les avons notés en ces deux endroits, et cela peut être considéré comme suffisant. Nous nous contenterons ici de donner la partie de l'arrêt du 21 juillet 1475 qui concerne Jean Nicolas. Il qualifie de subreptices et obreptices

de decembre l'an de grace mil cccc. soixante treize, et de nostre règne le xiiime.

Ainsi signées : Par le roy, à la relacion du conseil. J. de Bidant. — Visa. Contentor. D'Asnières.

MDXXXI

Lettres d'abolition octroyées à Péron de Basché, complice du feu duc de Calabre, fauteur de conspirations et machinations contre l'autorité royale en faveur de Charles duc de Bourgogne. (JJ. 204, n° 1, fol. 1.)

Février 1474.

Loys, par la grace de Dieu roy de France. Savoir faisons à tous, presens et avenir, nous avoir receu l'umble supplicacion de Peron de Basché [1], contenant que, ou vivant du

---

les rémissions qu'il s'est fait délivrer et déclare qu'elles ne lui seront pas entérinées. En réparation des faux, variations et parjures dont il s'est rendu coupable ou complice, il le condamne à faire amende honorable au vicomte de Rohan et au procureur général, publiquement et devant la cour, d'une part, et au lieu de la Garnache, d'autre, nu-tête, en chemise et à genoux, tenant à la main une torche de cire ardente du poids de quatre livres, en proclamant à haute voix que faussement et iniquement il a fait faire par Denis Berthelot et autres, ses complices, une fausse lettre de Maurice de Belleville et que de ce il requiert humblement pardon au roi et audit vicomte. Ce fait, ledit Jean Nicolas sera tourné au pilori à Paris, un jour de samedi, et payera au vicomte de Rohan une amende de cinquante livres parisis et au roi une somme semblable ; il devra tenir prison fermée jusqu'au parfait accomplissement desdites peines. (X^{2a} 40, fol. 196.) Le même jour, 21 juillet, de l'ordonnance de la cour et à la requête de Jean de Rohan, s^r de la Garnache, le premier huissier ou sergent sur ce requis reçut mandement et commission de prendre au corps et de constituer prisonnier Jean Nicolas, partout où il pourra être trouvé dans le royaume, hors lieu saint, et de l'amener sous bonne garde à la Conciergerie, pour obéir à justice et exécuter son arrêt, ou, dans le cas où il ne pourrait être pris, de le sommer de comparaître devant la cour, le lendemain de la Saint-André, 1er décembre suivant. (Id., fol. 251.)

1. La nouvelle édit. du Dict. des familles du Poitou, t. 1, p. 242, 315, aux mots « Baché ou Basché », et « Bascher », fournit quelques renseignements sur des membres d'une famille de ce nom, qui posséda le fief des Bâchers ou Raschers, paroisse d'Iteuil (auj. c^{ne} de Vivonne). La plus ancienne mention à laquelle il se réfère est un aveu du fief des Bâchers fait à Lusignan par Guillaume Bascher, fils d'Antoine, le 27 octobre 1498. Nous pouvons y ajouter qu'un autre Guillaume Bascher fit, le 21 août 1419, hommage au dauphin Charles, comte de Poitou, de son hébergement de Mougon, sis près du Port-de-Lavairé. (Arch. nat., P. 1144, fol. 27.)

feu duc de Calabre [1] et durant le temps qu'il se monstra rebelle et desobeissant envers nous et alié du duc de Bourgoingne et autres, pareillement noz rebelles et desobeissans subgectz, ledit suppliant s'est tenu avec ledit feu de Calabre, l'a servy en armes, aidé et favorisé de tout son povoir à l'encontre de nous, et a fait et conspiré ledit suppliant plusieurs autres traffiques et machinacions contre nostre personne et auctorité royal, en commettant par ce crime de leze magesté et autrement grandement mesprenant, offensant et delinquant envers nous et justice. A l'occasion desquelles choses ledit suppliant doubte que, ores ou pour le temps avenir, on lui vueille mettre et donner empeschement en ses corps et biens, se noz grace, pardon, misericorde et abolicion ne lui estoient sur ce imparties, en nous humblement requerant iceulx. Pour quoy nous, ces choses considerées, voulans misericorde prefferer à rigueur de justice, audit Peron de Basché, supliant, avons tout ce en quoy, pour raison et occasion des choses dessusdictes, il peut avoir mesprins, delinqué et offencé envers nous, nostre magesté royal et justice, quicté, remis, pardonné et aboly, quictons, remettons, pardonnons et abolissons, de nostre grace especial, plaine puissance et auctorité royal, par ces presentes, avec toute peine, offence et amande corporelle, criminelle et civile en quoy il peut à ceste cause estre encoru envers nous et justice. Et l'avons restitué et restituons à sa bonne fame et renommée, au païs et à ses biens consfisquez, et sur ce

---

1. Il s'agit bien certainement de Nicolas d'Anjou, duc de Calabre du 31 décembre 1470 au 24 juillet 1473, époque de sa mort. L'on a vu précédemment que son mariage avec Anne de France ayant été rompu, il se ligua avec Charles le Téméraire contre Louis XI, auquel il reprochait de n'avoir point soutenu ses prétentions à la couronne d'Aragon. (Ci-dessus, p. 247, note ; 250, note.) Son père Jean d'Anjou, aussi duc de Calabre, fils du roi René et d'Isabelle de Lorraine, l'un des hommes de guerre les plus réputés de son temps, avait d'ailleurs pris part avec le duc de Bourgogne contre le roi de France, à la guerre du Bien public.

imposons scillence perpetuel à nostre procureur, present et avenir et à tous autres. Si donnons en mandement, par ces presentes, aux bailli de Touraine et seneschal de Poictou, ou à leurs lieuxtenans, et à tous noz autres justiciers ou à leurs lieuxtenans, presens et avenir, et à chacun d'eulx, si comme à lui appartiendra, que de noz presens grace, quictance, remission et pardon et abolicion facent, seuffrent et laissent ledit suppliant joir et user plainement et paisiblement, etc. Donné à Senlis, ou mois de fevrier l'an de grace mil cccc. soixante treize, et de nostre règne le treziesme.

Ainsi signé : Par le roy. Tilhart. — Visa. Contentor. J. Duban.

MDXXXII

Rémission obtenue par Jean Grossin, meunier à Marnes près Moncontour, détenu prisonnier audit lieu pour la mort de Simon Boinart. Celui-ci étant venu l'attaquer dans sa maison avec André Baudrais, Grossin l'avait repoussé à coups de trique et, en reculant, il était tombé dans la Dive, où il s'était noyé. (JJ. 195, n° 1008, fol. 233)

Mars 1474.

Loys, par la grace de Dieu roy de France. Savoir faisons, etc., nous avoir receu l'umble supplicacion de Jehan Grossin[1], musnier, chargé de femme et de cinq petis enfans, demourant à Marnes près Moncontour en Anjou, contenant que, le xiie jour de ce moys de mars, ledit sup-

---

1. A propos de ce nom et bien que vraisemblablement il s'agisse d'un personnage différent, nous mentionnerons des poursuites criminelles faites au Parlement, à la requête de Pierre Frétart, prieur du Busseau (ce prieuré était un membre de l'abbaye de Bourgueil-en-Vallée), contre Artur et Marc Rataut, Jean Giraud, prêtre, Jean du Coudray, Jean Grossin, Pierre de Sazay, etc., etc., qu'il accusait d'excès et violences contre sa personne et ses biens. Artur Rataut prétendait, de son côté, à la possession du prieuré et avait tenté, avec l'aide de ses complices, dont plusieurs francs-archers, de s'en emparer par la force. Les actes de cette procédure s'étendent du 9 août 1459 au 11 janvier 1462 n. s. (Arch. nat., X^{2a} 29, fol. 76 v°, 128 v°, 182 v°, 209, 241 v° ; X^{2a} 30, fol. 91 v°, 100.)

pliant estant en son hostel oudit lieu de Marnes, comme à heure d'après jour couché, que chacun s'estoit retraict en sa maison, survindrent à sondit hostel ung nommé André Baudrays et ung autre appellé Symon Boinart [1], et boutèrent une petite huisserie qui estoit audit hostel, et par ce qu'il y avoit lors creue d'eaues, dirent lesdiz Baudrays et Boinart à la fille dudit suppliant que icelluy suppliant ouvrist les esses de son moulin. Lequel suppliant leur fist responce que lesdictes esses estoient ouvertes, sans avoir avec eulx question ne debat, en leur disant gracieusement qu'ilz alassent veoir iceulx esses, s'ilz estoient ouvertes ou non. Lesquelz Baudrays et Brimart (sic) s'en alèrent ou firent semblant d'eulx en aler, et tost après retournèrent à l'ostel dudit suppliant, auquel ilz dirent arrogamment que lesdiz esses n'estoient pas ouvers. Lequel suppliant leur dist derechief que si estoient et qu'ilz s'en alassent hors de sa maison, en leur remonstrant qu'il estoit nuyt et leur disant qu'ilz s'en alassent coucher. Et lors l'un d'eulx, ledit suppliant ne scet lequel, se avança contre ledit suppliant et, d'un gros baston qu'il avoit, luy bailla sur le bras, cuidant le fraper sur la teste, mais il ne peut par ce que ledit suppliant mist le bras au devant, dont il fut blecié oudit bras et autres parties de son corps. Et non contens de ce, lesdis Boinart et Baudrays poursuyvirent tousjours ledit suppliant pour le batre et mutiler. Lequel suppliant, ce voyant, trouva ung baston de saule, duquel il se defendit au mieulx qu'il peust, et de fait bailla ung cop dudit baston, comme il croit, audit Boinart, lequel, en reculant, cheut en la rivière de Dive, noya et mourut ; et ne scet ledit suppliant bonnement se il le bouta et que du cop il cheust, ou se il luy toucha, par ce qu'il estoit nuyt et qu'il faisoit fort obscur. Et depuis, à l'occasion dudit cas, ledit suppliant a esté prins et con-

---

1. On pourrait lire aussi bien « Brinart » ou « Brivart ».

stitué prisonnier ès prisons dudit lieu de Moncontour, et dobte, etc., se nostre grace, etc., humblement requerant, etc. Pour quoy, etc., à icelluy suppliant avons quicté, etc., les fait et cas dessus dit, avec toute peine, etc. Si donnons en mandement au bailly de Touraine et des ressorset exempcions d'Anjou, etc. Donné à Paris, ou moys de mars l'an de grace mil cccc. soixante treize, et de nostre règne le XIIIe.

Ainsi signé : Par le roy, à la relacion du Conseil. Authouys. — Visa. Contentor. D'Asnières.

MDXXXIII

Avril 1474.

Rémission donnée au profit de Jean Michelet, âgé de vingt-cinq ans, natif du pays et duché de Touraine, et d'Antoine Galepeau, âgé d'environ vingt ans, tous deux serviteurs de Louis de Signy, dit Tranchelion, écuyer, seigneur du Breuil [1], homme d'armes de l'ordonnance de la compagnie du comte de Dammartin [2], complices du meurtre de Jean Deschamps, ennemi de leur maitre, auquel meurtre avaient pris part aussi ledit de Signy et un autre de ses serviteurs, nommé Guyot de La Jarrye. Mandement adressé aux baillis de Berry et de Touraine. « Donné à Sanlis, ou moys d'avril l'an de grace

---

1. Famille fixée au XIVe siècle dans le Loudunais et le Mirebalais, possessionnée dans la Touraine et le Berry, dont quelques membres figurent dans les premier et troisième volumes de notre publication. Louis de Signy, écuyer, seigneur du Breuil, depuis la Tour-du-Breuil, seigneurie mouvant de Valençay, avait épousé Jeanne Augustin, dont il n'eut que deux filles : 1º Jeanne, mariée, par contrat du 23 août 1482, à Robinet d'Orléans, écuyer, sr de Bastarde; en considération de cette union, « le père de la future lui donna le lieu, fief, seigneurie, manoir, hôtel et maison du Breuil, situé sur la rivière de Nahon, avec ses dépendances pour préciput ou pour droit d'aînesse, tel qu'il aurait pu appartenir à son fils aîné, s'il en avait eu un, à condition que le second des enfants mâles qui en naîtraient et ses ayans cause porteraient les armes de lui donateur » (de gueules au cygne d'argent). Par le même acte, Robinet d'Orléans cédait à Hugues de Signy, écuyer, au cas qu'il survivait à Catherine d'Orléans, sa femme, sœur dudit Robinet, l'usufruit de la terre de Bastarde, sa vie durant; 2º Gabrielle, qui épousa François de la Roche-Aymon, écuyer. Le 2 juin 1503, ils transigèrent avec Robinet d'Orléans et Jeanne de Signy, au sujet de la dot de celle-ci. (D'Hozier, *Armorial général*, in-fol., t. III, p. 821-823.)

2. Sur Antoine de Chabannes, comte de Dammartin, cf. ci-dessus, p. 291, note 1.

mil cccc. soixante quatorze, et de nostre règne le treziesme. » — Ainsi signé : Par le roy. Tilhart. — Visa. Contentor. Duban. (JJ. 204, n° 77, fol. 49 v°.)

MDXXXIV

Lettres portant cession à Marguerite de Culant, veuve de Louis de Belleville, chevalier, des château, châtellenie, terre et seigneurie de Montmorillon en Poitou, et des villes, châteaux, terres et seigneuries de Saujon, Nancras et Champagné en Saintonge, au lieu du comté de Dreux qui avait été promis audit de Belleville par le traité d'échange, qu'il avait fait avec le roi, des ville, château et châtellenie de Montaigu. (JJ. 204, n° 73, fol. 47.)

Mai 1474.

Loys, par la grace de Dieu roy de France. Savoir faisons à tous, presens et avenir, comme par certain traictié et appointement naguères fait et passé entre nous, d'une part, et feu Loys, en son vivant nostre cousin, seigneur de Belleville [1], d'autre part, par lequel, entre autres choses et à nostre très grant instance et requeste, et pour le bien de nostre royaulme, icellui de Belleville nous ait baillé, transporté et delaissé par eschange, pour nous et noz successeurs à tousjours, les ville, chastel, baronnie, terre et seigneurie de Montaigu en Poictou, avec et soubz les condicions et reservacions plus à plain contenues èsdictes lettres de traictié [2] ; et pour et ou lieu d'icelle ville, chastel et seignourie dudit Montaigu lui ayons promis et accordé, entre autres choses, bailler et delaisser par contre eschange,

---

1. Sur ce personnage, cf. notre vol. précédent, p. 367, 407, 454 et 456, notes, et ci-dessus, p. 395, note 2.
2. Il s'agit ici du traité signé à Sablé, le 4 août 1473, dont nous avons donné une courte analyse dans une note, ci-dessus, p. 397. La mort de Louis de Belleville, survenue peu de temps après, ou tout autre circonstance en ayant empêché l'exécution, les négociations furent reprises avec sa veuve, ses enfants et ses frères et aboutirent aux nouvelles conventions énumérées dans les présentes lettres patentes. Elles n'eurent d'ailleurs pas plus d'effet que les premières, et ce ne fut que cinq ans plus tard que la question des dédommagements pour la cession de Montaigu à Louis XI fut définitivement réglée. (Cf. la note de la page 419 suivante.)

pour lui et les siens, la conté de Dreux avec tous ses droiz, prerogatives et appartenances, et la lui faire valloir jusques à la somme de deux mil livres tournois, de prouchain en prouchain, et en oultre jusques à ce qu'il eust la possession et joyssance d'icelle conté de Dreux, pour ce qu'elle n'estoit en noz mains, lui eussions baillé en gaige la conté, ville et appartenances d'Evreux, ensemble le droit, prouffit et emolument du grenier à sel par nous establi audit lieu d'Evreux et ses appartenances ; et semblablement eussions cedé et transporté à nostre chère et amée cousine, Marguerite de Culant, lors femme dudit de Belleville et à present vefve de lui, les chastel, chastellenie, terre et seignourie de Montmorillon, situez et assis en nostre pays et conté de Poictou, comme plus à plain est contenu, oudit traictié. Depuis lequel, ledit feu Loys de Belleville soit allé de vie à trespas. Et pour ce que encores n'avons peu et bonnement ne pourrions à present bailler ladicte conté de Dreux [1], ainsi par nous promise oudit eschange, comme dit est, et que desirons nous acquicter, comme raison est, envers ladicte vefve et enfans d'icellui feu Loys de Belleville, ayons par aucuns noz conseillers et officiers estans entour de nous fait savoir à icelle vefve, à laquelle avons baillé la garde, tutelle et gouvernement desdiz enfans, parce qu'ilz sont encores mineurs et en bas aage, se elle vouldra en ladicte qualité prendre et accepter lesdictes deux mille livres tournois de rente autre part et en autre assiète, ce que elle ait liberalement acordé et consenti, en soy soubzmetant sur ce à nostre bon plaisir ;

Pour ce est il que nous, voulans user de bonne foy envers

---

1. Suivan t l'*Art de vérifier les dates*, Charles II, sire d'Albret, auquel Charles VII avait restitué le comté de Dreux, par lettres données à Amboise, le 16 novembre 1441, après l'avoir reconquis sur les Anglais, mourut en 1471, laissant par son testament ledit comté à son troisième fils, Arnaud-Amanieu, sire d'Orval. « Alain le Grand, sire d'Albret, petit-fils de Charles II, n'ayant point approuvé cette disposition, la rendit inutile en se saisissant par force du comté de Dreux, dans la jouissance duquel il se maintint. » (Edit. in-fol., t. II, p. 674.)

icelle nostre cousine èsdiz noms et nous acquicter envers elle, comme raison est, avons, pour ces causes et consideracions et autres à ce nous mouvans, et pour demourer quictes et deschargez, par nous et les nostres à tousjours, envers lesdiz enfans et heritiers dudit feu Loys de Belleville, dudit conté de Dreux et desdictes deux mil livres tournois de rente, ensemble des promesses par nous faites touchant l'assiète d'icelles deux mil livres de rente, baillé, cedé, transporté et delaissé et, par la teneur de ces presentes, baillons, cedons, transportons et delaissons à icelle nostre cousine, ou nom et comme ayant lesdiz bail, garde, gouvernement et administracion desdiz enffans, les chastel, chastellenie, terre et seignourie dudit lieu de Montmorillon [1], ensemble les villes, chasteaulx, bailliages, terres et

---

[1]. Nous avons vu que Charles VII, en reconnaissance des services que lui avait rendus Etienne de Vignoles, dit La Hire, son écuyer d'écurie, lui avait cédé, par lettres datées de Tours, le 7 janvier 1436 n. s., pour lui et ses hoirs mâles, la terre et seignourie de Montmorillon, avec ses rentes, revenus, appartenances et dépendances. La Hire étant décédé sans enfants, le 11 janvier 1443, sa veuve, Marguerite David, transporta, moyennant le prix de 6.000 écus, la terre et châtellenie de Montmorillon à André de Villequier, chambellan et favori du roi, arrangement ratifié par lettres patentes de juillet 1445. Après la mort de celui-ci (avril 1454), Montmorillon fit retour à la couronne, malgré les réclamations de ses enfants et héritiers, (*Introduction* de notre t. IX, *Arch. hist. du Poitou*, t. XXXII, p. xxxv.) Peu après son avènement, Louis XI, par lettres données à Avesnes en Hainaut, le 4 août 1461, fit don à Josselin Du Bois, écuyer, depuis bailli des Montagnes d'Auvergne, des « chastel, ville, terre, seigneurie et chastellenye dudit lieu de Montmorillon, ensemble la cappitainerie, cens, rentes, guetz, justices et juridictions appartenans au roy, à cause d'icelle seigneurie, chastellenye et ressort, à quelque valleur et estimacion qu'ilz viennent, tout ainsi que les avoit et prenoit, par don du roy Charles, feu André, s^r de Villequier, pour en joyr par ledit Josselin *sa vie durant* ». (Arch. nat., J. 748, n° 11, fol. 11 v°.) Quand Louis XI, d'abord par le traité conclu à Sablé, le 4 août 1473, puis par les présentes lettres patentes, céda, en échange de Montaigu, entre autres terres et seigneuries, celle de Montmorillon à Louis de Belleville, puis à sa veuve et à ses héritiers, cette dernière ne faisait plus partie du domaine royal, et il était nécessaire d'en négocier le rachat avec le dernier donataire, sans compter que les fils d'André de Villequier en contestaient à celui-ci la possession, ce qui retarda de plusieurs années la mise à exécution de la clause attribuant ladite terre et seigneurie à Marguerite de Culant et à ses enfants. Ce fut seulement au commencement de l'année 1478 que le roi put en disposer, comme on le voit par cet extrait d'un *Etat des dons et aliénations du domaine de la sénéchaussée de Poitou pendant le règne de Louis XI* :

seignouries de Saugon, Nancras [1] et Champaigne en Xaintonge, avèc toutes les appartenances et appendances de toutes les choses dessus dictes, ainsi qu'elles se compor-

---

« En lad. année (1477) appert ledit roy avoir commandé et ordonné à messire Josselin Du Boys, chevalier, cappitaine des ville, chastel, terre et seigneurie de Montmorillon, mettre reaulment et de faict ès mains de Mᵉ Pierre Jouvelin, conseiller dudit seigneur et correcteur en sa chambre des comptes à Paris, auquel icelluy sʳ avait de ce baillé charge, lesd. ville, chastel, terre et seigneurie de Montmorillon, dont icelluy Du Boys joyssoit auparavant, ainsi qu'il est dit cy dessus ; et en obtemperant audit commandement, ledit Du Boys avoir remis et quicté audit seigneur la possession et saisine desd. ville, chastel et seigneurye de Montmorillon, et baillé les clefz audit Jouvelin, et ce moyennant la somme de six mil écus d'or payez audit Du Boys par Mᵉ Pierre Parent, receveur général des finances, par lettres patentes données au Plessis-du-Parc-lez-Tours, le quatorziesme janvier M.IIIIᶜLXXVII (1478 n. s.) et quictance dudit Du Boys desd. VIᴹ escuz. » (*Id.*, J. 748, n° 11, fol. 19 v°.)

La conclusion de cette affaire n'eut point pour résultat de faire entrer tout de suite la veuve et les enfants de Louis, de Belleville en jouissance de Montmorillon. Le troisième contrat réglant définitivement les dédommagements qu'ils devaient avoir en échange de Montaigu, ne fut conclu qu'au mois d'avril 1479 et sortit effet à la fin de cette année. Il n'y est plus question de Saujon, Nancras et Champagné en Saintonge, mais de Montmorillon tout uniment. Louis XI seul avait bénéficié de tous ces atermoiements. Ce dernier traité fut enregistré au Parlement, le 24 novembre 1480, avec un mandement du roi à Jean Le Sellier, président de la chambre des enquêtes, et à Jean Bourré, maître des comptes et trésorier de France, de se transporter à Montmorillon pour mettre Marguerite de Culant en possession de cette seigneurie et décharger de l'administration provisoire de ladite terre Pierre, Jean et Louis Morin, mandement daté du Plessis-du-Parc-lez-Tours, le 20 avril 1479. (Arch. nat., Xⁱᵃ 8607, fol. 241 v°, 248 v°.) Les commissaires royaux n'avaient pas attendu l'enregistrement pour s'acquitter de leur charge. L'acte de remise du château de Montmorillon entre les mains de la veuve de Louis de Belleville nous a été conservé et il porte la date de février 1480 n. s. (Bibl. nat., ms. fr. 26763, Pièces orig. vol. 279, n° 25.) Le n° 20 du même recueil est l'acte de constitution du douaire de ladite dame sur la même terre et seigneurie, passé à Poitiers, le 5 mai 1479. Marguerite de Culant rendit aveu au roi pour Montmorillon le 18 avril 1483 ; dans cet acte elle s'intitule dame de Belleville, de Cosnac et de Montmorillon, tutrice de ses enfants mineurs. (Arch. nat., P. 1145, fol. 159.) Sauf celui de tutrice, elle prend encore les mêmes titres et qualités dans une charte du 2 juillet 1491, par laquelle elle concède, comme dame de Montmorillon, à Jean de Moussy, écuyer, sʳ de la Contour et de Boismorant, en récompense des services qu'il lui a rendus, un droit d'usage en sa forêt de Chavagne (autrement dite de Montmorillon), pour son chauffage et pour le bois de construction qui serait nécessaire à ses maisons de la Contour et de Boismorant, ainsi qu'un droit de police et de surveillance en ladite forêt. (*Id.*, Zᵗᵉ 321, fol. 180.)

1. Le scribe a cru lire « Naurras ».

tent et extendent, tant en droit de chastel et chastellenie, justice et juridicion haulte, moyenne et basse, hommes, hommages, fiefz, arrèrefiefz, prés, terres, boys, forestz, rivières, cens, rentes, revenues et autres dommaines quelzconques, droit de guet, de patronnage, collacions de benefices, pasturages, peages, passaiges et destroiz, que autres droiz et devoirs quelzconques, pour les avoir, tenir, posseder, explecter et en joir par ladicte vefve oudit nom, sesdiz hoirs et successeurs à tousjours maiz, comme de leur propre chose et heritaige, sans y riens retenir pour nous et les nostres, fors seulement les foy et hommaige, ressort et souveraineté, jasoit ce que par ledit traité nous eussions fait don, cession et transport, comme dit est, à nostre dicte cousine, de ladicte seignourie de Montmorillon, avec la reservacion d'autant de hommages et fiefz estans soubz icelle chastellenie, terre et seignourie dudit Montmorillon, comme icellui deffunct en avoit retenu de ladicte baronnie et seignourie dudit Montaigu ; laquelle reservacion par ce moien demeure nulle. Et en ce faisant, icelle nostre cousine a voulu et consenti, veult et conscent que lesdiz don, cession et transport par nous à elle faiz d'icelle terre et seignourie de Montmorillon, comme dit est, soient et demeurent nulz et de nulle valleur et effect. Et en oultre avons promis et accordé, promettons et accordons, par ces dictes presentes, à icelle nostre cousine oudit nom, lui faire avoir et bailler la possession, saisine et joyssance plainière de ladicte ville, chastel, chastellenie, terre et seignourie de Montmorillon et desdiz bailliages et de chacun d'eulx, et que, jusques à ce qu'elle en soit en vraye possession et joyssance elle tiengne et posside, èsdiz noms, ladicte conté d'Evreux avec sesdictes appartenances et appendences, ensemble l'emolument dudit grenier. Et d'abondant, promettons de bonne foy et en parolle de roy garentir et deffendre à icelle nostre cousine, oudit nom, lesdicte terre et seignourie de Montmorillon et bailliages dessus declairez, avec leursdictes appartenances et deppendances, de toutes et chacunes les obligacions, ypothecques, charges et autres actions quelzconques que aucuns pourroient avoir et pretendre en icelles, pour quelque cause ou manière que ce soit, fors seulement des charges foncières et anciennes, et aussi des fiefz et aulmosnes et autres charges ordinaires estans sur icelles terres et seignouries. Et s'il avenoit que icelle nostre cousine, oudit nom, ou les siens feussent mis en procès à l'occasion desdictes terres et seigneuries ou d'aucunes d'icelles, nous voulons que nostre procureur en preigne la garentie et deffense pour eulx, et en cas de eviction, qu'ilz en soient par nous et noz successeurs renduz indempnez et raisonnablement recompensez. Et en oultre, voulons, octroyons, accordons et nous plaist, de grace especial, plaine puissance et auctorité royal, que lesdiz troys bailliages et seignouries de Saugeon, Nancras et Champaigné et leurs dictes appartenances soient doresenavant tenues de nous, nuement et sans moien, à une foy et hommage seulement, selon l'usaige et coustume de nostre pays de Xaintonge. Si donnons en mandement, par ces mesmes presentes, à nos amez et feaulx conseillers les gens de nostre court de Parlement, de noz comptes et tresoriers, au seneschal de Poictou et à tous noz autres justiciers et officiers, et à leurs lieuxtenans et à chacun d'eux, si comme à lui appartendra, que nostre dicte cousine de Culant, èsdiz noms, ilz facent, seuffrent et laissent joir et user paisiblement de noz presens bail, cession, transport, delaissement, voulenté, octroy et de tout le contenu en ces presentes, sans leur faire ne souffrir estre fait, mis ou donné aucun destourbier ou empeschement au contraire ; lequel se fait, mis ou donné lui estoit en aucune manière, si l'ostent ou facent oster et mettre sans delay au premier estat et deu ; et par rapportant ces dictes presentes, signées de nostre main, ou vidimus d'icelles fait soubz seel royal, et recongnoissance sur ce souffisante seulement, nous voulons nostre receveur ordinaire de Poictou et tous autres qu'il appartendra en estre et demourer quictes et deschargez par nos diz gens des comptes, sans difficulté. Et affin que ce soit chose ferme et estable à tousjours, nous avons fait mettre nostre seel à ces dictes presentes. Sauf en autres choses nostre droit et l'autruy en toutes. Donné à Senliz, ou moys de mai l'an de grace mil cccc. soixante quatorze, et de nostre règne le xiiie [1].

Ainsi signé : Loys. — Par le roy. G. Avrillot. — Visa.

MDXXXV

Lettres permettant à Marguerite de Culant, veuve de Louis de Belleville, chevalier, et à leurs enfants mineurs, de transformer Chavagnes-en-Paillers en place forte, avec union sous un seul hommage des seigneuries dudit Chavagnes, celle-ci en titre et chef-lieu, de la Copechagnière, des Brouzils, la Boissière et autres démembrées de la baronnie et châtellenie de Montaigu. (JJ. 204, n° 71, fol. 45.)

Mai 1474.

Loys, par la grace de Dieu roy de France. Savoir faisons à tous, presens et avenir, comme en faisant par nous avec feu Loys de Belleville, en son vivant chevalier et nostre cousin, le traicté et appoinctement d'eschange de la baronnie, chastellerie et seigneurie de Montagu en Poictou, que il nous a baillé et mis en noz mains soubz les condicions et reservacions plus à plain contenues et declairées en icelluy traicté [2], par le quel, entre [autres]

---

1. Ces lettres patentes furent enregistrées, sous certaines réserves, au Parlement de Paris, en vertu de l'arrêt suivant du 11 mai 1475 : « *Lecta, publicata et registrata, absque prejudicio oppositionum domini Josselini de Bosco, militis, Arturi et Anthonii de Villequier, fratrum, et etiam sine prejudicio processuum in curia pendentium inter Anthonium, Jacobum et Egidium de Belleville, fratres, ac Bertrandum Larcevesque et Mariam de Belleville, ejus uxorem, ac etiam dominum de Foresta et magistrum Johannem Mérichon, et procuratorem generalem regis, tanquam dicte Margarete de Culant garendum. Actum in Parlamento, undecima die maii anno* M°CCCC[mo] *septuagesimo quinto. Sic signatum :* Brunat. » (Arch. nat., X[1a] 8607, fol. 18.)

2. Cf. ci-dessus, p. 397, note. Le texte de ce traité, daté de Sablé, le 4 août 1473, est conservé dans un vidimus du 11 juin 1474. Voici le texte de l'article de ce traité relatif aux réserves rappelées ici : « Et

choses nous ayons voulu et reservé à icellui nostre cousin les parroisses de Chaveignes, de la Coppe Chaignière, les Brousilz, la Boycère, les enclaves de Saint Denis, de Saint Fulgent, certains hommages et autres choses, ainsi qu'elles sont bien au long specifiées par ledit traicté, par le moyen duquel icelles parroisses, lieux et choses demeurent à icelluy nostre cousin et à ses hoirs, comme desmembrées et sepparées de ladicte baronnie et seigneurie de Montagu, de nostre vouloir et consentement, pour en joir par lui et les siens doresenavant perpetuellement, en tout droit de chastel et chastellenie, justice et juridicion haulte, moyenne et basse èsdictes parroisses, enclaves et hommages ès lieux et choses estans au dedans des fins et mettes desdictes parroisses, et autres choses par luy reservées, ensemble et de tous les fruiz, prouffiz, emolumens, hommes, hommaiges, gardes, ligences et autres revenues, telz, ainsi et par la forme et manière que les manans, habitans, hommagiers et tenenciers des lieux et choses estans au dedans desdictes parroisses et enclaves

---

par ces presentes pactions et convenances, du consentement du roy, nostre dit sire, lad. dame (Marguerite de Culant) a reservé expressément pour ledit seigneur son mary (Louis de Belleville) de ladicte seigneurie de Montagu les parroisses de Brousilz, avecques la forest de Gralac, Chavaignes, la Couppe Chenière, la Boissière o les enclaves de Saint Denis et de Saint Fulgent, o tous les drois, prouffis, rentes et devoirs deubz ès d. parroisses à la dicte seigneurie de Montagu ; et en oultre les hommages de Beaurepaire, que doit le seigneur de Tiffauges, les hommages de la Barretière, de Basoges, de Saint Fulgent, que doit le seigneur de la Jarrie, l'ommage du fief des Essars que souloient faire les conte et contesse de Penthièvre, les hommages de la Tavernerie et de la Martelière que doit le seigneur de Passavant, l'ommage de Rochecervière, les hommages de Painfault et du Planteys, que doit le seigneur de la Guionnière, l'ommage de la Secherie, que doit François Louer, l'omage du Noirlieu, o le guet dudit lieu, avecques les drois, prerogatives et noblesses deppendant desdiz hommages, for et réservé au roy nostre dit sire ceulx qui sont en la ville de Montagu et au dedans des fossez dudit lieu...; pour recompense desquelz hommages, le roy nostre dit seigneur en aura autant et à estimacion et valeur égale en la seigneurie de Montmorillon qu'il a donnée et donne à la dicte dame de Belleville... » Il était stipulé, en outre, que les hommages ainsi réservés à Louis de Belleville et à ses successeurs lui seraient rendus désormais au château de Belleville, substitué pour cet effet à celui de Montaigu. (Arch. nat., J. 183, n° 159.)

et autres lieux reservez, avoient acoustumé faire, rendre et paier, par avant ledit appoinctement, audit chastel et seigneurie de Montagu, et que par la teneur d'icellui traicté eussions voulu, consenty et octroyé que lesdiz lieux, dommaines et heritages, avec les hommes, subgectz et tenenciers desdiz lieux et choses reservées fussent doresenavant subgectz, unyz et obeissans en tous droiz de chastel, chastellenie, justice et juridicion haulte, moyenne et basse du chastel et seigneurie de Belleville, tout ainsi et par la forme et manière qu'ilz estoient ou povoient estre subgectz et obeissans en tous droiz d'icelle baronnie et seigneurie dudit Montagu, jasoit ce que lesdictes choses reservées en ladicte seigneurie de Belleville ne fussent d'un mesme ressort. Toutesfoiz pour ce que, depuis ledict traicté et appoinctement d'eschange, ledit de Belleville est alé de vie à trespas, delaissée nostre chière et amée cousine Marguerite de Culant, en son vivant sa femme, et aussi Loys, Katherine, René et Marguerite, ses enffans, mineurs d'ans et en bas aage [1], desquelz nous avons à nostre dicte cousine ordonné et baillé le bail, garde, gouvernement et administracion et de leurs biens et choses, ensemble icelle nostre cousine, ès noms dessusdiz, doubtant que soubz umbre et à l'occasion de ce que lesdictes parroisses, lieux et choses reservées estans

---

[1]. Les noms des enfants de Louis de Belleville et de Marguerite de Culant sont bien présentés de cette façon sur le registre du Trésor des Chartes, ainsi que sur celui du Parlement, où le même acte est transcrit. (Arch. nat., X¹ª 8607, fol. 17.) Mais dans les lettres patentes données à Senlis, le 3 mai 1474, pour régler les conditions dans lesquelles Marguerite de Culant exercerait la tutelle de ses enfants mineurs, on les trouve désignés ainsi : Louis, Catherine, *Regnée* et Marguerite. (*Id*, fol. 245.) La même, agissant au nom de sa fille aînée Catherine, femme de Philippe de Cousdun, écuyer, sr des Ouches et de Migré, vendit à Jean Mérichon, sr du Breuil-Bertin et Lagord en Aunis, et d'Auzance près Poitiers, chambellan du roi, gouverneur de la Rochelle, son cousin, la tierce partie de la seigneurie d'Andilly, moyennant cinq cents écus d'or. Dans l'acte de vente passé à Migré, le 16 juin 1478, les trois mineurs sont nommés Louis, Renée et Marguerite. (Bibl. nat., ms. 26763, Pièces orig., vol. 279, n° 18.) Le troisième des enfants de Louis de Belleville était donc bien une fille et non un fils.

soubz et d'autre ressort que n'estoit ladicte seigneurie de
Belleville, qui estoit ressortissant de la terre, chastel et
seigneurie de la Roche sur Oyon, laquelle ressortist
nuement en nostre court de Parlement sans moyen, les
hommes, vassaulx, subgectz, estaigiers et habitans
èsdictes choses reservées voulsissent ou peussent faire
grant difficulté pour le temps avenir d'estre desobeissans
et vouloir recongnoistre estre subgectz et unyz à ladicte
seigneurie de Belleville, et que, par ce moyen, elle ou les
siens èsdiz noms fussent desormais en danger de cheoir
en grans involucions de procès et contraintes avec lesdiz hommes, subgectz et estagiers, et n'en peussent de
long temps joir paisiblement, nous ait icelle nostre cousine, ès noms que dessus, humblement fait supplier et
requerir que, pour obvier aux choses dessusdictes et
actraire à soy lesdiz hommes, subgectz et estagiers, il nous
plaise lui donner congié et licence de faire place forte au
lieu de Chaveignes, qui est le lieu le plus aisé, moins
grevable et agreable pour elle et lesdiz subgectz pour
estre chief de l'ommage desdictes choses, et auquel lieu de
Chaveignes iceulx hommes, subgectz et estagiers soient
tenuz de faire et entretenir lesdiz usaiges, gardes, ligences,
guet et garde, de illec rendre, paier et porter les deniers
et autres droiz et devoirs qu'ilz sont tenuz rendre, payer
et porter à icelle nostre cousine, èsdiz noms, et aux successeurs dudit de Belleville, tout ainsi que ilz avoient
acoustumé faire audit lieu de Montagu, et sur ce lui impartir nostre provision convenable, en ensuivant ledit
traicté et appoinctement.

Pour ce est il que nous, voulans entretenir à icelle
nostre cousine et à sesdiz enffans les choses par nous
promises par ledit traicté, en voulant user de bonne foy
envers elle, ainsi que a fait ledit deffunct son mary, en
acomplissant de sa part les choses qu'il nous avoit promises, et aussi la preserver et sesdiz enffans pour le temps

avenir desdictes pertes, dommages et interestz qu'ilz pourroient avoir, par faulte de non avoir fortiffié audit lieu de Chaveignes, à icelle pour ces causes et consideracions et autres à ce nous mouvans, avons donné et octroyé, donnons et octroyons, de nostre grace especial, plaine puissance et auctorité royal, congé et licence, povoir et faculté de faire chastel et place fort audit lieu de Chaveignes, et que elle puisse èsdiz noms icellui lieu fortiffier et reparer, et y construire, bastir et ediffier tours, tournelles, murailles, portaulx, barbecanes, ponts leveïz et icelle environner de fossez et autres fortifficacions, telles et ainsi que bon lui semblera et que faire le pourra. Et de nostre plus ample grace et auctorité royal, en ensuivant lesdiz traicté et appointement, luy avons derechief et d'abondant octroyé et octroyons, voulons et nous plaist que ledit lieu, chastel et place fort soit doresenavant le lieu et chef d'ommage desdiz lieux et choses reservées, dont dessus est faicte mencion, plus à plain contenues et declairées par lesdiz traicté et appointement, et lesquelles nous y avons, de nosdictes puissance et auctorité, de nouvel, en tant que mestier seroit, joinctes, incorporées et unyes, joignons et unyssons à tousjours maiz, sans ce que, ores ne pour le temps avenir, elles en puissent estre separées ne desjoinctes, soit à cause du ressort et souveraineté deu à chastel et chastellenie ancien, de toute justice et juridicion haulte, moyenne et basse, et aussi de guet et de garde et autres droiz qui en deppendent et pevent deppendre ou autrement, en quelque manière que ce soit ; et lesquelz droiz nous lui avons, en tant que mestier est ou seroit, de nouvel donnez et octroyez au dit lieu de Chaveignes, donnons et octroyons, de nosdictes grace et auctorité, par ces presentes. Si donnons en mandement à noz amez et feaulx conseillers les gens de nostre court de Parlement et de noz comptes à Paris, à nostre seneschal de Poictou et à tous noz autres justiciers et officiers,

ou à leurs lieuxtenans ou commis, presens et avenir, et à
chacun d'eulx, si comme à lui appartiendra et qui requis
en sera, que le contenu en ces dictes presentes ilz publient
et signiffient ou facent publier et signiffier en nos dictes
cours et aillieurs où mestier sera, et dudit contenu facent,
seuffrent et laissent icelle nostre cousine èsdiz noms et ses
successeurs et ayans cause joir et user plainement et paisiblement, sans pour ce leur faire, mettre ou donner, ne
souffrir estre fait, mis ou donné ès choses dessus dictes, ne
en aucunes d'icelles, aucun destourbier, arrest ou empeschement, ores ne pour le temps avenir, ne pour ce les
molester ou travailler, ne souffrir estre molestez ou travaillez en corps ne en biens, en aucune manière, ains se
fait, mis ou donné leur avoit esté ou estoit, aux causes
dessus dictes ou d'aucunes d'icelles, en quelque manière
que ce soit, si l'ostent et mettent, ou facent oster et mettre
sans delay à plaine delivrance et au premier estat et deu,
et à ce faire et souffrir contraingnent ou facent contraindre tous lesdiz hommes et subgectz, tenanciers et
autres qu'il appartiendra, par toutes voyes deues et en tel
cas requises, non obstant opposicions ou appellacions
quelxconques, pour lesquelles ne voulons en ce aucunement estre différé ne retardé, car ainsi le voulons et nous
plaist estre fait, nonobstant comme dessus et quelxconques
ordonnances, mandemens, restrinctions ou deffenses à ce
contraires. Et afin que ce soit chose ferme et estable à
tousjours, nous avons fait mettre nostre seel à ces dictes
presentes. Sauf toutesvoyes en autres choses nostre droit
et l'autruy en toutes. Donné à Senlis, ou moys de may l'an
de grace mil cccc. soixante quatorze, et de nostre règne le
treziesme[1].

Ainsi signé : Par le roy. G. Avrillot. — Visa.

---

[1]. Les mêmes lettres furent enregistrées, sauf réserve, au Parlement
de Paris, par arrêt du 11 mai 1475, ainsi conçu : « *Lecta, publicata et
registrata, absque prejudicio processus pendentis in curia inter Antho-*

MDXXXVI

Rémission accordée à François Thibaut, de Paizay-le-Tort, coupable du meurtre de Jean Claveau, qui lui avait cherché querelle et le menaçait d'un couteau. (JJ. 195, n° 1037, fol. 238.)

Mai 1474.

Loys, par la grace de Dieu roy de France. Savoir faisons, etc., nous avoir receu l'umble supplicacion de François Thibault, demourant à Paysay le Tort en la conté de Poictou, contenant que, le premier dimenche de la Passion derrenier passé, environ jour couchant, ledit suppliant, voulant soupper, se transporta en l'ostel de Michau Carteron, demourant audit Paysay et qui tient pain et vin à vendre, et pour ce qu'il y avoit autres gens qui souppoient, ledit suppliant appella le varlet dudit hostel et luy demanda se ceulx qui souppoient auroient tantost fait; lequel luy respondit que non et qu'ilz ne faisoient que commencer, et atant ledit suppliant se departit en disant adieu. Et ainsi qu'il issoit hors de la court dudit hostel, pour soy en aler en sa maison, ung nommé Jehan Claveau, qui estoit l'un de ceulx qui souppoient oudit hostel et taverne, sourtit après luy et tout impetueusement dist audit varlet, qui n'estoit encores loing dudit suppliant, et luy demanda : « Qu'est ce que vous conseilliez et de quoy parliez vous ? » A quoy ledit suppliant qui estoit encores bien près fist response audit Claveau qu'ilz ne parloient de luy ne d'autre. Et lors ledit Claveau dist audit suppliant : « Vous ne faisiez voz fièvres quartaines », en appellant icelluy suppliant « villain boyteux et lourdault », et pour plus amplement le injurier, luy dist que

---

nium, Jacobum et Egidium de Belleville, fratres, Bertrandum Larcevesque (s^r de Soubise) *et Mariam de Belleville, ejus uxorem, opponentes, et procuratorem generalem regis, tanquam Margarete de Culant garandum. Actum in Parlamento, undecima die maii anno* M°CCCC^{mo} *sexagesimo quinto. Sic signatum :* Brunat ». (Arch. nat., X^{1a} 8607, fol. 17.)

les prebstres luy chevauchoient sa femme. Sur quoy ledit suppliant, saichant que ledit Claveau s'estoit ledit jour courroussé et prins debat avecques plusieurs autres, tant en l'ostel dudit Carteron que aussi en l'ostel d'un nommé Motin, qui tient aussi taverne, voulant eviter debat, dist audit Claveau gracieusement que pour Dieu il le laissast ester et qu'il n'avoit que besoigner avecques luy. Mais ce non obstant ledit Claveau, en reiterant lesdictes injures audit suppliant, luy dist que les prebstres chevauchoient sa femme, et luy dist d'abundant telles parolles : « Tu veulx venir soupper ceans et y admener le prebstre et menger des loches ; mais je mengeray aujourd'uy de tes fressures. » Et en ce disant, icelluy Claveau gecta contre ledit suppliant des piarres en s'efforçant de le vouloir fraper, et non content encores de ce, ainsi que ledit suppliant reculoit, le visaige devers ledit Claveau, ledit Claveau, en poursuyvant icelluy suppliant, luy dist que icelluy jour il mengeroit de ses tripes, et d'un petit cousteau qu'il avoit en sa main s'efforça de navrer ledit suppliant par la poictrine tellement qu'il luy perça sa robe. Lequel suppliant, voyant la malice dudit Claveau, tira ung baston d'un fagot qui estoit en la closture dudit Carteron, duquel baston, après ce toutesvoyes qu'il eust dit audit Claveau : « Pour Dieu, laisse moy ester ; je ne te demande riens », et qu'il vist que ledit Claveau le poursuivoit tousjours en jurant qu'il le tueroit avant qu'il dormist, et qu'il ne povoit resister, et aussi que l'eure estoit tarde, tellement qu'il ne povoit appercevoir le cousteau que ledit Claveau avoit en sa main, ledit suppliant en soy defendant, frapa dudit baston icelluy Claveau par deux foiz, l'un sur la teste et l'autre sur les jambes, tellement que ledit Claveau cheut à terre et perdit grant effusion de son sang par l'une des oreilles, tellement que, au moyen de ce et qu'il ne fut souffisemment pensé ou autrement, huit jours après il ala de vie à trespas. Pour occasion duquel cas, ledit suppliant dobte, etc., en nous humblement requerant, etc. Pour quoy nous, etc., à icelluy suppliant avons quicté, etc., les fait et cas dessus dit, avec toute peine, etc. Si donnons en mandement au seneschal de Poictou, etc. Donné à Paris, ou moys de may l'an de grace mil cccc. soixante et quatorze, et de nostre règne le XIIIme.

MDXXXVII

Rémission obtenue par Michau Bouju, de Saint-Maixent, qui avait frappé mortellement d'une pierre Pasquier Bertusson, son beau-frère, dans une rixe provoquée par celui-ci, à la suite d'excès de boisson qu'ils avaient faits ensemble pour fêter le nouvel an. (JJ. 195, n° 1048, fol. 240.)

Mai 1474.

Loys, par la grace de Dieu roy de France. Savoir faisons, etc., nous avoir receu l'umble supplicacion de Micheau Bouju, povre homme, filacier demourant à Saint Maixent en Poictou, contenant que ledit suppliant qui est aagé de trente ans ou environ, natif de la Mote Saint Eraye, le premier dimenche de l'an en janvier derrenier passé, convya et semonnit à souper par bonne amour en sa maison feu Pasquier Bertusson, guynier [1], et Jehanne Fayote, sa femme, seur de Perronnelle Fayote, femme dudit suppliant, auquel soupper lesdiz Pasquier et sa femme firent bonne chière. Et après ledit soupper, ledit Pasquier dist qu'il failloit qu'ilz alassent à l'esbat ès hostelz de leurs voisins chanter à guy l'an neuf, et qu'il avoit envoyé querir une pinte de vin qui les attendoit à son hostel et que ilz yroient le voir. Et à ceste cause alèrent à l'ostel d'un boucher de ladicte ville de Saint Maixent, nommé Jehan Lezay, voisin dudit suppliant, qui les convia à boyre et là beurent et dancèrent et firent grant chière ; et de là

---

1. *Sic*, sans doute pour « gainier ».

furent en l'ostel de Pierre Fayon, aussi bouchier, et aussi y beurent, et après ès hostelz de Olivier Testereau et Helies Boulier, èsquelz pareillement ilz beurent et d'illec s'en alèrent à l'ostel dudit Pasquier, auquel ilz beurent de rechief ; et après s'en alèrent d'abundant en l'ostel de Guillaume Bouher, ouquel ilz beurent encores et tellement que ledit Pasquier s'estoit enyvré en telle manière qu'il ne demandoit que tenser et fraper. Et ce voyant, ledit suppliant dist à sa femme qu'il estoit temps d'eulx en aler ; mais en ce disant, la femme dudit Pasquier dist audit suppliant que pour Dieu il ne la laissast point ne sondit mary jusques à ce qu'ilz feussent en leur maison, et que elle se doubtoit qu'il la voulsist batre. Et à ceste cause, dist ledit suppliant à haulte voix qu'il s'en aloit, et s'en sorty hors de l'ostel dudit boucher, et après luy ledit Pasquier qui tensoit avecques luy ne savoit de quoy. Lequel Pasquier, qui estoit homme fort malgesant [1], regnieur de Dieu et qui souvent se enyvroit, se mist devant et entra en son hostel et print une espée toute nue et du plat d'icelle frapa sur la femme dudit suppliant deux cops. Et ce voyant, ledit suppliant dist audit Pasquier doulcement si c'estoit pour jeu ou à bon essient. Lequel Pasquier commença à dire, en jurant et regnyant Dieu et la mort, que oy et que il le batroit luy mesmes et le tueroit, et avecques ladicte espée s'adreça contre ledit suppliant et d'icelle le voult fraper. Lequel suppliant, voyant que ledit Pasquier estoit hors de son bon entendement, se saisit dudit Pasquier et luy osta ladicte espée et la gecta à part, afin qu'il ne bleçast personne ; et là se prindrent l'un à l'autre et se gectèrent par terre, en manière que ledit suppliant se trouva dessus ledit Pasquier qui le tenoit par le colet de son pourpoint et ne le vouloit laisser, et de grant

---

1. Participe présent du verbe « malgésir » (être mal couché), au figuré mauvais coucheur, mauvais sujet. (F. Godefroy, *Dict. de l'anc. langue française*.)

despit dist audit suppliant qu'il luy baillast son cousteau et qu'il se coupperoit la gorge. Et après qu'ilz eurent esté par long espace de temps illec ensemble, leurs dictes femmes, qui estoient seurs, firent tant que ledit Pasquier lascha ledit suppliant, qui incontinent se leva ; et lors ledit Pasquier entra de rechief en sadicte maison et print une autre espée nue, et ce pendant qu'il entra en ladicte maison, ledit suppliant queroit son chapeau et son bonnet qui estoient tumbez à terre ; et tantost qu'il ot trouvé lesdictes choses, il se mist à s'en aler bien tost vers son hostel, mais ledit Pasquier sorty hors de sa maison, ladicte espée au poing et, regnyant Dieu qu'il tueroit ledit suppliant et cryant : « Après, après », et de fait se mist à courir après ledit suppliant qui n'avoit voulenté d'aucun mal luy faire, et le aconceut au carrefour estant devant la maison feu André Bougentoys, pour ce que ledit suppliant avoit chaussez ungs botz ou souliers de boys... [1], par quoy ledit Pasquier s'adreça contre ledit suppliant, ladicte espée toute nue, en regnyant Dieu qu'il le tueroit. Lequel suppliant, qui n'avoit verge ni baston, soy voyant en ce dangier, print une piarre, et ainsi que ledit Pasquier s'efforçoit luy bailler de ladicte espée, ledit suppliant pour destourner le cop et luy faire cheoir ladicte espée, gecta ladicte pierre en le cuidant fraper par le bras, mais de male aventure ladicte pierre le ala fraper entre les deux yeulx, duquel cop il tumba à terre, et de là le convint emporter. Lequel Pasquier, huit jours après ou environ, par faulte de bon gouvernement ou autrement, est alé de vie à trespas. A l'occasion duquel cas, ledit suppliant, doubtant rigueur de justice, s'est absenté, etc., en nous humblement requerant, etc. Pour quoy, etc., à icelluy suppliant avons quicté, etc. les fait et cas dessusdit, avec toute peine, etc. Si donnons en

---

[1]. Le scribe parait avoir omis, en cet endroit, quelque membre de phrase.

mandement, par ces presentes, à nostre seneschal de Poictou, etc. Et afin, etc. Sauf, etc. Donné à Paris, ou moys de may l'an de grace mil cccc. soixante quatorze, et de nostre règne le xiiime.

Ainsi signé : Par le conseil. Pouffé. — Visa. Contentor. De Bidaut.

MDXXXVIII

Lettres de légitimation pour Léon de Montfrault, autrement dit Perceval, fils naturel de Guillaume de Montfrault, alors marié, et de Liète N., célibataire. (JJ. 204, n° 79, fol. 50 v°.)

Juin 1474.

Ludovicus, Dei gracia Francorum rex. Illegitime genitos, quos vite decorat honestas, nature vicium minime [decolorat, nam] decor virtutis abstergit in prole maculam geniture et pudicicia morum pudor originis aboletur. Notum igitur facimus universis, presentibus et futuris, quod, licet Leo de Monteferraudo, alias Parceval, filius naturalis Guillermi de Monteferraudo[1], tunc conjugati, et Liete...[2] olim solute, ex illicita copula traxerit originem, talibus tamen virtutum donis et morum venustate coruscat quod in ipso supplent merita et virtutes id quod ortus odiosus adjecit, adeo quod super deffectu natalium hujusmodi quem patitur, graciam quam nobis humiliter postulat merito debet obtinere. Hinc est quod nos, attentis premissis, dictum Leonem de Monteferraudo, de nostre regie potestatis plenitudine, auctoritate et speciali gracia, legi-

---

1. Guillaume Perceval, aussi nommé Guillaume de Montferault (cf. avec Montfrault, ancienne terre noble, aujourd'hui hameau dépendant de Celle-l'Evêcault), d'abord compagnon de Jean de La Rochefoucault, s[r] de Barbezieux, sénéchal de Poitou, depuis écuyer d'écurie de Charles vii, a été l'objet, ainsi que divers membres de cette famille, d'une notice développée dans notre t. VIII (XXIX des *Arch. hist. du Poitou*, p. 253, 254) et d'une note complémentaire dans notre précédent vol., p. 452.

2. Le nom a été laissé en blanc sur le registre.

timavimus et legitimamus ac legitimacionis titulo decoramus per presentes, volentes ut ipse deinceps, in judicio et extra, pro legitimo habeatur, ac eidem concedentes et cum eo dispensantes ut, quanquam ipse de cohitu predicto traxerit originem, bona mobilia et inmobilia acquirere et jam acquisita retinere et pacifice possidere possit et valeat ac de eis disponere inter vivos, in testamento vel alias, ad sue libitum voluntatis, ad successionem dictorum patris et matris ceterorumque parentum et amicorum carnalium suorum jam foret quesitum, et ad quoscunque honores, officia et actus legitimos admittatur, ac si esset de legitimo matriomonio procreatus, quodque eciam sui liberi, si quos in futurum habeat, totaque ejus posteritas, de legitimo matrimonio procreata et procreanda, in bonis suis quibuscunque jure hereditario succedant et succedere valeant, nisi aliud quam deffectus hujusmodi natalium repugnet, predicto deffectu quem prosus abolemus, jure, constitucione, statuto, edito, usu generali vel locali regni nostri ad hoc contrariis non obstantibus quibuscunque, absque eo quod dictus de Monteferaudo nec sui propter [hoc] aliquam financiam nobis seu nostris, nunc nec quomodolibet in futurum, minime solvere teneantur ; et quamquidem financiam, quecunque sit et ad quamcumque summam ascendere possit, eidem, intuitu serviciorum per ipsum nobis impensorum ac eciam aliis de causis ad hoc nos moventibus, dedimus et quictavimus, damusque et quictamus, de nostra ampliori gracia, per presentes, manu nostra signatas. Quocirca dilectis et fidelibus gentibus compotorum nostrorum et thesaurariis, ceterisque justiciariis et officiariis nostris aut eorum locatenentibus, presentibus et futuris, et eorum cuilibet, tenore presencium, damus in mandatis quatenus dictum Leonem de Monteferrendo (*sic*) et ejus posteros nostris presentibus legitimacione, concessione, dono, quictancia et gracia uti et gaudere pacifice faciant et permittant, absque quovis impedimento.

Quod si illatum foret, id reparent et ad statum pristinum et debitum reducant seu reduci faciant indilate, visis presentibus. Quibus, ut perpetue stabilitatis robur obtineant, nostrum jussimus apponi sigillum. Salvo in aliis jure nostro et in omnibus quolibet alieno. Datum in abbacia Nostre Domine de Victoria prope Silvanetum, in mense junii anno Domini millesimo quadringentesimo septuagesimo quarto, et regni nostri decimo tercio.

Sic signata : Per regem, ad relacionem consilii. Legouz. — Visa.

MDXXXIX

Déclaration en faveur des habitants d'Olonne et de la Chaume, portant que l'exemption des droits de traite pour leurs blés et vins, qui sortent du royaume par le havre d'Olonne, doit être comprise dans les lettres d'affranchissement de toutes tailles et subventions qui leur ont été octroyées, au mois de décembre 1473, pour les aider à supporter la dépense des fortifications du bourg des Sables, ordonnées par le roi. (JJ. 204, n° 107, fol. 64 v°.)

2 juillet 1474.

Loys, par la grace de Dieu roy de France, à noz amez et feaulx les gens de nos comptes, au seneschal de Poictou ou à son lieutenant, salut et dilection. L'umble supplicacion de noz bien amez les manans et habitans des parroisses d'Olonne et de la Chaulme en nostre bas pays de Poictou avons receue, contenant que, ou moys de decembre derrenier passé [1], pour leur aider à supporter les

---

1. Les lettres patentes visées ici sont, non pas de décembre 1473, mais de décembre 1472. Peut-être le scribe a-t-il omis en cet endroit les mots « ot un an », c'est-à-dire il y eut un an au mois de décembre dernier, ce qui donnerait la date exacte. On sait que par lettres d'octobre 1472, à Amboise, Louis XI fit don à son nouveau conseiller et chambellan, Philippe de Commynes, des terres et seigneuries de Talmont, Olonne, la Chaume, Curzon, et autres, faisant partie de la succession de Louis d'Amboise, vicomte de Thouars. (*Mémoires de Commynes*, édit. Lenglet-Dufresnoy, in-4°, t. IV, partie II, p. 129; édit. de Mlle Dupont, in-8°, t. III, p. 12.) A cette époque ou très peu de temps après, le roi, accompagné de son conseiller, visita les domaines dont il venait de gratifier celui-ci.

fraiz, mises et despenses que faire leur conviendra à la closture et fortifficacion du bourc des Sables, que nous ordonnasmes dès lors estre cloz et fortiffié, nous leurs octroyasmes, entre autres choses, par noz lettres patentes faictes en forme de chartre et scelleez en las de soye et cire vert, à vous adreçans, au vidimus desquelles et de la verificacion et expedicion sur ce faictes, tant par vous, gens de nosdiz comptes, que par les generaulx de noz finances,

---

Commynes en profita pour lui remontrer l'intérêt qu'il y aurait pour lui et pour la chose publique du royaume à donner un plus grand développement au port des Sables et au trafic qui s'y faisait, en assurant plus de sécurité aux commerçants et à leurs marchandises, et il en obtint des lettres portant exemption et affranchissement, en faveur des « manans et habitans des parroisses d'Olonne et de la Chaulme de toutes tailles et autres subventions quelconques, mises et à mettre sus en nostre royaume, tant pour la soulde et payement de nos gens de guerre que autrement, moyennant ce qu'ilz seront tenus faire clorre et fermer de tours, portaux et murailles ladite ville des Sables, et faire les fortifications qui y ont esté advisées par nos amez et feaux conseillers et chambellans, les sieurs de Bressuyre et du Fou, chevaliers, et autres commissaires à ce par nous ordonnés, qu'ilz ont baillé par escript, en laquelle closture et fortification iceux habitans feront employer, outre ce qu'ilz y mettront du leur, la somme de cinq mil livres tournois que nous leur avons donnée et donnons, à prendre des deniers de nos finances par les decharges de nostre receveur, en cinq années prouchaines venans, c'est à sçavoir mil livres tournois par chacun an ». Les mêmes lettres instituaient en la ville des Sables un prévôt et quatre jurés, ayant charge de veiller à sa police et à son entretien, aux fortifications, au guet et autres affaires communes, et d'imposer les habitants ainsi que les marchands étrangers, quand il sera nécessaire, avec le consentement de Commynes ou de ses officiers. Elles sont datées de Disnechien (Dinchin) près le Puybéliard, au mois de décembre 1472, et imprimées dans le recueil des *Ordonnances des Rois de France*, in-fol., t. XVII, p. 556 (sous la date erronée du 10 novembre 1472), et par Mlle Dupont, *Mémoires de Ph. de Commynes*, t. III, p. 33-37. (Voy. aussi L. de La Boutetière, *Ordonnance de Louis XI pour les Sables d'Olonne, et son voyage en Bas-Poitou en 1472*, dans l'Annuaire de la Société d'émulation de la Vendée, 27e année, 1880, 2e série, t. X, p. 79-90.)

M. Benjamin Fillon a signalé un autre document de la même époque, important pour l'histoire des Sables-d'Olonne. Il s'agit de lettres de rémission accordées par Louis XI, au mois de novembre 1472, à Pierre Héron, Jacob Meschin, Colas Dousset, Jean et Denis Joussemet, Vincent Hillaireau, Pierre Bouhier et Jean Michonneau, tous habitants de la Chaume ou des environs, qui avaient été condamnés à mort, pour s'être emparés à main armée de la Tour-d'Olonne, le 22 mai de l'année précédente. (Note identifiant cette Tour-d'Olonne insérée dans l'*Indicateur*, journal de la Vendée, du 11 août 1872, reproduite dans la *Bibliothèque de l'Ecole des Chartes*, t. XXXIII, 1872, p. 542.) J'ai vainement cherché le texte de ces lettres de rémission dans les registres du Trésor des chartes.

ces presentes [sont] atachées soubz nostre contreseel, que
ilz et chacun d'eulx feussent et soyent frans, quictes et
exemps de toutes tailles et autres subvencions quelxconques, mises et à mettre sus de par nous et en nostre
royaume; et combien que par ce moyen ilz doient entierement joirde nostre dicte exempcion et affranchissement,
sans aucun destourbier ou empeschement, et mesmement
doient estre tenuz quictes et exemps de la traicte de leurs
blez et vins qui se vuydent par la mer, ou havre dudit lieu
d'Olonne, et que depuis l'octroy de nostre dit affranchissement et exempcion, pour ce que on les vouloit contraindre à paier le vingtiésme du vin par eulx vendu à detail
et contribuer aux tailles touchant le fait de noz francs
archiers, nous ayons depuis mandé, par noz autres lettres
pattentes, en ensuivant nostre dit affranchissement, ce
demonstrant evidemment que nostre entencion et plaisir [estoient] que lesdiz habitans soient francs, quictes et
exemps de toutes tailles, imposicions et subcidez, quelz
qu'ilz soient, ce neantmoins le receveur ou commis à
lever la traicte desdiz blez et vins s'est efforcé et efforce
contraindre iceulx supplians à paier ledit droit de traicte,
ce qu'ilz ont contredit et deffendu. Sur quoy s'est meu
procès qui est de present pendent indecis par devant vous,
seneschal, ou vostre dit lieutenant, entre lesdiz supplians,
d'une part, et nostre procureur en ladicte seneschaucée,
d'autre ; pour obvier ouquel procès lesdictes parties ont
consenti et accordé que nosdictes lettres d'affranchissement ou le vidimus d'icelles seroit apporté, par devers
vous, gens de nos diz comptes, pour, icelluy veu, faire sur
ce declaracion et en ordonner ainsi qu'il appartiendroit.
Lesquelz supplians, à ceste cause, ont intencion d'eulx tirer par devers vous, mais ilz doubtent que, au pourchaz du
receveur de ladicte traicte et de ceulx qui en preignent et
lèvent les deniers, par don et octroy de nous, vous feissiez difficulté de faire ladicte declaracion et que, à ceste

occasion, on les voulsist encores sur ce detenir en procès et, qui pis est, les contraindre à paier ladicte traicte, qui seroit en leur très grant prejudice et dommage, comme ilz nous ont fait remonstrer, en nous humblement requerant sur ce nostre grace et provision.

Pour quoy nous, ces choses considerées, bien recors dudit octroy par nous fait ausdiz supplians dudit affranchissement et exempcion, et des causes qui à ce nous meurent, voulans par ce qu'ilz en joyssent entierement, sans aucune rescision et restrinction, avons voulu, ordonné et declairé, voulons, ordonnons et declairons, en tant que mestier est, de nostre certaine science, plaine puissance et auctorité royal, par ces presentes, que lesdiz habitans supplians et leurs successeurs èsdictes parroisses d'Olonne et de la Chaulme soient et demeurent francs, quictes et exemps, à tousjours maiz perpetuellement, de ladicte traicte de leurs blez [et] vins [1], qui, comme dit est, se vuydent et vuyderont par la mer oudit port et havre d'Olonne, tout ainsi que se ladicte traicte estoit nommeement et expressement comprinse en nosdictes lettres d'exempcion et affranchissement, et de ce les avons, en tant que mestier est, quictez, exemptez et affranchiz, quictons, exemptons et affranchissons, de grace especial, par cesdictes presentes. Si vous mandons, commandons et enjoingnons, et à chacun de vous, comme à luy appartiendra, que en faisant, souffrant et laissant lesdiz supplians et leursdiz successeurs joyr et user de nostre presente voulenté et declaracion, ordonnance, exempcion et affranchissement, vous les faictes tenir quictes et paisibles de ladicte traicte, sans doresnavant les souffrir et contraindre à en paier aucune

---

1. La Chambre des comptes, par son arrêt d'entérinement des présentes lettres patentes, restreignit à vingt années seulement l'exemption des droits de traite du blé et du vin, que la déclaration royale accordait à perpétuité aux habitants d'Olonne et de la Chaume. Cet arrêt, daté du 16 octobre 1474, a été publié par Mlle Dupont, édit. des *Mémoires de Commynes*, t. III, Preuves, p. 59.

chose, et à ceste occasion les molester ou travailler ; ainçoys, se leurs corps ou aucuns de leurs biens sont ou estoient pour ce prins, saisiz, arrestez ou aucunement empeschez, si les leur mettez ou faictes mettre, tantost et sans delay, à plaine delivrance, en mettant aussi par vous, seneschal ou vostre dit lieutenant, du tout au neant ledit procès ainsi meu, intenté et pendant indecis par devant vous contre lesdiz supplians, à l'occasion dessus dicte ; lequel, ensemble tous deffaulx, sentences, appoinctemens ou jugemens qui à l'encontre desdiz supplians se sont ou pourroient ensuir, nous voulons par vous estre mis [au neant] et lesdictes parties quant à ce hors de court et de procès, de nostre dicte grace especial, par cesdictes presentes. Car ainsi nous plaist il estre fait, non obstant quelzconques ordonnances, restrinctions, mandemens [et deffenses] à ce contraires. Donné à Meaux, le deuxiesme jour de juillet l'an de grace mil iiii^{c}lxxiiii, et de nostre règne le xiiie [1].

Ainsi signé : Par le roy. Avrillot.

MDXL

Rémission donnée en faveur de Colas Chauvet, franc-archer de Saint-Hilaire-sur-l'Autize, détenu prisonnier pour le meurtre de Jean Béry, qui avait pris la défense du procureur ou fabricien de ladite paroisse, avec lequel ledit Chauvet en était venu aux voies de fait, après s'être querellé avec lui, au sujet de la somme qui lui était due par la paroisse, pour son équipement de franc-archer. (JJ. 204, n° 109, fol. 67 v°.)

Août 1474.

Loys, par la grace de Dieu roy de France. Savoir faisons à tous, presens et advenir, nous avoir receue l'umble supplicacion de Colas Chauvet, povre franc archier de

---

1. Le texte de ces lettres patentes est imprimé, d'après le registre du Trésor des chartes, dans la collection des *Ordonnances des Rois de France*, in-fol., t. XVIII, p. 26.

la parroisse de Saint Ylaire de l'Autize en Poictou, contenant qu'il a esté et est franc archier de ladicte paroisse et en icelle a tousjours demouré continuellement, excepté le temps qu'il a esté en nostre service ou fait de la guerre, ou quel service il s'est bien honnestement gouverné, sans ce que jamais il feust sceu ne congneu qu'il feist chose digne de reprehencion. Et puis peu de temps ença, ledit suppliant et autres francs archiers dudit pays de Poictou eurent jour à Fontenay le Conte, pour faire les monstres ; auquel jour fut ordonné que leurs abillemens seroient mis en point, et pour ce faire seroit imposé sur les parroisses dont ilz estoient francs archiers certaines sommes de deniers, et aussi qu'à leur partement seroient baillées autres sommes [1]. Et ensuivant ladicte ordonnance, le procureur ou fabriceur de ladicte paroisse de Saint Ylaire sur l'Autize composa avec ledit suppliant à certaine somme d'argent, de laquelle somme luy fut payée partie, et l'autre partie resta d'en paier. Et est avenu que, ung jour de dimenche naguères passé, après vespres, à l'occasion de laquelle reste, eust question entre ledit suppliant, demandant sa dicte reste, et le procureur ou fabriceur de ladicte parroisse, et à l'occasion de ce se meurent parolles injurieuses entre eulx, et tellement que ledit procureur ou fabriceur de ladicte paroisse appella ledit suppliant vilain, dont icellui suppliant se courroussa très fort, et à l'occa-

---

[1]. A la date de la présente rémission, les francs-archers, en ce qui concerne leur recrutement, leur solde, leur équipement et armement, étaient encore sous le régime de l'ordonnance qui les avait institués, aux Montils-lez-Tours, le 28 avril 1448 (*Ordonnances des Rois de France*, in-fol., t. XIV, p. 1 et suiv.); mais la plupart des dispositions qui y sont formulées furent ou modifiées ou complétées par les lettres patentes de Louis XI, données à Paris, le 12 janvier 1475 n. s., et surtout par celles du 30 mars suivant. (*Id.*, t. XVIII, p. 72 et 110.) Colas Chauvet avait eu pour prédécesseur, en 1459-1460, comme franc-archer de la paroisse de Saint-Hilaire-sur-l'Autise, un nommé Jean Bonnioleau, qui fut alors poursuivi pour complicité dans les violences exercées contre Pierre Frétart, prieur du Busseau, par le compétiteur de celui-ci, Artus Rataut. (Arch. nat., X^{2a} 29, fol. 76 v°, 128 v°, 182 v°, 209, 241.)

sion de ce, icellui suppliant frappa ledit procureur de la main sur le visage, en lui disant qu'il avoit menti et qu'il n'estoit point vilain. Et ce voyant, ledit procureur ou fabriceur print des pierres qu'il lança contre ledit suppliant. Lequel suppliant, pour resister à la malice dudit procureur et soy deffendant de lui, tira ung cousteau de guerre qu'il avoit à sa sainture, et frapa du plat d'icellui cousteau sur les espaules dudit procureur. Et pendant leur debat, survint feu Jehan Bery par derrière malicieusement, pour aider audit procureur ou fabriceur à batre et oultrager ledit suppliant, et le frappa de pierres tellement qu'il lui fist très grant mal. Et ce voyant, ledit suppliant, lui estant en sa chaleur et fureur pour le grant tort que on lui avoit fait et faisoit, en demandant le sien, s'eschauffa de plus en plus, pour l'advis qu'il eust soudainement de ce que ledit Bery le frapoit et lui lançoyt lesdictes pierres, et s'en courut querir son espée, qui estoit en une maison près d'ilec, et s'en revint contre ledit feu Jehan Bery et lui donna ung cop de ladicte espée sur l'un de ses bras ; à l'occasion duquel cop, ainsi que l'on veult dire, icellui feu Jehan Bery, dix ou XII. jours après ou environ, est alé de vie à trespas. Et à ceste [cause] ledit suppliant a esté prins et constitué prisonnier, etc. Au seneschal de Poictou et à tous, etc. Donné à Boutigny, ou moys d'aoust mil cccc. soixante quatorze, et de nostre règne le XIIIIe.

Ainsi signé : Par le roy, le sire d'Argenton [1] et autres presens. De Caumont. — Visa. Contentor. Duban.

---

[1]. Philippe de Commynes, que nous avons vu souscrire, du nom de sire de Renescure, plusieurs lettres patentes publiées dans ce volume, prit après son mariage le titre de seigneur d'Argenton. Il avait épousé Hélène de Chambes, fille aînée de Jean de Chambes, seigneur de Montsoreau et de Jeanne Chabot. Par son contrat de mariage, daté du 27 janvier 1473 n. s., ses beaux-parents lui cédèrent non seulement Argenton, mais encore toutes les autres terres et seigneuries provenant de la succession d'Antoine, sire d'Argenton (sur lequel voy. ci-dessus, p. 374, note 2), échue à Jeanne Chabot, sa nièce. Commynes s'engageait à leur payer, en échange et dédommagement, une somme de 30.000 écus d'or, soit 41.200 livres tournois, dont Louis XI d'ailleurs lui fit

MDXLI

Rémission en faveur de Pierre Pineau, ci-devant franc-archer de la paroisse de Saint-Gervais, prisonnier à Châtenay parce que, profitant des hostilités existant entre le roi de France et le duc de Bretagne, il s'était rendu coupable de plusieurs détrousses et autres excès. (JJ. 195, n° 1175, fol. 263.)

Août 1474.

Loys, par la grace de Dieu roy de France. Savoir faisons, etc., nous avoir receu l'umble supplicacion de Pierre Pineau, povre homme de labour, à present detenu prisonnier ès prisons de Chastenay, contenant que xxv. ans a ou environ, ledit suppliant qui est natif du païs de Bretaigne, s'en vint demourer ou bas païs de Poictou, en la parroisse de Saint Gervays et illec et environ a demouré et conversé et servy plusieurs laboureurs par l'espace de cinq ans ou environ, et aucun temps après fut conjoinct par mariage avecques la fille de Perrot Bastard, demourans en la seigneurie dudit Chastenay, et a demouré par aucun temps avec sadicte femme, vivant de son labouraige, et jusques à ce qu'il fut fait franc archier de la paroisse dudit Saint Gervays, ouquel estat il nous a servy par l'espace de huit ou neuf ans et jusques puis deux ans ença qu'il quicta ledit office, et en son lieu fut mis ung nommé Guillaume Chaumet. Et depuis deux ans ença ledit suppliant s'en est alé demourer en la parroisse de Saint Nicolas de Barbastre, et depuis et environ Pasques derrenières passées, est retourné demourer en ladicte seigneurie de Chastenay, ouquel lieu qui est près des marches de Poictou et de Bretaigne et près de Machecol, ledit suppliant a esté con-

---

don. (*Mémoires*, édit. de Mlle Dupont, t. III, Preuves, p. 38-53, 183.) Le même auteur a relevé la liste des nombreuses donations faites par le roi à Commynes ; pendant plusieurs années (1477 à 1482) une somme de 1.000 livres y figure, « pour luy ayder à reparer et fortifier la place dudict Argenton ». (*Id.*, p. 187.)

trainct, comme plusieurs autres du païs, durans les differences qui ont esté entre nous et le duc de Bretaigne, de mettre sus et defendre le païs en nostre querelle, et en se faisant s'est trouvé en rencontres sur les Bretons et tellement que, en ce faisant, il s'est trouvé en plusieurs courses qui ont esté faictes de par nous audit lieu de Machecol et environ [1], et a trouvé façon avec ses compaignons de admener du bestail, gros et menu, dont il en a eu partie à son butin. Lequel bestail et le sien propre avecques ung veau qui avoit esté par deux moys ou environ, il affia le tout à ung nommé Pascault Doulbeau, pour estre preservé desdictes courses ; lequel veau, que on disoit appartenir à Guillaume Baron, il vendit ung escu qu'il a satisfait. Et à l'occasion de ce, les Bretons et mesmement ceulx d'environ ledit lieu de Machecol conceurent grant hayne con-

---

1. La mort inopinée de Charles, duc de Guyenne (25 mai 1472), au moment où le roi, son frère, avait commencé d'envahir son duché, avait porté un coup fatal à la coalition des trois ducs. Il s'agissait alors pour Louis XI de pousser vigoureusement l'offensive contre François II, duc de Bretagne, et contre Charles le Téméraire, sans leur laisser le temps de recevoir le secours qu'ils attendaient de l'Angleterre. La double armée qu'il réunit, dans les premiers jours de juin, pour pénétrer sur le territoire breton de deux côtés à la fois, par l'est et par le sud, comprenait, dit la *Chronique scandaleuse* (édit. B. de Mandrot, t. I, p. 283), plus de cinquante mille hommes aguerris. Le 24 juin la place de Champtocé fut prise, quelques jours après Machecoul capitula sans résistance, et Ancenis fut enlevé le 7 juillet. Louis XI s'avança lui-même jusqu'à Pouancé, prêt à livrer bataille. Le duc François, de son côté, avait concentré ses forces à quelques lieues de là, autour de la Guerche, mais il préféra négocier. Une trêve fut signée d'abord pour un mois, du 25 octobre au 30 novembre 1472; un autre traité, conclu à Poitiers, le 8 décembre suivant, la prorogea jusqu'au 22 novembre 1473, et à cette date, elle fut encore prolongée jusqu'au 4 avril 1474. (*Hist. de Bretagne*, par A. de La Borderie, continuée par B. Pocquet, in-4º, t. IV, p. 482 et suiv.) C'est évidemment au cours de la période d'hostilités (20 juin-24 octobre 1472) et pendant les opérations qui eurent lieu dans le Bas Poitou, que se passèrent en partie les faits rappelés dans les lettres de rémission données en faveur de Pierre Pineau. D'autres renseignements sur les compagnies de gens de guerre envoyées dans cette région, à la même époque, et sur les pillages dont elles se rendirent coupables, sont consignés dans une rémission octroyée, à la fin de l'année 1472, à un nommé Louis Girault, natif du Berry, archer de la compagnie de Jean Ogny, écuyer d'écurie du roi, capitaine du château de Cognac, poursuivi pour un meurtre. « Le samedi xxvıᵉ du mois de septembre mccccLxxii, y lit-on, ledit

tre ledit suppliant et prindrent ung de ses compaignons et compère, nommé Joachin Charrier, qu'ilz trouvèrent à la foyre Saint Ladre près Machecol, durans les penultimes trèves par nous données aux Bretons, et le lièrent sur ung cheval, en luy imposant contre verité qu'il estoit des boute feuz de Poictou, qui avoient bruslé les maisons dudit Machecol et d'environ, et le menèrent à une bourgade, nommée Sainte Pesanne, où ilz le batirent et mutilèrent et luy ostèrent la somme de soixante solz qu'il avoit en sa bourse. Desquelz cas ledit Charrier se complaigny audit suppliant, et par ce conclurent iceulx suppliant et Charrier que sur les premiers du païs de Bretaigne qu'ilz pourroient trouver, ilz se recompenseroient. Et environ la saint Eutrope[1] mil cccc.lxxiii. derrenière passée, lesdiz suppliant et Charrier et autres en leur compaignie se trouvèrent, embastonnez de deux arbalestes et dagues, en l'ostel de la femme dudit suppliant, qui est assis sur le chemin par où l'en va de Beauvoir sur mer audit lieu de Machecol, et d'illec se transportèrent chez Guillaume Roy, où ilz disnèrent. Et après disner, en eulx retournant, virent ung nommé Champbalain, Gaudin et Pierre Landon, merciers, qui estoient sur leurs merceries et bestes et chevauchoient pour eulx retourner à Machecol. Lesquelz ledit Charrier apperceut et congneut qu'ilz estoient de ceulx qui luy avoient fait lesdiz oultraiges. Et tantost l'un desdiz compaignons osta à l'un desdiz merciers ung braquemart et luy en donna du plat deux ou troys cops, et ung des autres desdiz compaignons saisit la bource d'un

---

Girault estant en nostre service en la guerre de Bretagne, en la compagnie dudit capitaine, estoit logé, sa personne et une partie de ses gens, à Puybeliart, et l'autre partie de ses gens et ses chevaux au village de Saint-Germain. » Le seigneur de Balsac et sa compagnie étaient aussi cantonnés dans ces deux localités, et les hommes des deux troupes allaient fourrager dans la campagne, rapportant qui du froment, qui un mouton, tel autre se faisant livrer, de gré ou de force, de l'avoine ou toute autre denrée. (Arch. nat., JJ. 197, n° 235, fol., 131.)

1. Le 30 avril.

desdiz merciers et en print six gros, et l'autre desdiz
merciers descendit à terre et rompit sa sainture et luy
cheut de son sein deux cens mailles envelopées en ung
linge ; et tantost se departirent lesdiz suppliant et compaignons desdiz merciers et butinèrent lesdiz six gros et
mailles. Paravant lequel cas, ledit suppliant avoit esté adverty par ledit Charrier que Guillaume Baron, de la Cre-
pellière, avoit prins aucunes de ses vaches agastans les
dommaines dudit lieu, et pour icelles recouvrer, avoit
baillé son arbaleste et troys ou quatre aulnes de gros drap,
et à ceste cause, ledit suppliant avecques deux autres compaignons se transporta audit lieu de la Crespellière où il
trouva ledit Baron et ses gens, auquel il demanda où estoient les gaiges dudit Charrier, qui luy respondit qu'il ne
les rendroit point, mais se rapportoit à luy de les prendre.
Et lors il entra en une chambre en laquelle la femme dudit Baron luy monstra ladicte arbaleste, et par ce qu'elle
ne luy voult monstrer ledit gros drap dudit Charrier, ledit
suppliant se saisi d'une pièce de drap appartenant audit
Baron, cuidant que ce fust le drap dudit Charrier ; lesquelz
arbaleste et drap il emporta dudit lieu de la Crespelière.
Et certain temps après, pour ce qu'il fut adverty que ledit
drap n'estoit audit Charrier, fut icelluy drap randu. Et
semblablement ledit suppliant, qui avoit huit beufz qu'il
avoit eu en partaige de ses compaignons des courses qu'il
avoit faictes oudit païs de Bretaigne, durans lesdictes differences, lesquelz beufz il avoit baillé en garde à Pas-
quault Dolbeau, sceut que ung nommé Jehan Bernard,
Guillaume et Guillaume les Regnaulx avoient prins et
emmené de nuyt lesdiz beufz et les vouloient faire perdre
audit suppliant, icelluy suppliant, acompaigné de Jehan
Blondeau, franc archier, se transporta et [entra] de nuyt
en la maison dudit Regnault, où ilz trouvèrent ledit Jehan
Regnault avecques leurs femmes, et pour estre recom-
pensé desdiz beufz, esperant iceulx recouvrer par ce

moyen, prindrent audit hostel et emportèrent certain nombre de vaisselle d'estain, ung bassin et certaines robes à femme et autres meubles qui povoient valoir dix livres ou environ, qu'ilz emportèrent en la maison d'un nommé Blandineau. Et tantost après ledit suppliant recouvra ses diz beufz, et au moyen de ce fist restitucion desdiz meubles. Et oultre, ledit suppliant et ses compaignons, durans lesdictes differences, se sont transportez en la marche commune de Poictou et de Bretaigne, croyans que ce fust nuement de la duchié, et ont prins des vivres, bestail et autres choses, de quoy ilz ont depuis fait satisfacion. A l'occasion desquelz cas, ledit suppliant, qui en est detenu prisonnier, comme dit est, dobte, etc., se nostre grace, etc. Pour quoy, etc., à icelluy suppliant avons quicté, etc., les faitz et cas dessusdiz, avec toute peine, etc. Si donnons en mandement aux seneschaulx de Poictou et de Xantonge, etc. Donné à Paris, ou moys d'aoust l'an de grace mil cccc. soixante quatorze, et de nostre règne le xiiiime.

Ainsi signe : Par le Conseil. Pouffé. — Visa. Contentor. D'Asnières.

MDXLII

Rémission octroyée à trois prêtres, Nicolas Le Maréchal, Jean Vignault, Robert Fortinier, et à Gillet Dugué, hôtelier, d'Ingrande près Châtellerault, poursuivis pour le meurtre de Pierre Piquet, serviteur du seigneur du Vergier, frappé mortellement dans un conflit qu'il avait provoqué au nom de son maître, s'opposant par la force à la levée des dîmes appartenant à la cure d'Ingrande, dont lesdits prêtres étaient vicaires fermiers. (JJ. 195, n° 1180, fol. 263 v°.)

Août 1474.

Loys, par la grace de Dieu roy de France. Savoir faisous, etc., nous avoir receu l'umble supplicacion de Nicolas Le Mareschal, Jehan Vignault et Robert Fortinier, prebstres, et Gilet Dugué, hostelier, demourans au bourg d'Ingrande près Chastelleraud, contenant que, ou mois de juing derrenier passé, lesdiz Le Mareschal et Vignault, qui sont vicaires fermiers de la cure d'Ingrande, baillèrent à lever pour ceste année audit Jehan Dugué et à Jehan Caderu les dismes appartenans à ladicte cure, lesquelz en ont levé certaine quantité. Et pour ce que le seigneur du Vergier[1] ou ses gens ne furent pas contens que lesdiz Dugué et Caderu prinsent la dîme en certaines terres, ung nommé Pierre Piquet, soy disant serviteur dudit seigneur du Vergier, [voulu contredire[2]] ausdiz dismeurs, en les de-

---

1. François Guérinet, écuyer, seigneur du Verger, général des aides en Poitou, secrétaire de Louis XI, alors dauphin, l'an 1450, et sa femme Guillemette Berland, dame en partie des Halles de Poitiers, ont donné lieu à une courte notice dans le t. IX de notre recueil. (*Arch. hist.*, t. XXXII, p. 356.) L'on y voit, entre autres choses, qu'ayant eu à se plaindre d'abus de pouvoir et de menaces de mort de la part de certains officiers du vicomte de Châtellerault, ils obtinrent du Parlement, le 28 juillet 1466, des lettres de sauvegarde. Cette mesure de protection ne mit pas fin aux tracasseries dont ils étaient victimes, et ils durent, neuf ans plus tard, demander à la cour des poursuites contre leurs adversaires, dont les agissements étaient devenus intolérables. Ils accusaient Jean Rivière, substitut du procureur de Châtellerault, et deux autres officiers, d'avoir fait jeter en prison Guillemette Berland, leurs gens et serviteurs, de s'être emparés des blés de leurs granges, de les avoir livrés au pillage et à l'incendie, d'avoir interdit aux curés des paroisses où ils avaient leurs revenus de leur payer ce qui leur était dû, d'avoir expulsé de vive force les locataires de leurs maisons de Châtellerault, d'avoir arraché et jeté dans la boue les panonceaux qui y étaient apposés, comme signe de la sauvegarde royale, et d'avoir commis à leur détriment *quamplures alios enormes excessus*. Par ordonnance du 18 mai 1475, le Parlement prescrivit une information secrète. (Arch. nat., X^{2a} 40, fol. 238.) On remarquera la corrélation entre un article de ces plaintes et le meurtre de Pierre Piquet, serviteur du seigneur du Verger, relaté dans les présentes lettres de rémission. On ne connait pas la date exacte du décès de François Guérinet. Sa fille Jeanne avait épousé Jacques Chasteigner, chevalier, seigneur du Breuil près la Roche-Posay, d'Yzeure et du Verger, troisième fils de Geoffroy, s^r de Saint-Georges-de-Rex, et de Louise de Preuilly. L'abbé Lalanne dit que Jacques Chasteigner se qualifiait seigneur du Verger en 1475. (*Hist. de la ville de Châtellerault*, t. I, p. 487.) Si cette date est exacte, son beau-père serait mort très peu de temps après celle de l'ordonnance d'information dont il vient d'être question ; car il est peu probable que Jacques Chasteigner prit cette qualification avant le décès de François Guérinet. Jacques combattit à Montlhéry dans l'armée de Louis XI. Il rendit aveu au roi, comme vicomte de Châtellerault, le 12 mai 1483, de son hôtel et place forte du Verger, et vivait encore en 1503. De Jeanne Guérinet, dame du Verger, il eut cinq fils et sept filles. (Voy. Beauchet-Filleau, *Dict. des familles du Poitou*, nouv. édit., t. II, p. 282.)

2. Ces mots suppléés restent douteux.

mandant à aucunes personnes et disant qu'il les trouveroit ledit jour en paradis ou en enfer. Et cedit jour, qui fut le xxviie jour de juillet derrenier passé, parla icelluy Piquet à Jehan Amaillon, lequel il menaça de batre pour ce qu'il avoit baillé des gerbes de disme ausdiz dismeurs d'Ingrande, en menassant aussi très fort ledit Dugué, suppliant, et en disant, entre autres parolles, qu'il y avoit à l'ostel du Vergier ung jarnier pour mettre les jambons et les oreilles dudit Dugué, suppliant. Lequel et ledit Nicolas Le Mareschal s'en alèrent, environ une heure après midy, au champ dudit Amaillon, et illec prindrent deux gerbes de disme, lesquelles ledit Dugué charga sur son cheval pour les porter à Ingrande, et dist ledit Le Mareschal audit Dugué qu'il s'en aloit à l'ostel de Pierre Jonnault veoir se ledit Piquet y estoit et s'il avoit beaucop de gens avec luy, et puis s'en retourneroit au devant dudit Dugué et le trouveroit à une souche qui est entre la maison dudit Jonnault et le grant chemin d'Oyré. Et ce fait, ledit Le Mareschal ala à l'ostel dudit Jonnault, auquel il ne trouva point ledit Piquet ne ses gens, et s'en retourna à ladicte souche au devant desdiz supplians ; et en retournant, ledit Dugué laissa son cheval dedans les boys, et trouvèrent ledit Le Mareschal qui leur dist qu'ilz s'avançassent de venir, pour enmener les gerbes qu'il avoit jà tiré[1] de quatre l'une et les autres troys au bout du champ de Perrin de La Roche ; et s'en alèrent lesdiz supplians à l'ostel dudit Jonnault, et ce fait, se mirent à chemin pour aler quérir ledit cheval d'icelluy Dugué, pour enmener lesdictes gerbes. Et incontinent après, trouvèrent ledit Piquet tout à cheval et avecques luy Jehanin Sevestre et ung autre boyteux, dont ilz ne scèvent le nom, et s'entresaluèrent ; et demanda ledit Vignault audit Piquet, pour ce qu'il les avoit menassez et quis toute la journée, se il

---

1. Tiré, mis à part ; mais on pourrait lire aussi bien « crié ».

vouloit riens dire ; et sur ce eurent plusieurs parolles à cause desdites gerbes de disme, et entre autres disoit ledit Piquet que ilz emportoient les gerbes de son maistre, et lesdiz supplians disoient le contraire et que c'estoit ledit Piquet qui emportoit les leurs. Et lors ledit Vignault demanda audit Piquet s'il vouloit que les gerbes dont ilz avoient question ensemble fussent sequestrées et mises en main tierce, et que luy et ses compaignons en seroient contens. Lequel Piquet respondit qu'il en seroit content, mais qu'il eust parlé à son maistre ; et atant se departirent et s'en ala ledit Dugué querir son cheval, lequel les autres supplians attendirent à venir près d'illec. Et ce pendent lesdiz Piquet, Sauvestre et boyteux s'en alèrent au champ desdiz Jonnault et Perrin de La Roche, cuidans trouver lesdictes quatre gerbes que lesdiz supplians avoient ja serrées ; mais pour ce qu'il ne les trouva pas, suyvy la trasse et vint au lieu où estoient troys desdites gerbes, et incontinent appella ledit Sauvestre et les luy voult faire charger. A quoy ledit Dugué, suppliant, qui venoit de querir sondit cheval, luy dist qu'elles estoient hors du champ et qu'il ne les en meneroit point, et aussi qu'ilz avoient appoincté qu'elles seroient mises en main tierce. Mais ledit Piquet dist qu'il n'en feroit riens et s'efforçoit tousjours de les faire charger sur le cheval dudit Sauvestre. Et ce voyans, lesdiz supplians dirent qu'il ne les emporteroit point et se prindrent à empescher que ledit Sauvestre ne les chargast, mais les vouldrent charger sur le cheval dudit Dugué, suppliant, lequel, tenant en une main son arbaleste bendée, et en l'autre main ung pié de chièvre, reboutoit ledit Sauvestre afin qu'il ne chargast lesdictes gerbes ; et en ce faisant, ledit Piquet traversa ung champ et descendy de son cheval et vint tout seul par ung chemin à l'encontre desdiz supplians, l'espée nue en sa main, et fist aler de l'autre cousté troys hommes embastonnez de javelines et espées, pour enclorre lesdiz supplians. Et incontinent ledit Piquet se commença à avancer et à cryer à haulte voix : « Tuez, tuez tout », et s'adreça contre ledit Vignault, son espée nue, et luy gecta plusieurs cops tant d'estoc que autres, pour le cuider fraper. Lequel Vignault se gardoit et couvroit tousjours d'une espée enmanchée qu'il tenoit, mais ledit Piquet le pressoit tellement qu'il ne se povoit deffaire de luy. Et ce voyant, ledit Dugué qui tenoit son arbaleste bendée, disoit tousjours audit Piquet qu'il se reculast et que, si ne reculoit, il desbenderoit contre luy. Mais neanmoins ledit Piquet s'efforçoit de plus en plus de vouloir tuer et meurtrir ledit Vignault à grans cops d'espée, tant d'estoc que de taille, mais ledit Vignault retenoit tousjours lesdiz cops de sadicte espée emmanchée, et voyant qu'il ne povoit eschaper, pour ce que ledit Piquet le suyvoit si de près et aussi que les autres troys complices d'icelluy Piquet le tenoient encloz de l'autre cousté, lesquelz n'osoient joindre pour dobte de ladicte arbaleste bendée, icelluy Vignault, en soy defendant et rebatant les cops dudit Piquet, donna à icelluy Piquet ung estoc par la joue dont il fut blecié. Et incontinent se mist icelluy Vignault en fuyte et aussi s'en fouyrent lesdiz Le Mareschal et Fortinier. Et tantost s'adreça ledit Piquet contre ledit Dugué, suppliant, en regnyant Dieu par plusieurs foiz qu'il le tueroit, et gecta sur luy plusieurs cops de sadicte espée pour le cuider tuer ; lequel se contregardoit tousjours au mieulx qu'il povoit, en disant par plusieurs foiz audit Piquet qu'il se reculast et que, s'il ne reculoit, qu'il desbenderoit contre luy ; mais ledit Piquet n'en tenoit compte et d'un revers vint gecter ung cop pour cuider copper la corde de l'arbaleste dudit Dugué et luy couppa le doy, et encores plus s'efforçoit tousjours de le vouloir tuer et meurtrir ; et fut contraint ledit Dugué de desbender son arbaleste, pour ce qu'il ne povoit autrement evader, et en desbendent frapa d'un raillon ledit Piquet par le cousté ou par l'estomac, ne scet bonnement en quel lieu. Et incontinent tous les complices d'icelluy Piquet vindrent sur ledit Dugué et le blecèrent et mutilèrent très enormement, luy firent troys grans playes en la teste, ung estoc entre l'ueil et la joue, luy rompirent ung bras en troys lieux, tellement qu'ilz le cuidoient avoir tué, ce que ilz eussent fait, à son advis, n'eust esté que ilz oyrent ledit boyteux cryer que ledit Piquet estoit mort ; et tantost à ce cry laissèrent ledit Dugué, suppliant, et alèrent veoir ledit Piquet. Lequel Dugué ce pendant se retira au mieulx qu'il peut en l'ostel de Perrin de La Roche. Et depuis a esté dit que ledit Piquet est alé de vie à trespas. Pour occasion duquel cas, lesdiz supplians se sont absentez et ledit Dugué mis en franchise, etc., en nous humblement requerant, etc. Pour quoy, etc., ausdiz supplians avons quicté, etc., les fait et cas dessus dit, avec toute peine, etc. Si donnons en mandement au seneschal de Poictou, etc. Donné à Paris, ou moys d'aoust l'an de grace mil cccc. soixante quatorze, et de nostre règne lé xiiiime.

MDXLIII

Rémission octroyée à Jean du Pouet, dit Armagnac, familier de l'hôtel du Fouilloux, qui ayant voulu intervenir à la défense d'Antoine Decraut, que malmenaient plusieurs francs-archers et surtout leur dizenier, Jean Sion, avait porté à celui-ci un coup d'arbalète, dont il était mort huit jours après. (JJ. 204, n° 97, fol. 59 v°.)

Septembre 1474.

Loys, par la grace de Dieu roy de France. Savoir faisons à tous, presens et avenir, nous avoir receue l'umble supplicacion de Jehan Du Pouet, dit Armignac, eagé de trente ans ou environ, demourant en la parroisse de Saint Martin du Fouilloux en nostre conté de Poictou, contenant que, depuis demy an ença ou environ, ung jour dont il n'est recors, se meurent parolles entre ung nommé Anthoine Decraut et Jehan Sion, franc archier, à une demie lieue ou environ de l'ostel dudit seigneur de Fouilloux[1], parce que ledit Sion mettoit sus audit Decraut qu'il maintenoit une jeune fille ; lesquelles parolles se continuèrent depuis entr'eux jusques devant l'ostel dudit seigneur de Foulloux, presens Jehan Gaultier, Jehan Descosse, Guillaume Dupont, Thibault Jaquet et autres, tous francs archiers, compaignons dudit Sion, qui estoit leur dizenier ; lequel et ses diz compaignons estoient embastonnez d'arbalestes et autres bastons. A l'occasion desquelles parolles, icellui Sion osta par force audit Decraut son espée et sa javeline, et se meut, à ceste cause, grant question et debat tant entre ledit Decraut et Sion que sesdiz compaignons, sur lequel seurvint ledit suppliant, qui saillit de la maison dudit seigneur de Foulloux, quant il oyt le bruyt et noise qu'ilz avoient entre eulx, lequel avoit deux lanniers sur son poing et s'approucha dudit Sion et sesdiz compaignons, qui traictèrent fort rudement ledit Decraut, en les blasmant et disant qu'ilz ne faisoient pas bien de traicter ainsi rudement ledit Decraut, et plusieurs autres parolles. En haine de laquelle remonstrance, icellui Sion commanda à sesdiz compaignons qui estoient à cheval et lui aussi qui missent pié à terre, pour bander leurs dictes arbalestes, afin de courir sus et tirer contre ledit suppliant. Lequel suppliant qui n'avoit point de baston, oiant lesdictes parolles et voiant qu'ilz vouloient descendre pour bander leursdictes arbalestes contre lui,

---

1. Il s'agit de Louis du Fouilloux, écuyer, deuxième fils de Jean et de Marguerite Bessonneau, seigneur du Fouilloux et du Chillou, pour « l'hostel et forteresse » duquel lieu il rendit aveu au roi, le 20 mars 1470 n. s. (Arch. nat., P. 1145, fol. 150 v°.) Ecuyer d'écurie du roi René d'Anjou, puis lieutenant général au duché d'Anjou, Maine et Bretagne, il servit comme homme d'armes au ban des nobles du Poitou de 1491 et était décédé le 23 juin 1498. De Jeanne de La Rochefoucauld, fille de Guillaume, sr de Nouans, Melleran, etc., et de Marguerite de Torsay, il laissa trois fils et quatre filles. (*Dict. des familles du Poitou*, 2e édit., t. III, p. 533.)

posa sesdiz lanniers qu'il avoit sur son poing sur une perche, et incontinant s'aproucha dudit Sion et lui osta l'arbaleste qu'il tenoit et de l'un des boutz d'icelle frappa ung cop seulement ledit Sion sur la teste, et au regart de sesdiz compaignons, quant ilz virent que ladicte arbaleste eut ainsi este ostée audit Sion et que ledit suppliant et lui s'entretenoient très fort, ilz se prindrent à fouyr, chacun son arbaleste en sa main, comme il semble audit suppliant, et lors ledit Decraut eschappa d'eulx ; et quant ausdiz suppliant et Sion, ilz se deppartirent d'illec et s'en allèrent, c'est assavoir ledit suppliant en la maison dudit seigneur de Foulloux et ledit Sion autre part où bon lui sembla. Et huit jours [après] ledit cop ainsi a lui donné par ledit suppliant, icellui Sion par faulte de dilligence ou autrement a la de vie à trespas. A l'occasion duquel cas, ledit suppliant, doubtant rigueur de justice, s'est absenté, etc. Au seneschal de Poictou et à tous, etc. Donné à Nancré en Gastinois, ou mois de septembre l'an de grace mil cccc. soixante quatorze, et de nostre règne le xiiiime.

Ainsi signé : Par le roi, mons^r le conte de Beaujeu[1], le sire de Saint Pierre et autres presens. De Cerisay. — Visa. Contentor. Rolant.

MDXLIV

Octobre 1474.

Rémission en faveur de Jean Bonnin, seigneur de la Cepière [2], poursuivi pour meurtre. Le moulin de la Cepière étant litigieux entre ledit Bonnin et Jean Baubayon, *aliàs* Baubion, et le premier ayant eu gain de

---

1. Pierre i de Bourbon, sire de Beaujeu, troisième fils de Charles i^{er} duc de Bourbon, venait d'épouser Anne de France, la fille ainée de Louis xi. (Cf. ci-dessus, p. 368, note 2.) On remarquera la singularité de ce titre de *comte* donné au sire de Beaujeu dans un acte de la grande chancellerie, distraction du scribe sans doute.

2. Ce personnage est un membre de la famille Bonnin de Messignac, établie dans la Basse-Marche et le Poitou. On cite un aveu de lui pour la terre et seigneurie de « la Seppière » (paroisse de Ventouse, Charente) rendu, le 5 février 1499, à Antoine Jay, écuyer, seigneur de Coussot. (*Dict. des familles du Poitou*, nouv. édit., t. I, p. 620.) On trouve aussi

cause, il attendait dans le moulin avec « trois varlez gens de guerre et deux hommes de labour », les officiers et procureur de la dame de La Rochefoucauld [1], qui devaient venir l'en mettre en possession, quand son adversaire, accompagné de sa fille Marguerite et de son gendre, armés de javelines et d'épieux, vinrent l'y assaillir. Dans le conflit qui s'en suivit, Bonnin, Baubayon et sa fille furent blessés, et celle-ci mourut d'un coup d'épée que lui avait donné l'un des varlets. Mandement [au sénéchal du Poitou [2]] et à tous officiers, etc. « Donné à Chartres, ou moys d'octobre l'an de grace mil cccc. soixante quatorze, et de nostre règne le xiiiime. » (JJ. 204, n° 91, fol. 57.)

MDXLV

Rémission accordée à Jean Ravineau, franc archer de la paroisse de Boupère, détenu prisonnier au château de Pouzauges, pour le meurtre de Jean Pasquier, qui lui avait cherché querelle et l'avait frappé le premier. (JJ. 195, n° 1421, fol. 314 v°.)

21 novembre 1474.

Loys, par la grace de Dieu roy de France. Savoir faisons à tous, presens et advenir, nous avoir receue l'umble supplicacion des parens et amys charnelz de Jehan Ravyneau, nostre franc archer de la parroisse de Bouppère, aagé de trente cinq ans ou environ, à present detenu prisonnier ès prisons du chasteau de Pousauges par les officiers dudit lieu de Pousauges [3], contenant que le jour saint Martin d'yver ou moys de novembre l'an mil iiii^c LXXIII, feu

---

dans les registres du Parlement des poursuites engagées par l'abbaye de Charroux contre Jean Bonnin, écuyer, et autres pour « excès et attentats » (Arch. nat., X^{2a} 42, date du 28 avril 1478 ; X^{2a} 43, date du 11 déc. 1478 ; X^{2a} 44, date du 12 mai 1480) et un appel d'une sentence du sénéchal de Poitou interjeté par Yves du-Fou contre Jean « Bonin. » (X^{1a} 4825, fol. 82 v°.) Mais ce contemporain du s^r de la Cepière, portant même nom et prénom, paraît être plutôt Jean Bonnin, fils ainé de Thibault, écuyer, seigneur de Messignac, et de Huguette du Teil, ce dernier décédé avant le 14 juin 1496. (*Op. cit., id.* p. 621.)

1. Louise de Crussol, fille de Louis de Crussol, sénéchal de Poitou, avait épousé, par contrat du 30 avril 1470, François Ier, seigneur, puis comte de La Rochefoucauld.

2. L'adresse a été laissée en blanc sur le registre.

3. Le seigneur de Pouzauges était alors Jean III de Vendôme, vidame de Chartres, fils de Jean II et de Catherine de Thouars, héritière de Pouzauges, qui avait été mariée en première nocés au fameux Gilles de Raiz.

Jehan Pasquier, en son vivant demourant audit lieu de Bouppère, s'en alla devers le matin chés ledit Jehan Ravyneau, en sa maison au lieu et village de la Brachete, près dudit lieu dau Bouppère, en laquelle maison iceulx Ravyneau et Pasquier, estans illec assemblez pour aller et eulx rendre au bourg de Saint Prouvent, pour estre recors des adjournemens donnez par ledit Ravyneau, qui estoit sergent du seigneur de la Buterie, aux personnes capables contenues en son roolle de l'assise dudit seigneur de la Buterie à cause de sondit lieu, qui est basse juridicion seullement. Et furent ensemble lesdiz Ravyneau et Pasquier tout ledit jour, et pour iceulx adjournemens faire, se transportèrent ensemble audit bourg de Saint Prouvent et après au bourg de Moncireigne, et dudit bourg de Moncireigne ou villaige de la Bretelière près dudit bourg de Moncireigne, pour illec adjourner audit villaige ung nommé André Grignon [1] ; chés lequel Grignon lesdiz Ravyneau et

---

1. Famille noble établie depuis longtemps dans cette région du Poitou et dont plusieurs membres sont mentionnés dans nos précédents volumes. Le plus ancien en date portait précisément le prénom d'André ; il vivait le 7 février 1373, date d'un aveu qu'il rendit au nom de sa femme, Marie Fayssiprent, d'une pièce de terre et de rentes qu'elle possédait à la Perrière-Maillocheau, près Saint Maixent. (Arch. nat., R1* 217², p. 840.) Son frère Jean Grignon, nommé aussi dans cet acte, est qualifié ailleurs seigneur de la Grignonnière et était possesseur d'arrière-fiefs relevant de la seigneurie de la Fosse, dans la châtellenie de Vouvant, en 1391 (id., R1* 199, fol. 15 et 16 v°) et seigneur d'Antigny, en la même châtellenie, dont il fit hommage en 1395 et 1402. (Id., R1* 228, p. 1.) Pierre Grignon, sr de l'hébergement de la Touche près Longeville et Saint-Hilaire-de-Talmont, est nommé dans des lettres de rémission d'octobre 1404. (Arch. hist. du Poitou, t. XXVI, p. 67.) Dans notre dernier volume (t. X, p. 72, note) est cité un arrêt du Parlement de Poitiers, du 31 mars 1428, mettant fin à une contestation entre la commanderie de Champgillon et André Grignon, au sujet de la juridiction sur le village de Maupinsot, paroisse de Saint-Pierre-du-Chemin, et du droit d'y établir des mesures pour le vin et le blé. Marie Grignon, fille d'André, le même sans doute, qualifié écuyer, sr de la Grignonnière, épousa, le 14 février 1448, Guillaume Béjarry, écuyer, sr de la Louerie. (Dict. des familles du Poitou, 2e édit., t. I, p. 411.) Enfin on connaît un Nicolas Grignon, écuyer, seigneur de la Pélissonnière, paroisse du Bouppère, marié à Jeanne Du Bois, dont la fille Catherine épousa, par contrat du 2 mai 1457, Michel Darrot, sr de Beaufou. (Id., t. III, p. 28.) Ajoutons qu'un autre membre de cette famille, Jacques Grignon, à l'époque de la présente rémission, était curé de la Caillière ;

Pasquier beurent et mengèrent ensemble, et après iceulx Jehan Ravyneau et Pasquier, sondit recors, se partirent dudit villaige de la Bretelière et se transpourtèrent au lieu et bourg de Sygournay, pour illec adjourner à ladicte assise de la Buterie le curé dudit lieu, ce qu'ilz firent ; et ce fait, se transpourtèrent ensemble au villaige de la Souraudière estant lez ledit villaige en la parroisse dudit Saint Prouvent, qui fut devers le soir, et oudit villaige beurent et mengèrent comme dessus. Et quant ilz eurent illecques beu et mengé, ledit Ravyneau, sergent dessus dit, qui estoit à cheval, et ledit Pasquier estant à pié, s'en vint à sa dicte beste pour monter à cheval, affin d'eulx en aller et retourner ; et pour ce qu'il ne trouva pas ung sac qu'il avoit sanglé et mys soubz la sangle de sadicte beste, il fist grant effroy et demanda qui avoit prins sondit sac. Et lors ledit Pasquier luy dist qu'il s'en alast emprès luy et que ledit sac se trouveroit bien, et ce dit, sans faire pour lors autre bruyt entre eulx, ilz se misdrent à chemin, pour eulx en retourner à leurs maisons, et en eulx venant et retournant dudit village de la Souraudière audit Saint Prouvent, ilz eurent en chemin, à cause dudit sac, de bien grosses parolles entre eulx, et tellement que au moien d'icelles grosses parolles que ledit Ravyneau dist audit Pasquier, qu'il avoit pris et emblé ung cousteau sur la table où ilz avoient beu et mengé oudit villaige de la Souraudière, qui fut leur debat entre ledit village de la Souraudière et Saint Prouvent ; à quoy icelluy Pasquier respondit audit Ravyneau que de ce il avoit menty et qu'il n'estoit point larron, mais que c'estoit luy qui l'estoit. A quoy icelluy Ravyneau respondit derechief que non estoit, mais que c'estoit luy qui estoit larron et

---

il poursuivait comme le troublant dans sa légitime possession et s'étant rendus coupables envers lui de divers excès et attentats Léon Audier (*aliàs* Audéou), la mère de celui-ci, Mathée Voisin, et un nommé Colas Gaudin. Il obtint de la cour une ordonnance d'enquête le 15 novembre 1470, et le 28 juillet 1474, requit contre les intimés un arrêt de défaut. (Arch. nat., X^{2a} 38, fol. 37 v°; X^{2a} 39, à la date du 28 juillet 1474.)

non pas luy. En disant lesquelles parolles l'un à l'autre, ledit Pasquier vint tout eschauffé contre ledit Ravyneau et luy donna d'ung gros baston, qu'il avoit pourté toute la journée avecques luy, tant qu'il peut frapper entre ses deux espaulles, luy estant à cheval. Lequel Ravyneau, soy voiant ainsi frappé par ledit Pasquier dudit baston, se descendy de sondit cheval à terre, pour soy deffendre, sans ce qu'il eust verge ne baston de quoy il se peust deffendre envers ledit Pasquier, et vint franchement contre ledit Pasquier et luy osta ung cousteau qu'il avoit emblé. Lequel Pasquier, voyant que ledit Ravyneau luy avoit osté ledit cousteau qu'il avoit, vint du baston dont premierement il avoit frappé ledit Ravyneau et d'icelluy debout en frappant contre ledit Ravyneau, le poussa tellement que tous deux ensemble cheurent en une fousse où tous deux estoient, bien près et joignant les plantes [1] dudit Saint Prouvent ; et eulx ainsi cheuz ensemble ou dit foussé, ledit Ravyneau soy redressa et leva au mieulx qu'il peut et tout eschauffé et esmeu de ce que ledit Pasquier, agresseur, l'avoit ainsi frappé par deux foiz dudit baston que dessus est dit, donna de chaude colle ung coup audit Pasquier dudit cousteau, qu'il luy avoit osté, et l'en blessa tellement que incontinent icelluy Pasquier soy escria en disant audit Ravyneau : « A ! tu m'as blessé ! » A quoy ledit Ravyneau respondit audit Pasquier qu'il avoit menty et que non avoit, mais que se il retournoit plus vers luy pour l'outrager, comme il avoit [ja fait], que par le sang Dieu, il en paieroit bien. Et lors ledit Ravyneau monta à cheval et s'en ala à sa maison, et illec laissa ledit Pasquier, lequel s'en ala pareillement en sa maison ou ailleurs, où bon luy sembla. A l'occasion duquel cop ainsi baillé par ledit Jehan Ravyneau audit Pasquier, en son corps deffendant, icelluy Ravyneau, le dimenche après la sainte Katherine, fut par les officiers dudit lieu de

---

1. Haies vives Le mot plante, en patois poitevin, signifie exclusivement du plant d'aubépine, destiné à faire des haies.

Pousauges prins au corps, et depuis a tousjours esté et encores est detenu prisonnier ès prisons dudit chasteau de Pousauges, en grant pouvreté et misère, pour ce que on dit que, onze jours après ou environ ledit cop baillé par ledit Ravyneau audit Pasquier, icelluy Pasquier est alé de vie à trespas, et est en voye d'y finer miserablement ses jours, se noz grace et misericorde ne luy estoient sur ce imparties, etc., en nous humblement requerant que, attendu que ledit Pasquier fut agresseur et avoit baillé desjà deux grans coups dudit baston audit Ravyneau, avant qu'il luy touchast, et que ledit cop que ledit Ravyneau luy bailla advint de chaude colle, à l'occasion desdiz cops à luy baillez par ledit Pasquier dudit baston, aussy que icelluy Jehan Ravyneau ne fut jamais actaint, convaincu ne condempné d'aucun autre villain cas, blasme ou reprouche, mais a esté tousjours de bonne vie et honneste conversacion et lequel est chargé de femme et de plusieurs petiz enffans, il nous plaise sur ce impartir nosdictes grace et misericorde. Pourquoy nous, etc., audit Jehan Ravyneau oudit cas avons quicté, remis et pardonné, quictons, remettons et pardonnons le fait et cas dessus declaré, avec toute peine, offense, etc. Si donnons en mandement, par ces mesmes presentes, au seneschal de Poictou et à tous noz autres justiciers, etc. Donné à Saint Denis, le xxime jour de novembre l'an de grace mil cccc. lxxiiii, et de nostre règne le xiiiime.

Ainsi signé : Par le roy, à la relacion du Conseil.

MDXLVI

Rémission octroyée à Simone Chausson, veuve de François Bonnemin, et à François Charron, son gendre, détenus dans les prisons de l'abbé de Saint-Maixent pour le meurtre dudit Bonnemin, qui luimême voulait tuer sa femme. (JJ. 195, n° 1239, fol. 274 v°.)

Novembre 1474.

Loys, par la grace de Dieu roy de France. Savoir faisons, etc., nous avoir receu l'umble supplicacion de Symonne Chaussonne, vefve de feu Jehan Bonnemyn, aagée de xl. ans ou environ, et de François Charron, barbier, gendre dudit defunct et de ladicte suppliante, aagé de xx. ans ou environ, demourans à Saint Maixent, prisonniers detenus ès prisons de nostre bien amé l'abbé dudit lieu de Saint Maixent [1], contenant que, trente (*sic*) ans a ou environ, ladicte Symonne, suppliante, fut conjoincte par mariage audit feu Jehan Bonnemyn, avecques lequel elle s'est conduite et gouvernée bien et honnestement à son povoir, sans commettre chose pour laquelle ledit defunct la deust mal tracter ; mais neanmoins, depuis six sepmaines ençà ou environ, ledit Jehan Bonnemyn s'est gouverné rudement et mal gracieusement envers ladicte suppliante, en la tractant très mal, quant elle estoit couchée en sa compaignie, en luy voulant desnyer le boire et le menger, et tellement l'a tractée qu'il a convenu à ladicte suppliante de delaisser de coucher avec ledit feu Jehan, son mary, fors par demy nuit seulement. Or est advenu que, le dimenche ixe jour de ce moys d'octobre, aprèsce que ladicte Symonne et ledit Françoys Charron, son gendre, furent retournez de la Frapinière, icelle Symonne fist cuyre leur souper, et pour ce que ledit Jehan Bonnemyn, son mary, estoit alé souper à l'ostel de Jaques Alart, icelle Symonne print leurdit souper et une pinte de vin, en entencion d'aler en une chambre haulte de l'ostel où ils estoient demourans, en laquelle chambre ledit François Charron et sa femme estoient demourans, pour souper avecques eulx. Mais comme elle vouloit monter en ladicte chambre, survint ledit Jehan Bonnemyn ayant une fourche de fer, lequel meu de mauvaiz couraige et en demonstrant sa mauvaise voulenté de faire desplaisir à ladicte Symonne, sa

---

[1]. L'abbé de Saint-Maixent était alors Jacques Chevalier, neveu et successeur, depuis l'année 1461, de Jean Chevalier.

femme, vint à l'encontre d'elle atout ladicte fourche et tendit le fer d'icelle pour l'en fraper et estoquer afin de la mettre à mort. Laquelle Symonne, qui ne luy faisoit ne disoit aucun desplaisir, fut bien esbaye et commença à cryer « au meurtre », tant qu'elle peut, en disant audit François, son gendre : « Au meurtre, François, il me veut tuer ! » Lequel François qui savoit assez les mauvaiz termes que ledit feu Jehan tenoit à sadicte femme, et pour empescher qu'il ne la voulsist occire et meurtrir, mesmement que chacun jour il disoit qui la tueroit, y courut hastivement, en demandant audit Bonnemyn qui le mouvoit et que c'estoit mal fait à luy de continuer en telle voulenté, en luy requerant qu'il se voulsist cesser. Dont il ne tint compte, ains s'efforça plus que devant de fraper ladicte Symonne, sa femme, d'icelle forche de fer. Laquelle Symonne, ce voyant, pour obvier que sondit mary ne la frapast de ladicte fourche, d'un petit baston qu'elle trouva d'aventure auprès d'elle, frapa sur les mains dudit feu Jehan, son mary, tellement qu'il laissa cheoir ladicte fourche. Lequel feu Jehan, non content de ce, mais obstiné en son mauvaiz couraige, ala audit Françoys et le print si rudement à la chevessaille et ailleurs qu'il luy arracha comme tout le visaige et le gecta soubz luy. Pour laquelle cause, ladicte Symonne, doubtant qu'il voulsist illecques occire ou mutiler ledit François, son gendre, se mist à tirer icelluy François et à le delivrer de dessoubz ledit Bonnemyn, son mary, et pour ce faire, frapa deux ou troys cops dudit baston par les jambes d'icelluy son mary. Et quant ledit Françoys fut levé de dessoubz ledit Bonnemyn, qui estoit encores à terre, ladicte Symonne et aussi ledit François, qui estoient fort esmeuz et eschauffez, de chaulde colle, sans avoir quelque voulenté de navrer ne mettre à mort ledit Bonnemyn, mais pour l'empescher en sa mauvaise voulenté, le frappèrent, c'est assavoir ladicte Symonne dudit petit baston qu'elle tenoit, et ledit François d'un autre baston qu'il tenoit, aucuns cops parmy les jambes seulement. Et lequel Jehan commença à cryer et atant le laissèrent, et s'en ala ledit Jehan Bonnemyn, ouvrit la porte de leur maison, en laquelle survindrent aucunes personnes demourans auprès d'illec. Et depuis ledit François a aidé à habiller ledit feu Jehan au mieulx qu'il a peu, non cuidant qu'il fust en dangier de mort ; mais neanmoins à l'occasion de ladicte bateure ou autrement, aucun temps après, il est alé de vie à trespas. A l'occasion duquel cas, lesdiz supplians ont esté prins et constituez prisonniers, etc., en nous humblement requerant, etc. Pour quoy, etc., ausdiz supplians avons quicté les fait et cas dessus diz, avec toute peine, etc. Donné à Paris, ou moys de novembre l'an de grace mil cccc. soixante quatorze, et de nostre règne le xiiime.

Ainsi signé : Par le Conseil. Triboulé. — Visa. Contentor. De Bidaut.

MDXLVII

Rémission en faveur de Jean Coulon, pauvre gentilhomme poitevin, coupable du meurtre de son frère, Jacques Coulon, qui le premier l'avait attaqué et frappé. (JJ. 195, n° 1252, fol. 277.)

Décembre 1474.

Loys, par la grace de Dieu roy de France. Savoir faisons, etc., nous avoir receu l'umble supplicacion de Jehan Coulon[1], povre gentilhomme du païs de Poictou, contenant que en sa jeunesse il a servy par long temps Jaques Coulon, son frère, fait et procuré ses besoignes et negoces

---

[1]. Plusieurs familles ont porté ce nom dans différentes parties du Poitou. Dans le présent volume il est question de Hugues Coulon et de son fils Pierre, demeurant à Loge-Fougereuse. (Ci-dessus, p. 53, note.) La nouvelle édition du *Dict. des familles du Poitou* mentionne une vingtaine de membres de ces diverses familles et, entre autres, les deux frères nommés dans les présentes lettres de rémission, dont elle donne l'analyse, mais sans fournir aucun autre renseignement sur les personnages qui y figurent. (Tome II, p. 669.)

au mieulx qu'il a peu, sans en avoir eu aulcune satisfacion ou paiement, et jusques à ce que ledit Jaques Coulon fut frapé et fort amoureux d'une nommée Françoise Bourrigaude, par la persuasion de laquelle icelluy Jaques conceupt grant haine et malveillance contre ledit suppliant qui estoit jeunes homs, lequel il batit enormement par plusieurs foiz et tellement qu'il fut contraint de laisser l'ostel dudit Jacques et aussi de Huguette Rataude, sa mère, et s'en ala en ung hostel nommé le Chasteau, où il avoit sa porcion, comme ses autres frères. Mais icelluy Jaques, incontinent qu'il le sceut, se transporta audit hostel, son espée en son poing, jurant et detestant le nom de Dieu et des saintz qu'il tueroit et occiroit icelluy suppliant, s'il le trouvoit. Par quoy et pour evader la malice dudit Jaques, convint audit suppliant s'en aler demourer au païs de Sanctonge avec ung nommé Jehan Ratault, son oncle, où il demeura l'espace de six ans ou environ. Pendant lequel il fut et a esté aux mandemens qui ont par nous esté faiz des nobles dudit païs, pour et ou lieu de sondit oncle qui estoit homme ancien[1]. Et depuis s'est retiré ledit suppliant avec sadicte mère, qui est ancienne femme, aagée de iiii^{xx} ans, impotente et malade de goutes, afin de la gouverner. Mais ledit Jaques Coulon, qui estoit rioteux et fort vindicatif, a tousjours eu en grant hayne icelluy suppliant, et pareillement sadite mère et autres ses frères et seurs, et par son hault et felon couraige les a par plusieurs foiz batuz et injuriez, et non content desdictes bateures et injures, soubz umbre qu'il estoit huissier sergent des Requestes de nostre Hostel,

---

[1]. En effet sur la liste des brigandiniers du pays de Saintonge qui se rendirent à la convocation du ban et de l'arrière-ban de l'année 1467, sous les ordres du s^r de La Rochefoucauld, on lit le nom d'un Jean Coulon ; toutefois on n'y mentionne pas qu'il remplaçait son oncle, Jean Ratault. (*Roolles des bans et arrière-bans de la province de Poitou, Xaintonge et Angoumois.* Poitiers, 1667, in-4º. Réimpression de l'année 1883, p. 25.)

dont par ses demerites il a esté privé par arrest de nostre court de Parlement, leur a donné plusieurs grans vexacions. Et pour tousjours prendre sur eulx, après ladicte privacion, parce qu'il n'avoit pas trop bien de quoy vivre, se retrahy ledit Jaques en ung villaige nommé la Roussière, où luy et sadicte mère et frères avoient une petite mestayerie, et, luy estant oudit villaige, à certain jour que ledit suppliant y ala, afin de faire admener du boys pour sa dicte mère, ledit Jaques vint audit suppliant et le batit très enormement et tellement que, se il ne fust survenu gens, il l'eust tué. Et perseverant ledit Jaques en sa felonnie et mauvaistié, vint certaine autre foiz, armé d'un braquemart et une javeline en son poing au lieu de la Guibaudière où se tenoit ledit suppliant, auquel il persa la cuisse de ladicte javeline, dont il ne fit jamaiz question ne demande à icelluy Jacques, cuidant tousjours rompre son ire et avoir amour avec luy. Et pour ce que, environ la Toussains derrenière passée, ledit suppliant estant en nostre ville de Poictiers pour aucuns ses affaires, avoit veu certaines lettres de commission ou mandement octroyées par nostre amé et feal conseiller et maistre des requestes de nostre hostel, maistre Jehan Chambon[1], commis à l'exercice de l'office de nostre seneschal en Poictou, par lesquelles il estoit mandé faire informacion contre ledit Jaques Coulon sur la faulseté de certaine quictance qu'il avoit fait faire à son prouffit en la ville de Bersuyre, ou prejudice d'un nommé Loys de Brechechien[2], ledit suppliant voulant monstrer qu'il avoit tousjours amour oudit Jaques, pour l'advertir de soy garder de deshonneur et dommaige, le mecredy d'après la saint

---

1. Voy. la notice relative à ce personnage ci-dessus, p. 380 et suiv.
2. Louis de Brachechien, écuyer, obtint de Charles VII, au mois de novembre 1444, rémission des peines qu'il avait encourues pour le meurtre de Jean Moreau, avec lequel il s'était pris de querelle; elles sont imprimées avec une courte note sur ce personnage et sa famille, dans notre t. VIII. (*Arch. hist. du Poitou*, t. XXIX, p. 190.)

Martin d'iver derrenière passée, sans penser à aucun mal, se transporta audit villaige de la Roussière, où il trouva icelluy Jaques, son frère, lequel avoit abatu ung noyer qui estoit commun entre eulx, et voyant le dommaige qu'il avoit fait d'abatre ledit noyer, luy dist doulcement que c'estoit mal fait à luy de ainsi abatre leurs arbres, et après luy dist qu'il avoit veu ung mandement ou commission contre luy donné touchant ladicte faulseté, afin qu'il s'en donnast garde. Mais ledit Jaques incontinent se courroussa contre ledit suppliant et luy dist : « Ribault, bougre, meseau que tu es, de quoy te mesles tu ? » et sans ce que ledit suppliant luy respondist, icelluy Jaques print ung gros baston de haye duquel il frapa ledit suppliant, tellement qu'il le mist à terre ; par quoy icelluy suppliant, eschauffé de ladicte injure et bateure, tira ung petit braquemart qu'il avoit et en soy defendant et cuidant repeller les cops que luy donnoit ledit Jaques, frapa icelluy Jaques du taillant dudit braquemart quatre ou cinq cops, tant au visaige que autres parties de son corps. A l'occasion desquelz cops, icelluy Jaques se eschauffa de rechief, criant : « A l'ayde, à l'ayde ! » et perdant son sang, se tint longuement en la place, jusques à ce que sa femme le vint querir et l'enmena en sa maison, en laquelle, huit jours après, par faulte de gouvernement ou autrement, il ala de vie à trespas. A l'occasion duquel cas, ledit suppliant s'est absenté, etc., en nous humblement requerant, etc. Pour quoy, etc., audit suppliant avons quicté, etc., les fait et cas dessusdiz, avec toute peine, etc. Si donnons en mandement au seneschal de Poictou, etc. Donné à Paris, ou moys de decembre l'an de grace mil cccc. soixante et quatorze, et de nostre règne le xiiime.

Ainsi signé : Par le roy, à la relacion du Conseil. — Visa. Contentor. J. Picart.

TABLE

DES NOMS DE PERSONNES ET DE LIEUX [1].

A

Achlet (Guillaume). Voy. Acquelet (G.).

Acquelet (Guillaume), Acquez, Achlet, écuyer, archer de la garde écossaise, 390, 392. Procès contre Jean Girard, s^r de Bazoges, 392-394 n.

Acquez (Thomas), de Voulon, et ses fils, Robert et Guichard, écuyers, 391 n.

Age (Jean de l'), ou Delage, s^r de la Bretollière, 122 n. Voy. Delage (Jean).

— (Philippon de l'), 122 n.

Age-de-Plaisance (l'.), seigneurie. Aveu, 309 n. *C^{ne} de Saugé, Vienne*.

Agenais (Sénéchaussée d'). Son ressort, 171 n., 172, 173.

Agriculture. Terres en friche remises en culture après la fin de la guerre de Cent ans, 292 n.

Aguilanneu (Fête d'), à Celles, 342. A Saint-Maixent, 431, 432.

Aides (Cour des). Procès, 64 n., 396 n. Documents cités, 273 n.

Aigues-Mortes. Capitaine, 376 n. *Gard*.

Aine (Catherine d'), femme d'Aimery de Saint-Aubin, 40 n.

Aire (Evêque d'). Voy. Aure (Tristan d').

Airvault (Abbaye d'), Ervau, 56, 57. Aumônier, voy. Bretonneau (Jean). *Deux-Sèvres*.

— (Seigneurie d'). Fief de sa mouvance, 400 n. Seigneur, voy. Liniers (Jean, dit Maubruni de). Sergent, voy. Jobert (Pierre). *Deux-Sèvres*.

Alamente, femme de Gillet Maistre, 131, 132.

Alart (Jacques), de Saint-Maixent, 460.

Albi (Evêque d'). Voy. Amboise (Louis d').

Albret (Alain le Grand, sire d'). S'empare du comté de Dreux, 418 n.

— (Arnaud-Amanieu et Charles d'). Voy. Orval (S^r d').

— (Charles II, sire d'). Recouvre le comté de Dreux, 418 n.

— (Marguerite d'), femme de Gaston de Foix, 91 n.

— (Thélet d'), 258 n. Poursuivi au Parlement, 281 n.

Alençon. Garde du château, 184 n. *Orne*.

---

[1]. Les noms latins et les anciennes formes françaises ont été recueillis et placés à leur ordre alphabétique avec renvois aux noms français modernes, sauf pour un petit nombre qu'il a été impossible d'identifier.

Alençon (Jean d'), chaussetier de Poitiers, 356.
Allart (Pierre), laboureur de Pairoux. Sa femme tuée dans une rixe, 275-278.
Allassac, Lassac, 352. C^{ne} de Donzenac, *Corrèze.*
Alleman (Barachin), s^r de Rochechinard, 122 n.
— (Charlotte), femme de Renaud du Châtelet, dame d'honneur de Charlotte de Savoie, 184 n.
— (Soffrey), s^r de Châteauneuf et d'Uriage, 184 n.
Almaire (Le s^r de l'), 180.
Aloigny (Galehaut d'), d'Aloygné, s^r d'Ingrande et de la Groye. Institution de deux foires par an à Ingrande, 288-291. Notice, 289 n.
— (Jacques d'), grand panetier de France, fils du précédent, 289 n.
Aloygné (Gallehault d'). Voy. Aloigny (Galehaut d').
Amaillou (Jean), d'Ingrande, 449.
Ambasia. Voy. Amboise.
Ambianis. Voy. Amiens.
Amboise, *Ambasia.* Château, 304 n., 317 n., 321 n. Eglise des Cordeliers, 317 n., 321 n. — Actes datés de la ville ou du château, 48 n., 117, 118, 141, 155, 173 n., 176, 186, 189, 214, 225, 253, 256, 295, 303 n., 386, 400 n., 418 n., 436 n. *Indre-et-Loire.*
— (Charles d'). Voy. Chaumont (s^r de).
— (Ingelger d'), 168 n.
— (Jean d'), membre du conseil d'Etat, 313.
— (Jeanne d'), femme d'Antoine de Clermont, s^r de Surgères, 257 n.
— (Louis d'). Voy. Thouars (vicomte de).
— (Louis d'), conseiller d'Etat, évêque d'Albi, 320.
— (Marguerite d'), femme de Louis Ier de La Trémoïlle, 118 n.
— (Pernelle d'). Voy. Longueville (comtesse de).
— (Pierre d') Voy. Thouars (vicomte de).
Amiens, *Ambianis.* Actes datés de cette ville, 280, 283, 288. Bailli, voy. Havart (Georges). *Somme.*

Amiens (Traité d') entre Louis XI et le duc de Bretagne (1468), 44 n.
Amyot (Jean), meunier du Bouchet, 127, 128.
Amys, secrétaire du roi, 60, 74.
Ancenis. Siège et prise de la place, 316 n., 350, 444 n. Garnison, 366. — Acte daté de cette ville, 104 n. *Loire-Inférieure.*
— (Traité d'), 121 n., 173 n.
Andelys (Les), 15 n. *Eure.*
Andilly. Tierce partie de la seigneurie acquise par Jean Mérichon, 425 n. *Andilly-les-Marais, Charente-Inférieure.*
Angers, 227. Eglise Saint-Laud ; fragment de la vraie croix, 268 n. Maire imposé par Louis XI, 256 n. — Actes datés de cette ville, 269, 308.
— (Evêque d'). Voy. Balue (Jean).
Anglade (Navarrot d'), chambellan du roi, capitaine de Mauléon, 375 n.
Angle au diocèse de Poitiers, 25 n. *Vienne.*
Angliers. Paroisse, église Saint-Martin, cimetière, 36, 37, 38. Seigneur, voy. Chauvigny (Christophe de). *Vienne.*
Anglin (L'), rivière, 184 n.
Angot (Pierre), écuyer, du Bois-de-Céné. Commis aux réparations de la Garnache ; coupable du meurtre de Colas Gahouart ; rémission, 100-109.
Angoulême. Acte daté de ce lieu, 35. Droit de guet au château, 35 n. *Charente.*
— (Comté d'). Gouverné par Yvon du Fou, 104 n., 105 n. Comtes : Jean et Charles d'Orléans, 105 n. Comtesse, voy. Rohan (Marguerite de). — Voy. Angoumois.
— (Diocèse d'), 371 n.
— (Evêque d'). Voy. Saint-Gelais (Octavien de).
— (Jean d'Orléans, comte d'), 36, 105 n., 139 n. Lettres en faveur de Pierre de Saint-Gelais, 35. Amortissement d'une rente de 60 livres sur ses terres de Poitou, 43.
Angoumois. Archers et arbalétriers, 289 n. Ressort de la sénéchaussée, 171 n. Sénéchal, voy.

Aubeterre (François Bouchard, vicomte d').
Anguitard (Seigneurie d'). Aveu, 388 n. *A Poitiers, Vienne.*
Anjou. Bailli des exemptions, voy. Exemptions (Bailli des). Elu sur le fait des aides, 25. Lieutenant général, 453 n.
— (Charles d'). Voy. Maine (comte du).
— (Jean d'). Voy. Calabre (Duc de).
— (Louis II, duc d'), 12 n., 228 n.
— (Marguerite d'), reine d'Angleterre, 407 n.
— (Nicolas d'). Voy. Pont (marquis du).
— (René d'). Voy. René, roi de Sicile et de Jérusalem.
— (René d'). Voy Maine (Bâtard du).
Anne de France, fille de Louis XI. Projet de mariage avec le marquis du Pont, 247 n., 413 n. Elle épouse Pierre de Bourbon, s^r de Beaujeu, 321 n., 368 n., 454 n. Notice, 247 n. Le roi lui donne la vicomté de Thouars, 247-253. Régente, 105 n., 316 n. Elle fait restituer la succession de Thouars à La Trémoïlle, 383 n.
Anoblissement de Guillaume Merlin, 5-8 ; — de Nicolas Papion, de Chantonnay, 125-127 ; — de Pierre Pourceau, de Mervent, 278-280 ; — de Guillaume et Jean Richelot, 184-186 ; — de Jean Sicoteau et d'André Ouvrart, 281.
Anselme (Le P.). *Histoire généalogique*, citée, 15 n., 48 n., 61 n., 62 n., 97 n., 105 n., 112 n., 124 n., 133 n., 136 n., 186 n., 237 n., 257 n., 259 n., 268 n., 313 n., 328 n., 343 n.
Antigny, seigneurie, 456 n. C^{ne} de *la Châtaigneraie, Vendée.*
Antoine (François), de l'île de Bouin, 164.
Apetissement du vin, droit sur le vin vendu en détail, 299.
Appelvoisin (Guillaume d'), s^r de la Bodinatière, 233 n.
— (Hardy d'), s^r de Thiors, 233 n.
— (Jean d'), s^r de Thiors et de la Jobtière. Notice, 232. Permission de fortifier son hôtel de Thiors, 232-234.

Appelvoisin (Mathurin d'), s^r de Thiors, 232 n.
Apremont, Aspremont. Châtellenie, 236. *Vendée.*
Aragon (Prétendants à la couronne d'), 413 n.
— (Yolande d'), duchesse d'Anjou, 12 n., 228 n.
Arcenay (Seigneurs d') en Bourgogne, de la famille Cuningham, 270 n. *Côte-d'Or.*
Arcère (Le P.), *Histoire de la Rochelle*, citée, 328 n.
Archiac (Le sire d'), capitaine de Cognac pour Charles duc de Guyenne. Capitulation, 104 n.
Ardenne, terre donnée à André de la Ramée, 1 n. *C^{ne} de Charzais, Vendée.*
Ardillières. Guet dû par les habitants au château de Ciré, 388 n. *Charente-Inférieure.*
Arembert (Guillaume), procureur du roi en Poitou, 179 n.
— (Jean), procureur du roi en Poitou, 16 n., 365 n.
— (Mathurin), s^r de Sepvret, procureur du roi en Poitou. Création en sa faveur de deux foires à Sepvret, 362-364. Il s'oppose à la création d'un office de procureur du roi au siège de Niort, 362 n. — 380 n.
Argenton. Rixe suivie de meurtre, 179-181. Fortifications, 443 n. — Lieutenant du château, voy. Salmon (Jean). Seigneurs, voy. Commynes (Philippe de) et Montsoreau (Jean II de Chambes, s^r de). *Argenton-Château, Deux-Sèvres.*
— (Antoine, s^r de), de Gourgé, l'Hérigondeau, Souvigné, etc. Notice, 374. Sa succession, 181 n., 442 n. Procès touchant cette succession entre Louis Chabot, s^r de la Grève, et le s^r de Montsoreau, 374-386.
— (Antoinette d'), femme de Jean de Montenay, 374 n., 375 n.
— (Brunissende d'), femme de Thibaut IX Chabot, s^r de la Grève, 144 n., 181 n., 374 n., 375 n., 376 n., 384 n.
— (Guillaume, s^r d'), 374 n. Tu-

teur de Louis Chabot, s^r de la Grève, 375 n., 378.
Argenton (Jacquette d'), femme de Jean de Vendôme, vidame de Chartres, 374 n.
— (Louise d'), femme de Bertrand de la Haye, s^r de Mallièvre, 374 n.
Armagnac. Expédition, 271 n.
Armagnac, Armignac. Voy. Du Pouët (Jean).
— (Anne d'), femme d'Arnaud-Guilhem de Lescun, 8 n.
— (Bernard d'), comte de Pardiac, 276 n.
— (Jacques de). Voy. Nemours (duc de).
— (Jean v, comte d'). Pris et tué à Lectoure, 365 n., 368 n.
— (Jean, bâtard d'). Voy. Comminges (comte de).
Armentaresse, la Ramentaresse. Lettre datée de ce lieu, 104 n. Terre et seigneurie données à Yvon du Fou ; construction d'un château, 107 n. *Auj. Le Fou, c^{ne} de Vouneuil-sur-Vienne, Vienne.*
Arnac, Arenac, paroisse, 264. *Arnac-la-Poste, Haute-Vienne.*
Arnault (Alexandre), juge de Civray, 403 n.
— (Jean), de la Chaussée en Loudunais, 110.
Arras. Gouverneur de la ville, 186 n. *Pas-de-Calais.*
Art de vérifier les dates (L'). Cité, 189 n., 250 n., 418 n.
Artois (Charles d'). Voy. Eu (comte d').
— (Comté d'). Gouverneur, 186 n.
— (Philippe d'), 91 n.
Asnières, paroisse, confrérie de Saint-Sulpice, 371, 372. Seigneur, voy. Guiot (Jean). *C^{on} de l'Isle-Jourdain, Vienne.*
Asnières (D'), secrétaire du roi, 303, 412, 416, 447.
— (Jean d'). Sa maison à Poitiers, 17 n.
Assurement, 92 ; — entre frères, 192 n. Enfreinte d'assurement, 116, 117.
Aubert (Pierre), greffier de l'élection de Poitou, 380 n.
Aubeterre (François Bouchard, vicomte d'), sénéchal d'Angoumois. Seigneur de Rochemeaux, à cause de sa femme, 276 n.
Aubigny. Aveu de la terre et seigneurie, 374 n. *Vendée.*
— (S^r d'). Voy. La Muce (Jean de).
Aubin (Jean). Voy. Malicorne (s^r de).
Aude (P.), secrétaire du roi, 146, 179, 197, 216, 406.
Audéou (Léon), *aliàs* Audier. Procès contre Jacques Grignon, 457 n.
Audouin. Voy. Regnault (Colas).
— (Jean), sergent du roi en Poitou, 159 n.
— (Mathurin), tisserand de Pamproux, 21.
Audouyn (Jean), de Poitiers, 360 n.
Audoyer (Jean), ou Audoier. Chargé de suivre le procès des habitants de Saint-Jean-de-Monts contre le s^r de la Garnache, 243, 246 n.
— (Perrot), 246 n.
Augis (Clément). Poursuivi à Thouars par Jean Turcant, 201 n.
Augustin (Jeanne), femme de Louis de Signy, 416 n.
Aunay (Eustache de Montbron, vicomte d'), 272 n., 387 n.
Aunis. Bailli du grand fief, 387 n. Vignes, 177.
Aure (Tristan d'), évêque d'Aire, 328.
Authon, terre et seigneurie, 118 n. *Eure-et-Loir.*
Authouys, secrétaire du roi, 416.
Auvergne. Terres de l'abbaye de la Chaise-Dieu, 225.
— (Béraud III, comte dauphin d'), 189 n.
— (Comte dauphin d'). Voy Montpensier (Louis Ier de Bourbon, comte d').
Auvillars (Guillaume de Ménipény, vicomte d'), 186 n.
Auzance (Seigneurie et seigneur d'), près Poitiers, 425 n. *C^{ne} de Migné, Vienne.*
Avaugour (Charles de Blois, dit de Bretagne, s^r d'). Confiscation de ses biens, 221 n. — 224 n.
Avesnes en Hainaut. Acte daté de ce lieu, 419 n. *Nord.*
Avranches (Evêque d'). Voy. Bochard (Jean).

Avril (Louis), notaire de Saint-Hilaire-de-Rié, 408 n.
Avrillot (Guy), clerc des comptes, 383 n. Secrétaire du roi, 423, 428, 440.

Aydie (Odet d'). Voy. Comminges (comte de).
Aymon (Jacques), chaussetier de Poitiers, 356.
Azincourt (Bataille d'), 13 n., 91 n.

B

Babinet (Ch.). *Les Echevins de Poitiers*, citations, 223 n., 359 n.
Bachers (Fief des). Voy. Baschers.
Baiart (Antoine), 383 n.
Balon. Seigneurie, au Maine, 328 n., 329 n. *Sarthe.*
Balue (Jean), évêque d'Evreux, puis d'Angers, cardinal, 25, 44, 66, 95.
Balzac (Robert et Ruffet de). Prise de Lectoure, 365 n. Le s^r de Balzac et sa compagnie dans le Bas-Poitou, 445 n.
Ban et arrière-ban. Dispense en faveur des maire, échevins et bourgeois de Poitiers, 314-319. Voy. *Poitou.*
Bar (Duché de), 184 n.
Barballières (Les), village, 202 n. C^{ne} *de Bonnes, Vienne.*
Barbançois (Jean de), s^r de la Tour-de-Germigny, 74.
— (Hélion de), s^r de Sarzay, 74 n.
Barbâtre, Saint-Nicolas de Barbastre, paroisse, 443. *Vendée.*
Barbe (Jean), avocat du roi en Poitou, 16 n.
Barbetorte (Prieuré de). Occupé par des gens de guerre, 193-196. C^{ne} *des Magnils, Vendée.*
Barbezières (Jean, s^r de), 292 n.
— (Nice de), femme d'Antoine Valentin, 292 n.
Barbezieux (Seigneur de). Voy. La Rochefoucauld (Jean de). Dame, voy. La Rochefoucauld (Jeanne de). *Charente.*
Barbier (Ch.) *Inventaire des archives de la ville de Poitiers,* cité, 158 n.
— (Nicole), prêtre, demeurant à Poitiers, 360 n.
Barbot (Amos). *Histoire de la Rochelle,* citée, 328 n., 390 n.
Bardonnière (La). Métairie, 203. C^{ne} *d'Avanton, Vienne.*
Barengier (Jean), 6 n.

Barillet (Jean). Voy. Xaincoins.
Barjaud (Chardin), gendre de Guillaume Chaffault, 92, 93.
Baron (Guillaume), de la Crépellière, 444, 446.
Baronnière (la), en la baronnie de Civray, 89, 90. C^{ne} *de Savigné, Vienne.*
Barrabin (Guillaume), chevalier, 388 n.
— (Jean), écuyer, 388 n., 391, 392 n. Ses terres envahies et pillées par le s^r de Malicorne, 393 n.
Barrage (Droit de), 299.
Barraut (Hélyot), de Romazières, 226.
Barreau (Le Fief), mouvant de Parthenay. Hommage, 202 n. *Sis entre les villages de Civray, c^{ne} de Cherveux, et de Faugères (Faugiret), c^{ne} de Mazières-en-Gâtine, Deux-Sèvres.*
Barre-Pouvreau (La). Fiefs de sa mouvance, 107 n. C^{ne} *de Ménigoute, Deux-Sèvres.*
Barret (Jean), sénéchal de Thouars, 201 n.
Barretière (La). Hommage dû à Montaigu par le s^r de la Jarrie, 424 n. *Vendée.*
Barrouère (S^r de la). Voy. Fouchier (Jacques).
Basché (Péron de). Complice des machinations du duc de Calabre contre Louis XI ; lettres d'abolition, 412-414.
Bascher (Guillaume), fils d'Antoine, et un autre Guillaume, 412 n.
Baschers (Fief des), ou Bachers. Aveux, 412 n. C^{ne} *de Vivonne, Vienne.*
Basin (Thomas), évêque de Lisieux, 326 n.
Bastard (Guillaume), dit de la

Barre. Victime d'un meurtre, 3, 4, 340 n.
Bastard (Perrot), de la seigneurie de Châtenay, 443.
Bastarde (Seigneur de). Voy. Orléans (Robinet d').
Bastart (Jean), maire de Poitiers, 161 n.
Baubayon (Jean), *aliàs* Baubion. Sa fille Marguerite tuée par les serviteurs du s^r de la Cepière, 454, 455.
Bauçay (Famille de), du Loudunais, 40 n.
Baud (Jean), le jeune, gendre de Jean Genevois, de Melle, 4.
Baude (Terre de la). Corr. et voy. Lande (La).
Baudoyn (Etienne), franc-archer, 352, 353.
Baudrays (André), de Marnes, 415.
Baudu (Macé), sergent de la cour de Bressuire. Lettres de rémission, 44, 45.
Baugé. Actes datés de cette ville, 120 n., 157. *Maine-et-Loire*.
Baugisière (S^r de la). Voy. Boutou (Briand). C^{ne} *de Saint-Michel-le-Cloucq, Vendée*.
Baussais (Jean Girard, dit de), chevalier, seigneur de Baussais, 40 n.
— (Jeanne de), femme de Jean Chasteigner, puis de Guillaume Maynaut, 40-42.
Bayart (Antoine), trésorier général de Languedoc, 106 n.
Bayonne. Siège, 270 n. *Basses-Pyrénées*.
Bazadais (Sénéchaussée de). Son ressort, 171 n., 172.
Bazoche-Gouët (La), terre et seigneurie, 118 n. *Eure-et-Loir*.
Bazoges-en-Paillers, Basoges. Hommage dû par le s^r de la Jarrie, 424 n. C^{on} *de Saint-Fulgent, Vendée*.
Bazoges-en-Pareds (Seigneurs de). Voy. Girard (Jean, Joachim et Renaud). C^{on} *de Châtaigneraie, Vendée*.
Beaucaire (Sénéchal de), 268 n., 269.
Beauchamp. Terre et seigneurie, 282 n. C^{ne} *de Saint-Germain, Vienne*.
Beauchet-Filleau (MM.). Diction-naire *des familles du Poitou*, cité, 4 n., 13 n., 30 n., 36 n., 40 n., 56 n., 66 n., 110 n., 122 n., 143 n., 147 n., 202 n., 228 n., 230 n., 233 n., 240 n., 271 n., 272 n., 274 n., 282 n., 289 n., 329 n., 338 n., 371 n., 374 n., 375 n., 376 n., 380 n., 387 n., 390 n., 412 n., 448 n., 453 n., 454 n., 456 n., 462 n.
Beaucourt (De). *Histoire de Charles VII*, citée, 270 n.
Beaufou (Seigneur de). Voy. Darrot (Michel). *Vendée*.
Beaugency, Baugency. Actes datés de cette ville, 52, 133. *Loiret*.
Beaujeu (Edouard de), s^r d'Amplepuis, 346 n.
— (François de). Voy. Linières (s^r de).
— (Madame de). Voy. Anne de France.
— (Pierre de Bourbon, sire de), puis duc de Bourbon. Partisan de Charles, duc de Normandie, 121 n. Epouse Anne de France, 247 n., 368, 454 n. Prisonnier à Lectoure, 365 n., 368 n. Notice, 368. — Mentions, 321 n., 371 n.
Beaumont, seigneurie du Châtelleraudais appartenant au chapitre de Notre-Dame-la-Grande de Poitiers. 273. Eglise ; chapelle de Notre-Dame de Recouvrance, 274 n. *Vienne*.
— (André de), décapité à Poitiers (1431), 235 n.
— (Guy de), s^r de Bressuire, 235 n.
— (Jacques de). Voy. Bressuire (sire de).
— (Jean), de Romazières, 226.
— (Louis de), s^r de Vallans et de la Forêt-sur-Sèvre, chambellan du roi, ancien sénéchal de Poitou. Don de la justice de Loge-Fougereuse, 52-55. Notice, 54 n., 400 n. Seigneur de Commequiers à cause de sa femme, 221 n. Gouverneur de la Rochelle, 328. Sa compagnie d'ordonnance, 289 n., Procès contre Louis de Belleville, 396 n., 423 n. Lettres affranchissant de toutes tailles et impositions les moulins qu'il a fait édifier à Missé et un pavillon servant de résidence à Louis XI, 400-402. Actes royaux sous-

crits par lui, 66, 171, 186, 254, 280.

Beaumont (Louis de), évêque de Paris. Ses terres de Poitou, 258 n.

Beaupuy (S^r de). Voy. Chauvinière (François).

Beaurepaire. Hommages dus par le s^r de Tiffauges, 424 n. C^{on} des Herbiers, Vendée.

Beauvais. Acte daté de cette ville, 32 n. Oise.

Beauvarlet (Mathieu), receveur général des finances. Compte de l'année 1464, 104 n. Il fait saisir la terre de Montaigu, 396 n.

Beauvoir, 177, 178. Beauvoir-sur-Niort, Deux-Sèvres.

— (Jean de). Décrété de prise de corps pour complicité de faux, 384 n.

Beauvoir-sur-mer, terre et seigneurie appartenant au comte d'Angoulême, 43 n.. 101 n. Paroisse, 240 n. Eglise et prieuré conventuel de Sainte-Catherine, 81. Commandeur, voy. Siméon (Alexis) et Ysoré (Guillaume). Route de Machecoul, 445. Vendée.

Bec-Crespin (Antoine du), archevêque de Narbonne, abbé de Jumièges, 44.

Béceleuf. Grande dime, 347 n. Deux-Sèvres.

Bec-Hellouin (Abbaye du), 326 n. Eure.

Béchet (André), fils de Jean, s^r de Genouillé, 387 n.

— (Antoine), frère du précédent, 387 n.

— (Françoise), femme de Briand Boutou, s^r de la Baugisière, 387 n.

— (Jean), s^r de Genouillé. Poursuivi pour le meurtre de Jean de Peyré ; rémission, 386-394. Notice, 387 n.

— (Pierre), s^r de Genouillé, 387 n.

Béjarry (Guillaume), s^r de la Louerie, 456 n.

Béliardière (La), village en la châtellenie de la Merlatière, 343, 344, 345. Vendée.

Belleville. Châtellenie ; les terres et seigneuries de Chavagnes, les Brouzils, Copechagnière et la Boissière, placées dans sa mouvance, 424 n., 425-427. Vendée.

Belleville (Antoine de). Notice, 257. Procès contre Joachim de Velort touchant la possession des terres de Bruneray et des Coudreaux; interdiction au sénéchal de Poitou d'en prendre connaissance, 256-263, 281 n. Procès contre Louis de Beaumont, 396 n. Compensation pour ses droits prétendus sur Montaigu, 397 n. Procès contre la veuve de Louis de Belleville, 423 n., 429 n.

— (Catherine de), femme de Philippe de Cousdun, s^r de Migré, 396 n., 425 et n.

— (Gilles de). Procès contre Louis de Beaumont, 396 n. Obtient une compensation pour ses droits prétendus sur Montaigu, 397 n. Procès contre la veuve de Louis de Belleville, 423 n., 429 n.

— (Jacques de). Compensation pour ses droits prétendus sur Montaigu, 397 n. Procès contre la veuve de Louis de Belleville, 423 n., 429 n.

— (Jean III Harpedenne, dit de), 257 n. Ses enfants, 395 n., 396 n. Il lègue Vendrennes à la collégiale de Saint-Maurice de Montaigu, 397 n.

— (Jean de), fils cadet du précédent. Compensation pour ses droits prétendus sur Montaigu, 397 n. Procès criminel, 258 n.

— (Louis 1er de), chevalier. Procès contre Louis de Beaumont, 54 n. Autre procès criminel, 258 n Notice, 395 n. Don de tout le droit de traite appartenant au roi sur le port de Cosnac, 395-400. Echange avec Louis XI de ses château, terre et châtellenie de Montaigu, 258 n., 395, 396-398 n. Création en sa faveur de foires et marchés à Cosnac, 400. Montmorillon cédé à sa veuve en échange de Montaigu, 417-423.

— (Louis II de). Echange de Montaigu avec Louis XI, 396-398 n , 423 et suiv. Placé sous la tutelle de sa mère, 425.

— (Marguerite de), fille de Louis 1er, 396 n. Sous la tutelle de sa mère, 425.

— (Marie de), femme de Bertrand Larchevêque, s^r de Soubise, 54

— 473 —

n., 396 n. Compensation pour ses droits prétendus sur Montaigu, 397 n. Procès contre la veuve de Louis de Belleville, 423 n., 429 n.

Belleville (Maurice II de), sʳ de la Garnache. Titre faux, 238 n., 239, 240, 412 n.

— (Renée de), fille de Louis Iᵉʳ, 396 n. Sous la tutelle de sa mère, 425.

— (Seigneur de). Voy. Harpedenne (Jean).

Bellière (Vicomte de la). Voy. Du Châtel (Tanguy).

Benaste (Jean), natif de la Roche-sur-Yon. Coupable d'un meurtre à la Jart ; rémission, 60.

Benayes en Limousin. Seigneur, voy. Cotet (N.). *Corrèze.*

Benet, Bennetz en l'évêché de Maillezais. Assassinat de René Colinet, 187-189. Château, église, porte Groussart, 187 n., 209, 212, 347. Séjour de Louis XI, 212. Livre des cens dus au seigneur, 347 n. Seigneur, voy. Maillé (Hardouin de). *Vendée.*

Bennetz. Voy. Benet.

Benon. Assises du gouverneur de la Rochelle, 391. *Charente-Inférieure.*

Béraudière (Jean de La), 274 n.

Béraut (Guillaume), de Benet, 347.

Berland (Guillemette), dame des Halles de Poitiers, femme de François Guérinet, sʳ du Verger, 448 n.

Bermondet, avocat du roi au Parlement de Poitiers, 363 n.

Bernard (Guy), archidiacre de l'église de Tours, abbé de Saint-Rémy de Reims, évêque de Langres, 55.

— (Jean), 446.

— (Jean), de la Chaussée en Loudunais. Victime d'un meurtre, 110-112.

Bernay (Sʳ de). Voy. Rideau (Jean). *Cⁿᵉ d'Iteuil, Vienne.*

Bernezay (Dame de). Voy. Surgères (Isabelle de). *Vienne.*

Bernier (André), 6 n.

Berrie, Berrye. Terre et seigneurie données par Louis XI à Anne, sa fille aînée, 247-253. Donnée à Commynes, 248 n. *Cⁿᵉ de Nueil-sur-Dive, Vienne.*

Berry. Bailli, 269, 416. Pays, 61, 444 n. Duché donné en apanage à Charles, frère de Louis XI, 173 n. ; il lui est enlevé, 343 n., 346 n. Voy. Charles de France.

— (Jean de France, duc de), comte de Poitou, 168 n., 202 n., 215 n.

— (Jeanne de France, duchesse de), fille de Louis XI. Mariée à Louis duc d'Orléans, 321 n.

— (Marie de), femme de Philippe d'Artois, 91 n.

Berry (Le héraut). *Chronique,* citée, 96 n., 270 n.

Bersure, Bersuyre. Voy. Bressuire.

Berthelot (Denis), prêtre, de Chavagnes. Complice de la fabrication de faux titres produits par les habitants de Saint-Jean-de-Monts dans un procès contre le sʳ de la Garnache ; lettres de rémission, 235-246, 411 n., 412 n.

— (Jean), sʳ de l'Herpinière, maître de la chambre aux deniers du roi, 147 n.

— (Philippe), femme de Jean Dreux, 147 n.

Bertin (André), 143 n.

Bertonneau (Jean). Voy. Bretonneau.

— (Jean), prêtre, d'Argenton, 180.

Bertusson (Pasquier), de Saint-Maixent. Frappé mortellement par son beau-frère, à la suite d'excès de boisson, 431-434.

Bery (Jean), de Saint-Hilaire-sur-l'Autize. Tué par le franc-archer de cette paroisse, 440-442.

Besdon (Jean de), sʳ d'Oiré, 215 n.

Beslon (Jean), sʳ de Ringères. Rémission, 158 n.

Besson. Voy. Bexon.

Bessonneau (Marguerite), femme de Jean du Fouilloux, 453 n.

Bestialité (Crime de), 217.

Betuis (Lucas), prétendu sorcier. Victime d'un meurtre, 218-222.

Betuyseau (Valentin), natif de Bressuire, pâtissier à la Rochelle. Rémission pour meurtre, 46.

Bexon (Abel), *alias* Besson, sʳ de la Martinière. Coupable du meur-

— 474 —

tre de Jean Joly, son cousin par alliance; rémission, 284-288.
Bexon (André), Besson, 284 n.
— (Guillaume). Sa succession, 284 n.
— (Louis), religieux bénédictin, frère d'Abel, 284 n., 285-287.
— (Pierre), prêtre, frère d'Abel et de Louis, 284 n., 285-287.
— (Simon), s^r de la Martinière, 284 n.
Bidaut (J. de), secrétaire du roi, 412, 434, 462.
Bien public (Ligue et guerre du), 103 n., 173 n., 276 n., 291 n., 401 n., 413 n. Lettres d'abolition, 121-124.
Billard, charpentier de Poitiers, 350.
Bitton (A.). *Les juridictions bas-poitevines*, citées, 81 n.
Bituris. Voy. Bourges.
Blanc (Le), en Berry, 33. *Indre*.
Blanchard (G.). *Compilation chronologique*, citée, 227 n.
— (F.) *Les généalogies des maîtres des requêtes*, citées, 8 n., 313 n., 380 n., 383 n — *Catalogue des conseillers au Parlement*, cité, 288 n., 378 n.
Blanchefort (Jean de), gouverneur de Montaigu, 398 n.
Blanchenore (Etang de), 287. *En la forêt du Parc-de-Soubise, Vendée*.
Blanchet (Pierre), sellier de Saintes, 329. 331.
Blandin (Henri), élu de Poitou, 64 n.
— (Simon), élu de Poitou, échevin de Poitiers. Sa famille, 64 et note, 65.
Blanquefort en Médoc, terre confisquée sur le s^r du Lau, 32 n. *Gironde*.
Blanzay. Curé, voy. Huldot (Jean). Dîme de la paroisse, 403, 404. *Vienne*.
Blet (François de). Procès touchant l'hôtel de l'Epine, 310 n.
Blois. Actes datés de cette ville, 268 n., 303 n. *Loir-et-Cher*.
— (Charles de). Voy. Avaugour (s^r de).
— (Jean de). Voy. Penthièvre (Comte de).
— (Nicole de), femme de Jean ii de Brosse, 221 n., 224 n.

Blois (Jean), procureur du vicomte de Rohan à la Garnache, 102 n.
Blom (Jean de), s^r de Ressonneau, 274 n., 309 n.
Blondeau (Jean), franc-archer, 446.
— (Jean), des Combes. Victime d'un meurtre dans une rixe, 166-168.
— (Pierre) et sa femme Catherine, 167.
Blouère (Seigneurs de la). Voy. Saint-Aubin (Aimery et Pierre de).
Bloy (Huguet), de Morterolles. Victime d'un meurtre, 61.
Bobin (Jean), coutre du chapitre de l'église de Poitiers, 14.
Bochard (Jean) ou Bouchard, évêque d'Avranches, confesseur du roi, 326, 343.
Bodinatière (S^r de la). Voy. Appelvoisin (Guillaume d').
Boinart (Simon), ou Brivart, de Marnes. Victime d'un meurtre, 414-416.
Boign (Ile de). Voy. Bouin.
Boisbousseau. Terre et seigneurie, 282 n. P.-ê. *Bois-Boursault*, c^{ne} de Vernon, *Vienne*.
Bois-Catus (Seigneur du). Voy. Catus (Hugues).
Bois-de-Cené (Le), Boys de Cennè, paroisse, 101. C^{on} *de Challans, Vendée*.
Boisé (Françoise de), femme de Jean de Barbançois, 74 n.
Boisgrollant (Le), prieuré, 119 n. Prieur, voy. Peyraud (Jean). C^{ne} *de Saint-Entrope-du-Poiroux, Vendée*.
Boismorant. Terre et seigneurie, 282 n. Maison appartenant à Jean de Moussy; droit d'usage en la forêt de Chavagne, 420 n. C^{ne} *d'Antigny, Vienne*.
Bois-Pouvreau (Le). Réédification du château et des fortifications, 337-339. Sénéchal, 337 n. Seigneurs, voy. Estissac (Amaury et Jean d'). C^{ne} *de Ménigoute, Deux-Sèvres*.
Bois-Renault (Le), hôtel et seigneurie. Aveu, 374 n. C^{ne} *de Geay, Deux-Sèvres*.
Boisriau (S^r de). Voy. La Muce (Jean de).
Bois-Roteau (Le). Appartenant à

Louis de Rezay, 102 n. *Vendée.*
Boissière (La), la Boycère. Union de la terre et seigneurie et de celles de Chavagnes, les Brouzils et Copechagnière sous un seul hommage, 423-428. *La Boissière-de-Montaigu, Vendée.*
Boissière (Seigneur de la). Voy. Rousseau (Louis).
Boivre (La), rivière, 128.
Bollandistes. *Acta Sanctorum*, cités, 363 n.
Bonne-Aventure-lès-Chinon. Acte daté de ce lieu, 315 n. *Indre-et-Loire.*
Bonnemin (François), de Saint-Maixent. Mis à mort par sa femme et son gendre, 459-462.
Bonnes, paroisse, 202 n. *Vienne.*
Bonnet (Jean), clerc, d'Asnières. Coupable de viol, 371, 372.
Bonney (Etienne de), receveur ordinaire de Poitou, 105 n., 106 n., 382 n.
Bonnin (Jean), s^r de la Cepière. Poursuivi pour meurtre ; rémission, 454.
— (Jean), écuyer, fils de Thibault, s^r de Messignac. Procès contre l'abbaye de Charroux, 455 n.
— (Laurent), 258 n.
— (Thibault), s^r de Messignac, et son fils Jean, 455 n.
Bonnioleau (Jean), franc-archer de Saint-Hilaire-sur-l'Autize, 441 n.
Borde (S^r de la). Voy. Melun (Charles de).
Bordeaux, 282 n. Acte daté de cette ville, 337 n. Parlement, voy. Parlement. *Gironde.*
Bouchain (Siège de), 124 n. *Nord.*
Bouchard (François). Voy. Auberterre (Vicomte d').
— (Jean). Voy. Bochard (Jean).
— (Yolande), femme de Charles de Saint-Gelais, 35 n.
Boucherat (Jean). Ajourné au Parlement, à la requête des habitants de Fontenay-le-Comte, 303 n.
Bouchet. *Annales d'Aquitaine*, citées, 276 n., 363 n.
— (Catherine du), femme d'Amaury Dobé, 233 n.
— (Jean du), Bouschet, demeurant au Bouchet. Prisonnier à Montreuil-Bonnin pour le meurtre de Jean Morrigeau ; rémission, 127-130.
Bouchet (Le), le Bouschet, sur la Boivre, mouvant de l'abbaye des Châteliers, 127, 128, 129. Meunier, voy. Amyot (Jean). C^{ne} *de Montreuil-Bonnin, Vienne.*
Boucicaut (Guillaume), 6 n.
Boudet (Pierre), de la Roche-sur-Yon, 122 n. Voy. Budet (Pierre).
Bouère, au Maine. Meurtre, 112. *Mayenne.*
Boueron (Bertrand), *aliàs* Boutron ou Boucron, curé de Noirterre, prieur de Bouin. Procès contre l'évêque de Luçon, 119 n., 142 n., 316 n.
— (Jean), écuyer, s^r de la Milletière, 119 n.
Bougentoys (Feu André), de Saint-Maixent, 433.
Bouhier (Pierre), de la Chaume. Rémission, 437 n.
Bouin (Ile de), Boign, Boyn. Lettres d'exemption de tailles en faveur des habitants, 61-65. Pâturages, marais, 164. — Aumônier de Bouin, voy. Boueron (Bertrand).
Bouju (Michau), de Saint-Maixent. Coupable du meurtre de son beau-frère, dans une rixe, à la suite d'excès de boisson ; rémission, 431-434.
Bouldures, espèce de marcassite ou pyrite ferrugineuse, 151.
Boulier (Hélie et Guillaume), de Saint-Maixent, 432.
Boupère (Le), le Bouppère, paroisse, 456 n. Rixe et meurtre, 455-459. Franc-archer, voy. Ravineau (Jean). C^{on} *de Pouzauges, Vendée.*
Bouquet (Jean), pâtissier de Notre-Dame de Celles. Prisonnier à Poitiers pour fausse monnaie ; rémission, 213-215.
Bourbeau (Jacques), de Poitiers, 360 n.
Bourbon (Charles Ier, duc de), 48 n., 54 n., 218 n., 250 n., 283 n., 268 n., 454 n.
— (Jean II dit le Bon, duc de) et d'Auvergne, 55, 124, 269, 371 n. Connétable de France, 368 n.
— (Eléonore de), femme de Ber-

nard d'Armagnac, comte de Pardiac, 276 n.
Bourbon (Jacques de), comte de la Marche, 276 n.
— (Jean de). Voy. Vendôme (Comte de).
— (Louis, bâtard de). Voy. Roussillon (Comte de).
— (Marie de), femme de Jean d'Anjou, duc de Calabre et de Lorraine, 218 n., 250 n.
Bourbonnais. Expédition, 350.
Bourcicaut (Guillaume), chaussetier de Poitiers, 356.
Bourg-de-Déols. Acte daté de ce lieu, 376 n. *Indre.*
Bourges, *Bituris.* Actes datés de cette ville, 16, 70, 72, 137 n., 250 n. *Cher.*
Bourgogne. Ducs, voy. Charles le Téméraire, Philippe le Bon. Expédition, 315 n.
— (Agnès de), femme de Charles Ier duc de Bourbon, 55 n., 368 n.
— (Comté de), 271 n.
Bourg-Pallié (Le). Dîme, 347 n. *Cne de Béceleuf, Deux-Sèvres.*
Bourgueil-en-Vallée (Abbaye de), 414 n. *Indre-et-Loire.*
Bournan (Jeanne de), mère de Louis, bâtard de Bourbon, comte de Roussillon, 48 n.
Bourneau. Permission de fortifier ce lieu, 1-3. Aveu au sr de Parthenay, 2 n. *Con de L'Hermenault, Vendée.*
Bournet (Abbaye N.-D du), au diocèse d'Angoulême, 371 n. Abbé, voy. Guiot (Jean).
Bourré (Jean), sr du Plessis-Bourré, secrétaire de Louis XI, 72, 115, 118, 121, 157, 176, 209, 275, 307. Lettre de Louis XI, 304 n. ; — de Jean Chambon, 380 n. Ses papiers, 322 n. Il est chargé de mettre Marguerite de Culant en possession de Montmorillon, 420 n.
Bourrigaud (Françoise), 463.
Boussart (Jacques). Procès, 1 n.
Boutaud (Nicolas), ou Boutault, évêque de Luçon. Notice, 119 n. Il est autorisé à séculariser son chapitre 118-120. Procès, 316 n. — 155, 156, 194.
Boutelaie (La), la Bouteraye. Prisons, 100. *Cne de Lésigny, Vienne.*

Boutet (Pierre). Son jardin à Poitiers, 17 n.
Boutigny. Acte daté de ce lieu, 442. *Seine-et-Marne.*
Boutillier (Philippe), lieutenant du bailli de Touraine, au siège de Chinon, 239 n., 256, 260, 261, 262.
Boutin (Guillaume), tavernier de Pamproux, 21.
Boutou (Briand), sr de la Baugisière, 387 n.
Boutron. Voy. Boueron.
Boux du Teil (Renée), femme de Jean d'Appelvoisin, 233 n.
Boycère (La). Voy. Boissière (La).
Boylesve (Jean), receveur de la ville de Poitiers, 383 n.
Boyn (Ile de). Voy. Bouin.
Boynet (Jean), de Poitiers. Procès contre Raoul de La Woestine, 114 n.
Brachechien (Louis de), Brechechien, écuyer. Faux à son préjudice, 464.
Brachete (La), village, 456. *P.-ê. la Brochetière, cne du Boupère, Vendée.*
Bran et Brandois. Donnés à Commynes, 248 n. *Brem, Saint-Nicolas-de-Brem, Vendée.*
Brantôme. Cité, 315 n.
Bregeons, lieu, 310 n. Seigneur, voy. Gerbault (Jean). *Cne de Nérignac, Vienne.*
Brelou, paroisse, 194 n. *Deux-Sèvres.*
Brem. Voy. Bran.
Breschou (Pierre). Ajourné au Parlement, 309 n.
Bressuire, Bresuyre. Bersure, 46, 329, 381. Ferme du vin vendu au détail, 44. Fermier, voy. Moysen (Simon). Sergent de la cour, voy. Baudu (Macé). Bourg Saint-Cyprien, 45. Grandes assises, 233 n. Information touchant un faux, 464. Mouvance, 233 n. Panetiers et taverniers, drapiers, 46 n. Sénéchal, voy. Conzay (Hugues de).
— (Jacques de Beaumont, sire de), sénéchal de Poitou, 106 n. Ses abus de pouvoir, 119 n. Convocations du ban et de l'arrière-ban, 179 n., 185 n., 282 n., 366 n. Il réunit à Montaigu le ban et

l'arrière-ban de Poitou, et veut contraindre les maire, échevins et bourgeois de Poitiers à s'y rendre, 315, 316. Notices, 235 n., 316 n. Lieutenant général en Poitou, Saintonge et Aunis, 235 n., 366 n. Saisit au nom du roi la vicomté de Thouars et les autres terres de la succession de Louis d'Amboise, 247 n. Le roi lui fait don du revenu de Thouars, 248 n. ; — de la seigneurie du Bois-Pouvreau, 337 n. Date de sa nomination comme sénéchal de Poitou, 315 n., 316 n. Aveux à lui rendus, 374 n. Lettre de Louis XI, 398 n. Commissaire pour la fortification des Sables-d'Olonne, 437 n. — Autres mentions, 235, 254, 280, 291, 365.

Bretagne. Duc, voy. François II. Duché et pays, 59, 77, 79, 101, 443, 444. Marches de Poitou, 62, 63, 443, 447. Guerres, 289 n., 397 n., 444 n. Lieutenant général, 453 n.

— (Marie de), femme de Jean II, vicomte de Rohan, 237 n.

Bretelière (La), village, 456, 457. *La Bertelière ou la Bertolière, c^{ne} de Montsireigne, Vendée.*

Bretollière (Seigneur de la). Voy. Age (Jean de l').

Bretonneau (Jean), Bertonneau, aumônier de l'abbaye d'Airvault, 56, 57.

— (Jean), de Champdeniers, commandeur d'Isenheim, 56 n.

Breuil (Le), seigneurie mouvant de Valençay, 416 n. Seigneur, voy. Signy (Louis de). *Depuis la Tour-du-Breuil, Indre.*

— (Le), près la Roche-Pozay, 448 n. Seigneur, voy. Chasteigner (Jacques). *Vienne.*

Breuil-Bertin (S^r du). Voy. Méri- chon (Jean). *Charente-Inférieure.*

Breuil de Fellez (Le). Aveu de la dîmerie, 202 n. *C^{ne} de Saint-Christophe-sur-Roc, Deux-Sèvres.*

Brézé (Jacques de), comte de Maulévrier, grand sénéchal de Normandie, 210. Meurtrier de sa femme, 211 n.

— (Pierre de). Tué à Montlhéry, 210 n.

Briçonnet (J.), Brisonnet, secrétaire du roi, 168.

Briensay (Archidiaconé de), en l'église de Poitiers, 17 n.

Brinon (Jean), conseiller au Parlement, 240 n.

Brisay (Aymar de), chevalier, 329 n.

Brivart (S.). Voy. Boinart.

Brosse (Jean II de), s^r de Sainte-Sévère. Seigneur de Palluau, à cause de sa femme, Nicole de Blois, dite de Bretagne, 221 n., 224.

— (Jean de). Voy. Laigle (seigneur de), Penthièvre (comte de).

— (Vicomté de), 183. Vicomtesse, voy. Chauvigny (Antoinette de).

Brosse-Guilgaut (La), fief. Hommage, 245 n. *C^{ne} de Coulonges-Thouarsais, Deux-Sèvres.*

Brosses (Guillaume de), archer de la compagnie du bailli de Sens, 183, 184.

Broue du Cerisier (Champ appelé la). Voy. Combes (Les).

Brousse (La), hébergement, 374 n. *C^{ne} de Chanteloup, Deux-Sèvres.*

Brouzils (Les). Réservés à Louis de Belleville, 397 n. Union de la terre et seigneurie et de celles de Chavagnes, Copechagnière et la Boissière sous un seul hommage, 423-428. *Vendée.*

Brulon (Anne), dame de la Brulonnière, femme de Jean de Greuille, puis de Jean de Séris, 309 n.

— (François), écuyer, 309 n.

— (Guichard), écuyer, seigneur de Plaisance et de la Brulonnière. Permission de fortifier son hôtel de la Brulonnière, 309-313. Notice, 309 n.

— (Huguet), s^r de la Brulonnière, 309 n.

— (Marguerite), dame de l'Age-de-Plaisance, femme de Guillaume de Blom, 309 n.

Brulonnière (Hôtel de la), appartenant à Guichard Brulon. Permisson de le fortifler, 309-313. *C^{ne} de Persac, Vienne.*

Brunat, notaire et secrétaire du roi au Parlement, 423 n., 429 n.

Bruneau (Guillaume), habitant de

Saint-Jean-de-Monts. Compromis dans une affaire de faux, 239 n., 246 n., 408 n., 409, 410 n.

Bruneray. Terre et seigneurie litigieuses entre Joachim de Velort et Antoine de Belleville, 256-263. *En Anjou.*

Bruneteau (Mathurin), 64 n.

Brunetière (La), seigneurie, 30 n. *Paroisse de Vautebis, Deux-Sèvres.*

Brussaud (Mathurine), femme de Clément Mercier, de Saint-Pierre-du-Chemin, 334.

Budé, secrétaire du roi, 394.

Budet (Pierre), ou Boudet. Lettres d'abolition, 121-124.

Bueil (Jean III de), 1 n.
— (Jean V, sire de), comte de Sancerre, fils de Jean IV, 89, 98.

Buisson (Jean), paroissien de Naintré, 274 n.

Burdelot (Jean), conseiller au Parlement, 394 n.

Busseau (Le), prieuré dépendant de l'abbaye de Bourgueil. Compétition accompagnée de violences, 414 n., 441 n. Prieur, voy. Frétart (Pierre). C^{on} *de Coulonges-sur-l'Autize, Deux-Sèvres.*

Busserolles (Seigneurs de). Voy. La Lande (Guyot et Jacques de).

Bussière-Poitevine, seigneurie, 199 n. *Haute-Vienne.*

Bussières (Jean), sergent royal, 4 n.

Buterie (La). Assises du seigneur, 456, 457. *La Débuterie, c^{ne} de Rochetréjoux, Vendée.*

C

Caderu (Jean). Commis à la perception des dîmes appartenant à la cure d'Ingrande, 448-451.

Cadou (Guillaume). Chargé de suivre le procès des habitants de Saint-Jean-de-Monts contre le s^r de la Garnache, 243.

Cailleau (Denis), collecteur des tailles à Tourtenay, 64 n.

Caillière (La), paroisse, 456 n. Curé, voy. Grignon (Jacques). *Vendée.*

Calabre (Jean d'Anjou, duc de) et de Lorraine, 218 n., 250 n., 413 n.
— (Nicolas d'Anjou, duc de). Voy. Pont (marquis du).

Calais, Calaix. Châtellenie, 309, 310. *A l'Isle-Jourdain, Vienne.*

Callart (Jean), 340.

Calmet (Dom). *Histoire de Lorraine*, citée, 250 n.

Calmette (J.). *Louis XI, Jean II et la révolution catalane*, cité 230 n., 265 n., 270 n., 352 n.

Calucher (André), d'Echiré, 215.

Cambray (Adam de), premier président du Parlement, 313 n.
— (Ambroise de), maître des requêtes, membre du Conseil, 313, 328.

Cambray (Artus de), conseiller au Parlement, 382 n.

Canaye (Le s^r de). Lettre à Yvon du Fou, 104 n.

Candale (Jean de Foix, comte de), 91.

Canet (Trêve de), en 1473, 230 n.

Cangé (Seigneurs de), en Touraine, de la famille Cuningham, 270 n. *C^{ne} de Saint-Avertin, Indre-et-Loire.*

Capitaine, valet de Foucaut Gomart, 137 n.

Caquereau (Jean), marchand bourgeois de Poitiers, 159 n. Echevin, 359 n.

Carcassonne. Sénéchal, 291 n. *Aude.*

Carentan (Vicomte de), 256 n. *Manche.*

Carlat. Château, 276 n. *Cantal.*

Carré de Busserolle. *Dictionnaire d'Indre-et-Loire*, cité, 375 n., 395 n.

Cars (Gautier des), sénéchal de Périgord, capitaine du château de Poitiers, 106 n.

Carteron (Michau), hôtelier de Paizay-le-Tort, 429, 430.

Cartier (Huguet), receveur de Thouars, 244 n.

Cassini (Carte de). Citée, 26 n.
Castillon (Bataille de), 91 n.
Catalogue, Cathelongne. Expédition, 230, 231, 265 n., 270 n., 351, 352.
Catus (Charles), chevalier, s^r des Granges et de Saint-Généroux, 30.
— (Françoise), femme de Pierre des Cloudis, 30 n.
— (Hugues), s^r du Bois-Catus, 30 n.
— (Jean), seigneur des Granges-Catus, Saint-Généroux, etc. Ses enfants, 30 n.
— (Louis) écuyer, s^r de Lassy. Prisonnier à Parthenay pour le meurtre de Jean Prochau, prêtre ; rémission, 29-32.
Cauchon (Antoine). Décrété de prise de corps pour complicité de faux, 384 n.
Caulandon (Don), homme d'armes de la compagnie de Tanguy du Châtel. Coupable du meurtre d'un homme de la garnison de Chauvigny ; rémission, 254-256.
Caumont (De), secrétaire du roi, 442.
Caunac. Voy. Cosnac.
Caux (Marches du pays de), 8 n.
Celle l'Evêcault, paroisse, 434 n. *Vienne*.
Celles, Selles, bourg Notre-Dame de Celles, 4 n. Requête des habitants à Louis xi, 322 n. Exemption d'impôts en leur faveur, 321, 322. Faux monnayeurs, 213, 214. Rixe et meurtre, 340, 342. — Actes datés de ce lieu, 232, 235, 246, 325, 365, 368.
    Abbaye Notre-Dame de Celles. Fondations de messes par Louis xi, 206-208, 304-306. Église reconstruite, 206 n. Lettres de sauvegarde et de privilèges, 320-325. Séjour du roi, 304 n. Abbés, voy. Lezignac (Guy et Louis de). *Celles-sur-Belle, Deux-Sèvres*.
Cenan, Senans, commanderie. Acte daté de ce lieu, 212. *C^{ne} de Saint-Pompain, Deux-Sèvres*.
Cenomannie (*Comes*). Voy. Maine (Charles d'Anjou, comte du).
Cepière (La), la Seppière. Moulin, 454. Seigneur, voy. Bonnin (Jean). *C^{ne} de Ventouse, Charente*.

Cerisay (Guillaume de), Serizay, baron du Hommet, etc., protonotaire et secrétaire du roi, 246, 269, 454. Greffier civil du Parlement, 256 n.
Cerizay. Foires, 329 n. *Deux-Sèvres*.
Cerzé. Voy. Grand-Serzé (Le).
Cevret. Voy. Sepvret.
Chabanne (S^r de). Voy. Du Bois (Josselin).
Chabannes (Antoine de). Voy. Dammartin (comte de).
— (Antoinette de), dame de Saint-Fargeau, femme de René d'Anjou, 118 n.
— (Gilles de). Partisan de Charles, duc de Normandie, 121 n.
— (Le comte H. de). *Histoire de la maison de Chabannes*, citée, 291 n.
Chabot (Catherine), femme de Charles de Châtillon, 144 n.
— (Jeanne), fille de Thibault ix, s^r de la Grève, et de Brunissende d'Argenton, femme de Jean de Chambes, s^r de Montsoreau, 181 n., 375 n., 442 n. Dame d'honneur de Charlotte de Savoie, 376 n.
— (Louis), s^r de la Grève. Notice, 375. Procès contre le s^r de Montsoreau, au sujet de la succession d'Argenton ; faux témoignages, 373-386.
— (Louis), s^r de Jarnac. Procès contre le comte d'Angoulême, 105 n.
— (Madeleine), fille de Louis, s^r de la Grève, femme de Navarrot d'Anglade, 375.
— (Renaud), s^r de Jarnac, 105 n.
— (Thibault ix), s^r de la Grève, 144 n., 374 n., 375 n., 376 n., 384 n.
Chaffault (Simon), homme de labour, 404, 405.
Chaillac, au comté de Poitou. Rixe entre habitants et hommes d'armes, 183, 184. *Indre*.
Chaillac, paroisse, 291. *Haute-Vienne*.
Chaillé (André), de Poitiers, 360 n. Receveur de la ville, 383 n.
Chaillé (Seigneur de). Voy. Cousdun (Guy de).
Chaillot (Laurent), 131.
Chaillou (Guillaume du). Poursuivi

— 480 —

comme complice d'un assassinat, 310 n.

Chaise-Dieu (Abbaye de la). Echange de terres avec le sire de Crussol, 225. *Haute-Loire.*

Chaize-Giraud (La). Foires, 142 n. Seigneur, voy. La Muce (Jean de). *Vendée.*

Chaize-le-Vicomte (La). Terre et seigneurie, 248 n.; cédée à Louis de Belleville, 397 n. Capitaine et son lieutenant, 143 n. Voy. Le Gras (Rolland), La Vallée (Abel de). *Vendée.*

Challans, Chalans, 241. *Vendée.*

Châlon (Marguerite de), femme d'Olivier de Husson, comtesse de Tonnerre, 153 n.

Chambéry, 55 n. *Savoie.*

Chambes (Hélène de). Son mariage avec Philippe de Commynes, 181 n., 256 n., 340 n., 376 n., 442 n.

— (Jean II de). Voy. Montsoreau (sr de).

Chambes (Nicole ou Colette de), seconde femme de Louis d'Amboise, vicomte de Thouars, puis maîtresse de Charles, duc de Guyenne, frère du roi, 181 et note, 247 n., 376 n.

Chambon (Jean), conseiller au Parlement. Commis à l'exercice de l'office de sénéchal de Poitou. Notice, 380-383 n. Mentions, 159 n., 360, 377 n. Sentence, 385 n. Information ordonnée contre Jacques Coulon, 464.

— (Jean), autre, avocat du roi en la sénéchaussée de Guyenne, 382 n.

Chambre (Nicole), capitaine de la garde écossaise, 394 n. Sa veuve, voy. Chenin (Catherine).

Chambret (Jacques), commis des élus de Poitou à Thouars, 64 n.

— (Jean), procureur de la vicomté de Thouars, 201 n.

Champagnac. Seigneurie, 372 n. *Haute-Vienne.*

Champagne. Comté et pays, 116, 271 n.

Champagné en Saintonge. Château et seigneurie cédés à Marguerite de Culant, veuve de Louis de Belleville, 417-423. *Charente-Inférieure.*

Champagné-Lureau. Meurtre, 89-91. *Cne de Savigné, Vienne.*

Champagné-Saint-Hilaire, paroisse, bois, 150. Justice, 152. *Con de Gençay, Vienne.*

Champbalain (Un nommé), mercier, 445.

Champ-Boyn (Le) ou Deffens-le-Comte. Bail de terre, 68 n. *Le Fief-le-Comte, cne de Poitiers, Vienne.*

Champdeniers, 56 n. *Deux-Sèvres.*

— (Catherine de), femme de Jean Tudert. Hommages, 33 / n.

Champdivers (Odette de), la petite reine. Sa fille, 257 n., 396 n.

Champgillon. Commanderie, 456 n. *Cne de Saint-Juire, Vendée.*

Champigny-sur-Veude, Champeigné, 377. *Con de Richelieu, Indre-et-Loire.*

Champion, chaussetier de Loudun, 37.

Champtocé, Chantocé. Siège et prise, 316 n., 444 n. *Maine-et-Loire.*

Chansay (Guyon de), clerc du Palais à Paris, natif du Poitou. Rémission pour meurtre, 113.

Chanteloup, paroisse. Fief de la Vergnaie, 374 n. *Deux-Sèvres.*

Chantocé. Voy. Champtocé.

Chantonnay, paroisse, 125. *Vendée.*

Chanvillon (Simon, *alias* Jean), coutre du chapitre de l'église de Poitiers, 14.

Chapelle-Bellouin (Seigneurs de la). Voy. Velort (Artus et Joachim). *Cne de Claunay, Vienne.*

Chapelle-Palluau (La), paroisse, 26 n. *Vendée.*

Chapelle-Saint-Laurent (La), paroisse, 385 n. *Deux-Sèvres.*

Chaperon (Gosceline), seconde femme de Louis Chabot, sr de la Grève, 376 n., 377 n.

Chapperon (Françoise), femme de Jean de La Rochefaton. Victime de son mari, 49-51.

Charassé, Charracé. Terragerie donnée à Yvon du Fou, 106 n. *Cne de Montamisé, Vienne.*

Charbonnière (Tour de), près Aigues-Mortes. Capitaine; 376 n. *Gard.*

Chardonchamp (Pont de), 68 n. *Cne de Migné, Vienne.*

Charente (La), 173 n.
Charente-Inférieure (Archives de la). Document cité, 387 n.
Chargé (Perrine de), femme de Méry de Chézelles, 122 n.
Charles v, roi de France. Don à André de La Ramée, 1 n.
Charles vi, roi de France. Sa fille naturelle, Marguerite de Valois, 257 n., 395 n., 396 n.
Charles vii, dauphin, comte de Poitou. Hommage à lui rendu, 412 n. — Roi de France. Don de Montmorillon à La Hire, 419 n. Ecossais à son service, 192 n., 270 n. Guerres, 282 n. Il fait rentrer le Parlement de Poitiers à Paris, 172 n. Nomination de conseillers au Parlement, 380 n. Négociations, 387 n. Restitution du conté de Dreux à Charles II d'Albret, 418 n. Séjour à Razilly, 374 n. Hommages à lui rendus, 257 n. Sa fille naturelle Charlotte, mariée à Jacques de Brezé. — Lettres en faveur du chapitre de l'église cathédrale de Poitiers, 9, 13, 16, 19, 20. Lettres patentes citées, 2 n., 35 n., 121 n., 153 n., 169 n., 192 n., 272 n., 284 n., 313 n., 363 n., 366 n., 376 n., 464 n. — Autres mentions, 55 n., 61 n., 89 n., 91 n., 96 n., 124 n., 200 n., 264 n., 326 n., 434 n.
Charles viii, dauphin, 304, 321, 323. Roi de France. Guerres, 282 n., — contre la Bretagne, 237 n., 289 n. Expédition en Italie, 368 n. Confirmation de lettres en faveur de Fontenay-le-Comte, 302 n. — Lettres patentes citées, 15 n., 20 n., 105 n., 184 n., 227 n., 316 n., 325 n., 329 n. Autres mentions, 26 n., 72 n., 81 n., 103 n., 245 n., 268 n., 383 n.
Charles de France, frère de Louis xi. Duc de Berry. Notice, 172 n. Il prend part à la Ligue du Bien public, 103 n., 104 n. Le Berry lui est enlevé, 346 n. Duc de Normandie ; le roi lui reprend cet apanage, 121 n. Sa fuite en Bretagne et son alliance avec le duc François ii, 121 n., 122, 123, 343 n. Entrevue avec Louis xi à Coulonges-les-Royaux, 401 n. Le roi lui donne le duché de Guyenne, 172 ; prise de possession de cet apanage, 328 n. Intrigues avec les ducs de Bourgogne et de Bretagne, 266 n.-268. Ses partisans traités en rebelles, 337 n., 338. — Sa maîtresse, Colette de Chambes, 181 n., 376 n. Sa mort, 124 n., 444. — Autres mentions, 32 n., 269, 313 n., 382 n., 390, 391, 392.
Charles iv, roi de Naples, comte du Maine, 118 n. Voy. Maine (comte du).
Charles le Téméraire, duc de Bourgogne, 55 n. Châtie les Liégeois révoltés, 270 n., 271 n., Promet sa fille à Nicolas, marquis du Pont, 250 n. ; machinations avec celui-ci contre le roi, 412, 413. Intrigues et complots avec les ducs de Guyenne et de Bretagne contre Louis xi, 173 n., 265 n.-268, 276 n., 328 n., 397 n., 444 n. Sa mort, 313 n.
Charles (Jean), d'Asnières, 371, 372.
Charlotte de Savoie, seconde femme de Louis xi, 184 n., 247 n., 376 n.
Charon. Voy. Charron.
Charpentier (Jean), coutre du chapitre de l'église de Poitiers, 14.
Charracé. Voy. Charassé.
Charreton (Jean), ou Charton, écuyer, de la Chaussée en Loudunais, Coupable du meurtre de Jean Bernard ; rémission, 110-112.
Charrier (Guy) et autres de cette famille, de Châtellerault, 203.
— (Joachim). Prisonnier des Bretons, 445, 446.
Charrocer, village, 369. *Probablement Chez-Rocher* (Cassini et Etat-Major), c^{ne} de Tersannes, Haute-Vienne.
Charron, Charon, à quatre lieues de la Rochelle, 286. *Charente-Inférieure.*
Charron (François), barbier de Saint-Maixent. Prisonnier pour le meurtre de son beau-père ; rémission, 459-462.
Charroux, 275. Meurtre commis par un archer de l'ordonnance,

— 482 —

72-74. Abbaye ; procès touchant un droit de pêche, 276 n ; — contre Jean Bonnin, 455 n. *Vienne.*

Charroux (Vincent), homme de labour, 404, 405.

Chartier (Guillaume), évêque de Paris, 407 n.

— (Jean). *Chronique de Charles VII,* citée, 270 n.

Charton (Jean). Voy. Charreton (Jean).

Chartres. Bailli, 269. Grénetier, 223. — Actes datés de cette ville, 83 n., 95, 97, 104 n., 455. *Eure-et-Loir.*

— (Isabelle de), femme d'Antoine de Lévis, 121 n.

— (Jean II de Vendôme, vidame de), 455 n.

— (Jean III de Vendôme, vidame de), 374 n. Coseigneur de l'île de Bouin ; exemption de tailles en faveur des habitants de cette île, 61-65. Seigneur de Pouzauges, 455 n.

Chartreuse (La Grande). Traité passé avec Louis d'Amboise, vicomte de Thouars, 168. Voy. Oiron (La Chartreuse d').

Chassaigne (Moulins de). Voy. Poitiers.

Chassaignes. Seigneurie, sujets, 36. *Dordogne.*

Chasseneuil, Chassegnoil, paroisse, 203. Censif, 360 n. Terre et moulins ; aveu de, 388 n. *Vienne.*

Chasteau (Antoine du), écuyer, s^r de Château-Gaillard. Coupable de viol, 371, 372.

— (Guillaume du), s^r du Fanet, 371 n.

— (Pierre du), s^r de Château-Gaillard, 371 n.

— (Pierre), s^r du Fanet, 371 n.

Chasteigner (Geoffroy), s^r de Saint-Georges-de-Rexe, 448 n.

— (Jacques), chevalier s^r du Breuil, d'Yzeure et du Verger à cause de sa femme, Jeanne Guérinet, 448 n.

— (Jean III), seigneur de Prinçay, 40.

— (Jeanne), dame de Guignefolle, femme de Charles Catus, 30 n.

— (Louis Ier), s^r de Malvault. Meur-trier de son beau-frère ; rémission, 39-43.

Chastellain (Georges). *Chronique,* citée, 264 n., 265 n.

Châtaigneraie (La). Mouvance et aveu de la seigneurie, 278 n., 279 n. Seigneur, voy. Vivonne (Germain de). *Vendée.*

Château (Le), Chasteau. Hôtel, 463.

Châteaubriant (Richard de), 142 n.

Châteaubrun (S^r de), en Berry. Voy. Gaucourt (Charles de). C^{ne} de Cuzion, *Indre.*

Château-Gaillard (Seigneur de). Voy. Chasteau (Antoine du). C^{ne} d'*Asnières, Vienne.*

Châteaugaillard (Terre de), en Dauphiné, 257 n.

Château-Gautier. Donné à Commynes, 248 n. C^{ne} de Grosbreuil, *Vendée.*

Château-Gontier, 72 n., 227 n. *Mayenne.*

Château-Guibert (Dame de). Voy. Sanglier (Jeanne). *Vendée.*

Château-Larcher. Relèvement des fortifications, 268 n. Seigneur, voy. Rivière (Poncet de). *Vienne.*

Châteaumur. Châtellenie, 244 n. Seigneur, voy. Laigle (Jean de Brosse, s^r de). Les Châteliers-Châteaumur, *Vendée.*

Châteauneuf (Antoine de). Voy. Lau (s^r du).

Château-Thierrry. Capitaine, 313 n. *Aisne.*

Châtelet (Philibert du), 184 n.

— (Renaud du), s^r de Pompierre, comte de Vignory, bailli de Sens, 189. Sa compagnie logée au bourg de Chaillac, 184. Notice, 184 n.

Châtelier (Prieuré du), 328 n.

Châtelleraudais. Rôle de l'arrière-ban (1491), 179 n.

Châtellerault. Officiers de l'hôtel du comte du Maine, 228, 229 ; — poursuivis par le s^r du Verger, 448 n. — Acte daté de cette ville, 103 n. — Mentions, 203 et n., 316 n., 390 n. *Vienne.*

— (Vicomté de). Acquise par Charles d'Anjou, comte du Maine, 366 n. Réunion à la couronne ; érection d'un siège royal, 289 n. Vicomte, voy. Maine (Charles d'Anjou, comte du).

— 483 —

Châtelliers (Abbaye des). Fief de sa mouvance, 128. C^{ne} de Fontperron, *Deux-Sèvres.*
Châtenay, Chastenay. Prisons, 443, 447. C^{ne} de Saint-Gervais, *Vendée.*
Châtille (Prieuré de la), 365 n. C^{ne} de Béthines, *Vienne.*
Châtillon (Antoine de), 144.
— (Charles de), chef de la branche fixée en Poitou, 144 n.
— (Louis de Laval, s^r de), Chastillon, gouverneur du Dauphiné, 133, 136, 254.
Châtillon-sur-Indre. Seigneurie donnée à Tanguy du Châtel, 124 n. *Indre.*
Châtillon-sur-Marne. Capitaine, 313 n. *Marne.*
Châtillon-sur-Sèvre. Voy. Mauléon.
Chaudrier (Jean), 142 n.
Chauffault (Guillaume), laboureur, de la Baronnière, 89, 90, 92.
Chaume (La). Déclaration en faveur des habitants, portant exemption des droits de traite pour leurs blés et vins sortant du royaume, 436-440. Don à Philippe de Commynes, 248 n., 436 n. C^{ne} des Sables-d'Olonne, *Vendée.*
Chaumet (Guillaume), franc-archer de Saint-Gervais, 443.
Chaumont. Bailli, Renaud du Châtelet, 184 n. Don de Chaumont à Nicolas marquis du Pont, 250 n. *Chaumont-en-Bassigny, Haute-Marne.*
— (Charles d'Amboise, s^r de). Nommé sénéchal de Poitou, 381 n. *Chaumont-sur-Loire, Loir-et-Cher.*
Chaussée (La) en Loudunais, paroisse, 110. *Com. de Moncontour, Vienne.*
Chaussetiers de Poitiers. Confirmation de leurs statuts, 354-362.
Chausson (Simone), femme de François Bonnemin, de Saint-Maixent. Prisonnière pour le meurtre de son mari, qui menaçait de la tuer ; rémission, 459-462.
Chauvet (Colas), franc-archer de Saint-Hilaire-sur-l'Autize. Prisonnier pour le meurtre de Jean Béry ; rémission, 440-442.

Chauvigny, Chauvigné. Cour de l'auditeur ; procès, 198. Château seigneurial, châteaux de Montléon et d'Harcourt ; juridiction des évêques de Poitiers, 198 n. Gens de la garnison tués et blessés, 254-256. — Acte daté de ce lieu, 215 n. *Vienne.*
— (Antoinette de), vicomtesse de Brosse, femme d'Hardouin ix de Maillé, 212 n.
— (Christophe de), seigneur d'Angliers, 36, 37.
— (Isabeau de), femme de Pierre 1er d'Urfé, 268 n.
— (Jean de), s^r d'Angliers, 309 n.
Chauvinière (François), s^r de Beaupuy, 143 n.
Chavagne (Forêt de), ou de Montmorillon. Droit d'usage pour les maisons de la Contour et de Boismorant, 420 n. C^{nes} de *Leigne et de la Chapelle-Viviers, Vienne.*
Chavagnes-en-Paillers, Chaveignes, 235. Seigneurie réservée à Louis de Belleville, 397 n. Permission de fortifier la place et union de la seigneurie à celles des Brouzils, de Copechagnière et de la Boissière sous un seul hommage, 423-428.
Chaveigne (Seigneurs de), de la famille de La Lande, 198, 199 n. C^{ne} de Persac, *Vienne.*
Chaveil (Seigneur de). Voy. Volvire (Maurice de).
Chénéché. Aveu de la terre et seigneurie, 118 n. *Vienne.*
Chenin (Catherine), veuve de Nicole Chambre, capitaine de la garde écossaise, 394 n.
— (Louise), dame de Cherveux. Mariée à Robert Cuningham, 270 n., 272 n.
Cherbourg. Capitaine, 104 n. Siège, 270 n. *Manche.*
Chérin. *Mémoire* cité, 282 n.
Chéronneau (Jean). Ajourné au Parlement, 309 n.
Cherveux. Paroisse, 40 et n. Seigneur, voy. Estissac (Amaury d'). Seigneurs de la famille Cuningham, 270 n. — Dame, voy. Chenin (Louise). Aveu de la terre

et seigneurie, 271 n., 272 n. *Deux-Sèvres.*

Chevalier (Jacques), abbé de Saint-Maixent, 140, 460. Violences exercées contre Thibaut Girard, sergent royal, 316 n.
— (Jean), abbé de Saint-Maixent, 460 n.
— (Martin), archer de la compagnie du sire de Crussol, 84.
— (Philippe), frère de Jacques, 316 n.
— (Pierre), meunier, de Quinçay, 159 n.

Chevance (Le bâtard), homme d'armes de la compagnie du bailli de Sens, logé à Chaillac, 184.

Chèvredent (Jean), procureur du roi en Poitou. Commissaire pour imposer une aide sur les marches de Poitou et de Bretagne, 63, 64.

Chezelles (Gilles de), s^r de la Valinière. Lettres d'abolition, 121-124.
— (Méry de), s^r de Nueil-sous-Faye, 122 n.

Chez-Rocher. Voy. Charrocer.

« Chievresay, » paroisse, 284, 285. *Peut-être mauvaise lecture pour Charzais, Vendée.*

Chillou (Seigneur du). Voy. Fouilloux (Louis du). *Deux-Sèvres.*

Chincé. Hôtel noble ; aveu, 274 n. C^{ne} *de Jaunay, Vienne.*

Chinon. Capitainerie, 343 n. Lieutenant du bailli de Touraine, 39, 112, 149, 259, 260, 262 ; voy. Boutillier (Philippe). Prévôt, 256. — Actes datés de cette ville, 3, 5, 15 n., 171 n. *Indre-et-Loire.*
— (Forêt de), 375 n.

Chizé. Capitainerie et gouvernement, 315 n. Seigneurie donnée à Charles d'Anjou, comte du Maine, 366 n. Voy. Maine (comte du). *Deux-Sèvres.*

Cholet. Actes datés de cette localité, 336, 339 n. *Maine-et-Loire.*

Chourses (Antoine de). Voy. Maigné (s^r de).
— (Guy de). Voy. Malicorne (s^r de)

Chupeau (Jean), de Saint-Jean-de-Monts. Compromis dans une affaire de faux, 239 n., 246 n., 408 n., 409, 410 n.

Ciré, terre et seigneurie en Aunis. Procès à son sujet, 387, 388, 392-394 n. Four banal, 389. Seigneur, voy. Peyré (Jean et Pierre de). C^{on} *d'Aigrefeuille, Charente-Inférieure.*

Civray. Terre et seigneurie appartenant à Charles d'Anjou, comte du Maine, 366 ; voy. Maine (comte du). Assurement, 92. Juge, voy. Arnault (Alexandre). Prisons, 89, 90. *Vienne.*

Civray, village, 202 n. C^{ne} *de Cherveux, Deux-Sèvres.*

Claveau (Jean), de Paizay-le-Tort. Victime d'un meurtre, 429-431.

Clavelière (La), lieu-dit, 218, 219. *Près Commequiers, Vendée.*

Claveurier (Aimery). Remet les clefs du château de Poitiers au mandataire d'Yvon du Fou, sénéchal de Poitou, 105 n.
— (Jean), 360 n.
— (Maurice), lieutenant général de la sénéchaussée de Poitou, 16 n., 201 n., 202 n., 360 n.
— (Méry), 360 n.
— (Pierre), 360 n.

Clermont en Auvergne. Acte daté de cette ville, 19. *Puy-de-Dôme.*

Clermont (Antoine de), s^r de Surgères. Voy. Surgères (s^r de).
— (Antoinette de), fille aînée d'Antoine, s^r de Surgères, femme d'Antoine de Belleville, 257 n., 258.
— (Joachim de). Voy. Surgères (s^r de).
— (Louise de), femme de François de Montbron, 136 n.
— (Marie de), femme de Guillaume de Cousdun, 387 n.
— (Odet de), fils d'Antoine, s^r de Surgères, 257 n.

Cléry (Notre-Dame de). Acte daté de ce lieu, 184 n. *Loiret.*

Clisson. Poursuite des Bretons, 397 n. *Loire-Inférieure.*
— (Béatrice de), dame de la Garnache et de Beauvoir-sur-mer, femme d'Alain VIII, vicomte de Rohan, 101 n. Procès, 102 n., 237 n.
— (Olivier de), connétable, 1 n. Article de son testament relatif à la Garnache, 238 n.

Clouaud (Saint), 363.
Cloudis (Pierre des), 30 n.
Clouzot (H.) *Les fiefs de la vicomté de Thouars*, cités, 232 n., 245 n., 345 n.
Clutin (Pierre), conseiller au Parlement, 380 n.
Coëtivy (Catherine de), femme d'Antoine de Chourses, s^r de Maigné, 382 n.
— (Olivier de), s^r de Taillebourg, 382 n.
— (Prégent de), s^r de Taillebourg, 62 n.
Cœur (Jacques), 32 n.
Coëx, Couex, au diocèse de Luçon, 235, 241. Cure, 236. C^{on} de Saint-Gilles-sur-Vie, *Vendée*.
Cognac. Château, 35 n. Capitulation du sire d'Archiac, 104 n. Capitaine, 444 n ; voy. Ogny (Jean). *Charente*.
Colas (Jean), sénéchal de Mauléon, juge châtelain de Thouars, puis conseiller au Parlement. Notice, 201, 202. Sa femme, voy. Daniel (Jeanne).
— (Jeanne), femme de Nicolas Roigne, puis de Maurice Claveurier, 201 n.
— (Pierre), fils de Jean, 202 n.
Colet (Martin), du Port-de-Lésigny, 98, 99.
Colin (Jean), maçon de Thouars, 244 n.
Colinet (René), de Benet. Assassiné par sa belle-mère, 187-189, 209-212.
Colombiers. Voy. Coulombiers.
— (Marguerite de), femme de Simes de Saint-Martin, 272 n.
Combarel (Hugues de), président de la cour des aides, évêque de Poitiers, 272 n.
— (Huguette de), femme de Jean de Blom, 274 n.
— (Jacques), fils de Pierre II, 274 n.
— (Néomaye de), femme de Jean de La Béraudière, puis de Jean Cotet, 274 n.
— (Pierre Ier de), ou Comberel, s^r de Noailles, habitant de Tulle, 272 n.
— (Pierre II de), ou Comberel, s^r de l'Isle-Jourdain et de Rouet.

Notice, 272 n. Louis XI lui donne un droit d'usage en la forêt de Moulière pour son château de Rouet, 272-275. Procès contre Jean de Moussy, 282 n. Sa compagnie, 289 n., 368. Il reçoit l'aveu du s^r d'Asnières, 371 n.
Combes (Guillaume de), élu de Saintonge, 273 n.
Combes (Les), village. Rixe et meurtre, 166-168. Champ appelé la Broue du Cerisier, 167. C^{ne} d'*Asnois, Vienne*.
Combes-de-Frost (Les). Dîme, 403, 404. Le Froust, c^{ne} de *Saint-Gaudent, Vienne*.
Comborn (Amanieu, vicomte de), 107 n.
Combraille (Pays de). Placé dans le ressort du Parlement de Poitiers, 175.
Combret (Le s^r). Victime d'un meurtre, 138.
Commequiers, paroisse, 218, 220, 240 n. Seigneurie, 221. Seigneur, voy. Beaumont (Louis de), Jousseaume (Jean).
Comminges (Jean, bâtard d'Armagnac, comte de), *Comes Convenarum*, 8, 15, 18, 20, 36.
— (Odet d'Aydie, comte de), 267 n., 268 n.
Committimus au Parlement de Paris des causes du chapitre de l'église de Poitiers, 19, 20.
Commynes (Philippe de), s^r de Renescures (Roscur, Roscures), 329, 340 n., 346 n., 386. Sénéchal de Poitou, 381 n., 382 n. Destitué, 105 n. Seigneur d'Argenton, 181 n. Son mariage avec Hélène de Chambes, 256 n., 376 n., 377 n., 442 n. Au procès en revendication de la succession de Thouars par Louis de La Trémoïlle, 245 n. Louis XI lui fait don de Bran et Brandois, Talmont, Olonne, Curzon, la Chaume, Berrie et Château-Gautier, 248 n., 383 n., 436 n. Fortifications des Sables et agrandissement du port, 437 n. — *Mémoires*, cités, 8 n., 245 n., 247 n., 248 n., 265 n., 268 n., 269 n., 315 n., 376 n., 386 n., 401 n., 436 n., 437 n., 439 n., 443 n.

Compagnon (Marie), femme de Jean Daniel, de Niort, 202 n.

Compains (Guillaume), conseiller au Parlement et au Conseil d'Etat, 288.

Compendium. Voy. Compiègne.

Compiègne, *Compendium.* Acte daté de cette ville, 127. *Oise.*

Comporté. Pêcheries données à l'abbaye de Celles, 305, 320, 324. C^{ne} *de Niort, Deux-Sèvres.*

Comptes (Chambre des), de Grenoble. Enregistrement, 121 n.

— (Chambre des), de Paris. Refus d'enregistrer l'édit réglant les droits de la municipalité de Fontenay-le-Comte, 302 n., 303 n., Documents de ses archives cités, 35 n., 105 n.. 106 n., 248 n., 250 n., 270 n., 273 n., 274 n., 289 n., 315 n. Enregistrements, 71, 439 n. Mandements et lettres patentes à elle adressés, 115, 170, 274, 280, 290, 294, 301, 306, 325, 399, 400 n., 427, 435. — Mentions, 205, 208, 234, 253.

Concarneau. Menacé par les Anglais, 237 n. *Finistère.*

Concressault (Guillaume de Ménipény, s^r de), chambellan du roi. Notice, 186.

Condé en Hainaut (Seigneurie de), 186 n. *Nord.*

Conflans (Traité de), 266 n., 291 n.

Coninghan (François), s^r de Ribemont, 272 n.

— (Jacques), s^r de Cherveux, 272 n.

Coninghan (Joachim), de Conigam, Cuningham, fils de Robert. Son mariage, 272 n.

Coninghan (Job), écuyer, originaire d'Ecosse. Coupable du meurtre d'un hôtelier de Montereau ; rémission, 270, 271.

— (Patrice), archer de la garde du duc d'Orléans, 270 n.

— (Robert), Conigan, Conygham (Cuningham), chambellan du roi. Notice biographique, 270 n.

Contour (La). Permission de fortifier cette place, 281-283. Droit d'usage en la forêt de Chavagne ou de Montmorillon, 420 n. Seigneur, voy. Gavarret (Jean) et Moussy (Jean de). C^{ne} *de Jouet, Vienne.*

Convenarum (Comes). Voy. Comminges (Comte de).

Conygham. Voy. Coninghan.

Conzay (Hugues de), sénéchal de Bressuire, 374 n. Lieutenant général du sénéchal de Poitou, 380 n.

Copechagnière, Coppe Chaignère. Union de la terre et seigneurie et de celles de Chavagnes, les Brouzils et la Boissière sous un seul hommage, 423-428. C^{on} *de Saint-Fulgent, Vendée.*

Coquelle (Guillemette), de Saint-Jouin-de-Marnes. Epouse Jean Daniau, déjà marié, 350-353.

Corbeil, 103 n. *Seine-et-Oise.*

Cordeau (Jean), chaussetier de Poitiers, 356.

Corgeon (Colas), chaussetier de Poitiers, 356.

Corigné (Fief de), 272 n. C^{ne} *de Saint-Martin-Lars, Vienne.*

Cormereau (Jacques), 360 n.

Cornet (Jean). Victime d'un meurtre, 395.

Cornetière (S^r de la). Voy. Maynart (Antoine).

Cornillé (S^r de). Voy. Rochefort (Guyon de).

Cosnac, Caunac. Don à Louis de Belleville du droit de traite sur le port, appartenant au roi, 395-399. Création de quatre foires et d'un marché, 400. *Saint-Thomas-de-Conac, Charente-Inférieure.*

Cotentin (Bailli de), 186 n.

Cotet (Françoise), femme de Pierre de Combarel, 274 n.

— (Jean), s^r des Roches, 274 n.

— (N.), seigneur de Benayes en Limousin, 274 n.

Coudray (Jean du), 414 n.

Coudray (Saint-Nicolas du), 227. *Mayenne.*

Coudray-Salbart (Le), le Couldray Sallebart, château. Garnison, 41. C^{ne} *d'Echiré, Deux-Sèvres.*

Coudreau (Mathurine), femme de Jean Dupoix, 203 n.

Coudreaux (Les). Terre et seigneurie litigieuse entre Joachim de Velort et Antoine de Belleville, 256-263. C^{ne} *de Roiffé, Vienne.*

Coudun. Voy. Cousdun.

Coué (Jeanne de), femme de Philippon de l'Age, 122 n.
Couex. Voy. Coëx.
Couhé, Coué, 230. *Vienne.*
Coulaines (Jeanne de), femme de Jean Chaudrier, puis de Jacques de La Muce, 142 n.
Coulombiers, Colombiers, près Lusignan. Hôtelier, 116. *Vienne.*
Coulon (Hugues). Condamné à mort injustement par Jean et Jacques Jousseaume, sr de Loge-Fougereuse, 52-55, 462 n.
— (Pierre). Procès contre Jacques Jousseaume, 53 et note, 462 n.
— (Jean), gentilhomme poitevin. Coupable du meurtre de son frère Jacques, qui le maltraitait ; rémission, 381 n., 462-465.
Coulonges-les-Royaux, « Couloingnes les Reaux ». Acte daté de ce lieu, 173 n. Entrevue entre Louis XI et son frère Charles, duc de Guyenne, 401 n. Aveu de la seigneurie, 337 n. Le château et les fortifications réédifiés, 337-339. Seigneurs, voy. Estissac (Amaury et Jean d'). *Coulonges-sur-l'Autize, Deux-Sèvres.*
Coulonges - Thouarsais, paroisse, 245 n. *Deux-Sèvres.*
Couppé (Notinet), coutillier de la compagnie du sire de Crussol. Coupable d'un meurtre ; rémission, 133-136.
Cour-Dieu (La). Acte daté de ce lieu, 396 n. *Cne d'Ingrannes, Loiret.*
Coursec (Etang de). Donné à Yvon du Fou, 106 n., 107 n. *Cne de Montamisé, Vienne.*
Cour-Sicart (Manoir de la), litigieux, 388 n. *Vendée.*
Courteault (H.). *Hist. de Gaston IV, comte de Foix,* de G. Leseur, citée, 265 n.
Courtils (Marie des), femme de Jean Chambon, 383 n.
— (Philippe des), conseiller au Parlement, 383 n.
Cousdun (Catherine de), femme de Louis Catus, 30 n.
— (Guy), sr de Chaillé, 30 n.
— (Guillaume de), sr des Ouches, 387 n.
— (Guyonne), femme de Jean Béchet, sr de Genouillé, 387 n.
Cousdun (Philippe de), sr des Ouches et de Migré, et sa femme, Catherine de Belleville, 396 n., 425 n.
Cousseau (Mathurin). Frappé mortellement par François de La Muce, 142-146.
Coussot (Seigneur de). Voy. Jay (Antoine).
Coustelleau (Jean), du village du Fresne, 80.
Coustures (Jean de), valet de Jean du Planché, 160-163.
Coutres du chapitre de l'église cathédrale de Poitiers. Lettres d'exemption, 13-15.
Craon (Georges de La Trémoïlle, sire de), 55, 58, 74, 98, 269.
— (Jean de), 62 n.
— (Marie de), 62 n.
Crespelière (La), village, 446. *Cne de Saint-Philbert-de-Grandlieu, Loire-Inférieure.*
Crespin (Jeanne), dame du Bec-Crespin, femme de Pierre de Brézé, 210 n.
Cronier (Jean), chanoine de Poitiers. Sa maison, 17 n.
Crosnier (Le sr), de Loudun, 147.
Croy (M. de), 265 n.
Crussol (Louis de), sénéchal de Poitou. Sa compagnie d'ordonnance, 46, 47, 56 n., 58, 84 n., 96, 101, 112, 133, 134, 179, 180, 350 n. Mandement à Michau Dauron, 103 n. Permission de nommer à tous les offices royaux en Poitou, 362 n. Il recommande Raoul de La Woestine, 113, 114. Etablissement d'un marché aux Granges, 75. Echange avec l'abbaye de la Chaise-Dieu, 225. — Mentions, 95, 98, 171, 254, 265 n., 381 n., 455 n.
— (Louise de), fille du sénéchal de Poitou, femme de François Ier, sr de La Rochefoucauld, 455.
Culant (Charles de), grand-maître de France, 396 n.
— (Claude, bâtard de), écuyer. Procès contre l'évêque de Luçon, 119 n.
— (Marguerite de), femme de Louis de Belleville. Traité avec Louis XI pour l'échange de Mon-

taigu, 258 n., 396-398 n. Lettres de cession de Montmorillon, Saujon, Nancras et Champagné, en échange de Montaigu, 417-423. Permission de fortifier Chavagnes-en-Paillers, et union, en sa faveur, de cette terre et seigneurie et de celles des Brouzils, de Copechagnière et de la Boissière sous un seul hommage, 423-428.

Cunay, près Ruffec, nom de lieu, peut-être pour Civray, 130.

Cuningham (Famille), 270 n. Voy. Coninghan (Job et Robert).

Curzon. Terre et seigneurie donnée à Commynes, 248 n., 436 n. *Vendée.*

D

Dabert (Jean), de Poitiers, 161 n.
— (Micheau), receveur des deniers communs de Poitiers, 161, 162, 163.

Daillon (Jean de). Voy. Lude (Sr du).

Dameysin (J.), secrétaire du roi, Voy. Damoisin (J.).

Dammartin (Antoine de Chabannes, comte de). Grand-maître de France, 271 n., 291. Sa compagnie, 416. Confiscation de ses biens, 15 n.

Damoisin (J.), Dameysin, secrétaire du roi, 183, 288.

Dampierre-sur-Boutonne, seigneurie, 257 n. *Charente-Inférieure.*

Daniau (Jean), Danyau, charpentier, natif de Quinçay, franc-archer des paroisses de Saint-Jouin-de-Marnes, Taizé et Martaizé. Prisonnier à Poitiers pour bigamie et pour le meurtre de Jean Juquet, franc-archer ; rémission, 349-354.

Daniel (Etienne), receveur ordinaire de Poitou, 202 n.
— (Jean), de Niort, et son fils Jean, marié à Catherine Poussart, 202.
— (Jeanne), Danyelle, femme de Jean Colas, conseiller au Parlement. Amortissement des rentes léguées par elle pour la dotation de deux chapelles en l'église Saint-Didier de Poitiers, 201-206.

Darmation (Raymonnet), homme de guerre. Rixe à Vouneuil-sous-Biard, 134-136.

Darrot (Michel), sr de Beaufou, 456 n.

Dauphiné. Gouverneur, 105 n. ; voy. Châtillon (Louis de Laval, sr de) et Lude (Jean de Daillon, sr du).

Dauron (Michel), receveur ordinaire du roi dans le comté de Poitou, 64 n., 103 n., 104 n., 106 n.

Dauvergne (Jean). Voy. Larchier (Jean).

Dauvet (Jean), premier président du Parlement, 407 n.

David (Guillaume), de Fontaines. Tué dans une rixe, 225-227.
— (Marguerite), veuve d'Etienne de Vignoles, dit La Hire. Vend Montmorillon à André de Villequier, 419 n.

Debuterie (La). Voy. Buterie (La).

Declusseau (André), Decluceau, laboureur du village de Fougeré. Rémission pour meurtre, 149-152.
— (Jean), père du précédent, 149, 150.

Decraut (Antoine), de Saint-Martin-du-Fouilloux. Maltraité par des francs-archers, 452, 453.

Deffens-le Comte (Les), ou Champ-Boyn. Terre ; bail, 68 n. *Fief-le-Comte*, cne *de Poitiers, Vienne.*

Delagan (Jeanne). Victime d'une tentative de viol, 75.

Delage (Jean), ou de l'Age. Lettres d'abolition, 121-124.

Delahaye (Jean). Victime d'un meurtre, 113.

Damptézieu en Dauphiné. Ses seigneurs, 121 n., 122 n. Cne *de Saint-Savin, Isère.*

Denyas (Pierre), de Mérignac, et ses deux fils. Rémission, 138.

Denyau (Perrot), de Saint-Gervais, 79, 80.
Dés (Jeu de), 271.
Deschamps (Jean). Victime d'un meurtre, 416.
Desclez (François), religieux de Saint-Maixent. Procès contre son abbé, 316 n.
Descosse (Jean), franc-archer, 453.
Desgroies (Guitière), femme de Jean Robin, de Benet. Complice de l'assassinat de René Colinet ; rémission, 186-189, 209-212.
Deslandres (Paul). *L'ordre des Trinitaires*, cité, 81 n.
Desmolins (J.), secrétaire du roi, 70, 86.
Desplantès (Jean), conseiller au Parlement, 409.
Des Vergers (S.), secrétaire du roi, 29.
Deulémont (Seigneurie de), 113 n. *Nord*.
Deux-Sèvres (Archives des). Chartrier de Saint-Loup ; documents cités, 46 n., 233 n., 282 n., 315 n., 316 n., 374 n.
Dieux (Ile). Voy. Yeu (Ile d').
Dinchin, « Disnechien », château près le Puybéliard. Acte daté de ce lieu, 437 n. *Vendée*.
Disnechien. Voy. Dinchin.
Dissay, paroisse, 223. *Vienne*.
Dive (La), rivière. Crue, 415.
Dixmer (Jean), homme de labour, 404, 405.
Dobé (Amaury), 233 n.
— (Marie), femme de Jean d'Appelvoisin, 233 n.
Dognon (Le). Hommage, 372 n. *Creuse*.
Dolbeau (Pascaut), *alias* Doulbeau, 444, 446.
Domusson (Pierre), 4 n.
Donzenac, 352. *Corrèze*.
Dorat (Le). Prisons du château, 373. Acte daté de ce lieu, 310 n. *Haute-Vienne*.
Dorin (Gilles), de Châtellerault, 203 n.
Doriole (Jeanne), femme de Joachim II Girard, 388 n.
— (Pierre). Partisan de Charles duc de Normandie, 121 n. Chancelier de France ; notice, 125. Mentions, 127, 254, 269, 377 n., 388 n.

Douët-d'Arcq. *Le procès criminel de Jacques de Brézé*, cité, 211 n.
Doulbeau (P.). Voy. Dolbeau.
Doulx (Antoine), 341.
Dousset (Colas), de la Chaume. Rémission, 437 n.
Douyn (Jean), coutre du chapitre de l'église de Poitiers, 14.
Douze (Jean), de la garnison du château d'Argenton, 182.
Draperie (Industrie de la), à Fontenay-le-Comte, 295.
Dreux (Comté de), appartenant à la maison d'Albret. Cédé à Louis de Belleville en échange de Montaigu, 396 n., 397 n., 418, 419.
Dreux (Jean), sr de Nueil-sur-Dive, juge de Loudun, 147. Sa famille, 147 n.
— (Yolande de), femme de Geoffroy de Rancon, puis d'Hugues de Lusignan, comte de la Marche, 240 n.
Duban (J.), secrétaire du roi, 5, 8, 20, 25, 29, 43, 44, 66, 70, 74, 86, 89, 91, 95, 109, 115, 117, 118, 121, 125, 138, 146, 149, 168, 186, 189, 197, 206, 209, 213, 215, 216, 217, 227, 232, 256, 278, 328, 333, 337, 339, 343, 349, 354, 370, 373, 414, 417, 442.
Du Bellay (Hugues), tué à Azincourt, 13 n.
— (Jean VI), évêque de Poitiers, de Fréjus, abbé de Saint-Florent de Saumur, 13, 15, 18, 20, 198.
Du Bois (Jeanne), femme de Nicolas Grignon, 456 n.
— (Josselin), sr de Chabanne. Procès contre Jean et Louis Pallain, 342 n. Bailli des Montagnes-d'Auvergne ; le roi lui donne Montmorillon, 103 n., 419 n. ; et le lui reprend contre dédommagement, 420 n., 423 n.
Dubois (Méry), d'Angliers, 38.
Du Boys (Jean), écuyer. Au procès du sr de Rohan contre les habitants de Saint-Jean-de-Monts, 409 n., 410, 411.
Dubreuil (Janin), 64 n.
Dubreuil (N.), secrétaire du roi, 43, 192, 313.
Du Châtel (Olivier, seigneur), 124 n.
— (Tanguy), vicomte de la Bellière,

neveu de Tanguy du Châtel, prévôt de Paris. Gouverneur de Roussillon; notice, 124. Sa compagnie d'ordonnance, 254. Mentions, 127, 133, 246, 256 n., 269.

Du Chesne (André). *Hist. généal. de la maison des Chasteigners*, 40 n.

Duclou (Pierre), archer de la compagnie du sire de Crussol, sénéchal de Poitou. Coupable d'un meurtre aux Landes-Génusson; rémission, 46-48.

Dugué (Gillet), hôtelier d'Ingrande. Poursuivi pour le meurtre de Pierre Piquet ; rémission, 447-452.

Du Moulin (Jean), Du Molin, écuyer, de Rom. Coupable d'un homicide, pendant l'expédition de Catalogne ; rémission, 230-232.

— (Philippe). Sa compagnie, 282 n.

Dumur (Jean), meunier, 309 n.

Dun-le Roi. Capitaine, 270 n., 313 n. *Dun-sur-Auron, Cher.*

Dunois (François, comte de) et de Longueville, sr de Parthenay. Ses places de la Gâtine saisies (1487), 316 n., 407 n.

Du Noyer (Regnaut), procureur du roi en Poitou, 382 n.

Dupoix (Jean), de Châtellerault, 203 n.

Dupont (Guillaume), franc-archer, 453.

— (Mlle). Edition des *Mémoires de Commynes*, citée, 105 n., 245 n., 247 n., 248 n., 265 n., 266 n., 269 n., 315 n., 340 n., 376 n., 381 n., 383 . n., 386 n., 401 n., 436 n., 437 n., 439 n., 443 n.

Du Pouet (Jean), dit Armagnac, familier de l'hôtel du Fouilloux. Meurtrier de Jean Sion, franc-archer ; rémission, 452-454.

Dupuy (A.). *Histoire de la réunion de la Bretagne*, citée, 121 n., 173 n., 397 n.

— (Legiéret), 6 n.

Durand (Jean), de Benet, 347 n.

Durandeau (Jean), de la Gajonnière. Débauche sa servante, 334, 335.

Durant (Jean), homme de labour, 404, 405.

Dursonneau (Léon), coutre du chapitre de l'église de Poitiers, 14.

Du Teilh (Pierre), prêtre, demeurant au village de Meillo, paroisse de Chaillac. Coupable de meurtre ; rémission, 291.

Du Tertre (Pierre), châtelain de la Garnache, 102 n.

Duval (L.). *Cartulaire de l'abbaye des Châtelliers*, cité, 381 n.

Duvergier (Denis), pauvre enfant de Saint-Savin. Battu par un compagnon de guerre, 32-34.

Du Vilier (François), écuyer du Loudunais. Rémission des peines encourues pour un meurtre, 36-39.

E

Ebrard (Pernelle), dame de Montespedon, femme de Jean de Moussy, 282 n.

Echillais (Sr d') en Saintonge. Voy. Gomart (Foucaut). *Charente-Inférieure.*

Echiré, Eschiré, bourg et paroisse, 215. *Deux-Sèvres.*

Ecole des chartes (Bibliothèque de l'). Articles cités, 383 n., 437 n.

Ecorcheurs (Bandes d'), 291 n.

Ecosse. Ambassade de Louis XI, 186 n.

Ecossais. Au service de Charles VII et de Louis XI, 270, 292 n.

Edouard IV, roi d'Angleterre, 266 n., 276 n., 407 n.

Elbène (Guillaume d'), receveur général des finances du Languedoc, 273 n.

Empuré (Seigneur d'). Voy. Taveau (Geoffroy). *Charente.*

Epine (Hôtel de l'). Possession litigieuse, 310 n. Cne *d'Usson, Vienne.*

Ervau. Voy. Airvault.

Eschalart (Louise), femme de Maurice Claveurier, 201 n.

Eschale (André de L'), 360 n.

Eschinart (Jean), clerc, 36 n.

Escoreaulx (Louis d'), dit Finet,

homme d'armes de la compagnie du sire de Crussol. Rixe à Argenton, 180-182.

Esquerdes (Philippe de Crèvecœur, sʳ d'). Gouverneur de la Rochelle, 328 n.

Essarts (Les). Guet au château ; procès, 102 n. Hommage dû par le comte de Penthièvre, 424 n. *Vendée*.

Estève (Pierre), clerc du greffe de la ville de Poitiers, 360, 361 n.

Estissac (Amaury d'), sʳ de Coulonges-les-Royaux, le Bois-Pouvreau, Cherveux, sénéchal de Saintonge, 337 n.

— (Bertrand d'), sʳ de Coulonges-les-Royaux, 338 n.

— (Geoffroy d'), sʳ du Bois-Pouvreau, 338 n.

— (Jean de Madaillan d'), écuyer, chambellan du duc de Guyenne. Notice, 337. Permission de réédifier les châteaux et fortifications de Coulonges-les-Royaux et du Bois-Pouvreau, 337-339.

— (Jeanne d'), femme de Lancelot de Madaillan, sʳ de Lesparre, 337 n.

Estivalle (Richard), procureur de la vicomté de Thouars, 247 n.

Estouteville (Jean d'). Voy. Torcy (sʳ de).

Estouteville (Robert d'), garde de la prévôté de Paris, 397 n.

Etampes, Estampes. Actes datés de cette ville, 91, 223 n. *Seine-et-Oise*.

— (Richard de Bretagne, comte d'), 221 n.

Etat-Major (Carte de l'). Citée, 26 n.

Eu. Acte daté de cette ville, 314 n. *Seine-Inférieure*.

— (Charles d'Artois, comte d'), 91, 407 n.

Eutrope (Le mal Saint-), 344.

— (Saint), 445.

Evreux. Grenier à sel, engagé à Louis de Belleville, 418. Acte daté de cette ville, 302 n. *Eure*.

— (Comté d'). Engagé à Louis de Belleville, en échange de Montaigu, 397., n. 418 ; puis à sa veuve, Marguerite de Culant, 421.

— (Evêque d'). Voy. Balue (Jean), Fou (Raoul du).

— (Vicomte d'), 397 n.

Excées (Aymer d'), homme d'armes de la compagnie du sénéchal de Poitou. Prisonnier à Poitiers pour meurtre; rémission, 56-58.

Exemptions (Bailli des) d'Anjou et du Maine, 25, 39, 256, 308, 329, 346, 416.

F

Fa (La). Chemin allant au Magnou, 107 n. Seigneur, voy. Langellée (Jean de). *Cⁿᵉ du Vigean, Vienne*.

Fagniez (G.). *Journal parisien* de Jean Maupoint, cité, 265 n.

Falaiseau (Jean), lieutenant général du bailli de Touraine. Prend possession de l'office de sénéchal de Poitou au nom d'Yvon du Fou, 105 n.

Fanet (Seigneur de). Voy. Chasteau (Guillaume du). *Cⁿᵉ d'Asnières, Vienne*.

Faugères, village, 202 n. *Cⁿᵉ de Mazières-en-Gâtine, Deux-Sèvres*.

— (Jean de), 33, 34.

Faugieré. Voy. Fougeré.

Fauvelaye (Hôtel de la), 78. Seigneur, voy. Lassy (Pierre de). *Ille-et-Vilaine*.

Faux monnayeurs, 213, 214.

Favereau (Etienne), laboureur, du village de la Garinière, 218, 219.

— (François), chaussetier de Poitiers, 356.

— (Jean), licencié ès lois, sʳ des Barballières, 202 n.

— (Jean), prévôt de Poitiers. Sentence, 385 n.

— (Jean), laboureur, du village de la Garinière. Prisonnier à Palluau, pour le meurtre d'un prétendu sorcier ; rémission, 218-222.

Faye-la-Vineuse. Châtellenie ; fermes des aides, 22, 23, 24. Sergent, voy. Yver (Huet). *Indre-et-Loire.*

Fayon (Pierre), boucher de Saint-Maixent, 432.

Fayot (Jeanne), femme de Pasquier Bertusson, de Saint-Maixent, 431, 432.

— (Péronnelle), femme de Michau Bouju, de Saint-Maixent, 431, 432.

Fayssiprent (Marie), femme d'André Grignon, 456 n.

Féliceau (Hilaire), cordonnier de Poitiers, 158 n.

Ferjant (Pierre), *aliàs* Ferrand, coutre du chapitre de l'église de Poitiers, 14.

Fernaulière (La), la Fornollière, la Formelière, village, 32-34. C^{ne} de *Saint-Germain, Vienne.*

Ferrand (Pierre). Voy. Ferjant (Pierre).

Ferrière-en-Parthenay (La). Acte daté de ce lieu, 235 n. *Deux-Sèvres.*

Ferrières (Seigneurie de), en Touraine, 118 n.

Ferté-Milon (Seigneurie de la), 186 n. *Aisne.*

Fessart (Thomas), de Louin, 56, 57.

Fessouer, sorte de houe, 177.

Festicier (Un nommé), de Hérisson, 137.

Feugerais (Jean des), Feugeretz, Feugerrois, conseiller au Parlement, 378, 379, 381.

Feydeau (Jean de), s^r de Persac. Poursuivi au Parlement, 309 n.

— (Pierre de), 309 n.

Filleau (Pierre), marchand de Poitiers. Poursuivi pour avoir acquis des cuirs indûment pris par les frères Simon et Guillaume Roy ; lettres de rémission, 66-70.

Fillon, sellier, de Saintes, 330, 331.

— (Benjamin). *Note sur la Tour d'Olonne,* citée, 437 n.

Finances (Généraux des). Lettres patentes à eux adressées, 301, 325.

Finet (Louis). Voy. Escoreaulx (Louis d').

Flameng, secrétaire du roi, 186, 189, 206, 254, 280, 326.

Flocelière (La). Aveu, foires, 329 n. *Vendée.*

— (Jacques II de Surgères, s^r de la), 328 n.

— (Jacques III de Surgères, s^r de la). Seigneur de Grandchamp et de Balon, au Maine. Notice, 328, 329.

Foires (Institution de) et marchés : à Cosnac, 400 ; — à Fontenay-le-comte, 300, 303 n. ; — à Ingrande, 288-291 ; — à Saint-Maixent, 139-141 ; — à Sepvret, 362-364.

Foix (Gaston IV, comte de), 91 n., 265 n., 270 n., 328 n.

Foix (Jean de). Voy. Candale (comte de).

Fontainebleau. Acte daté de ce lieu, 303 n. *Seine-et-Marne.*

Fontaines. Prisons, 225, 227. *Fontaines-Chalandray,* c^{on} *d'Aulnay, Charente-Inférieure.*

— (Louis de), capitaine de Mareuil-sur-Lay, 119 n.

— (Louis de Montbron, s^r de) et de Chalandray, 136, 227 n.

— (P. de), secrétaire du roi, 32, 246, 291.

Fontenay (Jean de), seigneur de Saint-Cassien, 36 n.

— (Philiberte de), femme de Pierre de Saint-Gelais, 35 n.

Fontenay-le-Comte. Edit de règlement de ses droits pour son organisation municipale et le gouvernement de la ville, avec concession de franchises et exemptions aux maire, échevins et conseillers, 295-302. Refus de la Chambre des comptes de l'enregistrer, 302-303 n. Revenu de la terre et seigneurie donné à Pierre de Combarel, 273 n., 274 n. : — à Pierre de Rohan, s^r de Gyé ; procès contre les habitants, 303 n. Artillerie, 380 n. Capitaine de la ville et du château, 273 n. Lieutenant du sénéchal de Poitou, 281 n., 299, 336. Montres du ban et de l'arrière-ban, 104 n. ; — de francs-archers, 441. Officiers du roi, prisons, 334, 336. — Acte daté

de ce lieu, 327. — Mentions de la ville, 1, 2, 101 n.. 316 n., 326.
Fonteneau (Dom). Collection citée, 8 n., 62 n., 74 n., 102 n., 118 n., 142 n., 169 n., 171 n., 328 n., 372 n., 375 n.
Fontlebon (Marguerite de), femme de Guillaume du Chasteau, 371 n.
Forest (Sʳ de la). Voy. La Muce (François de).
Forêt-sur-Sèvre (Seigneurs de la). Voy. Jousseaume (Jean et Louis), Beaumont (Louis de).
Forge (la) et les Forges, lieux-dits voisins de Champagné-Saint-Hilaire, 151 n. *Vienne*.
Forgeot (Henri). *Jean Balue, cardinal d'Angers*, cité, 26 n.
Forges (Les). Acte daté de ce lieu, 248 n. Cⁿᵉ *de Saint-Benoit, Indre-et-Loire*.
Formelière (La). Voy. Fernaulière (La).
Fornollière (La). Voy. Fernaulière (La).
Fornoue (Bataille de), 268 n.
Fortifications. Permission de fortifier la place de Bourneau, 1-3 ; — la Brûlonnière, 309-313 ; — Chavagnes-en-Paillers, 423-428 ; — la seigneurie de la Contour, 281-283 ; — de relever les fortifications de Sainte-Néomaye, 153-155 ; — d'entourer la seigneurie de Saint-Maixent et de Germeville d'une enceinte fortifiée, 291-294 ; — de fortifier Thiors, 232-234.
Fortinier (Robert), prêtre, vicaire-fermier d'Ingrande. Poursuivi pour le meurtre de Pierre Piquet ; rémission, 447-452.
Fosse (Seigneurie de la), en la châtellenie de Vouvant, 456 n. Cⁿᵉ *de Mouilleron, Vendée*.
Fou (Château du), anc. Armentaresse ou la Ramentaresse. Construction, 107 n. Cⁿᵉ *de Vouneuil-sur-Vienne, Vienne*.
— (Jacques et François du), fils d'Yvon du Fou, 107 n.
— (Jacques du), sʳ de Rustephen en Bretagne, 103 n.
— (Jean de), sʳ de Rustrenan et de Nouâtre, bailli et gouverneur de Touraine, 105 n., 395 n.

Fou (Raoul du), évêque d'Angoulême, puis d'Evreux, abbé de Nouaillé, de Valence et de Noyers, 65 n., 107 n.
— (Yvon du), chevalier, chambellan de Louis XI. Commissaire du roi pour la convocation du ban et de l'arrière-ban de Poitou, 101 n., 103, 104, 273 n., 374 n. Notice, 103-107 n. Commissaire pour la fortification des Sables-d'Olonne, 437 n. Sénéchal de Poitou, 105 n., 316 n. Procès, 455 n. Mentions, 186, 206, 256 n., 395 n.
Foucart (Patrice), sénéchal de Saintonge, 186 n.
Foucault (Jean), chaussetier de Poitiers, 356.
Fouchier (Jacques), sʳ de la Barrouère, 142 n.
— (Jeanne), femme de Jean de La Muce, puis de Richard de Châteaubriand, 142 n.
Fougerat (Dauphin de), écuyer, 372 n.
Fougeré, Faugieré, village, 149, 150. Cⁿᵉ *de Champagné-Saint-Hilaire, Vienne*.
Fougères. Siège de la place, 106 n. *Ille-et-Vilaine*.
Fougereuse (La). Prisons, 88. Cⁿᵉ *de Saint-Maurice-la-Fougereuse, Deux-Sèvres*.
Fouilloux (Le). Voy. Saint-Martin-du-Fouilloux.
— (Jean sʳ du), 453 n.
— (Louis du), sʳ du Fouilloux et du Chillou, 453.
Fournier (Jacques), conseiller au Parlement, 409.
Fourrée (Andrée la), de Loudun, 147.
Frairière (Sʳ de la). Voy. Le Breton (Jean). *Vendée*.
Franc-Aleu (Le). Placé dans le ressort du Parlement de Poitiers, 175. *Région du comté de la Marche*.
François Iᵉʳ, roi de France. Confirmation des droits de la municipalité de Fontenay-le-Comte, 303 n.
François II, roi de France. Lettres en faveur des habitants de Fontenay-le-Comte, 303 n.

— 494 —

François Ier, duc de Bretagne, 237 n.
François II, duc de Bretagne. S'allie à Charles de France, duc de Normandie, puis de Guyenne, 121 n., 173 n. Intrigues avec les ducs de Bourgogne et de Guyenne contre Louis XI, 266-268 n., 397 n. Guerres avec Louis XI, 350 n., 366 n., 444-446 ; — avec Charles VIII, 316 n. Traité avec le roi, 382 n. — Autres mentions, 101 n., 124 n., 237 n.
François de France, second fils de Louis XI, 317, 321 n.
François (Louis), 64 n.
François de Paule. Voyage à la cour de Louis XI, 289 n.
Francs-archers. Levée de quatre mille en Saintonge et pays voisins, 273 n. Recrutement, équipement, solde, 441 n. Actes de violence, 414 n. Capitaine général, Yvon du Fou, 104 n. Capitaine, voy. Montfaucon Guillaume de). Francs-archers de la garnison d'Ancenis, 366. Franc-archer de Chauvigny, tué dans une rixe, 255. Montre à Fontenay-le-Comte, 441. — Voy. Baudoyn (Etienne), Blondeau (Jean), Bonnioleau (Jean), Chauvet (Colas), Daniau (Jean), Descosse (Jean), Dupont (Guillaume), Gaultier (Jean), Girard (Guillaume et Jean), Jaquet (Thibaut), Juquet (Jean), Pineau (Pierre), Ravineau (Jean), Sion (Jean).
Frapinière (La), village, 460. *Cne de Nanteuil, Deux-Sèvres.*
Fréjus (Evêque de). Voy. Du Bellay (Jean).
Fresne (Le), village en la paroisse de Saint-Gervais, 79, 80. *Vendée.*
Frétart (Pierre), prieur du Busseau, 414 n., 441 n.
Fricon (Frère Jean). Prétendant à la possession du prieuré de Barbetorte, 193, 194.
Fromaget (Gilles), sergent royal, 260.
Frontenay-l'Abattu, au diocèse de Saintes. Meurtre, 190, 191. *Deux-Sèvres.*
Froust. Voy. Combes de Frost.
Frouzille (Seigneur de). Voy. Merlin (Guillaume). *Cne de Saint-Georges-les-Baillargeaux, Vienne.*

G

Gabriel (Maître), faux monnayeur, 213, 214.
Gagemont près Melle, 41. Seigneur, voy. Maynaut (Guillaume). *Cne de Saint-Martin-lès-Melle, Deux-Sèvres.*
Gaguin (Robert), général des Trinitaires, chroniqueur, 81 n.
Gahouart (Colas). Frappé mortellement à la Garnache par Pierre Angot, chargé des travaux de réparations, auquel il refusait d'obéir, 101-109.
Gain (Pierre), archer de la compagnie du sr de Crussol. Coupable d'un meurtre ; rémission, 133-136.
Gajonnière (La), en la paroisse de Mervent, 334. *Vendée.*
Galardon (Dame de). Voy. Pichier (Aiglantine).
Galepeau (Antoine), serviteur du sr de Signy. Complice d'un meurtre ; rémission, 416.
Galipeau (André). Sa maison à Poitiers, 18 n.
Galles (Edouard de Lancastre, prince de). Voyage à Paris ; lettres de rémission par lui octroyées, 236 n., 246 n., 407. Son entrée à Paris, 407 n.
Gallia christiana, citée, 13 n., 16 n., 44 n., 142 n., 156 n., 198 n., 215 n., 326 n., 328 n., 365 n., 713 n.
Ganasche (La). Voy. Garnache (La).
Garde écossaise. Archers, 292 n.
Garineau (Guillaume), *alias* Guérineau, marchand de l'île de Bouin. Coupable du meurtre de sa servante ; rémission, 164-166.
Garinière (La), village, 218, 219. *Cne de Commequiers, Vendée.*

Garnache (La), la Ganasche, château et ville forte. Travaux de réparation ; meurtre, 101-108. Amende honorable, 412 n. Taxe due pour la garde et les réparations du château, 238 n. Capitaine, voy. Rezay (Louis de) et Saint-Gelais (Jean de). Seigneurs, voy. Rohan (Alain VIII, Alain IX et Jean II vicomte de). Sénéchal, voy. Tindo (Louis). *Vendée.*

Garnier (Jean), enquêteur en Poitou, 202 n.
— (Jean), habitant de Poitiers, 361 n.
— (Jean), notaire de Saint-Hilaire-de-Riez, 408 n.
— (Louis), de Poitiers, 96 n. Enquêteur pour le roi en Poitou, 159 n.

Gascogne (Sénéchaussée de). Son ressort, 171 n.

Gastault. Chaussée du moulin, 273 n. P.-ê. *le Gateau, c^{ne} de Coussay-les-Bois, Vienne.*

Gastineau (Famille), 74 n.
— (Jean), jeune berger. Prisonnier à Lusignan pour tentative de viol ; rémission, 75.

Gâtine (Forêt de). Donnée à Yvon du Fou, 106 n. *C^{ne} de Coulombiers, Vienne.*

Gaucourt (Charles de), s^r de Châteaubrun, membre du conseil royal, 343.
— (Raoul VI de), 343 n.

Gaudete (Jean), trésorier des guerres de Charles, duc de Guyenne, 337 n.

Gaudin, mercier breton. Détroussé, 445, 446.
— (Colas), 457 n.

Gaultier (Jean), franc-archer, 453.
Gautier, secrétaire du roi, 35.
— (André), chaussetier de Poitiers, 356.

Gavarret (Antoinette), femme de Jean de Moussy, 282 n.
— (Jean), s^r de la Contour, 282 n.

Gébert (François), *aliàs* Gibert, écuyer, de l'Isle-Bouchard. Sollicité par le s^r de la Grève de transcrire un acte faux, 377 et suiv. Décrété de prise de corps, 384 n., 386 n.

Geffardière (Seigneur de la). Voy. Jousseaume (Jacques). *C^{ne} des Moutiers-sous-Chantemerle, Deux-Sèvres.*

Gendreau (Guillemette), Gendrelle, femme de Jean Rouvereau, d'Echiré, 215.

Gendron (Pierre), fils d'Etienne, du village de Sérigné, 335, 336.

Gendronneau (Jean), sergent royal, 237 n.

Gendrot (André), commis du receveur au siège de Thouars, 64 n.

Genevois (Jean), praticien en cour laie à Melle. Rémission des peines encourues pour un meurtre et d'autres délits, 3-5, 340.

Genoillé (Guyot de), écuyer, 274 n.

Genouillé, Genoillé, fief, saisi à la requête de Geoffroy Taveau, 381 n. *C^{ne} de Civaux, Vienne.*
— (Seigneur de). Voy. Béchet (Jean et Pierre). *C^{ne} de Tonnay-Charente, Charente-Inférieure.*

Geoffroy (Jean et Jean), père et aïeul de Michau Geoffroy, 220.
— (Michau), de la Garinière. Coupable du meurtre d'un prétendu sorcier, 218-222.

Gérault, dit de Lorraine, archer de la compagnie de Louis de Crussol. Victime d'un meurtre, 112.

Gerbault (Jean), s^r de Bregeons. Assassiné par sa femme, Marie de Saint-Savin, et ses fils Louis et Guillaume, 310 n.

Germain (Jean), de Hérisson, 137.

Germeville. Haute justice donnée au seigneur, avec permission de fortifier cette place, 291-294. Seigneur, voy. Valentin (Patrice). *C^{ne} d'Oradour, Charente.*

Germier (Le s^r), de l'Isle-Bouchard, 377 n.

Gervain (Jamet), de Poitiers, 161 n. Receveur de la ville, 383 n.

Gibert (François). Voy. Gébert (F.).

Giboureau (Thomas), officier et châtelain du s^r de la Grève, 378.

Gilbert, valet du bâtard Chevance. Tué dans une rixe, 184.

Gillebert (Naudin), 4.

Girard (Famille). Voy. Baussais (s^r de).
— (Guillaume), franc-archer de Vouneuil-sous-Biard, et son frère

Guillaume. Victimes d'un meurtre, 134-136.
Girard (Jacques), fils de Joachim, s^r de Bazoges, 387 n.
— (Jean), s^r de Bazoges. Procès contre Jean et Pierre de Peyré, touchant la terre de Ciré, 387, 388, 392-394 n.
— (Jean), franc-archer. Querelle avec des habitants de Vaussais et meurtre de l'un d'eux ; rémission, 365-368.
— (Jean) prêtre de Loudun, 147, 148.
— (Jean), serviteur d'Antoine de Belleville, 258 n.
— (Joachim), s^r de Bazoges, 15 (dit par erreur Jean), 18, 20. Procès contre Pierre de Peyré, 387, 388. Notice, 387.
— (Joachim II), fils de Joachim Ier, s^r de Bazoges, 387 n., 388 n.
— (Louis), fils de Joachim, s^r de Bazoges, 387 n.
— (Renaud), s^r de Bazoges, 15, 387 n.
— (Savary), écuyer. Poursuivi pour le meurtre de Jean de Peyré ; rémission, 386-394.
— (Thibaut), sergent royal du bailliage de Saint-Maixent. Victime de violences et de tortures de la part de l'abbé de Saint-Maixent et du sire de Bressuire, 316 n.
Girardière (La), terre herbergée. Aveux, 374 n. C^{ne} de *Chanteloup, Deux-Sèvres.*
Girardin (Guillaume), de Benet, 187 n.
Giraud (Jean), prêtre, 414 n.
Girault (Jean), cordonnier de Fontenay-le-Comte, 327.
— (Louis), natif de Berry. Rémission, 444 n.
Giry (A). *Les Etablissements de Rouen,* cités, 296 n.
Gisors. Capitaine, 343 n. *Eure.*
Gisy-lès-Sens (Seigneurie de), 186 n. *Yonne.*
Gobin (Méry), chaussetier de Poitiers, 356.
Godefroy (F.). *Dictionnaire de l'anc. langue française,* cité, 81 n., 85 n., 144 n., 148 n., 151 n., 180 n., 221 n., 331 n., 334 n., 344 n., 345 n., 432 n.

Godelant (Louis). Poursuivi pour le meurtre de Jean de Peyré ; rémission, 386-394.
Godineau (Nicolas). Victime d'un meurtre, 259 n.
Gomart (Foucaut), Gommart, s^r d'Echillais en Saintonge, 137 n.
— (François), gentilhomme. Meurtre d'un de ses serviteurs, 136-138.
— (Jean), écuyer, 137 n.
Gondauville (Antoinette de), femme de Jean de l'Age, puis de Jean de Rechignevoisin, 122 n.
Gonds (Terre et seigneurie des), près Saintes. Donnée à Wast Valentin, 292 n. *Charente-Inférieure.*
Gontier (J.), secrétaire du roi, 5, 337, 406.
Gorces près Lassac, 352. *Gorce, c^{ne} d'Allassac, Corrèze.*
Gorinerie (La). Haute et moyenne justice, 400 n. *Mouvant d'Airvault, Deux-Sèvres.*
Gorrin (Guillemette), femme de Jean de Remefort, 36 n.
Gouaut (Jean). Sa maison à Poitiers, 18 n.
Gouffier (Guillaume). Seigneur d'Oiron, par don du roi, 169 n.
Goulart (Louis), 159 n.
Goupille (Christine), femme de Laurent Vernon, s^r de Montreuil-Bonnin, 130 n.
Gourgé. Aveu, 375 n. Seigneur, voy. Argenton (Antoine d'). C^{ne} de *Saint-Loup, Deux-Sèvres.*
Gourin (Jean), curé de Saint-Mesmin-le-Vieil, 193 n.
Graçay (Ambroise de), Grassay, abbé de la Grenetière, 284 n.
— (Gilbert de). Sa compagnie, 282 n.
Graffort (Isabeau de), Crawford (?), femme de Wast Valentin, 292 n.
Gralac (Forêt de). Démembrée de la seigneurie de Montaigu, 424 n. *Grala, c^{ne} des Brouzils et de Copechagnière, Vendée.*
Grandchamp (Fief de), près Pompois. Aveu, 232 n. *Deux-Sèvres.*
— Terre et seigneurie au Maine, 328. Seigneur, voy. Flocelière (Jacques II de la). *Sarthe.*
Grandjean (Bernard), de Saint-

Jean-d'Angély. Rémission, 315 n.
Grand-Jehan, valet de Martin Chevalier, archer de l'ordonnance, 84.
Grandmont (Ordre de), 193.
Grand-Serzé (Le), village. Hôtel fortifié,. 391 n. *Cerzé, c^{ne} de Caunay, Deux-Sèvres.*
Granges (Etienne de), écuyer. Poursuivi pour coups et blessures ; rémission. 328.
Granges (Les), près Talmont, 30, 31. Seigneur, voy. Catus (Charles et Jean). *Vendée.*
Granges (Les), au mandement de Crussol. Etablissement d'un marché, 75. *Ardèche.*
Grassay (Ambroise de). Voy. Graçay (A. de).
Graville (Jean de), 375 n.
Gray, 271 n. *Haute-Saône.*
Grelier (Colette), femme de Jean Guiot, hôtelier de Bressuire, 45.
Grenetière (Abbaye de la), 62 n., 284 n. Abbé, voy. Graçay (Ambroise de). *C^{ne} d'Ardelay, Vendée.*
Grenoble. Voy. Comptes (Chambre des).
Grève (La). Capitaine, 143 n. ; voy. Villeneuve (Georges de). Seigneur, voy. Chabot (Louis et Thibaut IX). *C^{ne} de Saint-Martin-des-Noyers, Vendée.*
Greuille (Jean de), 309 n.
Grignon (André), vivant au XIVe s., 456 n.
— (André), autre. Ajourné aux assises du s^r de la Débuterie, 456, 457. Sa famille, 456 n.
— (André), autre, s^r de la Grignonnière, 456 n.
— (Catherine), femme de Michel Darrot, 456 n.
— (Jacques), curé de la Caillière. Procès contre Léon Audéou, 456 n., 457 n.
— (Jean), s^r de la Grignonnière, 456 n.
— (Marie), femme de Guillaume Béjarry, s^r de la Louerie, 456 n.
— (Nicolas), s^r de la Pelissonnière, 456 n.
— (Pierre), s^r de la Touche, 456 n.
Grignonnière (Seigneur de la). Voy. Grignon (André et Jean).
Grosselayne (Petit Jean), peintre à Challans. Faussaire, 241-243.
Grossin (Jean), meunier à Marnes. Prisonnier pour le meurtre de Simon Boinart ; rémission, 414-416.
Groye (La), seigneurie, 289. Seigneur, voy. Aloigny (Galehaut d'). *C^{ne} d'Ingrande, Vienne.*
Gué-Charreau (Le), port et passage, 394 n. *C^{ne} de Ciré, Charente-Inférieure.*
Gué-de-Velluire (Le), bourg, 217. Perception de coutumes, 299. *C^{on} de Chaillé-les-Marais, Vendée.*
Guenand (Pierre), 107 n.
Guerche (La), 444. *Ille-et-Vilaine.*
Guérie (Catherine), femme de Raoul de La Woestine, de Poitiers, 114 n.
Guérineau (Guillaume). Voy. Garineau (G.).
Guérinet (François), s^r du Verger, général des aides en Poitou. Procès contre les officiers du vicomte de Châtellerault, 448 n. Meurtre de l'un de ses serviteurs, 448-451.
— (Jeanne), dame du Verger, femme de Jacques Chasteigner, s^r du Breuil, 448 n.
— (Léonet), chanoine de Poitiers. Sa maison canoniale, 18 n. Evêque de Poitiers, 16 n., 198 n.
Guerry (Jean), procureur du roi en l'élection de Loudun, 64 n.
— (Pierre), administrateur de la terre de Montaigu, 396 n.
Guibaudière (La), lieu, 464. *C^{ne} de Pugny, Deux-Sèvres.*
Guignefolle (Dame de). Voy. Chasteigner (Jeanne). *C^{ne} de Bouillé, Vendée.*
Guillet (Colas), serviteur d'Antoine de Belleville, 258 n.
Guionnet (Antoine), tavernier de Chaillac. Victime d'un meurtre, 291.
Guiot (Jean), dit de Saint-Bardoux, hôtelier de Bressuire, et sa femme, 44, 45.
— (Jean), *aliàs* Guyot, s^r d'Asnières, 371 n., 373.
— (Frère Jean), fils du précédent, depuis abbé de N.-D. du Bournet. Coupable de viol, 371-373.
— (Jeanne), femme de Gracien de l'assy, 372 n.

— 498 —

Guiot (Marguerite), femme de Dauphin de Fougerat, 372 n.
— (Pierre), sr d'Asnières, Saint-Germain, etc., 371 n.
Guipry, paroisse, en Bretagne, 78. *Ille-et-Vilaine.*
Guyenne, 134. Ravages des Anglais, 74 n. Conquête, 282 n. Grands-jours, 391. Ressort de la sénéchaussée, 171 n., 172. Avocat du roi, voy. Chambon (Jean), Laborie (Aymer). Sénéchal, voy. Lau (Antoine de Châteauneuf, sr du).
— (Duché de). Donné en apanage par Louis xi à son frère Charles, 172, 173 n. Duc, voy. Charles de France.

Guyneuf (J.), chevalier, sr de Boulzé. Fondé de pouvoirs d'Yvon du Fou, sénéchal de Poitou, 105 n.
Guyon (Jean), homme de labour, 404, 405.
Guyonnière (Seigneur de la). Hommage dû pour Rocheservière, Painfault et le Planteis, 424 n. *Cne de Montaigu, Vendée.*
Guyot (Jean). Voy. Guiot (J.).
Guypaud (Marie), mère de Jean de La Trémoïlle, légitimé, 70.
Gyé (Pierre de Rohan, sr de). Engagiste de Fontenay-le-Comte ; procès contre les habitants au sujet du guet, 303 n., 382 n.

H

Halles de Poitiers (Dame des). Voy. Berland (Guillemette).
Haraucourt (Guillaume de), évêque de Verdun. Partisan de Charles, duc de Normandie, 121 n.
Harcourt (Jean vii, comte d'). Vend la vicomté de Châtellerault au comte du Maine, 228 n.
Hardouyn (François), de la Béliardière, et ses enfants, 343, 344.
— (Jeanne), demeurant à la Béliardière. Condamnée à être brûlée pour infanticide ; rémission, 343-346.
Hardy (Jean), clerc et serviteur d'Itier Marchant. Condamné à mort et exécuté pour avoir tenté d'empoisonner Louis xi, 267 n.
Harengs (Journée des), 374 n.
Harpedenne (Jean ii), sr de Belleville, 142 n.
— (Jean iii). Voy. Belleville (sr de).
Havart (Georges), sr de la Rosière, *dominus de Roseria*, bailli d'Amiens, 8.
Heilly (Le maréchal d'), 257 n.
Hennequin (S.), conseiller au Parlement, 403 n.
Henri ii, roi de France. Lettres en faveur des habitants de Fontenay-le-Comte, 303 n.

Henri vi, roi d'Angleterre, 91 n. 266 n., 407 n.
Hérault (Samson), Heyrault, du Port-de-Lésigny. Prisonnier pour le meurtre de Pierre Savin, dit Bourneveau ; rémission, 98-100.
Herays (Clément), de Quinçay, 349, 350.
— (Jevine), femme de Jean Daniau, 349-352.
Herbertin (Pierre), administrateur de la terre de Montaigu, 396 n.
Herbiers (Les), paroisse, 284. *Vendée.*
Herigondeau (L'). Aveu, 375 n. Seigneur, voy. Argenton (Antoine d'). *Lhérigondeau, Deux-Sèvres.*
Hérisson, Hériçon. Meurtre d'un serviteur de François Gomart, 136-138. Paroisse, 227. *Cne de Pougne-Hérisson, Deux-Sèvres.*
Héron (Pierre), de la Chaume. Rémission, 437 n.
Hesdin. Prise, 186 n. *Pas-de-Calais.*
Hilaire (Saint), évêque de Carcassonne, 199.
Hillaireau (Vincent), de la Chaume. Rémission, 437 n.
Hillereau (Jacques), Hillareau, frère de Pierre, 26, 27, 28.
— (Mathurin), Hillareau, laboureur de Puycaraut, 26, 27.
— (Pierre), de Puycaraut. Meur-

— 499 —

trier de Jean Lucas ; rémission, 26-29.
Hommet (Baron du). Voy. Cerisay (Guillaume de). *Manche*.
Honfleur (Conférences de), 121 n.
Hozier (D'). *Armorial général*, cité, 197 n., 292 n., 416 n.
Huart (Le baron G. d'). *Persac et la châtellenie de Calais*, cité, 198 n., 199 n., 282 n., 284 n., 309 n., 310 n.
Hubert (Julien), cordonnier à Port-de-Piles. Coupable de meurtre ; rémission, 395.
Huildot (Geoffroy), 403 n.
Huldot (Guillaume), ou Huildot, clerc. Coupable de meurtre ; rémission, 403-406.
Huldot (Jean), Huildot, curé de Blanzay, 403-405.
Huré (Sr d'). Voy. Mérichon (Jean).
Hurtault (Perrotin), archer de l'ordonnance. Meurtrier d'un habitant de Charroux ; lettres de rémission, 72-74.
Husson (Jean de), Jean sr d'Usson, comte de Tonnerre. Débouté par arrêt de ses prétentions sur Sainte-Néomaye, 153 et note.
— (Olivier de), chambellan du roi, 153 n.
Hylairet (Guillaume). Sa succession, 258 n.

I

Indicateur (*L'*), journal de la Vendée, cité, 437 n.
Infanticide. Voy. Hardouyn (Jeanne), Mercier (Jeanne).
Ingrande. Institution de deux foires par an, en faveur de Galehaut d'Aloigny, 288-291. Dîmes appartenant à la cure ; conflit à l'occasion de leur perception. Meurtre d'un serviteur du sr du Verger, 447-452. *Vienne*.
Ingrandes près du Blanc, 33. *Indre*.
Isenheim (Commandeur d'). Voy. Bretonneau (Jean). *Alsace*.
Isle-Bouchard (L'), 377 n. *Indre-et-Loire*.
— (Catherine de), femme de Georges de La Trémoïlle, 55 n.
Isle-Jourdain (L'). Sceau aux contrats, 107 n. Châtellenie, 198. Seigneur, voy. Combarel (Pierre II de). *Vienne*.
— (Huguette de l'), femme de Pierre de Combarel, 274 n.
— (Jean de l'), chevalier, sr de l'Isle-Jourdain, 274 n.
Iteuil, paroisse, 412 n. Con de Vivonne, *Vienne*.

J

Jamet, archer ou coutillier de la compagnie du sr de l'Isle-Jourdain. Victime d'un meurtre, 368-370.
Jamonnières (Les), 62 n. Cne de Saint-Philbert-de-Grandlieu, *Loire-Inférieure*.
Janailhac (Jean de), chaussetier de Poitiers, 356.
Janoilhac (Perrette de), femme de Simon Blandin, 64 n.
Janot, archer de la compagnie de Jean de Salazar, 199, 200.
Jaquet, menuisier de Melle, 214.
— (Thibaut), franc-archer, 453.
Jargeau. Actes datés de ce lieu, 247 n., 321 n., 368 n. *Loiret*.
Jarnac (Seigneur de). Voy. Chabot (Louis et Renaud). *Charente*.
Jard. Voy. Lieu-Dieu-en-Jard.
Jard (La), la Jart, en Saintonge. Meurtre, 60. Con de Saintes, *Charente-Inférieure*.
Jarrie (La). Cens et revenus, 394 n. Con de la Rochelle, *Charente-Inférieure*.

Jarrie (La), 102 n. Hommages dus par le seigneur pour la Barretière, Bazoges et Saint-Fulgent, 424 n. Seigneurs, voy. Rezay (Guy et Louis de). C^{ne} de Saligny, Vendée.

Jarrocier (Pierre et Jean de), 369.

Jaunay, paroisse, 274 n. Vienne.

Jay (Antoine), s^r de Coussot, 454 n.
— (Jean), 122 n.

Jean, abbé de Mauléon, 328 n.

Jean II, roi d'Aragon, 230 n., 351 n.

Jean IV, duc de Bretagne, 221 n.

Jeanroy (Bastien), de Loudun. Tué dans une rixe, 146-149.

Jehan (Pierre). Ajourné au Parlement, à la requête des habitants de Fontenay-le-Comte, 303 n.

Jérusalem. Pèlerinage, 265 n.

Joachim de France, fils aîné de Louis XI, 321 n.

Jobert (Pierre), sergent de l'abbaye d'Airvault. Victime d'un meurtre, 56, 58.

Jobtière (La). Aveu de l'hôtel, 233 n. Seigneur, voy. Appelvoisin (Jean d'). C^{ne} de la Ronde, Deux-Sèvres.

Joly (Jean), cordonnier. S'étant fait passer pour gentilhomme, il épouse une demoiselle noble, dont le cousin le tue, 284-288.

Jolyaud (Jean). Voy. Rouvereau (Jean).

Jonemère (Jean), receveur d'une aide imposée sur les marches de Poitou et de Bretagne, 63, 64.

Jonnault (Pierre), d'Ingrande, 449, 450.

Jouffroy (Jean), cardinal d'Albi, 365 n.

Joulain (Olivier), de Coëx, clerc de Denis Berthelot. Rémission pour faux, 235-246.

Jourdain (Jean), assesseur du lieutenant du sénéchal de Poitou à Niort, 4 n.
— (Un nommé). Tué dans une rixe par Michau Moulineau, 340-343

Joursanvault (Catalogue des Archives du baron de). Cité, 32 n., 121 n.

Jousseaume (François), s^r de la Pacaudière, 143 n.
— (Jacques), s^r de la Geffardière et de Loge-Fougereuse. Sa justice de Loge-Fougereuse confisquée et donnée à Lou de Beaumont, 52-55.
— (Jean), s^r de la Forêt-sur-Sèvre et de Commequiers, 54 n., 221 n.
— (Jeanne), fille du précédent, femme de Louis de Beaumont, 54 n., 221 n.
— (Jeanne), femme de Hugues Catus, 30 n.
— (Louis), s^r de la Forêt-sur-Sèvre, 54 n.

Joussemet (Jean et Denis), de la Chaume. Rémission, 437 n.

Jouvelin (Pierre), correcteur des comptes, 383 n., 420 n.

Joye (Yvonnet), boucher, de l'île de Bouin. Victime d'un meurtre, 166.

Jube, nom de lieu (?), 211.

Juch (Aliénor de), femme de Jean du Puy-du-Fou, 2 n.

Jumièges (Abbé de). Voy. Bec-Crespin (Antoine du). Seine-Inférieure.

Juquet (Jean), franc-archer de Saint-Jouin-de-Marnes. Victime d'un meurtre, 349-354.

Justice (Haute, moyenne et basse) de Saint-Maixent et de Germeville. Donnée au seigneur, Patrice Valentin, 291-294.

K

Keradreux (Meurtre du s^r de), 237 n.

Kervyn de Lettenhove. Lettres et négociations de Philippe de Commines, citées, 105 n. Œuvres de Georges Chastellain, citées, 265 n.

L

La Barre. Voy. Bastard (Guillaume).
La Barre (Thomas de), coutre du chapitre de l'église de Poitiers, 14.
Labbé (Jean), Labbez, dit Villeneuve, de Vaussais. Tué par un franc-archer, 365-367.
La Borderie (A. de). *Histoire de Bretagne*, citée, 350 n., 444 n.
Laborie (Aymer), avocat du roi en la sénéchaussée de Guyenne, 382 n.
La Boutetière (L. de). *Cartulaire d'Orbestier*, cité, 2 n. *Montre de la compagnie du sire de Crussol*, citée, 84 n. *Ordonnance de Louis XI pour les Sables-d'Olonne*, citée, 437 n.
La Broce (Guillaume de), d'Argenton, 180.
La Brousse (Jean de), écuyer, 391 n.
Lac (Lancelot du). Sa compagnie, 282 n.
La Châtre (Jeanne de), femme de Hugues de Moussy, 282 n.
La Chenaye-Desbois. *Dictionnaire de la noblesse*, cité, 74 n., 292 n., 383 n.
La Court (Guillaume de), prévôt de Mareuil-sur-Lay, 143 n.
La Fontaine (Jean de), receveur de la ville de Poitiers, 383 n.
La Fontenelle de Vaudoré, cité, 383 n.
Lage-Saveneau, seigneurie, 107 n.
Lagord en Aunis. Seigneurie, 425 n. C^{on} de la Rochelle, Charente-Inférieure.
La Guérinière (François de). Poursuivi pour faux, 63 n.
La Haye (Bertrand de), s^r de Mallièvre, 374 n.
La Hire. Voy Vignoles (Etienne de).
Laidet (Pierre), lieutenant du sénéchal de Poitou à Niort, 362 n.
Laigle (Jean de Brosse, s^r de). Procès contre Louis de Rezay, 102 n. Sa compagnie au ban de Poitou (1467), 125 n., 185 n., 233 n. Seigneur de Châteaumur, 329 n.
Laigneau (Pierre), écuyer, s^r de la Morinière, fauconnier du roi, Concession d'un droit d'usage en la forêt de Moulière, 222-224. Notice, 223 n.
La Jarrye (Guyot de), serviteur de Louis de Signy, 416.
La Jard. Voy. Jard (La).
La Lande (Guyot de), s^r de Busserolles et de Chaveigne, 198 n.
— (Jacques de), s^r de Busserolles et de Chaveigne, et ses enfants, 198 n.
— (Jean et François de), 198, 199, 200.
— (Maurice de), s^r des Vaux, 198.
— (Perrette et Suzanne de), 198 n.
Lalanne (L'abbé). *Histoire de Châtelleraud*, citée, 274 n., 289 n., 448 n.
La Loëre (J. de), secrétaire du roi, 8, 32, 36, 44, 55, 127, 349.
La Marche (Gervais de Vesins, dit). Voy. Vesins (Gervais de).
— (Jean de), chanoine de l'église de Poitiers. Sa maison, 18 n.
— (Olivier de). *Mémoires* cités, 121 n.
Lamballe (Jean de), de Saintes, 331, 332.
La Muce (Famille de). Notice, 142 n.
— (François de), La Musse. Procès contre Bertrand Boueron, 119 n., 316 n.
— (François de), La Musse, jeune écuyer, s^r de la Forêt. Coupable du meurtre de Mathurin Cousseau ; rémission, 142-146.
— (Jacques de), 142 n.
— (Jean de), s^r de la Chaize-Giraud, 142 n.
— (Jean de), s^r d'Aubigny et de Boisriau, 142 n.
— (Jeanne et N. de), femmes de Jacques Fouchier et de Gilles Milon, 142 n.
— (Perrette de), femme de Guyon de Rochefort, 142 n.
Lancastre (Edouard de), prince de

Galles. Voy. Galles (Prince de).
Landaudière (Sr de). Voy. Mauclerc (Lucas).
Lande (La), *imp. par erreur* La Baude. Terre adjugée à Louis de Beaumont, évêque de Paris, 278 n. Criée, 396 n. *Vendée*.
— (Sr de la) en Bourbonnais. Voy. Moussy (Hugues de).
Landes (Baron de). Voy. Melun (Charles de).
Landes-Génusson (Les). Meurtre, 46-48. C*on* *de Mortagne, Vendée*.
Landon (Guillaume), mercier breton, détroussé, 445, 446.
Langeais. Capitaine, 72 n. *Indre-et-Loire*.
Langellée (Jean de), écuyer, sr de la Fa. Echange avec Yvon du Fou, 107 n.
Langres (Evêque de). Voy. Bernard (Guy).
Languedoc, 186 n. Etats, 320 n. Trésorier général, voy. Bayart (Antoine), Nève (Guillaume de).
Lannes (Sénéchaussée des). Son ressort, 171 n., 172.
La Ramée (Jacquette de), veuve de Jean du Puy-du-Fou. Permission de fortifier Bourneau, dont elle était dame, 1-3.
— (Jean et Louis de). Procès contre Jacques Boussart, 1 n.
— (Louis de), écuyer, sr de Bourneau, 2 n.
— (Marguerite de), femme d'Yvonnet Sauvage, 1 n.
— (Pierre de), sr de Bourneau, 2 n.
Larcher (Jeanne), femme de Jean Mourraut, 107 n.
Larchevêque (Bertrand). Voy. Soubise (Sr de).
Larchier (Jean), dit Dauvergne, 6 n.
La Roche (Jean de), et sa femme, Marie d'Appelvoisin, 233 n.
— (Perrin de), d'Ingrande, 449, 450, 452.
— (René de) et sa femme, 274 n.
La Roche-Aymon (François de), écuyer, 416 n.
La Rochefaton (Alexandre de). Mis à mort par son frère, 49-51.
— (Jean de), écuyer, seigneur de Saveilles et de Montalembert. Meurtrier de son frère et de sa femme ; rémission, 49-52
La Rochefoucauld (Foucaud III, seigneur de), 153 n.
— (François Ier seigneur, puis comte de), 455 n.
— (Guillaume de), sr de Nouans, 453 n.
— (Guy de), sr de Verteuil, 35 n.
— (Jean, sr de la), 153 n., 463 n.
— (Jean de), La Roche, sr de Barbezieux, sénéchal de Poitou, 16 n., 35 n., 434 n. Seigneur de Sainte-Néomaye, par don du roi, 153 et n. Confiscation ; son château démoli, 154.
— (Jeanne de), dame de Nouâtre, femme de Jean du Fou, 395 n.
— (Jeanne de), dame de Barbezieux, femme de Jean sr de La Rochefoucauld, 153 n.
— (Jeanne de), femme de Louis du Fouilloux, 453 n.
Lassac. Voy. Allassac.
Lassy (Pierre de), sr de la Fauvelaye, 78.
— (Robin de), 78 n.
— (Seigneur de). Voy. Catus (Louis).
La Touche (Bernard de), archer de la compagnie du sire de Crussol. Coupable de meurtre dans une rixe ; rémission, 179-182.
— (Joachim de), 36 n.
— (Pierre de), homme d'armes de la compagnie du sire de Crussol, 179 n.
La Tremblaye (René de), abbé de Lieu-Dieu-en-Jard. Attaqué dans son abbaye ; procès criminel, 142 n.
La Trémoïlle (Anne de), femme de Louis bâtard du Maine, 118 n.
— (Georges, seigneur de). Ministre de Charles VII, 387 n. Son fils naturel, 70.
— (Georges de), sire de Craon. Voy. Craon (sire de).
— (Jean de), fils naturel de Georges de La Trémoïlle. Lettres de légitimation, 70-72.
— (Jean de), protonotaire apostolique. S'empare de vive force de l'abbaye de Lieu-Dieu-en-Jard, 142 n.

— 503 —

La Trémoïlle (Jean, bâtard de), fils de Louis Iᵉʳ, 119.
— (Louis Iᵉʳ de), seigneur de la Chaize-le-Vicomte, 143 n. Ecarté, par ordre du roi, du vicomte de Thouars, son beau-père, moribond, 247 n. Procès en revendication de la succession de Thouars, 245 n., 315 n., 383 n. Vicomte de Thouars, 118 n. Ses officiers de Luçon en procès contre l'évêque, 119 n
— (Marie de), dame de Saint-Fargeau, fille naturelle de Georges, femme de Jean de Salazar, 61 n.
— (M. le duc de). *Les fiefs de la vicomté de Thouars*, cités, 232 n., 245 n., 345 n.
Lau (Antoine de Châteauneuf, sʳ du), sénéchal de Guyenne, 32, 36 Gouverneur de Roussillon, 133 n, 265 n., 268 n., 351 n., 352 n.
Laubert (Pierre). Sa maison à Poitiers, 18 n.
Launay (Seigneur de). Voy. Scolin (Artus). Cⁿᵉ d'Ouzilly. Vienne.
Lautrec (Vicomte de). Voy. Lévis (Antoine de).
Laval (Anne, dame de), 133 n.
— (Gilles de). Voy. Rais (sire de).
— (Jean de Montfort, dit Guy XIII, comte de), 133 n.
— (Louis de). Voy. Châtillon (sʳ de).
— (Marie de), dame de Rais, fille de Gilles de Rais, femme de Prégent de Coëtivy, puis d'André de Laval, sire de Lohéac, 62 n., 97 n.
La Vallée (Abel de), lieutenant du capitaine de la Chaize-le-Vicomte, 143 n.
La Vergne (Pierre de). gentilhomme poitevin, 211 n.
La Vessère (Jean de). Sa maison à Poitiers, 18 n.
La Woestine (André de), prêtre à Poitiers, 114 n.
— (Perceval de), 113.
— (Raflard ou Raoul de), *Radulphus de Woestinia*, médecin établi à Poitiers. Lettres de légitimation, 113-115. Notice, 114 n.
Leart (Jean), marchand de Melle. Coupable du meurtre de sa femme ; rémission, 83-86.

Le Barge (Noël), trésorier des guerres, 107 n.
Le Beurrier (Catherine), femme de Jean de Feugerais, 378 n.
Le Breton (Jean), sʳ de la Frairière. Victime des frères de Belleville, 258 n.
Leclerc (J.), secrétaire du roi, 235.
Leconte (Aubert), homme de guerre. Rémission pour meurtre, 74.
Leconte (Jean), coutre du chapitre de l'église de Poitiers, 14.
Lecouturier (Geoffroy), hôtelier de Montereau Victime d'un meurtre, 270, 271.
Lectoure, Lectore. Prise sur le comte d'Armagnac, 365 n., 368 n. Gers.
Ledain (B.). *Histoire de Bressuire*, citée, 235 n., 315 n., 316 n., 337 n.
Ledru (L'Abbé A.). *Louis XI et Colette de Chambes*, cité, 181 n., 376 n.
Le Flament (Gilles), général de la justice des aides, 383 n.
Legay (Macé), de la Rochelle. Victime d'un meurtre, 46.
Legier (Jean), sʳ de la Sauvagère, 30 n.
Légitimation (Lettres de) de Louis d'Anjou, bâtard du Maine, 118 ; — de Raoul de La Woestine, 113-115 ; — de Léon de Montfrault, 434-436 ; — de Jean de La Trémoïlle, 70-72 ; — de Gervais de Vesins, 39.
Legouz, secrétaire du roi, 436.
Le Gras (Roland), capitaine de La Chaize-le-Vicomte, 143 n.
Le Maire (Guillaume), chanoine de Poitiers. Sa maison, 17 n.
Lemaire (Jean), conseiller au Parlement, 409.
Le Maréchal (Nicolas), prêtre, vicaire fermier d'Ingrande. Poursuivi pour le meurtre de Pierre Piquet ; rémission, 447-452.
Lemoine (Jean), maréchal et clerc du guet à Loudun. Coupable de meurtre ; rémission, 146-149.
Lemosnier (Alain), mercier colporteur. Coupable d'un homicide involontaire à Mauzé ; rémission, 59, 60.

— 504 —

Lenglet-Dufresnoy, éditeur de Commynes, cité, 8 n., 436 n.

Leuoncourt (Thierry III, seigneur de), gouverneur de la Rochelle, 313, 328 n., 390 n.

Le Normant (Jean), de Saint-Jean-de-Monts. Compromis dans une affaire de faux. Exécuté pour meurtre à Paris, 239 n., 246 n.

Le Pintier (Yvonnet), prévôt de Montmorillon, 360 n.

Le Prevost (Robin), sergent de la seigneurie de Grandchamp au Maine. Rémission, 328.

Le Roux (Me Jean), rue des Prouvaires, à Paris, 113.

Leroy (Etienne), et sa femme, 80. Rémission, 82 n.

— (Guillaume), de Saint-Gervais, Meurtrier de François Lombart, qui avait enlevé sa femme ; rémission, 76-82.

— (J.), secrétaire du roi, 82, 83 n., 117, 152.

Le Roy (Roger), substitut du procureur du roi en Poitou, 381 n.

Lescun (Arnaud-Guilhem de), 8 n.

Le Sellier (Jean), conseiller au Parlement, 258 n. Président de la chambre des enquêtes, commis à mettre Marguerite de Culant en possession de Montmorillon, 420 n.

Leseur (Guillaume). *Hist. de Gaston IV, comte de Foix*, citée, 265 n.

Lesigny. Voy. Port-de-Lésigny.

Lesparre (Sr de). Voy. Madaillan (Lancelot de). *Gironde*.

Lespicier (Jean), 340, 341.

Leuze (Seigneurie de), Leuse, 186 n. *Aisne*.

Le Vavasseur (Guillaume), archer de la compagnie du sire de Craon. Victime d'un meurtre, 74.

Le Villain (Jean), habitant de Grandchamp, au Maine, 328.

Lévis (Antoine de), comte de Villers, vicomte de Lautrec, 121 n.

— (Catherine de), femme d'Ant. de Clermont, sr de Surgères, puis de Joachim de Velort, 121 n., 122 n., 256, 257, 258 n.

— (Henri de), 259 n.

Lezay (Jean), boucher de Saint-Maixent, 431.

Lezignac (Guy de), abbé de Notre-Dame de Celles, 215 n.

— (Guyot de), écuyer d'écurie de Jean duc de Berry, 215 n.

— (Louis de), abbé de Notre-Dame de Celles. Notice, 215 n. — 304 n., 322 n.

— (Marguerite de), femme de Jean de Besdon, 215 n.

Lezignen. Voy. Lusignan.

L'Hermite (Amice), femme de Jean de Barbezières, 292 n.

— (Tristan), grand prévôt, 289 n., 315 n.

Liège (Pays de). Expédition, 264 n., 265 n., 268 n. Révolte des Liégeois, 270 n., 271 n.

Lienne (Saint), disciple de saint Hilaire, 363.

Lierville. Acte daté de ce lieu, 106 n. *Con de Chaumont-en-Vexin, Oise*.

Lieu-Dieu-en-Jard (Abbaye de). Compétition et lutte entre René de La Tremblaye et Jean de La Trémoïlle, se prétendant abbés; procès criminel, 142 n. Autre abbé, voy. Tirant (Hélie). *Jard, con de Talmont, Vendée*.

Ligny (Comté de). Donné au comte de Roussillon, 48 n. *Ligny-en-Barrois, Meuse*.

Limbaudière (La). Hébergement, 374 n. *Cne de Chanteloup, Deux-Sèvres*.

Limoges. Diocèse, 368. *Haute-Vienne*.

Limousin (Pierre), Lymosin, chaussetier de Poitiers, 356.

Limousin, Lymosin, 197 n. Ressort de la sénéchaussée, 171 n., 172, 175 Sénéchal, 176, 269.

Linières (François de Beaujeu, sr de), chambellan du duc de Berry, membre du conseil royal. Notice, 346.

— (Jacqueline de), femme d'Edouard de Beaujeu, sr d'Amplepuis, 346 n.

— (Jean v, sr de), grand queux de France, 346 n.

Liniers (Jean, dit Maubruny de), sr d'Airvault, 130 n.

— (Pernelle de), femme de Jacques Vernon, 130 n.

Lisieux (Evêque de). Voy. Basin (Thomas).

Lobineau (Dom). *Histoire de Bretagne*, citée, 78 n., 397 n.

Loches. Acte daté de cette ville, 136. *Indre-et-Loire*.

Lodun, Lodunais. Voy. Loudun, Loudunais.

Loge-Fougereuse, dite Loge-la-Vineuse. Justice confisquée sur le seigneur et donnée à Louis de Beaumont, 52-55, 462 n. Seigneur, voy. Jousseaume (Jacques). C^{on} *de la Châtaigneraie, Vendée*.

Lohéac (André de Laval, s^r de), maréchal de France, 62 n., 97 n.

Loire (La), fleuve, 316 n.

Lombart (François). Tué par Guillaume Leroy, dont il avait débauché la femme, 76-82.

— (Guillaume), 78.

Longeville, paroisse, 456 n. C^{on} *de Talmont, Vendée*.

Longueville (Pernelle d'Amboise, comtesse de), 168 n.

Loquin (Mathurin), 220.

Loreau (Pierre), 4.

Lorraine (Duchesse de), 184 n.

— (Isabelle de), femme du roi René, 413 n.

— (Jean de). Sa compagnie, 282 n.

— (Marie de), femme d'Alain IX, vicomte de Rohan, 237 n.

Louat (Le fief), relevant de la Châtaigneraie, 78 n. *Vendée*.

Loubantière (La), terre acquise par Yvon du Fou, 107 n. C^{ne} *de Buxerolles, Vienne*.

Loudun, Lodun, 37. Barbier, 111. Eglise Saint-Pierre-du-Marché, 147 n. Eglise Sainte-Croix, 148. Juge, voy. Dreux (Jean). Rue du Morier, 148. Famille Dreux, 147 n. Fiefs de la mouvance, 250, 253. — Clerc du guet, voy. Lemoine (Jean). Procureur du roi en l'élection, 64 n. ; voy. Guerry (Jean). Rixe, 146-148. *Vienne*.

Loudunais, Lodunais, 36, 257. Rédaction de la coutume, 110 n. Familles nobles, 121, 122, 123.

Louer (François). Hommage dû à Montaigu pour la Sécherie, 424 n.

Louerie (S^r de la). Voy. Béjarry (Guillaume). *Ou la Louherie, c^{ne} de Saint-Michel-le-Cloucq. Vendée*.

Louin, Loyn, village. Meurtre, 56,

57. C^{on} *de Saint-Loup, Deux-Sèvres*.

Louis XI. Dauphin, 96 n., 448 n. Commis par Charles VII à la réformation des abus en Poitou, 201 n. Officiers de son hôtel, 186 n. — Roi de France. Entrée à Reims, 264 n. Sacre, 343 n. Il reçoit le prince de Galles, 407 n. Armée ; écossais, 270 n. Levée de francs-archers, 273 n. Guerres, 282 n. ; — avec la Bretagne, 366 n., 444-446, et avec les ducs de Bourgogne et de Guyenne, 265 n., 268 n. Expédition en Catalogne et en Roussillon, 230 n., 353 n. Il donne à son frère Charles le duché de Guyenne en apanage, 172, 173 n. Entrevue avec celui-ci à Coulonges-les-Royaux, 401 n. Intrigues et conspirations du duc de Guyenne, 121 n., 265 n., 268 n. Les biens de ses partisans confisqués et leurs maisons rasées, 337 n., 338. Conspirations de Charles le Téméraire et du duc de Bretagne contre le roi, 397 n. Machinations du duc de Calabre avec le duc de Bourgogne, 413, 414. Confiscation du duché de Bar, 184 n. Affaire de la succession de Thouars, 169 n., 181 n., 245 n., 247-249, 383 n. Intervention constante de Louis XI dans les élections municipales de Poitiers, 223 n. Il hérite des états de Charles IV, comte du Maine et de Provence, roi de Jérusalem. 118 n. Procès de lèse-majesté, 119 n. Réforme de l'Université de Paris, 326 n. — Acquisition des ville, château et baronnie de Montaigu par échange avec Louis de Belleville, sa femme et ses enfants, 258 n., 395-398, 417-428. Fondations de messes à l'abbaye de Notre-Dame de Celles, 206-208, 215 n. Dons à Yves du Fou, 106 n., 107 n. ; — de Montmorillon à Josselin Du Bois, 419 n. ; — d'Olonne, la Chaume, Talmont, à Commynes, 436 n. Fortification des Sables-d'Olonne, 437 n., 442 n. Faveur du roi pour Jacques de Beau-

— 506 —

mont-Bressuire, 235 n ; donations qu'il lui fait, 315 n., 316 n. Sa faveur pour Louis de Beaumont, sr de la Forêt, 401 n. Sa conduite envers le duc de Nemours, 276 n. — Itinéraire du roi, 368 n. Première entrée à Parthenay, 31, 32. Séjours en la terre de Benet, 209, 212 ; — à l'abbaye de Notre-Dame de Celles, 304 n. Il réside au château de Thiors, quand il vient dans le pays, 233. Pavillon édifié à Missé pour lui servir de résidence, 400-402. — Ses enfants, 321 n. Officiers de son hôtel, 289 n.

Lettres missives aux maire et échevins de Poitiers, 223 n., 276 n. : — au sire de Bressuire, 398 n. ; — à Yvon du Fou, 103 n., 104 n., 105 n. — Lettres patentes citées, 48 n., 74 n., 102 n., 120 n., 124 n., 133 n., 172 n., 250 n., 289 n., 346 n., 363 n., 374 n., 376 n., 380 n., 381 n., 382 n., 390 n., 441 n. — Autres mentions, 55 n., 72 n., 81 n., 89 n., 91 n., 101 n.

Louis XII. Duc d'Orléans, 321 n. Assiégé dans Novare, 268 n.
— Roi de France. Son sacre, 368 n. Guerres, 282 n.

Louise de Savoie, duchesse d'Angoulême, 122 n.

Louviers. Grenier à sel ; revenu donné à Yvon du Fou, 106 n. *Eure*.

Loyn. Voy. Louin.

Lucas (Berthomé), chanoine de Poitiers. Sa maison, 18 n.
— (Colas), de Benet, 347 n.
— (Jean), de Benet, 347, 348.
— (Jean), de la Rochette. Victime d'un meurtre, 26-29.
— (Pierre), couturier de Benet. Coupable d'un homicide involontaire ; rémission, 347-349.
— (Pierre), fils de Jean, du village de la Rochette, 27, 28.

Lucaseau (Guillaume), prêtre de Frontenay-l'Abattu. Meurtrier de son frère ; rémission, 189-192.

Luchapt, Lupchat, paroisse. Eglise, 199. *Vienne*.

Luçon. Chapitre ; permission à l'évêque de le séculariser, 118-120. Lettres de ratification de l'acte de sécularisation, 155-157. — Diocèse, 77, 235. — Evêque, voy. Boutaud (Nicolas), Sacierges (Pierre de). — Ville, 193. *Vendée*.

Lucqueau (Le sr), 92, 93.

Lude (Jean de Daillon, sr du). Notice, 186. Mentions, 224, 303, 365 n.

Luillier (Robin), prêtre. Sa maison à Poitiers, 18 n.

Lupchat. Voy. Luchapt.

Lusignan, Lezignen, 316 n., 412 n. Moulins, prés et étangs, 103 n., 106 n. Capitaine, Yvon du Fou, 103 n. Revenu du domaine, donné à Yvon du Fou, 106 n. Charles duc de Guyenne reçu au château, 104 n. Juge commis à la prévôté, procureur du roi, 117. Réunion du ban et de l'arrière-ban de Poitou, 74 n. Prisons du château, 75. *Vienne*.
— (Hugues de), comte de la Marche, 240 n.
— (Isabelle de), femme de Maurice II de Belleville. Titre faux, 238 n., 240.
— (Jean de), Lezignen. Voy. Mahé (Jean).

Lusignan-Chypre (Anne de), femme de Louis, comte de Savoie, 55 n.

Lussac. Fief de la mouvance, 282 n. Seigneur, voy. Taveau (Geoffroy). *Lussac-le-Château, Vienne.*

Lymosin. Voy. Limousin.

Lymosin (Pierre). Voy. Limousin (P.).

Lyon (Sénéchal de), 269. Voy. Valpergue (Théode de).

M

Macars (Jean), de Loudun, 146, 147.

Macé (Guillaume), prévôt fermier et receveur de la ville de Poitiers,

— 507 —

158, 159-163. Notice, 158 n. — 360 n., 383 n.

Machecoul, Machecol. Capitulation, 444 n. Courses et pillages des gens de guerre aux environs, 443-446. Foire Saint-Ladre, 445. Route de Beauvoir-sur-mer, 445. *Loire-Inférieure.*

Macon (Bailli de). Voy. Valpergue (Théode de).

Madaillan (Jean de) d'Estissac. Voy. Estissac.

— (Lancelot de), sr de Lesparre, 337 n.

Madeleine de France, sœur de Louis xi, femme de Gaston de Foix, 328 n.

Magnils (Les), les Maignilz-Reigner, près Luçon. Excès des gens de guerre, 192, 196. Collecteur des aides et tailles de la paroisse, voy. Merceron (Jean). C^{on} *de Luçon, Vendée.*

Magnou (Le), village. Chemin de la Fa, 107 n. C^{ne} *du Vigean, Vienne.*

Mahé (Jean), dit de Lusignan (Lezignen). Victime d'un meurtre, 326, 327.

Maigné (Antoine de Chourses, sr de). Epouse Catherine de Coëtivy, 382 n.

Maigny (Jean), chanoine de l'église de Poitiers Sa maison, 18 n.

Mailhac, Maillac, paroisse. Héritages de la Roche 264. C^{on} *de Saint-Sulpice-les-Feuilles, Haute-Vienne.*

Maillé. Actes datés de ce lieu, 163, 291. *Indre-et-Loire.*

— Perception de droits, 299. C^{on} *de Maillezais, Vendée.*

— (Hardouin ix de). Seigneur de Benet, 187 n., 347 n. Sénéchal de Saintonge, 212. Seigneur de la Roche-Corbon, 118 n.

— (Renée de), femme de Jacques iii de Surgères, sr de la Flocelière, 329 n.

Maillet (André et Jean), de Montigné, 177, 178.

— (Jean), chaussetier de Poitiers, 356.

Maillezais. Diocèse, 347. Officialité ; condamnation aux *oubliettes,* 246 n. *Vendée.*

Maine (Bailli des Exemptions du). Voy. Exemptions (Bailli des).

Maine (Comté du) Lieutenant général, 453 n.

— (Charles d'Anjou, comte du, *Comes Cenomannie,* vicomte de Châtellerault, 12, 15, 18, 20, 49, 118, 250 n. Seigneur de Saint-Maixent, Melle, Civray, Chizé et Sainte-Néomaye, 139, 153, 366. Obtient du roi la création de quatre foires et d'un marché à Saint-Maixent, 139-141. Officiers de son hôtel à Châtellerault, 228, 229.

— (Charles comte du) et de Provence, etc., vicomte de Châtellerault, Charles iv, roi de Naples et de Jérusalem, fils du précédent, 118 n. Lègue ses états à Louis xi, 289 n., 366 n. Ses officiers de la vicomté de Châtellerault poursuivis par François Guérinet, sr du Verger, 448 n.

— (Louis d'Anjou, bâtard du), sr de Sainte-Néomaye. Lettres de légitimation, 118. Permission de réédifier le château de Sainte-Néomaye, 152-155.

— (René du), seigneur de Mézières-en-Brenne, 118 n.

Mainot (Gervais), *aliàs* Mennot, serviteur de François Gomart. Victime d'un meurtre, 136-138.

Mairé, Méré, paroisse, 99. C^{on} *de Pleumartin, Vienne.*

Maisonneuve (Seigneur de). Voy. Rechignevoisin (Jean de).

Maistre (Jean), 130, 132.

— (Laurent), laboureur de Vieilleville. Coupable du meurtre de son frère Gillet ; rémission, 130-133.

Malebrain (Un nommé), 99.

Malescot (Étienne et Jean), collecteurs des tailles à Tourtenay, 64 n.

Malevaut. Voy. Malvault.

Malicorne (Guy de Chourses, sr de), 382 n.

— (Jean Aubin, sr de), chambellan de Charles, duc de Guyenne, 32 n., 121 n. S'empare de Ciré, 393 n.

Mallièvre (Sr de). Voy. La Haye (Bertrand de). C^{on} *de Mortagne-sur-Sèvre, Vendée.*

Malvault, Malevaut, village, 40, 41. Dame, voy. Vaux (Thomasse de). Seigneur, voy. Chasteigner (Louis 1ᵉʳ). Cⁿᵉ *de Cherveux, Deux-Sèvres.*

Manceau (Denis), du Port-de-Lésigny, 98, 99.

Mandrot (B. de). *Jacques d'Armagnac, duc de Nemours,* cité, 276 n. *Journal de Jean de Roye,* cité, 265 n., 267 n., 270 n., 407 n., 444 n.

Mans (Le). Actes datés de cette ville, 109, 118 n. *Sarthe.*

Marais-Doux (Habitants du). Voy. Saint-Jean-de-Monts.

Marans. Prise de possession par Louis XI à la mort du vicomte de Thouars, 247 n. *Charente-Inférieure.*

Marçais (Jean), *aliàs* Macars, de Loudun, 147, 148.

Marchant (Itier), maître de la chambre aux deniers de Charles duc de Guyenne. Accusé d'avoir voulu empoisonner Louis XI, 267 n.

Marchay du Letier (Le), lieu, 150. *Le Marchais-Gregeau* (Carte de l'Etat-major), *le Marché-Grageau* (Cassini), cⁿᵉ *de Sommières, Vienne.*

Marche (Comté de la). Son ressort, 174, 197, 198. Comtes, voy. Bourbon (Jacques de) et Nemours (Duc de).

— (Comté de la Basse-), 309, 454 n.

Marchegay (P.). *Louis XI, M. de Taillebourg et M. de Maigné,* cité, 382 n.

Marcillac. Châtellenie ; poursuites des habitants contre Antoine et Louis Valentin, 292 n. *Marcillac-Lanville, Charente.*

Marconnay (Bertrand de), 159 n.

Maréchal (Jean), prêtre, 258 n.

Mareschal (Jean), sergent d'Argenton. Frappé à mort dans une rixe, 180, 182, 183.

Mareuil (Guy, sʳ de) et de Villebois, 139.

Mareuil-sur-Lay. Capitaine, 119 n. ; voy. Fontaines (Louis de). Prévôt, 143 n. ; voy. La Court (Guillaume de). *Vendée.*

Margain (Guillaume), chaussetier de Poitiers, 356.

Marguerite d'Anjou, reine d'Angleterre, 407 n.

Marie d'Anjou, reine de France, 172 n.

Marigni (Jean de), *aliàs* Marigné, 92, 93.

Marigny, Marigné, paroisse. Rente assignée sur les dîmes et terrages, 305. Don à l'abbaye de N.-D. de Celles, 320, 324. Cⁿ *de Beauvoir, Deux-Sèvres.*

Marmande (Marguerite, dauphine d'Auvergne, dame de), femme de Jean IV, sire de Bueil, 89 n.

Marnes. Seigneurie, 375 n. Marnes près Moncontour en Anjou, 414, 415. Cⁿ *d'Airvault, Deux-Sèvres.*

Marpaut (Amaury), homme de guerre occupant le prieuré de Barbetorte. Tué par Jean Merceron qui l'avait pris en flagrant délit de vol, 193-197.

Marsault (Saint), ou Martial, 404.

Martaizé. Franc-archer, 351. Cⁿ *de Moncontour, Vienne.*

Marteau (Etienne), de Benet, 347.

— (Jean) et sa femme, teinturiers de drap. Coupables de vols ; rémission, 227.

Martelière (La). Hommage dû par le sʳ de Passavant, 424 n. Cⁿᵉ *de Chavagnes-en-Paillers, Vendée.*

Martène (Dom), cité, 215 n.

Martigny, Martigné. Métairie, 203. Cⁿᵉ *de Chasseneuil, Vienne.*

Martinet (Colas), juge de la Brulonnière, 309 n.

— (Jacques), substitut du procureur du roi en Poitou, 64 n.

Martinière (La), 284, 285, 286, 287. Seigneur, voy. Bexon (Abel). Cⁿᵉ *des Herbiers, Vendée.*

Martinon (Jean et Michel) frères, laboureurs de Pairoux. Coupables du meurtre de la femme de Pierre Allart, dans une rixe ; rémission, 275-278.

Marvilleau (Pierre I), sʳ de la Vergnaye, chevalier. Aveux, 374 n.

— (Pierre II de), sʳ de la Vergnaye. Poursuivi pour faux témoignage dans un procès entre Louis Chabot, sʳ de la Grève, et le sʳ de

— 509 —

Montsoreau; rémission, 373-386. Notice, 374.

Mas-Comerit (Colas du). Sa femme victime d'un viol, 372, 373.

Massais, paroisse, 245 n. *Deux-Sèvres.*

« Masselière » (Terre de la), 284 n.

Massoulart (Cibard), chaussetier de Poitiers, 356.

Massue (Macé), chaussetier de Poitiers, 356.

Matago (Etienne), serviteur du comte du Maine à Châtellerault. Victime d'un meurtre, 228, 229.

Matha (Chartrier de), aux archives de la Charente-Inférieure, 387 n.

Mathé, gendre de Guillaume Girard, de Vouneuil, 135, 136.

Mauclerc (Jacques), hôtelier de Coulombiers près Lusignan. Rémission pour enfreinte d'assurement, 116, 117.

— (Lucas), s^r de Landaudière, 143 n.

Maucoin (Antoine), de Pamproux. Meurtrier de Jean Texier; rémission, 21, 22.

Maudouyn (Herbert), coutre du chapître de l'église de Poitiers, 14.

Mauduit (Jean), de Périgné, 177.

Maulay, 37. C^{on} *de Loudun, Vienne.*

Mauléon, Maulion, 143 n Terre et seigneurie données par Louis XI à Anne, sa fille aînée, 247-253. Capitaine, voy. Anglade (Navarrot d'). Prisons, 88. Sénéchal, voy. Colas (Jean). *Auj. Châtillon-sur-Sèvre, Deux-Sèvres.*

— (Abbaye de), 328 n. Abbé, voy. Jean.

Maulévrier (Comte de). Voy. Brézé (Jacques de).

Maumont (Jean de), s^r de Tonnay-Boutonne, 259 n.

Maupinsot, village, juridiction, 456 n. C^{ne} *de Saint-Pierre-du-Chemin, Vendée.*

Maupoint (Jean). *Journal parisien,* cité, 265 n.

Maussabré (Catherine), 342 n.

— (M. le comte de). Cité, 36 n.

Mausson (Gillette de), femme de Guyot de Genoillé, 274 n.

Mauvoisin (Jeanne), veuve de Simon Roy, tanneur de Poitiers, 67-69.

Mauzé, 59, 60. *Mauzé-sur-Mignon, Deux-Sèvres.*

Maxuel (Archambaud de), 361 n.

Maynard (Marie), femme de Charles Catus, 30 n.

— (Mathé), d'Echiré. Auteur involontaire de la mort subite de son beau-père; rémission, 215, 216.

Maynardière (S^r de la). Voy. Milon (Louis).

Maynart (Antoine), s^r de la Cornetière, 143 n.

Maynaut (Guillaume), s^r de Gagemont. Frappé mortellement par Louis Chasteigner, son beau-fils, 39-43 Sa fille Georgette, 41, 42.

Meaux. Actes datés de cette ville, 124, 440. *Seine-et-Marne.*

Meignen (Jean), 360 n.

Meillo, village, 291. *Paroisse de Chaillac, Haute-Vienne.*

Melle, Mesle. Capitaine, voy. Scolin (Artus). Meurtre, 3, 4, 83-86. Porte Saint-Hilaire, 83. Porte Fossemagne; église Saint-Savinien, 84. Chapelle des Marches, 85. Prévôté, 40 n. Seigneur, voy. Maine (Charles d'Anjou, comte du). — Mentions de la ville, 214, 225, 340. *Deux-Sèvres.*

Melleran (Dame de). Voy. Torsay (Marguerite de). *Deux-Sèvres.*

Melun (Charles de), baron des Landes, bailli de Sens, 15, 18, 20, 39. Seigneur de la Borde et de Nantouillet, 184 n.

Menart (P.), secrétaire du roi, 91.

Mengin (Jean), de Charroux, 275.

Meneguy (Jean). Lettres d'abolition, 121-124. Poursuivi pour le meurtre de Jean de Peyré; rémission, 386-394.

Ménipény (Guillaume de), s^r de Concressault, chambellan du roi. Notice, 186.

Ménitré (La), la Menistré. Acte daté de ce lieu, 206. *Maine-et-Loire.*

Mennot (Gervais). Voy. Mainot (Gervais).

Menou (J.), secrétaire du roi, 333.

Merceron (Colas), hôtelier de Saint-Pierre-du-Chemin, 192 n.

— (François), 193 n.

Merceron (Jean), de Saint-Pierre-du-Chemin, collecteur des aides en la paroisse des Magnils. Meurtrier d'Amaury Marpaut, homme de guerre ; rémission, 192-197. Notice, 192.
— (Pierre), 193 n.
Mercier (André et Clément), de Saint-Pierre-du-Chemin, 334.
—. (Jeanne), jeune femme de Saint-Pierre-du-Chemin. Prisonnière à Fontenay-le-Comte, pour infanticide ; rémission, 334-336.
— (Jean et Macé), frères, cordonniers, de Noyers-l'Abbaye. Coupables du meurtre de Jean Cornet ; rémission, 395.
Méré. Voy. Mairé.
Mériault (Pierre), coutre du chapitre de l'église de Poitiers, 14.
Mérichon (Jean), s^r du Breuil-Bertin, d'Huré, etc., gouverneur de la Rochelle, 390, 391, 392 n. Achète la tierce partie de la seigneurie d'Andilly, 425 n. Procès contre Louis de Belleville et sa veuve, 423 n.
Mérichon (Jean), élu de Saintonge, 273 n.
Meriem (Olivier), *aliàs* Méry, breton, peintre à Challans. Faussaire, 239 n., 241-243, 246 n.
Mérignac, paroisse du diocèse de Saintes, 138, 139 n. C^{on} *de Montlieu, Charente-Inférieure.*
Merlatière (La). Châtellenie, 343. Officiers, 102 n. Sentence de mort rendue par les officiers, prisons, 345. Seigneur, voy. Rezay (Louis de). C^{on} *des Essarts, Vendée.*
Merlin (Guillaume), s^r de Frouzille, homme d'armes de l'ordonnance. Anoblissement, 5-8.
Mervent, Mairevant, paroisse, 278, 279, 334. Châtellenie, 53 n. ; fiefs de sa mouvance, 2 n., 279 n. *Vendée.*
— (Forêt de), 78 n.
Méry (Olivier). Voy. Mériem.
Meschin (Jacob), de la Chaume. Rémission, 437 n.
— (Marguerite), femme de Pierre de Peyré, 388 n.
Mesgret (Antoine), serviteur de Jean de Peyré, 389, 393 n.

Meslay, Mellay. Acte daté de ce lieu, 89. *Eure-et-Loir.*
Messignac (Famille Bonnin de), 454 n.
Messines (Abbaye de), 113 n.
Mestoyreau, propriétaire d'un fondis à Poitiers, 17 n.
Mestreau (Jean), barbier, 111 n.
Meulles (Seigneurie de). Appartenant aux Velort, 121 n., 122 n. *Meule, c^{ne} de Saint-Léger-de-Montbrun, Deux-Sèvres.*
— (Jean de), s^r de Thiors, 232 n.
— (Jeanne de), dame de Pompois, femme de Mathurin d'Appelvoisin, 232 n.
Meurin (Baudes), notaire et secrétaire du roi, 48, 66, 76, 95, 98, 125, 138, 213.
Mézières (Marquis de), 118 n. Voy. Maine (Louis bâtard du). *Mézières-en-Brenne, Indre.*
Mezieux (Hélis de), femme de Thomas Acquez, 391 n.
Michault (Guillaume), de la Baronnière. Victime d'un meurtre, 89 92.
Micheau (Petit Guillaume), maréchal, de Beauvoir-sur-Niort, 177.
Michel (Francisque). *Les Ecossais en France*, cités, 186 n., 271 n., 390 n.
Michelet (Jean), serviteur du s^r de Signy. Complice d'un meurtre ; rémission, 416.
Michonneau (Jean), de la Chaume. Rémission, 437 n.
Mignon (Huguet), 203 n.
Mignot (François), enquêteur pour le roi en Poitou, 381 n.
Migré, lieu et seigneurie, 425 n. Seigneur, voy. Cousdun (Philippe de). C^{on} *de Loulay, Charente-Inférieure.*
Milan. Sénat, 365 n.
— (Duc de), 268 n.
— (Valentine de), 35 n.
Millés (La borderie aux), mouvant de Parthenay. Aveu, 375 n. *Deux-Sèvres.*
Milletière (Seigneur de la). Voy. Boueron (Bertrand). C^{ne} *de Bournezeau, Vendée.*
Milon (Gilles), écuyer, 119 n., 142 n.
— (Louis), s^r de la Maynardière, 143 n.

— 511 —

Milord (Pierre de Varennes, dit), de Poitiers. Voy. Varennes (Pierre de).

Mirebalais, pays, 50.

Mirebeau, 171 n. *Vienne.*

Missé, Myssé, près Thouars. Moulins édifiés par Louis de Beaumont et pavillon servant de résidence à Louis XI, 400-402. Haute justice, 400 n. Acte daté de ce lieu, 346. *Deux-Sèvres.*

Mistre (Guillaume), collecteur des tailles à Tourtenay, 64 n.

Molière (Forêt de la). Voy. Moulière.

Molins (De), *aliàs* Des Molins, secrétaire du roi, 70, 86. Voy. Moulins (J. de).

Moncireigne. Voy. Montsireigne.

Moncontour en Anjou, 414. Sceau aux contrats, 36 n. Seigneurie, 375 n. Prisons, 416. *Vienne.*

Moncoutant. Aveu de l'hôtel des Pascauderies, ou du Russot, 374. *Deux-Sèvres.*

Mondion (Marguerite de), femme de Pierre d'Aloigny, 289 n.

Montagnes-d'Auvergne (Bailli des). Voy. Du Bois (Josselin).

Montaigu, 235, 409. Cession au roi par Louis de Belleville et sa femme, Marguerite de Culant, des ville, château, terre et baronnie, moyennant compensation, 258 n., 395-398 et note. Second traité d'échange entre le roi et la veuve de Louis de Belleville, 417-423. Les terres et seigneuries de Chavagnes, les Brouzils, Cope chagnière et la Boissière démembrées de la châtellenie, 423-428. Convocation du ban et de l'arrière-ban de Poitou, 314, 316 n., 366 n Attaque des Bretons, 397 n. Les revenus saisis sur Jean III de Belleville, 396 n. Gouverneur, voy. Blanchefort (Jean de). Lieutenant du sénéchal de Poitou, 259 n. Fiefs de la mouvance de la châtellenie, 258 n., 424 n.

— Collégiale de Saint-Maurice ; don de la terre de Vendrennes, 397 n. Procès contre l'évêque de Luçon, 119 n. *Vendée.*

Montalembert, en la châtellenie de Ruffec. Hôtel, 49, 50. Seigneur, voy. La Rochefaton (Jean de). *Deux-Sèvres.*

Montargis. Actes datés de cette ville, 58, 60. Bailli, 269. *Loiret.*

Montauban. Acte daté de cette ville, 139 n. *Tarn et-Garonne.*

— (Jean de), amiral de France, 8, 48 n.

— (Marie, dame de), femme de Georges de La Trémoïlle, sire de Craon, 55 n.

Montbazon. Acte daté de ce lieu, 169 n. *Indre-et-Loire.*

Montbeil (Forêt de), 130 n. C^{ne} de Benassay, *Vienne.*

Montbron. Capitainerie, 136 n. *Charente.*

— (Catherine de), femme de Joachim Girard, s^r de Bazoges, 387 n.

— (Catherine de). Epouse Joachim Cuningham, 272 n.

— (Eustache de). Voy. Aunay (vicomte d').

— (François, baron de), et de Maulèvrier, 136 n.

— (Guichard de), 387 n.

— (Louis de). Voy. Fontaines (s^r de).

— (Savary de), archidiacre de Reims, 387 n.

Monteferraudo (Leo de). Voy. Montfrault (Léon de).

Montenay (Jean de), 374 n., 375 n.

Montereau-faut-Yonne. Hôtel de *l'Ange,* 271. *Seine-et-Marne.*

Montespedon (Dame de). Voy. Ebrard (Pernelle). C^{ne} *de Saint-Pardoux, Puy-de-Dôme.*

Montfaucon (Guillaume de), capitaine de francs-archers, 365 n.

— (Guy de), s^r de Saint-Mesmin. Aveu de sa terre d'Aubigny, 374 n.

— (Jean de), chevalier, s^r de Saint-Mesmin, 40 n.

Montferrand. Bailli, 265 n. Etats provinciaux, 376 n. C^{ne} *de Clermont-Ferrand, Puy-de-Dôme.*

Montfort (Jean de). Voy. Laval (Guy XIII, comte de).

Montfrault, Monfrault, terre noble, 434 n. Voy. Perceval (Guillaume). C^{ne} *de Celle-l'Evécault, Vienne.*

— (Léon de), de Montferault, *de Monteferraudo, aliàs* Parceval. Lettres de légitimation, 4.

Montignac. Châtellenie; poursuites des habitants contre Antoine et Louis Valentin, 292 n. *Montignac-Charente.*

Montigné, 177. C^{on} *de Celles, Deux-Sèvres.*

Montigny. Donné à Nicolas, marquis du Pont, 250 n. *Montigny-le-Roi, Haute-Marne.*

— (Isabelle de), femme d'Hugues Du Bellay, 13 n.

Montils-lès-Tours. Actes datés de ce lieu, 75, 76, 138, 174 n., 224, 227 n., 272, 275, 289 n., 292 n., 329 n., 351 n., 395 n. Château, 228 n., 441 n. *Indre-et-Loire.*

Montlhéry (Bataille de), 103 n., 210 n., 265 n., 393 n., 448 n. *Seine-et-Oise.*

Montlieu (Seigneurie de). Hommage, 35 n. Seigneur, voy Saint-Gelais (Pierre de). *Charente-Inférieure.*

Montmirail, terre et seigneurie, 118 n. *Sarthe.*

Montmorillon, 316 n. Le château et la châtellenie engagés à La Hire, puis transférés par sa veuve à André de Villequier, 419 n. Donnés par Louis xi à Josselin Du Bois, 419 n., 420 n. Cédés à Marguerite de Culant, veuve de Louis de Belleville, et à ses enfants, en échange de Montaigu, 396 n., 397 n., 417-423. Châtellenie, 283, 309. Ressort, 61 n., 264, 368. Lieutenant du sénéchal de Poitou, 184, 200. Montres du ban et de l'arrière-ban, 282 n. Prévôt, voy. Le Pintier (Yvonnet). *Vienne.*

— (Forêt de). Voy. Chavagne.

Montmorin (Jean de), maître des requêtes. Commissaire en Poitou, 201 n.

Montournois (Miles, Jean et Gilles de), écuyers. Poursuivis par le s^r de la Flocelière, 329 n.

Montpellier. Petit sceau, 160. *Hérault.*

Montpensier (Louis Ier de Bourbon, comte de), dauphin d'Auvergne, 189.

Montreuil (Jeanne de), de Loudun, 147.

Montreuil-Bonnin. Prisons, 127, 130. Seigneur, voy. Vernon (Jacques). *Vienne.*

Mont-Sinaï (Sainte-Catherine du). Pèlerinage, 265 n.

Montsireigne, Moncireigne, bourg, 456. *Monsireigne, c^{on} de Pouzauges, Vendée.*

Montsoreau, 397. Terre et seigneurie vendue à Jean de Chambes par Louis Chabot, s^r de la Grève, 376 n. C^{on} *de Saumur, Maine-et-Loire.*

— (Jean II de Chambes, s^r de). Notice, 376. Procès contre Louis Chabot, s^r de la Grève, touchant la succession d'Argenton, 373-386. — 181 n., 442 n.

Morceyne (Jeanne). Voy. Morin (Jeanne).

Moreau (Jean). Victime de Louis de Brachechien, 464 n.

Morice (Dom). *Histoire de Bretagne*, citée, 78 n., 221 n., 266 n., 267 n.

Morin (André), gentilhomme, 284.

— (Jeanne), dite, par faute de lecture, Morceyne, fille du précédent. Femme de Jean Joly, cordonnier, qui s'était fait passer pour noble, 284-287.

— (Pierre, Jean et Louis). Administrateurs de la terre de Montmorillon, 420 n.

Morinière Seigneur de la). Voy. Laigneau (Pierre). C^{ne} *de Dissay, Vienne.*

Morrigeau (Jean). Victime d'un meurtre, 127 130.

— (Pierre et Simon), frères du précédent, 128, 129.

Morry (Pierre de), clerc. Sa maison à Poitiers, 18 n.

Mortagne, Mortaigne. Acte daté de ce lieu, 333. Garnison, 185 n. Montres, 282 n. *Mortagne-sur-Sèvre, Vendée.*

Mortemer (Seigneur de). Voy. Taveau (Geoffroy). *Vienne.*

Morterolles, Morterolz, en la sénéchaussée de Poitou, Commanderie, 61. C^{on} *de Bessines, Haute-Vienne.*

Mosnart (Antoine de), ou du Mosnard, écuyer, s^r du Plas, et ses trois fils. Meurtriers de Janicot de Quéroy; rémission, 197-201.

— 543 —

Mosnart (Jacques de), s^r de Ville-Favard, 197 n.
Mosnier (Nicolas). Poursuivi par le curé de Noireterre, 119 n.
Moster. Voy. Mouterre.
Mothe-Jodouin (La), hôtel litigieux, 119 n. *La Motte, c^{ne} de Chasnais ou de Luçon, Vendée.*
Mothe-Saint-Héraye (La), la Mote Saint Eraye, 431. Château, 316 n. *Deux-Sèvres.*
Motin (Le s^r), de Paizay-le-Tort, 430.
Motte-Coupoux (La). Saisie des meubles du château, 385 n. *Les Mottes, c^{ne} de la Chapelle-Saint-Laurent, Deux-Sèvres.*
Motte-de-Beaumont (Seigneurie de la), dans le Châtelleraudais, 272 n. *Beaumont, c^{on} de Vouneuil-sur-Vienne, Vienne.*
Motte-d'Esgry (La) en Gâtinais. Acte daté de ce lieu, 55. *C^{ne} d'Egry, Loiret.*
Motte-le-Roi (La), près Saint-Benoît-sur-Loire. Château, 48 n. *Loiret.*
Mougon (Hébergement de). Hommage, 412 n. *C^{ne} d'Iteuil, Vienne.*
Moulière (Forêt de la), la Molière. Concession d'un droit d'usage à Pierre Laigneau, 223, 224 ; — à Pierre de Combarel, pour son château de Rouet, 272-274. *Dans le Châtelleraudais, Vienne.*
Moulineau (Michau), couturier, de Celles, 4 n. Poursuivi pour le meurtre d'un nommé Jourdain ; rémission, 340-343.
Moulins. Château, 368 n. *Allier.*
Moulins (Jean de), s^r de Rochefort en Mirebalais, secrétaire du roi, maire de Poitiers, 13, 15, 18, 20, 133, 136, 166, 303.
Mourraut (Anne), fille de Jean ; mariée à Yvon du Fou, 107 n.
— (Jean), s^r de la Roche, des Touches-de-Lezay, etc., 107 n.
Moussac-sur-Vienne, paroisse, 310. *Vienne.*
Moussy (Hugues de), s^r de la Lande en Bourbonnais, 282 n.
— (Isabeau de), femme de Jean de la Lande, 199 n.
— (Jean de), écuyer, s^r de la Contour, 228 n. Permission de faire clore et fortifier ladite place, 281-283. Notice, 282 n. Droit d'usage en la forêt de Chavagne ou de Montmorillon, pour ses maisons de la Contour et de Boismorant, 420 n.
Mouster, Moster. Voy. Mouterre.
Mouterre, Mouster, Moster, paroisse. Curé, dîme ; procès, 198. *C^{on} de l'Isle-Jourdain, Vienne.*
Moutiers-les-Maufaits. Capitaine, 387 n. *Vendée.*
Moyron (Jean), laboureur, de l'Orbrie-sur-Vendée. Frappé mortellement par accident, 347-349.
Moysen (Simon), fermier des aides sur le vin à Bressuire. Lettres de rémission, 44, 45.
Mussidan. Garde de la ville et du château, 337 n. *Dordogne.*
Mussy (Dimanche de), écuyer du comte du Maine à Châtelleraut. Coupable d'un meurtre ; rémission, 228, 229.
Myssé. Voy. Missé.

N

Nahon (Le), rivière, 416 n.
Naillac (Jeanne de), femme de Guillaume, s^r d'Argenton, 374 n.
Naintré, paroisse, 274 n. *Vienne.*
Namur, 321 n. *Belgique.*
Nancras. Château et seigneurie cédés à Marguerite de Culant, veuve de Louis de Belleville, 417-423. *C^{on} de Saujon, Charente-Inférieure.*
Nancré en Gâtinais. Acte daté de ce lieu, 454. *Nancray, c^{on} de Beaune-la-Rolande, Loiret.*
Nancy, 250 n. Bataille (janv. 1477), 313 n. *Meurthe-et-Moselle.*
Nanterre (Mathieu de), avocat au Parlement, 392 n., 393 n.

Nantes, 173 n., 266 n. *Loire-Inférieure*.
— (Traité de) en 1448, 221 n.
Nanteuil (Marguerite de), comtesse de Dammartin, femme d'Antoine de Chabannes, 291 n.
Nantouillet (Seigneur de). Voy. Melun (Charles de). C^{on} *de Claye-Souilly*, *Seine-et-Marne*.
Naples (Expédition de), 268 n.
Narbonne (Archevêque de). Voy. Bec-Crespin (Antoine du).
Natier (Héliot), de la Jard. Victime d'un meurtre, 60.
Naturalisation (Lettres de) de Raoulet de Valpergue, 96.
Nemours (Jacques d'Armagnac, duc de), comte de la Marche, 174 n. Notice, 276. Commande l'armée de Roussillon, 230 n. Aveux à lui rendus comme comte de la Marche, 309 n., 310, 311, 312. Il permet de fortifier le Brûlonnière, 310-312. Sa confiscation, 48 n., 276 n.
Néré, Nesré, 225. C^{on} *d'Aulnay*, *Charente-Inférieure*.
Nermoustier. Voy. Noirmoutier.
Neuvy, Neufvy en Touraine, 228 n. *Neuvy-le-Roy*, *Indre-et-Loire*.
Nève (Guillaume de), receveur général de Languedoc, 376 n.
Nevers (Comte de), 265 n.
Nevill (Richard). Voy. Warvick (comte de).
Nicolas (Jean) et Guillaume, son fils, de Saint-Jean-de-Monts. Complices de faux ; rémission, 236 et n., 238 n., 239 n., 240 et note, 241, 246 n., 406-412. Jean est condamnée néanmoins par le Parlement, 411 n.
Niepce (L.). *Le Grand prieuré d'Auvergne*, cité, 61 n.
Niort, Nyort. Capitaine châtelain, 181. Capitaine du château, 272 n. 376 n. Eglise Saint-André, 162. Hôtellerie de la *Tête-Noire*, 160, 161, 162. Organisation municipale, 296. Mairie ; droit sur les mesures, juridiction, 300, 301. Rente sur les revenus de la halle donnée à l'abbaye de N.-D. de Celles, 207, 208. Le Pré-le-Roi, donné à ladite abbaye, 305, 320, 324. Siège royal ; création d'un office de procureur du roi, 362 n. ; voy. Rousseau (Jean). Lieutenant du sénéchal de Poitou, 139, 227 ; voy. Laidet (Pierre). Assesseur du lieutenant du sénéchal de Poitou, voy. Jourdain (Jean). Artillerie, 380 n. Montres du ban et de l'arrière-ban, 104 n., 282 n. Prisons du château, 316 n.—Sceau aux contrats, 272 n. — Actes datés de cette ville, 96 n., 382 n. Autres mentions de la ville, 158, 202 n., 214, 215. *Deux-Sèvres*.
Nogent-sur-Seine. Donné à Nicolas, marquis du Pont, 250 n. *Aube*.
Noireterre. Curé, 119 n ; voy. Boueron (Bertrand). *Noirterre*, c^{on} *de Bressuire*, *Deux-Sèvres*.
Noirlieu (Le). Hommage et guet dus à Montaigu, 424 n.
Noirmoutier (Ile de), Nermoustier, 63, 65, 66. *Vendée*.
Normandie, 330, 351. Conquête (1450), 270 n., 282 n. Marches de Normandie, 285. Grand sénéchal, voy. Brézé (Jacques de).
— (Duché de). Apanage de Charles, frère de Louis XI, 121 n., 173 n., 268 n.
Notre-Dame-de-Monts (Habitants de). Voy. Saint-Jean-de-Monts.
Notre-Dame-de-Riez, Voy. Riez.
Nouaillé (Abbé de). Voy. Fou (Raoul du). C^{on} *de la Villedieu*, *Vienne*.
Nouans (S^r de). Voy. La Rochefoucauld (Guillaume de). *Indre-et-Loire*.
Nouâtre, 395. Prévôt, voy. Clémens (Jacquet). Seigneur, voy. Fou (Jean du). *Indre-et-Loire*.
Noues (Les), Nohes, pré sur le chemin de Commequiers à Saint-Christophe-du-Ligneron, 219. *Vendée*.
Novare (Siège de), 268 n.
Noyers-l'Abbaye, 395. Abbé, voy. Fou (Raoul du), *Indre-et-Loire*.
Nueil-sous-Faye (Seigneur de). Voy Chézelles (Méry de). C^{ne} *de Monts-sur-Guesnes*, *Vienne*.
Nueil-sur-Dive (S^r de). Voy. Dreux (Jean). C^{on} *des Trois-Moutiers*, *Vienne*.
Nyort. Voy. Niort.

O

Odart (Catherine), femme de François Bouchard, vicomte d'Aubeterre, 276 n.
— (Guillaume), sr de Rochemeaux et de Verrières, 276 n.
Ogny (Jean), écuyer d'écurie du roi, capitaine du château de Cognac, 444 n.
Oiré, Oyré. Chemin d'Ingrande, 449. Seigneur, voy. Besdon (Jean de). C^{on} de Dangé, Vienne.
Oiron, Oyron. Couvent de la Chartreuse ; fondation d'une chapellenie par le vicomte de Thouars, 168-170. Terre et seigneurie confisquée sur Jean de Xaincoins, et donnée à Guillaume Gouffier, 169 n. Seigneur, voy. Remefort (Jean de). C^n de Thouars, Deux-Sèvres.
Olivier (Jean), et sa femme, d'Angliers, 38.
Olonne. Prise de possession par Louis xi à la mort du vicomte de Thouars, 247 n. Don à Philippe de Commynes, 248 n., 436 n. Prise à main armée de la terre d'Olonne par les habitants de la Chaume, 437 n. Déclaration en faveur des habitants, portant exemption des droits de traite pour leurs blés et vins sortant du royaume, 436-440. C^{ne} des Sables-d'Olonne, Vendée.
Oradour (Huguet d'), d'Ourdour. Son fils bâtard Jean, coupable de viol, 371, 372.
Oradour-Fanais, Ourdour, paroisse, 372. Charente.
Orbrie (L'), l'Ourberye sur Vendée, village, 347. C^{on} de Fontenay-le-Comte, Vendée.
Orchère (J. d'), secrétaire du roi, 39, 48, 58, 60, 112, 133, 149, 152, 280, 283, 395.
Ordonnances des Rois de France (Recueil des), cité, 8 n., 15 n., 16 n., 20 n., 48 n., 66 n., 104 n., 120 n., 141 n., 157 n., 171 n., 172 n., 173 n., 174 n., 176 n., 227 n., 248 n., 288 n., 296 n., 302 n., 314 n., 320 n., 325 n., 346 n., 354 n., 380 n., 382 n., 437 n., 440 n., 441 n.
Orléans. Actes datés de cette ville, 43, 44, 46, 48, 61, 66, 104 n., 105 n., 106 n., 223 n., 278. Loiret.
— (Catherine d'), femme d'Huguet de Signy, 416 n.
— (Jean d'). Voy. Angoulême (comte d').
— (Louis Ier de France, duc d'), 35 n., 270 n.
— (Louis II, duc de). Voy. Louis XII.
— (Robinet d'), écuyer, sr de Bastarde, 416 n.
Orval (Arnaud-Amanieu d'Albret, s^r d'). Hérite du comté de Dreux, 418 n.
— (Charles d'Albret, s^r d'). Sa compagnie, 282 n.
Oublières (Les). Voy. Oulières (Les).
Ouches (S^r des). Voy. Cousdun (Guillaume de).
Oulières (Les), « les Oublières », village, 334. C^{ne} de Mervent, Vendée.
Ourberye-sur-Vendée (L'). Voy. Orbrie (L').
Ourdour. Voy. Oradour.
Ouvrard (André), Ouvrart. Anoblissement, notice, 281.
— (Jean), écuyer. Procès contre Antoine de Belleville, 258 n. ;
— contre Guy de Rezay, 281 n.
Oyré. Voy. Oiré.
Oyron. Voy. Oiron.

P

Pacaudière (S^r de la). Voy. Jousseaume (François). S. d. c^{ne} de Payré-sur-Vendée, Vendée.
Pafirde (Françoise), femme de Jean Robertin, puis de Jean Vallée, 158.

Paillier (Jean), *alias* Paillet, prêtre, 258 n.
Painfault. Hommage dû à Montaigu (*Vendée*) par le s^r de la Guyonnière, 424 n.
Paizay-le-Tort, Paysay le Tort. Hôtellerie de Michau Carteron ; meurtre, 429, 430. *Deux-Sèvres*.
Palays (Jacques), écuyer d'écurie du comte du Maine, 228.
Pallain (Jean), 342.
— (Jean et Louis). Poursuivis pour excès et attentats par Josselin Du Bois, 342 n.
Palluau, Paluyau, 47. Châtellenie, 26. Foire, 27. Prisons, 218, 222. Officiers de la seigneurie, 221, 222. Seigneur, voy. Penthièvre Jean de Blois (comte de), Brosse (Jean II de). *Vendée*.
Paluyau. Voy. Palluau.
Pamproux. Meurtre de Jean Texier, 21. *Deux-Sèvres*.
Papion (Nicolas), de Chantonnay. Lettres d'anoblissement, 125-127.
Papion du Château (Famille), 125 n.
Parc (Hôtel du), 287. Forêt, *id*. Le *Parc de Soubise*, c^{nes} de Mouchamps et de Vendrennes. *Vendée*.
Parceval. Voy. Montfrault (Léon de).
Parent (Pierre), receveur général des finances, 420 n.
Paris. Entrée du prince de Galles, 407 n. La Bastille, 276 n. Chapelle du collège de Sorbonne, 313 n. Châtelet 407 n. Couvent des Filles de *l'Ave-Maria*, 383 n. Eglises des Innocents, 239 n. ; — des Jacobins, 410 ; — de Saint-Jean-en-Grève, 348 n. Gibet de Montfaucon, 310 n. Hôtel de ville, 267 n. Meurtre en l'église des Innocents, 239 n. Le Palais, 113. Pilori, 412 n. Porte Saint-Jacques, 407 n. Prisons du Châtelet, 411 ; — de la Conciergerie, 236 n., 239 n., 246 n., 384 n., 407, 408 n., 410 n. Rue des Prouvaires, 113, 267 n. Sainte-Chapelle ; trésorier, 16 n. Université, voy. Université.
— Actes datés de cette ville, 39, 100, 103 n., 113, 130, 248 n., 289 n., 315 n., 329, 394, 411, 416, 431, 434, 441 n., 447, 452, 462, 465. — Autres mentions de la ville, 122 n., 313 n., 409.

Paris (Evêques de). Voy. Beaumont (Louis de), Chartier (Guillaume).
— (Guillaume de), conseiller au Parlement, 383 n.
— (Prévôté de). Gardes, voy. Estouteville (Robert d'), Torcy (Jean d'Estouteville, s^r de). Prévôt, 113, 269, 407 n. Sentences, 53 n., 239 n.
Parlement de Bordeaux. Sa création, 171, note. Ordonnance de translation à Poitiers, 171-176. Voy. Parlement de Poitiers. Conseiller, voy. Tudert (Jean), fils. Présidents, voy. Tindo (Louis) et Tudert (Jean).
Parlement de Paris. Accord homologué, 203 n. Acte de réception d'officiers, 289 n. Autres actes cités, 105 n., 106 n., 464. — Affluence de procès, 171, 175. Attribution de ressort, 426. Arrêt contre Jacques Jousseaume, 52-55 ; — contre les habitants de Fontenay-le-Comte, 302 n. — Committimus des causes du chapitre de l'église de Poitiers, 19, 20. Enregistrement de lettres patentes, 16 n., 20 n., 400 n., 420 n., 423 n., 428 n. Lettres adressées à la cour, 124, 234, 253, 269, 318, 386, 394, 399, 411, 422, 427.— Procès criminels et civils, 4 n., 12, 62 n. 65 n., 102 n., 103 n., 114 n., 119 n., 130 n., 137 n., 143 n., 153 et n., 159 n., 168 n., 193 n., 211 n., 237, 246 et n., 258 n., 261, 262, 263, 267 n., 274 n., 276 n., 281 n., 292 n., 303 n. ; 309 n., 310 n., 316 n., 342 n., 360 n., 361 n., 375 n., 377 n., 378, 384, 385 n., 386 n., 388 n., 390 n., 392 n., 393 n., 394 n., 403 n., 406 à 411 et n., 414 n., 448 n., 455 n., 457 n. — Conseillers, voy. Brinon (Jean), Burdelot (Jean), Cambray (Artus de), Clutin (Pierre), Colas (Jean), Compains (Guillaume), Desplantes (Jean), Feugerais (Jean des), Fournier (Jacques), Hennequin (S.), Lemaire (Jean), Paris (Guillaume de), Pichon (Raoul), Sanzay (Jean de), Tuillières (Pierre de). — Greffier civil, voy. Ceri-

say (Guillaume de). — Président à mortier, voy. Thiboust (Robert). Premier président, voy. Dauvet (Jean).

Parlement de Poitiers (1418-1435). Procès, 1 n., 142 n., 201 n., 276 n., 284 n., 388 n., 456 n. — Translation dans cette ville du Parlement de Bordeaux : ordonnance, 171-176. Président, voy. Tudert (Jean). Actes, arrêts et procès du Parlement de Bordeaux, siégeant à Poitiers, 6 n., 54 n, 63 n., 119 n., 246, 282 n , 362 n., 363 n., 385 n., 396 n.

Parlement de Toulouse. Affluence de procès, 171, 175.

Paroye (Claude de), femme de Philbert du Châtelet, 184 n.

Parthenay, Partenay, 378. Châtellenie, 215 ; fiefs dans sa mouvance, 2 n., 202 n., 279 n., 347 n., 375 n. Hôtel du s^r d'Argenton, 375 n. Première entrée de Louis XI ; prisons, 30, 32. Seigneurs, voy. Dunois, Richemont (Artus, comte de). *Deux-Sèvres.*

Pascaud (Françoise), femme de Jean Robertin, de Poitiers, 158 n.

Pascauderies (Hôtel des) ou du Russot, à Moncoutant ; aveu, 374 n. *Deux-Sèvres.*

Pasquet (Bonne), femme de Colas du Mas-Comerit. Victime d'un viol, 372, 373.

Pasquier (Jean), coutre du chapitre de l'église de Poitiers. 14.

— (Jean), du Boupère. Victime d'un meurtre, 455-459.

— (Jean), de Poitiers, 158 n.

Passavant (Seigneur de). Hommages dus pour la Tavernerie et la Martelière, 424 n. *C^{ne} de Vihiers, Maine-et-Loire.*

Passy (Gacien de), écuyer, 372 n.

Patoil, mot du dialecte poitevin, 149.

Paul II, pape. Bulle de sécularisation du chapitre de Luçon, 120 n., 156.

Paviel (Philippe de), femme de Guy, s^r de Mareuil, 139 n.

Paye-l'escot (Pierre), de Ruffec, 231.

Payré (Jean et Pierre de). Voy. Peyré.

Payroux, Peroux près de Charroux, 275. *Vienne.*

Paysay-le-Tort. Voy. Paizay-le Tort.

Pellissonnière (Seigneur de la). Voy. Grignon (Nicolas). *C^{ne} du Boupère, Vendée.*

Peneau (Denis), prêtre du bourg de Chaillac. Frappé par un archer, 183, 184.

— (Etienne), de Chaillac. Coupable de meurtre ; rémission, 183, 184.

Penthièvre (Jean de Brosse, comte de). Procès contre Mathurin de Rezay, 102 n. Sa compagnie, 282 n. Seigneur de Palluau, 221 n. Hommage dû pour le fief des Essarts, 424 n.

Pépin Ier, roi d'Aquitaine, fils de Louis le Débonnaire, 140 n.

Perceval (Guillaume), dit de Montferault. Légitimation de son fils naturel, 434, 435.

Périgné, Perignet, 177. *C^{on} de Brioux, Deux-Sèvres.*

Périgord (Sénéchaussée de). Son ressort, 171 n., 173 n. Sénéchal, voy. Cars (Gauthier des).

Péron (André, Huguet et Jean), 150, 151.

— (Michelle). Voy. Piron (Michelle).

Péronne (Entrevue et traité de), 26 n., 173 n., 265 n., 266 n., 268 n. *Somme.*

Péroux, près de Charroux. Voy. Payroux.

Perpignan. Attaque du château par les habitants, 230 n. Prise, 186 n. *Pyrénées-Orientales.*

Perret (Mathurin), de Fontenay-le-Comte. Coupable du meurtre de Jean Mahé, dans une rixe ; rémission, 326, 327.

Perrière-Maillocheau (La). Pièce de terre et rentes, 456 n. *C^{ne} de Saint-Maixent, Deux-Sèvres.*

Perrin (Jean), clerc d'Asnières. Coupable de viol, 371, 372.

Perrotin (Jean), chapelain d'Angliers, 38.

Persac, Peressac, paroisse, 309, 310. Seigneur, voy. Feydeau (Jean de). *Vienne.*

Petit-Dutaillis (M. Ch.). *Documents*

nouveaux sur l'histoire sociale des Pays-Bas, cités, 114 n.
Petite-Barre (La), hébergement. Hommage, 337 n. C^{ne} *de Ménigoute, Deux-Sèvres.*
Peux-de-Mouterre (Le), le Puy de Moster, village. Dîme litigieuse, 198. C^{ne} *de Mouterre, Vienne.*
Peyraud (Jean), prieur du Boisgrollaut. Procès contre l'évêque de Luçon, 119 n.
Peyraudeau (Jean), 307.
— (Mathurin), compagnon pelletier, du Poiré près la Roche-sur-Yon. Meurtrier de Nicolas Piron qui l'avait attaqué, 307, 308.
Peyré (Le) sur la Roche-sur-Yon. Voy. Poiré (Le).
— (Antoinette de), fille de Pierre, s^r de Ciré, 391, 392 n., 393 n.
— (Catherine de), fille de Pierre, s^r de Ciré, 391, 392 n., 393 n.
— (Jacques de), 388 n.
— (Jean de), *aliàs* Payré, s^r de Ciré. Victime d'un meurtre, 122 n., 386-394. Notice, 388 n.
— (Jeanne de). Se défend contre les meurtriers de son frère Jean, 389. Femme de Guillaume Acquelet, 390 n., 392 n., 393 n.
— (Marguerite de), fille de Pierre, s^r de Ciré, 391, 392 n., 393 n.
— (Pierre de), s^r de Ciré. Procès contre Joachim Girard, s^r de Bazoges, 387, 388 et s., 393 n.
Philippe le Bon, duc de Bourgogne, 114 n., 264 n.
Picardie (Marches de), 285.
Picart (J.), secrétaire du roi, 39, 465.
Pic-Eraut. Voy. Puycaraut.
Pichault, hôtelier de Mauzé, 59.
Pichier (Aiglantine), dame de Galardon, femme de Jean de Baussais, 40 n.
Pichon (Jacques), 4 n.
Pichon (Jeanne), Pichonne, de Melle, 4.
— (Raoul), conseiller au Parlement, 380 n.
Pichonnière (La). Droits perçus, 299. C^{ne} *de Maillé, Vendée.*
Pictavis. Voy. Poitiers.
Pilot de Thorey. *Catalogue des actes de Louis II, dauphin,* 96 n., 122 n., 184 n.

Pin (Abbaye du). Procès contre Jacques Vernon, 130 n. C^{ne} *de Béruges, Vienne.*
Pineau (Pierre), franc-archer de Saint-Gervais. Prisonnier à Châtenay pour détrousses et pillage : rémission, 443-447.
Piquerraut. Voy. Puycaraut.
Piquet (Pierre), serviteur de François Guérinet, s^r du Verger. Victime d'un meurtre en défendant les intérêts de son maître, 447-451.
Piron (Jean, Jeanne et Mathurin), de Benet, 187 n.
— (Michelle), *aliàs* l'éron, de Benet. Condamnée à mort pour l'assassinat de son gendre, René Colinet, 187-189, 209-212.
— (Nicolas), fils de Jean. Tué par Mathurin Payraudeau qu'il avait provoqué, au Poiré près la Roche-sur-Yon, 307, 308.
Pithiviers, Pluviers. Acte daté de cette ville, 106 n., 120. *Loiret.*
Plaisance. Seigneurie, 309. Seigneur, voy. Brulon (Guichard). *Vienne.*
Planché (J. du). Voy. Vallée (Jean).
Plancher (Dom). *Histoire de Bourgogne,* citée, 266 n.
Planteis (Le). Hommage dû à Montaigu (*Vendée*), par le s^r de la Guyonnière, 424 n.
Plas (Le), seigneurie au comté de la Marche, 197. Seigneur, voy. Mosnart (Antoine de). C^{ne} *de Luchapt, Vienne.*
Plessis (Françoise du), femme de Jean de La Muce, 142 n.
— (Marguerite du), femme de Guyot de La Lande, 198 n.
— (Robinette du), femme de Jean Catus, 30 n.
— (S^r du). Voy. Ployer (Jean de).
Plessis-Baudoin (Le), Plesseys Baudoyn. Acte daté de ce lieu, 319. Château, c^{ne} *de Joué-Etiau, Maine-et-Loire.*
Plessis-Bourré (Seigneur du). Voy. Bourré (Jean). C^{ne} *d'Ecuillé, Maine-et-Loire.*
Plessis-du-Parc-lès-Tours (Le). Actes datés de ce lieu, 106 n., 258 n., 268 n., 273 n., 274 n., 302, 362, 420 n. *Indre-et-Loire.*

Plessis-Guerry (Seigneur du). Voy. Sauvage (Yvonnet).
Plessis-Macé (Le), Plesseys Macé. Acte daté de ce lieu, 313. *Maine-et-Loire.*
Plessis-Saint-Martin (Jean du). Lettres d'abolition, 121-124.
Ploeuc (Jeanne de), femme d'Olivier, s^r du Châtel, 124 n.
Ployer (Jean de), s^r du Plessis, 143 n.
Plumaut (Pierre), d'Asnières. Prisonnier pour complicité de viol ; rémission, 371-373.
Pluviers. Voy. Pithiviers.
Pocquet (B). *Histoire de Bretagne*, citée, 350, 444 n.
Poinssaud (Catherine), femme de Jean Léart, de Melle. Tuée par son mari, 83-86.
— (François), père de Catherine, 83, 84.
— (Guillaume), prêtre de Melle, frère du précédent, 83.
Poiré (Le), le Peyré sur la Roche-sur-Yon, bourg. Rixe et meurtre, 307, 308. *Vendée.*
Poitiers, Poictiers, *Pictavis*. Lettres patentes ordonnant la translation du Parlement de Bordeaux dans cette ville, 171-176 ; voy. Parlement. Confirmation de l'exemption du ban et de l'arrière-ban en faveur des maire, échevins et bourgeois, 314-319. Députés de la ville aux Etats de Tours, 380 n.
Abbaye de Notre-Dame-la-Grande ; abbé, 365 n. Abbaye de Sainte-Croix ; verger et treille, 18 n. — Archives de la ville ; documents cités, 68 n., 105 n., 106 n., 158 n., 161 n., 202 n., 223 n., 314 n., 320 n., 360 n., 381 n. — Aumônerie de Saint-Pierre ; treille, 18 n. — Bibliothèque de la ville citée, 114 n. — Boucherie de la paroisse Saint-Michel, 360 n. — Carrefour du Coq, 18 n. — La Chantrerie, 204 n. — Chapelle Saint-Martin-entre-les-églises, 18 n.
Chapitre de Notre-Dame-la-Grande, 223 n., 272 n., 273 n. — Chapitre de Sainte-Radegonde, 204 n. ; bail d'une maison, 361 n.
— Chapitre de Saint-Hilaire ; sa pêcherie de Quinçay, 159 n. ; rente, 375 n. — Chapitre de Saint-Pierre (cathédrale), 271 n. ; lettres de sauvegarde, 8-12 ; lettres l'autorisant à créer un juge-lai pour faire les inventaires après décès de ses membres, 16-18 ; lettres de *committimus* de ses causes au Parlement de Paris, 19, 20 ; exemption du guet et de la garde en faveur des coutres de l'église cathédrale, 13-15 ; archidiaconés de Poitou et de Briensay en l'église de Poitiers, 17 n., 18 n., ; chanoines, voy. Crosnier (Jean), Guérinet (Léonet), La Marche (Jean de), Le maire (Guillaume), Lucas (Berthomé), Luillier (Robin), Maigny (Jean), Vailly (Jean de), Vimart (Thomas) ; doyen, voy. Pontbriant (Olivier de). — Chapitre de Saint-Pierre-le-Puellier, 68 n. — Château ; capitaines, 105 n., 106 n. ; l'office de capitaine uni à celui de sénéchal de Poitou, 105 n. ; clefs du château remises à Yvon du Fou, nommé sénéchal, 105 n. — Châtellenie, 150, 274 n. ; élus et commissaires des aides, 14. — Chaussetiers ; confirmation des statuts à eux donnés par les maire et échevins, 354-362. — Echevins, voy. Blandin (Simon), Caquereau (Jean), Laigneau (Pierre), Rideau (Pierre), Vousy (Antoine),
Eglise Notre-Dame-la-Grande. 17 n., 203 ; chapelle Sainte-Anne, 107 n. — Eglise Saint-Didier ; fondation et dotation de deux chapelles, lettres d'amortissement, 201-206. — Eglise Sainte-Croix, 17 n., 18 n. — Eglise Sainte-Opportune, 114 n. — Eglise Sainte-Radegonde, 17 n., 18 n. — Eglise Saint-Hilaire, 18 n. — Eglise Saint-Jean-Baptiste, 18 n. — Eglise et paroisse Saint-Michel, 17 n., 18 n. — Eglise Saint-Paul, 17 n. — Eglise cathédrale de Saint-Pierre, 17 n., 18 n. — Eglise et cimetière de Saint-Savin, 18 n. — Evêque ; lettres de monitions, 85 ; voy. Combarel

— 520 —

(Hugues de), Du Bellay (Jean), Guérinet (Léonet). — Ferme du dixième, 67 n. — Fortifications; réparations aux murs, ponts et porteaux, 360 n. — Gens d'armes, 96 n. — Greffe; clerc, voy. Estève (Pierre). — Halles (dame des), voy. Berland (Guillemette). — Hôtel du Coq, 17 n. Hôtel de Vivrane, 18 n.

Mairie, municipalité; organisation municipale, 296. Intervention constante de Louis XI dans les élections, 223 n. Violences et voies de fait à l'occasion de l'élection du maire (1458), 202 n. Le corps de ville autorise R. de La Woestine à faire des lectures de médecine, 114 n. Droit sur les mesures, juridiction du maire, 300, 301. Maires et échevins, 14, 63 n., 67 n., 96 n, 158 n., 159 n.; différend avec Jean Tartas, Jean Thénot et autres, 383 n. Lettres d'Yves du Fou aux maire et échevins, 103 n.; — de Louis XI, 223 n., 276 n. Mairie de Jean Chambon, 380 n. Autres maires mentionnés, voy. Bastart (Jean), Moulins (Jean de), Rideau (Jean), Vousy (Guillaume). — Maisons canoniales appartenant au chapitre de Saint-Pierre, 16 n., 17 n. — Maison appelée l'Aiglerie, 360. — Maison près de la Chantrerie, 361 n. — Maison du *Mouton*, 203. — Maison du Poix, 158 n. — Maison de la Prévôté, 18 n.

Marché vieil, 160. — Mesure, 203. — Montres du ban et de l'arrière-ban, 104 n., 374 n.; — de la compagnie du sénéchal Louis de Crussol, 112 n., 134 n., 179 n, 350 n.; — d'hommes d'armes, 282 n. — Moulins à blé, 360 n. — Moulins de Chasseigne, 360 n.; 382 n. — Official; lettres de monition, 68. — Parlement, voy. cet article. — Paroisse Saint-Michel, 158 n. — Pont Enjoubert, 17 n., 158 n. — Prévôt, voy. Favereau (Jean). — Prévôt fermier, voy. Macé (Guillaume). — Prisons de la Conciergerie du Palais, 58, 91, 92, 133, 134, 136, 158, 163, 214, 349, 354, 388 n. — Procureur de la commune, voy. Repin (Jean).

Recette du barrage, 158 n. — Receveurs de la ville, voy. Boylesve (Jean), Chaillé (André), Dabert (Michau), Gervain (Jamet), La Fontaine (Jean de), Macé (Guillaume). — Rentes sur des maisons, 382 n. — Rue des Carmes, 17 n. — Rue de la Regratterie, 360 n. — Tanneurs, voy. Roy (Pierre et Simon). — Tour Maubergeon; fiefs de sa mouvance, 107 n.; aveux, 329 n. — Treille, 204. — Université, voy. cet article.

Actes datés de Poitiers, 12, 13, 15 et n., 16 n., 18, 20, 22, 25, 29, 84 n., 380 n., 381 n., 420 n., 444 n. — Autres mentions de la ville, 47, 160, 161, 255, 273 n., 316 n., 464.

Poitou. Ban et arrière-ban, 30 n., 101 n., 103 n., 125 n., 179 n., 185 n., 272 n., 282 n., 314, 315 n., 453 n.; convoqué à Montaigu, 366 n.; rôles cités, 179 n., 185 n., 233 n., 273 n., 279 n., 374 n., 463 n. — Commission pour la réforme des abus, exactions, pillages, 201 n., 202 n. — Domaine royal, 258 n.; ses aliénations sous Louis XI, 419 n., 420 n. — Francs-archers; montre, 441. — Laboureurs appelés à remettre en culture des terres laissées en friche, 292 n. — Préparatifs militaires contre Charles, duc de Guyenne, 124 n. — Terres appartenant au comte d'Angoulême, 43. — Mentions, 197 n., 462.

Poitou (Bas-). Opérations militaires contre la Bretagne, 444 n., 445, 446. — Marches communes de Poitou et de Bretagne, 62, 63, 443, 447.

— (Comté de), 338. Ressort et mouvance, 139, 250, 251, 252. Limites du ressort, 293. — Prérogatives des seigneurs ayant droit de justice, 294. — Comtes, voy. Berry (Jean, duc de), Charles VII, dauphin.

— (Eaux et forêts de). Office de réformateur général donné à

— 521 —

Yvon du Fou, 105 n. — Maître des eaux et forêts, 224, 274.
Poitou (Elus sur le fait des aides en), 25, 64, 65, 193, 402; voy. Blandin (Simon). Général des aides, voy. Guérinet (François). — Greffier de l'élection, voy. Aubert (Pierre).
— (Enquêteurs pour le roi en), Voy. Garnier (Jean et Louis). Mignot (François), Prévost (Hervé).
— (Ferme du quart du sel en). Voy. Rideau (Jean).
— (Lieutenant général et gouverneur de), 316 n. Voy. Bressuire (Jacques de Beaumont, sire de).
— (Procureur du roi en), 361 n. Voy. Arembert (Guillaume et Mathurin), Chèvredent (Jean), Du Noyer (Regnaut), Rogier (Guillaume).
— (Recette ordinaire de), 224. Rente donnée à l'abbaye de N.-D. de Celles, 206-208. Pension à Yvon du Fou, 104 n. — Receveur ordinaire du roi, 324, 422 ; voy. Bonney (Etienne de), Dauron (Michel). — Receveur du domaine, 305, 306. — Receveur des tailles, 2 n.
— (Sergent du roi en). Voy. Audouin (Jean).
— (Sénéchaussée de). Ressort, 61, 368. Limites du côté du Limousin, 291 et n. Cour ordinaire de la sénéchaussée, 360 n. — Sénéchal, 259 n. Attribution de juridiction, 10, 11, 299. — Enregistrement de lettres patentes, 16 n., 314. — Lettres lui interdisant la connaissance d'un procès entre Joachim de Velort et Antoine de Belleville, 256-263. — Lettres patentes à lui adressées, 3, 5, 7, 11, 14, 17. 22, 29, 32, 35, 39, 43, 48, 52, 55, 58, 61, 69, 74, 76, 82, 89, 91. 92, 95, 97, 100, 109, 115, 117, 118, 120, 127, 130, 133, 136, 138, 139, 141, 146, 152, 154, 157, 163, 166, 168, 176, 179, 183, 184, 186, 189, 192, 197, 200, 205, 208, 212, 214, 216, 217, 222, 224, 227, 229, 232, 234, 246, 253, 256, 260, 261, 262, 263, 269, 274, 278, 280, 281 n., 283, 288, 290, 291, 294, 301, 306, 312, 318, 325, 327, 333 n., 336 n., 339, 343, 346, 349, 354, 361, 364, 367, 370, 373, 386, 396 n., 406, 414,, 422, 427, 431, 434, 436, 442, 447, 452, 454, 455, 459, 465.
— Procès devant sa juridiction, 4, 63 n., 68, 114 n., 116, 117, 119 n., 198, 438. Sentences citées, 54 n., 63 n., 282 n., 342 n., 361 n., 396 n., 455 n., — Sénéchaux, voy. Beaumont (Louis de), Bressuire (Jacques de Beaumont, sire de), Chaumont (Charles d'Amboise, sr de), Commynes (Philippe de), Crussol (Louis de), Fou (Yvon du), La Rochefoucauld (Jean de), Vivonne (André de). —. Commis à l'exercice de l'office de sénéchal, voy. Chambon (Jean). — Lieutenant général, Voy. Chambon (Jean), Claveurier (Maurice), Conzay (Hugues de), Roigne (Nicolas) ; à Poitiers, 6 n. Lieutenants particuliers à Fontenay-le-Comte, à Montmorillon, à Niort, à Thouars, voy. ces noms. — Avocat du roi, voy. Barbe (Jean). — Procureur du roi, voy. Arembert (Guillaume, Jean et Mathurin), Chèvredent (Jean).
Policet (Pierre), chaussetier de Poitiers, 356.
Pompierre (Sr de). Voy. Châtelet (Renaud du).
Pompois, Pompoy, seigneurie, 232 n. Dame, voy. Meulles (Jeanne de). C^{ne} de Sainte-Verge, Deux-Sèvres.
Pons. Eglise Notre-Dame, 60. Charente-Inférieure.
Pont (Nicolas d'Anjou, marquis du), de Pont-à-Mousson, puis duc de Calabre, 218, 235, 269, 272. Fiancé à Anne, fille aînée de Louis xi, 247 n., 250, 252. Notice, 250. Conspiration et machinations avec Charles le Téméraire contre Louis xi, 412, 413.
Pontbriant (Olivier de), doyen de l'église de Poitiers, 16.
Pontereau (Le). Acte daté de ce lieu, 339, P.-é hôtel, c^{ne} de Saint-Léger-du-May, c^{on} de Beaupréau, Maine-et-Loire, ou prieuré de Pon-

treau, cⁿᵉ *des Jumeaux, Deux-Sèvres.*
Ponts-de-Cé (Les), 407 n. Acte daté de ce lieu, 400 n. *Maine et-Loire.*
Pontville (François de), vicomte de Rochechouart, 118 n.
Porcheron (Colette), chambrière de Jean Ricoleau. Emprisonnée à la Fougereuse pour avortement, 86, 89.
— (Guillaume), 86.
Porhoët (Comte de). Voy. Rohan (Alain VIII, vicomte de).
Port (C.). *Dictionnaire de Maine-et-Loire*, cité, 256 n.
Port-de-Lavairé (Le). 412 n. Cⁿᵉ *d'Alonne, Vienne.*
Port-de-Lésigny (Le), paroisse. Eglise ; meurtre, 98, 99. *Lésigny, Vienne.*
Port-de-Piles, 395. *Vienne.*
Port-de-Roche, près Guipry, 78. *Ille-et-Vilaine.*
Pouancé, 444 n. *Maine-et-Loire.*
Pouffé (J.), secrétaire du roi, 52, 264, 278, 434, 447.
Pourceau (Pierre), de Mervent. Anoblissement, 278-280.
Pousard (Huguette), 167.
Pousolz (Guillaume de), écuyer, homme d'armes. Meurtrier d'Huguet Bloy, à Morterolles ; rémission, 61.
Poussard (Catherine), femme de Pierre Béchet, sʳ de Genouillé, 387 n.
— (Catherine), femme de Guy de Cousdun, 30 n.
Poussart (Catherine), femme de Jean Daniel, de Niort, 202 n.
Pousses (Huguet de), chaussetier de Poitiers, 356. Elu juré dudit métier, 359.
Pouyaud (Le), dit par erreur le Soillac, lieu, 150. Cⁿᵉ *de Champagné-Saint-Hilaire, Vienne.*
Pouzauges. Châtellenie ; collecteurs des tailles, 244 n. Eglise, 360 n. Officiers du seigneur, 455, 458. Prisons du château, 455, 459. Dame, voy. Thouars (Catherine de). Seigneur, voy. Chartres (Jean III de Vendôme, vidame de). *Vendée.*
Pouzioux. Eglise, 360 n. Cᵒⁿ *de Chauvigny, Vienne.*
Praguerie (La), 35 n., 291 n.

Pré-Chenevrault (Le). Terre, 107 n. Cⁿᵉ *du Vigean, Vienne.*
Prémontré (Abbé de), 142 n. *Aisne.*
Pré-Rond (Le), près le Bouchet, 128. Cⁿᵉ *de Montreuil-Bonnin, Vienne.*
Pressigny en Gâtine. Terre appartenant à Louis Chabot, sʳ de la Grève, aliénée par son tuteur, 375 n. Cᵒⁿ *de Thénezay, Deux-Sèvres.*
Preuilly (Jeanne de), femme de Raoul VI de Gaucourt, 343 n.
Preuilly (Louise de), femme de Geoffroy Chasteigner, sʳ de Saint-Georges-de-Rexe, 448 n.
Prévost (Elisabeth), femme d'Antoine du Chasteau, 371 n.
— (Guillaume et Jean), 178.
— (Hervé), enquêteur pour le roi en Poitou, 64 n., 382 n.
— (Huguet), 99.
— (Louis), commissaire du roi pour imposer une aide sur les marches de Poitou et de Bretagne, 63, 64.
— (Mathurin). Victime d'un meurtre, 177-179.
Prinçay, Prinzçay, paroisse, 23. Seigneur, voy. Chasteigner (Jean). Cᵒⁿ *de Monts-sur-Guesnes, Vienne.*
Prochau (Jean), prêtre. Frappé mortellement par Louis Catus, 29-32.
Puicerda, Puisardan, 231.
Puybéliard. Gens de guerre, 445 n. Cᵒⁿ *de Chantonnay, Vendée.*
Puybelin (Terre de), en la châtellenie de Benet, 187 n. *Vendée.*
Puycaraut, Puycayraut, Pic-Eraut, Piquerraut, village, 26, 27. Cⁿᵉ *de la Chapelle-Palluau, Vendée.*
Puy de Moster. Voy. Peux-de-Mouterre.
Puy-de-Vatan (Isabelle du), femme de Jean de Barbançois, 74 n.
Puy-du-Fou (Jean du), chevalier. Permission à sa veuve de fortifier Bourneau, 1-3. Voy. La Ramée (Jacquette de).
— (Jean du), autre, 2 n.
Puyfaucillon (Le), arrière-fief de la seigneurie de la Châtaigneraie, 278 n. *Vendée.*
Puyguyon (Guillaume de), écuyer. Aveu du Petit-Pelvezin, 233 n.
Puyraveau en Poitou. Acte daté de ce lieu, 209. *Château*, cⁿᵉ *de Saint-Denis, Deux-Sèvres.*

Q

Quentin, archer de la compagnie du bailli de Sens, 183.
Quercy (Sénéchaussée de). Son ressort, 171 n., 172, 173 n.
Quéroy (Janicot de). Tué par Antoine de Mosnart et ses fils, qu'il avait attaqués dans une embuscade, 197-200.
Quesneau (André), officier du vicomte de Rohan à la Garnache, 102 n.
Quicherat (J.). *Mélanges historiques*, cités, 265 n.

Quiéret (Guillaume), homme d'armes de la compagnie de Louis de Crussol. Rémission pour meurtre, 112.
— (Hugues), sr de Tours en Vimeu, amiral de France, 112 n.
— (Pierre), archer de la compagnie de L. de Crussol, 112 n.
Quinçay, près Poitiers. Paroisse, 349, 350 n. Pêcherie appartenant au chapitre de Saint-Hilaire de Poitiers, 159 n. *Vienne*.

R

Rabateau (Famille), 360 n.
— (Jean), avocat, 201 n.
Rabeau (Jean), sellier de Bressuire. Poursuivi pour un meurtre commis à Saintes ; rémission, 329-333.
Rabillon (Jean), chaussetier de Poitiers, 356..
Rableau (Robert), chaussetier de Poitiers, 356.
Rabourné (Françoise), 110.
Racodet (Jean), 388 n.
Raguier (Jean), receveur général des finances en Normandie, 273 n.
Rais (Baronnie de). Ressort, 62 n. *Loire-Inférieure*.
— (Gilles de), 62 n., 97 n., 455 n. Sa fille, voy Laval (Marie de).
— (René de), Rays, sr de la Suze, coseigneur de l'île de Bouin. Exemption de tailles en faveur des habitants de cette île, 61-65.
Ralière (La), village, 98, 99. Cne de *Lésigny*, *Vienne*.
Ralière (Seigneurie de la) .Ses officiers, 102 n. Seigneurs, voy.Rezay (Louis et Guy de). Cne de la *Merlatière*, *Vendée*.
Rambures (David de), 257 n.

Ramentaresse (La). Voy. Armentaresse.
Rancon (Geoffroy de), sr de Taillebourg, 240 n.
Rasillé (Marguerite de). Voy. Razilly (M. de).
Rasilliacum. Voy. Razilly.
Rataut (Artur). Dispute à Pierre Frétart la possession du prieuré du Busseau, 414 n., 441 n.
— (Huguette), Rataude, mère de Jacques et Jean Coulon, 463, 464.
— (Jean), Ratault, demeurant en Saintonge, 463.
— (Marc), 414 n.
Rateau (Lucas), hôtelier de Romazières, 225.
Ratillon (Le sr), de Loudun, 147.
Raunié (E.).. *Epitaphier du vieux Paris*, cité, 383 n.
Ravineau (Jean), franc-archer de la paroisse du Boupère. Prisonnier à Pouzauges pour le meurtre de Jean Pasquier ; rémission, 455-459.
Raymond (Guyot), *alias* Reymond, 178.
Raynart (Pierre), administrateur de la terre de Montaigu, 396 n.

Razilly, fief et château fort, 374 n. *Rasilliacum propè Caynonem*. Acte daté de ce lieu, 8. *Cne de Beaumont-en-Véron, Indre-et-Loire.*
— (Jean de), chevalier, 374 n.
—(Marguerite de), Rasillé, Rasiglé, veuve d'Antoine d'Argenton. Son rôle dans le procès au sujet de la succession de son mari, entre Louis Chabot, sr de la Grève, et le sr de Montsoreau, 373-385 n., 386.
Ré (Ile de). Commission pour la recherche des nouveaux acquêts, 244 n. Prise de possession par Louis xi, à la mort du vicomte de Thouars, 247 n. *Charente-Inférieure.*
Réau (Abbaye de la), 119 n. *Cne de Saint-Martin-Lars, Vienne.*
Reboutet (Jean), de Loudun, 146, 147.
Rechignevoisin (Jean de), sr de Maisonneuve, 122 n.
Reclus (Abbé du). Voy. Saint-Gelais (Mellin de). *Cne de Saint-Prix-les-Hameaux, Marne.*
Rectou (Guillemin), changeur de Rouen, 351.
Redet (L.). *Inventaire des archives de la ville de Poitiers*, cité, 158 n., 381 n.
Redon, ville, 266 n. *Ille-et-Vilaine.*
Refuge (Pierre du), général des finances, 32 n.
Regnault (Colas), dit Audouin. Victime d'un meurtre, 403-405.
— (Guillaume), père et fils, 446.
— (Jean), 446.
— (Jean), coutre du chapitre de l'église de Poitiers, 14.
— (René). Appelant du sénéchal de Poitou, 63 n.
Reims. Entrée de Louis xi, 264 n. Sacre du roi, 343 n. — Abbé de Saint-Rémy, voy. Bernard (Guy). Archidiacre, voy. Montbron (Savary de). *Marne.*
Remefort (Catherine de), femme de Christophe de Chauvigny, 36 n.
— (Jean de), écuyer, sr d'Oiron, 36 n.
Renardières (Les). Pièce de terre, 107 n. *Près le Vigean, Vienne.*
Renescure (Seigneurie de), Roscur, Roscures, etc., appartenant à Philippe de Commynes, 339, 346 n., 386, 442 n. Voy. Commynes (Philippe de), *Nord.*
Repin (Jean), procureur de la commune de Poitiers, 204 n., 359. Notice, 360 n.
— (Nicolas), ou Reppin, marchand de Poitiers, 204 n., 361 n.
Requêtes de l'hôtel. Huissier sergent, 463.
Ressonneau (Seigneurs de). Voy. Blom (Guillaume et Jean de). *Cne de Queaux, Vienne.*
Rethel. Acte daté de cette ville, 270 n. *Ardennes.*
Rety (Jean), de Poitiers, 96 n.
Rezay (Gabriel de), frère de Louis, 102 n.
— (Guy ou Guyon de), sr de la Merlatière, la Jarrie et la Ralière, 345 n. Poursuivi au Parlement pour excès et violences, 281 n.
— (Louis de), chevalier, seigneur de la Merlatière, la Ralière, la Jarrie et Saint-Fulgent, capitaine de la Garnache, 101, 104, 244, 345. Notice, 101 n.
— (Mathurin de), 101 n., 102 n., 345 n.
Ribemont (Seigneurie de), près Saint-Jean-d'Angély, 270 n. Seigneur, voy. Coninghan (François). *Charente-Inférieure.*
Riblaire. Haute et moyenne justice, 400 n. *Cne de Saint-Varent, Deux-Sèvres.*
Richard (A.). *Inventaire des archives de la Vienne*, cité, 16 n. ; — *des Archives de la ville de Poitiers*, 158 n., 381 n. *Archives du château de la Barre*, citées, 30 n., 194 n., 202 n., 274 n., 337 n., 338 n., 360 n., 391 n. *Chartes de l'abbaye de Saint-Maixent*, citées, 140 n., 382 n.
— (Perrine), de Loudun, 146, 147.
Richelot (François), 185 n.
— (Guillaume et Jean), frères. Anoblissement, 184-186.
Richemont (Artus de), sr de Parthenay, duc de Bretagne, 78 n., 279 n. Hommages et aveux à lui rendus, 2 n., 202 n., 375 n. Son procureur à Voûvant, 193 n.

Richer (Jean), habitant de Vaussais. Querelle avec un franc-archer, 366, 367.

Ricoleau (Jean). Accusé d'avoir fait avorter sa chambrière, enceinte de ses œuvres ; rémission, 86-89.

Rideau (Jean), de Poitiers, 158 n., 382 n. Fermier de la ferme du quart du sel en Poitou, 106 n. Seigneur de Bernay, maire de Poitiers. Notice, 359, 360 n. Succession de son fils Jean, 360 n.
— (Jeanne), femme d'André Chaillé, 360 n.
— (Marguerite), femme d'Antoine Terrasson, 360 n.
— (Pierre), échevin de Poitiers, 360 n.

Riez ou Notre-Dame-de-Riez, « Rié », 236, 408. Saint-Hilaire-de-Riez, 408 n. *Vendée*.

Ringères, 159 n. Seigneur, voy. Beslon (Jean). C^{ne} *de Quinçay, Vienne*.

Rivault (Guillaume), de l'île de Bouin, 164.

Rivière (André), chaussetier de Poitiers, 356.
— (Jean), substitut du procureur de Châtellerault. Poursuivi par le s^r du Verger, 448 n.
— (Marguerite de la), 342 n.
— (Poncet de), s^r de Château-Larcher. Lettres d'abolition, 264-269. Notice biographique, 264 n. et suiv.

Robert (Jean), du Gué-de-Velluire. Coupable du crime de bestialité ; rémission, 217.

Robertin (Jean), bourgeois de Poitiers, 158.

Robin (Hélie et Philippon), de Benet, 187 n.
— (Jean), de Benet, 211.
— (Jeanne), de Benet. Complice de l'assassinat de son mari, René Colinet, 187, 188. Rémission, 209-212.
— (Raymond), de Benet. Sa fille Jeanne, mariée à René Colinet, 187, 188, 209, 210.

Robinet, sellier, de Saintes. Tué dans une rixe, 329-333.

Robiou (Jean), sergent du roi, 63, 64.

Roche (La). Voy. Mailhac.

Rochechinard (Seigneur de). Voy. Alleman (Barrachin). *Drôme*.

Rochechouart (Jeanne de), femme de Foucaud III, s^r de La Rochefoucauld, 153 n.
— (Vicomte de). Voy. Pontville (François de).

Rochedragon (Marguerite de), femme de Jacques de La Lande, puis de Janicot de Quéroy, 198 n. 199.

Rochefort (Guyon de), s^r de Cornillé, 142 n.

Rochefort (Seigneur de), en Mirebalais. Voy. Moulins (Jean de). C^{ne} *de Mirebeau, Vienne*.

Rochefoucauld (La), lieu, 365. Seigneur, voy. La Rochefoucauld. *Charente*.

Rochelle (La), 59, 153, 285, 286, 287. Capitaine châtelain, 181 n. Organisation municipale, 296. Paroisse Saint-Nicolas ; meurtre de Macé Legay, 46. Prisons, 392 n. *Charente-Inférieure*.
— (Gouvernement de). Archers et arbalétriers, 289 n. Son ressort, 172, 173 n. Gouverneur, 60, 272 n. 376 n.; voy. Beaumont (Louis de), Esquerdes (Philippe de Crèvecœur, s^r d'), Lenoncourt (Thierry III de), Mérichon (Jean), Villequier (André de).

Rochemeaux, Rochemyo, par erreur Rohemyo. Seigneur, 276 ; voy. Odart (Guillaume). C^{ne} *de Charroux, Vienne*.

Rocherie (La), la Rochière, village, 26. C^{ne} *de la Chapelle-Palluau, Vendée*.

Roches (Moulin de), 368, 369. C^{ne} *de Tersannes, Haute-Vienne*.
— (S^r des). Voy. Cotet (Jean).

Roches (Simon de), meunier de Roches, à Tersannes. Meurtrier d'un archer de la compagnie du s^r de l'Isle-Jourdain, qui l'avait frappé le premier ; rémission, 368-370.

Rocheservière. Hommage dû par le s^r de la Guyonnière, 424 n. Seigneur, voy. Volvire (Maurice de). *Vendée*.

Roche-sur-Yon (La), 60, 122 n. Ressort, 426. *Vendée*.

Rochette (La), village, 26, 27, 29. C^{ne} de la Chapelle-Palluau, Vendée.

Rogations (Fête des), les Roisons, 334.

Rogier (Guillaume), procureur du roi en Poitou, 64 n.

Rohan (Alain VIII, vicomte de), comte de Porhoët, s^r de la Garnache, 101 n., 102 n., 237 n.

— (Alain IX, vicomte de), s^r de la Garnache, 101 n., 102 n., 237 n.

— (Jean II, vicomte de), s^r de la Garnache, 101 n., 102 n. Procès contre les habitants de Saint-Jean et Notre-Dame-de-Monts ; production par ceux-ci de faux titres, 235-246, 406-411. Notice, 237 n.

— (Marguerite de), comtesse d'Angoulême, veuve de Jean d'Orléans, 44 n., 105 n.

— (Pierre de). Voy. Gyé (s^r de).

Rohemyo, pour Rochemyo. Voy. Rochemeaux.

Roigne (Nicolas), lieutenant général du sénéchal de Poitou, 201 n.

Rolant, ou Roland, secrétaire du roi, 52, 109, 176, 179, 183, 192, 201, 235, 269, 365, 454.

Rom, Ron près Couhé, paroisse, 230. *Deux-Sèvres*.

Romazières, 225. C^{on} *d'Aulnay, Charente-Inférieure*.

Rome. Bulle datée de cette ville, 156 n. Cour, 384 n. Voyage, 51 n.

Ronde (Marais de la), près le Gué-de-Velluire, 217. *Vendée*.

Ronssart, secrétaire du roi, 373.

Roquette (La), en Guyenne, place forte, 2 n.

Roscur (Seigneur de). Voy. Renescure (s^r de).

Roseria (Dominus de). Voy. Havart (Georges).

Rosière (Seigneur de la). Voy. Havart (Georges).

Rossillé (Pierre et Jeanne de), 167.

Rouault (Joachim), maréchal de France, 265 n.

Rouen. Capitainerie, 343 n. Changeur, voy. Rectou (Guillemin). Saint-Victor, 351. Organisation municipale, 296 n. — Acte daté de cette ville, 86.

Rouet. Droit d'usage en la forêt de Moulière, accordé au seigneur, pour son château, 272-274. Seigneur, voy. Combarel (Pierre de), C^{ne} *de Beaumont, Vienne*.

Rouffignac. Hommage, 35 n. *Charente-Inférieure*.

Rouleau (André), collecteur des tailles à Tourtenay, 64 n.

Rousseau (Jean). Nommé procureur du roi au siège de Niort ; opposition de Mathurin Arembert, 362 n.

— (Louis), s^r de la Boissière, procureur de Jean Tudert, 337 n.

Roussière (La), village, 464, 465.

Roussillon (Armée de), 186 n. En 1474, lieutenant général, 104 n. Expéditions (1462-1463 et 1473), 230 n., 265 n., 351 n., 352 n.

— (Gouverneur de). Voy. Du Châtel (Tanneguy) et Lau (Antoine de Châteauneuf, s^r du).

Roussillon (Louis, bâtard de Bourbon, comte de), amiral de France, 8 n., 48, 213, 283.

Rouvereau (Jean), dit Jolyaud, d'Echiré, et sa fille Catherine, femme de Mathé Maynard, 215, 216.

Rouxelin (Pierre), prêtre, des Magnils, 195.

Roy (Guillaume), 445.

— (Guillaume et Simon), fils de Pierre. Poursuivis pour avoir pris des cuirs appartenant à leur grand'mère, 66-69.

— (Pierre), fils de Simon, 66, 67.

— (Simon), tanneur de Poitiers, et sa veuve, Jeanne Mauvoisin, 66-69.

— (Le bâtard Pierre), 194.

— (Pierre), curé de Saint-Carlais, 194 n.

Roye (Jean de). *Journal*, cité, 265 n., 267 n., 270 n., 271 n., 407 n., 444 n.

Ruffec, ville, 130, 231. *Charente*.

— (François de Volvire, s^r de), 181 n.

Russot (Le). Voy. Pascauderies (hôtel des).

Rustrenan (S^r de). Voy. Fou (Jean du).

Ryé. Voy. Riez.

S

Sablé. Actes datés de ce lieu, 397 n., 398 n., 399, 400, 403, 417 n., 419 n., 423 n. *Sarthe.*

Sables-d'Olonne (Les). Fortification du bourg, 436-439. Agrandissement du port, 437 n. Institution d'un prévôt et de quatre jurés, 437 n. — Actes datés de cette ville, 315 n., 380 n. Voy. Chaume (La) et Olonne. *Vendée.*

Sacierges (Pierre de), maître des requêtes, puis évêque de Luçon, 365, 368.

Saint-Amant (Jean de). Ses prétentions sur la dîme de blé des Combes-de-Frost, 403-405.

Saint-Aubin (Aimery et Pierre de), père et fils, seigneurs de la Blouère, 40 n.

— (Antoine), sr de Malvault, 40 n.

— (Catherine de), femme de Louis Chasteigner, 40 n.

Saint-Aubin-du-Cormier (Bataille de), 231 n., 316 n. *Ille-et-Vilaine.*

Saint-Aulaye. Guet et garde du château, 35, 36. *Dordogne.*

Saint-Benoît (Ordre de), 119, 120.

Saint-Carlais (Curé de). Voy. Roy (Pierre). C^{ne} de *Brelou, Deux-Sèvres.*

Saint-Cassien (Seigneur de). Voy. Fontenay (Jean de). C^{on} de *Moncontour, Vienne.*

Saint-Christophe. Paroisse, 202 n. *Saint-Christophe-sur-Roc, Deux-Sèvres.*

Saint-Christophe-du-Ligneron. Chemin de Commequiers, 219. C^{on} de *Palluau. Vendée.*

Saint-Denis. Acte daté de ce lieu, 459. *Seine.*

Saint-Denis (Enclave de). Démembrée de la châtellenie de Montaigu, 424. *Saint-Denis-la-Chevasse, Vendée.*

Saint-Dizier. Donné à Nicolas, marquis du Pont, 250 n. *Haute-Marne.*

Sainte-Blandine, paroisse. 305, 324. C^{on} de *Celles, Deux-Sèvres.*

Sainte-Menehould. Donnée à Nicolas, marquis du Pont, 250 n. *Marne.*

Sainte-Néomaye. Terre et seigneurie données à Charles d'Anjou, comte du Maine, 366 n. Permission de réédifier le château et de réparer les fortifications, 152-155. Seigneurs, voy Maine (Charles d'Anjou, comte du), Maine (Louis, bâtard du), La Rochefoucauld (Jean de). 2e c^{on} de *Saint-Maixent, Deux-Sèvres.*

Sainte-Pazanne, Sainte Pesanne, bourgade, 445. *Loire-Inférieure.*

Saintes, Xaintes. Acte daté de cette ville, 272 n. Rixe et meurtre, 329-331. *Charente-Inférieure.*

— (Diocèse de), 190.

— (Évêque de), 60.

Saint-Etienne-de-Mermorte, 62 n. C^{on} de *Machecoul, Loire-Inférieure.*

Saint-Fargeau (Comte de), 118 n. Dame, voy. La Trémoïlle (Marie de). *Yonne.*

Saint-Florent-lès-Saumur. Acte daté de ce lieu, 306. *Maine-et-Loire.*

Saint-Fulgent. Enclave démembrée de la châtellenie de Montaigu, 424. Seigneur, voy. Rezay (Louis de). *Vendée.*

Saint-Gelais (Baud de). Notice, 239 n. Sa compagnie en Catalogne, 230, 231.

— (Charles IV, sr de), 35 n.

— (Jacques et Jean de), 230 n.

— (Jean de), capitaine de la Garnache (1412), 238 n.

— (Jean, seigneur de) et de Saint-Jean-d'Angle, 272 n.

— (Jean de), sr de Séligné, 272 n.

— (Mellin de), abbé du Reclus, poète, 35 n.

— (Mérigot de), sr de Séligné, 230 n.

— (Octavien de), évêque d'Angoulême, 35 n.

— (Pierre de), chevalier, sr de Montlieu, chambellan du comte d'Angoulème, 230 n. Lettres lui accordant droit de guet et de garde à son château de Saint-Aulaye, 35, 36.

Saint-Généroux (Seigneur de). Voy. Catus (Charles et Jean). *Deux-Sèvres.*

Saint-Georges (Aleran de), 329 n.

Saint-Georges-de-Rex (Sr de). Voy. Chasteigner (Geoffroy). *Con de Mauzé, Deux-Sèvres.*

Saint-Germain, village. Gens de guerre, 445 n. *Saint-Germain-de Prinçay, Vendée.*

Saint-Gervais, au diocèse de Luçon, paroisse, 77, 79, 443. Francs-archers, voy. Chaumet (Guillaume) et Pineau (Pierre). Seigneur, voy. Volvire (Maurice de). *Vendée.*

Saint-Gilles, près Niort (sic). Hôtel, 41. *Cne de la Revétizon, Deux-Sèvres.*

Saint-Hilaire-de-Riez. Notaires, 408 n. *Riez, Vendée.*

Saint-Hilaire-de-Talmont, 456 n. *Vendée.*

Saint-Hilaire-le-Vouhis. Terre adjugée à Louis de Beaumont, évêque de Paris, 258 n. Mise en criée, 396 n. *Con de Chantonnay, Vendée.*

Saint-Hilaire-sur-l'Autize, Saint Ylaire de l'Autize. Francs-archers; meurtre, 440-442. *Ou Saint-Hilaire-des-Loges, Vendée.*

Saint-Jean-d'Angély, 315 n. Garde de la prévôté, 289 n. *Charente-Inférieure.*

Saint-Jean-d'Angle (Seigneur de). Voy. Saint-Gelais (Jean, seigneur de). *Con de Saint-Agnan, Charente-Inférieure.*

Saint-Jean-de-Monts (Habitants de), de Notre-Dame-de-Monts et du Marais Doux. Procès contre Jean vicomte de Rohan, sr de la Garnache; production de titres faux, 235-246, 406-411. *Vendée.*

Saint-Jouin-de-Marnes, Saint-Joyn, 350. Franc-archer, 351. Abbaye, construction d'une maison, 350. *Deux-Sèvres.*

Saint-Julien (Jacquette de), femme de Guichard Brulon, 309 n.

Saint-Ladre (Foire), près Machecoul, 445. *Loire-Inférieure.*

Saint-Lô, 326 n. *Manche.*

Saint-Loup (Chartrier de), aux Archives des Deux-Sèvres. Documents cités, 46 n., 233 n, 282 n., 315 n, 316 n., 374 n. *Deux-Sèvres.*

Saint-Maixent. Création de quatre foires par an et d'un marché chaque semaine, 139 141. Eglise Saint-Legier; chapelains de la Madeleine, 403 n. Hôtel de la Cour du roi, 140. Fiefs mouvant de la châtellenie, 202 n., 361 n., 456 n. Fête du nouvel an; rixe, 431-433. Meurtre, 459-461. Seigneur, voy. Maine (Charles d'Anjou, comte du). Sénéchaussée, 40 n. Sergent royal du bailliage, 316 n.; voy. Girard (Thibaut).

Abbaye. Foires et marchés anciens, 140 note. Jardin à Poitiers, 17 n. Prisons de l'abbé, 460. Abbés, voy Chevalier (Jacques et Jean). Religieux, voy. Desclez (François). *Deux-Sèvres.*

Saint-Maixent. Haute justice donnée au seigneur, avec permission d'entourer ce lieu d'une enceinte fortifiée, 291-294. Seigneur, voy. Valentin (Patrice). *Cne d'Aigre, Charente.*

Saint-Marsault. Juridiction, hommage, 372 n. *Haute-Vienne.*

Saint-Martin (Ayde de), femme de Jean de l'Isle-Jourdain, 274 n.

— (Simes de), 272 n.

Saint-Martin-du-Fouilloux, paroisse, 452, 453. *Deux-Sèvres.*

Saint-Mesmin ou Saint-Mesmin-le-Vieil. Curé, voy. Gourin (Jean). Seigneurs, voy. Montfaucon (Guy et Jean de). *Con de Pouzauges, Vendée.*

Saint-Michel (Ordre de), 401 n.

Saint-Michel-en-l'Herm, bourg, 307. Capitaine, 387 n. *Con de Luçon, Vendée.*

Saint-Nicolas-de-Barbastre. Voy. Barbâtre.

Saintonge, Sainctonge, Xaintonge, pays, 463. Archers et arbalériers 289 n. Domaine royal, 258 n. Coutume, 422. Ban et arrière-ban (1467), 463 n. Élus, voy. Combes (Guillaume de) et Mérichon (Jean). Levée de francs-archers, 273 n. Lieutenant général, 315 n. Ressort de la sénéchaussée, 172, 173 n. Terres appartenant au comte d'Angoulême, 43.

Saintonge (*Archives historiques de la*), citées, 292 n.
— (Sénéchal de), Xantonge. Lettres à lui adressées, 5, 52, 120, 139 n., 192 n., 333 n., 339, 399, 447. — Voy. Estissac (Amaury d'), Foucart (Patrice), Maillé (Hardouin IX de), Ménipény (Guillaume de).

Saint-Paul. Foires, 329 n. *Saint-Paul-en-Pareds, Vendée*.

Saint-Pierre (Le s^r de), 454.

Saint-Pierre-du-Chemin. Hôtellerie, 192 n. Paroisse, 456 n. *Vendée*.

Saint-Pol (Le connétable de), 276 n.

Saint-Priest en Dauphiné. Acte daté de ce lieu, 55 n. *Isère*.

Saint-Prouant, Saint. Prouvent, bourg, 456, 457, 458. C^{on} de *Chantonnay, Vendée*.

Saint-Savin Châtellenie, 32. Paroisse, 33. *Vienne*.
— (Galehaut de). Poursuivi comme complice de l'assassinat de son gendre, 310 n.
— (Guyot de), s^r de la Tour-aux-Cognons, et Mathurin son fils. Vente de droits sur cette terre à Guichard Brulon, 310-312. Notice, 310 n.
— (Le bâtard de), appelé le bâtard de la Tour-aux-Cognons, 310 n.
— (Marie de), femme de Jean Gerbault. Assassinat de son mari, 310 n.
— (Pérotte de), femme de Jean Guiot, s^r d'Asnières, 371 n.

Saint-Séverin. Seigneurie, justice, 36. *Dordogne*.

Saint-Sulpice (Confrérie de), Saint-Supplice. Voy. Asnières.

Saint-Supplice (Seigneurie de). Aveu, 274 n. *P.-ê. Saint-Sulpice, c^{ne} des Ormes, Vienne*.

Saint-Thomas-de-Conac. Voy. Cosnac.

Saint-Vincent-de-Jard. Rachat, 2 n. *C^{on} de Talmont, Vendée*.

Saint-Ylaire-de-l'Autize. Voy. Saint-Hilaire-sur-l'Autize.

Salazar (Jean de), Salezart, chevalier. Sa compagnie d'ordonnance, 61, 200, 271 n.

Salesse (Jean et Guillaume), d'Arnac. Coupables du meurtre de leur aïeul, Pierre Salesse; rémission, 264.

Salle-de-Fenioux (Seigneur de la). Voy. Sauvage (Yvonnet). *C^{ne} de Fenioux, Deux-Sèvres*.

Salmon (Jean), lieutenant du château d'Argenton. Rixe avec des hommes d'armes et archers de la compagnie du sire de Crussol, 179-182.

Samaran (Ch.). *La maison d'Armagnac au XVe siècle*, citée, 365 n.

Sancerre (Comte de) Voy. Bueil (Jean V, sire de).

Sanglier (Jeanne), dame de Château-Guibert, femme de Jean de La Rochefoucauld, puis de Jean de Husson, 153 n.

Sanlis. Voy. Senlis.

Sanzay (Jean de), conseiller au Parlement, 240 n.

Sappin (Laurent), laboureur, 33 n.

Saragosse (Prise de), 265 n. *Espagne*.

Sarzay (Seigneur de), en Berry. Voy. Barbançois (Hélion de). *Indre*.

Saucet (Guillaume), boucher à Hérisson. Coupable d'un meurtre; rémission, 136-138.

Saujon, Saugeon. Château et seigneurie cédés à Marguerite de Culant, veuve de Louis de Belleville, 417-423. *Charente-Inférieure*.

Saumur. Abbé de Saint-Florent, voy. Du Bellay (Jean). — Actes datés de cette ville, 35, 376 n. Sergent du roi de Sicile, 23. *Maine-et-Loire*.

Saunier (Etienne), dit Carbonneau, braconnier. Victime d'un meurtre, 36-39.

Sauvage, bourg. Meurtre dans une hôtellerie, 395. *C^{ne} de Pussigny, Indre-et-Loire*.

Sauvage (Yvonnet), s^r du Plessis-Guerry et de la Salle-de-Fenioux, 1 n.

— 530 —

Sauvagère (Seigneur de la). Voy. Legier (Jean). C^{ne} de *Vautebis, Deux-Sèvres.*

Sauvegarde (Lettres de) octroyées au chapitre de l'église cathédrale de Poitiers, 8-12.

Sauvestre (Jeannin). Voy. Sevestre (J.).

Savary de Lancosme (Marguerite), femme d'Huguet Brulon, 309 n.

Saveille. Hôtel, 50, 51. Seigneur, voy. La Rochefaton (Jean de) C^{ne} de *Payzay-Naudouin, Charente.*

Savigny, paroisse, 23. *Savigny-sous-Faye, Vienne.*

Savin (Pierre), dit Bourneveau. Victime d'un meurtre, 98-100.

Savoie (Charles II, comte de), 55 n.
— (Louis, comte de). Philippe, son 5e fils, à son tour comte de Savoie, 55.

Sazay (Pierre de), 414 n.

Scolin (Artus), s^r de Launay, capitaine de Melle, 122 n.
— (Guy). Lettres d'abolition, 122 n.

Sécherie (La). Hommage dû à Montaigu par François Louer, 424 n. C^{ne} de *Saint-Philbert-de-Bouaine, Vendée.*

Sée (Henri). *Louis XI et les villes,* ouvrage cité, 223 n.

Segondat (Léonet de), 282 n.

Segrie (Colette de), femme de Godemar de Vie, 6 n.

Séguier, conseiller au Parlement, 360 n.

Séligné (S^r de). Voy. Saint-Gelais (Mérigot de). *Deux-Sèvres.*

Selles. Voy. Célles.

Selommes. Acte daté de ce lieu, 186 n. *Loir-et-Cher.*

Senans. Voy. Cenan.

Senlis, Sanlis Actes datés de cette vil'e, 396 n., 398, 414, 416, 423, 425 n., 428. *Oise.*
— (Traité de), 237 n.

Sens (Bailli de). Voy. Châtelet (Renaud du), Melun (Charles de).

Sepvret, Cevret, Création de deux foires, 362-364. Seigneur, voy. Arembert (Mathurin). C^{on} de *Lezay, Deux-Sèvres.*

Sergents royaux. Commis à maintenir les lettres de sauvegarde en faveur de l'église de Poitiers, 8-12.

Sérigné, village, 335, 336. C^{ne} de *Foussais, Vendée.*

Séris (Jean de), 309 n.

Serizay. Voy. Cerisay (Guillaume de).

Serqueux (Jeanne des), femme de Jean du Puy-du-Fou, 2 n.

Sevestre (Jeannin), *aliàs* Sauvestre, d'Ingrande, 449, 450.

Sèvres. Archers écossais surpris et égorgés, 270 n. *Seine-et-Oise.*

Sicile (Roi de) et de Jérusalem. Voy. René d'Anjou.

Sicoteau (Jean). Anoblissement, 281.

Signy (Gabrielle de), femme de François de La Roche-Aymon, 416 n.
— (Hugues de), écuyer, 416 n.
— (Jeanne de), femme de Robinet d'Orléans, 416 n.
— (Louis de), dit Tranchelion, s^r du Breuil. Notice, 416.

Sigournais, Sygournay, bourg. Curé, 457. C^{on} de *Chantonnay, Vendée.*

Sillé (Marie de), femme de Jacques II de Surgères, s^r de la Flocelière, 328 n.

Siméon (Alexis), commandeur de Sainte-Catherine de Beauvoir-sur-mer, 81 n.

Simonneau (Nicolas), de Saint-Jean-de-Monts. Compromis dans une affaire de faux, 239 n., 408 n., 409, 410 n.

Sion (Jean), dizenier de francs-archers. Victime d'un meurtre à Saint-Martin-du-Fouilloux, 452-454.

Sixte IV, pape. Statuts édictés pour le chapitre de Luçon, 156 n.

Soillac (Le). Corr. et voy. Pouyaud (Le).

Sorcier (Meurtre d'un prétendu), 218-222.

Sorel (Agnès), 210 n.

Soubise (Bertrand Larchevêque, s^r de) et sa femme, Marie de Belleville, 30 n., 54 n., 396 n., 397 n., 423 n., 429 n.

Soubzdain. Voy. Soudan.

Souché, terre et seigneurie, 62 n.

— 531 —

Le Souchet, cne de Saint-Mars-de-Contais, Loire-Inférieure.
Soudan, Soubzdain, lieu, 160. Con de la Mothe-Saint-Héraye, Deux-Sèvres.
Soulice (Jeanne), femme de Jean Piron, de Benet, 187 n.
Souplainville (Guillaume de), 266 n.
Souraudière (La). Voy. Suraudière (La).
Souterraine (La), 264. Creuse.
Souvigné (Seigneur de). Voy. Argenton (Antoine d'). 2e con de Saint-Maixent, Deux-Sèvres.
Stuart (Isabelle), femme de François Ier, duc de Bretagne, 237 n.
Suraudière (La), la Souraudière, village, 457. Cne de Saint-Prouant, Vendée.
Surgères. Capitaine, 2 n. Garnison, contre le roi, 393 n. Charente-Inférieure.
— (Antoine de Clermont, sr de) et sa femme Catherine de Lévis, 121 n., 257.
— (Isabelle de), dame de Bernezay et des Coudreaux, femme de Joachim de Clermont, 257 n.
— (Jacques de). Voy. Flocelière (sr de la).
— (Joachim de Clermont, sr de), 257 n., 388 n.
— (Louise de Clermont, dame de), 257 n.
Suze (Seigneur de la). Voy. Rais (René de). Sarthe.

T

Tables (Jeu des), 180.
Taillebeuf (Jean), le jeune, mercier de Melle. Prisonnier à Fontaines pour le meurtre de Guillaume David, dans une rixe ; rémission, 225-227.
Taillebourg (Seigneurs de). Voy. Coëtivy (Olivier et Prégent de), Rancon (Geoffroy de). Charente-Inférieure.
Taizé, Taisé. Franc-archer, 351. Deux-Sèvres.
Tallineau (Guillaume), chaussetier de Poitiers, 356. Elu juré dudit métier, 359.
Talmont, Thalemont sur Jart, 30, 31. Capitaine châtelain, 30 n., 181 n. Prise de possession par Louis XI, à la mort du vicomte de Thouars, 247 n. Donné à Commynes, 248 n., 436 n. Vendée.
Talmont-sur-Gironde. Hommage, 35 n. Capitaine, 376 n. Con de Cozes, Charente-Inférieure.
Tantin. Coupable d'une tentative de viol, 75.
Tarente (Prince de), 289 n.
Taresnay (Le sr), de Mauzé, 60.
Tarragone (Siège de), 270 n. Espagne.
Tartas (Jean), 383 n.
Tauché, Tauschée. Rente sur les dîmes et terrages, 305. Don à l'abbaye de Celles, 320, 324. Cne de Sainte-Blandine, Deux-Sèvres.
Taveau (Geoffoy), sr de Mortemer et de Lussac, 282 n., 309 n. Sr d'Empuré ; saisie du fief de Genouillé, 381 n.
Tavernerie (La). Hommage dû par le sr de Passavant, 424 n. Cne de Chavagnes-en-Paillers, Vendée.
Teil (Huguette du), femme de Thibaut Bonnin, sr de Messignac, 455 n.
Teneguy (Colas), chaussetier de Poitiers, 356.
Tercennes. Voy. Tersannes.
Terrasson (Antoine), 360 n.
Tersannes, Tercennes, paroisse, 368, 369. Haute-Vienne.
Tewkesbury (Bataille de), 407 n.
Texereau (Antoine), gendre de Colas Regnault, 404, 405.
— (Jean), laboureur de Champagné-Lureau. Prisonnier pour le meurtre de Guillaume Michault, de la Baronnière ; rémission, 89-91. Ampliation de ladite rémission, 91-95.
Texeron (Pierre), de Colombiers.

Victime des voies de fait de Jacques Mauclerc, 116, 117.
Texier (A.), secrétaire du roi, 354, 370.
— (Guillemette), femme de Guillaume Leroy, de Saint-Gervais. Enlevée par François Lombart, 76, 82.
— (Jean), frère de la précédente, 78, 80.
— (Méry), de Saint-Gervais, 77-81.
— (Jean), dit Vierne, de Pamproux. Victime d'un meurtre, 21, 22.
— (Michau). Rémission pour un meurtre commis en cas de légitime défense, 177-179.
Thalemont-sur-Jart. Voy. Talmont.
Thénot (Jean), 383 n.
Thibault (François), de Paizay-le-Tort. Coupable du meurtre de Jean Claveau ; rémission, 429-431.
— (Jean), notaire de Saint-Hilaire-de-Riez, 408 n.
— (Martin), chaussetier de Poitiers, 356.
— (Richard), de Poitiers, 161, 162, 163.
Thiboust (Radegonde), femme de Jean des Feugerais, 378 n.
— (Robert), président à mortier au Parlement, 378 n.
Thiors. Permission de fortifier le château, 232-234. Louis XI y réside, 233, 235 n. Seigneurs, voy. Appelvoisin (Jean) d'), Meulles (Jean de). C^{ne} de Luzay, Deux-Sèvres.
Tholose. Voy. Toulouse.
Thomas (Antoine). Article de la Revue historique, cité, 32 n.
— (Jamet), homme de labour, du village des Combes. Coupable de meurtre dans une rixe ; rémission, 166-168.
Thorigné (Jean de). Procès, 388 n.
Thoru (Pierre), commis au greffe de la sénéchaussée de Poitou, 381 n., 382 n.
Thouars, 81 n., 390 n. Archives du château, 168 n., 171 n. Châtellenie, 400 n. Don de la moyenne et basse justice à Jean d'Appelvoisin sur les terres lui appartenant dans ladite châtellenie, 234. Femme-médecin, 87. Maison litigieuse, 168 n. Montres du ban et de l'arrière-ban, 104. Receveur, voy Cartier (Huguet). Réfection d'un mur de la grange du château, 244 n. Siège royal ; commis des élus, voy. Chambret (Jacques). Commis du receveur des aides, voy. Gendrot (André). Juge châtelain, voy. Colas (Jean). Procureur, voy. Chambret (Jean). Sénéchal, voy. Barret (Jean), Tindo (Louis). — Actes datés de cette ville, 235 n., 349, 354. Deux-Sèvres.
Thouars (Archidiaconné de), en l'église de Poitiers, 17 n.
— (Catherine de), dame de Pouzauges, femme de Gilles de Rais, puis de Jean de Vendôme, vidame de Chartres, 62, 97 n., 455 n.
— (Louis d'Amboise, vicomte de), 2 n., 31, 181 n., 244 n., 400 n. Amortissement d'une rente par lui donnée pour la fondation d'une chapellenie en la Chartreuse d'Oiron, 168-170. Sa succession, 245 n. ; usurpée par Louis XI, 169 n., 181 n., 247-249, 436 n., ; revendiquée par la maison de La Trémoïlle, 383 n. Sa seconde femme, 376 n.
— (Marguerite de), 168 n.
— (Miles de), s^r de Pouzauges, 62 n.
— (Pernelle, vicomtesse de). Fondatrice de la Chartreuse d'Oiron, 168 n.
— (Pierre d'Amboise, vicomte de), 168 n.
— (Vicomté de). Donnée par Louis XI à Anne, sa fille aînée, 247-253. Réunie au domaine de la couronne, 245 n., 248 n. Don du revenu au sire de Bressuire, 315. Procès pour la succession, 383 n. Fiefs de la mouvance, 232 n., 233 n., 245 n., 345 n., 400 n. Juges de la vicomté, 1 n. Procureur, voy. Estivalle (Richard). — Vicomte, voy. La Trémoïlle (Louis 1er de). Vicomtesse, voy. Chambes (Colette de).
Thouarsais, Touarçoys, pays, 50.
Tiffauges. Cour judiciaire, 146. Garnison, 374 n. Hommages dus par le seigneur pour Beaure-

paire, 424 n. C^{on} de *Mortagne-sur-Sèvre, Vendée.*

Tilhart, Thillart, secrétaire du roi, 291 n., 295, 320, 339, 343, 346, 386, 400, 403, 414, 417.

Tindo (Jean), 244 n.
— (Louis), sénéchal de la Garnache et de Thouars, puis premier président du Parlement de Bordeaux. Notice, 244, 245.
— (Marguerite et Marie), sœurs, 245 n.
— (Pierre), 244 n.

Tirant (Hélie), abbé de Lieu-Dieu-en-Jard, 142 n.

Tison (Simone), femme de Renaud de Velort, 121 n.

Tomberrard (Etang de la). Donné à Yvon du Fou, 106 n. C^{ne} *de Coulombiers, Vienne.*

Tonnay-Boutonne (S^r de). Voy. Maumont (Jean de). *Charente-Inférieure.*

Tonnay-Charente, 368 n. *Charente-Inférieure.*

Tonnerre (Comte de). Voy. Husson (Jean de).

Torcy (Jean d'Estouteville, s^r de), prévôt de Paris, 256.

Torsay (Jeanne de), femme d'André de Beaumont, 235 n.
— (Marguerite de), dame de Melleran, femme de Guillaume de La Rochefoucauld, 453 n.

Torteau (Jean et Pierre), 360 n.

Touche (La), hébergement, 456 n. *Près Longeville, c^{on} de Talmont, Vendée.*

Touche-d'Avrigny (Marie de la), femme de Galehaut d'Aloigny, 289 n.

Touches (Seigneurie des), 158 n. C^{ne} *de Mignaloux, Vienne.*

Toulouse, Tholose, 271 n. Commerce, 83. Parlement, 171, 175. Sénéchal, 269. *Haute-Garonne.*

Touraine. Ban et arrière-ban, 315 n. Pays et duché, 416 n.
— (Bailli de). Lettres patentes à lui adressées, 25, 39, 74, 112, 118, 149, 227, 256, 259, 260, 308, 329, 346, 414, 416. — Voy. Fou (Jean du). Son lieutenant général, voy. Falaiseau (Jean). Lieutenant du bailli à Chinon, voy. Boutellier (Philippe).

Tour-aux-Cognons, terre et seigneurie. Guet imposé aux habitants, 310, 312. Seigneur, voy. Saint-Savin (Guyot de). C^{ne} *de Civaux, Vienne.*

Tour-d'Auvergne (Jeanne de la), femme de Béraud III, comte dauphin d'Auvergne, 189 n.

Tour-de-Germigny (La), près Faye-la-Vineuse. Meurtre, 74. Seigneur, voy. Barbançois (Jean de). *Indre-et-Loire.*

Tour-du-Breuil (La), anc. le Breuil, seigneurie mouvant de Valençay, 416 n. *Indre.*

Tours, 55 n., 265 n. Archidiacre de l'église, voy. Bernard (Guy). Organisation municipale, 296. Lettres de règlement pour les fabricants de draps, 227. Prévôt, 256. — Actes datés de cette ville, 36, 74, 82, 106 n., 112, 139, 146, 149, 152, 166, 168, 170, 179, 183, 184, 192, 197, 201, 216, 217, 222, 227, 229, 263, 267 n., 302 n., 315 n., 325 n., 370, 373, 395, 406, 419 n. *Indre-et-Loire.*
— (Etats de). Députés de Poitiers, 380 n.

Tours-en-Vimeu (Seigneur de). Voy. Quiéret (Hugues). *Somme.*

Tourtenay. Aveu de l'hôtel, 233 n. Collecteurs des tailles, 64 n. C^{on} *de Thouars, Deux-Sèvres.*

Toustain (L.), secrétaire du roi, 25, 58, 75, 89, 141, 224, 232, 272, 328.

Traite (Droits de) des blés et vins. Exemption en faveur des habitants d'Olonne et de la Chaume, 436-440.

Tranchant (Alain), 258 n.

Tranchelion. Voy. Signy (Louis de).

Triboulé, secrétaire du roi, 227, 462.

Trinitaires (Ordre des), pour la rédemption des captifs, ou Mathurins, 81 n.

Tristan (Guyon), 6 n.

Trizay (Abbaye de), Trisay, 286. C^{ne} *de Saint-Vincent-Puymaufrais, Vendée.*

Troesne (Le), village fort, 90, 92. Le *Troine, c^{ne} de Savigné, Vienne.*

Troyes, 61 n. Bailli, 291 n. *Aube.*
Tubin (Mathurin). Rémission, 328.
Tudert (Famille), 36 n.
— (Jean), président du Parlement de Bordeaux, transféré à Poitiers, 171 n., 172 n.
— (Jean), fils, conseiller au Parlement de Bordeaux. Hommages et aveux aux seigneurs de la Barre, 337.
Tuillières (Pierre de), conseiller au Parlement. Commissaire en Poitou, 201 n.
Turcant (Jean). Procès criminel contre Clément Augis, à Thouars, 201 n.
Turenne (Agne de La Tour, vicomte de). Exempté de fournir son contingent de francs-archers, 104 n.
Turmeau (Louis), 360 n.
Turquin (Micheau), chaussetier de Poitiers, 356.
Tussou (Prieur et religieux de). Procès, 137 n. C^{on} *d'Aigre, Charente.*

U

Université de Paris, 407 n. Réforme, 326 n.
Université de Poitiers. 161 n. Conservateur des privilèges royaux, 157, 203 n. ; sentence, 65 n. Étudiant, 361 n.
Urfé (Pierre 1er d'), s^r de la Bastie, 268 n.
— (Pierre II, s^r d'). Lettres d'abolition, 264-269. Notice, 268 n.

V

Vaësen (J.). *Lettres de Louis XI,* citées, 32 n., 96 n., 104 n., 106 n., 124 n., 133 n., 163 n., 223 n., 245 n., 250 n., 256 n., 266 n., 267 n., 268 n., 304 n., 343 n., 368 n., 376 n., 398 n., 401 n., 407 n. *Notice biographique sur Jean Bourré,* citée, 72 n.
Vailly (Jean de), chanoine de Poitiers. Sa maison, 17 n.
Valée (Jean), de Melle, 4.
Valençay. Fief de sa mouvance, 416 n. *Indre.*
Valence (Abbaye de). Abbé, voy. Fou (Raoul du). C^{ne} *de Couhé, Vienne.*
Valengelier, secrétaire du roi, 130.
Valentin (Antoine), s^r de Saint-Maixent. Poursuivi par les habitants de Montignac, 292 n.
— (Georges), archer de la garde écossaise de Charles VII, 292 n.
— (Louis), frère d'Antoine, 292 n.
— (Patrice), panetier du roi. Don de la haute justice de ses seigneuries de Saint-Maixent et de Germeville, et permission de les entourer d'une enceinte fortifiée, 291-294. Notice, 292 n.
— (Wast), s^r de Saint-Maixent. archer de la garde écossaise de Charles VII, 292 n.
Valin (Jean), procureur à Paris, 410 n.
Valinière (La). Seigneur, voy. Chézelles (Gilles de). C^{ne} *de Champigny-sur-Veude, Indre-et-Loire.*
Vallans (Seigneur de). Voy. Beaumont (Louis de). *Deux-Sèvres.*
Vallée (Jean), *alias* du Planché, demeurant à Poitiers. Prisonnier pour faux en écriture ; rémission, 157-163.
Vallet de Viriville. Article *Montsoreau* dans la *Biographie générale,* cité, 376 n. *Chronique de Jean Chartier,* citée, 270 n.
Valois (Marguerite de), femme de Jean III Harpedenne, s^r de Belleville, 257 n., 395 n.
Valpergue (Famille de), 96 n.

— 535 —

Valpergue (Mathurin de), homme d'armes de la compagnie de Louis de Crussol, 350, 351.
— (Raoulet de), natif de Piémont. Lettres de naturalisation, 96-98.
— (Théode de), chevalier, bailli de Mâcon et sénéchal de Lyon, 96 n.
Vandrines. Voy. Vendrennes.
Vannes. Château de l'Hermine, 121 n. Refuge de Charles, frère de Louis XI, 173 n. *Morbihan.*
Varaines (Pierre de). Voy. Varennes.
Varast (Jean de). Son jardin à Poitiers, 17 n.
Varennes (Guillaume de), chaussetier de Poitiers, 356.
— (Pierre de), Varaines, dit Milord, de Poitiers. Poursuit ses neveux, Simon et Guillaume Roy, pour détournement de cuir, 67-69.
Varie (Guillaume de), ou de Varye, général des finances, 32.
Vaslon (Jean), brigandinier, 30 n.
Vauçay. Voy. Vaussais.
Vaucouleurs. Donné à Nicolas, marquis du Pont, 250 n. *Meuse.*
Vaudémont (Comte de), gendre de René d'Anjou, roi de Sicile, 250 n.
Vaussais, Vauçay. Meurtre d'un habitant par un franc-archer, 365-367. C^{ne} de *Sauzé-Vaussais, Deux-Sèvres.*
Vautebis. Droits de justice et de sépulture en l'église, 30 n. C^{on} de *Ménigoute, Deux-Sèvres.*
Vaux (Seigneur de). Voy. La Lande (Maurice de).
— (Thomasse de), dame de Malvault, femme de Jean de Baussais, 40 n.
Velay (Le). Terres de l'abbaye de la Chaise-Dieu, 225.
Velleure. Voy. Velluire et Gué-de-Velluire (Le).
Velort (Artus de), s^r de la Chapelle-Bellouin, 122 n.
— (Geoffroy de), 122 n.
— (Joachim de), Velourt, Velors, s^r de la Chapelle-Bellouin. Notice, 121 n. Lettres d'abolition, 121-125, 387 n. Procès contre Antoine de Belleville au sujet de la possession des terres de Bruneray et des Coudreaux ; interdiction au sénéchal de Poitou d'en prendre connaissance, 256-263.
Velort (Renaud de), deux personnages de ce nom, 121 n., 122 n.
Vendôme. Actes datés de ce lieu, 291, 314 n. *Loir-et-Cher.*
— (Jean de Bourbon, comte de), 276 n., 407 n.
— (Jean II et III de). Voy. Chartres (vidame de).
Vendrennes, Vandrines. Terre et seigneurie léguée à la collégiale de Saint-Maurice de Montaigu, 397 n. — Acte daté de ce lieu, 343. C^{on} des *Herbiers, Vendée.*
Ventouse, paroisse, 454 n. *Charente.*
Verdun (Evêque de). Voy. Haraucourt (Guillaume de).
Verger (Le), le Vergier. Seigneurie et château, 448 n., 449 n. Seigneurs, voy. Chasteigner (Jacques) et Guérinet (François). C^{ne} de *Châtellerault, Vienne.*
Vergier (François du), 391 n.
— (Jeanne du), femme de Jean de la Brousse, 391 n.
Vergiers (S. des), secrétaire du roi, 155.
Vergnaie (La). Seigneurie, 374 n. Seigneur, voy. Marvilleau (Pierre de). C^{ne} de *Chanteloup, Deux-Sèvres.*
Vergne (La). Terre et seigneurie, 282 n. C^{ne} de *Montmorillon. Vienne.*
Vermandois (Bailli de), 269.
Verneuil, terre en la châtellenie, de Loches, 375 n. *Indre-et-Loire.*
Vernon (Jacques), chevalier, seigneur de Montreuil-Bonnin. Notice, 130.
— (Laurent), s^r de Montreuil-Bonnin, 130 n.
Verrières (S^r de). Voy. Odart (Guillaume). C^{ne} de *Bournan, Vienne.*
Verteuil (Seigneur de). Voy. La Rochefoucaud (Guy de). C^{on} de *Ruffec, Charente.*
Vésins (Gervais de), dit La Marche. Légitimation de son fils naturel, Gervais de Vésins, 39.
Vianeau (Jean), coutre du chapitre de l'église de Poitiers, 14.

Viart (Jean), prêtre, de Loudun, 147.
Viault (Clément), laboureur, de la Fernaulière, 32, 33, 34.
— (Jean et Savin), de la châtellenie de Saint-Savin. Coupables d'homicide ; rémission, 32-35.
Victoire (Abbaye Notre-Dame de la), près Senlis. Acte daté de ce lieu, 436. *Oise*.
Victoire-les-Senlis (Traité de la), 266 n.
Vie (Godemar de), 6 n. Sa femme, voy. Segrie (Colette de).
Vieilleville, village, 130. C^{nes} de *Hanc* et de *Melleran*, *Deux-Sèvres*.
Vienne (Archives de la). Documents cités, 8 n., 15 n., 36 n., 68 n., 202 n., 204 n., 223 n., 273 n., 361 n.
Vierne (Jean). Voy. Texier (Jean).
Vierzon. La seigneurie donnée à Charles de Gaucourt, 343 n. *Cher*.
Vieuxpont. Fief de rentes, 245 n. C^{ne} de *Massais*, *Deux-Sèvres*.
Vigean (Le), terre et seigneurie acquises par Yvon du Fou, 107 n. *Vienne*.
Vigieux (Gillet), habitant de Charroux. Victime d'un meurtre, 72, 73.
Vignault (Jean), prêtre, vicaire fermier d'Ingrande. Poursuivi pour le meurtre de Pierre Piquet ; rémission, 447-452.
Vignet (Jean de), clerc de Jean Genevois, praticien de Melle, 4.
Vignoles (Etienne de), dit La Hire. Le roi lui cède Montmorillon, 419 n.
Vignory (Comte de). Voy. Châtelet (Renaud du). *Haute-Marne*.
Villaines (Catherine de), femme d'Hélion de Barbançois, 74 n.
Villars. Terre et seigneurie mouvant de Lussac, 282 n. C^{ne} de *Persac*, *Vienne*.
Villebois (S^r de). Voy. Mareuil (Guy, s^r de). *Charente*.
Villefavard (S^r de). Voy. Mosnart (Jacques du). C^{ne} de *Magnac-Laval*, *Haute-Vienne*.
Villefranche de Rouergue. Acte daté de ce lieu, 271 n. *Aveyron*.
Villefryé, village, 372. C^{ne} d'*Oradour-Fanais*, *Charente*.

Villehervé (La), village, 221. C^{ne} de *Commequiers*, *Vendée*.
Villemartin (Jean de), 360 n.
Villeneuve (Georges de), capitaine de la Grève, 143 n.
— (Jean Labbé, dit). Voy. Labbé (Jean).
Villeneuve-la-Comtesse, 394 n. C^{on} de *Loulay*, *Charente-Inférieure*.
Villeneuve-le-Roi. Capitaine de la grosse Tour, 184 n. *Villeneuve-sur-Yonne*, *Yonne*.
Villequier (André de), chambellan du roi, gouverneur de la Rochelle, 376 n. Achète Montmorillon, 419 n.
— (Artur et Antoine de), fils d'André. Opposés à la cession de Montmorillon à Marguerite de Culant, 419 n., 423 n.
Villers (Comte de). Voy. Lévis (Antoine de).
Villesant (Jean de), 167.
Vimart (Thomas), chanoine de Poitiers. Sa maison, 17 n.
Viol (Crime de), 75. 371, 372.
Viron (Jeanne de), femme de Mérigot de Saint-Gelais, 230 n.
Vitry (Bailli de), 313 n.
Vitu (A.). *La chronique de Louis XI*, citée, 267 n.
Vivonne (André de), sénéchal de Poitou, 282 n.
— (Catherine de), femme de Jacques Cuningham, 272 n.
— (Catherine de), femme d'Yvon du Fou, puis d'Amanieu, vicomte de Comborn, 107 n.
— (Germain de), s^r de la Châtaigneraie, 78 n., 107 n., 279 n.
— (Isabelle de), femme de Charles de Blois, s^r d'Avaugour. Confiscation de ses biens, 221 n. — 224 n.
Voisin (Mathée), femme de N. Audéou, 457 n.
Volvire (François de). Voy Ruffec (s^r de).
— (Maurice de), seigneur de Rocheservière, Saint-Gervais et Chaveil. Procès contre Alain IX et Jean II, vicomtes de Rohan, 102 n.
— (Nicolas de), chevalier, et ses fils Joachim et Maurice, 102 n.
Voneul. Voy. Vouneuil-sous-Biard.

— 537 —

Voulon, bourg, 391 n. C^{on} de Couhé, *Vienne*.
Vouneuil-sous-Biard, Voneul. Rixe entre gens d'armes ; meurtre, 133-136. *Vienne*.
Vousy (Antoine), échevin de Poitiers, 223 n.
— (Guillaume). Il lui est défendu d'exercer l'office de maire de Poitiers, 202 n.

Vouvant. Assises, 193 n. Châtellenie, 53 n ; fief de sa mouvance, 456 n. *Vendée*.
— (Forêt de), 78 n.
Voyer (Louise), femme d'André Ouvrart, 281 n.
— (Marguerite), femme de Jean Catus, s^r des Granges, 30 n.
Vraud (Catherine), 167.

W

Wach (Jean), archer de la compagnie de Tanneguy Du Châtel. Coupable du meurtre d'un homme de la garnison de Chauvigny ; rémission, 254-256.
Warwick (Richard Nevill, comte de), 8 n., 186 n., 266 n., 407 n.
Wignacourt (De), secrétaire du roi, 130 n.
Woestinia (Radulphus de). Voy. La Woestine (R. de).

X

Xaincoins (Jean Barillet, dit de), receveur général des finances. Ses biens confisqués, 169 n.
Xaintes. Voy. Saintes.
Xantonge. Voy. Saintonge.

Y

Yeu (Île d'), île Dieux, 63. Appartenant au comte d'Angoulême, 43 n. Habitants, 66.
Ymbault (Geoffroy), de Benet, 187 n.
Ysoré (Guillaume), commandeur de Sainte-Catherine de Beauvoir-sur-mer, 81 n.
Yver (Huet), sergent du roi en la châtellenie de Faye-la-Vineuse. Coupable de prévarications, exactions, usure et faux ; rémission, 22-25.
Yvon (Pierre). Poursuivi par le curé de Noirterre, 119 n.
Yzeures (Seigneur d'). Voy. Chasteigner (Jacques). *Indre-et-Loire*.

ERRATA

Page 15, note 3 : « Renaud Girard, sr de Bazoges-en-Pareds, ou son fils Jean », *lisez* : « ou son fils Joachim », et voy. p. 387, note 4.

P. 130, titre du n° MCCCCXLIX, *au lieu de* : « Viéville », *lisez* : « Vieilleville ».

P. 142, note, ligne 11, *au lieu de* : « X^{2a} 9194 », *lisez* : « X^{1a} 9194 ».

P. 149, ligne 20, *au lieu de* : « Contenter. J. Dosban », *corr.* : « Contentor. J. Duban. »

P. 193, note, ligne 12 : « parfies », *corr.* : « parties ».

P. 258, note, ligne 23 : « Terre de la Baude », *corr.* : « La Lande ».

P. 268, note, ligne 6 : « l'église Saint-Lô, près d'Angers », *corr.* : « Saint-Laud ».

P. 318, ligne 18 : « que ayons fait ou faire », *corr.* : « ou fait faire ».

P. 376, note, ligne 16 : « connu aussi capitaine », *corr.* : « comme aussi capitaine ».

TABLE DES MATIÈRES

CONTENUES DANS CE VOLUME

	Pages
Liste des membres de la Société des Archives historiques du Poitou.	*i*
Extrait des procès-verbaux des séances de la Société pendant l'année 1908.	*v*
RECUEIL DES DOCUMENTS CONCERNANT LE POITOU CONTENUS DANS LES REGISTRES DE LA CHANCELLERIE DE FRANCE (1465-1474).	
Introduction.	*vij*
Texte des documents.	1
Table des noms de personnes et de lieux.	466
Errata.	538

Poitiers. — Société Française.

www.ingramcontent.com/pod-product-compliance
Lightning Source LLC
Chambersburg PA
CBHW050418240426
43661CB00055B/2195